" Menuhin was not one to take
«*Menuhin war kein Mensch,*
　　the plodding steps of reason,
der den mühsamen Schritten der Vernunft folgte,
　　　to reach his answers along a well-trodden path.
der seine Antworten auf ausgetretenen Pfaden erreichte:
　　　　Rather he took the leap of faith. "
er folgte vielmehr den Sprüngen der Intuition.»

"The Times", London, March 1999

GSTAAD UND DIE MENUHINS
GSTAAD AND THE MENUHINS

GSTAAD UND DIE / AND THE MENUHINS

Aus Dankbarkeit geschrieben
Written out of gratefulness

Wege entstehen, wenn wir sie gehen
B. Brechl

für Christoph Willemann
mit besten Wünschen
Rolf Steiger
2.9.2019

Rolf P. Steiger
Hans-Ulrich Tschanz

Impressum

© 2006 Menuhin Festival Gstaad und Menuhin Center Saanen
© 2006 für die Texte bei den Autoren
© 2006 für die Abbildungen siehe Fotonachweis Seite 301

Konzept, Realisation, Druck Müller Marketing & Druck AG, Gstaad
Übersetzung aus dem Deutschen Eva Sailer und Xavier Ferguson, Gstaad
Gestaltung Umschlag Raphael Rumo, Gstaad
Gestaltung Inhalt, Satz Andrea Grob, Gstaad
Lithografie Andrea Grob, Gstaad; Jonas Bach, Gstaad
Buchbinderei Stämpfli Publikationen AG, Bern

Benteli Verlags AG, Wabern-Bern
www.benteliverlag.ch

ISBN 3-7165-1446-2
ISBN 978-3-7165-1446-7

AM ANFANG WAR MUSIK
IN THE BEGINNING THERE WAS MUSIC

Inhalt | *Contents*:

- 6   Dank | *Acknowledgements*
- 7   Präludium | *Prelude*
- 9   Wie alles begann | *How It All Began*
- 61   Eine faszinierende Festivalgeschichte | *The Fascinating Tale of the Festival*
- 257   Betrachtungen | *Reflections*
- 283   Nachklang | *Reverb*
- 295   Index | *Index*

Dank | *Thanks*

Liebe Leserinnen und Leser

Erleben Sie im vorliegenden Buch «Gstaad und die Menuhins» die faszinierende Geschichte der 50 Festivalsommer im Saanenland. Die Geschichte über *wie alles begann*. Und wie mit viel visionärer Energie ein wunderbares Projekt über 50 Sommer lang am Leben erhalten werden konnte. Und wie das Menuhin Festival Gstaad nun mit dem Leitsatz «Ursprung als Inspiration» in das 21. Jahrhundert geht.

Eine unerschöpfliche Fülle von interessantem Material wurde für diese Dokumentation zu Tage gefördert. Material, welches bisher zu einem grossen Teil dem interessierten Betrachter verborgen geblieben war. Dank der neuerlichen Existenz des Menuhin Center Saanen und einer unermüdlichen Recherche der beiden Buch-Autoren Dr. Rolf Steiger und Hans-Ulrich Tschanz, welche beide zwei verschiedene Generationen verkörpern und das Festival während je einer wichtigen Zeitperiode persönlich mitprägten, ist ein Buch von hohem Erinnerungswert entstanden. Aber für wen eigentlich? Vielleicht am ehesten für diejenigen unter uns, welche es als wichtig erachten, dass Erinnerung und Kenntnis vom enorm wichtigen Schaffen Yehudi Menuhins im Saanenland erhalten bleiben.

Ich wünsche schöne, spannende Stunden beim Lesen, Wiederlesen, Erinnern und Entdecken.

Leonz Blunschi, Festival-Präsident

Dear Reader,

With the book that you now hold, 'Gstaad and the Menuhins', you will experience the fascinating story of 50 festival summers in Saanenland. The story of how everything started; how with vision and energy a wonderful project was kept alive over 50 summers; and how the Menuhin Festival Gstaad moves into the 21st century with "Origin as Inspiration" as its motto.

An inexhaustible array of interesting material was unearthed for this work, material which until now has been largely hidden from the public domain. This highly memorable book has come about thanks to the renewed existence of the Menuhin Center Saanen and the tireless research of the book's two authors, Dr Rolf Steiger and Hans-Ulrich Tschanz, who themselves encapsulate two different generations and who have each left their mark during an important period for the festival. But for whom is this book memorable? Perhaps for those of us who think that it is important for the memory and knowledge of Yehudi Menuhin's work to remain in the annals of Saanenland history forever.

I wish you many pleasant hours of excitement as you read, reread, remember, and discover.

Leonz Blunschi, Festival President

Präludium | *Prelude*

Über sieben Jahre sind seit dem Hinschied von Yehudi Menuhin am 12. März 1999 verstrichen, immer noch pflegen wir dank des Menuhin Festivals, seines «Philosophenweges» und des Menuhin Centers Saanen Erinnerungen an Menuhins langes Wirken als Musiker, Künstler und Festivalgründer, Humanist, Philanthrop und Philosoph. Voll Dankbarkeit fühlen wir uns an der Schwelle des 50. Menuhin Festivals verpflichtet, Andenken und Erinnerung an diesen grossen Menschen des 20. Jahrhunderts, an unseren Ehrenbürger zu wahren.

Das Buch «Gstaad und die Menuhins» soll Erinnerungen an Yehudi Menuhin und seine Familie, an deren Gstaad-Aufenthalt seit 1954, an unzählige Begegnungen während 50 Festival-Sommern mit herausragenden Musikern und Menuhins Freundeskreis wecken. Nach Darstellung seines Lebens und der Familie, seiner Liebe zur Schweiz mit ihren Bergen wird die faszinierende Festivalgeschichte aufgerollt und mit alten Fotos und Dokumenten illustriert. Würdigende Stimmen von Freunden und Zeitgenossen, Presseberichte und Zusammenstellungen von Festivalauftritten sollen ein buntes Bild unseres Festivalgründers gestalten: Sein humanes und pädagogisches Engagement hat in der weiten Welt Gstaader Spuren hinterlassen.

Yehudi Menuhin besass die natürliche Gabe der Kommunikation und war bereit, sein einmaliges, vielseitiges und mutiges Wirken auszustrahlen; er konnte mit allen Menschen umgehen, mit einfachen Dorfbewohnern und Menschen aus Politik und Wirtschaft, mit den Ärmsten der Armen, mit Musikkollegen und Studenten, denen er nie als Chef oder Star begegnete, sondern als väterlicher Freund: «Seine Musik ist zur Sprache einer ‹inneren Welt im Menschen› geworden.»

Gerne verbinden wir die Würdigung von Menuhins Wirken mit dem herzlichen Dank an alle, die das Menuhin Festival im Saanenland unterstützt haben und helfen, inmitten der Berge die Sprache der Musik im Geiste Menuhins hochzuhalten:

«*Musik bedeutet für mich Leben und Kommunikation mit der Welt.*»

Rolf P. Steiger, Hans-Ulrich Tschanz

Over seven years have passed since the death of Yehudi Menuhin on March 12 1999. Today, through the Menuhin Festival Gstaad, his "Philosopher Path", and the Menuhin Center in Saanen, we cherish the memories of his long work as a musician, artist, humanist, philanthropist, philosopher… and founder of our festival. As we stand at the threshold of the 50th Menuhin Festival Gstaad, we feel the obligation to show our thanks by preserving the memory of our honorary citizen, one of the 20th century's most prodigious talents. The jubilee book 'Gstaad and the Menuhins' and the documentary 'Lord Of The Strings' will awaken many memories of Yehudi Menuhin and his family, of their stays in Gstaad since 1954, and of uncountable encounters during 50 festival summers with outstanding musicians and Menuhin's circle of friends. Following descriptions of his life and family as well as his love of Switzerland and its mountains, the fascinating history of the Menuhin Festival is recounted and illustrated with old pictures and documents. Appreciative voices of friends and contemporaries, press releases, and compilations of festival performances all come together to comprise a colourful picture of our festival's founder: his human and educational engagement has left the footprints of Gstaad throughout the world. Yehudi Menuhin had the natural gift of communication and was always ready to broadcast his unique, versatile and brave work. He was able to get on with everybody, from simple villagers to politicos and economic leaders, from the poorest of the poor to music colleagues and students. For them, he was never a boss or star, but rather a fatherly friend, and "his music has become a language of 'man's inner being'".

We would like to combine this appreciation of Menuhin's work with a hearty thanks to all who have supported the Menuhin Festival in Saanenland, and who, in the spirit of Menuhin, help to maintain the language of music in the mountains at the very highest levels.

"For me, music means life and communication with the world."

Rolf P. Steiger, Hans-Ulrich Tschanz

«In diesem Gotteshaus fühlt sich der Gastgeber selber als Gast.»

Yehudi Menuhin (Festivalprogramm 1971)

WIE ALLES BEGANN
HOW IT ALL BEGAN

10 Yehudi Menuhin – ein ausgefülltes Künstlerleben | *A fulfilled artist's life*
    10 Von Yehudi zu Lord Menuhin | *From Yehudi to Lord Menuhin*
    20 Yehudi Menuhin über sich | *Yehudi Menuhin on himself*
    27 Yehudi Menuhins Lehrmeister | *Yehudi Menuhin's masters*
    34 Yehudi Menuhin und seine Familie | *Yehudi Menuhin and his family*
    38 Zeittafel | *Life Chronology*

40 Musik in den Bergen | *Music in the mountains*
    40 «Vom Dienst der Kunst» – Zur Kunstgeschichte des Saanenlandes | *"In the service of art" – the history of art in Saanenland*
    46 Yehudi Menuhin und die Berge | *Yehudi Menuhin and the mountains*
    50 Marie Blaser – ein «Emmentaler Engel» bei Menuhins | *Marie Blaser – an "angel from the Emmental" at home with the Menuhins*
    53 «Chankly Bore» – Menuhins neues Chalet in Gstaad | *"Chankly Bore" – the Menuhins' new chalet in Gstaad*
    54 Skiunterricht der Familie Menuhin im Saanenland | *Skiing classes of the Menuhin family in Saanenland*
    56 Die Menuhins 1952 in Mürren | *1952: the Menuhins in Mürren*
    58 Originalstimme Gerard Menuhin: Erinnerungen und Wünsche an einen geliebten Ort

◀ Mauritiuskirche in Saanen. | *Mauritius Church in Saanen.*

Yehudi Menuhin
Ein ausgefülltes Künstlerleben
A fulfilled artist's life

Von Yehudi zu Lord Menuhin
From Yehudi to Lord Menuhin

Schon vor der Geburt des erstgeborenen Yehudi am 22. April 1916 in New York rankte sich eine Legende um den Namen für den Hoffnungsträger der russisch-jüdischen Immigranten Marutha und Moshe Menuhin. Nach negativen Erfahrungen als Juden auf der Wohnungssuche in der Bronx war es den werdenden Eltern klar: «Yehudi» («der Jude») sollte er heissen. 1917 zog das Lehrerehepaar mit seinem Kind nach New Jersey, dann 1918 nach San Francisco, wo Vater Moshe – 1893 in Russland als «Mnuchin»-Nachkomme chassidischer Rabbiner geboren, als Kind in Palästina erzogen – Direktor der Hebräischen Schule wurde.

Im Hause Menuhin dominierte Mutter Marutha, eine 1892 geborene Sher. Als Krimtartarin wuchs sie nahe der südrussischen Küstenstadt Jalta auf und zog jung nach Palästina. Erstmals begegnete sie dort Moshe. Unabhängig wanderte sie in die USA aus, traf in New York zufällig erneut Moshe und heiratete ihn. Sie bildete die Kinder aus, vermochte diese vor der Welt zu behüten, was aber zu Krisen und Fehlentwicklungen führte. Am 20. Mai 1920 wurde Hephzibah, Yehudis Lieblingsschwester, geboren und schon 1921 bekam der Fünfjährige, der schon zweijährig in Konzerte mitgenommen worden war, den ersten Violinunterricht bei Sigmund Anker. Am 7. Oktober kam in San Francisco die jüngere Schwester Yaltah zur Welt.

«Wann kann ich Vibrato spielen?»
Schon 1922 durfte der ehrgeizige, unermüdlich übende Knabe Yehudi erstmals bei Schülerkonzerten auftreten, setzte durch, den ersehnten Unterricht 1923 bei Louis Persinger, dem 1. Konzertmeister des San Francisco Symphony Orchestra, fortzusetzen.

Even before the birth in New York on April 22 1916 of the Menuhin family's firstborn, Yehudi, a legend surrounded the name of the bearer of hope for his Jewish-Russian immigrant parents, Marutha and Moshe Menuhin. After negative experiences searching for an apartment in the Bronx, it was clear to the parents-to-be: he should be called "Yehudi" (the Jew). In 1917 the couple, both teachers, moved with their child to New Jersey, and then in 1918 to San Francisco, where the father, Moshe became the director of a Hebrew school. Moshe, was born in 1893 in Russia as "Mnuchin", a descendant of Hasidic rabbis who had been educated in Palestine as a child. The mother Marutha, born in 1892 as Sher, dominated the Menuhin household. As a Crimean she grew up close to the southern Russian coastal town of Jalta, and moved to Palestine when she was young. It was there that she first met Moshe. Independently she emigrated to the United States and met Moshe again by chance in New York where the couple was married. She educated the children, and while she was able to protect them from the world, this approach did later lead to crises and misguided development. On May 20 1920, with five-year-old Yehudi already a regular at concerts and three years into violin lessons from Sigmund Anker, Yehudi's favorite sister, Hephzibah, was born. And on October 7 1920 his youngest sister, Yaltah, was born in San Francisco.

"When can I play the vibrato?"
As early as 1922, the ambitious, always-practicing boy Yehudi was allowed to perform in school concerts. He continued his long wished for musical education in 1923 with Louis Persinger, the first concert master of the San Francisco Symphony Orchestra.

Yehudi Menuhin – Ein ausgefülltes Künstlerleben

◀ «Im Dienste der Musik» – die linke Hand als Stärke Menuhins.
"At the service of music" – Menuhin's strength was his left hand.

Am 29. Februar 1924 beeindruckte der blonde, rundliche Knabe in einem Konzert des Symphony Orchestra, durfte ein Jahr später als Solist im Scottish Rite Auditorium in San Francisco und im Januar 1926 im New Yorker Manhattan Opera House auftreten, bevor im März das erfolgreiche Debüt mit dem San Francisco Orchestra unter Louis Persinger mit Violin-Konzerten von Lalo und Tschaikowski folgte.

Dezember 1926: Erste Europareise der Familie Menuhin

Es kam aber nicht zum Studium beim berühmten belgischen «Meister des grandiosen Stils» Eugène Ysaye in Brüssel. Nach grossartigem Pariser Debüt erkämpfte sich der 10-jährige Yehudi den seit früher Kindheit gewünschten Unterricht beim rumänischen Meister George Enescu, der für den jungen Geiger zum väterlichen Mentor wurde und die Familie Menuhin nach Sinaia ins Haus der rumänischen Fürstenfamilie Cantacuzène einlud, wo Yehudi erstmals die Folklore und lebensfrohe Welt der Zigeunergeiger erlebte.

Erste grosse Auftritte im Schicksalsjahr 1927

Im November gelang der 1. Auftritt in der New Yorker Carnegie Hall im Beethoven-Violinkonzert mit dem New York Symphony Orchestra unter Fritz Busch, dem weitere Konzerte und die erste Plattenaufnahme für Victor folgten. Nach der Herbsttournee 1928 durch die USA erhielt das umworbene Wunderkind vom Gönner Henry Goldman die berühmte «Fürst Khenvenhüller»-Stradivari geschenkt, die Yehudi auf seine zweite Europareise nach Paris und in wichtige Musikzentren begleitete.

Legendäres Berliner Konzert am 12. April 1929

Die geniale Interpretation der drei grossen Violinkonzerte von Bach, Beethoven und Brahms mit den Berliner Philharmonikern unter Bruno Walter und die mehrfach beschriebene Begegnung des 13-jährigen Yehudi Menuhin mit dem grossen Physiker und Musiker Albert Einstein sind Musikgeschichte. Spätestens seit diesem Abend geht der Ruhm des genialen Wunderkindes um die Welt. Menuhins Lehrer Enescu überzeugte die Familie, als «Lehrer der Deutschen Violinschule» Adolf Busch auszuwählen.

On February 29 1924, the blond, stout boy impressed at a concert of the Symphony Orchestra. A year later he was allowed to perform as a soloist in the Scottish Rite Auditorium in San Francisco and in January 1926 in New York's Manhattan Opera House. This performance was followed in March by a successful debut with the San Francisco Orchestra led by Louis Persinger playing violin concertos by Lalo and Tschaikowski.

December 1926: the Menuhin family's first travels through Europe

Although studies in Brussels with the famous Belgian "master of the grand style", Eugène Ysaye, did not take place, after a great debut in Paris, the 10 year-old Yehudi achieved the education he had always wanted with the Romanian master George Enescu. Enescu became a fatherly mentor to the young violinist and invited the Menuhin family into the house of the Romanian royal family in Sinaia. There, Yehudi had his first experiences with folklore and lively world of gypsies.

1927: first big performances

In November, the first performance of Beethoven's violin concerto at New York's Carnegie Hall with the New York Symphony Orchestra led by Fritz Busch was a great success, and this was followed by further concerts and recordings. After a fall tour through the US in 1928, the much-wooed wunderkind received the famous "Fürst Khenvenhüller" Stradivari as a present from benefactor Henry Goldman. The Stradivari was to accompany Yehudi on his second trip to Paris and to other important music centers.

April 12 1929: legendary concert in Berlin

The ingenious interpretation of the three major violin concertos of Bach, Beethoven and Brahms with the Berlin Philharmonic led by Bruno Walter, and the multiple recorded meetings of the 13 year-old Yehudi Menuhin with the great physician and musician Albert Einstein, are now part of music history. From this time on, the rumor of the ingenious child prodigy started to make its way around the world. Menuhin's teacher Enescu convinced the family to choose Adolf Busch as the master of the German school of violin-playing.

Moshe Mnuchin und seine Braut Marutha. | *Moshe Mnuchin and his bride Marutha.*

Familie Menuhin Ende der 20er Jahre: | *The Menuhin family at the end of the 1920s:*
Vater/*Father* Moshe, Hephzibah, Mutter/*mother* Marutha, Yaltah und/*and* Yehudi.

Studium bei Adolf Busch in Basel

Im Buch «The Menuhin Saga» hat Vater Moshe Menuhin das 18. Kapitel mit «Basel, Busch und viele Reisen (1929–1931)» betitelt und den sehr wertvollen Schweizer Aufenthalt im hübschen Haus an der Gartenstrasse 12 mit vielen Begegnungen und Kontakten beschrieben. Die Winterzeit galt Konzerten wie im November 1929 in der Queen's Hall London unter Fritz Busch mit dem London Symphony Orchestra, ersten Plattenaufnahmen mit «His Masters Voice» (HMV): Menuhin wird zum begehrtesten Geiger der damaligen Zeit.

Als Star der Menuhin-Karawane unterwegs

Unzählige Auftritte folgten

1931 war ausgefüllt durch intensive Konzerttätigkeit, wobei die Familie in der Nähe von Paris in Ville d'Avray wohnte. Viel Beachtung fanden Plattenaufnahmen des Violinkonzerts Nr. 1 von Bruch mit den Londoner Symphonikern unter Landon Ronald und 1932 unter Edward Elgar dessen berühmtes Violinkonzert - heute noch ein Musikdokument – und in Paris Aufnahmen mit Menuhins Lehrer George Enescu und dem bekannten Orchestre Lamoureux (Doppelkonzert von Bach). Yehudi Menuhin galt als bestbezahlter Künstler! Der Kosmopolit und Ernährer der grossen «Menuhin-Karawane» lehnte es 1933 ab, nach Machtergreifung von Hitler weiter in Deutschland aufzutreten. Höhepunkte schenkten Duoaufnahmen mit der geliebten Schwester Hephzibah am Klavier, 1934 brillante Interpretationen von Beethovens Violinkonzert unter Arturo Toscanini mit dem New York Philharmonic Orchestra und viel beachtete Rundfunksendungen in den USA. Menuhins Popularität erklomm einmalige Gipfel, der jugendliche Star blieb aber unter dem Einfluss der Eltern und litt immer mehr unter persönlicher Enge.

Studies in Basel with Adolf Busch

In the book 'The Menuhin Saga', father Moshe Menuhin entitled the 18th chapter 'Basel, Busch and Lots of Travel (1929-1931)'. In this chapter, he described a cherished stay in Switzerland in the pretty house at number 12 Gartenstrasse with many encounters and contacts. The winter period saw concerts, such as one in the Queen's Hall London with the London Symphony Orchestra led by Fritz Busch in November 1929, as well as his first recordings with His Masters Voice (HMV). Menuhin was becoming the most sought-after violinist of his time.

On the road as the star of the Menuhin caravan

Numerous performances followed

1931 was characterized by an intensive concert schedule during which the family lived in Ville d'Avray close to Paris. Much attention was drawn to the recording of Violin Concerto No 1 by Bruch with the London Symphonic Orchestra led by Landon Ronald. In 1932 he performed his famous violin concerto led by Edward Elgar, a performance which to this day is a work of musical note. In Paris there followed recordings with Menuhin's teacher George Enescu and the famous Lamoureux orchestra (Double Concerto by Bach). Yehudi Menuhin was considered to be the best paid artist! After Hitler's takeover in 1933, the cosmopolitan nurturer of the growing "Menuhin caravan" refused to perform in Germany. Performance highlights included duet recordings with his beloved sister Hephzibah on the piano, brilliant interpretations of Beethoven's Violin Concerto with the New York Philharmonic Orchestra led by Arturo Toscanini in 1934, and highly regarded radio broadcasts in the US. Even as Menuhin's popularity reached new heights, the young star remained under the influence of his parents but was beginning to increasingly suffer from the narrowness of his personal experience.

Yehudi Menuhin – Ein ausgefülltes Künstlerleben

«Suchen und den Weg gehen sind wichtiger als ans Ziel zu finden.»

Yehudi Menuhin

1935: Erste künstlerische Krise

1935 endete die ermüdende Welttournee nach Australien, Neuseeland, Südafrika und Europa in einer Krise: Beschwerden beim Spiel, Verkrampfungen, wachsende Spannungen im strengen Familienumfeld bremsten den 19-Jährigen und brachten trotz 18-monatigem Urlaub am neuen Familiensitz in Los Gatos in Kalifornien, trotz einiger Erfolge – gelungene Erstaufführung von Schumanns Violinkonzert 1937 – Unruhe und Ärger. Gelingt dem auch bei Frauen bewunderten Yehudi die Loslösung?

Liebe zu Nola Nicholas und Ausbruch

1938 verliebte sich der charmante, reiche Yehudi Menuhin in die junge Nola Nicholas, was bald zu Schwierigkeiten führte. Die bildhübsche und fröhliche Tochter eines Millionärs, des australischen «Aspirin-Königs», leistete der stürmischen Werbung des weltberühmten Wundergeigers nicht lange Widerstand.

1935: first artistic crisis

In 1935 a tiring world tour to Australia, New Zealand, South Africa and Europe ended in crisis: pain while playing, cramps, and rising tension in the strict family environment, combined to slow down the 19-year-old. Even an 18-month holiday at the family's new property in Los Gatos California and the successful premiere of Schumann's Violin Concerto in 1937 could not stop the agitation and anger. Would Yehudi, long admired by women, find a way out?

In love with Nola Nicholas and break away

In 1938 the charming, rich Yehudi Menuhin fell in love with the young Nola Nicholas. Problems were soon to come. The attractive, happy daughter of the Australian millionaire and Aspirin tycoon could not resist the rapturous courting of the world famous wonder-violinist for long. In order to see a Toscanini concert in

Um ein Toscanini-Konzert in London am 27. Mai besuchen zu können, wünschte Yehudi die Heirat schon am 26. Mai, um die Flitterwochen mit der gemeinsamen Bewunderung des grossen Dirigenten in der Londoner Queenshalle zu starten… Der glückliche Bräutigam freute sich, dass schon zwei Monate später seine geliebte, nur 18-jährige Schwester Hephzibah in Kalifornien Nolas Bruder Lindsay heiratete – ein baldiges Erwachen in harter Wirklichkeit wartete…

Yehudi Menuhin wird zum Symbol

1939: Kriegsausbruch in Europa – Menuhin wird Vater

Bei Kriegsausbruch weilte das junge Paar in Australien, am 29. September 1939 kam dort Tochter Zamira zur Welt. Nola erfüllte Mutterpflichten im Kreise ihrer grossen Familie, während Yehudi viele Konzerte gab und zusammen mit Schwester Hephzibah, die auf dem fernen Kontinent zur berühmtesten Pianistin geworden war, viele Plattenaufnahmen einspielte. Schon 1940 gebar Nola Sohn Krov. Mit Kriegseintritt der USA 1941 endete für den Amerikaner Yehudi die Idylle in Australien. Zuerst zurückgestellt, begann er aber bald eine gewaltige Konzertserie (gegen 500 Auftritte) für Soldaten aller alliierten Truppen, wagte 1941 eine Tournee in Lateinamerika und besuchte während der «Kriegskonzerte» 1943 auf abenteuerliche Weise England, spielte im März 1944 für Truppen auf den Aleuten und schon im Juni für Verbände der Pazifiktruppen in Hawaii.

Menuhin als Friedenssymbol – Bruch der Ehe mit Nola

Es war nicht verwunderlich, dass sich der unermüdliche Geiger, Humanist, Friedensverkünder und Hoffnungsträger bei seinen seltenen Aufenthalten zu Hause entfremdete. Obschon er immer wieder versuchte, seine Ehe mit Nola zu retten und den beiden Kindern ein guter Vater zu sein, schlitterte die Ehe in immer tiefere Krisen und musste zerbrechen.

Yehudi Menuhin und Diana Gould

Begegnung im September 1944

Was wäre wohl aus Yehudi Menuhin geworden, wenn er in dieser persönlichen Krise im September 1944 nicht der grazilen, drei Jahre älteren Diana Gould, der Stieftochter des britischen Admirals Sir C. Harcourt, begegnet wäre? Durch seine geliebte Diana fand er neue Kraft: Der «Engel auf seinem Erdenwege» hat ihn als grosszügige, weise Partnerin bis zu

London on May 27, Menuhin wanted the wedding to be on May 26 so that the couple could start their honeymoon admiring the famous conductor at the Queen's Hall in London. The contented groom was only too happy to hear, just two months later, that his beloved 18 year-old sister Hephzibah had married Nola's brother Lindsay in California. An awakening into cruel reality lay in waiting…

Yehudi Menuhin becomes a symbol

1939: outbreak of the war in Europe; Menuhin becomes a father

When Second World War hostilities began, the young couple lived in Australia, where daughter Zamira was born on September 29 1939. Nola fulfilled her motherly responsibilities in the circle of their large family, while Yehudi gave many concerts and played in many recordings together with his sister, who by that time had become the most famous pianist "Down Under". In 1940 Nola gave birth to a son Krov. With the US entering the war in 1941, the idyllic life in Australia ended for the American Yehudi. Soon after he returned to America, he began a marathon concert series with some 500 performances for allied soldiers, he dared to go on a tour to Latin America in 1941, and adventurously visited England in 1943 during the War Concerts. In March 1944 he played for the troops on the Aleutian Islands and in June of that same year for the Pacific troops stationed in Hawaii.

> "The ultimate aim in life should be to fulfill to the utmost all that is within our ability and to share that which is good and beautiful."
>
> Yehudi Menuhin

Menuhin as symbol of freedom; breakup of the marriage with Nola

It was hardly a surprise that the tireless violist, humanitarian, freedom promoter and bearer of hope, became alienated from his family during his infrequent visits. Although he tried ceaselessly to save his marriage with Nola and to be a good father to his two children, the marriage slid into ever deeper crisis, ultimately leading to separation.

Yehudi Menuhin and Diana Gould

September 1944: the first meeting

What would have become of Yehudi Menuhin had he, in the midst of personal crisis in September 1944, not met the graceful Diana Gould, three years his senior and stepdaughter of the

seinem Tode in seiner Traumkarriere unterstützt. Doch noch gehörten die beiden nicht zusammen...

Kurz nach der Befreiung spielte der Meister in Antwerpen, Brüssel und Paris (historische Operneröffnung), lernte 1944 in New York Béla Bartók kennen, für ihn der herausragende Komponist des 20. Jahrhunderts – eine Musikbeziehung, die Geschichte wurde und in Widmung und Uraufführung von Bartóks Sonate für Solovioline in New York gipfelte.

1945: Menuhins Auftritt an der UNO-Gründungs-Versammlung in San Francisco

Der Weltbürger und Philanthrop versuchte sich als Paganini im Paganini-Film «The Magic Bow» und brillierte im Soundtrack. Im Juli 1945 spielte er zusammen mit Benjamin Britten für die Überlebenden im KZ Bergen-Belsen. Im Hamburger Rundfunk ertönte erstmals das von Yehudi Menuhin neu entdeckte Violinkonzert von Felix Mendelssohn-Bartholdy. Die erste Moskaureise brachte die Freundschaft mit David Oistrakh, neue Begegnungen, viele Auftritte, eine Platteneinspielung mit Antal Doráti von Bartóks Violinkonzert Nr. 2 und neue Konzerte in den USA. All dies war aber für den einjährigen Versuch, 1946 die Ehe mit Nola zu retten, nicht förderlich. Die Scheidung der ersten Ehe wurde zur Tatsache, worauf Yehudi, nach dem historischen Beethoven-Konzert mit Wilhelm Furtwängler in Berlin, im Oktober 1947 in London endlich seine Diana heiraten konnte.

Glückliche Ehe mit Diana Gould

Diese Verbindung wurde zum Start eines eindrücklichen gemeinsamen Wirkens und Familienlebens zweier eigensinniger, sich wunderbar ergänzender Persönlichkeiten. Die beiden Söhne Gerard (geboren 1948 am Edinburgh Festival) und Jeremy (1951) wurden Hoffnungsträger der neuen Familie, während später der dritte Sohn Alexis 1955 kurz nach der Geburt starb. Musikalische Höhepunkte wie die Uraufführung der Violinsonate von Walton wechselten mit vielschichtigen humanistischen Aktivitäten: Menuhin kritisierte schon 1950 die Apartheid Südafrikas, versuchte als Humanist und Jude trotz Bombenversuchen auf seiner ersten Israelreise zu versöhnen, erlebte im Mai 1951 mit seiner inzwischen auch wieder neu verheirateten Schwester Hephzibah den ersten Auftritt in der Londoner Royal Festival Hall, reiste dann nach Australien und Neuseeland, wo er im Wartesaal eines Chiropraktors erstmals einer Yogaschrift begegnete. Er konzertierte in Japan und startete auch eine Benefiz-Konzertreise zugunsten der Hungerhilfe durch Indien, traf dort Pandit Nehru und den berühmten Sitarspieler Ravi Shankar.

British Admiral Sir C Harcourt. His beloved Diana gave him new strength: his "angel on earth" supported him in his dream career as a generous, wise partner until his death. Yet the two were not one...

Shortly after the liberation, the master played in Antwerp, Brussels and Paris (at the historic opening of the Opera), and in New York in 1944 he got to know Béla Bartók, who for him was the most outstanding composer of the 20th century. This musical relationship became part of history and crescendoed in the dedication and world premiere of Bartók's Sonata for Solo Violin in New York.

1945: Menuhin's performance at the inaugural UN assembly in San Francisco

The cosmopolitan, philanthropist did a turn as Paganini in the movie The Magic Bow and was brilliant on the soundtrack. In July 1945 he played for the survivors of the Bergen-Belsen concentration camp along with Benjamin Britten. The Violin Concerto by Felix Mendelssohn-Bartholdy, which had recently been discovered by Yehudi Menuhin, was played for the first time on the radio in Hamburg. His first trip to Moscow brought about the friendship with David Oistrakh, new encounters, many performances, a recording of Bartóks Violin Concerto No 2 with Antal Doráti, and further concerts in the US. But none of this was helpful in his attempts to save his marriage with Nola. The divorce of this marriage came through after his historic Beethoven concert with Wilhelm Furtwängler in Berlin, and he was finally able to marry Diana Gould in London in October 1947.

Happy marriage with Diana Gould

The bond with Diana marked the start of an effective family partnership of two stubborn, yet complementary personalities. Their two sons, Gerard (born in 1948 at the Edinburgh Festival) and Jeremy (born in 1951) became bearers of hope for the new family. The third son, Alexis, born in 1955, died shortly after his birth. Musical highlights, such as the world premiere of the Walton's Violin Sonata, shared the spotlight with an array of humanitarian activities. As early as 1950, Menuhin criticized South Africa's apartheid regime. On a trip to Israel as both a humanitarian and a Jew, and despite bomb threats, he sought to reconcile Israel. Alongside his since remarried sister Hephzibah, he experienced his first performance at the Royal Festival Hall in London, and then traveled to Australia and New Zealand where in the waiting room of a chiropractor he saw his first yoga text. He gave concerts in Japan, and in India, where he met Pandit Nehru and the famous sitar player Ravi Shankar, he gave benefit concerts to help the hungry.

Durch seine geliebte Diana fand Yehudi Menuhin neue Kraft. | *Yehudi Menuhin found new strength through his beloved Diana.*

Menuhin wird Weltbürger

Yoga und die Kultur Indiens

1952 lernte Yehudi Menuhin – auf Empfehlung von Pandit Nehru – den 1914 geborenen Yogalehrer B.K.S. Iyengar kennen, der 1954 anlässlich des ersten Gstaader Sommeraufenthalts auch eingeladen wurde, was die Verbundenheit mit der Kultur Indiens und die Begeisterung für Yoga-Übungen festigte. Nachdem der Meister schon 1953 beschlossen hatte, auf Flugreisen zu verzichten, erlebte Menuhin im «Ablösungsjahr» 1954 beim ersten Violinunterrichten in Nadia Boulangers Akademie in Fontainebleau die Genugtuung als Lehrer und entpuppte sich seither als gewinnender Pädagoge.

Die Menuhins ziehen 1955 nach Europa – Gstaad wird zum Lieblingsort

Nach dem Zerwürfnis mit den Eltern wegen der umstrittenen Biografie von Robert Magidoff 1955 entschlossen sich die Menuhins zur Übersiedlung von Kalifornien nach Europa, wohnten abwechselnd in London, gerne einige Wochen im Saanenland, dann nach 1958 auch fast zwei Jahre bei Freunden in der Nähe von Florenz und schliesslich ab 1960 neben London im eigenen Chalet «Chankly Bore», wo ihnen auch der Winter gut gefiel. In der einmaligen Saaner Mauritiuskirche fand Yehudi Menuhin auch auf Anregung seiner

Menuhin becomes a cosmopolitan

Yoga and the culture of India

In 1952, on a recommendation from Indian prime minister Nehru, Yehudi Menuhin got to know the then 38 year-old yoga teacher BKS Iyengar (who was also invited for their first summer stay in Gstaad in 1954). This tightened his connection with Indian culture and developed his enthusiasm for yoga. In 1953, the master decided to forego flight travel and in the "redemption year" that followed, he experienced the gratification of teaching in the form of his first violin lessons at the Nadia Boulanger Academy in Fontainebleau. This was merely the beginning of a prolific career as an educator.

1955: the Menuhins move to Europe, Gstaad becomes their favorite place

After the discord with his parents over the controversial biography of Robert Magidoff, in 1955 the Menuhins decided to move from California to Europe. They initially lived in London combined with the pleasure a few weeks' visits to Saanenland, and then from 1958 they spent almost two years with friends near Florence. Finally in 1960, they settled between London and their own chalet in Gstaad, named Chankly Bore, where they enjoyed the winters. At the suggestion of friends such as Antal Doráti, Yehudi Menuhin discovered Saanen's Mauritius Church as a wonderful

Freunde wie Antal Doráti eine wunderbare Konzertstätte, die auf Anregung von Kurdirektor Paul Valentin 1957 zur Quelle des Menuhin Festivals wurde.

Menuhin als Erzieher und Festivalleiter

Beginn der musikpädagogischen Arbeit

Angesteckt vom Virus didaktischer Arbeit mit der Jugend und beseelt vom Gedanken, seine Lebenserfahrungen weiterzugeben, erfüllte sich Menuhins Wirken neben intensiver Konzerttätigkeit immer mehr mit Schreiben, Ausbilden und Gestalten seiner Festivals, seit 1957 in Gstaad und von 1959 bis 1968 auch als künstlerischer Leiter im englischen Bath. 1963 gründete er in London, dann in grösseren Räumlichkeiten in Stoke d'Abernon seine Yehudi Menuhin Schule, die heute eine vom Staat unterstützte Eliteschule für jugendliche Streicher und Musiker geworden ist. Unermüdlich liess er sein Festival im Saanenland wachsen, spielte und dirigierte mit Begeisterung nach 1959 immer mehr Orchesterwerke, 1966 die erste Mozart-Oper, begeisterte sich aber auch am Improvisieren mit Ravi Shankar und wagte viele musikalische Öffnungen wie die Auftritte mit dem Jazzgeiger Stéphane Grappelli. Nach dem Ehrenbürgerrecht 1968 in Grenchen, wo er auch Schweizer Bürger wurde, erhielt er am 25. April 1970 die Ehrenbürgerurkunde der Gemeinde Saanen. Er bekam auch unzählige internationale Ehrungen und präsidierte von 1969 bis 1975 den Internationalen Musikrat der Unesco. Eindrücklich sind seine politischen Initiativen: 1971 trat er in Moskau für russische Dissidenten ein, hielt Reden und verfasste einige Bücher. 1974 führte er mit Edmond de Stoutz und dem Zürcher Kammerorchester erstmals das für ihn von Frank Martin geschriebene «Polyptique» auf, initiierte das «Bermuda-Festival» und beeindruckte in Washington an der 200-Jahr-Feier der Vereinigten Staaten vor Präsident Gerald Ford und Königin Elizabeth II.

1977 Krönung mit «Live Music Now» in London und der IMMA in Gstaad

1976 erschien Menuhins viel beachtete Autobiografie «Unvollendete Reise», gleichzeitig wurde durch die Canadian Broadcasting Corporation die Fernsehserie «The Music of Man» gestaltet. Viele Ehrungen würdigten seinen 60. Geburtstag. Die Internationale Menuhin Music Academy kam 1977 mit der Camerata Lysy überraschend aus Holland nach Gstaad und wurde unter seinem Schüler Alberto Lysy zum Juwel der Kulturszene der drei Talschaften Pays-d'Enhaut-Saanenland-Obersimmental und des Gstaader Musiklebens. Der Meister

performance venue, and with the backing of tourism director Paul Valentin, the church in Saanen became the birthplace of the Menuhin Festival in 1957.

Menuhin as educator and festival director

Beginnings of educational work in music

Having caught the bug of instructing young people, and driven by the thought of passing on his life experience, Menuhin's work became increasingly preoccupied with writing, educating and creating his festivals. Asides from his still extensive concert schedule, he became artistic director for the Gstaad festival in 1957 and served in the same position from 1959 to 1968 for the festival in Bath, England.

In 1963 he founded the Yehudi Menuhin School, initially in London and then in more extensive facilities in Stoke d'Abernon, Surrey. Today the Yehudi Menuhin School is an elite establishment for young, string musicians that is supported by the British government. He continued to tirelessly expand his festival in Saanenland, and from 1959 played and conducted an increasing number of orchestral works, including in 1966 the first Mozart opera. He also became excited when improvising with the likes of Ravi Shankar and embarked on a number of musical adventures such as performances with the jazz violinist Stéphane Grappelli. Having already received honorary citizenship rights in Grenchen in 1968, where he also became Swiss citizen, he received an honorary citizen certificate from the commune of Saanen. He also received numerous international distinctions, and from 1969 to 1975 he presided over the international council of music for Unesco. His political initiatives were remarkable: in 1971 he performed for Russian dissidents in Moscow, gave talks and wrote books. In 1974 he made the inaugural performance of Polyptique with Edmond de Stoutz and the Zurich Chamber Orchestra, which had been specially composed for him by Frank Martin. He also initiated the Bermuda Festival and impressed in Washington at the 200-year celebration party of the foundation of the United States in front of President Gerald Ford and Queen Elizabeth II.

1977 coronation with Live Music Now in London; IMMA Gstaad

In 1976 Menuhin's popular autobiography 'Unfinished Journey' appeared at the same time as the TV series The Music of Man created by the Canadian Broadcasting Corporation. Many distinctions recognized his 60th birthday.

The International Menuhin Music Academy (IMMA) in Gstaad joined forces with the Camerata Lysy from Holland, and under

Musik war sein Leben – Yehudi Menuhin probt mit dem Alphorn. | *Music was his life – Yehudi Menuhin practicing the alphorn.*

war dauernd unterwegs, wagte neue Wettbewerbe für junge Musiker, reiste 1979 nach China, wo er Ehrenprofessor am Pekinger Konservatorium wurde und Studenten für die IMMA mitbrachte. Trotz finanzieller Schwierigkeiten wuchs das Ansehen seiner Festivals und Schulen. 1982 wurde er Präsident auf Lebenszeit des Royal Philharmonic Orchestra.

Lord Menuhins Tod – ein Ende im Zenit der Anerkennung

1985 Britischer Staatsbürger und Ehrung zum Sir Yehudi

In den 80er und 90er Jahren verlagerte sich Menuhins Wirken immer mehr nach London in die Heimatstadt von Diana: Sir Yehudi erhielt 1987 von der britischen Königin den «Order of merit», wurde dann 1993 zum Baron mit dem Titel «The Right Honorable Lord Menuhin of Stoke d'Abernon» ernannt. Unermüdlich blieb der grosse Humanist und Musiker aktiv, dirigierte auf der ganzen Welt und gründete 1994 in Brüssel «MUS-E». Als musikalischer Leiter wirkte er bis 1996 in Gstaad und wurde als einer der bekanntesten Weltbürger und angesehener Humanist mit vielen Ehrungen überhäuft. Stolz war er auf die erste Zusammenkunft der «Assemblées des Cultures», seines «Kulturparlamentes» als Initiative für den Frieden im Rahmen der Unesco. Ganz überraschend starb er – nur ein Jahr nach seiner 1998 100-jährig verstorbenen Mutter Marutha – am 12. März 1999 in Berlin auf einer Konzerttournee mit seiner Sinfonia Varsovia. Ein gutes, rastloses Herz hat wenige Wochen vor dem 83. Geburtstag aufgehört zu schlagen.

the direction of his student Alberto Lysy, became the cultural jewel of the Pays d'Enhaut-Saanenland-Obersimmental valley regions and the centerpiece of musical life of Gstaad. The master was on the road all the time, tried new competitions for young musicians, traveled to China in 1979 where he became honorary professor of the Peking Conservatory, and brought back students for IMMA. Despite financial difficulties, the reputation of his festivals and schools grew. In 1982 he became lifetime president of the Royal Philharmonic Orchestra.

Lord Menuhin's death – at the peak of his recognition

1985: British citizenship and knighthood

In the 1980s and 1990s, Menuhin's work increasingly moved to London, his wife's hometown. He was given the Order of Merit by the Queen in 1987, and in 1993 he was named a baron with the title The Right Honorable Lord Menuhin of Stoke d'Abernon. He remained active as both a humanitarian and musician, conducted all around the world, and in 1994 founded MUS-E in Brussels. As musical director he worked in Gstaad until 1996 and distinctions piled up as one of the most famous cosmopolitans and respected humanitarians. He was particularly proud of the first gathering of the "Assemblées des Cultures" which stands for the initiative for peace within Unesco. He died unexpectedly on March 12 1999, just a year after his 100 year-old mother Marutha had passed away, during a concert tour with his Sinfonia Varsovia in Berlin. A good, restless heart had stopped beating just a few weeks before he was to celebrate his 83rd birthday.

Yehudi Menuhin über sich
Yehudi Menuhin on himself

Eindrücklich sind Auszüge aus dem Buch «Das musikalische Selbstporträt» von Josef Müller-Marein und Hannes Reinhardt (1963 im Nannen-Verlag, Hamburg, veröffentlichtes Rundfunkgespräch mit Menuhin):

Yehudi Menuhin – Das Spiel im Gleichgewicht

«Da ich mich vorstellen soll, bitte: Ich bin Geiger. Mein Name ist Menuhin, Yehudi Menuhin. Ich spreche diesen Namen nicht immer gleich aus; es hängt vom Lande ab, in dem ich gerade bin, von der Sprache, die ich gerade spreche. Dazu eine kleine Geschichte.
Unser – russischer – Name lautete ‹Nuchin›. Als mein Vater amerikanischer Bürger wurde, schlug man ihm vor, ein dreisilbiges Wort daraus zu machen: Menuhin. (…)
Meine Eltern sind in Russland geboren. Und zwar wuchs mein Vater in einer sehr frommen jüdischen Familie auf, in der es Sitte war, nach Palästina zu gehen, wenn die Kräfte sich erschöpften. Er kam jung nach Palästina. Er hielt es nicht aus. Er war ein Rebell (…) Er kam überein, nach Amerika zu gehen. Aber es stellte sich heraus, dass meine Eltern in New York nicht heimisch werden konnten. Sie träumten von Kalifornien.
Ich war kaum zwei Jahre alt, als sie sich entschlossen, mit diesem Traum Ernst zu machen. Es muss fast ebenso gefährlich und umständlich gewesen sein. Sie hatten kein Geld.
In San Francisco machte mein Vater die Leute mit seinen Talenten und Erfahrungen bekannt. Er war Mathematiker und Historiker, sprach russisch und hebräisch. Er war bewandert in der Religionsgeschichte. (…) und wurde Leiter aller hebräischen Schulen in der Gegend.
Glücklicherweise liebten meine Eltern die Musik und gingen fast jede Woche ins Orchesterkonzert.
Von allen Instrumenten ist mir von Anfang an die Geige am liebsten gewesen, und ich finde immer noch, dass ich recht gehabt habe. Die Geige ist mir schon deshalb lieb, weil ich gern etwas in der Hand habe, etwas das ich mit mir nehmen kann. Ich putze immer meine Geige, ich sehe sie gern an. Eine Violine ist ein schönes Stück Schöpfung. Sie lebt. Ihr Holz ist nicht tot. Die Geige vibriert von Leben. Und man fühlt das

Some of the most impressive excerpts from the book The Musical Self-Portrait by Josef Müller-Marein and Hannes Reinhardt (radio interview with Menuhin, published in 1963 by Nannen Verlag, Hamburg).

Yehudi Menuhin – a life in equilibrium

"*So I am asked to introduce myself: well, I am a violinist. My name is Menuhin, Yehudi Menuhin. I do not pronounce my name the same way all the time; it depends on the country I am in, and on the language I am speaking at that moment. This brings up a short aside.*
Our Russian name was Nuchin. When my father became an American citizen he was recommended to make a three syllable word out of his name: and so it became Menuhin.
My parents were born in Russia. My father grew up in a very religious Jewish family, where it was tradition to go to Palestine when inner strength was waning. He went to Palestine when he was young. He could not stand it. He was a rebel. He decided to go to America. But it turned out that my parents did not feel at home in New York…they dreamed of California.
I was two years old when they decided to make this dream come true. It must have been both dangerous and complicated. They did not have any money. In San Francisco my father introduced his talents and experience to people; he was a mathematician and historian who spoke Russian and Hebrew, with knowledge of religious history. So he became director of all the Hebrew schools around there.
Thankfully my parents loved music and went to an orchestral concert nearly every week.
From the very beginning, I loved the violin most out of all the instruments, and I still think this. I love the violin because I like holding something in my hands, something that I can take with me. I always clean my violin and I like looking at it. A violin is a beautiful creation. It lives. Its wood is not dead. The violin vibrates with life and one can feel the vibration. One caresses it. When one plays the violin it is like a tender embrace.
The first piece I played in public was called Scène de Ballet. This was at a Christmas celebration where many kids showed off what they had learned.

«Ich weiss nicht, was aus mir geworden wäre, wenn ich nie eine Geige bekommen hätte.»

Yehudi Menuhin

Vibrieren. Man tastet es an. Wenn man die Geige spielt, ist es wie eine einzige Umarmung.
Mein erstes Stück, das ich öffentlich spielte, hiess ‹Scène de ballet›. Dies passierte bei einem Weihnachtsfest, an dem viele Kinder zeigten, was sie gelernt hatten. (…)
Ich bin in meinem ganzen Leben nur zwei Tage in der Schule gewesen. Ich sage dies ohne jeden Stolz. Ich habe etwas vermisst, was in meinem Leben nicht hätte fehlen sollen.
Aber meine Eltern hatten ihre Kinder viel zu lieb und wollten sie im Haus behalten. Sie haben meiner Schwester und mir Lesen und Schreiben beigebracht und gute Privatlehrer gegeben. Ich glaube, ich hätte die Begabung gehabt, ein Mathematiker zu werden. Aber die Eltern hatten die Musik ihren Kindern zum Lebensinhalt gemacht. Sie gaben mir zuerst den Konzertmeister Persinger als Lehrer. (…)

I went to school for only two days in my entire life. I say this without any pride for I missed something that I should not have missed in my life.
But my parents loved their children too much and wanted them to stay at home. They taught me and my sister reading and writing and gave us good private teachers. I think I could have been a mathematician. But our parents made music the center of life for their children. At first, they gave me the concert master Persinger as my teacher.
One thing that always went well throughout my years of studies was that I managed to find masters who were more musicians than violinists – although they also played marvelously. None of my teachers focused on teaching me the violin. This seemed too

GSTAAD UND DIE MENUHINS

> "Everyone should in some way be creative, irrespective of the quality of that which he creates."
>
> Yehudi Menuhin

Eines hat sich gut getroffen in meinen Lehrjahren: Ich habe immer Meister gefunden, die mehr Musiker als Geiger waren, so herrlich sie auch spielten. Das eigentlich ‹Geigerische› hat keiner meiner Lehrer mich gelehrt. Dies schien etwas Selbstverständliches zu sein. Wir haben nur Musik gemacht. Später freilich, viel später habe ich mir Gedanken über die Geigentechnik gemacht. Die ersten zwanzig Jahre meines Lebens jedoch hatte ich nur mit Musik zu tun; das Geigen war nur ein Mittel dazu.

Als ich – elfjährig – nach Europa ging, war die ganze Familie mit von der Partie. Ich ging also 1926 nach Paris, um bei dem berühmten Enescu zu studieren.

Es ist sehr bedauerlich, dass George Enescu in den deutschen Ländern wenig bekannt geworden ist. Dabei hatte er in Wien studiert. Er hatte Brahms noch persönlich gekannt. Er war schliesslich der einzige Musiker, der die deutsche und die französische Tradition in sich selbst vereinte, denn von Wien zog es ihn nach Paris, wo er bei dem Komponisten Gabriel Fauré und dem Geiger Marteau studierte. Es kam der Erste Weltkrieg. Er blieb in Paris. (…) Aus Patriotismus wollte der Rumäne Enescu nie wieder nach Deutschland gehen. Seine Prinzipien waren streng und stark.

Er war immer bereit, sich selber zu opfern. Wenn ein Schüler zu ihm kam, wenn jemand ihn um Hilfe bat – immer war er bereit, seine Zeit, sein Geld, seinen Schlaf hinzugeben. Er fand am Ende seines Lebens nicht die Verehrung und Hilfe, die er verdient hätte. (…)

Ich glaube, dass er der grösste Musiker war, dem ich je begegnet bin. Er war ebenso genial als Dirigent und Klavierspieler wie als Geiger. Er war ein universelles Genie. Übrigens sagte er nach anderthalb Jahren seines Unterrichts: ‹Jetzt musst du zu einem Deutschen in die Lehre gehen, am besten zu Adolf Busch! Von mir hast du vorläufig genug!› Busch lebte damals in Basel, wo ich die nächsten beiden Jahre blieb. Meine Familie kehrte nach San Francisco zurück.

In der Überzeugung, dass Enescu mit seinem Vorschlag recht hatte, rate auch ich immer jungen Leuten, sich mindestens zwei Meister zu besorgen! Solange man nur einen Lehrer hat, bleibt man Schüler. Und schliesslich hat uns die Natur zwei Eltern gegeben. (…)

obvious. We simply made music. Naturally much later on I thought about violin technique. But for the first twenty years of my life I was only concerned with music; playing the violin was just the means to that end.

When I was eleven years old the whole family went to Europe. In 1926 I went to Paris to study under the famous George Enescu. It is such a shame that Enescu did not become famous in German-speaking countries, despite the fact that he had studied in Vienna. He even used to know Brahms personally. He, after all, was the only musician who combined the German and French traditions, because he was drawn from Vienna to Paris where he studied with the composer Gabriel Fauré and the violinist Marteau. Then the First World War started. He stayed in Paris. Out of patriotism the Romanian Enescu never wanted to go back to Germany. His principals were strict and strong. He was always willing to sacrifice himself. When a student came to him or when somebody asked for help, he was always there to give his time, his money, even his sleep. At the end of his life he did not find the adulation and assistance that he deserved.

I think he was the greatest musician I have ever met. He was as genius a conductor as he was pianist and violinist. He was universal brilliance. But after 1½ years of studies he told me: "Now you must go to study with a German, and best would be Adolf Busch! For the time being, you have had enough of me." At the time Busch lived in Basel where I stayed with my family for the next two years before returning to San Francisco.

I am convinced that Enescu was right with his proposal, and as a result I also advise young people to get at least two masters. As long as one has only one teacher, one remains a student. And after all, nature also gave us two parents.

Right from the beginning, Busch taught me about respect for the original. He insisted on the value of each and every note that his masters such as Bach and Mozart scribed. He stuck to the notes; although he also understood that they were just notes and that the music hidden within them could only be awakened with passion. Busch was very exacting but never pedantic; he was not an academic so much as a romantic German. And because he was German and committed to the traditions of his country, he adhered carefully to the texts of the composers. If I had not become Busch's student, my playing might have remained undisciplined in perpetuity…

Busch hat mir von Anfang an Respekt für den Urtext beigebracht. Er bestand auf jedem Notenwert, den ‹seine› Meister, wie Bach und Mozart, niedergeschrieben hatten. Er hielt auf die Zeichen, obwohl er wusste, dass es nur Zeichen sind, hinter denen sich die Musik verbirgt, die erst durch Enthusiasmus geweckt werden kann. Busch war sehr genau, doch nie pedantisch; er war nicht ‹akademisch›, er war romantisch-deutsch. Und weil er deutsch und der Tradition seines Landes verpflichtet war, hielt er sich sorgfältig an die Texte der Komponisten. Wäre ich nicht Buschs Schüler geworden, so wäre mein Spiel vielleicht stets undiszipliniert geblieben. (…)

Ich habe als Kind schon konzertiert. Ich habe als Elfjähriger sogar die Bachsche Chaconne und das Beethoven-Konzert und viele andere Werke aus dem Repertoire der grossen Geiger öffentlich vorgetragen. Dies hat die Menschen verblüfft. Aber ich finde daran nichts Aussergewöhnliches. Ich glaube, dass ein Kind sehr intensiv empfindet. Ich weiss noch, dass mir damals das Leben zugleich sehr heiter und sehr traurig vorkam. Ich dachte in kindlicher Weise darüber nach und konnte nicht verstehen, warum so viele Menschen kein zufriedenes Leben führten und warum die Welt voller Unglück sei. Ich hatte vor, die Welt zu verbessern. Ich wusste nicht, wie dies geschehen könne. Aber ich war sicher, dass es möglich sei. (…)

Als ich ausgelernt hatte und meiner Sache sicher war, gab ich mein erstes Konzert in Berlin. Und damit begann ein anderes Leben. Bruno Walter dirigierte. Ich weiss nicht, warum es so war, aber es scheint, dass in diesem Konzert alles zugegen war, was in der deutschen Kunst und Wissenschaft Rang und Namen besass. Einstein war im Konzert. Sowohl er als beispielsweise Carl Fleisch und Piatigorsky haben mir später gesagt: ‹Ja, ich weiss es noch gut! Ich war in Ihrem ersten Berliner Konzert.› Seither bin ich jedes Jahr in Berlin eingekehrt, bis die Hitlerzeiten kamen…

Ich sah Berlin bald nach dem Kriege wieder. Die Philharmoniker hatten mich eingeladen, mit Furtwängler zu spielen. Es waren damals die Tage der Hoffnung. … Ich war ja nach Berlin gekommen, weil ich helfen wollte, die Wunden zu heilen und die Fäden neu zu knüpfen, die zerrissen waren. (…)

Even as a child I performed concerts. As early as eleven years old, I had given public performances of Bach's Chaconne, the Beethoven Concerto and many other works of famous violists. This amazed people, but I don't find it all that outstanding. I think a child feels in a particularly intense way. I know at that time life seemed both very happy and very sad. I thought in a child's way about the world around me, and was not able to understand why so many people were not living a contented life and why the world was so full of disaster. All I knew was that I wanted to change the world. I did not know how, but I was sure it was possible.

When I had completed my studies and was confident in what I was doing, I gave my first concert in Berlin. And with that a different life began. Bruno Walter conducted. I don't know why, but it seemed as if everybody of note in the world German arts and sciences was there. Einstein was at the concert. He and others such as Carl Fleisch and Piatigorsky later told me: "Yes, I remember it well! I was at your first concert in Berlin". I went to Berlin every year after that, at least until the Hitler era began…

I saw Berlin again shortly after the war. The Philharmonic invited me to play with Furtwängler. This was a time of hope. I went to Berlin because I wanted to help to heal wounds and to tie anew the connections which had been broken…

Bartók had, in my opinion, the key to the world of new music, even though he would get angry when told that his work was atonal. This was the way that he himself explained one passage of his violin concerto to me where a twelve-note combination repeats itself.

It is music that opened me up to German culture in my youth, and this interest was furthered when I later got to read Goethe. But it is with much regret that I saw how a major German author, a master of language, is hardly remembered even in Germany; philosopher Constantin Brunner had to flee to Holland during the Hitler era because he was a Jew. He died there. I have read almost all of his books with passionate interest because with no author have I been able to see problems of life and death – so great a concern of mine – so clearly depicted.

Throughout many years there was little dichotomy in my life. Everything seemed harmonious. What I did was pretty much what

Yehudi Menuhin – Ein ausgefülltes Künstlerleben

Der nachdenkliche Philosoph.
The contemplative philosopher.

Bartók besass, wie ich glaube, den Schlüssel zur Welt der neuen Musik, auch wenn er selber wütend war, wenn man ihm sagte, dass seine Werke atonal seien. So hat er mir selber eine bestimmte Passage seines Violin-Konzerts erklärt, wo eine Zwölfton-Figur immer wiederkehrt. (…)

Es ist die Musik, die mich schon in meiner Jugend aufgeschlossen hat für die deutsche Kultur, mit der ich später durch die Lektüre Goethes vertraut wurde. Aber voll Bedauern sah ich, dass ein grosser deutscher Schriftsteller, ein Meister der Sprache, in Deutschland kaum noch in Erinnerung war: Philosoph Constantin Brunner, der, weil er Jude war, während der Hitlerzeit nach Holland flüchten musste und dort gestorben ist. Ich habe fast alle seine Bücher gelesen, mit leidenschaftlichem Interesse, weil ich die Probleme um Leben und Tod, die mich selber beschäftigen, nie so klar dargestellt gesehen hatte. (…)

Lange Jahre hindurch hat sich wenig Zwiespalt in meinem Leben gezeigt. Es schien mir harmonisch. Was ich getan habe, war ungefähr das, was ich hatte tun wollen. Aber allmählich regte sich die Absicht, weniger zu reisen und mehr zu Hause zu bleiben.

Aus meiner ersten Ehe habe ich einen Sohn und eine Tochter, aus der zweiten zwei Buben. Und jedes Mal, wenn ich meine Familie verlassen musste, war mir der Abschied schwer. So strich ich erst einmal die fernen Länder Japan, Indien und Australien aus dem Reiseprogramm – ferne Länder von London und von Gstaad in der Schweiz aus gesehen, wo wir hauptsächlich wohnen.

In England, und zwar in Bath, habe ich sehr schöne Konzert-Festwochen einrichten können. Und dann auch in der Schweiz, in Gstaad. Das macht mich froh, weil ich dort kein eingeladener Gast bin, der zum Konzertieren aufgefordert wird. Es handelt sich nicht allein um mein Geigenspiel, sondern es geht um Musik.»

I wanted to do. But gradually the desire to travel waned and I yearned to be at home more. From my first marriage I have a son and a daughter, and from the second marriage two boys. Every time that I had to leave my family, saying goodbye was hard. So I started to cancel tours, beginning with the far off countries such as Japan, India and Australia – far at least from the places we lived at that time, mostly London and Gstaad, Switzerland.

In England, namely in Bath, I was able to set up beautiful concert festival weeks. I also did this in Switzerland, in Gstaad. I like these festivals because I am not an invited guest who is asked to perform. It is not only about me playing the violin, it is about the music."

«Unser Leben braucht ein Ziel;
an uns liegt es, dafür den
rechten Weg zu wählen.»

Yehudi Menuhin

Üben, üben... (Yehudi Menuhin 1927).
Practice makes perfect (Yehudi Menuhin in 1927).

Yehudi Menuhins «Lehrmeister»
Yehudi Menuhin's masters

Das Wunderkind erlebte 1926 auf der ersten Europareise in Brüssel eine entmutigende Begegnung mit dem berühmten Violinisten Eugène Ysaye, dem von Eltern und Persinger erhofften Geigenlehrer für Yehudi. Nach gelungenem Vorspiel endete der Besuch als Fiasko: «Für mich war der ganze Auftritt weniger ein Vorspielen als eine Huldigung für einen verehrungswürdigen König, der durch Leibesumfang, Entwicklung, Alter und Ehrenlast fast erschreckend wirkte» («Unvollendete Reise»).

Yehudi wusste, sein absoluter Meister konnte nur Enescu sein. Wieder in Paris, kämpfte sich der 10-jährige Knabe «ohne Unterstützung durch Eltern oder Schwestern» ins Künstlerzimmer vor, bestürmte den 47-jährigen Meister: «Ich will bei Ihnen studieren.» «Das muss ein Missverständnis sein, ich gebe nie Privatunterricht.» Yehudi wollte unbedingt vorspielen, was ihm frühmorgens bei Enescus Kofferpacken gelang und beiden eine treue lebenslange Freundschaft geschenkt hat. «Er war die stützende Hand der Vorsehung, die Inspiration, die mich emportrug», schrieb Menuhin, obschon der berühmte Rumäne das Geigenspiel schon als «vertane» Zeit ansah und nur noch komponieren wollte.

On his first European trip in Brussels in 1926, the wunderkind experienced a daunting encounter with the famous violinist Eugène Ysaye, who Yehudi's parents and Persinger hoped would be his violin teacher. After a successful audition, the visit ended in a fiasco: "There stood a Jovian figure, a man so immense that a viola in his arms would have seemed no bigger than a violin and his Guarnerius three-quarters size, drawing with across-the-string sweeps and his incomparable vibrato sounds as warm, as rich as the instrument has probably ever produced." ('Unfinished Journey').

Yehudi knew that his ultimate master could only be Enescu. Back in Paris, without the help of his parents or his sisters, the 10-year-old boy fought his way through to the artist's room and assailed the 47-year-old master: "I should very much like to study with you, Mr Enescu", said Yehudi. "But I don't give private lessons", replied Enescu. "But I m u s t study with you – p l e a s e let me play for you." Yehudi desperately wanted to play for him, which he succeeded in doing early in the morning while Enescu was packing his suitcases; the mini-performance resulted in a true and lifelong friendship for both. "He was the supporting hand of destiny, the inspiration that uplifted me", wrote Menuhin, although the famous Romanian thought that playing the violin was "a waste of time" and just wanted to compose.

Yehudi Menuhin – Ein ausgefülltes Künstlerleben

01 Bei seinem Meister hat man nie ausgelernt...
You never stop learning from your master...
02 Yehudi fühlt sich glücklich bei George Enescu (Foto 1927). | *Yehudi with George Enescu (1927).*

Wer war George Enescu?
Der Rumäne wurde im August 1881 (Geburtsjahr von Bartók) als achtes Kind einfacher Eltern in der Moldauebene (Liveni) geboren. Er verlor früh seine Geschwister. Schon mit vier Jahren wollte er eine Geige, begann das Studium fünfjährig mit dem Musiker Cadella (Schüler von Henri Vieuxtemps), der das Talent mit sieben Jahren ans Wiener Konservatorium weiterschickte. Schon mit 13 Jahren wurde der jugendliche Violinist am Pariser Conservatoire von Jules Massenet aufgenommen, erlebte 1897 erste Erfolge als Komponist (sinfonische Suite «Poême Roumaine», eine Violinsonate und Klaviersuite) und gewann 1898 den ersten Preis für Violine. Fulminant entwickelte sich seine dreifache Laufbahn als Komponist, Virtuose und Dirigent: er gab Interpretationskurse in Paris, Rumänien und den USA, wurde zum Weltbürger und als renommierter Komponist beklatscht. Gerne genoss er die Sommermonate in den Bergen Rumäniens und in seiner «Villa des Lichtes» in Sinaia, einem vom jungen Menuhin bewunderten Traumhaus, das der stolze Rumäne für die Prinzessin Cantacuzène gebaut haben soll. Enescu war in Paris Rumäne – in Rumänien aber Symbol und treuer Freund der Königsfamilie. Erst nach 1946 blieb der grosse Musiker definitiv in Paris und komponierte unermüdlich bis zu seinem Tod am 4. Mai 1955. Er wurde in den letzten Lebensjahren sehr von Menuhin umsorgt. Wie viele Musiker liegt auch er in würdiger Grabstätte auf dem Prominenten-Friedhof Père Lachaise.

Who was George Enescu?
George Enescu was born in Romania in August 1881 (the same year as Bartók). He was the eighth child of simple parents in Liveni in the Moldovian plains but lost his siblings early on. As early as four years old he wanted a violin. He started his studies when he was five with the musician Cadella (student of Henri Vieuxtemps) who sent the seven year-old talent to the Viennese academy of music. The young violinist got accepted to Jules Massenet's Paris Conservatoire when he was just 13, had his first successes as a composer in 1897 (the symphonic violin sonata and piano suite Poême Roumaine), and in 1898 won the first prize for violin. His tri-faceted talent as composer, virtuoso and conductor developed rapidly: he gave interpretation classes in Paris, Romania and the US, became a cosmopolitan and was applauded as a renowned composer.
He loved to spend the summer months in the mountains of Romania in his Villa of Light in Sinaia. The young Menuhin admired this dream house which the proud Romanian apparently built for Princess Cantacuzène.
While Enescu was Romanian in Paris, in Romania he was a symbol and loyal friend of the royal family. Only after 1946 did the great musician settle permanently in Paris and he composed tirelessly until his death on May 4 1955. Menuhin looked after him during his final years, and as with many musicians, he was buried in a dignified grave in the distinguished Père Lachaise cemetery.

Wer war Constantin Brunner (1862–1937)?

Am 30. August 1987 widmete Yehudi Menuhin im Festivalprogramm das Konzert des Zürcher Kammerorchesters dem Andenken an den grossen deutschen Philosophen Constantin Brunner. Er würdigte den eindrücklichen Denker und Philosophen, dessen bedeutende Werke während des Naziregimes in Deutschland unterdrückt wurden. Menuhin gestand, dass Brunners Werk in seinem Leben einen grossen Einfluss hinterlassen hatte, obschon er dem Philosophen zeitlebens nie begegnete, aber kurz nach dem Tod von Constantin Brunner am 27. August 1937 im Exil in Holland durch Freunde auf dessen Werk aufmerksam gemacht worden war. Die eindrücklichen, tief menschlichen Gedanken haben ihn fasziniert und im Leben stets begleitet. Deshalb wollte er auch in Gstaad des grossen Philosophen gedenken: Das feierliche Konzert fand 125 Jahren nach Brunners Geburt am 28. August 1862 und 50 Jahre nach dessen Tod statt.

Yehudi Menuhin hat den in besonderer Weise auf Musik gegründeten Führungsanspruch immer auf Brunners philosophisches Werk abgestützt und zitierte dazu die «Zeitschrift für Philosophische Forschung»:

«Ausgangspunkt des Brunnerschen Systems ist die Lehre von der absoluten Wahrheit. Es ist die gleiche Wahrheit, die Spinoza nennt: Deus sive natura sive substantia, die Idee der Ideen bei Platon, die Wahrheit des Parmenides und Herakleitos, der Geist Hegels, die Wahrheit der alten chinesischen Philosophie, der alt-indischen Mystik, die Wahrheit des ‹Jahwe Echad› der Bibel, die Wahrheit aller grossen Geistigen aller Zeiten.»

Erst 2002 ist in der Schriftenreihe des «Internationaal-Brunner Instituut Den Haag» und der «Constantin-Brunner-Stiftung Hamburg» unter «Musik im Dienste der Humanität» eine Würdigung der denkwürdigen Beziehung von Yehudi Menuhin zu Constantin Brunner erschienen. Der Autor Johannes Peters geht darin der philosophischen Kernfrage Menuhinschen Denkens nach und sucht nach Wesen und Berechtigung des Anspruches, von der Musik her die Humanisierung des existentiellen Lebewesens «Mensch» zu fördern – eine lesenswerte «Brunnerrezeption Yehudi Menuhins».

Who was Constantin Brunner (1862-1937)?

In the 1987 festival program, Yehudi Menuhin dedicated the August 30 concert of the Zurich Chamber Orchestra to the memory of the great German philosopher Constantin Brunner. He recognized the impressive thinker and philosopher whose famous works were suppressed during the Nazi regime in Germany. Menuhin acknowledged that although he had never met the philosopher during his life (he died on August 27 1937 in exile in Holland), Brunner's work had left a lasting impression on him. He was made aware of Constantin Brunner's works by friends shortly after his death, and the impactful, deeply humanitarian thoughts fascinated him and accompanied him throughout his life. He therefore wanted to commemorate the great philosopher in Gstaad, and the ceremonial concert took place 125 years after Brunner's birth on August 28 1862 and 50 years after his death.

Yehudi Menuhin always based his claim to leadership through music on Brunner's philosophical work and quotes: "The starting point of Brunner's system is the lesson about the absolute truth. It is the same truth which is mentioned by Spinoza: "Deus sive natura sive substantia", the idea of ideas of Plato, the truth of the Parmenides and Heraclites, the spirit of Hegel, the truth of old Chinese philosophy, of old Indian mysticism, and of the Jahwe Echad in the Bible; the truth of all great spiritual people of all times" ('Magazine for Philosophical Research').

It was not until 2002 that the memorable relationship between Yehudi Menuhin and Constantin Brunner was recognized in a book entitled 'Music in the service of humanity' which appeared in a publication of International Brunner Institute of the Hague and the Constantin-Brunner-Foundation of Hamburg. The author, Johannes Peters, pursues the key philosophical question of Menuhin's thinking and explores if it is possible to humanize mankind through music – an essay about Menuhin well worth reading.

B.K.S. Iyengar wird Menuhins Guru

«Für meinen besten Geigenlehrer B.K.S. Iyengar» hat Menuhin 1954 auf die dem Freund geschenkte Omega schreiben lassen. Schon 1952 wurde ihm auf der zweimonatigen Indienreise (Einladung von Premierminister Nehru) in Bombay vom Geiger-Dirigenten Mehli Mehta, Vater des Dirigenten Zubin Mehta, nach Konzertproben und Testen vieler Yogi-Kandidaten der wenig jüngere Südinder Bellur Krishnamachar Sundararaja Iyengar wärmstens empfohlen – der Anfang einer eindrücklichen Freundschaft.

Zum Yoga-Schlüsselerlebnis wurde für Menuhin auf der Neuseeland-Tournee im Juli 1951 ein kleines Yogabuch, das er auf der Konzertreise durch Neuseeland in Auckland in einem Wartezimmer fand:

«Yoga, sowohl als körperliches Exerzitium wie als philosophisches System, kannte ich nur vom Hörensagen, aber diese kurze Einführung in das Hatha-Yoga, auch ‹Asanas› genannt, traf mich mit der Kraft der Erleuchtung», schrieb Menuhin (in «Sinn und Zeit» in seiner «Unvollendeten Reise»). Begeistert studierte er Übungen zur Entspannung, lernte den Kopfstand, was er 1952 beim Zusammentreffen mit der Familie Nehru beweisen konnte.

«Am ersten Abend in Delhi forderte Pandit Nehru mich heraus, so dass ich ihm zeigte, was ich konnte: etwas unsicher stand ich auf dem Kopf, kritisch beäugt von seiner Tochter Indira Gandhi, seiner Schwester Nan Pandit und einigen Regierungsmitgliedern.»

Dieses Ereignis fand den Weg in die Presse und ebnete Yehudis Weg in Indien: ein «Leben mit Yoga» begann, indische Kultur und Lebensform blieben bei Menuhins präsent.

Schon 1954 kam Iyengar erstmals nach Gstaad, eine Begegnung, die 50 Jahre

BKS Iyengar becomes Menuhin's Guru
In 1952 on his two-month trip to India (by invitation of Prime Minister Nehru) the South Indian Bellur Krishnamachar Sundararaja Iyengar was recommended highly to him by violinist and conductor Mehli Mehta, father of the conductor Zubin Mehta. It was the beginning of a long-lasting friendship.

The crucial yoga moment for Menuhin had taken place while on his tour of New Zealand in July 1951 when he found a small yoga book in a waiting room:

"Yoga, whether physical jerks or philosophical system, I had never so much as heard of, but this little introduction to Hatha Yoga – that is, the bodily postures, or asanas – struck me with the force of a revelation", wrote Menuhin in 'Unfinished Journey'.

He enthusiastically studied exercises to relax, and learned the headstand which he was able to show off in 1952 when he met with the Nehru family.

"On our first evening in Delhi, challenged by Pandit Nehru to show what I could do, I stood on my head in a somewhat rickety and unsatisfactory fashion, under the critical gaze of his daughter Indira, his sister 'Nan' Pandit, and a few members of the government."

This event found its way into the press and opened up India to Yehudi, marking the beginning of a life with yoga and characterized by the omnipresence of Indian culture and way of life with the Menuhins.

1954 was the year that Menuhin gave his friend an Omega watch engraved: "For my best violin teacher BKS Iyengar". It was also the year that Iyengar first came to Gstaad, an encounter which was recognized 50 years later at the 2004 Menuhin Festival with an exhibition in the festival tent.

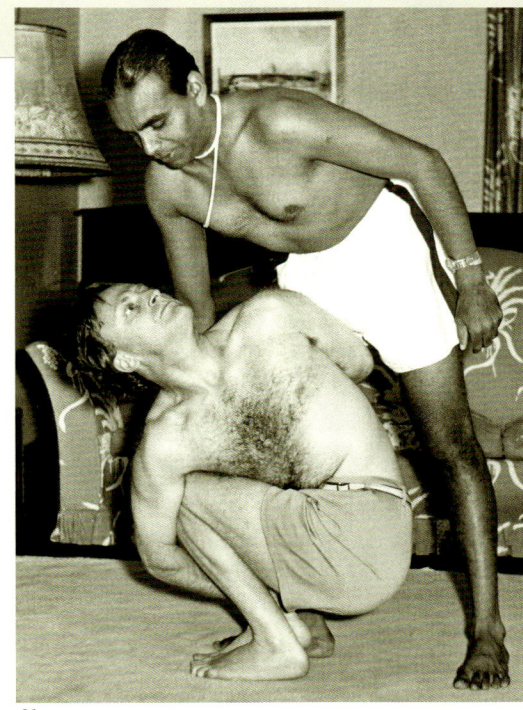

01

The American Reporter, Oct. 21, 1970
The Violinist and the Yogi
Though Mr Iyengar has taught yoga to many celebrities in India and abroad, he considers Menuhin as his „foremost disciple „.. „None has been a more devoted pupil and a lovable human being to me than Yehudi," he says.
Yehudi Menuhin says about Mr. Iyengar: „He is my master and my Guru. What I don't know in myself Mr. Iyengar knows. He knows more about me than myself. Ever since I became his pupil and followed his course of exercises, I have not had any drug or medicine to cure any illness. I would trust him completely with my sons on top of a mountain in a thunderstorm, and know he would bring them back unharmed."
02

03

01 Der Meister mit seinem Schüler Yehudi Menuhin.
The master with his student Yehudi Menuhin.
02 Amerikanischer Zeitungsbericht von 1970.
American newspaper article from 1970.
03 Die beiden Genies im Gespräch.
The two geniuses in conversation.

GSTAAD UND DIE MENUHINS { 31 }

Yehudi Menuhin – Ein ausgefülltes Künstlerleben

später am Menuhin Festival 2004 mit einer Ausstellung im Festivalzelt gewürdigt wurde.

In «Die Familie formiert sich» («Durch Dur und Moll») hat Diana Menuhin nach dem Kapitel «Indien» die «ihre Stimmung nicht hebende» Ankunft im Chalet «Les Frènes» beschrieben:

«Die Auffahrt herauf schritt im durchnässten Dhoti Mr. B.K.S. Iyengar, Yehudis Leibguru. Mit einem gedämpften Ausruf eilte Yehudi vom Tisch weg und schoss in die Halle, um die Vordertüre zu öffnen und Mr. Iyengar mit einer Umarmung zu begrüssen... ‹Darling, habe ich es dir nicht gesagt?› fragte Yehudi mit unschuldiger Miene. ‹Mr. Iyengar verbringt den Sommer mit uns›... Ebenso wenig hatte er uns gesagt, dass Yoga-Übungen in diesem Sommer eine gemeinschaftliche Anstrengung sein würden. Wir alle mussten um sieben Uhr früh für die Tagesübung aufstehen...»

Der indische Guru hat die Schweiz bis 1972 13 Mal besucht, gab viele Yogakurse und Demonstrationen (am 11. August 1962 und 15. August 1965 im Hotel Landhaus Saanen), kam 1986, 1990 und 1997 nach Basel, Bern und Zürich, um zu unterrichten. Am 14. Dezember 2003 konnten ihm zum 85. Geburtstag im Yoga-Zentrum im indischen Poona (Pune) Mitglieder der Iyengar-Gesellschaft die Fotoserie über die Saaner Yoga-Abende schenken.

Menuhin hat 1952 in Indien seine Begeisterung für den seit 1947 unabhängigen Staat gefunden, für «indische Eigenschaft der Heiterkeit, der meditativen Vereinigung mit dem Unendlichen, wie in der unendlichen Liebe», was er dank Sitarspieler Ravi Shankar später auch in der indischen Musik erlebte, wie Diana Menuhin schön ausgedrückt hat:

«Yehudi summte die ganze Zeit wie eine Hummel über einer besonders prächtigen und schönen Blume. Alles Indische war für ihn ein Labsal, wie geschaffen für Seele, Herz und Gemüt, für seine Augen, Ohren und Nase.»

Kopfstand zu dritt. | *Triple headstand.*

In 'The Family Forms Itself' ('Fiddler's Moll'), Diana Menuhin described the arrival at Chalet Les Frènes:
"Up the drive, his soaking dhoti clinging to his muscular legs, strode Mr B.K.S. Iyengar, Guru-in-Chief to Yehudi Menuhin. With a muffled sound, Y scuttled from the table and shot into the hall to open the front door and give Mr Iyengar a welcoming hug. I stood while the puddle round poor Iyengar gradually reached his ankles and waited. 'Darling, didn't I tell you?' asked Y innocently. 'Mr Iyengar is spending the summer with us'. Nor had he told us that yoga sessions that summer were to be a communal activity. We were all, including 'Miras', as the small boys called Zamira affectionately, required to rise at 7 a.m. for the day's exercises."

By 1972, The Indian guru had visited Switzerland 13 times, and had given many yoga classes and performances, including on August 11 1962 and August 15 1965 at Hotel Landhaus Saanen. He also came to teach in 1986, 1990 and 1997 in Basel, Bern and Zurich. On December 14 2003, members of the Iyengar association gave him a photo series about the yoga evenings in Saanen as an 85th birthday present.

But it was in 1952 in India that Menuhin discovered his enthusiasm for the newly independent country, "for Indians' cheerful ways, and the meditative engagement with the eternal, such as endless love". He also experienced this later through Indian music, notably by the sitar player Ravi Shankar. Diana Menuhin expressed it best when she said: "Yehudi was, of course, humming like a bumble-bee over a particularly rich and beautiful flower. Everything Indian suited his soul, heart and mind, his eyes, ears and nose."

YOGA-Vorführung
durch B.K.S. IYENGAR
(Lehrer Yehudi Menuhins)

Sonntag, den 15. August 1965
20.30 Uhr im Hotel Landhaus, Saanen
Eintrittspreise Fr.10.-, 5.- und 3.-
Der Reinertrag ist bestimmt für die Dorfschule in Bellur (Indien)
Jedermann ist zu dieser Vorführung freundlich eingeladen.

Démonstration de Yoga
par B.K.S. IYENGAR
(professeur de Yehudi Menuhin)
à la salle de l'hôtel Landhaus, Saanen
Samedi, 11 août 1962 à 17 h
Prix d'entrée: Frs 10.-, 5.-, 3.-, 2.-

Réservations des places:
Bureau de renseignements Gstaad,
tél. 9 40 55, ou à l'hôtel Landhaus Saanen,
tél. 9 45 25

Inserate aus dem «Anzeiger von Saanen» von 1965 und 1962.
Advertisements in the Anzeiger von Saanen from 1965 and 1962.

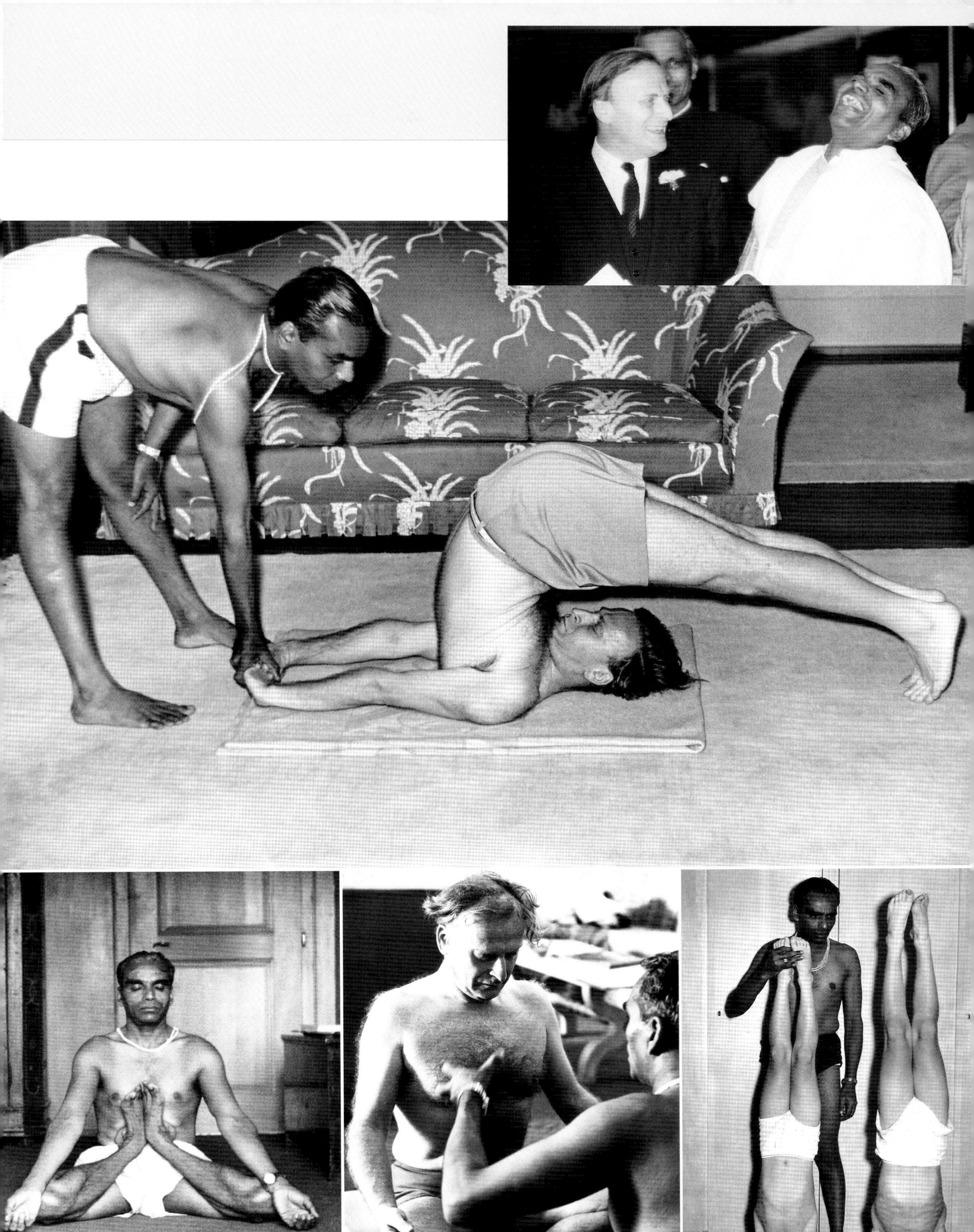

Yehudi Menuhin und seine Familie
Yehudi Menuhin and his family

War er wirklich ein so unglückliches Kind seiner sehr strengen und armen, unabhängig und unverheiratet aus dem damaligen Palästina und Jerusalem nach den USA ausgewanderten Eltern? Die Familie wurde zu Yehudis wichtigstem Umfeld: Weder die intelligente Mutter Marutha noch der «Lehrer-Vater» Moshe liebten das «Herumtrödeln».

Glücklich war Yehudi mit seinen jüngeren Schwestern Hephzibah (1920) und Yaltah (1921), für die er stets Zuflucht bildete und zum Spielen bereit war. Diese innige Geschwisterbeziehung schenkte später unvergessliche Musikabende mit den beiden Pianistinnen. Der frühe Hinschied von Hephzibah – der «Erwarteten» – hat ihn tief erschüttert. Sie stand ihm immer am nächsten: «Ihre einzige Möglichkeit, zur Kindheit zurückzukehren, war mit mir», sagte er 1994 betroffen, voller Selbstvorwürfe über sein Versagen, die Lebensprobleme seiner Nächsten zu spüren. Sie war seine erste Verehrerin, war alles für ihn, seine Lebensbegleiterin, aber auch seine beste Pianistin seit dem ersten gemeinsamen Auftritt 1932 in der «Salle Pleyel» in Paris. Unvergessen bleiben die Trioabende mit dem Cellisten Maurice Gendron.

Yaltah, die jüngere Schwester, war mit Yehudi weniger eng verbunden, beeindruckte durch ihre eigene Persönlichkeit und wagte oft kritische Äusserungen über die Menuhins.

Wenig bekannt war die erste, scheinbar durch die Mutter erzwungene Verbindung mit der bildschönen, lebhaften und beliebten jungen Australierin Nola Nicholas, die er 1938 nach einer Schiffsreise heiratete, die ihm Tochter Zamira und den ersten Sohn Krov schenkte. Die Ehe mit Nola wurde immer problematischer, obschon Nola und Yehudi lange versuchten, die Familie und Ehe zu retten, da beide Kinder unter dem schwierigen Familienverhältnis litten. Hatte Yehudi Menuhin keine Zeit, um seiner Vaterrolle gerecht zu werden?

Diana Gould, eine schöne, vielseitig begabte Ballettänzerin aus sehr noblem Milieu, über 50 Jahre mit Yehudi Menuhin verheiratet, beschreibt in ihrer Biografie, wie sie schon 1945 den Noch-Verheirateten kennen lernte, bewunderte und dank ihrer Vielseitigkeit, ja Virtuosität sowie Menschenkenntnis gewann und 1947 heiratete.

Was he really such an unhappy child of strict, poor parents who emigrated independently from Palestine and Jerusalem to the US? The family became Yehudi's most important environment: neither his intelligent mother Marutha nor his teacher father Moshe liked to mess around.

Yehudi was happy with his younger sisters, Hephzibah (born 1920) and Yaltah (born 1921). He was an anchor for his sisters and was always ready to play with them, and this intense sibling relationship later produced unforgettable musical evenings with the two pianists. The early death of Hephzibah – the "anticipated" – upset him deeply. She was always closest to him: "Her chance to return to childhood was with me", he said in 1994 full of self-reproach about his failure to feel the life problems of those closest to him. She was his biggest admirer and she was everything to him, not just his life companion, but also his best accompanying pianist ever since their first performance together in 1932 in Paris at the Salle Pleyel. The trio evenings with the cellist Maurice Gendron will remain unforgettable.

Yaltah, the younger sister, was not as close to Yehudi, but impressed with her own personality and often dared to be critical about the Menuhins.

Little known was the first marriage with the attractive, young Australian Nola Nicholas, which was apparently forced by his mother. After marrying Nola in 1938 following a cruise, she gave birth to their daughter Zamira and first son Krov. The marriage to Nola became increasingly problematic, although Nola and Yehudi long tried to save the marriage because both kids suffered under the strain of a difficult family relationship. Did Yehudi Menuhin have enough time to live up to his role as a father?

In her biography 'A Glimpse of Olympus', Diana Gould, a beautiful, versatile, talented ballet dancer from a good background, who was married to Yehudi Menuhin for over 50 years, describes how she got to know her then still-married husband in 1945. She described how she admired him, and thanks to her versatility, virtuosity and knowledge of human nature, won him over and married him in 1947. This is how Diana Gould became the devoted nurturer of a genius, the artistic muse who put his needs above her own. In so doing, she was able to guide and create the master, a life's work lovingly described in 'Fiddler's Moll'. She

V.l.n.r., hinten: Gerard, Zamira, Krov, Ann, Jeremy. Vorne: Diana, Yehudi und ältester Enkel Fou-Lin-Siao.
From left to right, back row: Gerard, Zamira, Krov, Ann and Jeremy. Front row: Diana, Yehudi and his oldest grandchild Fou-Lin-Siao.

MENUHINS KINDER UND ENKEL

**Erste Heirat am 26. Mai 1938
mit der 19-jährigen Nola Nicholas (1919–1978)**

Kinder aus erster Ehe:
Zamira Menuhin (1939)	1. Ehe mit Fou Ts'ong 1960; 1964 Sohn Fou-Lin-Siao 2. Ehe mit Jonathan Benthall (Royal Anthropological Institut); Söhne: Dominic 1976 und William 1981
Krov Menuhin (1940)	Heirat mit Ann; 1982 Sohn Aaron

**Zweite Heirat am 19. Oktober 1947
mit Diana Gould (1912–2003) in London**

Kinder aus zweiter Ehe:
Gerard Menuhin (1948)	Heirat 1984 mit Eva Struyvenberg; 1990 Sohn Maxwell; Scheidung 1994
Jeremy Menuhin (1951)	Heirat 1983/84 mit Gabriel Forbes-Sempill; 1985 Tochter Nadia, liebt Musik und Tanz; 1988 Sohn Petroc, an Musik interessiert, Cello Scheidung 1993, lebt in Gryon VS (Schweiz) und London

MENUHIN'S CHILDREN AND GRANDCHILDREN

*First marriage on May 26 1938
with the 19 year-old Nola Nicholas (1919–1978)*

Children from first marriage:
Zamira Menuhin (1939)	First marriage with Fou Ts'ong in 1960; son Fou-Lin-Siao (1964). Second marriage with Jonathan Benthall (Royal Anthropological Institute); sons: Dominic (1976) and William (1981).
Krov Menuhin (1940)	Marriage with Ann; son Aaron (1982)

*Second marriage on October 19 1947
to Diana Gould (1912–2003) in London*

Children from second marriage:
Gerard Menuhin (1948)	Married Eva Struyvenberg in 1984; son Maxwell (1990); divorce 1994
Jeremy Menuhin (1951)	Married 1983/84 with Gabriel Forbes-Sempill; daughter Nadia (1985), loves music and dance; son Petroc (1988), interested in music, cello. Divorce 1993, lives in Gryon VS (Switzerland) and London

GSTAAD UND DIE MENUHINS

So wurde aus Diana Gould die aufopfernde Betreuerin eines Genies, die künstlerische Muse, die ihre Ziele im Leben in den Hintergrund rückte, aber den Meister zu führen und gestalten vermochte – herzlich beschrieben in «Durch Dur und Moll». Sie wurde zum Haupt der Grossfamilie und zur «Seele» der Menuhins, zur strengen Beschützerin.

Sohn Gerard (1948) und Sohn Jeremy (1951), heute ein geschätzter Pianist, sind eigenwillige Mitglieder der Familie. Das dritte Kind Alexis verstarb kurz nach der Geburt in San Francisco. Diana hat die Söhne geprägt. Der «Vater-Musiker» war herzlich, aber meistens abwesend. Yehudi Menuhin blieb bestimmt auch für seine Kinder ein menschliches Vorbild. So durften alle oft in Gstaad die Bergwelt geniessen und seine Herzlichkeit spüren.

Yehudi Menuhin als Vater
1996 schrieb Yehudi Menuhin in «Unterwegs» – Erinnerungen 1976 bis 1995:
«Wie tröstlich klingen für uns ‹Alte› die Worte ‹Oma› und ‹Opa›, wenn die eigenen Kinder sie aussprechen (die früher das Verhalten ihrer Eltern eher unnachsichtig betrachteten).
In den letzten zwanzig Jahren ist es in der Familie der Menuhins zwangsläufig zu vielen Veränderungen gekommen, die mit Kummer und Verlust, aber auch mit Wachstum und Freude verbunden waren. 1983 heirateten sowohl Gerard als auch Jeremy. Seit meinem letzten Buch (‹Unvollendete Reise›) haben sich fünf neue Enkelkinder hinzugesellt; insgesamt haben wir jetzt also sieben, sechs Jungen und ein Mädchen, und jedes einzelne von ihnen ist wunderbar. Ich muss zugeben, obwohl mir das Grossvatersein keinerlei Schwierigkeiten bereitet – Sorgen machen sich nur die Eltern und Diana –, dass meine Lebensweise es nicht zulässt, mich wie ein ‹normaler› Grossvater zu verhalten – so wie ich ja auch meine Schwierigkeiten hatte, ein ‹normaler› Vater zu sein.»

became the head of the large family, and as their strict protector was the soul of the Menuhins.
Their son Gerard (born 1948) and their son Jeremy (born 1951 and today a noted pianist), are headstrong members of the family. The third child Alexis died shortly after birth in San Francisco. Diana brought up the sons. Their musician father was affectionate but most of the time absent. Nevertheless Yehudi Menuhin was a human role model for his children, and his love as a role model was often felt while enjoying the mountains of Gstaad with his family.

Yehudi Menuhin as a father
In 1996 Yehudi Menuhin wrote down memories dating from 1976 to 1995 in 'Unfinished Journey':
"How soothing to the ear of us 'oldies' are the words 'Grandma' and 'Grandpa', when uttered by one's children's children. Inevitably, in the last twenty years, the Menuhin family has experienced many changes, including some sadness and loss, as well as much growth and joy. In 1983 both Gerard and Jeremy were married. Five more grandchildren have arrived since I last wrote, so we now have seven in all, six boys and one girl, all of them absolutely delightful. I must admit that although being a grandfather is no trouble at all – the parents and Diana do all the worrying – my way of life has not allowed me to behave like a 'normal' grandfather, just as I found it hard to be a 'normal' father."

MENUHINS SCHWESTERN

Hephzibah Menuhin (20. Mai 1920–1. Januar 1981)
Erste Heirat 1938 mit Lindsay Nicholas
Zwei Söhne: Kronrod (1940), Pilot, und Marston (1944) Cello, Gitarre
Zweite Ehe 1951 mit Richard Hauser, Sozialtherapeut
Tochter Clara (1957), Adoptivsohn Michael

Yaltah Menuhin (7. Oktober 1921–9. Juni 2001)
1937 erste Heirat mit 16 Jahren, 2 Kinder. Scheidung.
1941 zweite Heirat mit Benjamin Rolfe, Sohn Lionel (1942), Journalist und Autor (Autor «The Menuhins – A Family Odyssey»
1960 dritte Heirat mit dem musikalischen Partner Joel Ryce

MENUHIN'S SISTERS

Hephzibah Menuhin (May 20 1920–January 1 1981)
First marriage in 1938 to Lindsay Nicholas
Two sons: Kronrod (born 1940) pilot, and Marston (born 1944) cellist and guitarist
Second marriage in 1951 to Richard Hauser, social therapist daughter Clara (1957), adopted son Michael

Yaltah Menuhin (October 7 1921–June 9 2001)
First marriage in 1937 at 16, two children, divorce
Second marriage in 1941 with Benjamin Rolfe, son Lionel (born 1942), journalist and author (author "The Menuhins – A Family Odyssey".
Third marriage in 1960 with musical partner Joel Ryce

Postkarte an Familie Engeloch: Grüsse von Yaltah und Hephzibah aus der Basler Zeit 1929. | *Postcard to the Engeloch family: greetings from Yaltah and Hephzibah from when they lived in Basel in 1929.*

Familienbild aus einer persönlichen Weihnachtskarte.
Family picture from a personal Christmas card.

Vater Menuhin mit Sohn Gerard beim Chalet «Chankly Bore».
Father Menuhin with his son Gerard at Chalet Chankly Bore.

Yehudi Menuhin – Zeittafel seines Lebens

1916 | Geburt am 22. April als Kind russisch-jüdischer Einwanderer in New York
1921 | Erster Violinunterricht in San Francisco – «Wann kann ich Vibrato spielen?»
1923 | Schüler von Konzertmeister Louis Persinger
1924 | Erster öffentlicher Auftritt am 29. Februar in San Francisco
1926 | Erste Europareise der Familie Menuhin
1927 | In Paris Begegnung mit George Enescu, dem väterlichen Lehrer
Sommeraufenthalt in Rumänien
Erstes Konzert in Paris mit dem «Orchestre Lamoureux», mit dem
New York Symphony Orchestra unter Fritz Busch in New York

1929 | Am 12. April legendäres Berliner Konzert unter Bruno Walter. Die Interpretation der drei Violin-Konzerte von Bach, Beethoven und Brahms begründet den weltweiten Ruhm als Wunderkind
Studium bei Adolf Busch in Basel, erste Begegnung mit der Schweiz
1931 – 1935 | Intensive Konzerttätigkeit und die Welt-Tournee mit 110 Konzerten führen zur künstlerischen Krise und längerem Urlaub
1938 | Heirat mit der jungen Australierin Nola Nicholas, zwei Kinder: Zamira, 1939, und Krov, 1940
1938 – 1945 | Nach Australienaufenthalt spielt er im 2. Weltkrieg über 500 Konzerte für die alliierten Truppen
Yehudi Menuhin wird Vater und als Humanist Friedenssymbol
Begegnung mit Béla Bartók
1947 | Nach Ehekrise Scheidung von Nola
1947 | 19. Oktober: Heirat mit Diana Gould, zwei Söhne: Gerard, 1948, und Jeremy, 1951
1954 | Die Menuhins kommen erstmals nach Gstaad. Musizieren im Freundeskreis, erste Erfahrung als Lehrer
1955 | Entscheid zur Übersiedlung nach Europa
1957 | Erstes Menuhin Festival in der Kirche Saanen
1959 | Künstlerischer Leiter beim Bath-Festival
Die Arbeit als Dirigent beginnt Yehudi Menuhin zu begeistern
1963 | Gründung der Yehudi Menuhin Schule London, die bald nach Stoke d'Abernon/Surrey umzieht
1968 | Ehrenbürger von Grenchen, Schweizer Bürgerrecht
1969 | Wahl zum Präsidenten des Internationalen Musikrates der Unesco
1970 | am 25. April Ehrenbürger der Gemeinde Saanen
1976 | Autobiografie «Unvollendete Reise»
1977 | Gründung der Internationalen Menuhin Musik Akademie IMMA; die Camerata Lysy und Alberto Lysy kommen aus Holland nach Gstaad
1979 | Yehudi Menuhin erhält den Friedenspreis des deutschen Buchhandels
Chinareise, weltweites Ansehen
1981 | Am Neujahrstag Tod von Hephzibah Menuhin nach langem Krebsleiden
1985 | Britischer Staatsbürger, weltweite Konzerttätigkeit und Humanist
1993 | Sir Yehudi wird Lord Menuhin und «Baronet of Stoke d'Abernon»
1994 | Nach dem Erfolg mit «Live Music Now» Gründung von «MUS-E» in Brüssel
1996 | Stabübergabe am Menuhin Festival Gstaad an Gidon Kremer
1999 | Am 12. März Tod in Berlin wegen akutem Herzversagen

Yehudi Menuhin – Life Chronology

1916 | Birth on April 22 as child of Russian-Jewish immigrants in New York
1921 | First violin classes in San Francisco; "When can I play the vibrato?"
1923 | Student of concert master Louis Persinger
1924 | First public performance on February 29 in San Francisco
1926 | First trip to Europe with the Menuhin family
1927 | Encounter with George Enescu in Paris, the fatherly teacher, summer in Romania
First concert in Paris with the Orchestre Lamoureux, and in New York with the New York Symphony Orchestra led by Fritz Busch

1929 | April 12 legendary concert in Berlin led by Bruno Walter. The interpretation of the three violin concertos by Bach, Beethoven and Brahms laid the foundation for global success as a child prodigy
Studies with Adolf Busch in Basel, first encounter with Switzerland

1931 - 1935 | Intensive worldwide concert schedule with 110 concerts leads to an artistic breakdown and extended time off
1938 | marriage with the young Australian Nola Nicholas, two children: Zamira, 1939, and Krov, 1940
1938 - 1945 | After a stay in Australia he plays over 500 concerts for the Allied troops throughout the Second World War
Becomes a father and, as a humanitarian, a symbol for peace
Encounter with Béla Bartók
1947 | After marriage crisis, divorce from Nola
1947 | October 19: marriage with Diana Gould, two sons: Gerard (1948) and Jeremy (1951)
1954 | The Menuhins come to Gstaad for the first time. Make music amongst friends, first experience as a teacher
1955 | Decision to move to Europe
1957 | First Menuhin Festival in Saanen church
1959 | Artistic director at the Bath Festival
Work as a conductor starts to inspire
1963 | Foundation of the Yehudi Menuhin School London which soon moves to Stoke d'Abernon, Surrey
1968 | Honorary citizen of Grenchen, Swiss citizenship
1969 | Election to the president of the International Music Council of Unesco
1970 | April 25 honorary citizen of Saanen
1976 | Publication of the autobiography 'The Unfinished Journey'
1977 | Foundation of the International Menuhin Music Academy IMMA; Camerata Lysy and Alberto Lysy come from Holland to Gstaad
1979 | Yehudi Menuhin gets the German book trade peace prize. Trip to China, worldwide recognition
1981 | January 1, death of Hephzibah Menuhin after an extended struggle with cancer
1985 | British citizen, concerts worldwide and humanitarian activity
1993 | Sir Yehudi becomes Lord Menuhin Baronet of Stoke d'Abernon
1994 | After the success with Live Music Now, foundation of MUS-E in Brussels
1996 | Handing over of conductor's baton at the Menuhin Festival Gstaad to Gidon Kremer
1999 | March 12 death in Berlin following acute heart failure

Musik in den Bergen
Music in the mountains

«Vom Dienst der Kunst» – Zur Kunstgeschichte des Saanenlandes
"In the service of art" – the history of art in Saanenland

Otto Lauterburg, von 1911 bis 1951 Pfarrer in Saanen, hat in «Gedanken zu Kunst und Kultur» betont, dass «Musik – besonders der Gesang – eine Macht ist, die dem Menschen Beseligung und Stärkung bringt, seine Seele reiner und reicher macht, ihn über die bedrängende Alltagswelt hinaushebt». Er schuf in seiner langen seelsorgerischen Tätigkeit «Feierstunden mit Musik», meistens mit Klassik als «Musik, die zu heilen weiss und zu erfreuen versteht». Diese Feierabende wurden von Schülern und Bürgern rege besucht, die das «Gehe ein zu deines Herrn Freude» als lebende Quelle des Glaubens erlebten, anfangs als «Konfirmiertenvereinigungen» im Landhaus, wegen Platzmangel bald in der Saaner Kirche. Sie gipfelten in einer Schiller-Feier und Lesungen von Otto von Greyerz.

Der gebildete Pfarrer schilderte auf Berndeutsch Werdegang, Streben und Schaffen der Komponisten und führte in unvergängliche Instrumental- und Gesangswerke ein, feierte mit Anlässen Bach, Händel, Haydn, Mozart, Beethoven, Schubert und Mendelssohn, schenkte auch Themenabende wie «Vom Leben und Sterben», «Kindheit», «Freundschaft und Liebe», «Kreuztragen», «Heimgang». Diese Zusammenkünfte behandelten auch Maler und bildende Künstler (Michelangelo, Dürer und Rembrandt), um die Vielfalt kreativen Schaffens aufzuzeigen: «Dichter, Maler und Musiker sind als Geber schöner Gaben Bildhauer unseres Gefühlslebens und helfen, Glaubenszuversicht zu fördern.» Zusammenkünfte über grosse Persönlichkeiten wie Luther, Calvin, Zwingli, Pestalozzi, Fichte schenkten Bildung und Denkanstösse für Kunstsinn, Geschichtsverständnis und neue Gefühlswelten. Kritische Stimmen streng gläubiger Bibelkreise wurden dem engagierten

Otto Lauterburg, Saanen's priest from 1911 to 1951, stated in 'Thoughts on Art and Culture' that "music – especially singing – is a power which brings blessing and strength to people, which makes the soul cleaner and richer and which lifts one above the drudgery of everyday life". During his long pastoral work he created celebration hours with music, mostly with classical music, which in his words "knows how to heal and understands how to please". These celebration evenings were well-attended by students and citizens who experienced the joy of the Lord as the living source of belief. Initially, these evenings were held as a church gathering in the Landhaus in Saanen, but were soon transferred to the Saanen church due to lack of space. They reached a peak in a celebration of Schiller with readings by Otto von Greyerz.

Speaking in Bernese German, the well-educated priest described the development, pursuit and work of the composers and introduced everlasting instrumental and choral pieces. The evenings included Bach, Handel, Haydn, Mozart, Beethoven, Schubert and Mendelssohn and also featured theme evenings such as "About Life and Death", "Childhood", "Friendship and Love", "Cross-Bearing" and "Going Home". The meetings also dealt with painters and sculptures (Michelangelo, Dürer and Rembrandt among others) in order to show the various forms of creative work: "As purveyors of beautiful gifts, poets, painters and musicians create sculptures of our feelings and help to enhance our confidence in our belief." Get-togethers regarding renowned personalities such as Luther, Calvin, Zwingli, Pestalozzi, and Fichte, offered insight and provoked thought, understanding of history, and a whole new world of feeling. Critical voices of strict bible circles became introspections for the committed pastor and strengthened the

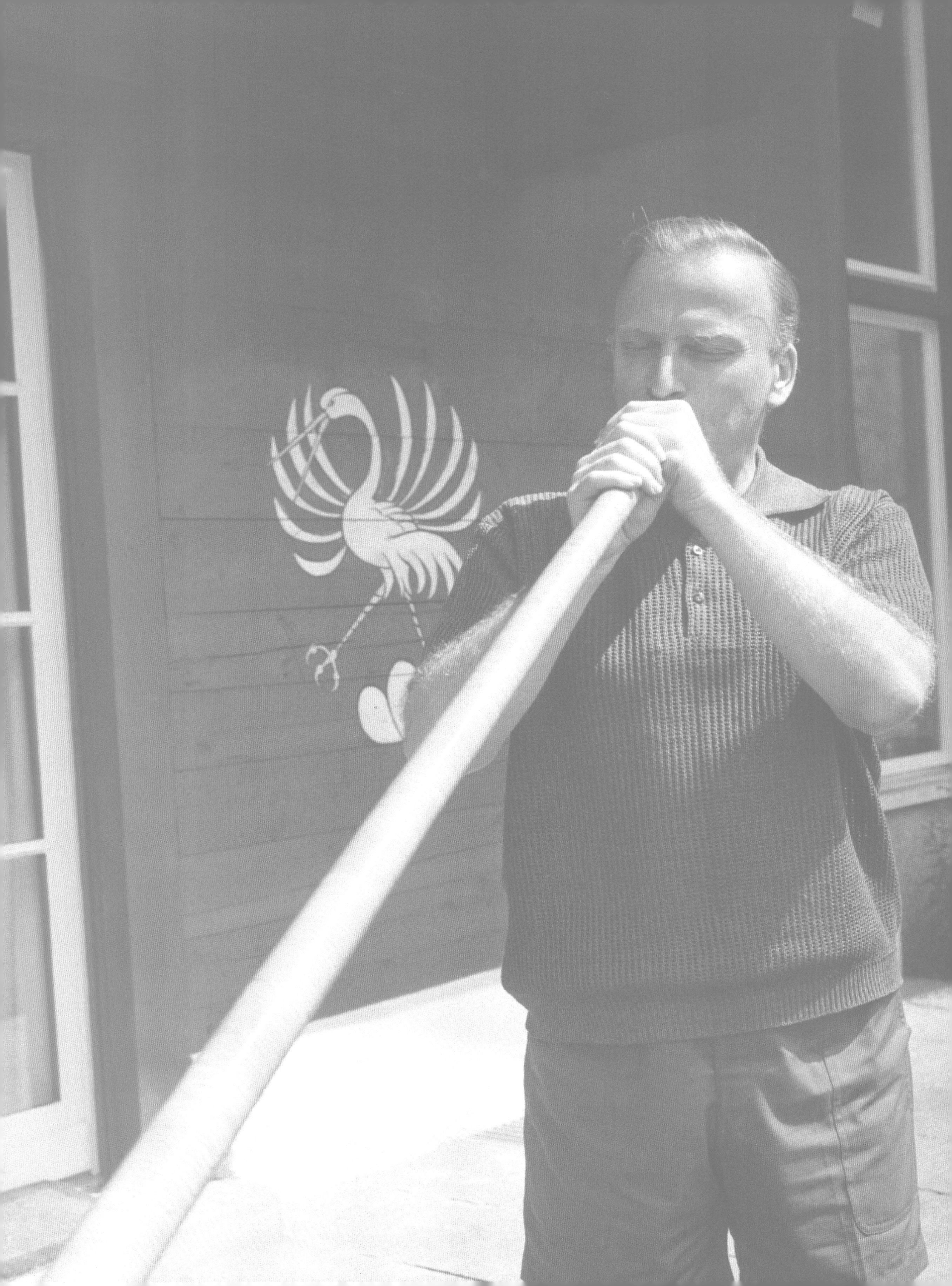

01 Schrift von Pfarrer Otto Lauterburg.
02 Aus dem Protokoll der Kirchgemeinde Saanen von 1943.
03 Musiksommer-Ausschuss 24. März 1945.
04 Hermann Scherchen dirigiert im Palace Hotel Gstaad.
05 Pfarrer Otto Lauterburg im Gespräch mit Yehudi Menuhin in den 50er Jahren.

Otto Lauterburg

Vom Dienst der Kunst

In dankbarer Verbundenheit!
Otto Lauterburg

Verlag Buchdruckerei Müller Gstaad

01 Book by priest Otto Lauterburg.
02 Minutes of the Saanen church parish meeting from 1943.
03 Music Summer committee on March 24 1945.
04 Hermann Scherchen conducting at the Palace Hotel Gstaad.
05 Priest Otto Lauterburg in conversation with Yehudi Menuhin in the 1950s.

1943

Kirchgemeinderatssitzung von Dienstag, den 16. März 1943 abends 8 Uhr im Pfarrhaus Saanen.

Anwesend: Präsident Ernst Mösching, Paul Zeller, Gottlieb Rubin, Robert Marti, Gottfried Lenz, Reinold Romang, Pfarrer Gautschi und Lauterburg.

Verhandlungen:

1. Aufführung von Beethovens 9. Symphonie.
Auf Antrag von Pfarrer Lauterburg wird beschlossen, dem Wunsch der Organisatoren des Gstaader Musiksommers zu entsprechen, dass in der Folge der aufgeführten neun Beethoven-Symphonien die 9. Symphonie mit dem von Saanensängern dargebotenen Schlusschor in der Kirche aufgeführt wird.

Der Präsident: E. Mösching
Der Sekretär: O. Lauterburg

MUSIKSOMMER-AUSSCHUSS, Sitzung vom 24.März 1945 im Hotel Bernerhof 16.30

Anwesend die Herren: Dir. Scherz, Präsident Gautschi., Von Siebenthal, Dir. Riedweg, Marcel Reuteler, Dr.Curjel und Bazzell.

Herr Dir. Scherz eröffnet die Sitzung und begrüsst die Anwesenden.
Herr Bazzell frägt Herrn Scherz, ob das ihm zu Ohren gekommene Gerücht stimme, wonach die Gefahr besteht, dass das Palace Hotel im Sommer geschlossen bleibe.
Herr Scherz teilt mit, dass infolge Kohlenmangels für die Küche und Warmwasser Anlage tatsächlich diese Gefahr besteht. Ein Teil des Verwaltungsrates sei für die Schliessung, er selbst bemühe sich mit Unterstützung anderer Herren des Verwaltungsrates den Weg zu finden, dass das Hotel geöffnet werde. Auf jeden Fall stünde aber auch bei geschlossenem Hotel der Saal, die Halle und der Eingang zur Verfügung. Herr Bazzell verliest dann das Protokoll der letzten Sitzung des Musiksommer Ausschusses, das von den Anwesenden genehmigt wird.

Dr. Curjel berichtet über den Verlauf seiner Verhandlungen betr. der Mitwirkung von Sacher und Kletcki. Er hat auch noch einmal mit Dr. Scherchen gesprochen, der auch ihm gegenüber sein Desinteressement für den diesjährigen Musiksommer geäussert hat. Dr. Curjel hat ihm in einem späteren Telephongespräch den geplanten Programmaufbau Casals-Fischer mitgeteilt. Die Verhandlungen mit Casals haben zu einer prinzipiellen Zusage von Casals geführt, wobei ihm als Bedingungen für die vier Konzerte ein Pauschalhonorar von Fr. 8000.-, sowie freie Station für die Zeit der Konzerte vorgeschlagen wurde. Eine letzte Nachricht von Casals an Herrn Dr. Seiler besagt, dass er sich für die Durchführung der Konzerte in Gstaad entschlossen hat, wobei allerdings die Bedingungen noch verbesserungsbedürftig wären. Dr. Curjel hofft, dass der Wunsch nach Verbesserung nicht mehr betrage wie Fr. 1000.- oder dass es noch gelingen wird, die Zustimmung für Fr.8000.- zu erhalten. Weiterhin berichtet Dr. Curjel, über seine Verhandlungen betr. Orchester mit dem Musikkollegium Winterthur, dem Vorstand des Ex-Radioorchesters und mit Desarzom, Lausanne. Es haben sich von W'thur neuerdings 18 Musi-

ker gemeldet, sodass als Kern das Orchester mit den Winterthurern gerechnet werden kann. Die Ergänzung hätte wie im Jahr 1942 und 1943 zu erfolgen. Das Ex-radioorchester verlangt tarifmässige Bezahlung, d.h. Fr. 35.- pro Tag, eventuel Zulagen für Verheiratete etc. sowie die Reisen. Beim Orchester Desarzon erhebt sich die Frage, dass unter Umständen die Leitung eines Konzertes mit Desarzon verlangt wird. Wegen der Mitwirkung eines Chors für das vorgesehene Kirchenkonzert hat er Verhandlungen mit dem Madrigalchor Zürich (Robert Blum) mit dem Kammerchor Zürich (Leitung Dom-Kapellmeister Johannes Fuchs) und dem Berner Kammerchor (Leitung Fritz Indermühle) geführt. Der Blindenchor Spiez existiert in der bisherigen Besetzung nicht mehr. Für die Gstaader Zwecke hat sich der Kammerchor Zürich der sich speziell mit Mozart'scher Kirchenmusik beschäftigt hat, als besonders geeignet erwiesen. Es sind eventuell noch weitere Verhandlungen mit dem Chor St. Martin, Genf zu führen. Mit Dr. Fischer wurde das Programm für das Mozartfest bereits zu Faden geschlagen. Ueber die Solisten wurden noch keine Entscheidungen getroffen. Als Begleiter für Casals ist Baumgartner in Aussicht genommen. Dr. Curjel hat mit Herrn Dr. Melliger wegen der Subventionsfrag Fühlung genommen. Die Anträge sollen gestellt werden, sowie die Orchesterfrage entschieden ist, da sich die Höhe der Subventionen von dieser Seite nach der Zahl der Orchestermusiker richtet.
Nach seinen Ausführungen schlägt Dr. Curjel nunmehr endgültig die Durchführung des Programmes von Casals-Fischer vor. Er legt eine allgemeine Programmaufstellung und ein detailliertes Budget vor, das er noch im Einzelnen erläutert. Er bedauert besonders die Abwesenheit von Herrn Oberst Kaufmann, dessen Aeusserungen in der Gagenfrage für die Orchestermusiker wichtig gewesen wären.
Herr Gerichtspräsident Gautschi begrüsst den Vorschlag Casals-Fischer aufs wärmste und empfiehlt ihn zur Durchführung, da er überzeugt ist, dass den grossen finanziellen Aufwendungen auf der andern Seite grosse Einnahmer entsprechen werden.

Herr Dir. Scherz stellt seine anfänglichen Bedenken gegen das Engagement Casals zurück und empfiehlt ebenfalls die Durchführung des Planes desgleichen

Musik in den Bergen

01 Paul Sacher, Arthur Honegger und/*and* Dinu Lipatti am/*on the* Wasserngrat.
02 Edwin Fischer.
03 Hermann Scherchen.
04 Paul Kletzki.

Seelsorger zur Selbstprüfung und stärkten die Gemeinschaft, ebenso gemeinsame Fahrten zu Passions- und Oratoriumsaufführungen (Bach, Händel, Haydn) im Berner Münster. Dies hat zu grossen Chorauffführungen in der Kirche Saanen ermuntert: Höhepunkt wurde die 9. Sinfonie Beethovens mit dem Winterthurer Orchester unter Dr. Hermann Scherchen am «Gstaader Musiksommer 1943».

Diese «Semaines musicales» fanden bis 1947 im Palace Hotel Gstaad statt, genossen hohes Ansehen und vereinigten weltberühmte Musiker wie Paul Kletzki (1900–1973) als Dirigent polnischen Ursprungs (ab 1964 in Bern tätig), E. Ansermet, Nachfolger beim Orchestre de la Suisse Romande, den Violinisten und Komponisten Arthur Honegger (1892–1955), den Cellisten Pablo Casals (1876–1973), den Schweizer Pianisten

community. There were passionate, oratorical performances of Bach, Handel, Haydn in the Bern Cathedral, and all of this encouraged major choral performances in the Saanen church, the highlight being Beethoven's Symphony No 9 with the Winterthur Orchestra led by Dr Hermann Scherchen at the Gstaad Music Summer of 1943.

These highly regarded "Semaines Musicales" took place at the Palace Hotel in Gstaad until 1947, and brought together world famous musicians such as Paul Kletzki (1900-1973) a conductor of Polish origin who worked in Bern from 1964, E Ansermet, successor at the Orchestre de la Suisse Romande, the violinist and composer Arthur Honegger (1892-1955), the cellist Pablo Casals (1876-1973), the Swiss pianist and academic Dr Edwin Fischer (1886-1960), the conductor and later patron Paul Sacher

Pfarrer Otto Lauterburg mit seiner Gattin.
Priest Otto Lauterburg with his wife.

und Pädagogen Dr. Edwin Fischer (1886–1960), den Dirigenten und späteren Kunstmäzen Paul Sacher (1906–1999), den legendären rumänischen Pianisten Dinu Lipatti (1917–1950), den Zürcher Geiger und Gründer der Luzerner Festival Strings Rudolf Baumgartner (1917) und den Pariser Cellisten Pierre Fournier (1906) (berühmtes Trio mit Joseph Szigeti und A. Schnabel). Weitere Schweizer Künstler (Flötist Nicolais, Geiger Stucki, Cellist Lerch und Geiger Paul Doktor) gehörten zum Team unter Paul Kletzki und Dr. Hermann Scherchen (1891–1966), die als Initianten der «Semaines musicales» galten. Diese grossartigen musikalischen Aktivitäten, die 1948 aus finanziellen Gründen schon aufhörten, haben sicher später den Aktivitäten von Yehudi Menuhin das Terrain geebnet. Kürzlich gefundene Protokolle des Musiksommerausschusses vom 9. Dezember 1944 bis 19. August 1946 belegen das Engagement und die oft grossen finanziellen Sorgen der Verantwortlichen, die im März 1945 intensiv ums Honorar von Fr. 8000.– plus Unterkunft für 4 Konzerte von Pablo Casals feilschten. Defizite waren aber für den Musiksommer unvermeidlich (1946 Fr. 20 000.–). Auch die drohende Schliessung des Palace Hotels während der Sommermonate blieb ein Dauerthema und konnte nur dank Einsatz von Ernst Scherz sen., einem der unermüdlichen Promotoren musikalischer Sommerveranstaltungen, vermieden werden…

(1906-1999), the legendary Romanian pianist Dinu Lipatti (1917-1950), the violinist and founder of the Luzern Strings Festival Rudolf Baumgartner from Zurich (1917), and the Parisian cellist Pierre Fournier (1906). Other Swiss artists, including flutist Nicolais, violinist Stucki, cellist Lerch, and violinist Paul Doktor belonged to the team under Paul Kletzki and Dr Hermann Scherchen (1891-1966), who were seen as the initiators of the "Semaines Musicales".
These fantastic musical events, which ended in 1948 due to financial difficulties, certainly paved the way for the Saanenland activities of Yehudi Menuhin. Recently found minutes of the music board from December 9 1944 until August 19 1946 confirmed the goings-on and illustrated the often substantial financial woes of those responsible (for example in March 1945 they bargained extensively about a payment of SFr 8,000 plus room for four concerts by Pable Casals). Losses were inevitable for the summer music series (in 1946 alone they amounted to SFr 20,000). In addition the imminent closure of the Palace Hotel during the summer months continued to be an issue that was only averted thanks to the commitment of Ernst Scherz Sr, one of the untiring promoters of musical events.

«Wollen wir etwas Neues werden, müssen wir das Alte pflegen, das wir ererbt haben.» Yehudi Menuhin

Yehudi Menuhin und die Berge
Yehudi Menuhin and the mountains

1927 genoss der 11-jährige Yehudi, von George Enescu in dessen Sommerresidenz in Sinaia eingeladen, erstmals Bergspaziergänge in den Karpaten. Bald faszinierten ihn die Gebirgslandschaft, die natürliche Klangwelt mit Kuhglocken und Hirtenflöten, das unbeschwerte Leben tanzender Zigeuner mit Geigen und Instrumenten. Nahe den Gewalten eines Gewittersturms, dessen Donnerecho laut von den Bergen hallte, erlebte er den Unterricht. Bewegt erzählte er später, wie Enescu ihn aufgefordert habe, die bekannte Chaconne aus Bachs Partita zu spielen. Gewaltiges Gewittergrollen wurde zur eindrucksvollen Begleitung, bis sich das Unwetter legte. «Mein Junge», sprach Enescu, «denke immer an dieses tobende Gewitter und die Ruhe, die darauf folgte. Die Chaconne ist ein Gewitter, das in Ruhe endet.» Dann gab er ihm den rührenden Rat: «Behalte die Sterne im Auge, mein Junge.»

1930, 1932 und 1933 folgten, oft im Anschluss an Ferien am Meer, Sommerurlaube in Europa mit Wanderungen in den Alpen. Mit Freude erzählt Menuhin von seinen «Wanderstiefeln mit Spikes an den Sohlen», vom Aufenthalt in Sils Maria und vom gefundenen Bergidyll in einem 200 Jahre alten Bauernhaus im Fextal. Aus diesen Erlebnissen wuchs seine lebenslange Begeisterung für die Schweizer Alpen.

Wie kamen die Menuhins nach Gstaad?

In den 70er Jahren erzählte Yehudi Menuhin anlässlich einer Einladung im Rotary Club Gstaad-Saanenland:
«Ja, tatsächlich kam ich bereits in jungen Jahren in die Schweiz, als mich mein wunderbarer Lehrer George Enescu aus Paris zu Adolf Busch nach Basel schickte, wo wir eine wunderbare Zeit erlebten und erstmals Bekanntschaft mit diesem einmaligen Land, das die beste Regierung besitzt und das doch als älteste Demokratie den Begriff der Freiheit verkörpert, machen durften. Das Land besitzt mit seinen Bergen und Seen eine unverrückbare Natur, die hoffentlich hochgehalten wird. Fühlen wir uns nicht demütig klein vor der Grösse der gewaltigen Berge, die die Kraft der Natur verkörpern und mithalfen, die Freiheit der Schweiz zu schaffen? War es verwunderlich, dass ich nach der schönen Jugend in den USA für meine Kinder ein Heim in diesen Bergen, im Land der Freiheit suchte, und war es nicht ein glücklicher Zufall, dass ich auch durch

In 1927 at the age of 11, Yehudi was invited by George Enescu to his summer residence in Sinaia, where he enjoyed mountain walks in the Carpathians for the first time. Soon the mountain scenery fascinated him; a natural world of sound with its cow bells and shepherds' flutes, and the untroubled life of dancing gypsies with violins and instruments. He experienced his studies like the power of a storm whose thunder resounded off the mountains. He later told how Enescu asked him to play the famous Chaconne from Bach's Paritia. The magnificent thunder of a storm was an awesome accompaniment. At its conclusion, Enescu said: "My boy, always think of this blustering thunderstorm and the quietness which followed. The Chaconne is a storm which ends in quietness." Then he gave him a telling piece of advice: "Keep sight of the stars my boy."

1930, 1932 and 1933 holidays at the seaside were often followed by summer holidays in Europe with hikes in the Alps. With happiness Menuhin talks about his spiked hiking boots, about his stays at Sils Maria, and about the mountain idyll he found in a 200-year-old farmer's house in Fextal. These experiences made his lifelong enthusiasm for the Swiss Alps grow.

How did the Menuhins come to Gstaad?

In the 1970s, Yehudi Menuhin was invited to speak at the Rotary Club of Gstaad-Saanenland where he commented:
"Yes, as a matter of fact, I came to Switzerland as a young boy when my great teacher George Enescu sent me from Paris to Adolf Busch in Basel. There, we had a wonderful time and made our first acquaintance with this unique country, which has the best government, and which as the oldest democracy represents the concept of freedom. The country has in its mountains and lakes an unmovable nature which hopefully will remain so. Don't we feel small and humble in the face of such massive mountains which incorporate the power of nature and which helped to create Switzerland's freedom? Little wonder then that after a happy youth in the US, I searched for a home for me and my children in these mountains, in the country of freedom? And wasn't it a happy coincidence that I was brought into contact with the country through the nanny of my children, nanny Marie from Zäziwil. This was why I searched for a home in Switzerland from early on. After all, I knew of the importance of a liberal education, and I was drawn

die Erzieherin meiner Kinder, ‹Nanny Marie› aus Zäziwil, einen wunderbaren Kontakt mit dem Land bekam und deshalb schon früh in der Schweiz Wohnsitz suchte? Schliesslich kannte ich die Bedeutung freiheitlicher Erziehung, die relative Unberührtheit der Schweizer Jugend, die leider in den USA immer mehr verloren geht.»

Tatsächlich wurde 1929 der 13-jährige Geiger zum Studium der «Deutschen Geigenschule» zu Adolf Busch nach Basel geschickt, wo die Familie anfangs im Hotel «Drei Könige» wohnte, dann ein hübsches Haus an der Gartenstrasse 12 bezog. Die Dreifach-Villa, vom Architekten Rudolf Linder kurz vor dem Ersten Weltkrieg erbaut, diente später der «Nationalzeitung» (Basler Zeitung) und wurde vom Schweizerischen Bankverein 1982 abgerissen. In der Basler Villa herrschte bei Menuhins reges musikalisches Leben: Der berühmte Pianist Rudolf Serkin war Untermieter, wovon die beiden Klavier spielenden Schwestern Hephzibah und Yaltah profitierten. Yaltah wurde auch von der bekannten Klavierlehrerin Frau Schrameck unterrichtet. Die Familie Menuhin erzählte gerne vom Basler Aufenthalt, der laut Staatsarchiv Basel-Stadt vom 12. Juni 1929 bis 1. Oktober 1931 dokumentiert ist, aber durch längere Abwesenheiten geprägt war.

In den 50er Jahren, Jahre später, entschlossen sich Diana und Yehudi Menuhin, Kalifornien zu verlassen, um nach Europa zu ziehen:

«Unsere Wahl fiel auf London, Dianas Lieblingsstadt, und auf Gstaad. Es war mein Traum, in der Schweiz zu leben. Ich fand das Land so gut regiert. Nichts Pompöses, Aggressives und Brutales haftet den Menschen an. So viele Sprachen, so viele schöne Gegenden, Gebirge, Wasser, Wiesen und Wälder. Ich liebe die Natur. Ein Land, in dem es keinen Krieg gibt, ist ein Traumland. Ausserdem hatten wir in Kalifornien eine Kinderschwester Marie. Sie sagte uns, dass es in Gstaad ausgezeichnete Schulen gebe.» (Zitat aus Interview mit Ingeborg Prior im «Modeblatt» 43/94)

Die wegen der Heirat der englischen Balletttänzerin Diana Gould mit den Eltern gespannten Familienverhältnisse dürften mitschuldig gewesen sein, dass die Menuhins nach Europa tendierten, ja schon 1947 erstmals mit Diana und den Kindern aus erster Ehe Urlaub in der Schweiz geniessen konnten.

Nach endgültigem Scheitern der 9-jährigen Ehe mit Nola Nicholas heirateten Yehudi und Diana am 19. Oktober 1947 in London – eine Herzens- und Künstlerverbindung, die durch Menuhins weltweite Konzerttätigkeit oft auf eine harte Probe gestellt wurde. Fehlte der herumreisende Vater gelegentlich den beiden Söhnen Gerard (1948) und Jeremy (1951), so tröstete sich die Familie mit der geschätzten Kinderschwester Marie.

to the comparatively unspoiled nature of Swiss youth, something which is unfortunately becoming increasingly lost in the US."

In fact, the 13-year-old violinist had been sent to study the "German school" of violin with Adolf Busch in Basel in 1929, where the family initially lived in the hotel Drei Könige and then later moved into a beautiful house at number 12 Gartenstrasse. The three-part villa, built by the architect Rudolf Linder shortly before the First World War, was later used by the Basler Zeitung newspaper, and was ultimately demolished in 1982 by the Swiss Banking Union. The villa had seen a lively musical life: the famous pianist Rudolf Serkin was a sub-tenant, which benefited the Yehudi's two piano-playing sisters Hephzibah and Yaltah. Yaltah was also taught by the well-known piano teacher Ms Schrameck. The Menuhin family likes to talk about their stay in Basel, which according to the archive in Basel lasted from June 12 1929 until October 1 1931 (but was characterized by long periods away).

Years later in the 1950s, Diana and Yehudi Menuhin decided to leave California and to move to Europe:

"Our choice came down to London, Diana's favourite city, and Gstaad. It was my dream to live in Switzerland. I found the country so well governed. There is nothing pompous, aggressive or mean in the people. There are so many languages, so many beautiful regions, mountains, waters, meadows and forests. I love nature. A country where there is no war is a dream country. Moreover we had a nanny in California, Marie. She told us that there are excellent schools in Gstaad." (interview with Ingeborg Prior in Modeblatt 43/94)

The reason the Menuhins tended towards moving to Europe was due to the strained family relationship following Yehudi's marriage to the English ballet dancer Diana Gould. Indeed, they enjoyed their first holiday in Switzerland as early as 1947 together with the children of his first marriage.

Gartenstrasse 12, Basel: Hier wohnte Yehudi Menuhin, als er 13 bis 15 Jahre alt war und bei Adolf Busch studierte.
Gartenstrasse 12, Basel, where Yehudi Menuhin lived from the age of 13 to 15 while being taught by Adolf Busch.

Musik in den Bergen

```
                                    Zürich, 28. Juni 1955

Herrn
G. v. Siebenthal
Eisenwaren
G s t a a d    B.O.


Sehr geehrter Herr v. Siebenthal,

Vielen Dank für die Zusendung der Pläne und Photographien über
das Chalet "Wasserngrat", die ich Ihnen anbei retourniere. Das
Haus scheint wirklich reizend zu sein, und ich bin sicher, dass
wir uns dort sehr wohl fühlen werden.

Ihren an Fräulein Dick genannten Bedingungen entsprechend habe
ich die Schweiz. Bankgesellschaft Zürich beauftragt, Ihnen den
Betrag von Fr. 1.000.- zu überweisen als Anzahlung an die Jah-
resmiete von Fr. 14.000.- für die Zeit vom 15. April 1956 bis
15. April 1957. Ich hoffe nicht, an meinen Plänen etwas ändern
zu müssen; sollten wir jedoch trotzdem gezwungen sein, auf un-
seren Aufenthalt in Gstaad zu verzichten, so werden Sie mir diese
Anzahlung zurückerstatten, unter der Voraussetzung, dass Sie das
Chalet zu den gleichen Bedingungen anderweitig vermieten.

Da meine Frau und unsere Schwester Marie zum voraus schon die
nötigen Dispositionen betreffend der Verteilung der Zimmer tref-
fen möchten, wäre ich Ihnen für Zustellung einfacher Skizzen der
Grundrisse und Innen-Ausstattung (Möblierung) der drei Stockwer-
ke sehr dankbar. Im weitern möchten wir gerne einige photogra-
phische Aufnahmen, nicht nur des Chalets, sondern auch der Aus-
sicht in den vier Richtungen unter Angabe, von welcher Seite des
Chalets aus sie gemacht wurden, bezw. von welchem Fenster oder
Balkon.

Wir werden dann auch feststellen können ob die auf dem kleinen
Bild genannte "Gartenecke" mit zum Haus gehört.

Frau Menuhin wird bis zum 10. Juli im Sanatorium Bircher-Benner
in Zürich sein; nach diesem Datum gilt unsere Heim-Adresse:

    Alma Bridge Road, Los Gatos, Californien

Natürlich können Sie sich jederzeit durch Vermittlung von Frl.
Dick mit uns in Verbindung setzen.

Ich möchte Sie bitten, mir den Empfang des Fr. 1.000.- Depots
zu bestätigen. Inzwischen verbleibe ich mit den besten Grüssen
und in der angenehmen Erwartung unseres Aufenthaltes in Gstaad,

                                     Yehudi Menuhin
                               i.V.
```

«Schliesslich fanden wir im Saanenland eine wunderschöne Gegend, waren fasziniert von Welsch und Deutsch, vom nahen Süden mit der italienischen Sprache, so dass beschlossen wurde, in die Gegend von Gstaad zu ziehen», sagte Diana Menuhin über den ersten Gstaader Sommer 1954 im alten Chalet «Les Frènes». Die Tatsache, dass die Menuhins nicht gerade erfreut waren über die Aussicht auf die Rückseite des riesigen Palace Hotels, führte dazu, dass sie 1955 ins Chalet Wasserngrat der Familie G. von Siebenthal wechselten, wo sie sich bald heimisch fühlten. Um 1960 konnte das eigene Chalet «Chankly Bore» bezogen werden.

Gerne verbrachte die Familie seither Sommer und kurze Winterperioden im Gstaader Heim, das, laut Diana Menuhin, den Fantasienamen einer englischen Geschichte von Edward Lear verdankt. «Erlebten meine Kinder nicht auf Spaziergängen in den Bergen Kontakte mit der einheimischen Bevölkerung, mit lokaler Folklore, Musik und Kultur?»

Oft bekundete Yehudi Menuhin sein Bekenntnis zur multikulturellen Schweiz, zu den Werten der echten Demokratie, zu einem «Land der Berge, wo nicht nur – wie in Kalifornien – die Sonne scheint, sondern dort, wo man von dem Leben der Natur und der Vielfalt geprägt wird und von der Natur etwas lernt…»

Sicher haben tragische Ereignisse im Jahre 1955 (Tod des dritten Sohnes Alexis kurz nach Geburt in San Francisco), das Erscheinen der aufrüttelnden Biografie von Robert Magidoff, wachsendes Misstrauen der Eltern gegenüber Diana zur «Flucht der Menuhins aus Alma in die Berge nach Gstaad» mitgeholfen. «Diana war zu bescheiden, um London, ihre Lieblingsstadt, vorzuschlagen»; auch ihr gefiel die Schweiz. Das Saanenland wurde zum Lebenszentrum eines der grössten Musiker und Humanisten. Schon 1956 erfolgte die Anfrage des damaligen,

After the definitive failure of the nine-year marriage with Nola Nicholas, Yehudi and Diana got married on October 19 1947 in London. It was an alliance of the heart and artistry, which was often put to the test by Menuhin's global concert schedule. When traveling, Yehudi was missed by his two sons Gerard and Jeremy, but the family found consolation in their treasured nanny Marie.

During their first summer in Gstaad in 1954 in Chalet Les Frènes, Diana commented that the family felt that Saanenland had a wonderful landscape. They ultimately decided to move into the Gstaad area in part because they were fascinated by the local dialects and the German, as well as by the proximity to the south with its Italian influences. However the experience of overlooking the back of the enormous Palace Hotel did not make them happy, and the following year they moved into Chalet Wasserngrat belonging to the G von Siebenthal family, where they soon felt at home. Around 1960 they were able to move into their own Chalet Chankly Bore.

The family has enjoyed spending summers and short winter periods in their Gstaad home ever since, and according to Diana Menuhin, the chalet was named after an English story by Edward Lear.

"Did my children not make contact with locals, with local folklore, music and culture during their walks in the mountains?"

Yehudi Menuhin liked to show his commitment to multicultural Switzerland with its truly democratic values, a "land of mountains, where not only the sun shines – as it does in California – but where one's life is molded by nature and diversity, and where one can learn something from nature…"

The tragic death of their third son Alexis shortly after his birth in 1955, the publication of the controversial biography by Robert Magidoff, and growing distrust of Diana by Yehudi's

◀
01 Brief für Miete Chalet Wasserngrat.
Letter regarding Chalet Wasserngrat rental.
02 Auf einer Bergtour in Gstaad.
On a hike in Gstaad.

▶
03/04 Winter und Sommer – beides geniesst die Familie Menuhin im idyllischen Saanenland.
Winter and summer – the Menuhin Family enjoy the idyllic Saanenland.

neu gewählten Kurdirektors Paul Valentin, ob Menuhin nicht Konzerte für die Sommergäste geben könnte. Yehudi Menuhin lud seine Freunde und Gäste Benjamin Britten, den berühmten britischen Komponisten, und dessen Freund Peter Pears, den bekannten Tenor, ein, die begeistert zustimmten, so dass schon am 4. und 6. August 1957 die zwei ersten «Menuhin-Konzerte» in der Saaner Kirche stattfinden konnten. Wir wissen, dass schon Antal Doráti, Menuhins Nachbar in Kalifornien und häufiger Gast in Gstaad, den grossen Geiger auf die ausgezeichnete Akustik der Saaner Kirche aus dem 15. Jahrhundert aufmerksam gemacht haben soll.

Die Familie Menuhin schätzte die neue Heimat, genoss während der Festivalzeit Natur und Berge, begegnete vielen Freunden und Menschen von nah und fern, die immer wieder den Weg zum berühmten Musiker und Humanisten fanden und Diana als Gastgeberin oft herausgefordert haben. Als Zeichen schöner Freundschaft und gegenseitiger Anerkennung zitieren wir gerne den leider verstorbenen Gstaader Freund und Präsidenten von «Alp Action» Prinz Sadruddin Aga Khan:

«Yehudi Menuhin sagte, dass die Berge den Geist erheben… sie bringen uns dem universellen Gleichgewicht näher, wecken unseren Sinn für das Wesen der Schöpfung und helfen uns, ihre ewigen Gesetze zu verstehen. Sie sind eine nie versiegende Quelle der Meditation und der Inspiration und ein Hafen des Friedens für uns alle. An uns liegt es, sie zu respektieren und zu schützen, aus Dankbarkeit für die unzähligen Reichtümer, die sie uns schenken.»

Menuhin hat in seinem langen und reichen Leben immer versucht, das Geheimnisvolle in der Natur zu finden. So steht auf einer Tafel seines Menuhin-Weges zwischen Gstaad und Saanen:

«Eine Lebensweise, die das Reich des Unbekannten und Geheimnisvollen ausschliesst, steht nicht im Einklang mit dem Leben selbst.»

parents, all contributed to the escape of the Menuhins from Alma California to the mountains of Gstaad. "Diana was too humble to suggest London, her favourite city"; she also liked Switzerland. And so it was that Saanenland became the center of life of one of the greatest musicians and humanists. In 1956, the newly-elected tourism director Paul Valentin asked if Menuhin would play concerts for summer guests. Yehudi Menuhin invited his friends Benjamin Britten, the famous British composer, and Peter Pears, the well-known tenor who enthusiastically participated in the first two Menuhin concerts on August 4 and 6 in the Saanen church, a venue recommended to Menuhin for its fabulous acoustics by Antal Doráti, Menuhin's neighbour in California and regular guest in Gstaad.

The Menuhin family cherished their new homeland, enjoying its nature and mountains during the festival times. They met many friends and people from near and far who time and again found their way to the home of the famous musician and humanist, frequently challenging Diana as a host.

In the words of Menuhin's now-deceased Gstaad friend and former president of Alp Action, Prince Sadruddin Aga Khan, which serve as an illustration of their hearty friendship and mutual admiration:

"Yehudi Menuhin said that the mountains lift the soul… they bring us closer to universal equilibrium, awaken our senses for the essence of creation, and help us to understand their eternal properties. They are a never-ebbing source of meditation and inspiration, and they are a haven of peace for us all. It is up to us to respect and protect them, as thanks for the uncountable richness that they give to us".

Throughout his long and rich life Menuhin has always tried to find the mystery in nature. Thus one can read on one of the signs of his Menuhin path between Gstaad and Saanen:

"A way of life which excludes the realm of the unknown and the mysterious is simply not in harmony with life itself."

GSTAAD UND DIE MENUHINS { 49 }

Musik in den Bergen

Marie Blaser mit Yehudi und Diana Menuhin – ein harmonisches Team.
Marie Blaser with Yehudi and Diana Menuhin – a harmonious team.

Marie Blaser – ein «Emmentaler Engel» bei Menuhins
Marie Blaser – an "angel from the Emmental" at home with the Menuhins

Immer wieder wird die 1912 geborene Marie Blaser aus Oberthal bei Zäziwil erwähnt, die von Menuhins und den Söhnen geschätzte «Mali» und echte «Nanny», die aus deren Leben nicht wegzudenken ist. Die Bauerntochter fühlte sich neben Brüdern jung dem Pflegeberuf zugeneigt, besuchte in der Berner Elfenau die Säuglingspflegeschule. Rasch fand die eher verschlossene Säuglingsschwester eine Anstellung bei Marchesa Origo in Rom, wo sie mit Einsatz und Liebe Kinder betreute. Im Römer Milieu lernte sie in über zehn Jahren illustre Persönlichkeiten kennen, erlebte die düsteren Kriegsjahre, worauf sie sich zurück in die Heimat sehnte. Sie strebte nach beruflicher Weiterbildung und begann im Berner Lindenhofspital die Ausbildung zur Rotkreuzschwester. Noch vor Diplomabschluss wurde die nun 35-Jährige Schwester von Yehudi Menuhin auf Rat der Freunde Origo persönlich im Lindenhofspital in Bern aufgestöbert, da er für den am 23. Juli 1948 während des Edinburgh Festivals geborenen Gerard (Kosename Mita) eine neue Hilfe brauchte. Der charmante Künstler hat die Emmentalerin tief beeindruckt, so dass sie – dank Menuhin mit Zusicherung auf Nachholung der Diplomarbeiten – sofort zur Familie Menuhin nach Alma in Kalifornien zog. In Dianas Buch «Durch Dur und Moll» steht kurz und bündig: «Zu diesem Zeitpunkt war Craigie, Mitas erste Kinderfrau, in ihre Heimat nach Edinburgh zurückgekehrt; statt ihrer hatte er aus der Schweiz die unschätzbare Schwester Marie bekommen, die zwölf Jahre bei uns bleiben sollte.» Schwester Marie wurde dank zugreifender, vertrauensvoller und vermittelnder Art zur Stütze der Familie Menuhin: «Nachdem Schwester Marie und Mita gut in Alma untergebracht waren, riss uns das Jahr 1949 in atemlose Tourneen.» Das Leben von Schwester «Mali» – das Kleinkind konnte den

Time and again the name Marie Blaser crops up in Menuhin family history. Born in 1912 in Oberthal near Zäziwil, she was the cherished "Mali" for the Menuhin's boys and a real nanny who could not be erased from their lives. From early on, perhaps because of her younger brothers, the farmer's daughter was drawn to the caregiver's role, and attended the infant care school in Bern Elfenau. The quiet nurse quickly found a position with Marchesa Origo in Rome, where she looked after children with dedication and love. During her 10 years in Rome she got to know illustrious personalities. She also experienced the dark years of war, which made her long for home. She strived to further her education and started studying to be a Red Cross nurse at the Lindenhof Hospital in Bern. Even before receiving her diploma, the 35-year-old nurse was tracked down in Bern by Yehudi Menuhin personally, who got his tip from his friends, the Origos. Yehudi Menuhin needed assistance for his newly-born son Gerard (pet name Mita), who arrived during the Edinburgh Festival on July 23 1948. The charming artist impressed the woman from Emmental deeply, and with the promise of being able to complete the diploma later, she moved in immediately with the Menuhin family in Alma California.
Diana's book 'Fiddler's Moll' recounts: "By this time Craigie, his first nanny, had returned to her native Edinburgh and in her place Mita had acquired a new nurse from Switzerland, the invaluable Schwester Marie who was to stay with us for twelve years."
As a result of her accessible, trustworthy and mediating ways, sister Marie became a pillar of the Menuhin family.
"And so, after settling Schwester Marie and Mita in Alma, 1949 saw us off on the first of those breathless tours in which Y

«R» nicht sprechen – war voll ausgefüllt, Mita blieb gerne in ihrer Obhut, wobei sie 1950 nach Aufenthalt mit Diana in Arosa in Bern noch das aufgeschobene Lindenhofexamen als Krankenschwester ablegte und im Spital zu arbeiten anfing, aber wegen neuer Schwangerschaft von Diana bald wieder zur Familie Menuhin geholt wurde: «Yehudi hatte derweil Schwester Marie überredet, ihr Krankenhaus aufzugeben und wieder zu uns zu kommen.» Am Berner Konzert 1951 holte er sie hinter die Bühne und erklärte ihr, dass Diana sie unbedingt brauche...

Schwester «Mali» wurde nach Geburt von Jeremy am 2. November 1951 unentbehrliche Hilfe und wichtigste Bezugsperson der zwei Buben. «Beide waren dank ihr bei blühender Gesundheit», stellten die Menuhins immer wieder fest. Wahrscheinlich hat Marie Blaser auf die Vorzüge von Gstaad mit den guten Schulungsmöglichkeiten hingewiesen. Nach Ferien in Mürren (Herbst 1952) entschloss sich die Familie fürs Saanenland, wo sich bald alle heimisch fühlten. Der mit Menuhins Söhnen spielende Gottfried von Siebenthal, von Diana mit «Gottfriedeli» angeredet, hat gute Erinnerungen an gemeinsame Kinderjahre auf dem Ried und an «Nanny Mali» behalten. Unvergessen sei ihm, wie die resolute Schwester alle Tage kraftvoll den kleinen Mita auf dem Velogepäckträger ins Chalet Flora zum Unterricht bei «Tante Flora» (Würsten) und Frau Tschopp radelte, wobei der kleine Junge stets wie ein Witzbold strahlte.

Diana schrieb zur Wahl der Schule:

«Das Chalet Flora wurde als Schule für Mita ausgesucht – wir hatten uns an einem jener Tage, wo die Schweiz ein einziger grosser Schwamm zu sein scheint, zu Fuss dorthin begeben und sahen, beschmutzt und durchnässt, mit dem auserkorenen Opfer im Schlepptau wie Landstreicher aus. ‹Tante Flora› hörte sich meinen Bericht über unser unendlich bewegtes Leben an, dass wir unsere Kinder so oft allein lassen müssten und wie nötig es ein Kind hätte, bei ihr und in der Schule während dieser Abwesenheit geborgen zu sein. Sie reagierte mitfühlend, war einverstanden, ihn ‹versuchsweise› für beide Seiten aufzunehmen und zu sehen, ob er glücklich wäre und sich einlebte. Erleichtert standen wir auf, und als Yehudi an einem Klavier in der Halle vorbeiging, liess er seine Finger die Tasten rauf- und runtergleiten und fand es verstimmt. Auf einmal sah Tante Flora diese Gestalt mit dem angeklebten Haar an, die da, in einen alten Regenmantel gehüllt, in Wanderstrümpfen und Bergschuhen stand, und rief, ‹Bon Dieu, vous êtes Menuhin!› Yehudi gab es zu. Meine besondere Sympathie gewann Tante Flora durch ihre Bereit-

cheerfully catapulted us from town to town, from country to country all through Central and the northern part of South America." The life of nurse Mali – the toddler was not able to pronounce the "r" in Marie – was fulfilled completely. Mita liked to stay with her. In 1950, after a stay with Diana in Arosa, she finished her diploma in the Lindenhof Hospital as a nurse and started working there. Shortly afterwards she was called back to the Menuhins because of Diana's second pregnancy: "There was a very weepy parting from Schwester Marie (who had only had one year's leave from her professor at the hospital where she had postponed taking her full nursing certificate and to which she would now return) and Schwester Hedy, cayenne-haired and sprightly, took over."

At the Bern concert in 1951 he took her behind the stage and told her that Diana needed her desperately. After Jeremy's birth on November 2 1951, nurse Mali became an indispensable and highly important figure for the two boys. "Thanks to her, both boys are in perfect health," the Menuhins stated many times. Most likely it was Marie Blaser who pointed out the advantages of Gstaad with its good schools. After holidaying in Mürren in the autumn of 1952, the family decided on Saanenland where everybody soon felt at home. Gottfried von Siebenthal played with Menuhin's sons. He was called "Gottfriedeli" by Diana and has fond memories of nanny Mali and the children's years on the Ried. For him it is unforgettable how the resolute nurse cycled everyday with the young Mita to Chalet Flora for his classes with "Aunt Flora" (Würsten) and Ms Tschopp. The little boy would always beam like a joker.

Concerning the choice of school, Diana wrote in 'Fiddler's Moll':

"The Chalet Flora was found as a school for Mita – we'd arrived there on foot on one of those days when Switzerland seems to be one great sponge, looking like tramps, bedraggled and soaked, with the intended victim in tow. 'Tante Flora' listened to my précis of our endlessly moving lives, of having to abandon our children so often and of how much a child needed to feel supported by her and the school during these absences. She responded sympathetically, agreed to take him 'on trial' for both sides and see if he were happy and could settle. Relieved, we got up and Y passing an upright piano in the hall, ran his fingers up and down it and pronounced it out of tune. Suddenly Tante Flora looked at this figure with plastered hair, muffled in an old raincoat, mountain socks and boots and exclaimed, 'Bon Dieu, vous êtes Menuhin!' Y admitted it. I liked Tante Flora all the more for being willing to bend her school rules to help an unknown and distraught pair of parents to settle their child."

Musik in den Bergen

willigkeit, mit der sie ihre Schulordnung durchbrach, um einem unbekannten und verzweifelten Elternpaar zu helfen, sein Kind unterzubringen.» (aus «Durch Dur und Moll» – «Mein Leben mit Yehudi Menuhin»)

Heute noch erinnern sich Saaner und Angehörige im Oberthal ans herzliche Verhältnis von Schwester Marie zur Familie Menuhin, zum grossen Musiker und besonders zu den beiden Söhnen, die ihre «Mali» nie vergessen haben. Für alle wurde 1955 der Tod des dritten Menuhin-Kindes kurz nach der Geburt im Stanford Hospital zum tragischen Ereignis, was vielleicht für die Menuhins Anlass zum definitiven Umzug nach Europa wurde, zur «Flucht aus Alma». Treu diente Schwester Marie bis 1961, wollte aber noch einmal in ihren Beruf zurück. Sie lernte dann im Zug auf einer Italienrückreise den verwitweten Berner Dialektschriftsteller und ehemaligen Truber Schulmeister Karl Uetz kennen, der – gleichsam als Erlösung aus dem Lehrerheim Melchenbühl, wo er sich nie heimisch fühlte – die sympathische Krankenschwester zu seiner dritten Frau erwählte. Heute noch erinnert man sich im Trub an Frau Marie Uetz-Blaser, die schon nach drei Jahren ihren Gatten verlor und als junge Witwe erneut zu Kindern der Adelsfamilie Origo nach Rom fuhr. Nach Jahren kehrte sie ins Oberthal bei Grosshöchstetten zurück, um viele Jahre bis ins Alter von 91 Jahren den Ruhestand zu Hause zu erleben, wobei sie es nie schätzte, untätig und krank zu sein. Als treue Festivalbesucherin und Gast der Familie Menuhin kehrte sie einige Male ins Saanenland zurück, freute sich auf Anrufe des Meisters und der treuen Söhne, die sie noch kurz vor ihrem Ableben besucht haben. Die «treue Schwester Marie», die so geliebte «Mali», hat viele Geheimnisse der Menuhin-Buben mit ins Grab genommen, wusste sie doch alles über deren Wünsche, Liebschaften und Sorgen, ja oft früher als Mutter Diana, die in ihrer Biografie die Spuren von Schwester Marie eindrücklich nachvollziehen lässt.

To this day people from Saanen and relatives in Oberthal remember the warm relationship that nurse Marie had with the Menuhin family, with the great musician, and especially with the two sons who never forgot their Mali. For all of them, the death of the Menuhin's third child in 1955 shortly after his birth in Stanford Hospital was a tragic event, and perhaps the reason for the permanent move to Europe. Loyal nurse Marie served until 1961 but wanted to return to her profession. On a train ride back from Italy, she got to know the widowed Bernese dialect author and former schoolmaster from Trub, Karl Uetz. He chose the congenial nurse as his third wife, a marriage which for him was a salvation from the teacher home in Melchenbühl where he had never quite felt at home.

To this day Mrs Marie Uetz-Blaser is remembered in Trub. She lost her husband after just three years and as a young widow returned to Rome to look after children of the Origo royal family. After some years she returned to Oberthal in order to enjoy her lengthy retirement at home until the age of 91, a time when she never liked to be inactive or ill.

She returned several times to Saanenland as a loyal festival visitor and guest of the Menuhin family. She looked forward to calls by the master and the loyal sons who visited her up until shortly before her death. The faithful nurse Marie, the much-loved Mali, took many secrets of the Menuhin boys with her to her grave. She knew everything about their wishes, their liaisons and their sorrows, often before their mother Diana, who impressively reconstructs the footprints of nurse Marie in her biography.

01 Marie Blaser auf Skiern unterwegs.
Marie Blaser skiing.
02 Die unvergessliche «Mali» mit Gerard vor der Kirche Saanen.
The unforgettable Mali with Gerard in front of Saanen church.

{ 52 } GSTAAD UND DIE MENUHINS

«Chankly Bore» – Menuhins neues Chalet in Gstaad
Chankly Bore – the Menuhins' new chalet in Gstaad

Fast zur gleichen Zeit, als die Familie Menuhin in London den wunderbaren Sitz von West Hill, Highgate Nr. 2 «The Grove» erworben und trotz des ausgedehnten Terminkalenders bezogen hatte, kam es auch in Gstaad zur Verwirklichung eines heimlichen Wohnplanes, wie Diana Menuhin schilderte:

«Und wie stand es mit Yehudis anderem Plan, dem Bau eines Chalets in Gstaad, als Gegenstück zu unserem Londoner Heim? Das war keine flüchtige Laune. Schon hatten wir einen Platz dafür ausfindig gemacht; die kluge Schwester Marie hatte ihn entdeckt: weit entfernt von den Millionären und den grossen Hotels, weit entfernt von der Ansammlung moribunder reicher alter oder lautstarker, angemalter junger Leute, von denen die einen in den Hotelhallen und Klubsesseln herumhingen, als erwarteten sie den Grossen Schnitter, und die andern, ihm trotzend, mit 180 Stundenkilometern in scharlachroten eidechsähnlichen Wagen herumrasten. Nein, wir lagen richtig fernab der ausgetretenen Bahn mit Blick auf die Berge ringsum und hinunter ins Tal. Die Aussicht, an dieser Stelle ein Chalet zu bauen, machte uns ganz aufgeregt, und bevor wir abreisten, hatten wir Frau Lanzrein, der Architektin, Anweisungen gegeben, dass die Arbeit so bald als möglich aufgenommen werden sollte.» (aus «Durch Dur und Moll»)

Man vernimmt weiter, dass sich Diana voll mit Planung, Bau und Einrichtung des Chalets abgegeben hat und dabei die gewünschte Ablenkung zur Genüge gefunden hat, eine ausführliche Baugeschichte, die heute noch lesenswert ist.

At around the same time the Menuhin family bought the beautiful residence Highgate, London (and managed to move into it despite a full calendar of events), they also enacted a secret living plan in Gstaad. As Diana Menuhin recalls in 'Fiddler's Moll':

"And what of Yehudi's other scheme, the building of a chalet in Gstaad to complement our new home in London? That was no passing whim. Already we had chosen a site, found by clever Schwester Marie and far away from the millionaires and the great hotels, far away from that collection of either moribund rich old or vociferous painted young, the one lying about the halls and lounges as though awaiting the Great Reaper, the other defying him by driving at a hundred miles an hour in scarlet lizard-like cars. No, we were well set on the wrong side of the tracks and the view of the whole bowl of the mountain and valley lay around and below. The prospect of building the chalet on this spot thrilled and excited us and before leaving we had left instructions with Frau Lanzrein, the architect, for work to begin as soon as possible."

It was said that Diana was fully preoccupied with the planning, building and furnishing of the chalet, which gave her a much-needed distraction. The story of the home is an involved one, and well worth reading to this day.

«On the Top».

02 Yehudi Menuhin im Garten.
Yehudi Menuhin in the garden.
03 Südansicht: Balkon mit Violinmuster.
South view: balcony carvings shaped like violins.

Musik in den Bergen

Skiunterricht der Familie Menuhin im Saanenland
Skiing classes of the Menuhin family in Saanenland

Am 3. März 1989 fanden wir im «Anzeiger von Saanen» von Ruth Annen ein Porträt über Vreneli Caillat-von Grünigen – eine jung gebliebene Skilehrerin.

Ein Foto zeigt die 1908 geborene Gstaader Skilehrerin zusammen mit Yehudi Menuhin und seinen beiden Söhnen Gerard (1948) und Jeremy (1951) auf den Skiern auf dem Eggli.

Die Gstaader Skilehrerin blieb zeitlebens mit der Familie des grossen Musikers verbunden und durfte auch dessen Söhne mit ihren Familien in die Skikunst einführen, eine von allen geliebte sportliche Tätigkeit, die der Pianist Jeremy noch heute von seinem Heim in der Nähe von Villars aus gerne ausübt. Wertvolle Fotodokumente der Familie illustrieren diese herzliche Freundschaft der in hohem Alter gestorbenen Skilegende Vreneli Caillat-von Grünigen.

On March 3 1989 the Anzeiger von Saanen carried a portrait by Ruth Annen of Vreneli Caillat-von Grünigen. The article was about a young-at-heart skiing instructor, and the accompanying picture showed the skiing instructor from Gstaad together with Yehudi Menuhin and his two sons Gerard and Jeremy on skis on the Eggli.

Throughout her life Vreneli stayed connected with the family of the great master and was able to introduce his sons and their families to the art of skiing. The pianist Jeremy still enjoys the sport which he practices at his home near Villars. Precious family photos show this great friendship with the ski legend Vreneli Caillat-von Grünigen, who died at a very old age.

Skisportler Yehudi Menuhin mit der Skilehrerin Vreneli auf dem Eggli.
Skier Yehudi Menuhin with his ski teacher Vreneli on the Eggli.

Sohn Gerard als begeisterter Skifahrer.
Son Gerard as an enthusiastic skier.

▶ Artikel aus dem «Anzeiger von Saanen» vom März 1989.
Article in the Anzeiger von Saanen from March 1989.

Ein halbes Jahrhundert Skiunterricht in Gstaad

Vreneli Caillat-von Grünigen – eine jung gebliebene Skilehrerin

Ruth Annen

Vreneli Caillat-von Grünigen – die Skilehrerin aus Gstaad, wie sie auf der ganzen Welt bekannt ist

Als heutige Grosis noch Babys waren, gab sie schon lange Skiunterricht, und sie tut es heute noch – die am 27. Oktober 1908 geborene Vreneli Caillat-von Grünigen. Unzählige Kinder – aber auch Erwachsene haben mit ihr die ersten Schritte auf den rutschigen Latten, die erste Fahrt auf dem Skilift, den ersten Schneepflug gewagt. «Pf'Vrena» – wie der Skischulleiter Adolf Hauswirth sie jeweils nannte, – ist eine Legende für sich. Nach einem Unfall geht sie nicht mehr in die Skischule. Sobald es aber mehr Schnee hat, wird sie wieder auf der Piste beim Unterrichten anzutreffen sein. Vreneli hat den Kurort Gstaad und die Skischule entscheidend mitgeprägt. Von der Skischule erhielt sie ein Diplom mit der Ehrenmitgliedschaft.

Vreneli ist weltbekannt

Man kennt Vreneli auf der ganzen Welt. Die Einladungen, die sie erhalten hat, sind nicht zu zählen. An Hochzeiten in ganz Europa hat sie teilgenommen, so z.B. auch an der Hochzeit von Jeremy Menuhin in Schottland. Berühmte Namen zählen zu ihren Kunden, wie eine Caroline Kennedy als kleines Mädchen, die Tochter von Marlene Dietrich mit Familie, die ganze Familie Menuhin, und, und . . .

An unzähligen Anlässen hat Vreneli teilgenommen. Mit ihrem Humor hat sie oft wesentlich zur guten Stimmungen beigetragen.

Sie bereut es, dass sie eine Einladung nach Amerika nicht angenommen hat. Es ist ihr aber zuzutrauen, dass sie das noch nachholt, in ein Flugzeug steigt und zum Flug über das grosse Wasser abhebt.

Wo Vreneli dabei ist, geht es immer lustig zu. Hier bei einem Tänzchen mit ihrem Sohn Rémy, der auch Skilehrer ist.

Vielen Tausenden dürfte dieses Gefühl bekannt sein – mit Vreneli zum ersten Mal auf dem Skiliftbügel.

Vreni in ihrem Heim

Das schöne Chalet «De Verdi»

Das waren noch Zeiten . . .

Vreneli hat im Jahre 1934 den Skilehrerkurs auf der kleinen Scheidegg besucht. Dieser dauerte sechs Wochen und kostete ca. dreissig Franken. Es waren zwölf Teilnehmer aus Gstaad dabei. In einem Brief habe jemand geraten, man solle dieses Fräulein durchfallen lassen . . erzählt Vreneli schmunzelnd bei einem Kaffee in ihrer gemütlichen Stube. Damals wurden die Skilehrer noch von den Hoteliers engagiert und bezahlt. Von Bern aus wurde reklamiert, dass das ein Geschäft für die Skilehrer sei und man solle eine Skischule gründen. Weil aus den damals dreissig Skilehrern im Saanenland (heute 270) nur sechs waren, die eine Skischule gründen wollten, wurde Vreneli gefragt, ob sie mithelfen wolle. Gleichzeitig wurde sie aber auch gewarnt sie müsse dann leisten was «es Mannevolch».

Vreneli war mittlerweilen in Versoix verheiratet, sie entschloss sich aber dazu, die 250 Franken zu investieren, die bezahlt werden mussten, um dem Hotelierverein das Material abzukaufen und zog von nun an im Winter mit ihrer Familie gstaadwärts um dann im Frühling wieder nach Versoix zu verschwinden. Die Kinder Annemarie und Rémy sind zweisprachig aufgewachsen, d.h. sie gingen in Gstaad in die deutschsprachige und in Versoix in die französischsprachige Schule.

In einem Winter habe sie nie unter dreissig Kinder in der Klasse gehabt erinnert sich Vreni. Eine Skistunde kostete damals fünf Franken (Lektion heute Fr. 45.–) später dann acht und lange Jahr zehn Franken. Der grosse Aufschwung ist in den Fünfzigerjahren gekommen. Das seien die goldenen Zeiten gewesen, sagt Vreneli, als das Skifahren so richtig entdeckt wurde.

Jetzt ist Vreneli endgültig ins Saanenland gezogen. 1983 hat sie sich ein schönes Chalet bauen lassen. Vrenelis Chalet heisst «De Verdi». De Verdi bezieht sich auf ihren Mädchennamen von Grünigen. Im Volksmund werden noch heute die von Grünigen «Werdi» genannt, dies offenbar deshalb, weil nach einer Landschaftschronik diese Familie aus Everdes, Bezirk Greyerz, stammen soll. (1450 wird sie als «d'Everdes» oder «von Grünigen» erwähnt.)

Auf dem Buffet in ihrer heimeligen Stube sind verschiedene Preise zu sehen, die Vreneli an Skirennen gewonnen hat. Sie ist noch mit Rösli Streiff, Elsa Roth u.a. Rennen gefahren. «Das sie jetz o alti Wibleni», sagt Vreneli mit Schalk in den Augen. Wenn es schneit, wird Vreneli wieder mit ihrem Jeep auf der Strasse oder mit Skiern auf der Piste anzutreffen sein.

Episode vom Skischulplatz

«Je ne veux pas la vieille», hat sich eine kleine Französin gewehrt, als sie in die Klasse von Vreneli eingeteilt wurde. Auf das Anliegen wurde keine Rücksicht genommen und sie «musste» zu Vreni. Am andern Morgen verkündete sie ebenso selbstbewusst: «Moi, je monte avec Vreni . . .» – das kleine Biest hat gemerkt, dass hinter der rauhen Stimme, ein gutes Herz, eine liebe Hand, eine enorme Erfahrung mit eigenwilligem Gemüte war.

Auch als Kollegin war Vreni immer fair, gerecht, freundlich und solidarisch. Manch guter Rat wurde an jüngere Kolleginnen erteilt.

Vreneli als junge Skilehrerin mit Sir Yehudi Menuhin und dessen Söhnen

Auch wieder Kunden von Vreneli: Der Sohn von Sir Yehudi Menuhin, Jeremy, mit seiner Familie

Von dieser Familie Schwyzer unterrichtete Vreneli bereits vier Generationen

Noch heute fährt Vreneli mit ihrem Jeep zum Skifahren

Vrenelis Tochter Annemarie und der Sohn Rémy sind zweisprachig aufgewachsen, d.h. sie besuchten im Winter die Schule in Gstaad und vom Frühling an wieder die Schule in Versoix. Hier Annemarie auf den Skiern.

Niemand hätte besser zum Umzug «50 Jahre Verkehrsverein Gstaad» gepasst, als diese zwei: Vreneli und Kollege Oskar Zingre

Die Menuhins 1952 in Mürren
1952: the Menuhins in Mürren

Hinweise auf den Beitrag von Fritz von Allmen im «Alpenhorn»-Kalender 2006 über «berühmte Leute wie Lord Montgomery, Bundeskanzler Konrad Adenauer in den 50er Jahren im Kurort Mürren» weckten unsere Neugier:
«Neben unserem Wohnhaus, in der Ferienwohnung über dem Fotogeschäft, war der Geigenvirtuose Yehudi Menuhin in den Sommerferien zu Gast. Er übte stundenlang auf seiner Geige. Meinen Grosseltern, Eltern und uns Kindern ging diese ‹Geigerei› langsam so richtig auf die Nerven. Wir hatten ja in Mürren in dieser Zeit keine Ahnung, welch ein berühmter Mann unser Nachbar war. Wir Kinder verdufteten jeweils, der Grossvater verschwand im Holzschopf zum Holzspalten und Holzsägen, der Vater liess in seiner Schusterwerkstätte die Ausputzmaschine laufen, und die Grossmutter und Mutter schlossen die Fenster. Nur wenige Leute wussten von Yehudi Menuhin, die meisten nahmen überhaupt keine Notiz von ihm. Für die Medien war das seinerzeit auch

Hints about a Fritz von Allmen article in the 2006 "Alpenhorn" calendar regarding "famous people, such as Lord Montgomery and Chancellor Konrad Adenauer, who had attended the sanitarium in Mürren in the 1950s" aroused our curiosity:
"Next to our house in the holiday apartment over the photo shop, the violin virtuoso Yehudi Menuhin was a guest during the summer holidays. He practiced for hours on his violin. This little fiddler slowly but surely got on the nerves of my grandparents, parents, and us kids. We in Mürren did not have a clue how famous our neighbour was. We children left, grandfather disappeared into the wood stable to chop and saw wood, father left the machines running in his shoemaker's shop, and grandmother and mom closed the windows. Only a few people knew about Yehudi Menuhin, and most did not even notice him. This was not of interest to the media at that time. Today, I think that crowds of people would have gathered and the virtuoso

01 Yehudi Menuhin im Wohnzimmer vom Chalet Berna mit besonderer Arven-Täferung, mit bester Akustik und prächtiger Aussicht auf die Berge. *Yehudi Menuhin in the living room of the Chalet Berna with special Swiss wood panelling, the best acoustics, and a magnificent view of the mountains.*

02 Chalet Berna bei der Allmendhubelbahn in Mürren. | *Chalet Berna near the Allmendhubelbahn in Mürren.*

03 Yaltah und Hephzibah Menuhin um 1933. Sie waren damals sehr befreundet und Spielkameradinnen von Annarosa Engeloch (spätere Ehefrau von Marc Hodler). | *Yaltah and Hephzibah Menuhin in circa 1933. They were very good friends at the time and playmates of Annarosa Engeloch (later wife of Marc Hodler).*

03

kein Thema. Ich glaube, in der heutigen Zeit würde dies einen andern Volksauflauf geben, und der Virtuose müsste durch Sicherheitsbeamte geschützt werden. Eine Frage bleibt: Hätte Yehudi Menuhin vielleicht die Musikfestwochen in Mürren ins Leben gerufen, die er später in Gstaad durchführte, wenn er als junger Violinist mehr Verständnis für sein anspruchsvolles Spiel gefunden hätte?»

Freundlicherweise bekamen wir von den Mürrener Nachbarn im «Chalet Berna», der Berner Familie Hodler, ein einmaliges Bilddokument des berühmten Geigers mit der wertvollen Widmung: «To dear Dr. & Mrs. Hodler recalling one of the best studios in the world!» (Yehudi Menuhin, September 1952, Mürren)
Beat Hodler schrieb dazu am 4. Januar 2006:
«Mein Grossvater, Fürsprecher Armin Hodler, war zu jener Zeit für Herrn Menuhin tätig. Mein Vater, Fürsprecher Marc Hodler, erinnert sich, dass Yehudi Menuhin bei einem Aufenthalt in Mürren über sein Domizil im Chalet Kännel (Fotohaus Helios am oberen Dorfweg) nicht glücklich war. Armin Hodler bot ihm deshalb unser Chalet für einen mehrwöchigen Aufenthalt an.
Unseres Wissens war dies der einzige Besuch von Yehudi Menuhin und seiner Familie in unserem Chalet und vermutlich auch in Mürren allgemein.»

would have to be protected by security guards. One question remains: would Yehudi Menuhin have brought a music festival to life in Mürren, as he did in Gstaad, if he had gotten more understanding of his sophisticated playing as a young violinist?"

Courtesy of the Hodler family, Menuhin's Mürren neighbours in Chalet Berna, there is a unique photo of the famous violinist. This photo bears the precious inscription: "To dear Dr & Mrs Hodler recalling one of the best studios in the world!" (Yehudi Menuhin, September 1952, Mürren).
On January 4 2006, Beat Holder wrote:
"My grandfather, lawyer Armin Hodler, was working for Mr Menuhin at that time. My father, lawyer Marc Hodler, remembers that Yehudi Menuhin was not happy about his home in Chalet Kännel during his stay in Mürren (above the Helios photo shop on the upper village path). Armin Hodler therefore offered to let him stay at our chalet for several weeks.
To the best of our knowledge, this was the only visit of Yehudi Menuhin and his family to our chalet, and probably to Mürren."

GSTAAD UND DIE MENUHINS { 57 }

ORIGINALSTIMME | Gerard Menuhin

Erinnerungen und Wünsche an einen geliebten Ort

Imagine a place where farmers chase herds of cows – bells clanging, often at a gallop – through the main street at mid-morning, parting pedestrians and drivers to either side like debris in a flash flood, while cowdung accumulates in front of Hermes and Cartier. It was not always so.

Gerard Menuhin

Unter den sehr verschiedenen starken Eindrücken meiner Kindheit bleiben manche von den fünfziger und sechziger Jahren im Saanenland. Damals wohnten wir im Chalet Wasserngrat, oberhalb vom MOB-Bahnhof, welches der Familie von Siebenthal gehörte. Wir gingen oft einkaufen bei Müllener, wo die Früchte und Gemüse ein wunderbar farbiges Bild offenbarten, auf Tischen ausgebreitet in dem wahrscheinlich ältesten Teil von Gstaad, wo jetzt Reto Fäh sein Fotogeschäft führt. Herr Fäh Senior war unser Dorf-Fotograf und machte Bilder von der ganzen Familie zuhause, oder bei Proben in der Kirche Saanen, oder Pass-Fotos in seinem Studio, wo heutzutage das Reisebüro ist. Gegenüber von Herrn Fäh war ein solides, steingebautes Haus, in welchem Herr Kocher Omega-Uhren verkaufte und reparierte. Dort kaufte mein Vater die Omega Speedmaster, die ich auf meinen achtzehnten Geburtstag hin als Geschenk bekam und die ich noch heute trage.

Sehr wenig bleibt gegenwärtig von dem damaligen Gstaad. Der Bahnhof hat sich innerlich verändert und die Züge sind bis auf das Unverkennbare modernisiert. Als Kind schaute ich immer nach der einzigen schwarzen Lokomotive, weil sie mir besonders charaktervoll erschien.

Zu den Blicken gehören auch die Düfte der fünfziger Jahre. Die Holzmühle an der Lauenenstrasse duftete immer herrlich nach neugeschnittenem Holz. Im Juni und August war der Duft von Heu allgegenwärtig. Das Gras wurde zum grossen Teil mit der Sense geschnitten, eine Kunst, die fast ausgestorben zu sein scheint. Besonders die Ruhe und der Mangel an Motorengeräuschen, sei es von Baustellen oder von Motorrädern, bleibt mir im Sinn. Gstaad war zwar bekannt und mondän, aber im Sommer kamen auch Menschen, die einfach wandern wollten.

Als Familie gingen wir auch ab und zu auf die Berge, hauptsächlich auf das Eggli oder den Wasserngrat. Mit seinen einmaligen offenen Sitzgondeln, auf denen man im Winter eine Decke bekam. Mein Vater, wie immer sehr beschäftigt, liess sich doch nicht die Gelegenheit entgehen, mit uns einige Picnic's zu geniessen. Wobei das Erlebnis manchmal mit einem Experiment verbunden war. Wie zum Beispiel der Versuch, das Essen auf Kuhfladenfeuer zu kochen, weil es so in Indien gemacht wurde. Wie ich mich erinnere war es kein Erfolg...

Selbstverständlich gehören auch die Konzerte des Festivals in der Kirche Saanen zu den schönsten Erinnerungen jener Zeit. Diese Ereignisse waren irgendwie ruhiger als sonstwo, das Publikum bescheidener, weniger «Anschein-freudig», mehr

Früh übt sich...

Mit Bruder Jeremy im Chalet in Gstaad.

Erinnert sich an erlebnisreiche Aufenthalte im Saanenland: Gerard Menuhin.

zusammenhängend. Obwohl nicht geklatscht wurde, war das Vergnügen sehr gut zu spüren, und die Familie Menuhin, stets auf der gleichen Bank sitzend, fühlte sich fast unter Freunden.

Kindheits-Erinnerungen sind meistens besonders stark, gerade weil sie zu den ersten Eindrücken des Lebens gehören. Manchmal bleiben sie auch unter den schönsten. Obwohl auch Gstaad durch einen langen Prozess und glücklicherweise erfolgreich modernisiert worden ist, sind meine frühesten Erinnerungen mit Heimweh (Nostalgie) stark geprägt. Ich habe manche andere Ortschaften – Los Gatos, in Kalifornien, oder Mykonos, in Griechenland – über Jahre gekannt und beobachtet und musste mit Bedauern merken, wie ihre Echtheit und Unschuld verloren gingen, als sie entweder von der übergreifenden Aussenwelt überfallen wurden oder sich von selbst durch das Streben nach Modernität umgestaltet haben. Mein Wunsch wäre, einmal einen geliebten Ort kennen zu lernen, wo die Weisheit der Einheimischen zur Einsicht geführt hat, dass es eine Hinlänglichkeit gibt. Dass die ursprüngliche Güte, von welcher alle gesegnet worden sind, irgendwann zu verschwinden droht, wenn zu starke Änderungen eintreten. Vielleicht wird dieser Wunsch zur Tatsache im Saanenland.

« Die Freude liegt im Unvorhersehbaren. »

Yehudi Menuhin

EINE FASZINIERENDE FESTIVALGESCHICHTE
THE FASCINATING TALE OF THE FESTIVAL

62   1957–2006 | Das Menuhin Festival auf einen Blick | *The Menuhin Festival at a glance*

66   Die ersten Festivaljahre bis 1960 | *The first festival years until 1960*

90   1961–1973 | Mutiger Aufbruch | *Bold departure*

142   1974–1979 | Der Meister kämpft um sein Kammermusikfestival | *The master fights for his chamber music festival*

184   1980–1986 | Das Festival wächst | *The festival expands*

210   1987–1996 | Die Geburt des Musiksommers | *The birth of the music summer*

234   1997–2001 | Stabübergabe mit Problemen | *Problems passing the torch*

246   2002–2006 | Aufbruch und Neuanfang | *Departure and new beginning*

◀ Yehudi Menuhin dirigiert in der Kirche Saanen. | *Yehudi Menuhin conducting in Saanen church.*

1957–2006
Das Menuhin Festival auf einen Blick
The Menuhin Festival at a glance

«Quelle noble pensée…» stand 1957 im Programm zu den «Deux Concerts Exclusifs» vom 4. und 6. August: Yehudi Menuhin hat seine berühmten Freunde Benjamin Britten, Peter Pears und Maurice Gendron zum Musizieren eingeladen und auf die Anfrage des Kurdirektors Paul Valentin reagiert, die flauen Sommermonate zu bereichern und an die «Semaines musicales» von 1943 bis 1947 in Gstaad anzuknüpfen. Ein schlichter Holzschnitt der Kirche zierte das Programm, ab 1958 mit «Yehudi Menuhin Festival» betitelt, und bald wurden es zehn Konzerte – am 2. Festival erstmals mit dem von Edmond de Stoutz gegründeten Zürcher Kammerorchester. Begeistert schrieb Edmond de Stoutz 1966 die Hommage zum 10-Jahre-Jubiläum und 50. Geburtstag von Meister Menuhin, dessen Familie sich im Saanenland wohl fühlte – der Gedanke an ein eigenes Chalet reifte.

Mit mutigem Wachstum zum 20-Jahre-Jubiläum
Verbundenheit zur Region, Musizieren im Freundeskreis, Kontinuität und Bewährtes prägten die Festivals. Der Mentor begeisterte sich für pädagogisches Wirken, gründete 1963 in London die bald nach Stoke d'Abernon verlegte Yehudi Menuhin Schule. Seit 1970 wirken junge Talente jährlich mit, am 20. Festival als Geburtstagsgeschenk für Menuhin das ganze Schulorchester. Andere Kulturen und Musikformen als echte «Grenzüberschreitungen» («Crossover») überraschten: «Begegnungen zwischen Orient und Okzident» mit dem indischen Sitarspieler Ravi Shankar, Yoga-Kurse seines Gurus B.K.S. Iyengar, Auftritte vom Clown Dimitri und Puppenspieler Tahon. Moderne Musik, Werke von Schweizer Komponisten gipfelten in der Uraufführung von Frank Martins «Polyptyque» und im Schostakowitsch-Gedenkkonzert. Organisatorische und finanzielle Probleme trübten das 20-Jahre-Jubiläum und führten zum neuen, vom Verkehrsverein unabhängigeren, Festivalkomitee.

Der Meister kämpft um sein Kammermusikfest
Neue kantonale Kulturförderung liess 1977 in Gstaad die «Kulturszene» der drei Regionen Obersimmental, Saanenland

"Quelle noble pensée…" These were the words written in the program for "Deux Concerts Exclusifs" on August 4 and 6 1957. At the request of tourism director Paul Valentin, who was seeking to enrich the dull summer months and create a connection to the defunct Semaines Musicales of 1943 to 1947. Yehudi Menuhin invited his famous friends Benjamin Britten, Peter Pears, and Maurice Gendron to make music. A simple woodcarving of the church graced the program, which from 1958 was entitled the Yehudi Menuhin Festival, and which soon grew to encompass ten concerts. The second festival featured the Saanenland debut of the Zurich Chamber Orchestra founded by Edmond de Stoutz. Thrilled, it was de Stoutz who wrote the 1966 homage for the 10th anniversary of the festival and the 50th birthday of the master. The Menuhin family felt at ease in Saanenland, and plans for their own chalet began to come together.

Growth towards the 20th anniversary
A connection to the region, making music in a circle of friends, continuity, and proven formats all came to characterize the festivals. In 1963, the mentor got into teaching, founding the Yehudi Menuhin School in London, which was soon moved to Stoke d'Abernon in Surrey. Since 1970 young talents have participated every year at the festival, and at the 20th festival the entire school orchestra played as a birthday present for Yehudi Menuhin. Other cultures and crossover music forms provided an element of surprise, such as east-meets-west musical encounters featuring Indian sitar player Ravi Shankar, yoga classes by Menuhin's guru BKS Iyengar, and performances of Clown Dimitri and puppeteer Tahon. Modern music and works by Swiss composers reached their peak with the premiere of Frank Martin's Polyptyque and the Shostakovich commemoration concert. Organizational and financial problems clouded the 20th anniversary and led to a new festival committee which was independent of the tourist office.

The master fights for his chamber music festival
In 1977, a new cantonal fund subsidizing cultural activities in cantons Bern and Vaud made Gstaad the cultural epicenter of the

und Pays-d'Enhaut als subventionierte Kulturträgerin der Kantone Bern und Waadt gründen und auf Wunsch des Meisters entstand unter Alberto Lysy die «Internationale Menuhin Musik Akademie» IMMA zur Förderung talentierter Streicher. Auch die heimische Musikschule stellte neue Ansprüche (Wunsch nach Blasmusik). Das Festival öffnete sich, aber Auftritte der Camerata Lysy Gstaad und der Londoner Talente blieben tragende Säulen. Eine «Bartók-Ausstellung» und Konzerte erinnerten 1979 an Bartóks Aufenthalt im Sommer 1939 im Chalet Aellen in Saanen als Gast von Paul Sacher («Divertimento für Streichorchester»). Der tragische Hinschied der geliebten Schwester Hephzibah anfangs 1981 riss eine schwere Lücke.

Das Menuhin Festival wächst mit der Alpengala zum Musiksommer

Gründung der Aktiengesellschaft, Professionalität, Wachstum zu über 25 Konzerten, Kammermusik in Nachbarkirchen und der Saanerkirche als bleibende Attraktivität, Zeltkonzerte mit Opern und Sinfonien brachten mehr Publikum. Der Meister pflegte den harmonischen Ausgleich von Altem und Neuem, Kammermusik und Orchesterkonzerten, genoss auch das Dirigieren. Feierlich wurden 35. Festival und 75. Geburtstag von Sir Yehudi gefeiert: «Ihr Wirken ist seit 70 Jahren eine Lichtquelle, spendet Wärme und Zuversicht, Ihre von Toleranz geprägten geistigen Impulse werden unser aller Lebzeit weit überdauern.» (Edmond de Stoutz). Karitatives und pädagogisches Wirken wurden Yehudi Menuhin immer wichtiger: Mozart-Fonds, «Alpaction», «Amnesty International», «Verhütung der Folter», spontane aktuelle Hilfsaktionen, Engagement für Frieden und Weltverständigung prägten Konzerte und Yehudi Menuhins Einsatz, der 1996 nach vielen Feierlichkeiten zum 80. Geburtstag und 40. Festival das Zepter seinem Wunschnachfolger Gidon Kremer übergab.

Kremers Rücktritt 1998 und ein Interregnum führten 2002 zum Neuanfang

Während das Festival 1999 Aufbruch signalisierte, liess ab 2000 die musikalische Leiterin Eleanor Hope als langjährige Sekretärin des Meisters dessen unvergessliche Persönlichkeit im Programm spüren. 2002 brachte der junge Basler Cellist und neue Festivalleiter Christoph N.F. Müller eine klarere Programmstruktur mit den drei wegweisenden Säulen «festliche Kammermusik – Todays Music mit Experimenten – Klassische Orchesterkonzerte und Oper», ebenfalls bestrebt, das Erbe des 1999 verstorbenen Festivalgründers Lord Menuhin zu wahren:
«Es gibt heute viele verschiedene Arten von Musik, die alle interessant sind» – «Man muss die Musik nehmen wie die Natur: bunt, spontan, zivilisiert».

Obersimmental, Saanenland, and Pays d'Enhaut regions. At the wish of the master, the International Menuhin Music Academy (IMMA) came into existence to advance the prospects of talented violinists. The local music school also stipulated new requirements, such as the desire to get into brass music. The festival continued to broaden its perspectives, although performances such as those by the Camerata Lysy Gstaad and talents from London continued to dominate. A 1979 Bartók exhibition and concert series commemorated Bartók's 1939 summer sojourn in Chalet Aellen in Saanen as guest of Paul Sacher. But the tragic death of Menuhin's beloved sister Hephzibah at the beginning of 1981 came as a major blow to the master.

The Menuhin Festival grows into a musical summer with the Alpengala

The festival grew in popularity with the foundation of a formal corporation, increased professionalism, the expansion of the program to over 25 concerts, chamber music in neighbouring churches as well as the Saanen church, and tent concerts with operas and symphonies. The master nurtured the harmonic balance between old and new, and between chamber music and orchestral concerts. He also enjoyed conducting. 35 festivals and the 75th birthday of Sir Yehudi were celebrated in 1991, with a tribute by Edmond de Stoutz declaring: "Over the course of the past 70 years, your work is a source of light that gives warmth and confidence, and your intellect and tolerance will outlast us all." Charitable and academic work was becoming increasingly important to Yehudi Menuhin: Mozart funds, Alp Action, Amnesty International, spontaneous aid, and commitment to peace and global communication, all made their mark on Menuhin's concerts and work. In 1996, after many celebrations for his 80th birthday and the 40th festival, he passed the mantel to his chosen successor, Gidon Kremer.

Kremer's 1998 resignation, an interregnum, and a new beginning in 2002

While 1998 saw Kremer's resignation after just two years, and the 1999 festival was marked by Menuhin's passing, musical director and long-time secretary of the master, Eleanor Hope, helped the audience feel his unforgettable personality in the 2000 program. In 2002 the young cellist from Basel and new festival director, Christoph NF Müller, introduced a clearer structure to the program with three distinct tracks; festive chamber music – today's music with experiments – classical orchestral concerts and operas. He also sought to maintain the master's legacy: "There are many different kinds of music nowadays, all of which are interesting… One must appreciate music like nature: colourful, spontaneous, and civilized."

Mauritiuskirche Saanen
Mauritius Church Saanen

Im 10. oder 11. Jahrhundert wurde zu Ehren des heiligen Mauritius und der thebäischen Legion ein Gotteshaus gebaut, das im Pfarreienverzeichnis des Bistums Lausanne vom September 1228 erwähnt wird. Das Patronat dieser Kirche auf dem St. Moritzenbühl westlich des Dorfes war seit 1330 dem benachbarten Cluniazenserpriorat Rougemont übertragen. Eine Verdreifachung der Bevölkerungszahl führte 1444 bis 1447 zur Erweiterung auf die heutige Kirchengrösse. Seither musste sich das Gotteshaus – dem Zeitgeist entsprechend – verschiedene Veränderungen gefallen lassen. Die berühmten Fresken des Chores stammen aus der zweiten Hälfte des 15. Jahrhunderts; die Künstler sind unbekannt, könnten aber aus dem süddeutschen Raum stammen. Nach den Reformationswirren im Anschluss an den Konkurs des letzten Greyerzer Grafen, als Bern 1556 die Landschaft kaufte, blieben die Fresken erhalten, wurden dann erst 1604 übertüncht. 1927 wurden die hässliche Chorempore entfernt, Chor und sämtliche Malereien erfolgreich restauriert. An der Nordwand sind symbolische Bilder aus dem alten Testament, an der Ostwand die Kindheitsgeschichte Jesus und das Marienleben, an der Südwand das Leben und Leiden des heiligen Mauritius und der thebäischen Legion gemalt.

Am 11. Juni 1940 schlug ein Blitz in den Kirchenturm und ein Feuer zerstörte fast alles bis aufs Mauerwerk, sechs grosse Holzsäulen, den Taufstein, die Kanzel und Teile der Empore. 1942 konnte am 12. Juli das Gotteshaus erneut eingeweiht werden, 1943 die Glocken aufgezogen und erst 1971 die letzten Wandbilder restauriert werden.

Some time in the 10th or 11th centurys, a church was built in praise the holy Mauritius. It is mentioned in the parish directory of the Lausanne diocese in September 1228. From 1330, the patronage of this church on the St. Moritzenbühl, west of the village, was assigned to the neighbouring priory of Rougemont. In 1444, a tripling in size of the local population led to a 3-year program to enlarge the church to the size it is today. Since then this house of God has endured a variety of changes according to the tastes and trends of the times.

The famous frescoes of the choir date back to the second half of the 15th century; the artists are unknown but could have been from southern Germany. Following the upheaval of the reformation and the 1556 bankruptcy of the Count of Gruyere (after which the canton of Bern bought the land), the frescoes remained but were plastered over in 1604. In 1927 the unattractive choir gallery was removed and the choir and all paintings were successfully restored. On the north wall there are symbolic pictures from the Old Testament, and on the east wall one can find the children's story of Jesus and the life of Mary. The south wall depicts the life and suffering of the holy Mauritius.

On June 11 1940 lightening struck the church tower and the resulting fire destroyed almost everything except for the brickwork, six large columns, the baptistery, the pulpit, and part of the gallery. On July 12 1942 the house of God was re-inaugurated, in 1943 the bells were raised, but it was not until 1971 that the last wall pictures were restored.

Einmalige Akustik in der Kirche Saanen
Unique acoustics in Saanen church

Musikern wie Antal Doráti, Nathan Milstein, Einheimischen und der musikalischen Tradition verdanken wir Hinweise auf die hervorragende Akustik im historischen Gotteshaus, das mit hohem Tonnengewölbe beeindruckt und Künstler angezogen hat. Ein prominenter, bemalter Chorbogen trennt den mit berühmten Malereien ausgemalten Chor. Ein alter gotischer Taufstein erschwert das Aufstellen von Konzertpodium, Instrumenten und Orchester. Yehudi Menuhin hat empfohlen, vor dem Chorbogen frei zum Kirchenschiff zu musizieren, um den Klang nicht durch eine Position hinter dem Chorbogen zu mindern – ein Rat, der leider nicht immer befolgt wird.

Thanks to musicians such as Antal Doráti, Nathan Milstein, local residents and musical tradition, we can appreciate the fantastic acoustics of the historic Saanen church, which has impressed and attracted artists with its high barrel vault. A prominent, painted arch separates the choir, which also features famous paintings. But an old, gothic baptistery makes the installation of the concert podium, instruments and an orchestra hard. It was Menuhin himself who suggested playing in front of the choir arch so that the sound was not diminished by having to emanate from a position behind the choir arch – a piece of advice which unfortunately is not always adopted.

WO BLIEB DER APPLAUS? DISKUSSIONEN UMS KLATSCHEN IN DER KIRCHE
WHERE WAS THE APPLAUSE? DISCUSSION ABOUT APPLAUDING IN THE CHURCH

Wie es Jeremy und sein Vater Yehudi Menuhin geschätzt haben, respektierten die Besucher die würdige, gottesfürchtige Atmosphäre des Gotteshauses. Sie erwiesen den Künstlern durch stilles Aufstehen Dank und Ehre. Klatschen war unerwünscht: Kirchgemeinde und Sigrist kämpften für eine würdige Referenz durch Erheben. In den 70er Jahren wurde auf Druck des Publikums, das – ein inneres Bedürfnis ausdrückend – Zugaben wünschte, Klatschen als Dank an die Interpreten toleriert, was oft zu Diskussionen und Leserbriefen Anlass gab, weil der Applaus durch lautes Stampfen und Trommeln untermalt wurde, was die Würde des Kirchenraumes empfindlich störte. Das Stampfen jugendlicher Musikstudenten, die ihre Kollegen enthusiastisch bejubelten, drohte zu überborden und ist untersagt. «Lasst uns klatschen mit Würde» soll Menuhin gewünscht haben.

Even after performances, the Saanen church audiences originally eschewed applause and maintained the dignified, godly atmosphere of the Lord's house. This is how Jeremy and his father Yehudi wanted it, and visitors respected this. They showed their thanks and appreciation to the artists by quietly standing up. The church community and Mr Sigrist fought for this dignified reference. In the 70s, however, due to pressure from audiences who wanted to more fully express their appreciation and request encores, applauding was tolerated. This caused discussions and letters to the editors, because the applause was often accompanied by loud stomping and drumming which disrupted the dignity of the church. In particular, the stomping of young music students in enthusiastic acclaim of their colleagues threatened to overwhelm the ecclesiastical atmosphere and was forbidden. "Let us clap with dignity," Menuhin is reported to have said.

Yehudi Menuhin und Maurice Gendron testen begeistert die Akustik der Kirche.
Yehudi Menuhin and Maurice Gendron enthusiastically testing the acoustics in the church.

Die ersten Festivaljahre bis 1960
The first festival years until 1960

Viele Zeugnisse und Fotos dokumentieren den Anfang der Menuhin-Konzerte, belegen den ersten Auftritt von Yehudi Menuhin am 4. und 6. August 1957 in der historischen Mauritiuskirche Saanen - eine wechselvolle und lange, 2006 während des sechswöchigen 50. Menuhin Festival gefeierte Festivalgeschichte! Dokumente der Kirchgemeinde und Presseberichte, Schriftstücke vom damals neu gewählten Kurdirektor Paul Valentin, der mit seinem Wirken im Verkehrsverein Gstaad VVG von 1956 bis 1982 dem Saanenland wichtige neue touristische Initiativen geschenkt und sich berechtigt als Initiant des Menuhin Festivals gefühlt hat. Gern hat Paul Valentin bis zu seinem Ableben 2005 immer wieder von seiner langen Freundschaft mit dem grossen Geiger berichtet.

Das Programmheft wurde sofort zum Markenzeichen: Ein schlichter, fast modern anmutender Holzschnitt der Kirche zierte das knappe Programmheft der «DEUX CONCERTS EXCLUSIFS» in der «Eglise de Saanen-Gstaad». Nach einem Vorwort durch den Gemeindepräsidenten Walter H. von Siebenthal, den Musikern Benjamin BRITTEN (piano et clavecin), Maurice GENDRON (violoncelle), Yehudi MENUHIN (violon) und Peter PEARS (ténor) folgen französische Texte über Telemann, Schubert und Mozart, dazu deutsche (Schubert) und englische Liedtexte (Purcell und Britten).

Many reports and photos illustrate the beginnings of the Menuhin concerts and document the first performances of Yehudi Menuhin on August 4 and 6 1957 in the historic Mauritius Church in Saanen. These artifacts represent the long and meandering story of a festival which celebrates its 50th anniversary in 2006. Church parish documents and press releases, as well as papers from former tourism director, Paul Valentin, were gathered together for this book. Valentin, whose 26 years of work up until 1982 had profound implications for Gstaad/Saanenland tourism, showed good instinct to initiate the Menuhin Festival. Until his death in 2005, Valentin loved to speak about his long friendship with the great violinist.

The festival program was instantly recognizable, featuring a simple, somewhat modern wood cutting of a church with the inscription "DEUX CONCERTS EXCLUSIFS" in the "Eglise de Saanen-Gstaad". After a groundbreaking introduction by local council president Walter H von Siebenthal and the four musicians, Benjamin BRITTEN (piano and harpsichord), Maurice GENDRON (violoncello), Yehudi MENUHIN (violin) and Peter PEARS (tenor), there were French texts about Telemann, Schubert, and Mozart, along with the texts of German and English songs (Schubert, Purcell, and Britten).

Erstes Programm 1957. Titelseite mit Signaturen der Künstler. | *The first program of 1957. The title page with the artists' signatures.*

(Dem guten Paul Valentin, Kurvereinsdirektor, zum Andenken unseres zwanzigjährigen Zusammenwirkens von Ihrem ergebenen Festivalleader Yehudi Menuhin 1976)

01 Karte mit Widmung an Paul Valentin. *Card with a dedication to Paul Valentin.*
02 Bericht der «Nationalzeitung» Basel vom 9. August 1957, nachgedruckt im «Anzeiger von Saanen». | *Report by the Nationalzeitung Basel of August 9 1957, reprinted in the Anzeiger von Saanen.*
03 Yehudi Menuhin und Paul Valentin, Initianten des Menuhin Festivals. | *Yehudi Menuhin and Paul Valentin, founders of the Menuhin Festival.*

Nachklang zu den Konzerten mit Yehudi Menuhin

Ueber das erste Konzert mit Yehudi Menuhin in der Kirche Saanen erschien in der «Nationalzeitung» Basel (Nr. 363 vom 9. August 1957) folgender Bericht, den wir gerne unsern Lesern weitergeben möchten:

Einzigartige musikalische Delikatessen in Gstaad

Yehudi Menuhin — Benjamin Britten — Peter Pears — Maurice Gendron

Ein Erlebnis war es schon, bei prachtvollem Wetter das Simmental hinauf nach Gstaad zu fahren, und dort vom Kurdirektor grosszügig empfangen zu werden. Zum touristischen Ereignis gesellte sich abends in der ehrwürdigen gotischen Kirche von Saanen ein musikalisches, das nicht nur für Gstaad «das Ereignis der Saison» bildete, sondern auch für einen Berichterstatter, der jahraus-jahrein Konzerte besucht, zum Beglückendsten gehört, dessen man im Bereich der Künste teilhaftig werden kann.

Yehudi Menuhin, der mit seiner Familie seit bald zwei Jahren in Gstaad wohnt, bekundete durch zwei «concerts exclusifs» (von denen wir leider nur dem ersten beiwohnen konnten) dem Bergdorf und seinen internationalen Gästen seine Sympathie. Der Meistergeiger musizierte zusammen mit drei Freunden, die gegenwärtig bei ihm zu Gast sind: dem englischen Opernkomponisten Benjamin Britten (Klavier und Cembalo), dem englischen Tenor Peter Pears und dem jungen französischen Violoncellisten Maurice Gendron. Das alte Gotteshaus war bis auf den letzten Platz besetzt, als die Interpreten das unter dem Rund des Chorbogens aufgestellte Podium betraten. Der viereckige Chor mit seinen wertvollen Wandmalereien aus dem 14. Jahrhundert, das Langhaus mit der im Mittelschiff hochgezogenen Holzdecke und die geräumige Empore lagen im Dunkel, das Podium war schwach beleuchtet. In dieser stimmungsvollen Atmosphäre, diesem einzigartigen Ambiente, hörte man ein aus lauter musikalischen Delikatessen zusammengesetztes Programm in einer Ausführung, wie man ihr in solcher Vollendung nur selten begegnet. Man spürte, wie sich die Künstler freuten, fernab vom Konzertbetrieb der Städte, in diesem intimen Kreise ausgeruhter und aufnahmefähiger Menschen zu musizieren. Das Publikum, dem lauter Applaus durch die Gegebenheit des Ortes verwehrt war, erhob sich aus Dank für die köstlichen Gaben jeweils schweigend von den Sitzen.

Es ist schwer zu sagen, was am meisten beeindruckte. Mit der Kantate «Gott will Mensch und sterblich werden» für Tenor, obligate Geige und Continuo von Telemann wurde der Abend eröffnet und mit der Arie «Gott ist mein Freund» aus der Kantate 139 von Bach beschlossen. Prachtvolle Entfaltung der Solisten und ungetrübtes Zusammenspiel liessen beide Werke zum restlosen Kunstgenuss werden, zumal hinsichtlich der Tempi, Phrasierungen und dynamischen Gestaltung nichts gegen die immanenten Gesetze der alten Musik verstiess. Mit grösster Affinität zur Musik Bachs zelebrierte Maurice Gendron die Partita in C-dur. Er verfügt über eine beinahe unfehlbare Technik, so dass man die Schwierigkeiten der Partitur, die durch das Instrument gegebenen, nur sehr schwer zu überwindenden Tücken vergass und sich ganz nur auf den musikalischen Ausdruck konzentrieren konnte. Dieser nahm sich bei aller Berücksichtigung der objektiven Metrik Bachscher Musik lebensvoll aus — wie Orgelspiel. Gendrons Interpretation war in ihrer Art so vollkommen wie die romantischere, unvergessliche Ausdeutung durch Pablo Casals.

Der Tenor Peter Pears ist ein Sänger, dessen Vorträge sich durch wunderbare musikalische Intelligenz auszeichnen. Darüber hinaus ist er ein stimmliches Phänomen seltener Prägung. Man kann den Zauber seines lyrischen Organs unmöglich beschreiben. Zwei Chansons von Purcell vermochte er mit grösster Natürlichkeit in ihrem ganzen Stimmungsgehalt nachzuschaffen. Die grosse Ueberraschung bildeten vier Lieder von Schubert. Der Interpret ist der deutschen Sprache so sehr mächtig, dass er nicht nur alle Vokale sauber zu färben und die Konsonanten tadellos zu bilden versteht, sondern dass er den ganzen Gehalt der Dichtung akustisch zu offenbaren vermag. Peter Pears ist ein geborener Liedsänger. Wie schuf er doch schon in den ersten Takten des innigen «Dass sie hier gewesen» echte Lied-Stimmung, wie meisterhaft war das Tongemälde «Am See» und gar das entzückende «Auf dem Wasser zu singen» und wie überirdisch schön und verhalten, wie fromm und verzückt war «Im Abendrot». Allein für dieses eine Lied, das wir seit Karl Erb nie mehr so ergreifend gehört haben, hätte sich die Reise gelohnt. Die hochpoetische Stimmung wäre jedoch nicht möglich geworden, hätte nicht Benjamin Britten — ein auch technisch grossartiger Pianist — begleitet. Die gleichen Empfindungen trugen auch ihn. In grösster Ruhe umspielte, umkleidete er liebevoll die Singstimme, schuf er durch das Medium des Tasteninstrumentes ein musikalisches Bild, dessen Klangvaleurs mit hochentwickeltem Gefühl für Nuancen dem jeweiligen Timbre des Sängers anpassten. Eine solche völlige Uebereinstimmung in der künstlerischen Absicht, ein solch differenziertes Herausarbeiten des poetischen Gehalts ist Glückes genug. Und was soll man noch viele Worte verlieren über Yehudi Menuhin, der Schuberts Fantasie, op. 159, spielte? Alle Welt weiss, wie meisterhaft er dieses rhapsodische Werk darzubieten vermag. Vielleicht war auch hier wiederum die einzigartige Zwei-Einheit Violine-Klavier das Ueberwältigendste. Den mitunter etwas gedankenarmen virtuosen Passagen verlieh der Interpret geigerischen Glanz und die langsamen Teile, die Melodie des andächtigen «Sei mir gegrüsst», sang er auf seinem kostbaren Instrument mit echter Ergriffenheit. Lauter Geschenke, die man von den vier Konzertgebern entgegennehmen durfte! Es ist zu hoffen, dass Gstaad auch nächstes Jahr seinen Gästen solch einzigartige Delikatessen offerieren darf.

GSTAAD UND DIE MENUHINS { 67 }

Die ersten Festivaljahre bis 1960

Benjamin Britten
Oh my blacke Soule!

Oh my blacke Soule! now thou art summoned
By sicknesse, death's herald, and champion;
Thou art like a pilgrim, which abroad hath done
Trea on, and durst not turne to whence hee is fled,
Or like a thiefe, which till death's doome be read,
Wisheth himselfe delivered from prison;
But damn'd and hal'd to execution,
Wisheth that still he might be imprisoned.
Yet grace, if thou repent, thou canst no lacke;
But who shall give thee that grace to beginne?
Oh make thy selfe with holy mourning blacke,
And red with blushing, as thou art with sinne;
Or wash thee in Christ's blood, which hath this might
That being red, it dyes red soules to white.
J. Donne

Benjamin Britten
Oh might those sighes and teares

Oh might those sighes and teares returne againe
Into my brest and eyes, which I have spent,
That I might in this holy discontent
Mourne with some fruit, as I have mourn'd in vaine;
In mine Idolatry what showres of raine
Mine eyes did waste? what griefs my heart did rent?
That sufferance was my sinne; now I repent;
'Cause I did suffer I must suffer paine.
Th'hydroptique drunkart, and night-scouting thiefe,
The itchy Lecher, and selfe tickling proud
Have the remembrance of past joyes, for reliefe
Of comming ills. To (poore) me is allow'd
No ease; for, long, yet vehement griefe hath beene
Th'effect and cause, the punishment and sinne.
J. Donne

Benjamin Britten
Since she whom I lov'd

Since she whom I lov'd hath payd her last debt
To Nature, and to hers, and my good is dead,
And her Soule early into heaven ravished,
Wholly on heavenly things my mind is sett.
Here the admyring her mind did whett
To seeke thee God; so streames do shew their head;
But though I have found thee, and thou my thirst hast fed,
A holy thirsty dropsy melts mee yett.
But why should I begg more Love, when as thou
Dost wooe my soule for hers; offring all thine:
And dost not only feare least I allow
My love to Saints and Angels things divine,
But in thy tender jealousy dost doubt
Least the World, Flesshe, yea Devill putt thee out.
J. Donne

Benjamin Britten
Oh, to vex me

Oh, to vex me, contraryes meet in one:
Inconstancy unnaturally hath begott
A constant habit; that when I would not
I change in vowes, and in devotione.
As humorous is my contritione
As my prophane Love, and as soone forgott:
As ridlingly distemper'd, cold and hott,
As praying, as mute; as infinite, as none.
I durst not view heaven yesterday; and today
In prayers, and flattering speaches I court God:
Tomorrow I quake with true feare of his rod.
So my devout fitts come and go away
Like a fantastique Ague: save that here
Those are my best dayes, when I shake with feare.
J. Donne

01

01 Doppelseite aus dem Programm von 1957 mit Signaturen der Künstler. | *Double page spread from the program of 1957 with the artists' signatures.*
02 Benjamin Britten, Peter Pears, Yehudi Menuhin.

02

{ 68 } GSTAAD UND DIE MENUHINS

03 Ernst Scherz (Palace Hotel), Yehudi Menuhin, Gemeindepräsident/*Commune president* Walter H von Siebenthal.
04 Vorwort von Gemeindepräsident Walter H. von Siebenthal. | *Opening statement of the Commune president, Walter H von Siebenthal.*

Quelle noble pensée,
Quelle bonne idée,

d'organiser deux concerts de grande classe à l'église de Saanen! Le grand maître *Yehudi Menuhin*, qui réside dans notre belle vallée, depuis bientôt deux ans, a bien voulu nous témoigner sa sympathie, en nous faisant ce riche cadeau. Avec le concours de grands artistes de son choix, ces concerts offrent une occasion rare pour les hôtes et les habitants d'une station de montagne, d'apprécier le grand talent et la virtuosité légendaire qui lui vaut une renommée universelle.

Si la musique possède des centres de prédilection, où s'organisent fréquemment de grandes manifestations, Gstaad n'en est plus un, ayant dû renoncer aux semaines musicales en 1946.

Grâce à la générosité et l'amabilité de maître Menuhin, nous avons le privilège d'un programme qui en dit long et aide à justifier la réputation de notre centre touristique, ne laissant rien au hasard de ce qui peut contribuer à l'agrément et l'enrichissement d'un beau séjour.

La population de la Commune de Saanen est très touchée par ce beau geste et fait part de sa profonde gratitude, en présentant ses sincères remerciements et tous ses bons vœux pour la famille *Yehudi Menuhin* et ses amis.

Qu'ils vivent et soient heureux!

Walter H. von Siebenthal
Président de la Commune de Saanen-Gstaad

Die ersten Festivaljahre bis 1960

Meister Yehudi Menuhin

und seinen Freunden

**Benjamin Britten
Maurice Gendron
Peter Pears**

*in herzlicher Dankbarkeit
Die Kirchgemeinde
Saanen
4./6. August 1957*

01

▶ 03 Yehudi Menuhin im Gespräch mit dem Cellisten Rudolf von Tobel. | *Yehudi Menuhin in conversation with the cellist Rudolf von Tobel.*
04 Glückwunsch-Telegramm von Yehudi Menuhin an Rudolf von Tobel. | *Congratulation telegram from Yehudi Menuhin to Rudolf von Tobel.*
05 Bericht von Paul Valentin im 51. Jahresbericht des Verkehrsvereins Gstaad. | *Report by Paul Valentin in the 51st Annual Report of the Gstaad tourism office.*

06–08 Das Programm «Zwei Konzerte» beweist, dass die ersten beiden Konzerte schon von Kammermusik umrahmt wurden mit einem Beethoven-Cellosonaten- und Cellosonaten-Abend. *The program 'Two Concerts' shows that the first two concerts already had a musical framework involving chamber music with a Beethoven cello sonata and a cello sonata evening.*

01 Dank der Kirchgemeinde. | *Message of thanks from the church community.*
02 Probe für die Konzerte vom 4. und 6. August 1957 in der Kirche Saanen. Benjamin Britten am Piano, Yehudi Menuhin und Peter Pears. *Rehearsal for the concerts on August 4 and 6 1957 in the Saanen church. Benjamin Britten on the piano, Yehudi Menuhin and Peter Pears.*

02

{ 70 } GSTAAD UND DIE MENUHINS

03

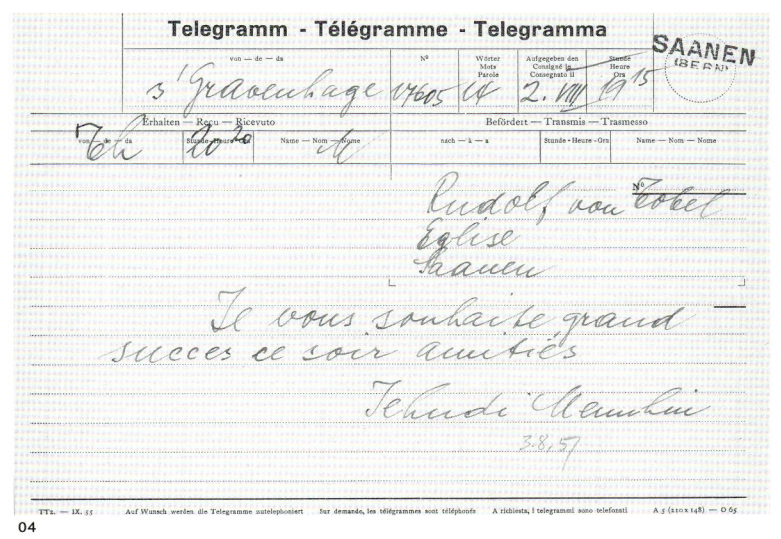

04

Zwei hervorragende Konzerte konnten wir mit «unserm» Yehudi Menuhin (3./4. August) — er lebt nun schon seit drei Jahren in Gstaad und fühlt sich hier recht heimisch —, dem weltberühmten Geigen-Virtuosen, vereinbaren, die er zusammen mit dem Verkehrsverein organisierte, und an denen weitere berühmte Künstler wie Benjamin Britten, Komponist, Pianist und Cembalist; Peter Pears, Englands grosser lyrischer Tenor, und Maurice Gendron, Frankreichs erster Cellist mitwirkten. Die beiden Konzerte waren ein Riesenerfolg! Gstaad hat mit diesen nunmehr zur Tradition erhobenen «Yehudi-Menuhin-Festivals», die diesen Sommer erweitert fortgesetzt und in Zukunft auf dem Programm stehen werden, seinen Namen in musikkultureller Hinsicht nicht nur wieder zurückgewonnen, sondern noch grösser und weiter ins Rampenlicht der Weltöffentlichkeit gesetzt. Die Konzerte fanden in der idyllischen Kirche von Saanen statt, die der Kirchgemeinderat von Saanen hochherzig zur Verfügung stellte. Herrn Menuhin gebührt für die Durchführung dieser Konzerte in Gstaad aufrichtigster Dank.

Ebenfalls organisierte der bekannte Cellist Rudolf von Tobel in der Saanenkirche zwei Beethoven-Abende zusammen mit dem deutschen Pianisten Robert-Alexander Bohnke und einem langjährigen Gstaader Gast, der Amerikanerin Constance Lane Anderson, die einen erfreulichen Besuch zu verzeichnen hatten.

05

KIRCHE SAANEN

ZWEI KONZERTE

mit Constance Lane Anderson, Klavier
Robert-Alexander Bohnke, Klavier
Rudolf von Tobel, Violoncello

06

KIRCHE SAANEN
Freitag, den 2. August 1957, 20.30 Uhr

BEETHOVEN-ABEND

Robert-Alexander Bohnke, Klavier
Rudolf von Tobel, Violoncello

07

KIRCHE SAANEN
Sonntag, den 11. August 1957, 20.30 Uhr

CELLO-ABEND

Rudolf von Tobel (Cello)
am Flügel: Constance Lane Anderson (Klavier)

08

GSTAAD UND DIE MENUHINS { 71 }

Die ersten Festivaljahre bis 1960

Yehudi Menuhin Festival 1958

«Yehudi Menuhin Festival 1958» steht erstmals als Titel mit dem gleichen Kirchensujet auf dem Programmheft: Hinweise auf die 5 Konzerte, eine Künstlerliste ergänzen die vom Tenor Peter Pears gesungenen Schubertlieder und kurze französische oder englische Texte über die musikalischen Werke (Gabriel Fauré, Priaulx-Rainier, Vivaldis «Vier Jahreszeiten», Benjamin Brittens «Simple Symphony» und das erstmals am Festival aufgeführte, 1939 von Béla Bartók in Saanen komponierte «Divertimento»). Das Zürcher Kammerorchester unter Leitung von Edmond de Stoutz begann seine langjährige Gastspielserie im Saanenland und begründete eine tiefe Freundschaft zwischen Edmond de Stoutz und Yehudi Menuhin.

Das gewachsene Festival 1959 zeigte in 5 Konzerten neben bewährten Stützen die erstmalige Teilnahme von Nadia Boulanger, Hephzibah Menuhin, Alberto Lysy, Ulrich Lehmann, Rudolf von Tobel und des Ehepaars Lory und Ernst Wallfisch, dazu stiessen ein «Streich-Oktett Ensemble des Festivals», ein Vokalensemble von Nadia Boulanger zum Zürcher Kammerorchester. Im erweiterten französischen Programmheft schrieb Yehudi Menuhin erstmals ein herzliches Bekenntnis zu George Enescu, seinem verehrten Lehrer und Meister, und wies auf dessen Streichoktett op. 7 hin, das im Konzert am 8. August dem berühmten Mendelssohn-Oktett folgte. Ein Abend mit «Indischer Musik» am 9. August bewies schon den Mut zur kulturellen Öffnung. Einige Fotos illustrieren das Heft.

Yehudi Menuhin Festival 1958

For the first time, "Yehudi Menuhin Festival 1958" was written on the program alongside the church motif of the previous year. References to the five concerts and a list of the artists were presented alongside Schubert songs sung by tenor, Peter Pears, and short French or English texts about the musical works (Gabriel Fauré, Priaulx-Rainier, Vivaldi's Four Seasons, Benjamin Britten's Simple Symphony, and the world premier of Divertimento composed by Béla Bartók in Saanen in 1939). The Zurich Chamber Orchestra led by Edmond de Stoutz started its long standing guest performance series in Saanenland, establishing a deep friendship between de Stoutz and Menuhin.

The expanded festival of 1959 featured five concerts, which in addition to the established performers, saw the first participation of Nadia Boulanger, Hephzibah Menuhin, Alberto Lysy, Ulrich Lehmann, Rudolf von Tobel, and the couple Lory and Ernst Wallfisch. Moreover, a string octet ensemble of the festival and a vocal ensemble of Nadia Boulanger were added to the Zurich Chamber Orchestra. In the expanded French program, Yehudi Menuhin wrote a warm tribute to his admired teacher and master, George Enescu, and referred to his String Octet Op 7 which followed the famous Mendelssohn octet at the concert of August 8. An evening with Indian music on August 9 demonstrated the cultural openness of the organizers. Photos illustrate the program booklet.

YEHUDI MENUHIN
FESTIVAL 1958

Cinq concerts

Eglise de Saanen-Gstaad

25 juillet — 3 août

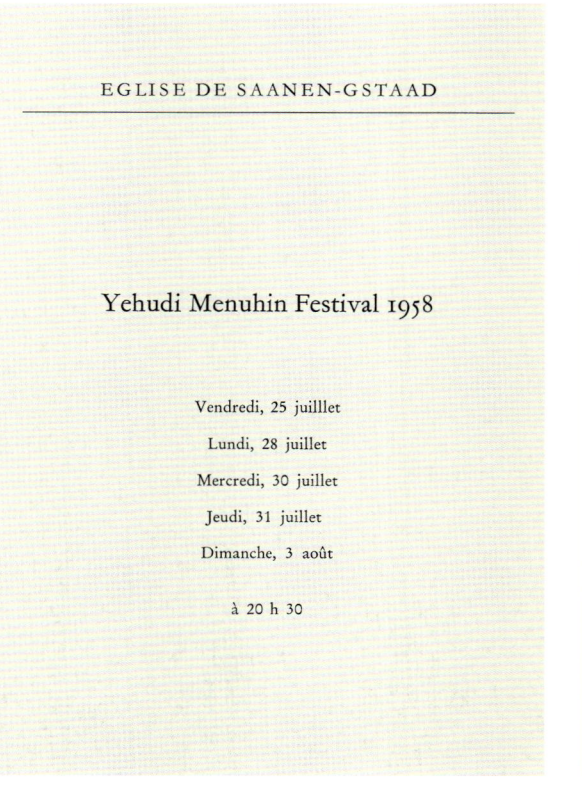

EGLISE DE SAANEN-GSTAAD

Yehudi Menuhin Festival 1958

Vendredi, 25 juilllet
Lundi, 28 juillet
Mercredi, 30 juillet
Jeudi, 31 juillet
Dimanche, 3 août

à 20 h 30

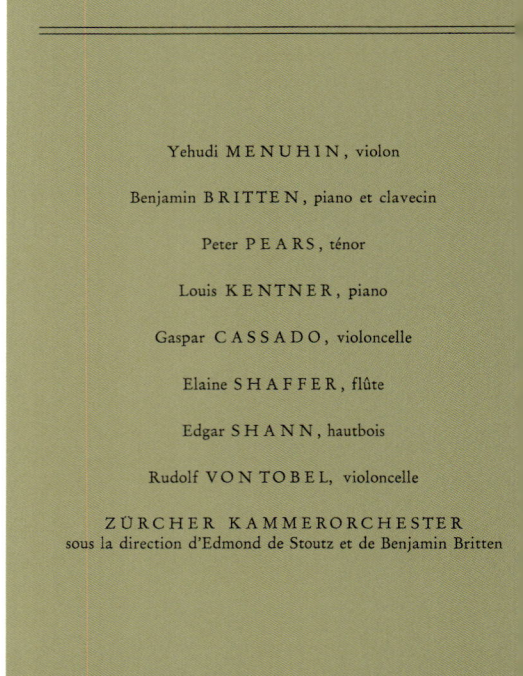

Yehudi MENUHIN, violon

Benjamin BRITTEN, piano et clavecin

Peter PEARS, ténor

Louis KENTNER, piano

Gaspar CASSADO, violoncelle

Elaine SHAFFER, flûte

Edgar SHANN, hautbois

Rudolf VON TOBEL, violoncelle

ZÜRCHER KAMMERORCHESTER
sous la direction d'Edmond de Stoutz et de Benjamin Britten

01 Yehudi, Hephzibah und Maurice Gendron: Gemeinsames Musizieren.
Yehudi, Hephzibah and Maurice Gendron playing music together.
02 Edmond de Stoutz dirigiert.
Edmond de Stoutz conducting.

◀ Auszüge aus dem Programmheft von 1958.
Extracts from the program of 1958.

Die ersten Festivaljahre bis 1960

01 Konzert vom 25. Juli 1958.
Concert of July 25 1958.
02 Auszug aus dem Programm.
Extract from the program.
03 Bericht im «Berner Tagblatt», 8. August 1958. | *Report in the Berner Tagblatt, August 8 1958.*

9. 8. 1959	4. Konzert / 4ème concert Ali Akbar Khan, Sarod Mahapurush Mishra, Tabla Ayana Deva Angadi, Tamboura Indische Musik Musique indienne
10. 8. 1959	5. Konzert / 5ème concert Yehudi Menuhin, Violine / violon Alberto Lysy, Violine / violon André Jaunet, Flöte / flûte Edmond de Stoutz mit seinem / avec son Zürcher Kammerorchester
Joh. Seb. Bach	B-dur-Suite für Flöte Suite en si-mineur pour flûte Violinkonzert in g-moll Concert pour violon en sol mineur Brandenburgisches Konzert Nr. 3 Doppelkonzert für zwei Violinen in d-moll Concert pour deux violons en ré-mineur
12. 8. 1959	6. Konzert / 6ème concert Yehudi Menuhin, Violine / violon Ernst Wallfisch, Bratsche / alto Edmond de Stoutz mit seinem / avec son Zürcher Kammerorchester
W. A. Mozart	Symphonie in G-dur, K.V. 199 Symphonie en sol majeur Violinkonzert in A-dur, K.V. 219 Concert pour violon en la majeur Konzertante Symphonie für Violine, Viola und Orchester K.V. 364 Symphonie concertante pour violon, alto et orchestre Symphonie in A-dur, K.V. 201 Symphonie en la-majeur

Das «Yehudi-Menuhin-Festival» in Gstaad-Saanen

Der wunderschöne, 1000 Meter hoch im Berner Oberland gelegene Kurort Gstaad hat schon seit Jahren viele namhafte Musiker angezogen. Hermann Scherchen, Edwin Fischer, Pablo Casals und Paul Baumgartner haben seiner Zeit Einheimische und Gäste mit ganzen Reihen von Konzerten beschenkt, und die stimmungsvolle mittelalterliche Kirche des benachbarten Saanen mit ihrer idealen Akustik war immer ein begehrter und gastfreundlicher Rahmen für musikalische Ereignisse, von denen nur Albert Schweitzers Orgelabende erwähnt seien. Hier hat Menuhin, der sich in Gstaad niedergelassen hat, letztes Jahr mit Freunden zwei eindrucksvolle Konzerte veranstaltet, heuer vom 25. Juli bis 3. August ganze fünf.

Die vielseitige, ausgezeichnet aufgebaute Reihe begann mit einem Bach - Abend: mit Benjamin Britten (Cembalo) und Rudolf von Tobel (Violoncello) spielte Menuhin die selten gehörte e-moll-Sonate; Peter Pears sang drei Tenorarien mit obligater Oboe, von Edgar Shann meisterhaft geblasen; mit strahlendem Ton und hinreissendem Schwung gab Menuhin die E-dur-Partita wieder; die Trio-Sonate in G-dur brachte als neues Element die goldlautern Flötentöne Elaine Shaffers zur Geltung. Mit der 189. Kantate, «Meine Seele rühmt und preist», von allen sechs, aufs schönste miteinander harmonierenden Künstlern vorgetragen, klang das Konzert erhebend aus.

Am folgenden Konzert wechselte Britten vom Cembalo zum Flügel, den er mit gleicher Selbstverständlichkeit meistert. Mit Menuhin musizierte er die Sonaten in G-dur KV 379 von Mozart und e-moll op. 108 von Gabriel Fauré. Dazwischen gestaltete er mit Pears grossartig eine Reihe weniger bekannter Schubert - Lieder. Mit derselben Ueberzeugungskraft wie Bach und Schubert lieh Pears seine vollendete Gesangskunst der auf seinen Wunsch von Priaulx-Rainier für Tenor allein komponierten «Declamation» auf Worte von John Donne. Nach dieser aufwühlend prophetischen Tonsprache bildete Händels Arie «Süsse Ruhe» einen wunderbar besänftigenden Abschluss.

Dem 3. und 4. Konzert verlieh das frisch und sorgfältig musizierende Zürcher Kammerorchester mit Ulrich Lehmann als Konzertmeister die besondere Note. Britten leitete vom Cembalo aus, mit Menuhin als Solisten, Vivaldis «Quattro Stagioni», wobei Senta Erd-Cornell an den betreffenden Stellen die programmatischen Erläuterungen sprach, so dass man sich der köstlichen Naivität dieser Tondichtung erfreuen und den Sinn ihrer bezaubernden Farbigkeit verstehen konnte. Nach Mozarts Violinkonzert in G-dur dirigierte Britten seine keineswegs simple «Simple Symphony». Den nächsten Abend eröffnete Edmond de Stoutz, der initiative Gründer und Leiter des Zürcher Kammerorchesters, mit einer klangschönen Wiedergabe des Concerto grosso in g-moll von Geminiani, worauf er in bestem Einvernehmen mit Menuhin Bachs Violinkonzert in a-moll mitgestaltete. Dem B-dur-Divertimento KV 137 von Mozart folgte das von Bartok als Gast Paul Sachers 1939 in Saanen komponierte Divertimento. Selbst nach den makellosen Mozart-Interpretationen fesselte und überzeugte an beiden Abenden die moderne Tonsprache Brittens und Bartoks dank ihrer farbigen Lebendigkeit, der das vorzügliche Ensemble nichts schuldig blieb.

Für das Schlusskonzert vereinigte sich Menuhin mit seinen Triopartnern Louis Kentner und Gaspar Cassadò. Die den weihevollen Kirchenraum dicht füllende Zuhörergemeinde lauschte atemlos dem d-moll-Trio op. 49 von Mendelssohn, dessen Mittelsätze so glücklich zu den leidenschaftlich beschwingten Ecksätzen kontrastieren, dem in seinem ganzen Klangzauber aufrauschenden Klaviertrio von Ravel und dem letzten von Beethoven (B-dur op. 97), dessen erdentrücktes Andante jeden Empfänglichen auf höchste Höhen führte.

Es war ein Musikfest, das dem anspruchsvollsten Kulturzentrum zur Ehre gereichen könnte. Menuhin will es zur Tradition erheben und schmiedet bereits Pläne für nächsten Sommer. Wir freuen uns darüber und danken ihm von ganzem Herzen für sein hingebendes und begeisterndes Musizieren.

T.

"Berner Tagblatt" v. 8.8.58

Das Programmheft wird zum Markenzeichen

Neu präsentierte sich das «Yehudi Menuhin Festival 1960 Gstaad». Das bei Hug & Söhne in Zürich gedruckte Programm zeigt den glücklich lächelnden Yehudi Menuhin, enthält erstmals eine Einleitung, die seine grosse Ehrfurcht und Liebe zur Landschaft und Kirche Saanen, die Bewunderung der Bergbevölkerung und den Dank an den Saaner Pfarrer Willy Hirsch für Güte und Gastfreundschaft einschliesst.

Eine Würdigung von John Amis gilt der «Grande Dame der französischen Musikwelt», Nadia Boulanger, als «hervorragende musikalische Persönlichkeit unserer Zeit, gute Pianistin und Organistin», besonders als «Lehrerin und Erzieherin – ihre Schüler sind Legion: Sie kommen aus allen Ecken der Welt, um bei ihr zu studieren, entweder am Conservatoire de Paris oder an der amerikanischen Akademie in Fontainebleau. (...) Nadia ist wie das Wasser des Lebens – 1887 geboren und immer noch voll jugendlichen Feuers.»

Menuhin hat bei «Mademoiselle Boulanger» an deren Meisterkursen in Fontainebleau erstmals 1955 die Freuden des Ausbildners erlebt und den Funken für seine vielen späteren pädagogischen Aktivitäten aufgenommen.

Erstmals geben Inserate im Programm Einblick in die damalige Gstaader Geschäftswelt.

The program becomes a trademark

The 1960 Yehudi Menuhin Festival Gstaad presented itself in a new way. The program, which was printed at Hug & Söhne in Zurich, shows a happy, smiling Yehudi Menuhin. For the first time, it includes an introduction that conveys his awe and love for the local landscape and the Saanen church, as well as his admiration of the mountain populus. He also thanked Saanen priest, Willy Hirsch, for his friendship and hospitality.

The program featured a tribute by John Amis to the "grande dame" of the French music world", Nadia Boulanger, in which she was described as an "outstanding musical personality of our times, a good pianist, organist," and in particular "a teacher and academic whose students are a legion who come from all corners of the world to study with her, either at the Conservatoire de Paris or at the American Academy in Fontainebleau ... Nadia is like the water of life – born in 1887 and still full of the fire of youth."

Menuhin experienced the joy of teaching for the first time at Mademoiselle Boulanger's master classes in Fontainebleau in 1955, and caught a teaching bug that was to fuel the prolific academic activities of his later years.

Also in 1960, the program contained advertising for the first time, providing insight into the business world of Gstaad at that time.

Titelseite vom Festivalprogramm von 1960.
Title page of the 1960 festival program.

Einblick in das neu gestaltete Programm des Jahres 1960, das erstmals Elemente wie Einleitung und Inserate enthält. | *The newly designed program of 1960, which for the first time contained elements such as an introduction and advertisements.*

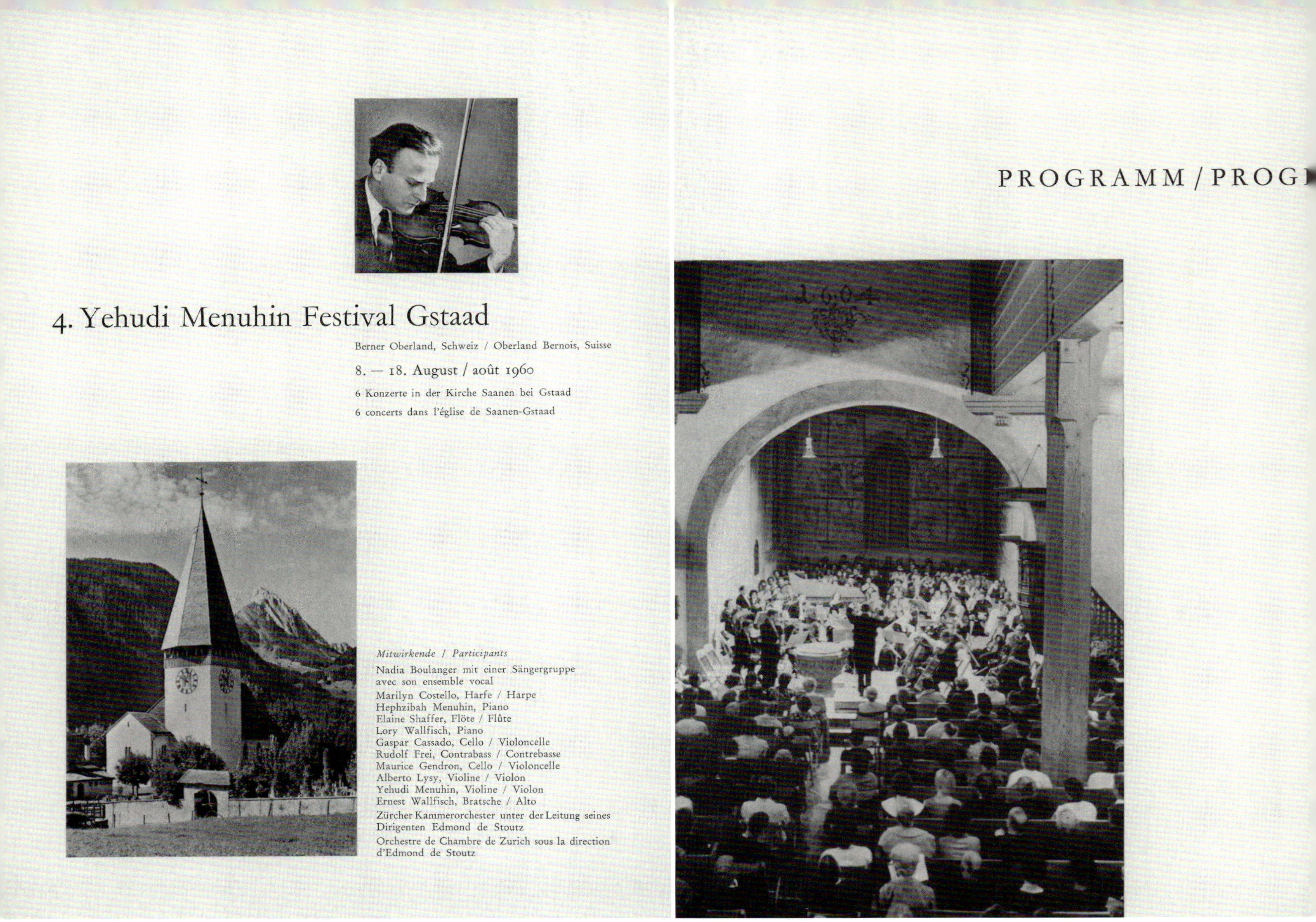

4. Yehudi Menuhin Festival Gstaad

Berner Oberland, Schweiz / Oberland Bernois, Suisse

8. – 18. August / août 1960

6 Konzerte in der Kirche Saanen bei Gstaad
6 concerts dans l'église de Saanen-Gstaad

Mitwirkende / Participants

Nadia Boulanger mit einer Sängergruppe
avec son ensemble vocal
Marilyn Costello, Harfe / Harpe
Hephzibah Menuhin, Piano
Elaine Shaffer, Flöte / Flûte
Lory Wallfisch, Piano
Gaspar Cassado, Cello / Violoncelle
Rudolf Frei, Contrabass / Contrebasse
Maurice Gendron, Cello / Violoncelle
Alberto Lysy, Violine / Violon
Yehudi Menuhin, Violine / Violon
Ernest Wallfisch, Bratsche / Alto
Zürcher Kammerorchester unter der Leitung seines
Dirigenten Edmond de Stoutz
Orchestre de Chambre de Zurich sous la direction
d'Edmond de Stoutz

PROGRAMM / PROG

177

Die ersten Festivaljahre bis 1960

Aus dem Kirchgemeinderat Saanen
From the Saanen church parish board

Dass sich schon früh die kirchliche Behörde mit dem Menuhin Festival beschäftigt hat, beweisen kurze Protokoll-Auszüge, die wir der Sekretärin der Reformierten Kirchgemeinde Saanen, Frau S. Bircher, verdanken und die beweisen, dass die jeweiligen Pfarrleute die wichtigen Verbindungsleute waren.

Am Donnerstag, 5. September 1957 steht unter Traktandum e): «Pfr. Hirsch orientiert über die grossen Konzerte des Sommers in unserer Kirche mit Yehudi Menuhin, Benjamin Britten, Peter Pears u. Maurice Gendron; Rud. Von Tobel, Rud. Alex Bohnke u. Alex. Lane Anderson. Dem Orgelfonds konnten Fr. 500.– zugewiesen werden und zusätzlich das Podium im Wert von Fr. 430.– angeschafft werden. Auch für das nächste Jahr sind wieder ähnliche Konzerte vorgesehen. – Photograph Fäh hat angeboten, von einer von Pfarrer Hirsch gemachten sehr schönen Photo der 4 grossen Künstler bei einer Probe in der Kirche 200 Vergrösserungen gratis zu machen, die zu Fr. 1.50 zu Gunsten des Orgelfonds Gstaad verkauft werden können.
Schluss der Sitzung um 23.30 Uhr.
Der Präsident: E. Hauswirth»

Board minutes, thankfully obtained from Saanen church secretary, Ms S Bircher, show that the church authorities were fully-engaged with the Menuhin Festival from early on. They also show that the people in the parish at that time were key to the success of the festival.

On Thursday September 5 1957 agenda item (e) reads as follows: *"Priest Hirsch gives an overview of the summer concerts in our church with Yehudi Menuhin, Benjamin Britten, Peter Pears, and Maurice Gendron; Rud. Von Tobel, Rud. Alex Bohnke and Alex. Lane Anderson. SFr 500 can be transferred to the organ fund and in addition a podium, worth SFr 430, can be bought. Similar concerts are also planned for next year. Photographer Fäh has offered to make 200 enlargements without cost of a picture taken by Hirsch of the four great artists rehearsing in the church. These can then be sold for SFr 1.50 each to benefit the organ fund.
End of the meeting at 23h30
President E Hauswirth"*

Protokoll-Auszüge vom Kirchgemeinderat, Sekretär Pfarrer W. Hirsch. | *Extracts from the minutes of the church parish secretary: priest W Hirsch.*

Am Mittwoch, 23. April 1958, 20.15 Uhr, Pfarrhaus Saanen, steht unter «4. Verschiedenes»: «a) Dem Verkehrsverein Gstaad soll wie letztes Jahr auch in diesem Sommer die Kirche Saanen für Festkonzerte zur Verfügung gestellt werden, die am 25., 28. und 31. Juli und 3. und 6.VIII stattfinden sollen. Mit dem Wunsch allerdings, dass Reporter-Skandale auf Kirchenboden ausgeschlossen seien. Es möchten auch für Einheimische ermässigte Eintrittspreise gemacht werden.»

Am 10. März 1959, Saanen, steht unter «7. Verschiedenes»: «Dem Gesuch des VV Gstaad um Überlass'g der Kirche Saanen für die Yehudi Menuhin Festivals 1959 wird entsprochen mit der Bitte, es möchte auch eine für Einheimische erschwingliche Platzkategorie geschaffen werden.»

Am 1. April 1960 steht im KGR-Protokoll unter «5. Varia»: «d) Die Menuhin-Festivals 1960 werden vom 8.–18. August stattfinden.»

Am 27. September 1960 ist zu lesen: «6. Der Verkehrsverein Gstaad dankt für die Überlass'g der Kirche für die Yehudi Menuhin-Festivals und die Mitarbeit von Herrn und Frau Pfarrer Hirsch und überweist Fr. 500.– an die Kirchgemeinde.

Der Präsident: E. Hauswirth
Der Sekretär: W. Hirsch»

On Wednesday April 23 1958 20h15, vicarage Saanen, point 4 miscellaneous reads: *"a) Like last year the tourism union of Gstaad is allowed to use the Saanen church in the summer for festival concerts, which are to take place on July 25, 28, and 31 and August 3 and 6. However, it is desired that reporter scandals do not take place on church grounds. Reduced prices should be set for local residents."*

On March 10 1959, Saanen, point 7 miscellaneous reads: *"The petition by the tourism office of Gstaad to make the Saanen church available for the Yehudi Menuhin Festival 1959 is accepted, with the wish that an affordable price category for local residents is created."*

On April 1 1960 the church protocol reads under point 5 Miscellaneous: *"d) the Menuhin Festival 1960 will take place from August 8 to 18."*

The September 27 1960 entry reads: *"6. the tourism office of Gstaad thanks us for being able to use the church for the Yehudi Menuhin Festival and for the collaboration of Mr and Mrs Hirsch, and transfers the amount of SFr 500 to the church parish.*

President E Hauswirth
Secretary W Hirsch"

«Lange lebt, wer öfters lacht und regelmässig Ferien macht»!

Paul Valentin

Paul Valentin (1916–2005) – Mitbegründer des Festivals
Paul Valentin (1916–2005) – festival co-founder

Als Bündner und 12. Kind wurde er am 16. September 1916 (stolzer Jahrgänger von Yehudi Menuhin) in Allschwil BL geboren. Nach zwei Jahren Drogistenlehre und einer bestandenen Banklehre begann der begnadete Schreiber früh mit journalistischen Aktivitäten, lernte Schauspielerei in Basel und Zürich, nahm Gesangsstunden, begeisterte sich beim Theaterspielen. Den Wanderjahren in Schottland und als «Singing Valentine» (mit der Laute) im gastfreundlichen Irland, den Erlebnissen als Barpianist im «Vieux port» von Marseille folgten Militärdienst, Erfahrungen in der Privatindustrie und in Amtstellen, Abenteuer als Reiseleiter und Conférencier. Als 40-jähriger Allrounder wurde er 1956 zum Kurdirektor nach Gstaad berufen, eine vielseitige Tätigkeit, die all seine Fähigkeiten herausforderte: Conférencier, Unterhalter, Pianist, Gitarrist und Sänger, Fotoreporter, Filmstar, Kabarettist, «Wanderprediger» und «Logiernächteverkäufer des aufstrebenden Weltkurortes». Er hat Gstaad bis zum Rücktritt 1982 zu vielen neuen Attraktionen verholfen. Nach langem, kreativem Ruhestand (Buchautor!) in Brugg an der Seite seiner Gattin Maja ist er am 3. Aprilsamstag 2005 in Baden gestorben.

Paul Valentin was born as the 12th child of his family in Allschwil BL on September 16 1916 (the same year as Yehudi Menuhin, as he was always proud to note). After two years in a pharmacy apprenticeship and having completed a banking apprenticeship, the gifted writer started early in journalism. He also studied acting in Basel and Zurich, took vocal lessons, and was an enthusiastic stage actor. His years of travel in Scotland and later in Ireland as "Singing Valentine" (with lute), were followed by a stint as a bar pianist in Vieux Port of Marseilles, military service, experiences in private business, and adventures as a travel guide and emcee. As a 40-year-old all-rounder, he was called to Gstaad in 1956 as tourism director. This was wide-ranging work which challenged all his skills: master of ceremonies, entertainer, pianist, guitarist and singer, photo reporter, film star, cabaret artist, itinerant preacher, and "purveyor of nights in Gstaad, the up-and-coming world tourist town." Up until his resignation in 1982, he helped create many new attractions for Gstaad. After a long, creative retirement as an author in Brugg with his wife Maja, he died on April 3 2005 in Baden.

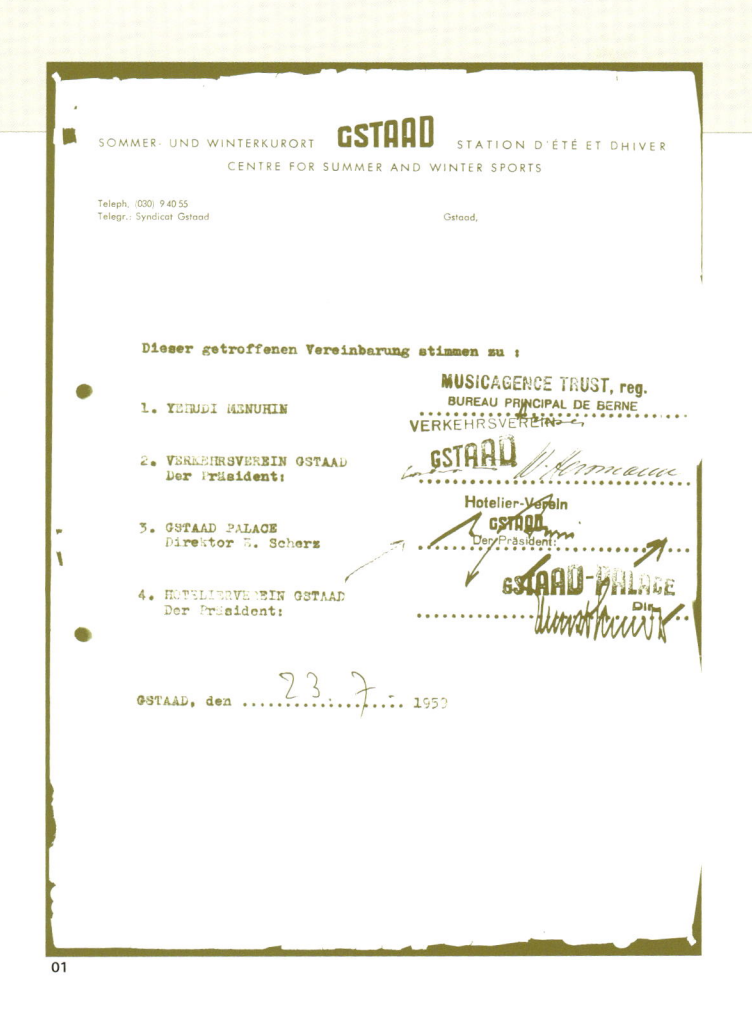

01 Festivalvereinbarung vom 23. Juli 1959.
Festival agreement of July 23 1959.
02 Die beiden Gründer Yehudi Menuhin und Paul Valentin im Gespräch. | *The two founders Yehudi Menuhin and Paul Valentin in conversation.*
03 Yehudi Menuhin unterzeichnet mit Palace-Hotelier Ernst Scherz und Kurdirektor Paul Valentin den Festival-Vertrag. | *Yehudi Menuhin signing the festival contract with Palace Hotel director Ernst Scherz and tourism office director Paul Valentin.*

GSTAAD UND DIE MENUHINS { 83 }

Die ersten Festivaljahre bis 1960

Künstler und Freunde werden erste Stützen des Festivals
Artists and friends become festival foundation stones

Alberto Lysy (1935) – Menuhins Schüler
Der Geigenvirtuose, am 11. Februar 1935 in Argentinien geboren, gewann internationale Wettbewerbe und mit 20 Jahren den Brüsseler Concours Reine Elisabeth. Wie kam es, dass er nach Unterricht bei Ljerko Spiller einziger Schüler und musikalischer Erbe Menuhins wurde? In «Weder Pauken noch Trompeten für Yehudi Menuhin» (Piper 1991) schrieb er zu dessen 75. Geburtstag unter «Der erste Schüler», wie er vor kurzem im französischen Gespräch mit dem Filmteam von Felice Zenoni bestätigte:
«Es scheint nur wenige Jahre her zu sein, seit ich als Kandidat am Concours Reine Elisabeth in Brüssel teilgenommen habe. Die Jury setzte sich aus berühmten Musikern zusammen, unter ihnen Sir Yehudi Menuhin. Dieser Name erfüllte mich mit Ehrfurcht; allein der Gedanke daran, mit diesem legendären Musiker zusammenzutreffen, dessen Plattenaufnahmen meine Einbildungskraft bereits in meiner Heimatstadt Buenos Aires beflügelt hatten, brachte mich in Aufregung. Ich konnte damals nicht wissen, dass Sir Yehudi meinen Werdegang als Musiker später so gravierend beeinflussen sollte.
Bei der Preisverleihung in Brüssel gab ich dem Maestro die Hand, sagte ihm, dass ich mein Studium fortsetzen wollte – ich war knapp 20 Jahre alt –, und bat ihn, mir Stunden zu geben. Bezeichnend für Sir Yehudis Bescheidenheit fiel seine Antwort aus: Er hege Zweifel, ob er mich etwas lehren könne.

Alberto Lysy (1935) – Menuhin's student
Alberto Lysy was a violin virtuoso. Born on February 11 1935 in Argentina, he won international competitions, including at just 20 years-old, the Queen Elisabeth Competition of Brussels. How was it that after studying under Ljerko Spiller, he came to be the only student and musical heir of Yehudi Menuhin? In 'Weder Pauken noch Trompeten für Yehudi Menuhin' (Piper 1991) he wrote for Yehudi's 75th birthday under the name "The first student". He described what he had recently confirmed during a conversation in French with the film team of Felice Zenoni. In this conversation, he said that it didn't seem that long since he had taken part in the Queen Elisabeth Competition in Brussels. The jury consisted of famous musicians, among them Sir Yehudi Menuhin. This name filled him with awe; just the thought of meeting this legendary musician, whose recordings had already sparked his imagination in his hometown Buenos Aires, made him nervous. He could not have known then that Sir Yehudi would influence his development as a musician so heavily.
At the prize-giving ceremony in Brussels, he shook the master's hand, told him that he wanted to continue his studies – he was just 20 years-old at the time – and asked the master to give him lessons. In keeping with his modesty, Sir Yehudi answered that he doubted whether he could teach him anything. Nevertheless, he promised to keep an eye on him and help out where he could. Lysy went back to Buenos Aires, where he remained without any word from Menuhin for some time. Then, unexpectedly, his invitation to Gstaad arrived.
Although his first participation in the first year of the Gstaad festival was limited to turning pages, the following year he was invited as musician.

In the 1996 jubilee paper 'Encounters with Yehudi Menuhin' from the series 'Culture in the Bernese Oberland', Alberto Lysy writes of Menuhin's 1955 invitation in the chapter 'The teacher': "I have never taught in my life, but if you want, you can spend next summer with me in Gstaad," Menuhin had written. He organized a Rockefeller scholarship, telling Lysy: "Money has been paid into a Swiss bank account; you can come."
Thrilled, Alberto left Argentina. "When I arrived in Switzerland in the summer of 1956, Menuhin was playing in Luzern and I was accompanied directly to his chalet in Gstaad. There I met a man who was sitting at the piano writing notes. When I asked

Trotzdem versprach er mir, meinen Fall im Auge zu behalten und sich nach Unterstützung umzusehen. Ich kehrte nach Buenos Aires zurück und blieb für einige Zeit ohne Nachricht von ihm. Dann kam unerwartet seine Einladung nach Gstaad. Obgleich sich meine Teilnahme im ersten Jahr des Gstaader Festivals darauf beschränkte, Seiten umzuwenden, lud man mich bereits im folgenden Jahr als Musiker ein...»

In der Jubiläumsschrift «Begegnungen mit Yehudi Menuhin» der Serie «Kultur im Berner Oberland» der Volkswirtschaftskammer schilderte Alberto Lysy 1996 im Kapitel «Der Lehrer» diese Einladung Menuhins von 1955: «Ich habe nie in meinem Leben unterrichtet, aber wenn Sie wollen, können Sie nächsten Sommer mit mir in Gstaad verbringen.» Menuhin besorgte ein Rockefeller-Stipendium: «Geld liegt auf einer Schweizer Bank, du kannst kommen.»
Begeistert verliess Alberto Argentinien:
«Als ich im Sommer 1956 in der Schweiz eintraf, spielte Menuhin gerade in Luzern, und ich wurde direkt nach Gstaad in sein Chalet begleitet. Dort traf ich auf einen Herrn, der am Klavier sass und Noten schrieb. Als ich ihn fragte, was er mache, antwortete er: ‹Ich komponiere ein bisschen.› Es war Benjamin Britten.»
Nach dieser ersten Begegnung traf er bald weitere Menuhin-Freunde und berühmte Musiker wie Nadia Boulanger, Gaspar Cassadò, Peter Pears, Maurice Gendron und Mitglieder der Familie Menuhin, eine familiäre und kulturelle Umgebung, die ihn begeisterte. Der Meister gab ihm Lektionen: «Ich war verblüfft, dass ich sein einziger Schüler war. Er war gerade daran, eine neue revolutionäre Methode zu entwickeln, von der ich enorm profitierte. Die Arbeit mit ihm brachte mir unendlich viel, technisch und musikalisch, aber auch eine wunderschöne, menschliche Erfahrung. Ich durfte ihn auf seinen Reisen nach Paris, Wien, London und Berlin begleiten, und er bezahlte meine Flugkarten und Hotelaufenthalte.»
Oft wurde auf der Reise im Zug unterrichtet. Im Startjahr 1957 durfte Alberto Lysy an den Konzerten mit Britten, Pears und Gendron Notenblätter wenden, privat mit den Grossen musizieren und schon 1958 wurde er ins Programm integriert. Alberto wurde zur bewährten Stütze und hat seither am Menuhin Festival mitgewirkt – ab 1977 als engagierter Direktor und Solist mit seiner Camerata Lysy Gstaad.

him what he was doing, he said he was doing a bit of composing. The man was Benjamin Britten."
After this first encounter, he soon met more of Menuhin's friends, including such famous musicians as Nadia Boulanger, Gaspar Cassadò, Peter Pears, Maurice Gendron and members of the Menuhin family. It was a familial and cultural environment that inspired him. The master gave him lessons: "I was amazed that I was his only student. He was just about to create a new, revolutionary technique from which I profited immensely. The work with him gave so much to me, technically and musically, but it was also a wonderful human experience. I was allowed to accompany him on his travels to Paris, Vienna, London, and Berlin, and he paid for my flights and hotel stays."
Often lessons took place while traveling on the train. Beginning in 1957, Alberto Lysy was allowed to turn pages at concerts for Britten, Pears and Gendron and to privately make music with them. As early as 1958 he was integrated into the program. Alberto soon became an established pillar of the Menuhin Festival, and has contributed ever since, from 1977 as dedicated director and soloist with his Camerata Lysy Gstaad.

Benjamin Britten und Peter Pears – Künstler der ersten Stunde

Die beiden Freunde Menuhins, das berühmte britische Musikerpaar, waren Protagonisten der ersten Konzerte, nachdem sie den Geiger während des Aufenthaltes in Gstaad 1954 besucht und privat zusammen im Chalet und in der Kirche musiziert hatten. Sie bekräftigten den Meister in der Idee, hier in den Bergen eine Sommerkonzert-Serie zu gründen.

Benjamin Britten (22. November 1913–4. Dezember 1976) galt als bedeutendster englischer Komponist, Dirigent und Pianist. Als erklärter Pazifist hat er 1939 Europa verlassen, kehrte 1942 nach Grossbritannien zurück und war von Menuhins Wirken derart tief beeindruckt, dass er schon 1942 mit Menuhin nach Deutschland reisen wollte. Im Juli 1945 spielten Menuhin und Britten auf der legendären Versöhnungstournee im KZ Bergen-Belsen und erlebten dabei ein Trauma, das weder Benjamin Britten noch Yehudi Menuhin je überwunden haben. Das kurze Gastspiel schuf eine treue, lebenslange Freundschaft: Menuhin spielte später oft an Brittens – 1948 am Wohnsitz in Aldeburgh gegründeten – Festival und Britten wirkte mit seinem Lebenspartner Peter Pears am Menuhin Festival mit. 1957 spielten sie zusammen die Fantasie für Violine und Klavier von Franz Schubert, die Britten und Menuhin 1945 in Bergen-Belsen gespielt hatten. Kurz vor seinem Tod wurde Benjamin Britten als Baron Britten of Aldeburgh in den Adelsstand erhoben. Er hat ein grosses Lebenswerk hinterlassen.

Peter Pears (22. Juni 1910–3. April 1986) aus Surrey begegnete Britten schon 1934 als Mitglied der BBC Singers. Seit 1937 musizierten sie zusammen in der Öffentlichkeit und wurden zum berühmtesten britischen Musikerpaar, dessen Wege sich seit 1945 immer wieder mit Menuhin kreuzten. Berühmt wurde der dramatische Tenor als Interpret von Schubert-Liedern, oft von Britten begleitet, Opernsänger an der Metropolitan Opera, in Covent Garden und vielen grossen Opernhäusern und Interpret des Evangelisten in Bachs Passionen, aber auch als Festivalleiter (seit 1959 am Bath Festival). 1978 geadelt, starb Sir Peter Pears 1986 in Aldeburgh. Der Auftritt an den ersten Saaner Konzerten wurde stark beachtet.

Benjamin Britten and Peter Pears; artists from the early days

Two friends of Menuhin, Benjamin Britten and Peter Pears, the famous British musical couple, were protagonists of the first concerts. They had visited the violinist during a stay in Gstaad in 1954 and had made music privately in the chalet and the church. They supported the master's idea to establish a summer concert series in the mountains.

Benjamin Britten (November 22 1913-December 4 1976) was considered the most distinguished English composer, conductor, and pianist. As a declared pacifist, he left Europe in 1939 and returned to Great Britain in 1942. He was so deeply impressed with Menuhin's work that he chose to travel with Menuhin to Germany as early as 1942. In July 1945 Menuhin and Britten played on the legendary reconciliation tour in the Bergen-Balsen concentration camp, an experience which neither of them ever quite came to terms with. The short guest performance created a loyal, lifelong friendship. From that time on, Menuhin often played at Britten's festival which he had founded in 1948 in Aldeburgh, and Britten played with his partner Peter Pears at the Menuhin Festival. In 1957 the pair played Franz Schubert's Fantasy for Violin and Piano, the same piece Britten and Menuhin had played in Bergen-Belsen in 1945. Shortly before his death, Benjamin Britten was made a peer (Baron Britten of Aldeburgh), and when he died in 1976 he left behind the legacy of a great life's work.

Peter Pears (June 22 1910-April 3 1986) was from Surrey. He met Britten in 1934 as a member of the BBC Singers. From 1937 they performed together in public and became the most famous British musical couple. Their paths crisscrossed with Menuhin's time and again after 1945. The dramatic tenor became famous as an interpreter of Schubert songs, and was often accompanied by Britten. He also received recognition as an opera singer at the Metropolitan Opera, in Covent Garden and other major opera houses, as an interpreter of the Evangelists in Bach's Passions, as well as festival director in Bath from 1959. In 1978 he was made a peer and died in 1986 in Aldeburgh. His performances at the first Saanen concerts were among the most popular.

▶
01 Yehudi Menuhin und/*and* Alberto Lysy.
02 Maurice Gendron.
03 V.l.n.r./*From left to right*: Yehudi Menuhin, Benjamin Britten, Peter Pears, Maurice Gendron.

GSTAAD UND DIE MENUHINS { 87 }

Die ersten Festivaljahre bis 1960

Maurice Gendron (1920–1990) – Cello-Ikone der ersten Stunde
Der begnadete Cellist hat als Freund Menuhins 1957 an den ersten Konzerten mitgewirkt, nachdem er schon 1956 mit Menuhin, Britten und Pears in Gstaad musiziert und Pläne für Sommerkonzerte diskutiert hat. Knapp 5-jährig wechselte er als Kind von der Geige aufs Cello, ging 11-jährig ans Konservatorium von Nizza und wechselte 1938 nach Paris. Schon 1945 konzertierte er mit Benjamin Britten in London. Bekannt wurde er durch seine Uraufführung des Cellokonzertes op. 58 von Prokofiew und als Mitglied des legendären Klaviertrios mit Hephzibah und Yehudi Menuhin, das zum Mass hoch stehender Kammermusik wurde. 1954 nach Saarbrücken berufen, blieb er über Jahrzehnte einer der treuesten Musiker am Menuhin Festival, wechselte dann 1979 ans Conservatoire National in Paris, wo Jean Cocteau über ihn gesagt haben soll: «Wenn Maurice Gendron spielt, verwandelt er sich in sein Cello.»
Er war ab 1963 auch bedeutender Lehrer an der Yehudi Menuhin Schule in London und wurde bekannt durch seine Celloschule «Die Kunst des Violoncellospiels».

Maurice Gendron (1920-1990) – cello icon of the early days
The gifted cellist participated in the first concerts in 1957 as Menuhin's friend, after he had made music the previous year with Menuhin, Britten and Pears in Gstaad and discussed plans for a summer concert series. When he was 5 years-old, he swapped the violin for a cello. As an 11-year-old he attended the Nice conservatory, and then in 1938 he changed to Paris. As early as 1945, he played concerts with Benjamin Britten in London. He became famous with his world premiere of Prokofiev's Cello Concerto Op 58 as a member of the legendary piano trio with Hephzibah and Yehudi Menuhin, which became the gold standard for chamber music. He was appointed to Saarbrücken in 1954, and changed to the Conservatoire National in Paris in 1979 where Jean Cocteau was reported to have said: "When Maurice Gendron plays, he transforms into his cello."
From 1963 he was also an important teacher at the Yehudi Menuhin School in London and became famous with his cello school "The art of playing the violoncello." Over the decades he remained one of the most loyal musicians of the Menuhin Festival Gstaad.

Herzhaftes Musizieren.
Music from the heart.

ORIGINALSTIMME | Paul Valentin

Erinnerungen des ehemaligen Kurdirektors Paul Valentin

Einer der liebenswürdigsten und grosszügigsten Menschen, die mir je im Leben begegnet sind. Ein Künstler voll sprühender Ideen, ein unermüdlicher Kämpfer für das Gute, für Frieden und Gerechtigkeit. Im Umgang mit ihm aufgeschlossen und warmherzig, begleitet von einem vornehmen, gesunden Humor.

Yehudi Menuhin bin ich 1956 in Gstaad begegnet und zwar gerade als neugeborener Kurdirektor dieses im westlichen Teil des Berner Oberlandes gelegenen Kurortes. Im Frühling dieses Jahres erhielt ich Kenntnis davon, dass die Familie Menuhin im Chalet Wasserngrat ihre Ferien begonnen hätte. Das brachte auch mich auf eine (gute) Idee, die jahrzehntelange glänzende Erfolge zeitigen sollte. Doch zuerst zur Begegnung mit dem begnadeten Geiger von Weltruf. Ich rief die Mietwohnung an – das war morgens um 9.00 Uhr – und am Telefon war Yehudi Menuhin höchst persönlich. Unerschrocken sagte ich guten Tag und fiel gleich mit der sogenannten Tür ins Haus: «Ich bin der neue Kurdirektor hier, darf ich mich Ihnen persönlich vorstellen?»

Die Antwort war positiv: «Kommen Sie jetzt gleich zu uns hinauf!» Das tat ich denn auch ohne weitere Überlegungen, ich läutete am Chalet, die Tür ging auf und vor mir stand Yehudi Menuhin. So, das wäre geschafft, die Absicht meines Besuches angebahnt. Nachdem ich in der Folge der Familie vorgestellt worden war, nahmen der Meister und ich das Gespräch miteinander auf, wobei ich bewusst erst mal auf meine Ausbildung in Schauspiel, Gesang und Klavier zu sprechen kam, und schon hörte ich von Menuhin: «Ja, dann sind wir ja fast Kollegen!» Wenn auch zweifellos im Spass gesagt, fand ich das natürlich geschmeichelt, doch etwas gar hoch gegriffen. Jedenfalls war das Eis gebrochen, wenngleich schon der Sommer vor der Tür stand. Doch endlich rückte ich dann mit dem wahren Grund meines Besuches heraus! «Sommerkonzerte...???» Der Meister blickte mich lange an, begann plötzlich zu lächeln und meinte: «Wie stellen Sie sich das vor?» Und wieder drückte ich auf den richtigen Knopf: «Mit Ihnen und Ihren Freunden!» Das wars dann auch, die Tür fiel ins Schloss. «Ja, das machen wir, ich denke so Ende August, anfangs September. Aber wo?» Sofort reagierte ich: «Ich habe ein wunderbares, akustisch einzigartiges Lokal... die Kirche von Saanen.» Also war die Idee insgesamt derart umfassend, dass wir gleich den Grundstein mit einem warmen Händedruck legten und das Vorhaben besiegelten, er mit einem Glas Milch... ich auch!

«Deux Concerts à l'Eglise de Saanen», Ausführende: Benjamin Britten, Maurice Gendron, Peter Pears und Yehudi Menuhin. 1956 war also die Geburtsstunde des inzwischen weltberühmt gewordenen YEHUDI MENUHIN FESTIVALS. Und dass ich bei dieser Gelegenheit gleich auch noch Schafffleisch essen lernte, habe ich auch dem Meister zu verdanken. Das war so: Eben bei meinem Antrittsbesuch bei ihm wurde ich gleich noch zu Tisch gebeten. Und was gabs Gutes? Schafgigot! Nun muss man aber wissen, dass ich vordem Schafffleisch nicht einmal riechen konnte, eingedenk des stinkenden Schafbocks von früher in unserem Dorf. Der Meister, oben am Tisch sitzend, schnitt mir, der ich wahrscheinlich schon bleich geworden war, ein rechtes Stück von dem Gigot ab und reichte mir Unglücklichem den Teller. Mutig begann ich zu essen und siehe da, ich ass und ass mit immer mehr Appetit, ja, ich liess mir sogar ein zweites Stück nachreichen. Und seitdem gehören Gerichte mit Schafffleisch zu den bevorzugten!

Das YEHUDI MENUHIN FESTIVAL stand und steht alle Jahre im Programm des Gstaader Musiksommers, aus der Taufe gehoben dank meiner damaligen Initiative. In seinem Buch «Unvollendete Reise» bestätigt es der Meister und in einem Brief an mich vom 13. August 1986 doppelt er nach:

```
Herrn Paul Valentin
Journalist
Postfach
5200 Brugg 3
```

Dear Paul Valentin

I was deeply touched by the charming article you wrote in the Anzeiger von Saanen for our 30th Festival; thank you for your generous words! I feel that I in turn should write a tribute to you, for without your initiative none of this would have come to pass, and I shall never forget your friendship and your support over so many happy years. I am delighted to hear that you are coming to the Jubiläumskonzert on the 25th, and Diana and I will look forward very much to seeing you once again.

With affectionate greetings and good wishes,

Yours,

Yehudi Menuhin

1961–1973
Mutiger Aufbruch
Bold departure

Die Menuhin Festivals von 1961 bis 1973 waren geprägt durch hochstehende Kammermusik in der Saaner Kirche, Musizieren der Familie Menuhin im Freundeskreis sowie traditionelle Auftritte des Zürcher Kammerorchesters unter dem Gründer Edmond de Stoutz mit freundschaftlich verbundenen Solisten.

Zur geschätzten Erinnerung wurden neben den alten Konzertprogrammen die gehaltvollen Konzert-Einführungen vom Saaner Pfarrer Willi Hirsch und die einmaligen Schwarz-Weiss-Fotos des Gstaader Fotografen Franz Fäh, die glücklicherweise erhalten geblieben sind. Die beiden 1961 und 1962 von Franz Fäh dem Meister als Dank geschenkten grossen Fotoalben und dessen Fototafeln sind wichtige Dokumente dieser einmaligen Begegnungen in und um die Kirche Saanen.

1961 durfte das Zürcher Kammerorchester schon drei der sieben Konzerte bestreiten, die wie die Kammermusikabende gut dokumentiert sind.

From 1961 to 1973, the Menuhin festivals were characterized by top quality chamber music in Saanen church, music from the Menuhin family and their circle of friends, as well as traditional performances of the Zurich Chamber Orchestra and soloists led by the founder Edmond de Stoutz.

The old concert programs, the rich concert introductions by Saanen priest Willi Hirsch, as well as the unique black and white photographs by Franz Fäh from Gstaad, which thankfully were preserved, have all become a fond memory. The large photo albums and panels, which were given to the master by Franz Fäh as thanks, are important documents of unique encounters in and around Saanen church. In 1961 the Zurich Chamber Orchestra was allowed to play three of the seven concerts which are as well documented as the chamber music evenings. In 1962 the Zurich Chamber Orchestra was permitted to stay in Saanenland from August 12 to 26 and play four concerts. Yehudi Menuhin played at each of these concerts as a soloist, as well as at two of the chamber music evenings. Nadia Boulanger directed with her choir and vocal ensemble as well as a separate instrumental ensemble.

Festival paper cuttings by Christian Schwizgebel
The program of the fifth festival in 1961 featured paper cuttings by Christian Schwizgebel for the first time. He was the most prominent "Scherenschnitt" artist of the time and described in a 1976 television movie to Guido Baumann how the piece for the program came about. Yehudi Menuhin had performed a benefit concert at which he was to be given a Scherenschnitt piece as a gift. Schwizgebel was asked to depict the church, a violinist, and the Saanenland countryside. He went to Saanen a few times, studied these stipulations, and realized that for reasons of asymmetry the violinist had to be placed in the middle between the chapel and church, surrounded by a frame depicting typical rural themes.

5ᵐᵉ FESTIVAL
YEHUDI MENUHIN
GSTAAD
18 — 30 août 1961
Oberland Bernois Suisse
7 concerts en l'église de Saanen-Gstaad

Der Scherenschnitt von Christian Schwizgebel ziert das Programmheft von 1961.
The Scherenschnitt by Christian Schwizgebel adorns the 1961 program.

1962 durfte das ZKO vom 12. bis zum 26. August im Saanenland weilen und sogar vier Konzertabende bestreiten. Yehudi Menuhin spielte jeweils als Solist mit, ebenso bei zwei Kammermusikabenden, während Nadia Boulanger mit ihrem Chor und Vokalensemble ein eigenes Instrumentalensemble leitete.

Der Festivalscherenschnitt von Christian Schwizgebel

Das Programm vom fünften Festival 1961 zeigt erstmals den Scherenschnitt von Christian Schwizgebel, dem damals prominentesten Scherenschnittkünstler des Saanenlandes, der 1976 im Fernseh-Film Guido Baumann dessen Entstehung geschildert hat:

«Es geschah wie folgt: Yehudi Menuhin schenkte ein Konzert zu Wohltätigkeitszwecken, worauf als Geschenk dem Meister ein Scherenschnitt geschenkt werden sollte. Es wurde von mir verlangt, dass die Kirche, ein Geiger und unsere Landschaft dargestellt würden. Ich ging einige Male nach Saanen, studierte diese Wünsche und realisierte, dass aus Asymmetriegründen der Geiger zwischen Kapelle und Kirche und als Rahmen typische ländliche Motive möglich waren.»

Im gehaltvollen Vorwort beschrieb der Saaner Pfarrer Willi Hirsch die Anfänge des Festivals, streifte die Geschichte der Mauritius-Kirche in Saanen und erwähnte die von Pfarrer Otto Lauterburg gepflegte «Tradition kirchlicher Konzerte», sprach von der Kraft des Liedes, der Instrumentalwerke, und hielt dankbar fest:

«Wir sind glücklich, immer deutlicher gespürt zu haben, dass die Wahl unserer alten, schönen Kirche weder nur aus Verlegenheit kam, noch bloss der weihevollen Stimmung und ausgezeichneten Akustik galt, sondern Ausdruck einer wesentlicheren Absicht war und zum Zeichen des Yehudi Menuhin Festivals wurde.»

Eindrücklich schloss Pfarrer Willi Hirsch sein Vorwort:

«Mögen es alle, welcher Sprache Kind wir immer seien und ob aus dem Tale oder aus der Ferne, ob wenig oder vieles wissend, durch die Sprache der Töne verstehen!»

Yehudi Menuhin schrieb in «Gedanken an Enescu» nach dessen Oktett-Aufführung im August 1959: «Ich hoffe, in künftigen Jahren mehr vom Werk meines Meisters dem Publikum zu Gehör bringen zu können.»

In his rich opening remarks, Saanen priest Willi Hirsch described the beginnings of the festival, gave a quick resume of the history of the Mauritius Church in Saanen, and recounted the tradition of church concerts nurtured by priest Otto Lauterburg. He also talked about the power of song and instrumental pieces, saying that the people of Saanen increasingly felt that the choice of their old, beautiful church was made as much out of a desire for it to become a symbol of the Menuhin Festival, as it was for its sacred atmosphere and outstanding acoustics. He closed his introduction emphatically, expressing the hope that whatever language we speak, whether we come from the valley or from afar, or whether we know a great deal or very little, we shall achieve understanding with one other through the language of music.

In 'Thoughts to Enescu', Yehudi Menuhin wrote after his octet performance in August 1959: "I hope to being able to bring more of my master's work to the ears of the audience in the coming years."

CHRISTIAN SCHWIZGEBEL 1914–1993

Der talentierte Lauener kam spät zu seinem Durchbruch, obschon er vom Grossvater, Lehrer, schon früh zum Zeichnen der Tiere und des Lebens auf dem kleinen Bauernbetrieb angehalten wurde und auch der Vater als Bäcker gern zeichnete. Mit seinen Schulkameraden trieb er eifrigen Handel mit «Alpaufzügen», deren Kühe, Stiere, Ziegen, Schweine und Sennen sie aus Papier schnitten. Als Bäckerausläufer und «Brotbube» kam er in viele abgelegene Häuser, wo er oft Scherenschnitte des früheren «Vagabunden Hauswirth» als Wunderwerklein bewunderte. Immer erfolgreicher schuf der stille Bergler Christian Schwizgebel, der statt Kunstmaler Melker, Holzer und Alpsenn geworden war, seine berühmt gewordenen klassischen Scherenschnitte mit Szenen aus der Bergbauern- und Tierwelt von unglaublicher Naturtreue. Seine kostbaren, filigranen «Erzählungen eines Volkskünstlers», der dabei bestrebt war, «leere Stellen im Bilde zu vermeiden», drücken eine enorme Tierliebe und tiefes Empfinden für Natur und Bergwelt aus. Seine Scherenschnitte bleiben im Saanenland als kostbare Kunstwerke auch nach seinem Tod 1993 sehr begehrt.

"Scherenschnitt" is the alpine fine art of paper cutting. It took some time for the talented "Scherenschnitt" artist, Christian Swizgebel from Lauenen, to achieve his breakthrough. His grandfather, who was a teacher, encouraged him to draw animals and life on the farm, and his father, a baker, also liked to draw. Together with his school colleagues, there was an eager trade of paper cuttings featuring "Alpaufzügen," in which cows, oxen, goats, pigs and alpine farmers were depicted on their ceremonial journeys up to higher alpine pastures. As a baker's runner, he went to many far away houses where he often stood in awe at paper cuttings by the former vagabond Hauswirth. Being more the quiet mountain type, Christian Schwizgebel did not become a painter, and remained, a milker, a woodworker and alpine farmer. Nevertheless, he continued to create his famous and classical paper cuttings with scenes from the mountain farmers' world, all of which were incredibly true to nature. The intricate, priceless work of this folk artist, who aimed to avoid empty spaces in his pieces, shows an incredible love for animals and a deep sense for nature and mountains. Even after his death in 1993, his paper cuttings remain treasured as precious pieces of art in Saanenland.

Pfarrer Willi Hirsch-Wirz (1920–2004)
Priest Willi Hirsch-Wirz (1920–2004)

*Ein Tag, der sagt dem andern,
mein Leben sei ein Wandern
zur grossen Ewigkeit.*

1951 kam das Pfarrerehepaar Hirsch als Nachfolger von Pfarrer Otto Lauterburg nach Saanen, wo bald im heimeligen Pfarrhaus eine lebhafte junge Familie heranwuchs: 1952 Madeleine, 1955 Christoph und 1957 Anna brachten den Eltern viel Freude und intensive Arbeit. Der Pfarrer war in der weitläufigen Gemeinde viel unterwegs, liebte als Oberländer die Bergregion und wirkte viel für die einheimische Bevölkerung: Elternschulung, Erziehungskurse im Frauenverein, moderne Theatervorstellungen wurden angeboten, wie das umstrittene Stück «Der Stellvertreter» von Rolf Hochhuth über Papst Pius XII. zur Nazizeit und zum Holocaust, das in Basel noch verboten war.

Unvergessen bleibt Pfarrer Hirsch den Besuchern der ersten Festival-Abende in der Kirche Saanen durch seine besinnlichen Einführungen, die 1961 am fünften Festival erstmals unter «Einführungsworte zu den Abenden» veröffentlicht wurden – heute noch lesenswerte Gedanken über Mitmenschlichkeit beim Musizieren und die Kraft der Musik. Die Broschüren zeugen von vielen wertvollen Gedanken, die der engagierte Seelsorger und Freund der Familie Menuhin mit Empathie den Konzerten voranstellte und die dem Zitat von Friedrich Schiller entsprachen:
«Alle Kunst ist der Freude gewidmet, und es gibt keine höhere und keine ernsthaftere Aufgabe, als die Menschen zu beglücken.»

*One day says to the other,
My life is a hike
To the vast eternity.*

In 1951, the priest Willi Hirsch and his wife came to Saanen to succeed priest Otto Lauterburg. Soon a lively, young family grew up in the cozy vicarage. Madeleine (born 1952), Christoph (born 1955), and Anna (born 1957) brought much pleasure and hard work to their parents. The priest was frequently on the road in the spread out parish, loved the mountain region as an Oberländer, and did much for local residents. Parenting classes, educational classes in the women's association, and modern theater performances were all on offer, such as the controversial play The Substitute by Rolf Hochhuth about Pope Pius XII during the time of the Nazis and the holocaust.

Priest Hirsch will always be remembered by audiences for his reflective introductions to the first festival evenings in Saanen church, which were first published in 1961 at the fifth festival under the title "Introductory words to the evenings". These attention-worthy remarks are to this day thoughts about humanity and the power of music. The brochures include many, precious pre-concert thoughts which were expressed with empathy by the committed pastor and friend of the Menuhin family. They correspond with a quote by Friedrich Schiller, who said: "All art is dedicated to happiness, and there is no higher and no more serious task than to make people happy."

Pfarrer Hirsch spricht in der Kirche Saanen. Im Hintergrund Yehudi Menuhin. | *Priest Hirsch speaking in Saanen church. Yehudi Menuhin in the background.*

War es verwunderlich, dass den ungestümen Pfarrergeist nach der reichen, sehr bewegten Schaffensperiode in Saanen neue Aufgaben lockten, so dass Familie Hirsch mutig den Wechsel in eine moderne Schlafgemeinde, nach Rüfenacht bei Worb, wagte, wo der Pfarrer anfangs der 70er Jahre wieder intensiv zu wirken anfing. Im Saanenland ist die dankbare Erinnerung geblieben. Yehudi Menuhin hat 1970 im Vorwort zum 14. Festival seinen Dank sehr herzlich ausgedrückt:

«Doch ein anderer unserer treuen Freunde wird weder hier sein noch zu seiner üblichen Funktion zurückkehren, und ihn werden wir sehr schmerzlich vermissen – unseren so lieben Pfarrer Hirsch. Es liegt mir am Herzen, in diesen Zeilen Ihre und meine äusserste Dankbarkeit für diesen Mann zum Ausdruck zu bringen, der uns so gastfreundlich und grossherzig in seinem Haus, seinem Gotteshaus aufgenommen hat und jedes Mal vor Beginn der Musik eine Atmosphäre der Hingabe und Inspiration zu schaffen verstand, die so wesentlich ist für den Geist, in dem unser Festival lebt.»

Kurz nach seinem 84. Geburtstag durfte Pfarrer Willi Hirsch, gezeichnet durch ein Hirnleiden, im von ihm lange betreuten Heim von Utzigen sein «Wandern zur grossen Ewigkeit» zwei Jahre nach seiner sehr vermissten Gattin Elisabeth antreten.

It came as no surprise that the boisterous pastor was attracted by new tasks after his rich and successful period in Saanen. So it was that the Hirsch family relocated to Rüfenacht near Worb, where priest Hirsch started to work intensively again at the start of the 1970s. In Saanenland the thankful memory of priest Hirsch remains. Yehudi Menuhin expressed his wholehearted thanks in his introduction to the 14th festival:

"But another of our loyal friends will not be here this year, nor will he return in his original role. We will miss him bitterly – our much-loved priest Hirsch. Through these words I express my deepest thankfulness to this man who accommodated us with so much friendship and so wholeheartedly in his house, his house of God. He always struck a tone of devotion and inspiration in his opening remarks, something which is so important for the soul of our festival."

Shortly after his 84th birthday and two years after his much-missed wife Elisabeth passed away, priest Willi Hirsch succumbed to a brain disease, and embarked upon his own "hike to the vast eternity" from a home in Utzigen.

YEHUDI MENUHIN FESTIVAL
EINFÜHRUNGSWORTE ZU DEN ABENDEN
von Pfarrer W. Hirsch

1. Abend, 18. August 1961

Liebe Freunde,

Dass wir in einer Welt und zu einer Zeit, da so viele Gräben neu aufgerissen, Stacheldrahtverhaue gezogen, Mauern errichtet, Menschen gehetzt und gegen Menschen aufgehetzt werden, hier zusammenkommen und in gemeinsamem Hören und Erleben über alle Unterschiede der Sprache, des Glaubens und der Nationalität *eins* werden dürfen, erfüllt uns mit grosser Dankbarkeit. Es lässt uns etwas von der hohen Herkunft aller grossen Kunst, der schöpferischen wie der darstellenden, ahnen: denn nur was aus dem Ewigen kommt und ins Ewige zielt, vermag so tief ins Menschliche hineinzugreifen, dass es alle von Menschen errichteten Mauern und Gräben überbrückt und uns zur Mitmenschlichkeit allen gegenüber führt, dem immer noch unerfüllten Menschheitspostulat, der immer noch unerfüllten Menschheits-Sehnsucht.

Nicht nur ein paar schöne Stunden ästhetischen Genusses möchten uns Meister Menuhin und seine Freunde hier in der Saanen-Kirche bieten, sondern durch das Erlebnis der Musik und des Einswerdens diese *Sehnsucht in uns wecken*; heute abend durch die Werke des Komponisten der Sehnsucht, Franz Schubert, des Sängers von Liebe und Schmerz, dem menschlichsten einer, und an den kommenden Abenden …

Denn es ist kein Zweifel, darin werden sich Religion und hohe Kunst immer suchen und finden und nicht voneinander lassen können, über beiden Reichen steht das gleiche Wort: Sehnsucht, Sehnsucht nach echter, lebendiger Menschlichkeit; nach Vollendung. Sie ersteht in uns im Erlebnis des Nahevollendeten.

Dafür danken wir den Künstlern, indem wir jeweils aufstehen. Denn erwachen zur Mitmenschlichkeit und aufstehen sollen wir.

YEHUDI MENUHIN FESTIVAL
1963

Zum ersten Abend, am 5. August

Ich begrüsse Sie, liebe verehrte Künstler, ganz besonders Sie, sehr verehrter Meister Menuhin — und Sie, liebe Zuhörer, herzlich zum 7. Festival in unserer Kirche. Möge Ihnen allen ein angenehmer und erholungsreicher Aufenthalt in unserem Tal beschert sein.

Wir hatten heute morgen ein schönes Erlebnis: Mitten in der Probe von Bela Bartóks «Contrastes» — was für Gegensätze kommen doch da zusammen und tauchen immer wieder auf! — begann die Mittagsglocke zu läuten; wie horchten wir auf, wie ging ein freudiges Aufleuchten über die Gesichter, als der letzte Ton der Klarinette in das Ausschwingen der Glocke einmündete und sich mit ihr zu einer höheren Einheit vereinigte. Gott schenke uns allen, dass etwas vom Geist der Schönheit der Musik, die wir hier in der Kirche hören werden, und seines Friedens unsere Herzen erfülle! Möge er heute und die folgenden Abende nicht nur flüchtig unser Ohr berühren, möge er eingehen in unser Leben und in unser Verhältnis zum Nächsten und Fernen. Möge er etwas Schönheit und Friede in unsern Alltag bringen!

Wir stellen diese festlichen Abende unter Hermann Hesses «Glasperlenspiel»:

> Musik des Weltalls und Musik der Meister
> Sind wir bereit in Ehrfurcht anzuhören,
> Zu reiner Feier die verehrten Geister
> Begnadeter Zeiten zu beschwören.
>
> Wir lassen vom Geheimnis uns erheben
> Der magischen Formelschrift, in deren Bann
> Das Uferlose, Stürmende, das Leben
> Zu klaren Gleichnissen gerann.
>
> Sternbildern gleich ertönen sie kristallen,
> In ihrem Dienst *wird* unserm Leben Sinn,
> Und keiner kann aus ihren Kreisen fallen
> Als nach der heiligen Mitte hin.

Einführungsworte vom August 1961 und 1963.
Introductory speeches of August 1961 and 1963.

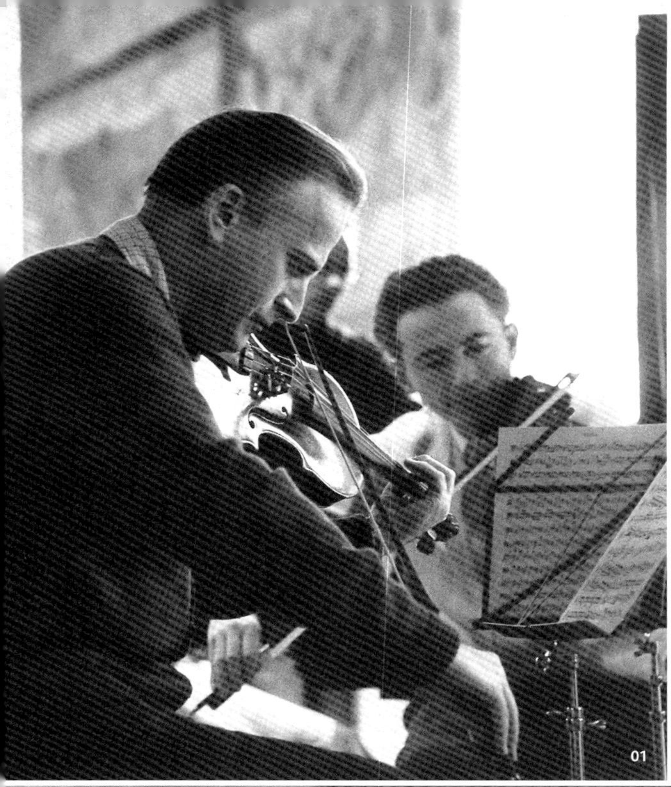
01

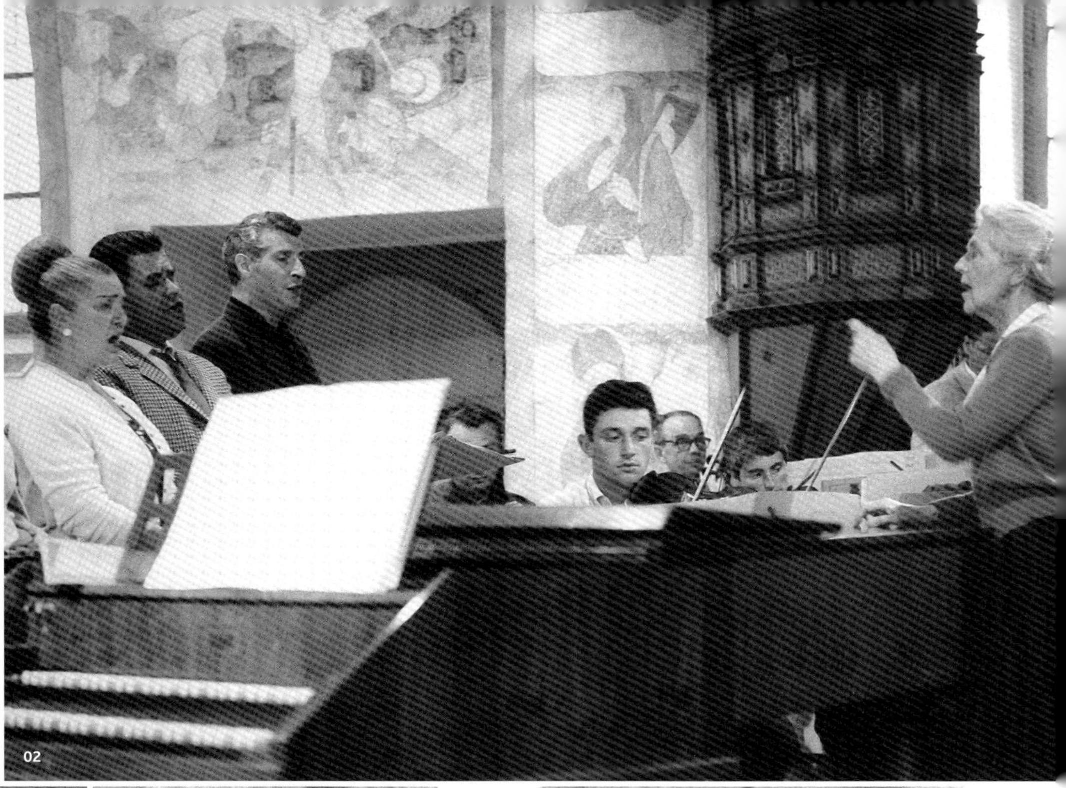
02

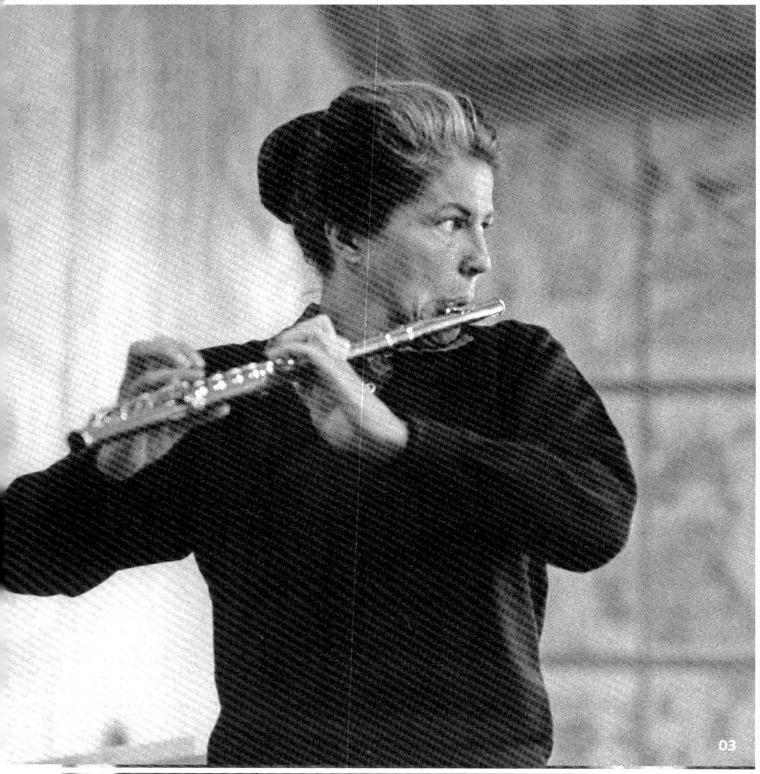
03

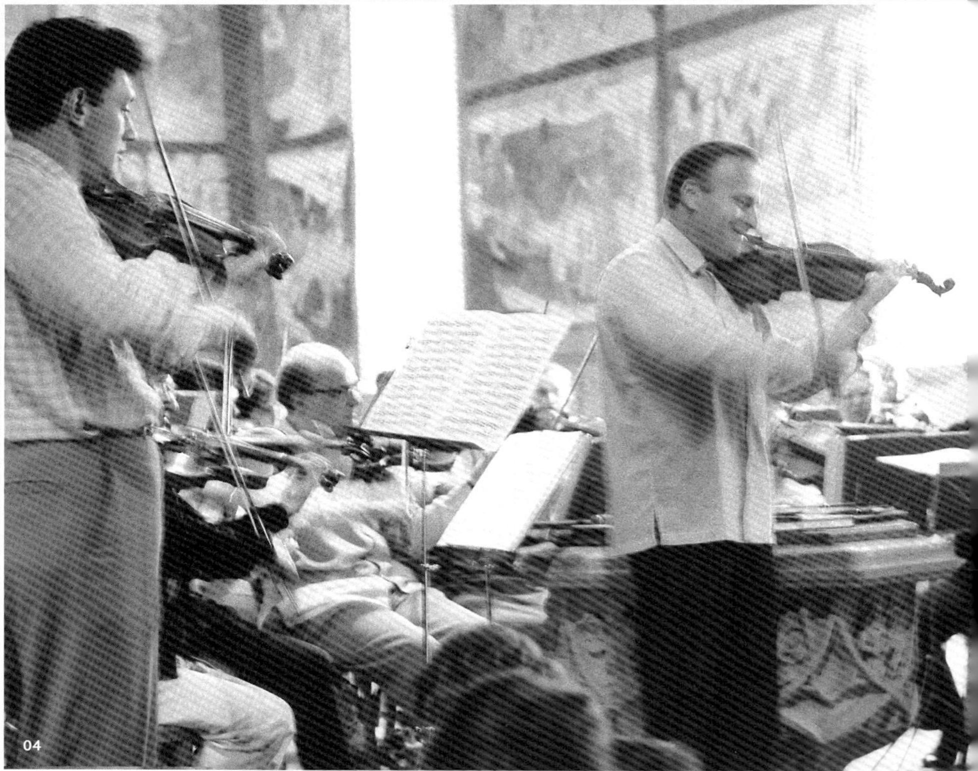
04

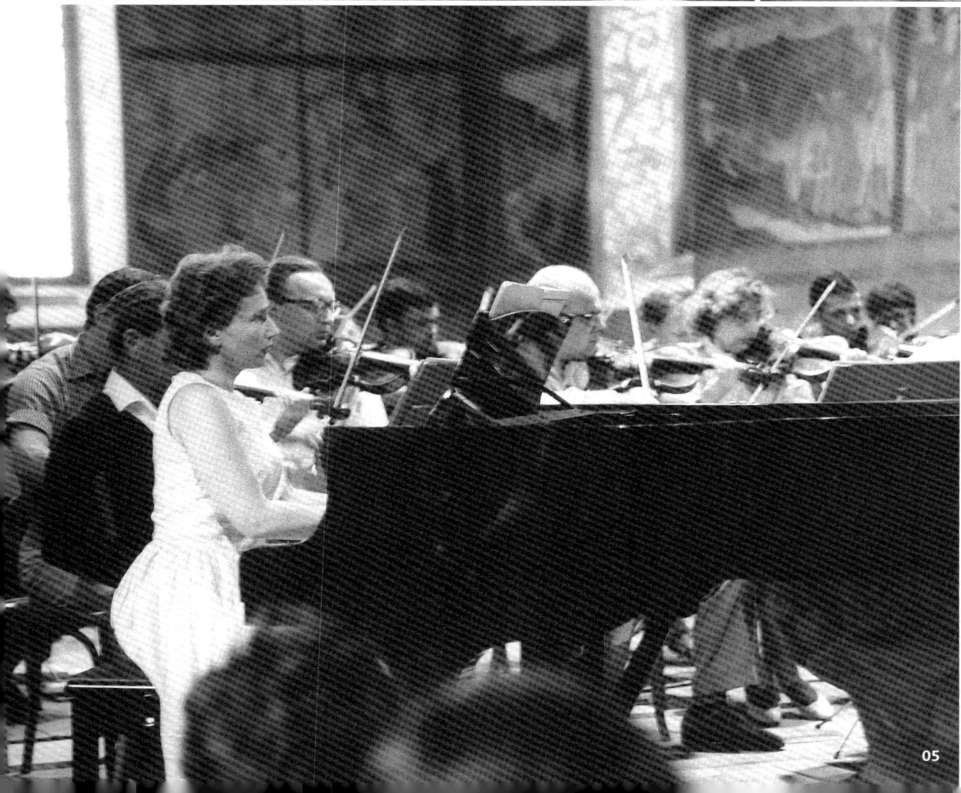
05

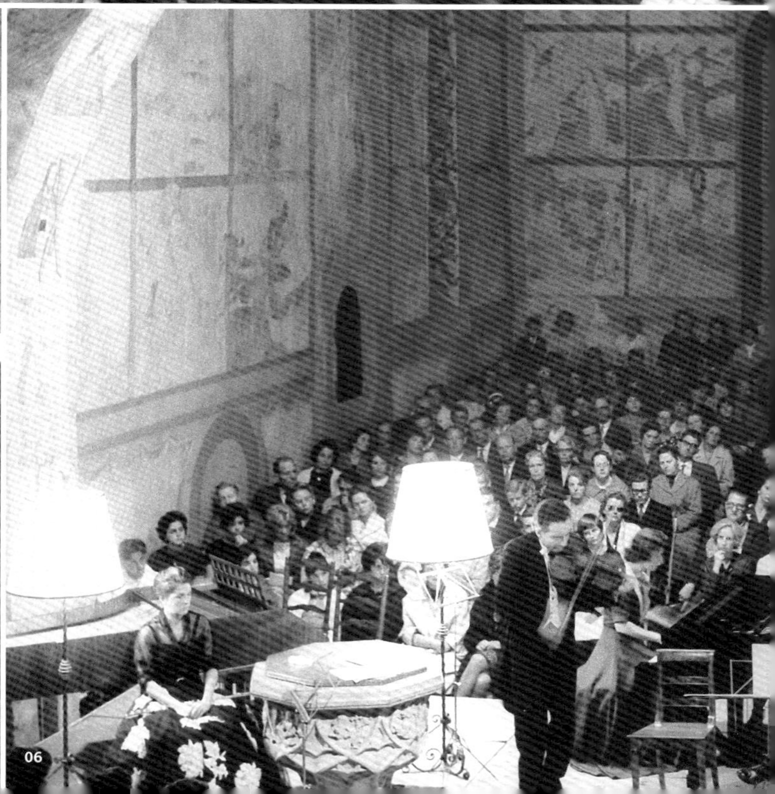
06

01 Yehudi Menuhin mit Ernst Wallfisch.
02 Nadia Boulanger dirigiert ihr Vokalensemble.
03 Flötistin Elaine Shaffer.
04 Alberto Lysy und Yehudi Menuhin proben das Doppelkonzert.
05 Hephzibah am Flügel mit dem ZKO.
06 Kammermusik mit dem Ehepaar Lory und Ernst Wallfisch.
07 Angeregte Pausengespräche unter dem Chorbogen.
08 Maurice Gendron, Yehudi Menuhin und das Ehepaar Wallfisch lauschen den herrlichen Flötenklängen von Elaine Shaffer.
09 Alexander Chasens strenger Blick – minutiöse Kontrolle.
10 Das ZKO unter de Stoutz mit Menuhin als Solist.

01 Yehudi Menuhin with Ernst Wallfisch.
02 Nadia Boulanger conducting her vocal ensemble.
03 Flutist Elaine Shaffer.
04 Alberto Lysy and Yehudi Menuhin rehearsing the Double Concerto.
05 Hephzibah at the grand piano with the ZCO.
06 Chamber music with husband and wife Lory and Ernst Wallfisch.
07 Lively interval conversations under the choir arch.
08 Maurice Gendron, Yehudi Menuhin and Mr and Mrs Wallfisch listening to the wonderful flute playing of Elaine Shaffer.
09 Alexander Chasen's strict look – minute control.
10 The ZCO led by de Stoutz with Menuhin as soloist.

Auch die folgenden Schwarzweiss-Aufnahmen von Franz Fäh illustrieren die familiäre, freundschaftliche Stimmung während der Probenarbeiten, die wunderbare Gestik des Dirigenten Edmond de Stoutz, die entspannte Pausenstimmung und die feierliche Atmosphäre am Konzert von Nadia Boulanger mit ihren Vokalisten.

The following black and white photographs of Franz Fäh also illustrate the family-like, friendly atmosphere during the rehearsals, the wonderful gestures of the conductor Edmond de Stoutz, the relaxed atmosphere at the interval and the party atmosphere at the concert of Nadia Boulanger with her vocalists.

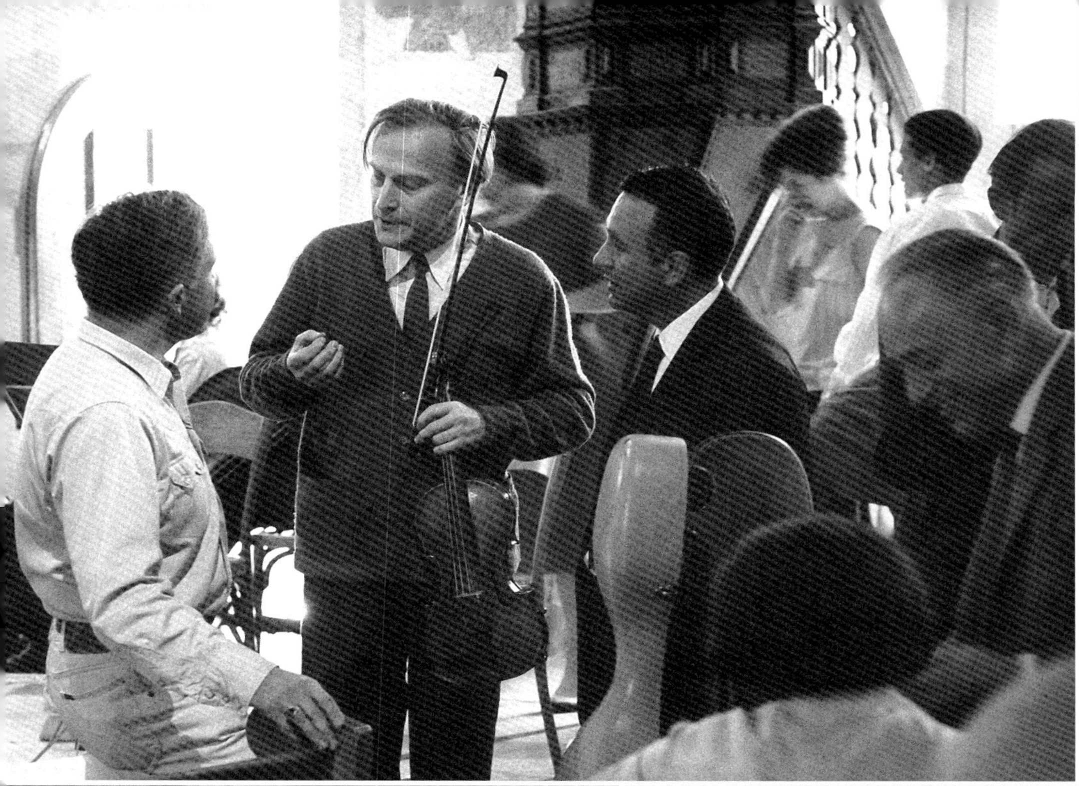
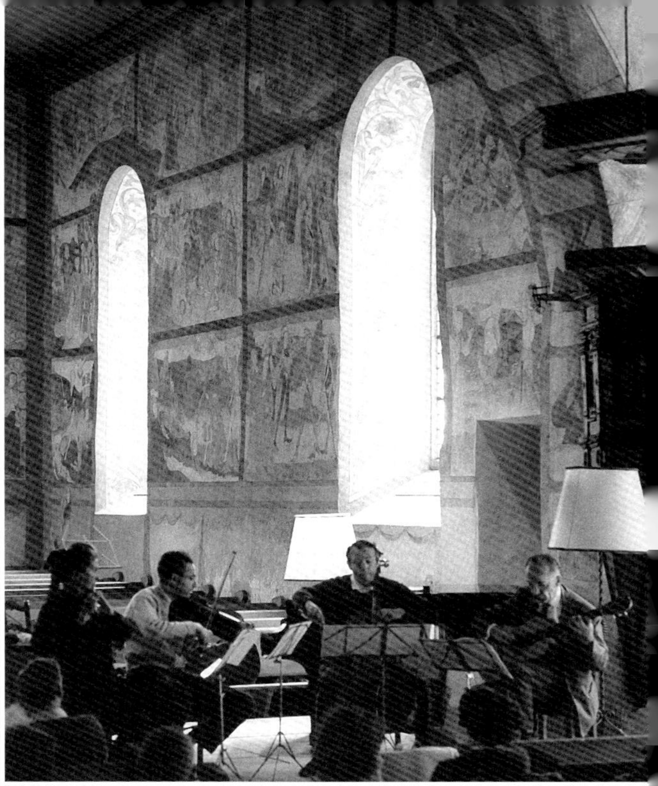
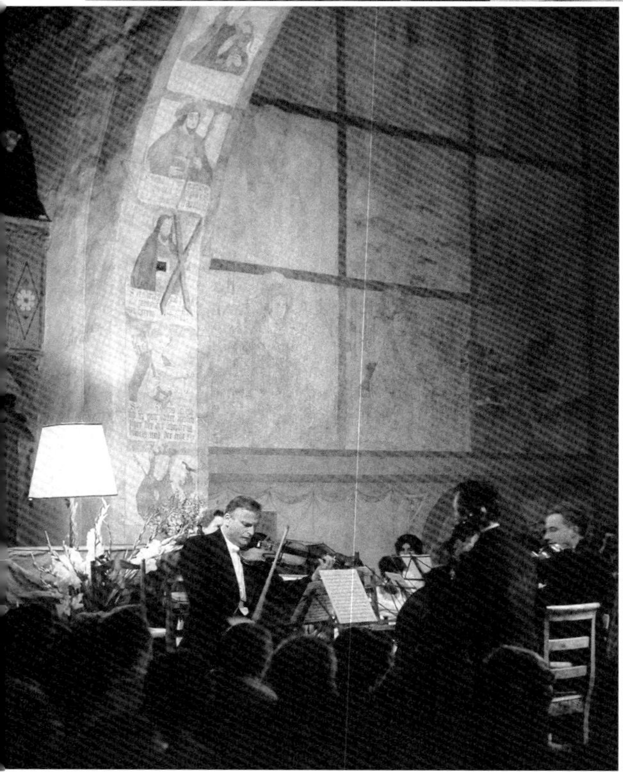
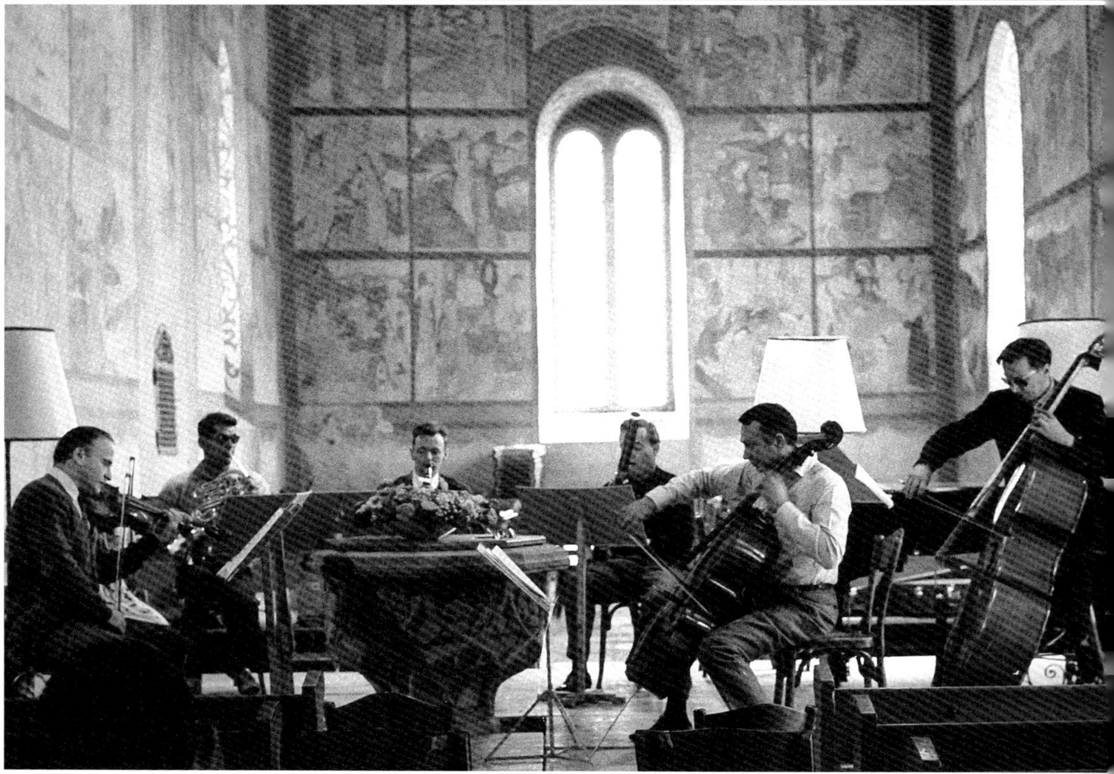
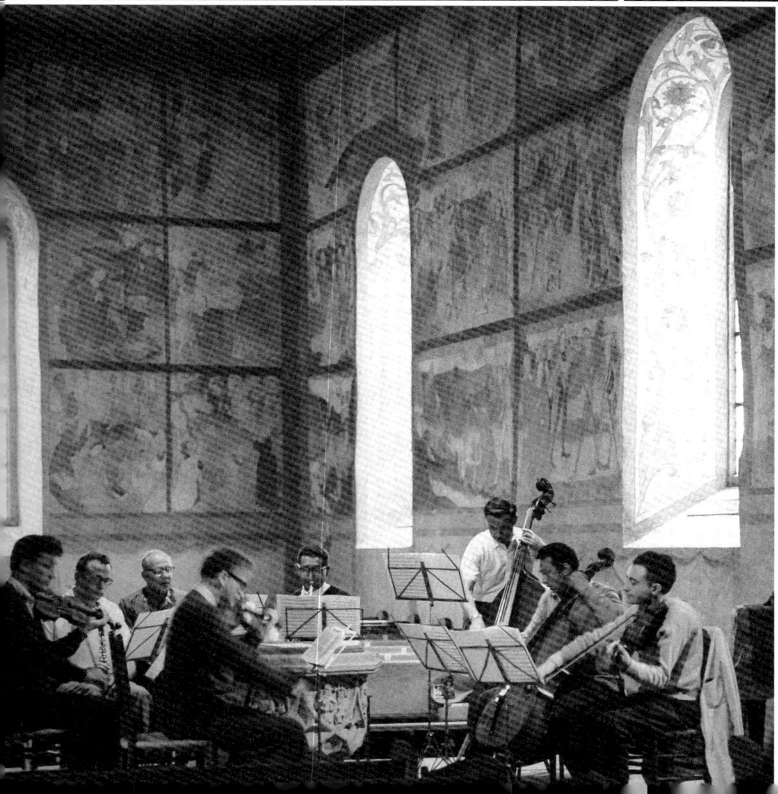
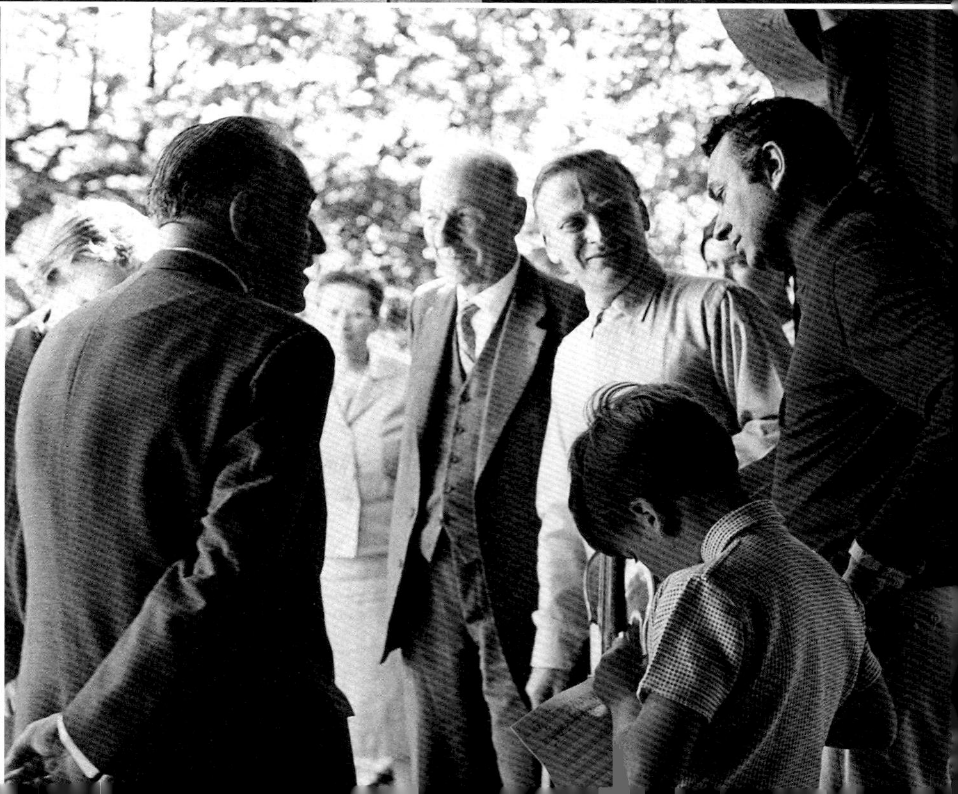

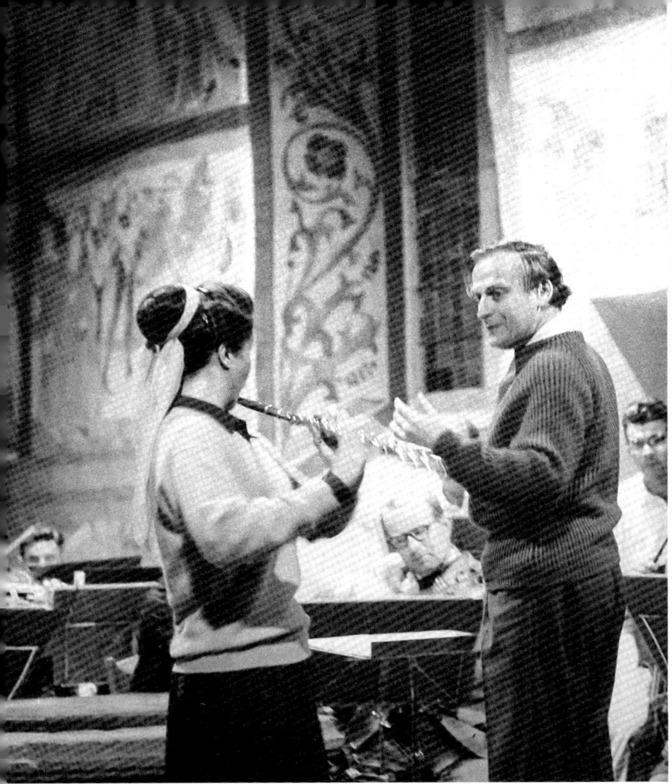

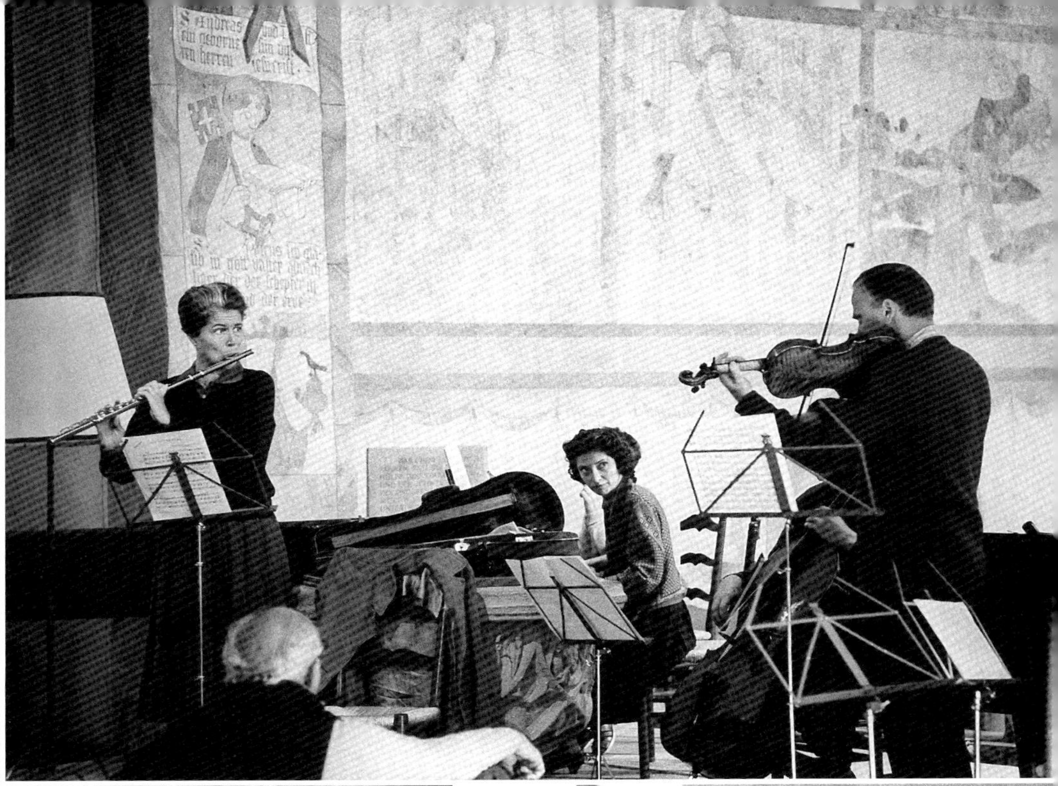

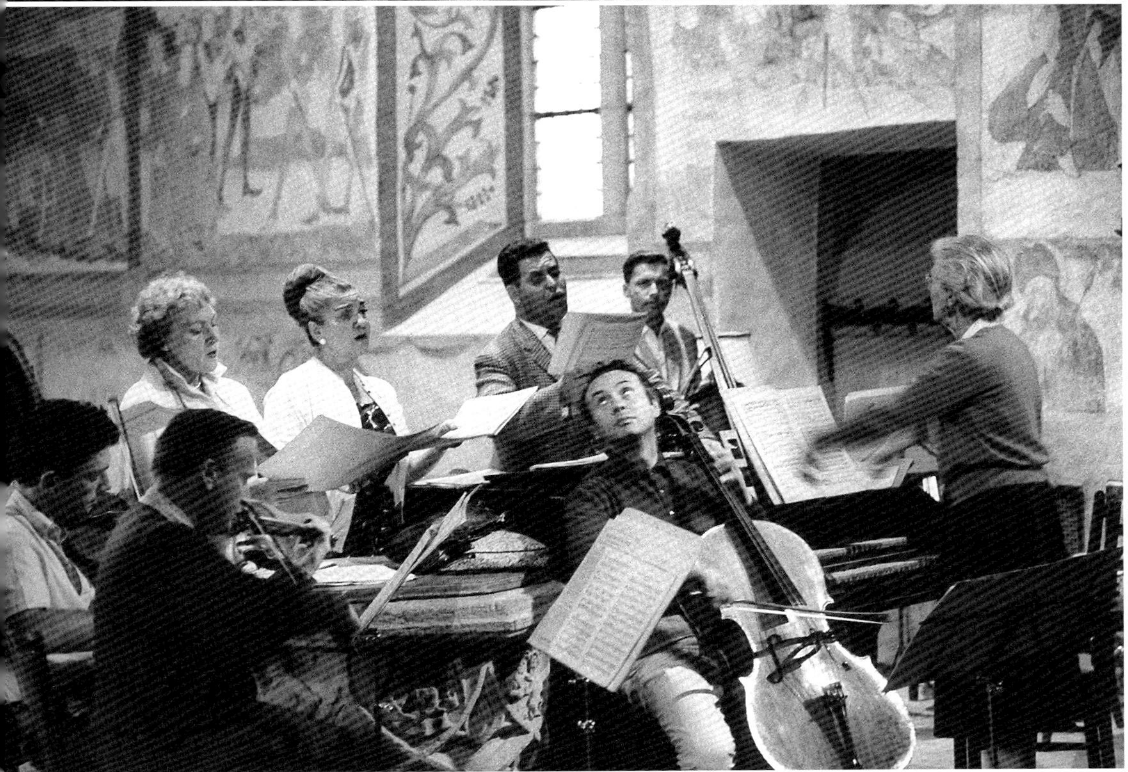

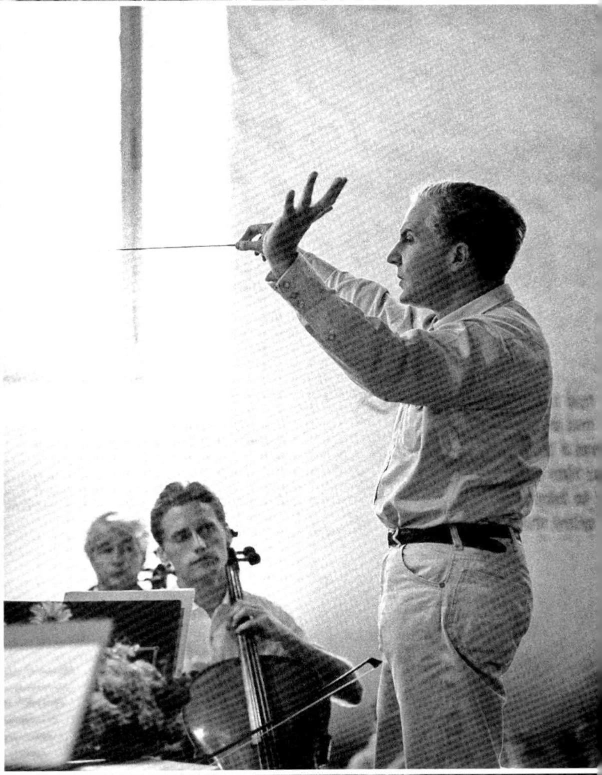

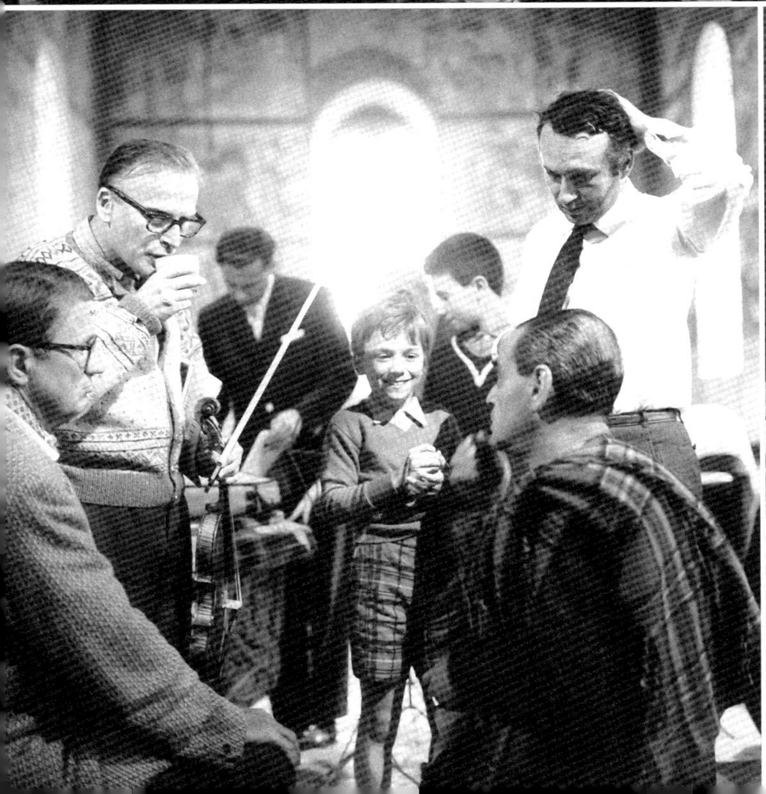

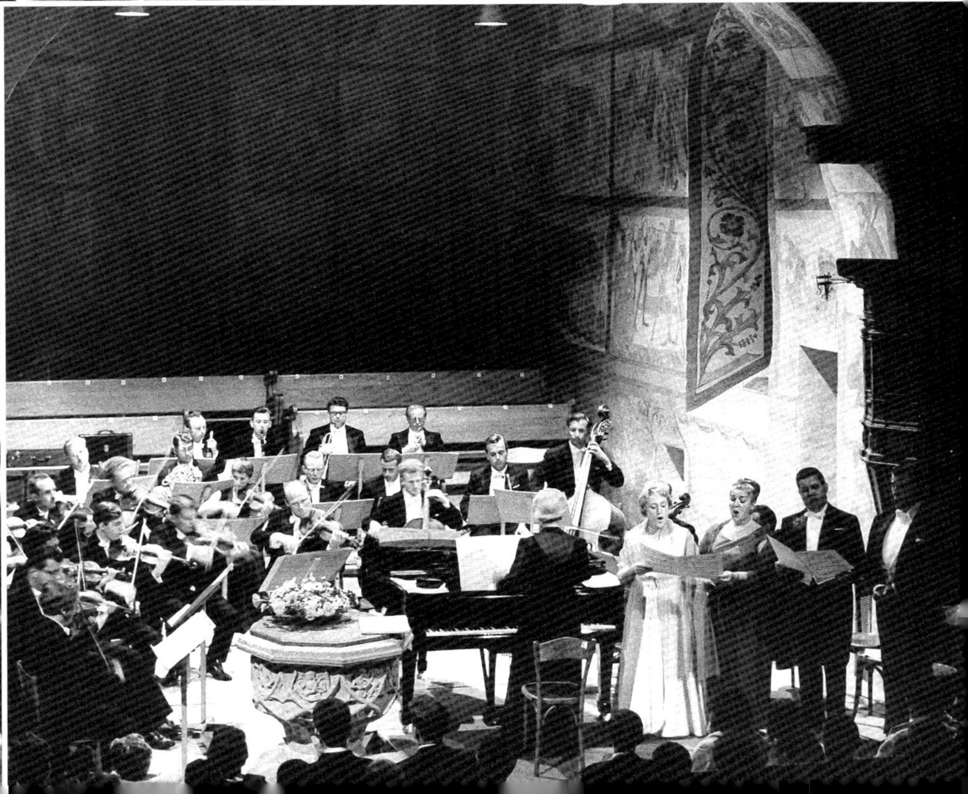

1961–1973

FRANZ ALBERT FÄH – MEISTER DES FOTOGRAFISCHEN BILDES
FRANZ ALBERT FÄH – MASTER OF THE PHOTOGRAPH

01 Franz Fäh.

▼
Fotos von/*Photos of* Franz Fäh:
02 Yehudi mit/*with* Diana und/*and* Jeremy.
03 Geiger/*Violinist* Nathan Milstein.

Seine schwarzweissen Aufnahmen ohne Blitzlicht von Proben und Konzerten sind Meisterwerke und Dokumente der ersten Festivaljahre. Der sensible Berufsfotograf, 1909 in Luzern geborenes kränkelndes Einzelkind des Möbelschreiners Franz Xaver und der Modistin Alice, geb. Stählin, kam 1930 – nach Tuberkulosekuren, nur vier Jahren Grundschule und beruflicher Odyssee – als Mitarbeiter nach Gstaad zu Fotograf Jacques Naegeli. Begeistert von der schönen Berglandschaft blieb er beim berühmten Naegeli und wurde ein vielseitiger Berufsmann, der 1956 das Geschäft seines Patrons im Zentrum von Gstaad übernahm und bis 1974 erfolgreich weiterführte, als Berggänger und treues SAC-Mitglied der Sektion Oldenhorn aber eher zurückgezogen lebte. Die 1935 geheiratete Posthaltertochter Maria Fleuti (geboren 1911, schon 1983 tragisch verunfallt) schenkte ihm 1935 Tochter Alice, gelernte Buchhändlerin, die einen einheimischen Bergbauern heiratete, und 1937 Sohn Reto, der als gelernter Buchdrucker 13 Jahre beim Vater arbeitete und von 1974 bis 2005 unter «Foto Reto» in Gstaad wirkte.

Das eindrückliche Lebenswerk von Franz Fäh umfasst über 40 000 Porträts und Fotos, wunderbare Alben und Erinnerungen an Menuhins Wirken, die erst im letzten Moment gerettet werden konnten. Der legendäre Festivalfotograf ist am 5. Februar 2002 im Altersheim von Altersbeschwerden erlöst worden

Albert Fäh's black and white pictures of rehearsals and concerts, taken without flash, are masterpieces which document the first festival years. The sensitive photographer was born in 1909 in Luzern. He was an only, ailing child of a furniture carpenter Franz Xaver and a hatmaker Alice, née Stählin. In 1930, after several tuberculosis treatments and just four years of schooling, he came to Gstaad to the photographer Jacques Naegeli. He developed a passion for the beautiful mountain landscape and stayed with the famous Naegeli. In 1956, he became a resourceful businessman, taking over his boss's shop in the center of Gstaad, which he ran successfully until 1974. He was a mountaineer and loyal member of the Oldenhorn division of the Swiss Alpine Club, but lived a rather reclusive life. In 1935 he married the postman's daughter, Maria Fleuti (born 1911, died 1983 in a tragic accident) who gave birth to a daughter Alice in 1935 and a son Reto in 1937. Alice studied to be a bookseller and married a local farmer. Reto studied to be a typographer and worked for 13 years with his father. In 1974, his father's photo shop in Gstaad became Foto Reto, which he ran until 2005.

The impressive life work of Franz Fäh included over 40,000 portraits and pictures comprising wonderful albums and memories of Menuhin's work. The legendary festival photographer lived out his years in an old people's home, where he was relieved of the trials of old age on February 5 2002.

«EIGENARTIGKEITEN» – VON NATHAN MILSTEIN (1904–1992) VERNAHMEN WIR:

Auf die Frage, warum er – mit Familie Menuhin sehr befreundet und langjähriger Gast in Gstaad – nie am Menuhin Festival mitgewirkt habe, hat der berühmte «Elitegeiger mit Zigeunerblut», der mit den Grossen wie Menuhin, Francescatti und Stern über Jahrzehnte die Konzertsäle beherrschte, stets geantwortet: «An einem Festival, das den Namen eines noch lebenden Musikers trägt, gedenke ich nicht, selber mitzuwirken – ich liebe den Personenkult nicht.» So hat Gstaad den gemeinsamen Auftritt der grossen «M-Virtuosen» nie erlebt – es blieb beim stillen Lauschen am offenen Hotelfenster.

† Nathan Milstein

Im Alter von 88 Jahren starb am vergangenen Montag, den 21. Dezember 1992, in London der weltbekannte Violinvirtuose Nathan Milstein. Der Verstorbene war sehr eng mit dem Saanenland verbunden, verbrachte er doch hier seit den Dreissigerjahren regelmässig Ferienaufenthalte. So war er u. a. in den Chalets Pinehurst, Les Frênes und Quatre-et-un sowie in den Hotels Palace und Park abgestiegen. Einheimische Musikfreunde und solche aus der Nachbarschaft hatten seinerzeit das Vergnügen, dem weltberühmten Geiger beim Üben zuzuhören, denn er tat dies öfters bei offenem Fenster. Die heimlichen Lauscher kamen nicht aus dem Staunen heraus, was dieser Meister aus seinem Instrument hervorbrachte. — Enge Beziehung durfte auch Photograph Franz Fäh mit diesem edlen Menschen anknüpfen, wenn er von ihm den Auftrag bekam, von ihm und seinem Instrument Aufnahmen zu machen. Wir sind Herrn Fäh dankbar, dass er uns spontan darauf hingewiesen hat, dass er noch im Besitz von solchen Photos ist, von denen wir nun hier eine veröffentlichen dürfen.

Das Saanenland kann sich glücklich schätzen, Künstler vom Format eines Nathan Milsteins und Yehudi Menuhin als Gäste gehabt zu haben und noch zu haben. Wir bedauern nur, dass Milstein unseres Wissens hier nie öffentlich aufgetreten ist.

M. Müller

Nachruf von Martin Müller im «Anzeiger von Saanen» vom 26. Dezember 1992.

2 The Grove.
Highgate Village.
London N6 6JB.

28th December 1977

My very dear young colleague

I heard by the grapevine (through our good mutual friend Louis Franck, actually) that you might consent, finally, to appear at the Gstaad Festival for the benefit of the new Academy. I am thrilled and overjoyed, and offer you the opening concert on Friday 4th August with the Camerata, and with or without me as you prefer. Nothing would give me greater pleasure than to confirm and cement our old and staunch friendship in Gstaad than to open the next Festival with you.

You and Theresa must be very happy. I have heard glowing reports of the new addition to your family. It seems no time at all since Maria was a little girl. Perhaps we can have a grand reunion in Gstaad.

Our own boys are doing very well, and Gerard, whom you recall was Jill's erstwhile admirer, is here with us for Christmas.

Diana joins in warmest wishes for the New Year,

Affectionately,
Devotedly,

Nathan Milstein Esq
17 Chester Square
London SW1

Brief an Nathan Milstein mit der Einladung, am Menuhin Festival zu spielen.
Letter to Nathan Milstein inviting him to play at the Menuhin Festival.

2 The Grove.
Highgate Village.
London N6 6JB.

Dear Dr Steiger

We have just received a letter from Nathan Milstein to say that he can't be in Gstaad this August as he will be playing in Monte Carlo.

Yours sincerely

Fiona Eakins
Secretary to Yehudi Menuhin

18th January 1978

Absage von Nathan Milstein. | *Rejection from Nathan Milstein.*

Einblicke in die Finanzen des Menuhin Festival. | *Insight into the finances of the Menuhin Festival.*

Namen grosser Künstler auf dem Flyer des sechsten Menuhin Festivals.
Names of famous artists on the flyer of the 6th Menuhin Festival.

1961–1973

Künstler der ersten Jahre
Artists of the first years

Edmond de Stoutz und sein Zürcher Kammerorchester ZKO – Galionsfigur des Festivals

Der aus angesehener Genfer Familie stammende Musiker, Gründer des ZKO und des Zürcher Kammerchores, wurde am 18. Dezember 1920 in Zürich geboren und verbrachte seine Kindheit im Elsass, wo er bei Charles Münch ersten Musikunterricht erhielt. Nach Rückkehr der Familie 1930 in die Schweiz besuchte er Grundschule und Kantonsschule in Zürich, studierte neben Musik Jurisprudenz, musste aber 1942 wegen Militär aufgeben. Im Konservatorium Zürich erwarb er 1947 das Cello-Lehrdiplom und setzte dann die Musikausbildung in Lausanne, Salzburg und Wien fort. Schon 1945 hatte er ein kleines Orchester gegründet, wurde erfolgreicher Dirigent im In- und Ausland (Paris und Mailand) und blieb aber noch Cellist und Schlagzeuger im Zürcher Tonhalleorchester.

1954 rief er das Zürcher Kammerorchester ins Leben, das zu einem der bekanntesten Ensembles Europas wurde und von 1958 bis 1996 am Menuhin Festival begeistert hat. Viele Saaner Freunde der Zürcher freuten sich jährlich auf die traditionellen, gut besuchten Abende des ZKO unter de Stoutz. Als Solisten spielten bei den fast 100 Konzerten meistens Mitglieder der Familie Menuhin, oft Yehudi Menuhin selber, oder andere renommierte Musiker. Die Liste der Auftritte (siehe Index) zeigt bekannteste Musiker, die auch bei vielen der über 50 Aufnahmen des Orchesters mitwirkten. Mit fast missionarischer Kraft erwies sich das Ensemble als eine Gemeinschaft, die neben alter auch neue Musik pflegte: Die 24 Streicher mit einem Cembalo überraschten (oft mit Zuzügern) durch weites Repertoire aus Musikepochen von Renais-

Festival figurehead, Edmond de Stoutz and his Zurich Chamber Orchestra

Edmond de Stoutz, who founded the Zurich Chamber Orchestra and the Zurich Chamber Choir, was born on December 18 1920 in Zurich. He came from a distinguished Geneva family and spent his childhood in Alsace where he got his first musical education under Charles Münch. After the family returned to Switzerland in 1930, he attended the elementary school and cantonal school in Zurich, and studied music and law which he had to give up in 1942 due to military service. He got a cello teaching diploma at the Zurich Conservatory in 1947 and then continued his musical education in Lausanne, Salzburg and Vienna. As early as 1945 he had founded a small orchestra and became a successful national and international conductor in Paris and Milan. He continued to be a cellist and drummer with the Zurich Tonhalle Orchestra.

In 1954 he created the Zurich Chamber Orchestra (ZCO), which became one of the most famous ensembles in Europe, wowing audiences at the Menuhin Festival from 1958 to 1996. Every year, many friends from Saanen looked forward to the traditional and well-attended evenings featuring the ZCO. Accompanying soloists at the approximately 100 concerts were mostly members of the Menuhin family, often Yehudi Menuhin himself or other renowned musicians. The list of performances (see index) shows the most well-known musicians who also participated in many of the ZCO's 50 recordings. With nearly missionary strength, the ensemble proved to be a community that played both traditional and modern music. The 24 violinists with one harpsichord surprised

> Das Geheimnis dieses bereits über vierzigjährigen Bestehens und der ausgesprochenen Zukunftschancen unseres Orchesters nun liegt nicht in einer besonders förderlichen politischen Konstellation, nicht in besonders gesicherten finanziellen Umständen und schon gar nicht in ungewöhnlichen technischen, musikalischen oder verwalterischen Fähigkeiten seiner Mitglieder und Führungskräfte (wir alle sind ersetzbar), sondern in der **Arbeits- und Kulturphilosophie,** die diese Musikergemeinschaft entwickelt hat und der sie stets gefolgt ist; in den Regeln, die ihr auch in aller Zukunft erlauben können, den würdigen Auftrag zu erfüllen, der ihr zugedacht wurde und der sie privilegiert.
> Wir leben – wie gesagt – für ein in *Gemeinschaft* aufgebautes Werk; das erlaubt mir, es weder mit ungerechtfertigtem Stolz noch mit eitler Bescheidenheit zu beurteilen. Und da fällt vor allem auf, dass wir uns vom Anfang an – im Gegensatz zur *Unkultur* des Profitierens – der Kultur des *Dienens* verschrieben haben.

01 Edmond de Stoutz mit/*with* Alberto Lysy.
02 Edmond de Stoutz im «Anzeiger von Saanen» vom 18. November 1988. | *Edmond de Stoutz in the Anzeiger von Saanen of November 18 1988.*

{ 100 } GSTAAD UND DIE MENUHINS

Anzeiger von Saanen

2. Blatt 117. Jahrgang   Freitag, 7. Februar 1997 Nr. 10

Nach längerer Krankheit verstarb im 77. Lebensjahr am 28. Januar 1997 in Zürich der Gründer und langjährige Leiter des Zürcher Kammerorchesters, Edmond de Stoutz.

Bereits im Jahre 1958 verpflichtete ihn Yehudi Menuhin, der mit ihm eng befreundet war, nach Gstaad und integrierte ihn mit seinem Orchester in das Yehudi-Menuhin-Festival. Der hervorragende Musiker und Dirigent wurde bald einmal mit seiner Gemahlin ein gerngesehener Gast im Saanenland, mehr noch, er wurde mit seinem Zürcher Kammerorchester in der Folge ein fester Bestandteil des Festivals und stand auch dem OK gerne beratend zur Seite. So waren denn die Musiker aus Zürich mit ihrem unvergleichlichen Dirigenten und Promoter aus dem Saanenland nicht mehr wegzudenken. Edmond de Stoutz trug zweifellos mit seinem Orchester viel zum weltweiten Erfolg des Menuhin-Festivals bei.

Zum Gedenken an Edmond de Stoutz

Zum Hinschied von Edmond de Stoutz

Am vorletzten Dienstag ist in Zürich der langjährige Dirigent des Zürcher Kammerorchesters im Alter von 77 Jahren verstorben. Er wird den Musikfreunden im Saanenland spielten Musikwerke so richtig in seinem Element, war doch sein Wissen in dieser Richtung unerschöpflich. Bei ihm wurde Musik ganz einfach zum gesellschaftlichen Ereignis. Musizieren und Zuhören wuchsen zusammen, und für beide, den Musiker und den Zuhörer, ergab sich daraus reinste Freu-

Edmond de Stoutz mit dem Zürcher Kammerorchester in der Kirche Saanen.

pisch für den hochbegabten Musiker. Er kannte keine Starallüren, war bereit, mit jedermann ein Gespräch zu führen und nicht zuletzt auch deshalb beim Publikum geschätzt und hoch geachtet. Selbst wer seine Fähigkeiten als Dirigent mit Vorbehalt beurteilte, anerkannte die Noblesse seiner Auftritte, den Gentleman in der Musikerpersönlichkeit. Unvergesslich sind mir die Probenbesuche mit der Schule. Ob er Instrumente vorstellte oder in ein Werk einführte, seine Art des Vortragens war persönlich und sympathisch. Aufgrund seines reichen Wissens, wusste er Jugendliche für musikalisches Schaffen und Geschehen zu faszinieren. Nebenbei vermerkt: Er tat dies unentgeltlich!

Übers Grab hinaus sei Edmond de Stoutz für alles, was er geleistet hat, von Herzen gedankt.

Franz Würsten

Hephzibah Menuhin und Edmond de Stoutz während einer Probe.

Yehudi Menuhin, Edmond de Stoutz und Alberto Lysy in einer wohlverdienten Pause.

Wer aber war Edmond de Stoutz? Im Jahre 1945 gründete er, 25jährig, privat einen Orchesterverein, woraus 1951 das Zürcher Kammerorchester hervorging. Unter den Dirigenten galt er als unermüdlicher Schaffer, der sozusagen tagtäglich mit seinen Musikern an den aufzuführenden Werken feilte. Man schätzt, dass er jährlich an die 100 Konzerte gegeben hat, und aus rund 20'000 Probensitzungen sind es die 4'000 Konzerte in aller Welt geworden, wobei neben Auftritten in europäischen Städten auch solche in Japan und Kanada zu verzeichnen sind. Man erinnert sich aber auch gerne an seine brillanten Vorträge anlässlich öffentlicher Hauptproben – auch in der Mauritiuskirche in Saanen –, oft auch an Konzertabenden, die bei der Zuhörerschaft sehr beliebt waren. Gerade hier war der in der Tat wort- und weltgewandte Erzähler über die ge-

de. Nahezu fünf Jahrzehnte dirigierte Edmond de Stoutz sein Orchester. Unter den Auszeichnungen, die dieser unvergessliche Meister klassischer Musik entgegennehmen durfte, können schweizerischerseits der Friedenspreis der Max-Schmidheiny-Stiftung und die Hans-Georg-Nägeli-Medaille der Stadt Zürich erwähnt werden.

Gstaad und das Saanenland werden sich an den Grandseigneur aristokratischer Herkunft, der auch gerne dem Segel- und Reitsport huldigte und sich auch in Kreisen der Malkunst einen Namen machte, immer gerne und dankbar erinnern.

Paul Valentin, a.Kurdirektor

sehr fehlen. Seit dem zweiten Menuhin-Festival hat er jedes Jahr den Anlass mit seinen Konzerten bereichert. Während langer Zeit bildeten sie jeweils den glanzvollen, krönenden Abschluss. Um auf seine Programme einzugehen, fehlt hier der Platz. Es sei aber lobend erwähnt, dass sich das Zürcher Kammerorchester nicht auf gefragte, gängige Kassenschlager beschränkte, sondern auch viel wertvolles Unbekanntes aus älterer und neuester Zeit vermittelte.

Emond de Stoutz und nicht wenige seiner Orchestermitglieder haben auch unter der einheimischen Bevölkerung bleibende Freundschaften geschlossen. Das war ty-

Ein grossartiger Dirigent, der viel fürs Saanenland gemacht hat: Edmond de Stoutz

---

Auch das Saanenland hat einen Freund verloren: Nachruf im «Anzeiger von Saanen» vom 7. Februar 1997.
Saanenland has also lost a friend: obituary in the Anzeiger von Saanen of February 7 1997

sance bis Gegenwart. Die Mitglieder aus verschiedenen Ländern weilten meistens mehrere Tage – oft in privaten Unterkünften – im Saanenland und gewannen unter Einheimischen viele Freunde. Damit wurden viele zum Konzertbesuch animiert. Edmond de Stoutz, oft von seiner geschätzten Gattin Marie-Louise (geb. Chambrier) begleitet, war ein ausgezeichneter Kenner des Schweizer Musikgeschehens, wirkte als engagierter Musikpädagoge und hat sich früh für «Erziehung durch Musik» eingesetzt, für musikalische Bildung unserer Jugend, der er immer grosses Vertrauen entgegenbrachte. Der über Jahre zur vorbildlichen Tradition gewordene Besuch der Orchesterproben am Menuhin-Festival und einige grosszügige Jugendkonzerte haben Jugendlichen erste Musikerlebnisse geschenkt, was 1992 sogar in der Jubiläumsschrift «125 Jahre Sekundarschule Saanen-Gstaad (1867–1992)» durch Theo Schicker und Peter Schläppi verdankt wurde:

«Dank unserem Kollegen Franz Würsten hatte unsere Schule die Gelegenheit, zahlreiche Orchesterproben in der Kirche Saanen mitzuerleben. Oft wurden die Werke von den Musikern Menuhin und de Stoutz persönlich eingeführt und erläutert, so dass die Schulkinder den Zugang zu einer Musik finden konnten, die sie meistens nicht oder nur am Rande kannten. Es kam auch vor, dass Musiker ihr Instrument in der Aula unserer Schule vorführten. Diese Stunden gehörten jeweils zu den Rosinen des musikalischen Unterrichts. Franz

with their wide-ranging repertoire from various musical eras, ranging from the renaissance to the present. The orchestra members from different countries often stayed in Saanenland for several days – often in private accommodations –and made many friends with local residents.

This motivated many to attend a concert. Edmond de Stoutz was often accompanied by his much appreciated wife Marie-Louise (née Chambrier), who was no stranger to the Swiss music scene. He also worked as a committed music academic, and lobbied early on for "education through music" and musical education of our youth, in whom he had much faith. In allowing young people to attend the orchestra rehearsals for the Menuhin Festival, which has since become an exemplary tradition, and in generously performing concerts for youth groups, he provided many young people with their first experiences with classical music. In 1992, thanks for these experiences were expressed by Theo Schicker and Peter Schläppi in the anniversary publication '125 years of Secondary Education in Saanen-Gstaad (1867-1992)':

"Thanks to our colleague Franz Würsten, our school has had the opportunity to experience a number of orchestral rehearsals in Saanen church. Often the pieces were introduced and explained by the musicians Menuhin and de Stoutz themselves, which helped the school kids appreciate and access what for them was largely unfamiliar music. The musicians also demonstrated

Würsten, Herrn Menuhin und Herrn de Stoutz sei hiermit ein grosses Dankeschön ausgesprochen. Mögen die Orchesterproben weiterhin unseren Schulkindern offen stehen.»
Unvergesslich bleibt der lebendige Musikvermittler auch durch seine eindrücklichen Vorträge und Referate, die mit Eloquenz und Charme seine Anliegen ausdrückten.
Der Vortrag «Stromaufwärtsschwimmen» vom 28. August 1988 im Kirchgemeindehaus Gstaad erschien sogar am 18. November im «Anzeiger von Saanen» und schilderte ausführlich das Anliegen des ZKO als ein «Gemeinschaftswerk par excellence». Als Mitglied von Rotary International in Zürich hat Edmond de Stoutz im lokalen Gstaader Club durch engagierte Beiträge und ein Referat über «Musik und Freiheit» begeistert und zu Jugend-Aktionen und Konzertbesuchen beigetragen. Sein Tod am 27. Januar 1997 nach langer Krankheit hat tiefe Trauer ausgelöst, wie herzliche Nachrufe von Paul Valentin und Franz Würsten im «Anzeiger von Saanen» ausdrückten – das Saanenland hat einen wertvollen Freund verloren.

Gaspar Cassadó (1897–1966)

Mit fünf Jahren bekam er Musikunterricht in seiner Geburtsstadt Barcelona, kam 10-jährig mit seinem Vater und Musiker Joaquin Cassadó nach Paris, wo er Pablo Casals zum Cellolehrer wählte, der ihn ebenso wie Harmoniestudien bei Ravel und De Falla stark beeinflusst hat. Als einer der bekanntesten Cellisten des 20. Jahrhunderts wurde Cassadó, der gerne moderne Kompositionen spielte und mit Alicia de Larrocha ein bekanntes Duo bildete, weltweit eingeladen. Er begegnete Yehudi Menuhin und hat mit ihm schon 1954 in Gstaad Kammermusik gespielt; seit 1958 wurde er oft ans Menuhin Festival eingeladen, imponierte als überschwänglicher und temperamentvoller Cellist, dessen Schüler Radu Aldulescu als Cellolehrer viele Jahre in Gstaad an der IMMA gewirkt hat. Cassadó spielte 1960 bis 1962 als Solist mit dem ZKO, 1964 mit dem Bath Festival Orchestra und hat bis 1965 auch immer wieder in Kammermusikformationen mitgewirkt, wie am 20. August 1965 bei der Uraufführung des Oktettes von Antal Doráti. Mit der Aufführung von Cassadós «Lamento de Boabdil» und dem herzlichen Nachruf hat Menuhin im Programm 1967 dem im Dezember 1966 verstorbenen Freund eine Hommage gewidmet.

their instruments in our school auditorium in sessions which were always the highlight of musical education. Franz Würsten, Mr Menuhin and Mr de Stoutz are hereby extended our warmest gratitude. May the orchestral rehearsals continue to be open for our school kids."
The lively musical purveyor is also remembered for his impressive talks and presentations, in which he expressed his concerns with eloquence and charm. The presentation 'Swimming Upriver' on August 28 1988 in the church community hall in Gstaad was even published in the Anzeiger von Saanen on November 18. It was a lengthy depiction of the concerns of the Zurich Chamber Orchestra as a "community project par excellence". As a member of Rotary International in Zurich, Edmond de Stoutz thrilled with engaging talks and a presentation about 'Music and Freedom' at the local Gstaad Rotary Club. He also contributed to youth events and concert visits. His death on January 27 1997 after long illness brought much grief, which was expressed in heartfelt obituaries by Paul Valentin and Franz Würsten that appeared in the Anzeiger von Saanen. Saanenland has lost a precious friend.

Gaspar Cassadó (1897-1966)

Gaspar Cassadó was born in 1897 in Barcelona. He received his first musical education in the city of his birth at the age of five. When he was 10 years old, he went with his father and musician Joaquin Cassadó to Paris, where he chose Pablo Casals as his cello teacher. It was Casals along with harmony teachers Ravel and De Falla who influenced him greatly. As one of the most famous cellists of the 20th century he was invited all over the world. He liked to play modern compositions and formed a famous duo with Alicia de Larrocha. He met Yehudi Menuhin in 1954 and used to play chamber music with him in Gstaad. After 1958 he was often invited to the Menuhin Festival and impressed as a spirited cellist. His student, Radu Aldulescu, worked for many years in Gstaad at IMMA as a cello teacher. Cassadó played from 1960 until 1962 with the Zurich Chamber Orchestra, in 1964 with the Bath Festival Orchestra, and he continued to work in chamber music formations until 1965. On August 20 1965, he played at the world premiere of the Octet by Antal Doráti. With his performance of Cassadó's Lamento de Boabdil and his heartfelt obituary in the 1967 festival program, Menuhin paid homage to his friend who passed away in December 1966.

01/02 Yehudi Menuhin, Gaspar Cassadó und George Malcolm musizieren im Chalet.
Yehudi Menuhin, Gaspar Cassadó and George Malcolm playing music in the chalet.
03 Cassadó als Solist mit dem ZKO in der Kirche Saanen.
Cassadó as a soloist with the ZCO in Saanen church.
04 Cassadó-Nachruf von Yehudi Menuhin im Programmheft 1967.
Obituary of Cassadó by Yehudi Menuhin in the 1967 program.

Gaspar Cassadó gehörte zu jenen hervorragenden Gestalten, bei denen sich die Grösse ihrer musikalischen Begabung mit geistiger Hochherzigkeit und Unschuld des Herzens verbindet. Dadurch wurde er zu einer seltenen Erscheinung unter den Künstlern unserer Zeit. Er war ganz Taube und durchaus nicht Schlange.

Völlig frei von Eitelkeit, Heuchelei, Selbstsucht oder weltlichem Ehrgeiz, fühlte er sich gestützt von seinem unzerstörbaren catalanischen Stolz, der in ihm die Form der Kompromisslosigkeit annahm, nicht den Schwächen anderer gegenüber, sondern den eigenen Grundsätzen des Guten. Daher brauchte er, den es nie nach oben zu kommen verlangte, sich auch niemals zu beugen.

Sein Sieg über das Leben bestand in einer edlen Hingabe – in der vornehmen Integrität des Künstlers. Er gewann Herzen, nicht Schlachten. Ihm eignete eine Einfalt, die ihn nicht nur zum Objekt übler Anschuldigungen am Ende des letzten Krieges machte, sondern ihm auch keine Waffen gab, um dagegen anzukämpfen. Sein Wesen war unfähig, sich zu rechtfertigen, und als er unter denen, die ihn missverstanden, auch einige seiner engsten Freunde entdecken musste, war seine Reaktion nicht Verurteilung, sondern tiefe Betrübnis.

Ihm bin ich dankbar für einige der herrlichsten Musikerlebnisse meines Daseins bei den von ihm geleiteten Proben des Schubert-Quintetts für zwei Celli. Dem Schicksal bin ich dankbar, weil es uns gestattete, noch im letzten Juli die Aufnahmen der beiden Mozart-Klavier-Quartette zu vollenden. Diese Aufnahmen hat er leider nicht mehr gehört. Am dankbarsten aber bin ich für die Tatsache, dass ich sein äusserst liebenswertes, wertvolles, menschliches Wesen überhaupt habe kennen dürfen, dankbar auch dafür, dass andere, jüngere Menschen als seine Schüler in Spanien, Italien und Deutschland dieses seines Wesens teilhaftig wurden.

Mein herzlichstes Mitgefühl gehört seiner ihm so teuren Frau Chieko, die ihm die letzten Jahre verschönte und für ihn den Tribut eines fernen exotischen Landes verkörperte, das ihn ebenso verehrte wie seine Heimat Spanien. Uns ist er nicht weniger unersetzlich als ihr.

Yehudi Menuhin

«Wir erlebten den Wohltäter Yehudi Menuhin!»
Lory Wallfisch

Ernst und Lory Wallfisch

Lory Wallfischs Erinnerungen an die Kriegsjahre 1939 bis 1945 in Rumänien beeindrucken:

Dank George Enescu, dem Leiter der Philharmonie, wurde auch in schwierigen Tagen in Bukarest intensiv musiziert. Kurz nach Heirat mit dem Bratschisten Ernst Wallfisch wurde die 22-jährige Pianistin 1944 Meister Enescu vorgestellt, der den beiden half, die harte Kriegszeit zu überwinden. Im Mai 1946 begegnete Lory dem berühmten Geiger Yehudi Menuhin, der bei erster Gelegenheit versucht hatte, seinen seit Jahren als «Gefangener im eigenen Land» lebenden Lehrer zu besuchen, um mit ihm zu musizieren. Der gemeinsame Auftritt am 18. Mai im Bach-Doppelkonzert wurde als hoffnungsvoller Auftakt gefeiert. Am festlichen Abend zu Ehren Menuhins im Kulturpalast durfte das unter jungen Künstlern ausgewählte Duo Wallfisch Werke von Enescu spielen, was Ehrengast Yehudi Menuhin – gehemmt zwischen dem 65-jährigen George Enescu und der kräftigen kommunistischen Chefin Anna Pauker sitzend – begeistert verdankte. Mutig wagten die Wallfischs, dem 30-jährigen Geiger gegenüber Wünsche zu äussern. Waren es Menuhins Menschlichkeit, seine musikalische Wertschätzung der beiden oder Mut zur Auflehnung gegen Unterdrückung, die das Gespräch unvergesslich enden liessen: «Sofort müsst ihr hier weg»?

Wie ein göttliches Geschenk erhielten sie Empfehlungsschreiben und eine geheimnisvolle Spende von 300 Dollar, die ein unbekannter Mann heimlich auf der Strasse zusteckte. Das Geld reichte bis Zürich, von wo Konzertagent Kantorowitz sie nach Luzern schickte, wo Menuhin engagiert war. Wieder erlebten sie im Hotel Schweizerhof seine Grosszügigkeit, genossen den Lunch, und dank neuer Gabe konnten sie nach Clarens und Genf weiterreisen. Nie hat Menuhin Hilferufe abgelehnt: immer hat er still und treu geholfen – auch dem sterbenskranken Enescu bis zum Tod am 4. Mai 1955 an der Rue de Clichy in Paris, nachdem auch er schon 1946 aus Bukarest emigrieren konnte. Lory und Ernst Wallfisch begegneten in Clarens der Familie Furtwängler. Dank Menuhin er-

†Ernst Wallfisch

g. Wie erst jetzt bekannt wird, starb am 8. Mai in Baltimore (USA) der weltbekannte Bratschist Ernst Wallfisch an einem Herzschlag. Wallfisch machte sich als Kammermusiker, als Solist und als Lehrer (seit 1964 unterrichtete er im Smith College in Baltimore) einen Namen. Regelmässig trat Wallfisch am Gstaader Menuhin-Festival auf und gab Konzerte in Europa und den USA.

Geboren in Deutschland, wuchs Ernst Wallfisch in Rumänien auf. 14jährig wechselte er von der Geige zur Viola. Vor seiner Emigration in die Vereinigten Staaten war er Mitglied des Bukarester Philharmonischen Orchesters unter George Enescu, später war er in den Orchestern von Cleveland Dallas, Detroit und Baltimore tätig.

Ernst and Lory Wallfisch

Lory Wallfisch's memories of the Second World War in Romania are striking. Despite those difficult days in Bucharest, music was made intensively, thanks to George Enescu the director of the Philharmonic at the time. In 1944, shortly after her marriage with the viola player Ernst Wallfisch, the 22 year-old pianist was introduced to the master Enescu. He helped both to overcome the difficult war years. In May 1946, she got to know the famous violinist Yehudi Menuhin, who had tried at the first opportunity to visit his teacher ("a prisoner in his own country") in order to play music together. Their May 18 performance of Bach's Concerto for Two Violins was celebrated as a hopeful prelude. At the festive evening in honor of Menuhin at the cultural palace, the young Wallfischs were permitted to play works by Enescu. Guest-of-honor, Yehudi Menuhin, who sat self-consciously between the 65-year-old Enescu and the corpulent communist boss Anna Pauker, was thankfully impressed.

The Wallfischs were brave enough to ask the 30-year-old violinist for favors. It might have been Menuhin's humanity, his musical appreciation of the couple, or the bravery to revolt that led to the conversation which ended unforgettably with: "You must leave immediately." Like a gift from above, they got recommendation letters and a mysterious donation of $300 from a man in the street. The money lasted until Zurich, from where concert agent Kantorowitz sent them to Luzern where Menuhin was playing. Again they experienced his generosity at the Hotel Schweizerhof, enjoyed lunch, and courtesy of another gift were able to continue their travels to Clarens and Geneva. Menuhin never refused calls for help, and always provided assistance discretely and loyally. He also assisted the terminally-ill Enescu until his death on May 4 1955 in Paris, where he had been able to emigrate to from Bucharest in 1946. In Clarens, Lory and Ernst Wallfisch met the Furtwängler family.

Ernst Wallfisch

hielten sie bald ein Immigrationsvisum für die USA – damals ein Wunder, das neue musikalische Entfaltung schenkte! Ende der 50er Jahre wurden Lory und Ernst Wallfisch ans Menuhin Festival eingeladen. Dankbar erlebten sie während Jahren wunderbares Musizieren im Freundeskreis, wie der herzliche Brief von Ernst Wallfisch (14. August 1977) ausdrückt:

«Die letzten 20 Jahre unseres Lebens sind eng mit Gstaad und dem Berner Oberland im Allgemeinen verbunden. Deshalb waren wir doppelt glücklich und dankbar, als Sie uns aufforderten, hier auch ausserhalb des Menuhin Festivals künstlerisch zu wirken. Nichts könnte uns besser gefallen.»

Fotos und Programme des Menuhin Festivals beweisen das weit gefächerte Wirken der Wallfischs. Es sind Bilder voll Herzlichkeit und innigstem Musizieren. Dürfen wir nicht über die Fotos schmunzeln, die Meister Menuhin mit der Musikerfamilie beim Imbiss auf der Kirchenmauer und seine Fröhlichkeit mit dem Wallfisch-Sohn Paul zeigen?

Der begnadete Bratschist Ernst Wallfisch (1920–1979) starb nur 59-jährig in Baltimore (USA) an Herzinfarkt. Unverdrossen hat die Pianistin und Pädagogin, Mutter und Kosmopolitin Lory Wallfisch (1922) ihre Karriere verfolgt und sich für die Musik des Landsmannes George Enescu eingesetzt, besonders als Sekretärin und «Seele» der amerikanischen Enescu-Gesellschaft. Am Menuhin Festival, an der Lenk und der IMMA durfte der treue Gast der Region weiter auftreten, so am 25. August 1981 zur Feier von Enescus 100. Geburtstag und am 13. August 1988 mit den George Enescu Chamber Players und dem Basler Euler Quartett. Noch heute verblüfft die Klavier-Ikone mit Engagement und schönem Spiel.

Thanks to Menuhin, they received immigration visas for the US, a small miracle at the time. There they were able to grow musically.

At the end of the 1950s, Lory and Ernst Wallfisch were invited to the Menuhin Festival in Gstaad. Over the course of many years, they experienced wonderful times making music with friends, times which were warmly recalled in a letter from Ernst Wallfisch on August 14 1977: "The last 20 years of our lives have been closely connected with Gstaad and the Bernese Oberland. So we were doubly happy and thankful when you asked us to collaborate with you artistically outside of the Menuhin Festival. Nothing could please us more." Photos and programs of the Menuhin Festival illustrate the Wallfischs' diversified work. They are pictures full of cordiality and heartfelt joy at the creation of music. One can only but smile when looking at pictures of the master Menuhin with the musical family happily eating on the church wall with the Wallfischs' son Paul.

The blessed viola player Ernst Wallfisch suffered a fatal heart attack in Baltimore (US) when he was just 59 years old. Lory Wallfisch, pianist, academic, mother and cosmopolite assiduously continued her career, giving herself over to the music of her compatriot George Enescu as the secretary and soul of the American Enescu Association. She continued to perform faithfully at the Menuhin Festival, in Lenk, and with IMMA, including at the August 25 1981 celebration of Enescu's 100th birthday, and on August 13 1988 with the George Enescu Chamber Players and the Basel Euler Quartet. To this day the pianist icon astounds with her commitment and beautiful renditions.

GSTAAD UND DIE MENUHINS

1961–1973

Jeremy Menuhin – über 40 Jahre Musizieren im Saanenland

1951 in San Francisco geboren, wuchs Jeremy unter Obhut von Schwester Marie in den USA auf, konnte früh Noten lesen. Wie er 1979 berichtete, kam er 1954 erstmals nach Gstaad, wo ihm bald Musik und Besuche mit dem Vater in der Kirche Saanen gefielen:

«Geboren in Kalifornien, komme ich seit dem dritten Lebensjahr ins schöne Saanenland. Stolz erinnere ich mich an meine erste schulische Erfahrung im Gstaader Kinderheim ‹Flora›, wo ich Grundlagen der deutschen Sprache lernte, mit ‹Schwyzerdütsch› in England dafür wegen meines unverständlichen Englisch auffiel. Die Schule wurde durch unvergessliche Ferien mit meinen Eltern anlässlich des Festivals aufgelockert. Erlebnisse in ländlicher Natur, Unverdorbenheit der Landschaft, Schönheit der Berge und Täler, Begegnungen mit wunderbaren Musikern und Artisten, schliesslich tiefe Verbundenheit zum Judentum und dessen Kulturbewusstsein haben mich geprägt. Im berühmten ‹Eton› fühlte ich mich nie ganz glücklich und verabscheute das traditionelle englische Schul- und Kulturbewusstsein. Heute noch zieht es mich immer wieder aus der unwirtlichen Grossstadt London in die Schweizer Berge, wo ‹wir› uns so heimisch fühlen. Dankbar erinnere ich mich an mein 13. Lebensjahr, als ich erstmals am Festival meines Vaters mitwirken durfte, nachdem ich erst 11-jährig ein ‹feu sacré› für Musik und in Nadia Boulanger eine begnadete Lehrerin gefunden hatte. Anfangs wollte ich nicht unbedingt Pianist werden, da mein Vater als Geiger erfolgreich wirkte. Seine ‹Menuhin-Schule› in Stoke d'Abernon besuchte ich nie: man schickte mich in eine Traditionsschule, bevor ich den Weg zur Musik finden durfte. Vergessen wir Eton lieber...

Gerne spielte ich mit meinem Vater, der mir eine wichtige Stütze bieten konnte und mich in die herrliche Welt der Musik einführte... Den Weg zum selbständigen Pianisten musste ich selber finden, wozu die wertvollen Begegnungen am Gstaader Festival mitgeholfen haben – einmalige Musikfestwochen, die unbedingt weiterhin als Krönung Kammermusik pflegen müssen... Wir lieben die Saaner Kirche als den idealen Ort für höchste Interpretationskunst! Wenn ich neben Dank an mein, unser treues Publikum etwas ausdrücken dürfte, wäre dies der feste Glaube und das Vertrauen an diesen einmaligen Ort der Begegnung für Musiker der ganzen Welt und an die Musikakademie meines Vaters, alles grosse Werke, die wert sind, dass sich auch künftig gute Menschen dafür einsetzen.»

Jeremy hat 1984 Gabriel Forbes-Sempill geheiratet, die ihm 1985 die Musik und Tanz liebende Nadia und 1988 Sohn Petroc, selber Cellospieler, schenkte, eine Ehe, die 1993

Jeremy Menuhin – over 40 years of making music in Saanenland

Jeremy Menuhin was born in 1951 in San Francisco, and grew up in the US in the care of nurse Marie. He was able to read music at a very early age. In 1979 he recounted his first visit to Gstaad in 1954, where he enjoyed the music and the visits to Saanen church with his father:

"Born in California I have been coming to beautiful Saanenland since I was three. It is with pride that I remember my first school experience in the Gstaad children home Flora, where I studied the basics of the German language. In England I stood out with my incomprehensible English and my "Schwyzerdütsch". School was intermingled with unforgettable holidays with my parents due to the festival. On these holidays, I had such formative experiences as adventures in rural nature, unspoilt landscape, beautiful mountains and valleys, encounters with wonderful musicians and artists, and a deep connection to Judaism and its culture. I never felt completely happy at the famous Eton and hated the traditional English school and culture consciousness. To this day I am drawn time and again from the unsociable city of London to the Swiss mountains where we felt so at home. Thankful I remember my 13th year when I was allowed to participate for the first time in my father's festival. This was after I had found my "feu sacré" for music at the age of 11 with the gifted teacher, Nadia Boulanger. At the beginning I did not really want to become a pianist because my father was successful as violinist. I never went to his Menuhin School in Stoke d'Abernon: I was sent to a traditional school before I was allowed to find my path to music. Let's better forget Eton...

I liked to play with my father who was an important mentor to me and who introduced the magnificent world of music to me. I had to find the path to being an independent pianist by myself for which the Gstaad Festival encounters helped. The music festival weeks are unique and should definitely place chamber music above all else. We love Saanen church as the ideal place for the highest art of interpretation. If I may express something along with the thanks to my – our – loyal audience, it would be the strong belief and trust in this unique place as a venue for encounters with musicians from around the world, and the music academy of my father; all great works which are sufficiently worthy as to ensure that good people stand up for them into the future."

In 1984 Jeremy married Gabriel Forbes-Sempill, who gave birth in 1985 to their daughter Nadia (who loves music and dance) and in 1988 to their son Petroc (who is a cello player). The

Jeremy Menuhin bei seinen ersten Auftritten am Menuhin Festival. | *Jeremy Menuhin during his first performances at the Menuhin Festival.*

zerbrach. Heute lebt er in London und in Gryon bei Villars (Schweiz), verfolgt als Kammermusiker und Pianist seine erfolgreiche Karriere und wirkt – nach frühen Studien 1960 beim Dirigenten Hans Swarowsky in Wien – gelegentlich als Dirigent.

Während über 40 Jahren hat sich Jeremy Menuhin als Pianist und Kammermusiker am Menuhin Festival in vielseitigen Programmen als treue Stütze bewährt und die Besucher immer wieder begeistert.

Zu Jeremy Menuhins 1. Festivalauftritt
Am 25. August 1965 durfte der 13-jährige Jeremy anstelle seiner im Programm erwähnten Tante Hephzibah erstmals mit dem Zürcher Kammerorchester unter seinem Vater Yehudi musizieren, wie im «Anzeiger von Saanen» vom Berichterstatter Paul Valentin geschildert wurde: «Eigene Erwähnung verdient dann auch gewiss der 13-jährige Sohn von Yehudi Menuhin, Jérémie, der mit erfrischender Musizierfreudigkeit W.A. Mozarts Klavier-Concerto in do-majeur (KV 467) spielte und damit zum ersten Mal vor einem grösseren Publikum auftrat. Es dürfte wohl so sein, dass die Zuhörer dieses Konzertabends vom Mittwoch, den 25. August, Zeugen des Anfangs einer grossen Musikerkarriere geworden sind.»

couple parted ways in 1993, and today he lives in London and Gryon (Switzerland). He continues his successful career as chamber musician and pianist, and also works as a conductor, having studied with Hans Swarowsky in Vienna in 1960.

Jeremy Menuhin has thrilled audiences in varied programs at the Menuhin Festival for 40 years as a pianist and chamber music player, and has proven to be a loyal festival fixture. At Jeremy Menuhin's first festival appearance on August 25 1965, the 13-year-old did not, as the program indicated, play with his aunt Hephzibah, but in fact with the Zurich Chamber Orchestra and his father Yehudi. Paul Valentin wrote of this performance in the Anzeiger von Saanen; "Jérémie, the 13-year-old son of Yehudi Menuhin, deserves special mention. Demonstrating a refreshing love for music, he played Mozart's Piano Concerto in C major (KV 467), and in so doing performed for the first time in front of a large audience. It is quite possible that the audience of this concert evening of Wednesday August 25 witnessed of the beginning of a great musical career."

1961–1973

IN HIS OWN WORDS | Jeremy Menuhin

"For me, Saanenland is a sort of "Heimat""

01 Jeremy Menuhin with his father Yehudi.
02 Playing the piano.

The Russian violinist, Nathan Milstein, suggested to my parents that they might like to relax in the calm and beautiful surroundings of Gstaad as he and his wife Theresa had done for years. However, the idea of inactivity was an anathema to Yehudi Menuhin!

The Festival began as a simple venture, lasting no more than two weeks and consisting of perhaps five concerts, enabling my father to play chamber music with friends and colleagues in an unusual environment. The Saanen church, with its perfect location and good acoustics, was deemed ideal. This was the 'revers de la medaille' of the major orchestral tours, the unknown halls, the endless travelling and the anonymous hotels that constituted the rest of his working schedule.

In the God fearing and respectful atmosphere of Saanen church, clapping was forbidden. As a rebellious teenager I found this rather inhibiting, wanting to express my feelings in a direct manner and sometimes even disregarding the statutory silence. Now I regret its passing, as clapping is trivial, whereas standing up in silence is tribute to the composer and the performer, and, in such a beautiful but austere place as the church in Saanen, tribute to the unexplainable in life.

My first proper concert was playing Mozart K467 when I was thirteen, with my father conducting the Zurich Chamber Orchestra. This was 'trial by fire', hardly the step-by-step introduction into the profession most musicians experience! No doubt I was very lucky to have such opportunities, and whether I was worthy or ready is debatable. One has to start somewhere, and never mind the challenge. My aunt Hephzibah stood in the wings, ready to take over if I felt unable to play. Nevertheless, it was here that I felt that my wish to become a musician had found acceptance and expression.

It was also here that I first encountered Nadia Boulanger. She had come to the festival to conduct Monteverdi, and in addition ended up giving some lessons. An unfortunate young soprano was weeping next to the piano at which Mademoiselle Boulanger sat, having been berated for her lack of musicianship. This was the old school of rigorous teaching: if you survived, you were the stronger for it.

From then on right up until the present there has hardly been a year when I did not take part in the festival, whether as chamber musician, soloist with orchestra or recitalist – or indeed as an accompanist for singers. In the mid-80s I accompanied Edith Mathis. She sang Mozart and Schubert,

> "It was here that I felt that my wish to become a musician had found acceptance and expression."
>
> Jeremy Menuhin

which was unforgettable. During the interval, rather than talk about the intricacies of interpretation, we discussed how difficult it was to get reliable home help: certainly an opportunity forgone!

In the late 60s the audience came largely from Saanenland, and quite a few of them from farming families, as well as travellers from the UK and other countries who knew my father and who also had an attachment to the Bernese Oberland. They seemed like an extended family. This yearly pilgrimage continued until the value of the pound dropped dramatically and affected those from the UK.

It must be acknowledged that the Saanen church cannot be host to every variety of music.
My father, having the greatest respect for certain types of folk music, once invited a Berber singer from North Africa. It was an uncomfortable experience, as my aunt Hephzibah and I noted, wishing we could be listening among the tribal people in the Sahara, preferably moving around during the music rather than sitting still. For my father, the main and indispensable criterion was authenticity: the music performed should only be in its pure form, unadulterated by western influences. However, this lonely and remote music sounded out of place in the church, being more suited to the outdoors, like the alphorn or the bagpipes. The ambition to preserve strange and beautiful traditional music became my father's plan for a Europe of Cultures, to offset the Europe of Nations. Unfortunately the plan may have been too ambitious, as its main drawback was that cultures don't respect borders.

The specificity of place and time, characteristic of so much of the world until recently, has been to some extent eroded, leaving a sense of reduced contours. Every valley is aware of the next, and each country is aware of its neighbours, so that communication is quicker and easier while cultural differences have been diminished.
This is the threat against which the Gstaad festival is rallying, and which will guarantee its survival. For wherever authenticity exists, people will be drawn.

For me, Saanenland and its surroundings are a sort of "Heimat", to which I must return regularly for spiritual regeneration.

Elaine Shaffer – die beliebte, strahlende Flötistin der 60er Jahre

Die sympathische amerikanische Musikerin begeisterte in den 60er Jahren durch herrliche Flötentöne und ihre schöne Erscheinung. Nach Studien an der berühmten Juilliard-Schule wirkte sie als Flöten-Principal des Los Angeles Chamber Orchestra und lernte die Menuhins kennen. Sie heiratete den bekannten Dirigenten Efrem Kurtz, der – 1900 in Leningrad geboren – schon 1921 die Berliner Philharmoniker dirigierte. Er wirkte 1924 bis 1933 in Stuttgart bis zur Emigration in die USA, wurde Chefdirigent des Kansas City Symphony Orchestra (1943–1948) und des Houston Symphony Orchestra (1948–1954). Grosse Erfolge feierte er dann in ganz Europa und dirigierte später auch in Bern. Mit der Familie Menuhin befreundet, spielte Elaine Shaffer viele Jahre am Menuhin Festival und galt als einzige weibliche Starflötistin. Leider ist sie schon 1973 auf der Höhe ihrer glänzenden Karriere gestorben. Einfühlsame Aufnahmen von Franz Fäh schenken Andenken und Hommage an «unsere» Elaine Shaffer.

Elaine Shaffer – the popular flutist of the 1960s
American, Elaine Schaffer, thrilled in the 1960s with her beautiful flute music and her attractive appearance. Having studied at the famous Juilliard School, she served as principal flutist for the Los Angeles Chamber Orchestra where she got to know the Menuhins. She married the famous conductor, Efrem Kurtz, who was born in 1900 in Leningrad and who conducted the Berlin Philharmonic Orchestra during the 1920s. From 1924 until 1933, Kurtz worked in Stuttgart before emigrating to the US where he became principal conductor of the Kansas City Symphony Orchestra (1943-1948) and the Houston Symphony Orchestra (1948-1954). He had much success in Europe and later also conducted in Bern. Elaine Shaffer was friends with the Menuhin family and played for many years at the Menuhin Festival. She was the only female star flutist. Sadly she died in 1973 at the peak of her bright career. Empathetic photos by Franz Fäh preserve her memory and are homage to "our" Elaine Shaffer.

Flötistin Elaine Shaffer – Probe mit Yehudi Menuhin.
Flutist Elaine Shaffer – rehearsal with Yehudi Menuhin.

Schon 1963 prägten Mitglieder der Menuhin-Familie die Konzerte
1963: members of the Menuhin family leave their mark

Die sechs Konzertabende des siebten Menuhin Festivals 1963 waren durch eindrückliche Auftritte der Menuhins geprägt, die neben den bewährten Stützen Cassadó, Gendron, Lysy, Wallfisch und neuen Künstlern mit Yehudi Menuhin zusammen musizierten: die beiden Schwestern und Pianistinnen Hephzibah und Yaltah Menuhin, die Pianisten Joel Ryce als Gatte von Yaltah und der chinesische Ehemann von Tochter Zamira Menuhin Fou Ts'ong. Bald haben sich mit Sohn Jeremy und Schwager Louis Kentner, dem Gatten von Dianas Halbschwester Griselda Gould, noch weitere Pianisten der grösser gewordenen Familie angeschlossen – die «Karawane Menuhin» war unterwegs.

Kammermusik vom 5. August 1963 zeigt auf der Liste der Ausführenden die grosse Musikerfamilie.

The six concert evenings of the seventh Menuhin Festival in 1963 were marked by impressive performances by the Menuhins. Alongside the regular performers such as Cassadó, Gendron, Lysy, and Wallfisch, new artists played together with Yehudi Menuhin and his family, including the two pianist sisters Hephzibah and Yaltah Menuhin, pianist Joel Ryce (husband of Yaltah), and Fou Ts'ong (the Chinese husband of Yehudi's daughter Zamira). Soon others joined in the growing family tradition, including son Jeremy and brother-in-law Louis Kentner, the husband of Diana Gould's half-sister Griselda. The Menuhin caravan was on the move.

The chamber music section of the program from August 5 1963 shows the list of performers from the large musical family.

Lundi 5 août 1963, 20 h 30

Musique de chambre

Exécutants:		
	Hephzibah Menuhin	piano
	Yaltah Menuhin	piano
	Gaspar Cassadò	violoncelle
	Maurice Gendron	violoncelle
	Alberto Lysy	violon
	Yehudi Menuhin	violon
	Joel Ryce	piano
	Werner Speth	cor
	Hans Rudolf Stalder	clarinette
	Fou Ts'ong	piano
	Ernst Wallfisch	alto

Wolfgang A. Mozart — Quatuor pour piano, violon, alto et violoncelle en sol mineur, K. 478
- Allegro
- Andante
- Rondo

Bela Bartok — «Contrastes» pour piano, violon et clarinette
- I Verbunkos
- II Pihenö
- III Sebes

Robert Schumann — Andante et variations pour piano à 4 mains, 2 violoncelles et cor

Wolfgang A. Mozart — Quintette en la majeur pour clarinette, 2 violons, alto et violoncelle, K. 581
- Allegro
- Larghetto
- Menuetto
- Allegretto con variazioni

Hephzibah Menuhin (1920–1981)

Yehudis vier Jahre jüngere, «ersehnte» Lieblingsschwester Hephzibah, seine Spielgefährtin der Kindheit und wertvollste Klavierbegleiterin, wurde am 20. Mai 1920 in San Francisco geboren, begann 1924 mit Klavierspielen, durfte schon achtjährig öffentlich auftreten. Sie erlebte die Wanderjahre der Menuhins nach Paris, Rumänien, in die Schweiz (Basel) und nach Italien, studierte in Paris bei Marcel Ciampi und profitierte in Basel von Musiker-Begegnungen wie Rudolf Serkin. Im Sommer 1938 heiratete die 18-Jährige – nur zwei Monate nach Yehudi und kurz nach Yaltah Menuhins Heirat mit Benjamin Rolfe – den älteren Bruder von Yehudis Gattin Nola, Lindsay Nicholas, Sohn des australischen «Aspirinkönigs» und selber Schafzüchter. Dem grossgewachsenen, hübschen rothaarigen Musikliebhaber und seiner Schwester Nola waren die Menuhins erstmals 1929 beim legendären Berlinkonzert begegnet. Die begnadete Pianistin lebte 19 Jahre in ganz anderem Milieu, feierte aber Ende der 30er Jahre in ihrer neuen Heimat Australien mit Yehudi als Kammermusik-Duo riesige Erfolge. Nach der Geburt der Söhne Kronrod (1940) und Marston (1944) erfüllte sie mit Hingabe ihre Mutterpflichten. Obschon auch Hephzibah nicht eine leichte Ehe führte, litt sie in den 40er Jahren beim Musizieren mit Bruder Yehudi besonders unter dessen ehelichen Schwierigkeiten. Doch auch sie strebte nach neuer Lebensausrichtung, zog 1954 nach Sydney, um sich sozial – einer inneren Berufung folgend – für «Menschen auf der Schattenseite» einzusetzen, was sie voll forderte und schliesslich ihre Ehe zerbrechen liess. Auf neuem Lebensweg heiratete sie den idealistisch eingestellten, österreichischen Soziologen Richard Hauser,

Hephzibah Menuhin (1920-1981)

Yehudi's sister, Hephzibah, was born on May 20 1920 in San Francisco. Four years his junior, she was his favourite sister and his playmate during childhood. She soon became an important accompanist for him. She started playing the piano in 1924, and was allowed to perform in public from the age of eight. She experienced the travel years of the Menuhins in Paris, Romania, Basel, and Italy, studying in Paris under Marcel Ciampi, and profiting from musical encounters with the likes of with Rudolf Serkin in Basel.

In the summer of 1938, the 18-year-old married the older brother of Yehudi's wife Nola. Lindsay Nicholas was a sheep farmer and son of the Australian aspirin tycoon. The marriage took place only two months after Yehudi's and shortly after Yaltah's marriage with Benjamin Rolfe. Lindsay was a tall, handsome, redheaded music lover, who had met the Menuhins for the first time with his sister Nola at the legendary 1929 Berlin concert. For 19 years Hephzibah lived in Australia in completely different surroundings, but in the 1930s enjoyed great success in her new homeland together with Yehudi as a chamber music duo. After the birth of their sons Kronrod (1940) and Marston (1944), she fulfilled her motherly duties with passion. Although Hephzibah did not have an easy married life, she suffered greatly during her brother's marriage problems in the 1940s. She also aimed for a new outlook on life and moved to Sydney in 1954 in order to follow her inner calling to work for "people in the shadows". This consumed her completely and ultimately caused her marriage to break down.

Embarking on a new lease of life, she married the idealistic Austrian sociologist

der die Stadt Sydney bei der Entwicklung des öffentlichen Verkehrs beriet. War es innere Berufung zum Sozialen, «Menuhin'sches Auflehnen», die Hephzibah zum definitiven Verlassen ihrer Familie und zur zweiten Heirat führten? Schon 1955 gebar sie Tochter Clara, zog nach kurzer Zeit mit ihrem neuen Gatten, der ursprünglich als Jude aus Wien geflüchtet war, nach London, wo das grosse soziale Engagement der Hausers weiterging. Im neu gegründeten Institut für Sozialforschung und beim Einsatz für Kranke und Obdachlose in London, später im neuen Zentrum für Menschenrechte konnte die glückliche Familienmutter an Richard Hausers Seite ihren Lebenszweck finden, sorgte dazu auch für Adoptivsohn Michael und ein fremdländisches Proletariermädchen. Gerne musizierte sie weiter, kam oft nach Gstaad, um am Menuhin Festival als geschätzte, feinfühlige Pianistin mit Freunden vielseitig aufzutreten. Eine plötzliche Erkrankung

Richard Hauser, who advised the city of Sydney during the development of their public transportation system. Was it an inner calling to those in need, or was it the Menuhin rebellious streak that made Hephzibah leave her family for good and marry for the second time? In 1955 she gave birth to her daughter Clara and moved to London shortly afterwards with her husband, who as a Jew had fled Vienna. There the great social commitment of the Hausers continued. The happy mother worked in the newly-founded institute for social research and for the ill and homeless of London. Later she worked in the new center for human rights, and in doing so was able to find her place in life. She also cared for their adopted son Michael and a working class girl from abroad. Her love of creating music endured, and she often came to Gstaad, where she played with friends at the Menuhin festivals and was treasured as a sensitive pianist.

HEPHZIBAH

Als meine Schwester geboren wurde – ich war damals vier Jahre alt – erklärte meine Mutter, ich hätte sie «bestellt». Von Anbeginn ihres Lebens schien sie von den Göttern geliebt, und so gab man ihr den Namen «Hephzibah», was «Lichtbringer, jemand, auf den man mit Freuden gewartet hat» bedeutet. Damals – ich erinnere mich noch genau – wurde sie von meinen Eltern und mir, dem Vierjährigen, mit grosser Freude begrüsst.

Dieses Licht, das sie umgab, hat sie nie verlassen. Sie gehörte zu den wenigen bevorzugten Menschen, für die Leben nichts anderes bedeutet als Dienen. Für sie war «Dienen» Mitgefühl mit dem anderen und für andere. Sie tat das so intensiv, dass sie den tiefsten Schmerz, die grössten Ängste mit einem ihr eigenen Instinkt, einer ihr ganz eigenen Intuition erfassen konnte. Während meines ganzen Lebens und der Partnerschaft mit ihr, in den Jahren, die uns voneinander trennten und in den Zeiten, in denen wir zusammen waren, habe ich immer das Gefühl gehabt, privilegiert zu sein, denn wohl niemals kann ein Auftrag an die göttliche Vorsehung so reich erfüllt worden sein. Und der Stolz auf sie wuchs mit dem Verlauf der Jahre. Während sie, unsere jüngere Schwester Yaltah und ich heranwuchsen, bewies sie immer wieder ihre Aussergewöhnlichkeit in allen Sphären. Ich weiss nicht, ob es an ihrem fröhlichen Temperament lag oder an ihrem Gleichmut, ihrem nicht zu zügelnden Optimismus, gekoppelt mit Intelligenz, schneller Auffassungsgabe und absoluter Unvoreingenommenheit, – was immer es war: alles, was sie anpackte, wurde von ihr mit beneidenswerter Leichtigkeit und ohne jegliche Verbissenheit gemeistert.

Mit der gleichen Mühelosigkeit absolvierte sie ihre Klavierstunden und gab bereits mit 8 Jahren ihr erstes Konzert in San Francisco. Sie lernte eine Fremdsprache nach der anderen mit grammatikalischer Genauigkeit und faszinierender Schnelligkeit, sehr zum Leidwesen von Yaltah und mir. Wo immer Yaltah und ich mit Hindernissen und Ängsten zu kämpfen hatten, segelte Hephzibah sozusagen auf den ruhigen Wassern ihrer herrlich ausgeglichenen Natur, und was immer sie in ihrem späteren Leben an Schwierigkeiten zu überwinden hatte, gelang ihr durch eben diese Gaben, mit totaler Selbstaufgabe und einem wunderbaren Sinn für Humor. Hinzu kamen unerschöpfliche Geduld und – ein wahres Gottesgeschenk – eine nie endende Zuversicht. Trotz allem war sie absolut menschlich und in der Lage, tiefstes Mitgefühl zu empfinden. Zu ihr gehörte Spontaneität, gezügelt von Sanftmut und angeborener Bescheidenheit.

Aus dem Schutz ihres Elternhauses konnte sie sich, voll ausgerüstet, bereits mit 17 Jahren in das Unbekannte der weiten Welt stürzen. Sie wagte das Abenteuer einer Ehe, die sie, geografisch gesehen, tausende von Meilen von uns und all dem entfernte, was ihre Jugendzeit bedeutet hatte. Aber Hephzibah konnte ohne Menschen nicht leben, und obgleich sie ihren ersten Mann, Lindsay Nicholas, und das Land Australien mit seiner Landbevölkerung und seinen Viehhändlern sehr liebte, litt ihr junges Herz unter dem Wissen um die Schmerzen und Mühsalen des Krieges in Europa, und mit der Zeit konnte sie es einfach nicht mehr ertragen, davon ausgeschlossen zu sein. Inzwischen bildete sie sich weiter in der Musik und wurde Australiens führende Pianistin in diesen Jahren. Ihre bereits beträchtlichen Kenntnisse der Kammermusik erweiterte sie durch Kontakte mit europäischen Musikern, die in Australien eine neue Heimat gefunden hatten; sie spielte für unzählige Wohltätigkeitsorganisationen und entfaltete neue Dimensionen der sich selbst als Künstlerin, die ihre Grösse und Unabhängigkeit brachten. Sie stellte neue Kompositionen vor, die sich mit der gleichen Geschwindigkeit und Leichtigkeit wie früher zu eigen machte. Ich erinnere mich an ihren Entschluss, ihren vielen Fremdsprachen noch russisch hinzuzufügen.

Schliesslich traf sie den Mann, der ihr zweiter Gatte werden sollte. Es war der Oesterreicher mit britischer Staatsangehörigkeit, Richard Hauser, der die jüdischen Flüchtlingslager für die britische Armee in Rom geleitet hatte und jetzt damit beschäftigt war, industrielle Probleme auf dem Gebiet des Strassenbahndienstes in Sydney zu lösen. An diese Aufgabe ging er heran, indem er für mehrere Wochen die Pflichten eines Strassenbahnschaffners übernahm. Zu dieser Pflichtauffassung gesellten sich lebendiger Wiener Humor und schnelles Denkvermögen, was unvermeidlich dazu führte, dass Hephzibah den Menschen fand, der ihren Heisshunger nach Hilfe für die Menschheit teilte, (wobei ich davon überzeugt bin, dass sie, wäre es erforderlich gewesen, selber auch eine Strassenbahn gesteuert hätte!) Bald stürzte sie sich in jeden Winkel, in dem es nach Vernachlässigung oder Hoffnungslosigkeit roch, und beide wirkten in ihrer unabhängigen und originellen Art und Weise der Sozialarbeit, ohne sich um die «ismusse» der unwissenschaftlichen undefinierbaren Soziologie zu kümmern.

Schlussendlich kamen sie nach Europa, nach London, wo sie weiter all die Arbeit verrichteten, die entweder zu schmutzig oder zu undankbar für andere war. Hephzibah war immer wieder der Freund, immer bereit, mit mir zusammen aufzutreten, und es war so, als gäbe es nie etwas, das unsere lang bestehende Verbindung unterbrechen könnte, als existierten keine gravierenden Probleme in Gefängnissen, Krankenhäusern, in Borstals, oder als gäbe es keine misshandelten Ehefrauen, Familien mit nur einem Elternteil, uneheliche Kinder oder Pferde auf der Schlachtbank – kurz, nichts, das auch nur im leisesten unsere perfekte musikalische Verbindung stören könnte.

Es war, so glaube ich, ihre immerwährende innere Ausgeglichenheit, die sie einmalig machte, und statt das ihre Sozialarbeit, die man besser als Liebe und Besorgnis um die Menschheit bezeichnen sollte, sie von ihrem Klavierspiel ablenkte, nährte sie vielmehr ihre Musikalität. Ihre anmutige Würde und Präzision, mit denen sie schon immer gespielt hatte, zeigten jetzt eine Tiefe und Wärme, eine neue, wachsende Dimension, die – es fällt mir unendlich schwer, das zu realisieren – plötzlich abgeschnitten waren, gerade zu einem Zeitpunkt, an dem sie durch ihr Spiel so viel mehr hätte sagen können, jetzt, nachdem sie ihre Kunst in Einklang mit ihrem Dienst an der Menschheit – nach langer Selbstzerfleischung – hätte bringen können.

Als sie von ihrer endgültigen Krankheit befallen wurde, war es ihr unbezwinglicher Geist, der weiter aufgab. Bis zum letzten Atemzug lebte der Funken Hoffnung weiter in ihr. Noch einmal bereiste sie ihr geliebtes Australien und suchte dort ihre beiden phantastischen Söhne, Kronrod und Marston und ihre Enkel auf. Sie kehrte zurück, um sich tapfer einer Reihe von Behandlungen auszusetzen. Dann begleitete sie mich auf eine Konzertreise – es sollte unsere letzte sein – nach Amerika, immer gleichbleibend ruhig und gefasst, niemals klagend. Aber selbst ihr tapferer Geist konnte schliesslich den geschwächten Körper nicht mehr retten, und so verliess sie uns in London, der Stadt, der sie musikalisch und menschlich so viel gegeben hatte. Ihr Mann, ihr Adoptivsohn Michael und ihre Tochter Clara sorgten liebevoll für sie bis zum Ende.

Hephzibah wird von so vielen schmerzlich vermisst, dass ich das Gefühl habe, kein Recht auf meinen eigenen Schmerz zu haben, wie tief auch die Wunde ist, wie gross auch die Lücke, die sie zurückliess. Für mich hat sie die Worte des Verses aus Micha erfüllt: «Es ist dir gesagt, o Mensch, was gut ist, und was der Herr von dir fordert, nämlich Gottes Wort halten und Liebe üben und demütig sein vor deinem Gott».

Y. M.

Menuhins Nachruf im Festivalprogramm 1981. | *Menuhin's obituary in the 1981 Festival Programme.*

an Kehlkopfkrebs brachte schwere Leidenszeit. Der unerwartet rasche Tod am 1. Januar 1981 hat Familie, Freunde im Saanenland und auf der ganzen Welt, besonders aber Bruder Yehudi tief erschüttert. Reuevolle Zeilen im Buch von Vater Moshe und Menuhins ergreifender Nachruf im Festivalprogramm 1981 zeugen von Betroffenheit und schwerem Verlust: Hephzibah war für ihn mehr als eine liebe Schwester. Für alle bleibt sie als begnadete Pianistin und wunderbare Persönlichkeit unvergessen.

Yaltah Menuhin (1921–2001)

Während ihre Eltern früh die Begabung der älteren Kinder förderten, Yehudis Weg zum Wunderkind und Hephzibahs pianistisches Talent unterstützten, setzte sich Yaltah, am 7. Oktober 1921 in San Francisco geboren, eigenmächtig durch. Ihre starke Mutter Marutha, aus der Krim stammend, wollte mit dem Namen der jüngsten Tochter an den berühmten Ferienort erinnern. Yaltah begann dreijährig mit Klavierspiel, bekam wie Hephzibah in Paris Unterricht bei Marcel Ciampi, studierte in Rom und an der berühmten Juilliard-Schule in New York. Als Pianistin schuf sie sich ein grosses Repertoire und Verdienste mit Aufführungen moderner Werke von Eric Ziesl, Louis Gruenberg, George Antheil, Frank Martin, Ernst Krenek und Walter Piston. Die begabte Künstlerin sprach sieben Sprachen, pflegte Dichtkunst und Malerei, was 1978 in einer beachteten Ausstellung gipfelte. Schöne Essays und Gedichte, schon als 13-Jährige veröffentlicht, behielt sie später für sich. 1938, im «Heiratsjahr der Menuhins», heiratete sie sehr jung und bekam zwei Kinder. Die Ehe zerbrach nach nur wenigen Jahren. 1941 heiratete sie den Rechtsanwalt Benjamin Rolfe und gebar im Jahr 1942 in Oregon den Sohn

The quick onset of larynx cancer brought much suffering, and her sudden and unexpected death on January 1 1981 shocked family and friends in Saanenland and around the world. Her death deeply affected her brother Yehudi. Remorseful lines in the book 'The Menuhin Saga' by Moshe Menuhin, and Yehudi Menuhin's touching obituary in the festival program of 1981, show the extent of the suffering and loss. Hephzibah was more than a beloved sister for Yehudi. For all of us she will remain unforgettable as a gifted pianist and a wonderful person.

Yaltah Menuhin (1921-2001)

Yaltah Menuhin was born on October 7 1921 in San Francisco. While her parents supported the talents of the older children from early on, Yaltah established herself independently. Being from Crimea, her strong mother Marutha wanted to commemorate the famous holiday resort there and gave her youngest daughter the name Yaltah.

Yaltah started playing the piano when she was three, received lessons in Paris under Marcel Ciampi like Hephzibah, and studied in Rome and New York at the famous Juilliard School. As a pianist she created an extensive repertoire featuring performances of modern works by Eric Ziesl, Louis Gruenberg, George Antheil, Frank Martin, Ernst Krenek, and Walter Piston. The gifted artist spoke seven languages, and was also a talented poet and painter. She held a highly regarded exhibition in 1978, and although she kept later writings to herself, she wrote beautiful essays and poems that were published as early as 1934.

She married very young in 1938, the "Menuhin marriage year", and delivered two children, but the marriage broke down after just a few years. In 1941 she married the lawyer Benjamin Rolfe, and in 1942 gave birth to their son Lionel in Oregon. Lionel studied the Menuhin dynasty intensively as a journalist, and wrote the 1978 book entitled 'The Menuhins: a Family Odyssey'. After a few years in California this marriage also broke down. In 1960 she married her longtime musical partner Joel Ryce. As a famous piano duo, she loved her art and played at many festivals and in many cities. Her successful partnership with the violinist Michael Mann, the talented son of Thomas Mann, also became famous.

Yaltah Ryce-Menuhin lived in London with Joel, who became a renowned young psychologist and "sandplay" therapist. In

Pianistin/*Pianist* Yaltah Menuhin.

Lionel, der später als Journalist intensiv die Menuhin-Dynastie studierte und darüber 1978 im Buch «The Menuhins: A Family Odyssey» berichtet hat. Nach einigen Jahren in Kalifornien zerbrach auch diese Ehe. Erst 1960 heiratete sie ihren langjährigen musikalischen Partner Joel Ryce. Als bekanntes Klavierduo liebte sie ihre Kunst, durfte an Festivals und in vielen Zentren auftreten. Berühmt wurde auch ihre erfolgreiche Partnerschaft mit dem Geiger Michael Mann, dem talentierten Sohn von Thomas Mann. Yaltah Ryce-Menuhin lebte mit Joel, der zu einem bekannten Jung-Psychologen und «Sandspiel-Therapeuten» wurde, in London. Yaltahs Interesse galt den Jugendorchestern (Brighton und Wales Youth Orchestra). Konzerte mit ihrem Bruder, von 1963 bis 1988 Auftritte am Menuhin Festival gipfelten 1966 in der Feier zum 50. Geburtstag von Yehudi Menuhin in der Royal Albert Hall: Der Jubilar dirigierte als Höhepunkt das Mozart-Konzert für drei Klaviere mit Hephzibah, Yaltah und Sohn Jeremy.

Am Festival 1988 spielte Yaltah in Saanen zum letzten Mal mit ihrem Bruder und der Camerata Lysy Gstaad ein Mozart-Klavierkonzert. Die Pianistin berührte unsere Herzen durch ihre natürliche, liebenswürdige Interpretation. Vor dem Konzert hat sie ihre Angst vor dem, wie sie sagte, «unmozarthaft langsamen Adagio» geäussert, das wehmütig in die Zeit der Romantik neigt und im Konzert mit depressiv-trauriger Stimmung als Hommage an ihre Schwester Hephzibah empfunden wurde. Sichtlich bewegt dirigierte Menuhin, der bei Proben in London leise Worte wie «freedom, hope, love, understanding» mitgesummt haben soll. Das «Allegro» hat mit fröhlicher

Klavierkonzert
Yaltah Menuhin

zugunsten eines Kirchgemeindehauses in Rüfenacht

Himmelfahrt, Donnerstag,
20. Mai 1971, um 20.15 Uhr
im Kirchgemeindehaus Worb

Werke von Joh. Seb. Bach,
Ludwig van Beethoven,
Felix Mendelssohn und Franz Liszt

Vorverkauf:
in Worb: Papeterie E. Aeschbacher, Tel. 83 03 54;
in Rüfenacht: Pfarramt, Hinterhausstr. 5
(hinter dem Konsum), Tel. 83 13 50

Freundlich ladet ein der Kirchgemeinderat Worb

Gebrüder Aeschbacher AG, Worb

England, she became interested in youth orchestras (Brighton Youth Orchestra and the Youth Orchestra of Wales). She performed concerts with her brother and featured in performances at the Menuhin Festival from 1963 to 1988. Among her many musical highlights was the 1966 anniversary celebration of Yehudi's 50th birthday at the Royal Albert Hall in London, which featured as its climax the Mozart Concerto for Three Pianos performed by Yaltah, sister Hephzibah, and Yehudi's son Jeremy.

At the 1988 festival, Yaltah played a Mozart piano concerto for the last time in Saanen with her brother and the Camerata Lysy. The pianist touched hearts with her natural, loving interpretations. Before the concert she shared her fear of the unusually slow Adagio, which in its nostalgia evokes a sad and depressive atmosphere and was seen as homage to her sister Hephzibah. Clearly moved, Yehudi Menuhin conducted, and is said to have whispered words such as freedom, hope, love, and

Eulogy by Jeremy Menuhin
When confronted with a life as rich and varied as Yaltah's, it is difficult to know where to begin.
It would be an understatement to say that the first years of Yaltah's life had been difficult. Her arrival was not trumpeted from the rooftops, and she was never celebrated as the new messiah or even as his accompanist, the role that befell Hephzibah. But Yehudi, and for that matter his brother-in-law Louis Kentner, both maintained that Yaltah may have been the most gifted of the three Menuhin children.
Yaltah's lifelong passion was music, although there were long periods during which she did not play in public. Despite his gifts Joel, Yaltah's adored husband and companion, found it, at a certain point, impossible to continue as a pianist, a destiny most musicians would find unimaginable. During the long and demanding period of his training as a Jungian analyst, Yaltah gave him her unmitigated support. Joel did not only cease to perform, he ceased to play the piano altogether. Apart from his dedication to his work, it was Yaltah's courage and faith that enabled him to find a new life. For Joel, Yaltah carried the spirit of creative inspiration, and he welcomed her presence in all forms. He may even have considered his own creativity to be linked to hers.
I only got to know Yaltah better towards the end of Joel's life. During the final weeks she decided to bring a mattress down to UCH, so as to be separated as little as possible from him. Not requiring any creature comforts, she simply occupied a small corner of Joel's small room. One day she asked me if I would bring her a lamp so that she could read when Joel was asleep: it was the only request I remember her making. A few weeks later, as Joel lay sleeping, there seemed to be a change in the atmosphere. I looked at his face but only saw an absence: he had departed. Yaltah's strength was immediately apparent: despite her devastation, she mourned quietly, not wishing even then to draw attention to herself. This was not a sign of suppression, but the product of a deep modesty.
At some stage in her life Yaltah developed a particular love for the colour blue. Perhaps blue was her colour from the very beginning. In any case she used it, along with gold, to paint her icons, Madonnas and collages. Shortly before he died, Joel bought Yaltah a cabinet in which to exhibit her collection of blue glass. She had picked up pieces over many years, and they became a link between the two of them. She once said of her Madonnas that they represented the good mother. I believe she would alter them and paint over them as her perception changed. When she went shopping last Friday, apart from the six bags of food intended for future guests, she also acquired some wood panels for her next projects.
Despite the enormous loss she endured when Joel died - and they had been together for 38 years - there was no denying the late flowering that subsequently took place. Yaltah rediscovered the desire to play for others, and undertook hugely challenging programmes of piano solo and chamber music. Next week she should have played Mozart's Concerto K. 488 in Hanover. She and I also decided to read Mozart and Beethoven quartets at the piano, some as four-hand transcriptions, and others as they appeared in the original form. When Yaltah announced only a few months ago that her next programme would probably consist of the Chopin Preludes and the Debussy Preludes Book 1, >>

Das Musikerpaar Yaltah Menuhin und Joel Ryce. | *The musical couple Yaltah Menuhin and Joel Ryce.*

Ausgelassenheit die mit der Camerata musizierenden Geschwister in die irdische Welt zurückgebracht.
Am 9. Juni 2001 ist die bis wenige Tage vor ihrem Hinschied in England konzertierende Yaltah – 20 Jahre nach ihrer Schwester und zwei Jahre nach Yehudi – unerwartet verstorben.
Die Musik der drei Menuhin-Geschwister ist endgültig verklungen.

understanding during rehearsals in London. The Allegro, with its happy frolicking passages, jolted the siblings back to reality.
On June 9 2001 Yaltah died unexpectedly, 20 years after her sister and two years after Yehudi. She had performed just a few days prior. With her death, the music of the three Menuhin siblings was extinguished forever.

>> neither of which works she had performed in decades, I was flabbergasted. In addition to this, she continued to produce her collages, wrote poems and letters, and last but not least entertained a steady stream of visitors. It was impossible to visit Yaltah without being offered at least three courses, no matter what time of day it was, or whether or not one might have just had lunch. In my experience it was a lot more difficult to offer her food, although just two weeks ago we had a reunion with her nephews Kron and Michael and their wives, and on that occasion I was able to convince her to try a little of my cooking.

She also responded positively to my suggestion that she play at least a part of the programme she had prepared for Orwell Park. Yaltah then chose to play half the Chopin Preludes, very beautifully and devoid of frills, reminding us how Music can unite.

Soon after, Yaltah went to Orwell Park, where she was an honorary patron, and played her Chopin-Debussy programme. A week ago, on Friday, she rang up to say that it had gone very well, and that she had even thrown in, at assembly the next day, the Chopin Nocturne in C minor! It is quite possible that this colossal effort might have been too much for her heart. In any case it was what she wanted, even if we, her friends, would have wished her to live on.

A number of people who knew Yaltah have mentioned the matchless experience of walking down the road with her. No sooner had the first few yards slipped by, than some total, or almost total, stranger would approach Yaltah and address her. If in need, he or she would be invited home, and might even end up staying for a while, or until they had recovered from whatever was afflicting them. Recently Yaltah, on the way to Finchley Road, was hailed by a young woman from a fashion magazine, intent on transforming her into an icon. Apparently her individual attire was just the thing that would spark off a clothing revolution.

We have lost a unique soul, and also a being that connected us to a world of music, poetry and nature.

YALTAH MENUHIN UND/AND JOEL RYCE – EIN BEEINDRUCKENDES MUSIKERPAAR / A REMARKABLE MUSICAL COUPLE

Nach Studien in London bei Myra Hess lernte Joel Yaltah am Bath Festival kennen. Schon ein Jahr später heirateten die beiden Pianisten im Juni 1960 in Amerika, worauf beide eine beeindruckende Karriere starteten und als Duo schon 1962 den Harriet Cohen Music Award gewannen. Viele Wohltätigkeitskonzerte prägten ihre grossen Erfolge in Europa und den USA, z.B. 1964 an der Lausanner Expo am «World Day of Peace» und an der Eröffnung der UNO in London. Eine Erkrankung zwang Joel, schon 1971 seine Karriere als Musiker zu beenden. Er wurde von Yaltah wunderbar gestützt, was ihm Psychologie-Studien in der Schweiz ermöglichte. Als angesehener Psychologe arbeitete er mit der von Dora M. Kalff (1904–1990) gestalteten Sandspieltherapie, auf Grundlage der Erkenntnisse und der Psychologie von C.G. Jung auch aus spirituellen Traditionen des Buddhismus entwickelt.

Das tiefenpsychologische Heilverfahren soll Selbstheilungskräfte und das Individuum zur Entfaltung bringen, indem das Selbst von Geburt an in der Lage ist, den eigenen Entwicklungsprozess sinnvoll zu dirigieren. Joel Ryce wurde renommierter Therapeut und Publizist über die Sandspieltherapie («Jungian Sandplay – The Wonderful Therapy», Routledge 1992), bevor er selber am 31. März 1998 vom unheilbaren, schweren Krebsleiden an der Seite seiner geliebten Yaltah erlöst wurde.

After having studied in London with Myra Hess, Joel got to know Yaltah at the Bath Festival in 1959. Just one year later, the two pianists got married in America. They started an impressive career together and as early as 1962 won the Harriet Cohen Music Award as a duo. Numerous charity concerts featured in their highly successful tours of Europe and the US, such as at the 1964 Lausanne Expo at the World Day of Peace, and at the opening of the UN in London. Illness forced Joel to give up his career as musician in 1971. He had the full support of Yaltah which helped him to study psychology in Switzerland. As a renowned psychologist he worked with Dora M Kalff (1904–1990) and became involved in her "sandplay" therapy techniques, which were based on the findings and physiology of CG Jung and the spiritual tradition of Buddhism. The in-depth psychology therapy is said to help advance powers of self-healing and personal growth, such that from birth on meaningful development can come from the self. Joel Ryce became a renowned sandplay therapist and promoter ('Jungian Sandplay: The Wonderful Therapy' published by Routledge 1992). On March 21 1998 he died of an incurable cancer with Yaltah by his side.

Fou Ts'ong – Pianist aus Shanghai

In den 60er Jahren erlebte das Festival Auftritte vom 30-jährigen Pianisten Fou Ts'ong (1934), der als weltoffener Chinese schon im Dezember 1958 nach London kam, wo er die Menuhin-Familie kennen lernte und sich 1960 mit Menuhins ältester Tochter Zamira verheiratete. Der mehrfache Preisgewinner erlebte einen faszinierenden Werdegang, nachdem er früh durch seinen Vater Fou Lei, der fünf Jahre in Frankreich gelebt hatte, westliche klassische Musik kennen lernte. Die tragischen Verhältnisse und viel Leid in der unterdrückten Familie liessen ihn früh seine Heimat verlassen, um sich im modernen Westen weiterzubilden. Stets hat er aber seine traditionellen chinesischen Wurzeln zu bewahren versucht. 1964 kam der Sohn Fou-Lin-Siao zur Welt, der mit seiner Mutter auch nach der Scheidung in Kontakt geblieben ist und sogar am 19. März 1999 bei der Beisetzung von Yehudi Menuhin im Park der Yehudi Menuhin Schule in Stoke d'Abernon zusammen mit seinen Halbbrüdern Dominic (1976) und William (1981) aus Zamiras zweiter Ehe mit dem Anthropologen Jonathan Benthall mittrauerte.

Fou Ts'ong – pianist from Shanghai

The festivals of the 1960s saw performances by the pianist Fou Ts'ong (born in 1934), who came to London in December 1958 from China. In London, he got to know the Menuhin family, and in 1960 he married Menuhin's oldest daughter Zamira. Tragic and sorrowful circumstances in the suppressed family forced him to leave his homeland early in order to continue his education in the west. He experienced a fascinating career through his father, Fou Lei, and spent five years in France where he was introduced to western music from a very early age. Winner of several musical prizes, he was open-minded yet always tried to preserve his Chinese roots. In 1964 Fou Ts'ong and Zamira had a son, Fou-Lin-Siao, and the despite his parents' subsequent divorce, the child remained in contact with his mother. He was even present at Yehudi Menuhin's funeral in the park of the Yehudi Menuhin School in Stoke d'Abernon alongside his half-brothers, Dominic and William, from Zamira's second marriage to anthropologist Jonathan Benthall.

01 Yehudi Menuhin mit Schwiegersohn Fou Ts'ong.
Yehudi Menuhin with his son-in-law Fou Ts'ong.
02 Zamira und Fou Ts'ong mit Sohn Fou-Lin-Siao vor der Kirche Saanen. | *Zamira and Fou Ts'ong with their son Fou-Lin-Siao in front of Saanen church.*

1961–1973

Uraufführungen der ersten Epoche
World premiers of the first period

Mit dem 8. Festival wurde am 21. August 1964 der musikhistorische Reigen bedeutender Welturaufführungen in der Kirche Saanen eröffnet:
Edmond de Stoutz dirigierte sein Zürcher Kammerorchester anlässlich dieser «1ère audition mondiale» der Kammersymphonie II, einer ZKO-Auftragskomposition des anwesenden Basler Komponisten Rudolf Kelterborn. Das 13-minütige Werk für Streichorchester fand am traditionellen Konzertabend zwischen Werken von Jean C. Bach und Telemann-Haydn guten Anklang, wurde dann mit dem Zürcher Kammerorchester über 70mal im Ausland und besonders in Deutschland, wo der 33-jährige Rudolf Kelterborn in Detmold wirkte, erfolgreich aufgeführt.
Ein Jahr später, am 27. August 1965, erklangen im Konzert des ZKO unter Edmond de Stoutz, umrahmt von Werken von de Stoutz's Lieblingskomponisten Haydn, die «Cantio-Moteti-Interventiones für Streichorchester (1963)» vom Berner Komponisten Klaus Huber. Das 14-minütige Auftragswerk der Gesellschaft der Freunde des Zürcher Kammerorchesters wurde unter «Moteti-Cantiones» schon 1962/63 für Streichquartett als Hubers erstes Werk für Streichquartett komponiert, anspruchsvoll, vielseitig und mehrschichtig voller musikalischer Aussage. Das Werk wurde der Geigerin Stefi Geyer gewidmet. Die Komposition für Streichorchester fand durch die Zürcher eine beeindruckende Aufführung.

August 21 1964 saw the beginning of the historic run of notable world premiers in Saanen church. Edmond de Stoutz conducted his Zurich Chamber Orchestra on the occasion of the "1ère audition mondiale" of the Chamber Symphony II, a ZCO commissioned composition by Rudolf Kelterborn, who was present for the performance. The 13-minute piece for strings was performed alongside traditional works by Jean C Bach and Telemann-Haydn. It was subsequently performed abroad by the Zurich Chamber Orchestra more than 70 times, especially in Germany where the 33-year-old Rudolf Kelterborn worked in Detmold.

One year later, on August 27 1965, Cantio-Moteti-Interventiones for Strings (1963) by the Bernese composer, Klaus Huber, was premiered alongside Edmond de Stoutz's favourite composer Haydn. The 14-minute oeuvre, commissioned by the Association of Friends of the Zurich Chamber Orchestra, was Huber's first composition for strings, and was challenging, multilayered, and musically assertive. The work was dedicated to the violinist Stefi Geyer, and was deftly performed by the Zurich Chamber Orchestra.

RUDOLF KELTERBORN

Der am 3. September 1931 geborene Basler Dirigent und Komponist wirkte nach Ausbildung an Musik-Akademie und Universität Basel als Lehrer für Theorie, Analyse und Komposition an der Basler Musik-Akademie, in Detmold und nach Ernennung zum Professor in Zürich und Karlsruhe, war 1969 bis 1975 Chefredaktor der Schweizerischen Musikzeitung, dann 1974 bis 1980 Leiter Musik des Radios der deutschen Schweiz und wurde 1983 bis 1994 Direktor der Musik-Akademie Basel. Sein kompositorisches Schaffen umfasst alle musikalischen Gattungen und ist international auch durch viele Preise gewürdigt worden. Als Musikpublizist und Gastdozent in den USA, in England, China, Japan und Osteuropa erlangte er internationalen Ruf.

Rudolf Kelterborn, conductor and composer, was born on September 3 1931 in Basel. He studied at the music academy and university in Basel, and worked as teacher for theory, analysis and composition at the music academy in Basel and in Detmold. Later he was made a professor and worked in Zurich and Karlsruhe. From 1969 to 1975 he worked as editor-in-chief for Swiss music newspaper Schweizerische Musikzeitung, and from 1974 to 1980 as musical director for German-speaking radio in Switzerland. From 1983 to 1994 he was the director of the music academy in Basel. His work as a composer includes all musical genres, and he has been recognized internationally with many awards. He has also achieved international renown as a music journalist and guest lecturer in the US, England, China, Japan and Eastern Europe.

KLAUS HUBER

Klaus Huber wurde am 30. November 1924 in Bern geboren. Er arbeitete in Küsnacht (ZH) als Lehrer, studierte Musik bei Willi Burkhard und Stefi Geyer, dann Komposition bei Boris Blacher in Berlin. Dem noch aktiven Musiker und Publizisten gelang der Durchbruch als Komponist 1959 beim Weltmusikfest IGNM in Rom mit der Kammerkantate «Des Engels Anredung an die Seele». 1964 bis 1973 wirkte er als Leiter der Kompositionsklasse der Musikakademie Basel und gründete 1969 das Komponistenseminar Boswil. Der mehrfache Preisträger arbeitet nach Emeritierung 1991 an der Musikhochschule Freiburg als freier Komponist, Gastprofessor und Schriftsteller.

Klaus Huber was born on November 30 1924 in Bern. He worked in Küsnacht (ZH) as a teacher, and studied music under Willi Burkhard and Stefi Geyer. He also studied composition under Boris Blacher in Berlin. The musician and journalist had his breakthrough as composer in 1959 at the world music festival IGNM in Rome with the chamber cantata Des Engels Anredung an die Seele. From 1964 to 1973, he worked as director of the composition class at the Basel music academy and in 1969 founded the Boswil composing seminar. Since his retirement in 1991, the multiple award-winner has worked as freelance composer, guest lecturer, and author at the conservatory in Freiburg.

Welt-Uraufführungen von Werken von Antal Doráti
World premiers of works by Antal Doráti

Hommage an die Musikerfreundschaft Menuhin-Doráti

Das Festivalprogramm 1965 beeindruckte durch eine zweite Welt-Uraufführung am 20. August: Am Kammermusikabend erklang zwischen Quintetten von Mozart und Brahms das Oktett für Streicher von Antal Doráti mit hochkarätiger Besetzung.

Antal Doráti galt als bedeutender ungarischer Komponist-Dirigent des 20. Jahrhunderts. Er wurde am 9. April 1906 in Budapest geboren und debütierte als 18-jähriger Dirigent am Budapester Opernhaus. Dem Kompositionsschüler von Zoltan Kodaly erlaubten Talent und Kreativität, grosse Werke zu schaffen. Von Fritz Busch 1928 nach Dresden berufen, 1929 bis 1933 am Opernhaus in Münster/Westfalen engagiert, wirkte er bis 1941 am «Ballets Russes de Monte Carlo» und später am «American Ballet Theater» in New York. Die in Washington 1937 gestartete Karriere als sinfonischer Dirigent führte den 1947 amerikanischer Staatsbürger gewordenen Doráti nach Dallas, Minneapolis, 1963 nach Europa zurück ans BBC Orchestra und nach Stockholm. Der Musikdirektor in Washington bekleidete letzte Chefpositionen bei der Londoner Philharmonie und ab 1977 in Detroit. Fast 600 Platteneinspielungen mit vielen Preisen,

> «Und, lieber Yehudi, noch einen letzten Hinweis, den ich Dir aus Erfahrung gebe: Es ist wahrlich keine schlechte Sache, siebzig zu sein. Weisst Du, es dauert bloss ein Jahr lang – und nachher geht alles viel leichter!»
>
> Antal Doráti
> (Brief für Yehudi Menuhins 70. Geburtstag)

Homage to the Menuhin-Doráti musical friendship

The festival program of August 20 1965 was noted for its second world premier. At the chamber music evening the Octet for Strings by Antal Doráti was performed by a top class cast alongside quintets by Mozart and Brahms.

Antal Doráti was one of the most famous Hungarian composers and conductors of the 20th century. He was born on April 9 1906 in Budapest, and had his debut as 18-year-old conductor at the Budapest Opera House. A composition student of Zoltan Kodaly, his talent and creativity enabled him to create grand works. In 1928 he was called to Dresden by Fritz Busch, and worked from 1929 to 1933 at the opera house in Münster/Westfalen. He served until 1941 at the Ballets Russes de Monte Carlo and later at the American Ballet Theatre in New York. In 1947 he became an American citizen, and his career as symphonic conductor, which had started in 1937 in Washington, took him to Dallas and Minneapolis. In 1963 he came back to Europe, doing stints in London with the BBC Orchestra and in Stockholm. Doráti held musical director positions in Washington, with the London Philharmonic Orchestra, and in Detroit. He recorded nearly 600 pieces, won many prizes, and impressed by playing the 107 symphonies and eight operas of Joseph Haydn. He had a strong influence on the world of music, and also made his mark as a composer. The Doráti listing on the next page highlights the long-standing friendship between the two families, and the significance of the Menuhin Festival as a venue for Antal Doráti's world premiers.

01 Programmseite mit Doráti-Oktett. | *Program page featuring Doráti-Oktett.*
02 Probe der Oktett-Uraufführung in Saanen. | *Rehearsal of the first octet performance in Saanen.*
03 Programm-Hinweis von Menuhin. | *Program note by Menuhin.*

Antal Doráti ist einer meiner ältesten Musikfreunde. Durch ihn wurde ich mit Bartóks Musik bekannt. Wie so mancher grosser Ungar, der die Musik im Blute hat, ist auch Antal Doráti ein ausgezeichneter Komponist, der während seiner glänzenden Laufbahn als Dirigent manches bedeutende Werk für Orchester und Chor wie auch für Cello und Violine allein, geschrieben hat. Das Oktett für Streicher ist sein neuestes Werk, das wir mit einigen Kollegen vom Blatte spielten, kaum dass die Tinte trocken war.
Yehudi Menuhin

1961–1973

URAUFFÜHRUNGEN DORÁTIS AM MENUHIN FESTIVAL

18. August 1965
13. **String Octet** for 4 violins, 2 violas and cellos, 1964   25 Min.
Yehudi Menuhin, Alberto Lysy, Luis Dalibur Michal, Ling tung (violon), Ernst Wallfisch, Oskar Lysy (violas), Maurice Gendron, Gaspar Cassadó (cellos)

24. August 1966
15. **Largo Concertato** for string orchestra, dated 19. 6. 1966   23 Min.
Gstaad Festival Orchestra, Director Yehudi Menuhin

12. August 1986
39b. **Trittico** – Version with accompaniment of 12 solo strings 4 May 1986
Heinz Holliger – English Chamber Orchestra, Director Antal Doráti

26. August 1990
41. **Autumn** (Herbst) – "six epigrams for baritone and chamber ensemble of 19 players" on old Chinese texts (e-d-Übersetzung Antal Doráti), dated 31.10.1986   18 Min.
John Shirley-Quirk, Warsaw Sinfonia, Director Yehudi Menuhin

---

die Einspielung der 107 Sinfonien Joseph Haydns und von acht Haydn-Opern sind imponierend, wie auch sein Einfluss auf die Musikwelt, nachdem er auch als Komponist ein eindrückliches Oeuvre hinterlassen hat. Das Werkverzeichnis unterstreicht die treue Freundschaft der beiden Familien und die Bedeutung des Menuhin Festivals als Ort von Antal Dorátis Uraufführungen.

Haben die Dorátis Menuhin das Saanenland empfohlen?
Antal Doráti, der aus erster Ehe eine Tochter hat, besuchte oft das Saanenland und das Palace Hotel. Er wusste von Yehudi Menuhin, dass er heimlich eine landschaftlich schöne Festivalplattform wünschte. Wie Dorátis zweite Gattin, die Salzburger Pianistin Ilse von Alpenheim, persönlich erzählte, besuchte er anfangs der 50er Jahre die Kirche Saanen, klatschte in die Hände und war von der Akustik im Gotteshaus so begeistert, dass er immer wieder klatschte und das erstaunliche Ergebnis seinem Freund Yehudi mitteilte: er war überzeugt, für den Meister den idealen Festivalraum gefunden zu haben… Ilse Doráti, die den Komponisten 1968 heiratete und bis zu dessen Hinschied am 13. November 1988 in seiner Villa in Gerzensee, dem Schweizer Wohnort, an seiner Seite lebte, hat kürzlich in ihrem neuen Heim in Gümligen berichtet, wie sich Freund Yehudi immer für Dorátis Werk eingesetzt hat und versuchte, die bisher unaufgeführte Doráti-Oper aufzuführen. Noch kurz vor seinem plötzlichen Tod soll Menuhin Ilse Doráti in der Lenk mit dem Wunsch angerufen haben, dass er mit einem Kinderorchester seinen Geburtstag in Berlin feiern und sie dabei haben möchte; aber wenig später – am 12. März 1999 – ist Yehudi Menuhin verschieden, der treue Freund, den Antal Doráti zum Idol Béla Bartók gebracht haben soll. Unvergesslich bleiben der dankbaren Ilse Doráti Erinnerungen an die lebenslange Menuhin-Doráti-Freundschaft und viele musikalische Sternstunden von Meister Menuhin in Saanen.

Did the Dorátis recommend Saanenland to Menuhin?
Antal Doráti visited Saanenland and stayed at the Palace Hotel numerous times. He knew from Yehudi Menuhin that he secretly wished for a beautiful physical backdrop for a festival. Doráti's second wife, the pianist Ilse von Alpenheim from Salzburg, recalled the time when Doráti visited Saanen church in the 1950s. He clapped his hands and was amazed by the acoustics. He clapped repeatedly and then recounted the fascinating experience to his friend Yehudi. He was sure that he had found the ideal festival venue for the master. Ilse Doráti, who had married the composer in 1968, has only recently spoken of how Doráti's friend Yehudi always made himself available for Doráti's work and tried to perform the Doráti opera, which at that time had not been performed in public. In March 1999, shortly before his death, Menuhin is said to have called her in Lenk to tell her that he was going to celebrate his birthday in Berlin with a children's orchestra and that he wished her to be present. Unfortunately he died shortly afterwards. Menuhin was a loyal friend, and it was Doráti who is said to have introduced Menuhin to his idol Béla Bartók. The lifelong friendship between Menuhin and Doráti will remain unforgettable in Ilse Doráti's memory.

> "And when I want to celebrate your birthday with a message, nothing comes to mind that you ever did or archieved. What does come to mind is a voyage on the steamer "Mariposa" (or was it the "Monterey"?) in 1940, from Sydney to San Pedro, when we first met; our main occupation was then to watch the perambulators, in which our baby daughters slept or made lovely baby-noises – both were less than one year old – during their first crossing of the Pacific ocean."
>
> Antal Doráti
> (Letter for Yehudi Menuhin's 70th birthday)

Le Centre International de Violon Yehudi Menuhin
Le Centre International de Violon Yehudi Menuhin

Nachdem im August 1965 ein erster Meisterkurs unter Alberto Lysy als Direktor der Accademia Internazionale di Musica da Camera de Rome erfolgreich stattfand, belegt ein Benefizkonzert am 16. Februar 1966 in der Kirche Saanen unter dem Signet des Festivals, dass diese Kurse im August im Chalet Beau Soleil des Instituts Montesano weitergehen.

In August 1965 a master class was successfully conducted by Alberto Lysy as the director of the Accademia Internazionale di Musica da Camera de Rome. On February 16 1966 a benefit concert in Saanen church under the auspices of the festival documents that these classes were to be continued in August at the Montesano Institute in Chalet Beau Soleil.

Au profit du centre international de violon
YEHUDI MENUHIN

Concert
ALBERTO LYSY

et l'ensemble de
l'Accademia internazionale di musica da camera di Roma

Le 16 février 1966 à 20 h 30
à l'église de Saanen-Gstaad

Location à l'Office de Tourisme de Gstaad. Tél. 030 4 10 55
Places numérotées à Fr. 7.—, 10.—, 17.—, 25.— et 35.—
Train spécial Gstaad—Saanen et retour. Départ de Gstaad: 20 h

---

Le CENTRE INTERNATIONAL DE VIOLON
YEHUDI MENUHIN

fait partie de l'*Accademia Internazionale di Musica da Camera de Rome* dont Alberto Lysy est le directeur.

Son but est d'offrir chaque année, aux jeunes violonistes les plus doués, un enseignement nouveau et intensif. La session d'été, dirigée par Alberto Lysy, a lieu durant le mois d'août à *Montesano, chalet Beau Soleil, Gstaad*.

Il s'agit surtout de mettre ces jeunes musiciens en contact avec les plus prestigieux de leurs aînés et de les faire bénéficier de leur expérience. Pour cela, des cours de perfectionnement et d'interprétation leur sont donnés par Yehudi Menuhin. Ils peuvent assister aux répétitions et aux concerts du *Festival Yehudi Menuhin*. Des rencontres sont organisées afin de leur donner l'occasion de connaître et de s'entretenir avec d'autres grands musiciens et artistes de notre temps.

La première session d'été du *Centre* a eu lieu avec un plein succès en août 1965. Le concert du 16 février est organisé au profit du *Centre* pour lui permettre de continuer à donner à de jeunes violonistes doués mais peu fortunés, cette forme d'enseignement nouvelle, remarquable par l'amicale collaboration qu'elle établit entre des maîtres célèbres et des jeunes de tous les pays.

PROGRAMME

Alberto LYSY	violon
Ana CHUMACHENCO	violon
Oscar LYSY	alto
Alexander STEIN	violoncelle
Luciano CERRONI	piano

Première partie
consacrée au «Settecento»

A. Corelli — Sonate d'église op. 1, no 7 pour deux violons et basse continue
Allegro - grave - allegro

G. Brescianello — Sonate no 6 en si mineur pour deux violons et alto
Largo - allegro - adagio - presto

F. Giardini — Trio op. 20, no 1 en si bémol pour violon, alto et violoncelle
Allegro - adagio - allegro

A. Vivaldi — Sonate à trois op. 1, no 8 en ré mineur pour deux violons et basse continue
Preludio - corrente - grave - giga

Deuxième partie

L. van Beethoven — Trio op. 11, en si bémol majeur pour violon, violoncelle et piano
Allegro con brio - adagio - tema con variazioni

W. A. Mozart — Quatuor à cordes K. A. IV, no 211 en do majeur
Moderato - un poco adagio - allegretto

J. Haydn — Trio no 1 en sol majeur pour violon, violoncelle et piano
Andante - adagio - rondo all'Hongroise

Würdiges erstes Jubiläum im Jahr 1966

Im Programm zum 10. Menuhin Festival schreibt Edmond de Stoutz ein würdigendes Vorwort:

An Yehudi Menuhin
Lieber Freund, verehrter Meister,

Zu Ihrem wichtigen Geburtstag und zum zehnten Festival Menuhin in der Saanenkirche möchten wir, das Zürcher Kammerorchester, Ihnen öffentlich unsere Bewunderung, Dankbarkeit und Liebe ausdrücken.
Wie kein anderer Künstler überstrahlen Sie unser Jahrhundert. Was Sie bis jetzt den Menschen gegeben haben und in immer neuer Form weiterhin geben, nützt nicht nur denjenigen, die das Glück haben Sie zu kennen. Das Denken unzähliger massgebender Zeitgenossen ist in irgendeiner Weise von Ihnen beeinflusst.
Beispiellose Bescheidenheit und der Adel Ihrer Gesinnung erlauben Ihnen, Ihre Talente zur wirksamen Propagierung Ihrer hohen Ideale einzusetzen.
Frieden, Brüderlichkeit, Harmonie, Liebe, Hilfsbereitschaft und Aufopferung sind für Sie Weg und Ziel des Lebens.
Wer zu Ihnen aufblickt, erkennt jedesmal, wieviel er noch zu lernen hat, wie weit der beschränkte Einsatz seiner Fähigkeiten und Kräfte noch davon entfernt ist, den Mitmenschen das zu geben, was er ihnen zu geben verpflichtet ist.
Wir haben das Privileg, dass Sie uns als Ihre Kollegen betrachten und seit 10 Jahren in unserer Arbeit durch Rat und Vorbild befruchten. Dafür sind wir Ihnen dankbarer, als wir es in Worten ausdrücken können.
Wir werden bestrebt sein, uns immer und in jeder Lage Ihres Vertrauens und Ihrer Freundschaft würdig zu erweisen und wünschen Ihnen zur zweiten Hälfte Ihres segensreichen Lebens weiterhin die Gnade, für die Welt so unentbehrlich zu sein.

Im Namen des
Zürcher Kammerorchesters
Edmond de Stoutz

1966: dignified anniversary

In the program of the 10th Menuhin Festival, Edmond de Stoutz wrote in a dignified foreword:

To Yehudi Menuhin
Dear Friend and Admired Master,

The Zurich Chamber Orchestra would like to express its admiration, thankfulness and love on the occasion of your 50th birthday and the 10th Menuhin Festival in the Saanen church.

Unlike any other artist you outshine our century. What you have and continue to give to people in ever new forms is useful not just to those who are lucky enough to know you. In some way, you influence the thinking of uncountable influential contemporaries.

Unparalleled modesty and the nobility of your disposition allow you to apply your talents in order to effectively propagate your high ideals.

Freedom, brotherliness, harmony, love, helpfulness, and sacrifice are the means as well as the ends in your life.

He who looks up to you, recognizes how much he still has to learn, and how far he is from giving all that he has to give.

We are privileged that you view us as your colleagues, and that your advice and example infiltrates our work. For that we are more thankful than words can express. We will always aim to be worthy of your trust and friendship, and as you embark upon the second half of your life, we wish that the blessing of your talent continues to be indispensable to the world.

In the name of the
Zurich Chamber Orchestra
Edmond de Stoutz

10ᵐᵉ FESTIVAL
YEHUDI MENUHIN
GSTAAD

14 — 26 août 1966
Oberland Bernois Suisse
7 concerts en l'église de Saanen-Gstaad

01 Menuhins signierte Jubiläumskarte. | *Menuhin's signed anniversary card.*
02 Menuhin als glücklicher Jubilar. | *Menuhin happily celebrating his anniversary.*
03 Regierungsbeschluss des Festivalbeitrages. *Cantonal decision on the contribution to the festival.*
04 Glückwunsch von Pfarrer Hirsch am 17. August 1966. *Good luck from priest Hirsch, August 17 1966.*

Seien Sie willkommen, liebe *Zuhörer,*
und Sie, verehrte *Meister,*

in unserer *Saaner Kirche*
zum

10. YEHUDI MENUHIN FESTIVAL

Ganz besonders herzlich aber sei in Ihrer aller Namen unser sehr verehrter Meister YEHUDI MENUHIN gegrüsst, *Sie,* der Sie dieser festlichen Reihe von Konzerten nicht nur den Namen, sondern mit Ihrem ganzen Streben und Sein als Musiker und Mensch auch die Bedeutung und den Sinn gegeben haben.

Es ist das 10. Yehudi Menuhin Festival, das wir begehen, und es sind zugleich

50 JAHRE,

auf die Sie und wir zurückschauen dürfen:

auf ein Leben, dem auf wunderbare Weise eine ungewöhnliche Musikalität mit auf den Weg gegeben worden ist;

auf ein Leben, in welchem diese Gabe ausserordentlich früh entdeckt werden durfte und in bewunderungswürdiger Zucht und Hingabe entfaltet und ausgebildet worden ist — und in welchem Sie nicht aufgehört haben, an seiner weiteren Gestaltung und seinem Wachstum zu arbeiten;

auf ein Leben endlich, das wie das Leben weniger ein Dienst werden durfte, nicht nur ein Dienst an der Musik, sondern durch die Musik *am Menschen,*

dass sich sein Herz öffne und weite,
dass er vom Geheimnis des Schönen berührt werde
und ihm etwas aufgehe von der Tiefe des Lebens,
dass er das Göttliche ahne
und das Heimweh nach dem Ewigen nicht verliere.

Lassen Sie es mich mit den Worten Pinos, des 11jährigen Sizilianers sagen, der als Junge eines Banditen, aufgewachsen in einer Atmosphäre der Gewalt und des Misstrauens, in Schmutz und Verkommenheit tiefster Armut, gezeichnet von Hunger und Hass, in Danilo Dolci dem guten Menschen und durch ihn der *Musik* begegnen durfte:

da hat sich ihm die Schönheit und das Geheimnis des Lebens aufgetan,
da wurde sein Herz voll,
da wurde er ein anderer und schrieb:

«Mir gefällt die Musik, denn sie ist eine sehr schöne Sache, die sich alle Menschen in der Stille anhören sollten, um sie anzuwenden, und so würden sie besser. Wenn ich gross bin, werde ich mit der Geige schöne Musik spielen, und so werden auch alle andern Menschen spielen lernen. — Wenn ich dann einmal spiele, gehe ich auch in andere Dörfer um zu spielen, und so werden auch sie hören und lernen, und so werde ich ein Violinist und lehre die andern Kinder, und so werden alle brav wie ich werden, und auch sie können die andern Kinder lehren, und so werden alle Kinder einander lehren. Und darum will ich ein Musiker werden, um allen zu helfen und zu lehren!»

... und so sind *wir* hier, weil uns die Musik gefällt. «Denn sie ist eine sehr schöne Sache», die wir uns in der Stille anhören und die wir «anwenden» wollen;

... und so sind auch *Sie,* sehr verehrter Meister Menuhin, ein Musiker geworden und auch nach Saanen gekommen, «um allen zu helfen und zu lehren»,

damit das so oft verworrene und wüste Konzert unseres Lebens und Zusammenlebens *Musik,* schönere Musik werde — zum Lobe Gottes!

Willi Hirsch

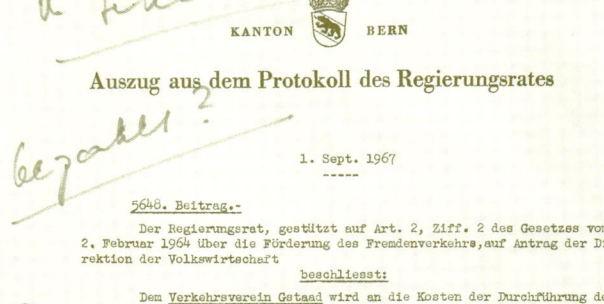

Das 11. Yehudi Menuhin Festival erstmals ohne Meister

Paul Valentin schreibt im «Anzeiger von Saanen» vom 1. September 1967:

«Zum 11. Male stand dieser Tage (15.–27. Aug.) Gstaad im Zeichen des Yehudi Menuhin Festivals. Diesmal freilich hatte Menuhin selbst nicht zugegen sein können. Eine gewisse Skepsis wäre mithin schon berechtigt gewesen, wo sich doch die Gstaader Musikwochen von Anfang an auf ihn berufen haben. Die Skeptiker aber sollten Unrecht haben. (…) Sowohl bei der Kammermusik als auch im orchestral-konzertanten Teil der Programmfolge war es, als sei alles seinem Geist und seiner künstlerischen Konzeption zugewandt. (…)

Allerdings hat man gerne gehört, dass Menuhin im nächsten Jahr wieder dabei sein wird. In einer Botschaft an das Festival erklärte er: ‹Doch bitte ich Sie, falls mir ein so persönlicher Gedanke gestattet ist, nicht Ihre ganze Freude zu verausgaben, sondern mir noch einen Teil davon entgegenzubringen, wenn ich im nächsten Sommer zu Ihnen zurückkehre, um, so Gott will, die Musik in meiner Lieblingskirche, dem Gotteshaus von Saanen, für ein weiteres Jahrzehnt aufzunehmen.› Für ein weiteres Jahrzehnt! Das ist ein weit in die Zukunft reichendes Versprechen, das die Anhänger dieses in jeder Beziehung aussergewöhnlichen Festivals froh zur Kenntnis nehmen. (…)

Einstweilen jedoch wird diese Erwartung noch überstrahlt von der Erinnerung an das Viele, welches das diesjährige Festival geboten hat. (…) Wer vieles bringt, wird jedem etwas bringen. Hier war es so, dass allen alles geboten wurde. Die erfreulicherweise sowohl mit viel Verständnis aufgestellte Vortragsfolge bot dafür die Möglichkeit. (…)

Als Auftakt wurde diese rationale Programmfolge gleichsam in Engführung vorweggenommen vom ersten Konzertabend, den der hervorragende Geiger und Menuhinschüler Alberto Lysy mit der als ‹Ensemble de l'Académia Interaméricaine› vorgestellten ‹Bariloche Camerata› bestritt. (…)

Damit war die Stimmung geschaffen, in der sich im Verlauf der nun folgenden Kammermusik- und Solistenabende die Kunst der von den vorhergehenden Festivaljahren in lieber Erinnerung stehenden Virtuosen, zu denen sich einige weitere gesellt haben, voll auswirken sollte. Da war vor allem Maurice Gendron, der gewiss zu den besten Violoncellisten zählt, derer sich unsere Zeit rühmen darf. Der ungemein edle, allzeit absolute Ton seines Stradivari-Instrumentes zwingt zur unvoreingenommenen Hingabe. Es blüht eine Musik auf, die glüht und leuchtet in tausend berückenden Farben. Sie singt durch den Raum, verdichtet sich zu spannungsgeladener Intensität und löst sich wieder in ätherische Helligkeit. (…)

The 11th Yehudi Menuhin Festival – the first time without the master

The following is a summary of an article written by Paul Valentin that appeared in the Anzeiger von Saanen in September 1967.

In the September 1 1967 edition of the Anzeiger von Saanen, Paul Valentin wrote about the 11th Yehudi Menuhin Festival Gstaad which took place from August 15 to 27. Seven concerts were held in the Saanen church, a couple of them playing to an overflowing audience gallery. The fact that the festival was taking place for the first time without its pillar Menuhin had been a cause for concern, but according to Valentin, both the chamber music and orchestral elements of the program were performed according to Menuhin's standards, and the skeptics were proven wrong. Nevertheless, when Menuhin announced in a letter to the festival that he would be back the following year and hopefully for the next century, everyone was very happy. But for Paul Valentin that year's festival was still so vivid in his mind that he could not yet think about the next ten years. According to Valentin that year's festival brought so much to so many. A festival that features such a diverse array of music is sure to have something for everyone, he recounted. The first concert presented the excellent violinist and Menuhin student Alberto Lysy with the Ensemble de l'Académia Interaméricaine presenting Bariloche Camerata.

> Während ich zum erstenmal seit elf Jahren den Monat August zusammen mit meiner Familie und meinen Eltern in meiner ersten Heimat verbringe, kehrt ein grosser Teil meines Herzens zu meiner zweiten Heimat zurück, zu Ihnen, meine lieben Kollegen und zu den Bewohnern von Gstaad.
>
> Ich hoffe und weiss, dass dank der hingebenden Zusammenarbeit von Herrn de Stoutz und meinen getreuen, Ihnen so wohlbekannten Kollegen — sowie auch einigen, die Ihnen noch nicht begegnet sind — ebenso wie durch die kraftvolle Unterstützung meiner Mitbürger, Ihnen dieses Festival ebenso viel Freude bereiten wird wie die vergangenen.
>
> Doch bitte ich Sie, falls mir ein so persönlicher Gedanke gestattet ist, nicht Ihre ganze Freude zu verausgaben, sondern mir noch einen Teil davon entgegenzubringen, wenn ich im nächsten Sommer zu Ihnen zurückkehre, um, so Gott will, die Musik in meiner Lieblingskirche, dem Gotteshaus von Saanen, für ein weiteres Jahrzehnt aufzunehmen.
>
> Herrn Pfarrer Hirsch spreche ich meine lebenslange Dankbarkeit aus sowohl für die uns gewährte Gastfreundschaft wie auch für die von ihm geschaffene würdige Atmosphäre.
>
> Alexander Chasen gehört mein wärmster Dank für die Organisation des Festival-Programms, die er mit solcher Hingabe weiterführt.
>
> Getreu allen Getreuen bleibe ich
>
> Ihr

Vorwort im Programmheft 1967.
Preface to the 1967 program.

Im gleichen Atemzug wären die übrigen Solisten dieses Festivals zu nennen: die drei Mitglieder der Familie Menuhin Hephzibah, Yaltah und deren Gemahl Joel Ryce, alle drei Klavier-Virtuosen von Format, wenn auch, aus ihrem Spiel ersichtlich, von sehr verschiedener eigenpersönlicher Prägung. Weiter, ebenfalls am Flügel, Youra Guller, deren entzückende Wiedergabe von Mozarts Concerto in d-Moll KV 466 einen der grossen Höhepunkte des Festivals bildete. Dazu das Künstlerehepaar Ernst und Lory Wallfisch, er der treffliche Bratschist, dessen tonreines, präzises und agogisch fein abgezirkeltes Spiel sowohl im Kammermusik-Ensemble wie im Solopart entzückt, sie eine Pianistin beachtlichen Stils, die im Mozart-Concerto KV 413 und vor allem im Mozart-Trio für Klavier, Klarinette und Bratsche einen recht schönen Erfolg für sich buchen konnte. Ganz eigener Erwähnung bedarf die Klarinetten-Virtuosin Thea King, die zum ersten Mal zum Gstaader Solisten-Ensemble gestossen ist. (…)

Als Vollblutkünstler von prächtig eigenwilliger Art stellte sich dann aber auch der berühmte Geiger Zino Francescatti vor, der Freund Yehudi Menuhins, der sich sofort bereit erklärt hatte, letzteren beim diesjährigen Festival zu ersetzen. Der Ruhm Francescattis ist längst durch alle Welt gedrungen. Und was dieser Ruhm versprach, hat das Spiel des grossen Virtuosen in Gstaad gehalten. (…)

Neben Francescatti verdient dann aber auch der Menuhin-Schüler Alberto Lysy einer recht ehrenvollen Erwähnung. (…) Ohne die Mitwirkung des Zürcher Kammerorchesters wäre das Gstaader Festival wohl kaum noch denkbar. (…) Edmond de Stoutz, dessen hervorragende musikalische Qualitäten durch die weiten Konzertreisen dieses Orchesters wie auch durch dessen zahlreiche Schallplattenaufnahmen seit Jahren bekannt sind, erwies sich diesmal als ganz grosser Dirigent. In seiner Interpretation glänzen alle die Kostbarkeiten des Werkes auf, ohne dass dadurch die Kontinuität der musikalischen Aussage irgendwie beeinträchtigt würde. (…) Zu Glanzstücken wuchsen sich Youra Gullers Mozart-Concerto, Hephzibah Menuhins Beethoven-Concerto, Maurice Gendrons Boccherini-Wiedergabe und schliesslich das Concerto für zwei Celli von Antonio Vivaldi aus, das Maurice Gendron mit seinem recht begabten und musikalisch aufgeschlossenen Meisterschüler und Assistenten Hans Lang farbenprächtig aufblühen liess.

Das war das diesjährige Gstaader Yehudi Menuhin Festival, so wie es während sieben Konzertabenden in der Kirche von Saanen vor sich ging. Dass ein oder zwei Abende allzu randvoll gefüllt waren, dass ein Concerto für zwei Klaviere und Orchester von Felix Mendelssohn-Bartholdy die Intimität dieses Festivalrahmens zu sprengen drohte, sei höchstens am Rande vermerkt. Es bleibt in der Erinnerung der Nachklang von Musik edelster Art, die in reichem Masse geboten wurde und in ihrer zarten Gewalt bisweilen bezwingend wirkte.» P.V.

This opening set the tone for excellent chamber music and soloist evenings with artists of past years as well as new ones. Maurice Gendron was singled out as one of the best violoncellists of the era, someone who engendered utter devotion when he played on his Stradivari. According to Valentin, his music had the radiance and brilliance of a thousand exploding colors.

Valentin considered the other soloists of that year's festival to be of the same ilk: the three members of the Menuhin family – Hephzibah, Yaltah, and her husband Joel Ryce – were all piano virtuosos of considerable prowess, each with their own style. Another highlight, also on the piano, was Youra Guller, who played the Mozart Concerto in D minor KV 466. The performing couple Ernst and Lory Wallfisch also impressed, he with his precise and pure interpretations on the viola, she with her extraordinary piano style that produced such remarkable renditions of Mozart's Concerto KV 413 and his trio for piano, clarinet and viola. Thea King, a clarinet virtuoso, played for the first time in Gstaad and the famous violinist Zino Francescatti, whose worldwide renown preceded him to Gstaad, was a very worthy stand-in for Yehudi Menuhin. Last but not least, Valentin stated that the Gstaad festival would not have been possible without the Zurich Chamber Orchestra led by Edmond de Stoutz.

Valentin concluded by praising that year's Menuhin Festival Gstaad as the one which, for him, featured music of the highest standard and the broadest variety. What stayed with the audience were the echoes of the finest music of its kind.

Yehudi Menuhin-Festival Gstaad — 7. und letztes Konzert

Den Schlußabend leitete Edmond de Stoutz mit seinem vorbildlich, klangschön und rhythmisch beweglich musizierenden Kammerorchester durch eine hervorragend vorbereitete Wiedergabe der Symphonie in A-Dur KV 201 von Mozart ein. Es gelang dem zu Höchstleistungen in liebenswürdiger Weise anspornenden Orchesterführer die in hochsommerlichem Sonnenglanz dahinschwebende Symphonie in voller Jugendfrische darzubieten. — Ein Konzert für zwei Celli in g-moll von Antonio Vivaldi, das im Trauergewande dunkler Tonfolgen dahinging und keine besonderen Anforderungen hinsichtlich Virtuosität stellte, erfuhr durch den Solisten Maurice Gendron und Hans Lang, seinem ordentlich aus sich herauswachsenden Meisterschüler, eine saubere, zeitstilgerechte Ausdeutung, die den erheblichen inneren Werten des Stückes Raum gab. — Mit dem Klavierkonzert in G-Dur op. 58 von Beethoven wuchs Hephzibah Menuhin dank unnachahmlicher Ausdruckskraft ihres allen Schwierigkeiten entwachsenen Spiels über sich selbst hinaus, lautere Beglückung auslösend. Sie setzte damit dem letzten Konzert des diesjährigen Festivals einen leuchtenden Schlußpunkt.

Die sieben Abende des Festivals, die geistig und künstlerisch-musikalisch auf bedeutender Höhe standen, waren durchwegs gut besucht und reihen sich als wertvolles Mosaik in den Gstaader Musiksommer ein. Für 1968 ist das Menuhin-Festival, bei dem der Meister selbst wieder persönlich dabei sein wird, vom 8. bis 31. August mit acht bis neun Konzerten angesagt. P. V.

Pressetext zum letzten Konzert. | *Press release re the final concert.*

1968 werden die Menuhins Schweizer Bürger
1968: the Menuhins become Swiss residents

Warum Menuhin 1968 Ehrenbürger von Grenchen wurde
Nach Eröffnung des Parktheaters in den 50er Jahren versuchte der Leiter des Stadtorchesters Grenchen, Direktor Steinbeck, Konzerte seines Amateurensembles mit berühmten Solisten attraktiver zu gestalten: Man gelangte an Bernstein und Yehudi Menuhin, der überraschend zusagte und sich als Gast im Hause von Direktor Steinbeck wohl fühlte. Die späteren Gastspiele, die bald mit Übernachtungen der Familie Menuhin im gastfreundlichen Haus der Familie Tschudin zur Tradition und herzlichen Freundschaft wurden, führten – nach einer Bemerkung Menuhins, dass er gerne Schweizer Bürger wäre – am 2. September 1968 zur Verleihung der Ehrenbürgerschaft der Stadt Grenchen.

Das Kantons-Bürgerrecht folgte auf Antrag vom Solothurner Landammann Willy Ritschard, dem späteren Bundesrat, im Kantonsrat einstimmig und wurde mit einer Feier gewürdigt. Heute zeugt im Bürgersaal von Grenchen ein vom «wappenlosen» Yehudi Menuhin gestiftetes farbiges Menuhin-Wappen vom Ereignis. Die damals gegründete Yehudi Menuhin Stiftung Grenchen bezweckt heute noch, Jugendlichen der Region Musizieren und Konzertbesuche zu ermöglichen.

Als Veranstalterin der Konzertreihe «Die grossen Solisten von morgen», die auch vielen Mitgliedern der Camerata Lysy Gstaad Auftritte ermöglicht hat, unterstützt die Stiftung das kulturelle Leben in der Uhren- und Wirtschaftsstadt. Dass sie heute durch Gerard Menuhin, als Nachfolger seines Vaters im Stiftungsrat, präsidiert wird, steht jeweils im Programmheft. Gerard pflegt freundschaftliche Beziehungen zu den Gastgebern, die den Söhnen Menuhins wertvolle Einblicke ins Leben einer Schweizer Fabrikantenfamilie und ins Funktionieren der direkten Demokratie ermöglicht haben. Das Interesse der Menuhins an unserem Land wurde von Bundesrat von Moos in der Laudatio der Eidgenossenschaft gewürdigt. Dass die Saaner es anfangs nur ungern verschmerzten, dass Grenchen mit der Ehrenbürger-Verleihung rascher war, ist heute vergessen...

> «Jetzt dürfen meine Familie und ich, wie Sie alle wissen, ja von ‹unserem› Land sprechen, da Sie, die Sie sein Volk sind, uns in Ihren Gauen und Herzen so warm aufgenommen haben.»
> Yehudi Menuhin im Vorwort zum Programm von 1968

Why Menuhin became honorary citizen of Grenchen in 1968
After the opening of the Grenchen park theater in the 1950s, the director of the Grenchen City Orchestra, Wilhelm Steinbeck, tried to make the concerts of his amateur ensembles more attractive by inviting famous soloists. Bernstein and Menuhin were reached, and surprisingly Menuhin accepted. He felt at home as a guest in Steinbeck's house. Later guest performances ended with the Menuhin family staying in the hospitable household of the Tschudin family, which became a tradition and led to a long-standing friendship. After a comment by Menuhin that he would like to become a Swiss resident, the canton civil rights committee unanimously accepted the application by councillor Willy Ritschard from Solothurn, and Menuhin was granted honorary citizenship of Grenchen on September 2 1968. Today the colorful Menuhin crest in Grenchen city hall commemorates the event.

1968 also saw the foundation of the Yehudi Menuhin Foundation of Grenchen, whose mission to this day is to enable young people of the region to play music and visit concerts. As organizer of the concert series The Grand Soloists of Tomorrow, the foundation promotes cultural life in this watch-making city, and has put together many performances featuring members of the Camerata Lysy in Gstaad. Gerard Menuhin succeeded his father as president of the foundation board. Gerard nurtures his friendly relationship with the hosts, who have given the sons important insights into the life of a Swiss industrial family and the functioning of Swiss direct democracy. Menuhin family interest in Switzerland was recognized by federal councillor von Moos in a speech given in their honor. That the people from Saanen found it hard to get over the fact that Grenchen was quicker in granting Menuhin honorary citizenship is today forgotten.

Bekanntschaft mit Louis Kentner und Wilhelm Furtwängler
Acquaintance with Louis Kentner and Wilhelm Furtwängler

Der am 19. Juli 1905 geborene ungarische Pianist Louis Kentner lebte seit den 30er Jahren in London, wo er der Familie Gould begegnete und die Zuneigung von Dianas Schwester Griselda gewann. Diana war eine feurige Anhängerin vom für sie besten Dirigenten Wilhelm Furtwängler. Der nach Scheitern seiner Ehe mit Nola Nicholas Diana Gould verehrende Yehudi hatte sich schon 1944 wegen Diana solidarisch für den deutschen Dirigenten eingesetzt, der 1945 nach Clarens in die Schweiz umsiedelte. Menuhin begegnete ihm erstmals im Mai 1946 in Zürich, als Menuhin und Furtwängler als Trauzeugen bei der Heirat von Dianas Schwester Griselda mit Louis Kentner zusammentrafen. Dass damals Furtwängler durchs amerikanische Verbot für Auftritte in Westdeutschland kompromittiert war, kritisierte Menuhin per Telegramm nach den USA: «Ich glaube, die Tatsache, dass man im eigenen Land bleibt, besonders in Erfüllung einer Aufgabe ... genügt allein nicht, um einen Menschen zu verurteilen. Er bewahrte den besten und einzig rettbaren Teil seiner deutschen Kultur und dafür stehen wir in Furtwänglers Schuld ... Es wäre absolut ungerecht und äusserst feige, wenn wir Furtwängler zum Sündenbock für unsere eigenen Vergehen machten.» Intervention und Menuhins Einsatz halfen, dass Furtwängler Ende 1946 vom Entnazifizierungsausschuss entlastet und freigesprochen wurde, was den beiden gegensätzlichen Künstlern endlich das in allen musikalischen Zentren freudig begrüsste gemeinsame Musizieren ermöglichte und Berlin, Salzburg, Luzern und Paris einmalige Aufführungen von Beethovens Violinkonzert schenkte. Wilhelm Furtwängler starb am 30. November 1954 in Baden-Baden. Gattin Elisabeth Furtwängler blieb als treue Besucherin des Menuhin Festivals geschätzte Freundin der Familie Menuhin, die immer wieder bedauert hat, dass der grosse Dirigent nie im Saanenland wirken konnte.

Dagegen hat Louis Kentner von 1969 bis fast zu seinem Tod 1987 sehr oft als Pianist und Kammermusiker am Menuhin Festival mitgewirkt.

The Hungarian pianist, Louis Kentner, was born on July 19 1905. From the 1930s he lived in London, where he got to know the Gould family and won the heart of Diana's sister Griselda. It was Diana who was a strong supporter of Wilhelm Furtwängler, in her mind the best conductor of the time. It was because of Diana that Menuhin lobbied for the German conductor, who by 1945 had moved to Clarens in Switzerland. Menuhin met him for the first time in May 1946 in Zurich when Menuhin and Furtwängler were best men at the wedding of Griselda Gould and Louis Kentner. Menuhin was critical of the fact that Furtwängler was compromised by the American ban on performances in West Germany, and wrote in a telegraph to the US:

"I think the fact that one stays in one's own country, especially when fulfilling a duty, is insufficient reason for condemnation. Furtwängler has preserved the best and only salvageable part of his German culture, and because of this we are in his deepest debt. It would be highly unfair and extremely cowardly if we were to make Furtwängler the scapegoat for our own misdoings."

Menuhin's intervention helped clear the way for Furtwängler to be absolved of being a Nazi at the end of 1946. This enabled the two very different artists finally to create music together in Berlin, Salzburg, Luzern, and Paris, where they gave unique and well-received performances of Beethoven's Violin Concerto.

Wilhelm Furtwängler died on November 30 1954 in Baden-Baden. His wife Elisabeth Furtwängler remained a loyal visitor to the Menuhin Festival and long-standing friend of the family. She always regretted that the great conductor never performed in Saanenland. In contrast, Louis Kentner played at the Menuhin Festival from 1969 almost up until his death in 1987, most often as a pianist and chamber musician.

1970 wurde Yehudi Menuhin Ehrenbürger von Saanen
1970: Menuhin becomes honorary citizen of Saanen

«Wir freuen uns herzlich, einen so grossen, guten und bescheidenen Mit-Berner-Oberländer geschenkt zu bekommen, der uns mit der Geheimsprache der Musik den Himmel offenbart.»

Äusserung eines Ehepaars aus Ringoldingen

01 Gemeinderatspräsident Oskar Zingre übergibt die Urkunde. | *Commune president Oskar Zingre awarding the certificate.*
02 Menuhin als Ehrenbürger inmitten der Saaner Jugend. | *Menuhin as an honorary citizen surrounded by the youths of Saanen.*

An der Gemeindeversammlung im «Landhaus» verlieh die Gemeinde Saanen am 25. April 1970 dem seit 1954 in Gstaad ansässigen Violinvirtuosen und Festivalgründer Yehudi Menuhin und seiner Familie das Ehrenbürgerrecht. Eine würdige Feier in der Kirche Saanen krönte am 4. September diese Ehrung.

Der «Anzeiger von Saanen» berichtete am 11. September 1970 über den unvergesslichen Anlass in der vollbesetzten Kirche:

«Es war ein zu Herzen gehender Feierakt, als Gemeinderatspräsident Oskar Zingre nach seiner Ansprache den prachtvollen Bürgerbrief entrollte, vorlas und anschliessend Herrn Menuhin überreichte. Sichtlich bewegt dankte der Geehrte... Äusserst gerührt war er auch von den Worten von Pfr. Hirsch, mit dem sich in all den Festivals eine tiefe Freundschaft angebahnt hatte. Den würdigen Abschluss fand die Feier mit dem wunderbaren Choral von J.S. Bach ‹Wohl mir, dass ich Jesum habe›. Gleichsam zum Zeichen, dass nun Herr Menuhin auch

On April 25 1970, at the municipal assembly at the Landhaus, the commune of Saanen granted honorary citizenship to the violin virtuoso and festival founder Yehudi Menuhin and his family.

On September 4 a fitting celebration was held at Saanen church, and on September 11 1970, the Anzeiger von Saanen reported the unforgettable event in the packed church: "It was a touching tribute when the town council president, Oskar Zingre, unrolled the stately citizen's letter after his speech, read it out, and presented it to Mr Menuhin. Visibly touched, the honoree gave his thanks. He was also extremely touched by the words of priest Hirsch with whom a deep friendship has developed during the festivals. The celebration was brought to a dignified end by JS Bach's wonderful chorale 'Wohl mir, dass ich Jesum habe.' As a show of kinship, Mr Menuhin played the orchestra part, with his son Jeremy at the piano, Maurice Gendron on the cello, local violinists, and one brass

01   02

einer der Unsrigen ist, spielte er zusammen mit Sohn Jeremy am Klavier und Maurice Gendron am Cello, sowie mit einheimischen Streichern, resp. einem Bläser, den Orchesterpart zum Gesang der Sekundarschüler unter der Leitung von Sekundarschullehrer Franz Würsten. Wie nett war doch dieses Bild, die in die Trachten gekleideten Kinder und der weltberühmte Meistergeiger Yehudi Menuhin am Pult der ersten Violine! Wahrlich nicht etwas Alltägliches. Immer wieder schaute er vom Pult weg zu ‹seinen› Kindern und freute sich an ihren Stimmen! Die Gemeinde Saanen kann sich glücklich schätzen, einen solchen Ehrenbürger als den Ihren anerkennen zu dürfen!»

Gerührt würdigte der Geehrte die Anerkennung und schloss mit herzlichstem Dank:

«Dass diese grosse Ehre, die mir als Amerikaner, meiner Frau als Engländerin und unseren beiden Söhnen zugestanden wurde, in echter Schweizer Tradition all unseren folgenden Generationen ebenfalls zukommt, ist ein Beispiel für Dauerhaftigkeit, für den Glauben an die Zukunft, für die Ehrfurcht vor der Vergangenheit. Dies sind wesentliche Eigenschaften, die so vielen anderen zeitgenössischen Gemeinden völlig fehlen. Darf ich Ihnen, Herr Zingre, darf ich allen Gemeindegliedern, ja jedem einzelnen meiner neuen Mitbürger danken.»

Anschliessend schloss Pfarrer W. Hirsch mit herzlichen Worten, wie er dies 13 Jahre hindurch als Pfarrer an dieser Kirche jeweils zu den Konzerten habe tun dürfen. Nachdenklich schlug er die Brücke von der Kunst zum Menschen, wie sein anwesender Vorgänger Otto Lauterburg dies mit Robert Schumanns Worten zu sagen pflegte:

«Licht senden in die Tiefe des menschlichen Herzens – des Künstlers Beruf.»

player, accompanied by the singing of the secondary school children led by their teacher Franz Würsten. How enchanted was this picture of our children in their traditional outfits with the world famous master violinist Yehudi Menuhin. Certainly not something one sees every day. Time and again he looked over from his first violin position towards "his" children and savored their voices. The commune of Saanen can be happy to count such an honorary citizen as their own."

Later the honoree expressed his gratitude for the gift of citizenship that he had received: "The fact that this great honor was given to me as an American, and to my wife as English woman, and to our two sons; and in real Swiss tradition; is an example to future Menuhin generations of perpetuity, belief in the future, and respect for the past. These are features of the west that are so often missing other contemporary societies. May I thank you, Mr Zingre, may I thank all commune members, and yes, may I thank every single one of my new fellow citizens."

Afterwards priest Hirsch closed with heartfelt words, just like he had always done over 13 years of concerts. He thoughtfully bridged art and humanity, and like his predecessor Otto Lauterburg (who was also present), borrowed the words of Robert Schumann: "The job of an artist is to send light into the depth of the human heart."

01 Gratulation von Pfarrer Otto Lauterburg. *Congratulations from the priest Otto Lauterburg.*
02 Menuhin mit Sekundarlehrer und Chorleiter Franz Würsten. | *Menuhin with the secondary school teacher and choir leader Franz Würsten.*
03 Von Menuhin signiertes Notenblatt mit dem gesungenen Choral, das jedes Kind als Erinnerungsgeschenk erhalten hat. | *A sheet of music with the chorale sung and signed by Menuhin, which every child was given as a memento.*

Yehudi Menuhin School

> "Ever since I can remember, I have tried to relate the beauty of great music to the harmony of life."
>
> Yehudi Menuhin

Seit 1970 Gastspiele der «Yehudi Menuhin School Stoke d'Abernon»
Guest performances of the Yehudi Menuhin School Stoke d'Abernon

Beeindruckende Auftritte talentierter Kinder aus England

Am 13. August 1970 spielten in Saanen erstmals jugendliche Talente wie die Geiger Colin Carr, Nigel Kennedy, Karen Turpie und der Cellist Felix Schmidt. Wer hätte geahnt, dass Studenten der Menuhin Schule bis 2005 über dreissig Konzerte, oft zusammen mit Mitgliedern der Familie Menuhin oder berühmten Festivalgästen, bestreiten würden.

So begleiteten Hephzibah und Yaltah Menuhin im August 1971 Karen Turpie und Felix Schmidt in Werken von Beethoven, Franck und Brahms, 1972 Yaltah den jungen Thuner Geiger Alexandre Dubach in der «Frühlingssonate» von Beethoven – ein schöner Erfolg! 1973 beeindruckten Nigel Kennedy und erstmals Colin Twigg mit Kameraden, bevor 1974 die jugendliche Berner Pianistin Agathe Jaggi zu überzeugen wusste – von Menuhin hoffnungsvoll vorgestellt:

«Ausserdem zeigt im diesjährigen Festival das Programm der Kinder meiner Londoner Schule wiederum den Namen eines jungen Schweizer Talents. Möge dies auf eine noch engere Zusammenarbeit zwischen der Schule und dem Gstaader Unternehmen hinweisen. Diese Verknüpfung wird, wie ich hoffe, in den kommenden Jahren noch weitere gute Früchte zeitigen.»

Am 15. August 1975 begleitete der Winterthurer Cellist Markus Stocker die Jugendlichen aus Stoke d'Abernon und zum 20. Festival 1976 wurde als Geburtstagsgeschenk für den 60-jährigen Meister die ganze Schule nach Gstaad eingeladen, was er stolz würdigte:

«Es ist ebenso zweckentsprechend wie grosszügig von meiner Heimatgemeinde und meinen Gstaader Mitbürgern, zu diesem 20. Festival meine Schule aus England hierher einzuladen; denn zwanzig Jahre sind fast eine Generation, und dadurch, dass wir die jungen Menschen hier in unserer Mitte haben, wird eine Atmosphäre von Bereitschaft und

Impressive performances by the talented children from England

On August 13 1970 young talents such as the violinists Colin Carr, Nigel Kennedy, Karen Turpie, and cellist Felix Schmidt, played for the first time in Saanenland. Who would have thought that students of the Menuhin School would play over 30 concerts by 2005, often with members of the Menuhin family or other famous festival guests? In August 1971, Hephzibah and Yaltah Menuhin accompanied Karen Turpie and Felix Schmidt in works by Beethoven, Franck, and Brahms. In 1972, Yaltah accompanied the young violinist Alexandre Dubach from Thun in a highly successful rendition of Beethoven's Spring Sonata. In 1973, Nigel Kennedy and Colin Twigg were among those who impressed. In 1974 it was the turn of the young pianist Agathe Jaggi from Bern. She was introduced by Menuhin full of hope: "Moreover this year's festival program again presents the children of my school in London. Among them once again is the name of a young Swiss talent. It is my hope that this is the way forward for an even closer relationship between the school and Gstaad, a connection that will hopefully bear further good fruit in years to come." On August 15 1975 the cellist Markus Stocker from Winterthur accompanied the young performers from Stoke d'Abernon.

At the 20th festival in 1976, the entire school was invited to Gstaad as a birthday present to the 60-year-old master. He proudly expressed his appreciation: "It was generous of my home community and my fellow citizens of Gstaad to invite my school from England for the 20th festival. 20 years is almost a generation, and by having these young people in our midst, we have created an atmosphere of willingness and encouragement for future generations over the next 20 years and beyond. Through this kind of collaboration, older generations become younger in spirit, and the young become more mature. It is in

Ermutigung für die nächsten zwanzig Jahre geschaffen und, wie wir hoffen, darüber hinaus für kommende Generationen. Auf diese Weise werden die Älteren jünger im Geist und die Jungen reifer. Im gleichen Sinne tun sich meine Schule und meine Kollegen mit mir zusammen, um für die Kinder des Berner Oberlandes zu spielen. Ich hoffe, dieses Treffen junger Leute wird zu innigerer Fühlungnahme und grösserem gegenseitigem Verständnis beitragen.»

Am 8. August gefielen «Jeunes interprètes» und zwei Tage später das «Orchestre de la Yehudi Menuhin School» unter Peter Norris mit Yehudi Menuhin und Sohn Jeremy als Solisten. Der dritte Abend vereinte Jugendliche mit der Camerata Lysy zur grossen Streicherformation, die Werke von Vivaldi, Haydn, Beethoven mit tollen Solisten (Yehudi Menuhin, Alberto Lysy, Robert Master als Geiger, die Cellisten Wolfgang Mehlhorn, Maurice Gendron und Louis Kentner am Piano) festlich interpretierte. Am 15. August beendeten sie mit Jeremy Menuhin das erfolgreiche Gastspiel und liessen die keimende Liebe der «Wunderkinder aus London» zum Saanenland spüren: Gstaader Auftritte waren für die besten Schüler zu Ansporn und begehrtem Ziel geworden.

Hoffnungsträger der «Yehudi Menuhin School» spielten fortan jährlich, so am 5. August 1979 mit Studenten der jungen Internationalen Menuhin Musik Akademie und – dank Einsatz vom Konservatoriums-Direktor Urs Frauchiger an der IMMA – mit talentierten Berner Studenten. Das gemeinsame Musizieren Jugendlicher vieler Länder Europas und Japans wirkte wegbereitend.

1980 brillierten sechs Studenten unter Robert Masters im Beethovenquintett in C-Dur, boten 1981 eine kammermusikalische Würdigung von G. Enescu und B. Bartók und gefielen 1982/83 mit Menuhin am ersten Pult im herrlichen Mendelssohn-Oktett in Es. Sympathisch eröffnete das «Sonderkonzert» der Londoner am 28. Juli 1984 das Festival, bevor ein «Gedächtniskonzert in Erinnerung an David Niven» in Château-d'Oex für anwesende Film-Prominenz (Werke von Chopin, Franck, Debussy und Schubert) zum nachhaltigen Erlebnis wurde.

«Wir schöpfen für die Zukunft aus der eigenen Quelle der Vergangenheit und Gegenwart», schloss Menuhin 1985 sein Vorwort. Die Schule spielte zur Eröffnung (31. Juli 1985) Werke von Beethoven, Enescu, Chopin, Wieniawski, Mozart und Brahms, ihr Kammerorchester am 2. August 1986 unter Yehudi Menuhin nach dem Brahms-Sextett das fünfsätzige «Nonet für Streicher» von Malcolm Singer und das in Saanen

Schüler der YMS Stoke d'Abernon am Festival 1973. | *Students of YMS Stoke d'Abernon at the 1973 festival.*

this spirit that my school and my colleagues come together to play for the children of the Bernese Oberland. It is my hope that this gathering of young people contributes to closer contact and broader understanding of each other."

On August 8 and 10, Jeunes interprètes and the Yehudi Menuhin School Orchestra led by Peter Norris featuring Yehudi and Jeremy Menuhin, put on a wonderful performance. The third evening saw the performance of great string oeuvres (including works by Vivaldi, Haydn, and Beethoven), bringing together young performers with the Camerata Lysy and a number of great soloists (Yehudi Menuhin, Alberto Lysy, violinist Robert Master, cellists Wolfgang Mehlhorn and Maurice Gendron, and pianist Louis Kentner). On August 15 they ended their successful guest performances accompanied by Jeremy Menuhin, sealing Saanenland's bourgeoning love for the child prodigies from England. Performances in Gstaad became motivation and goal for the best students.

From that time, the bearers of hope from the Yehudi Menuhin School played every year, as they did on August 5 1979 with students of the newly formed International Menuhin Music Academy and other talented Bernese students. This was made possible due to the commitment of IMMA director Urs Frauchiger. The playing of music by young people from all over Europe and Japan was groundbreaking. In 1980, six students led by Robert Masters brilliantly played Beethoven's Quintet in C. In 1981 they presented a chamber music appreciation of Enescu and Bartók, and wowed audiences in 1982 and 1983 with Menuhin on the

> "I have always believed that a great deal can be achieved by bringing people together for a common purpose, whatever their background or nationality, and letting them learn from each other."
>
> Yehudi Menuhin

01

02

komponierte «Divertimento für Streichorchester» von Béla Bartók. Vielseitigkeit und hohe Interpretationskunst überzeugten am 4. August im Klavierquintett in A-Dur von Antonin Dvořák, im Strawinsky-Streichquartett und in Mozarts Klavierkonzert KV 414 mit dem Pianisten Louis Kentner unter Peter Norris.

Der Schulabsolvent Volker Biesenbender (1950) bewies am 16. August im Kirchgemeindehaus Gstaad unter «Happy Birthday, Mr. Menuhin» Genialität als «Enfant terrible» beim Zusammenspiel aussereuropäischer Kulturen, von Kaffeehaus- und Zigeunermusik mit Gesang. Dazu schrieb er: «Unsere Musik hat nicht zum Ziel, «authentische Folklore» zu sein. Sie entwickelt sich von selbst auf der Strasse, auf Festen und im Wirtshaus (...) Unsere Musik lebt aus dem lebendigen Moment. Ihre Elemente sind Improvisation, Spontaneität und Lebensfreude. Man könnte sie als «persönliche Folklore» bezeichnen.»

first violin in a wonderful rendition of Mendelssohn's Octet in E flat major. The school provided a fitting opening for a special festival concert on July 28 1984. The remembrance concert for David Niven attended by his fellow stars of film in Château-d'Oex became a lasting experience, featuring works by Chopin, Franck, Debussy, and Schubert.

Menuhin closed his 1985 foreword by saying: "We acquire for the future from our own spring of the past and the present." For the July 31 opening, the school played works by Beethoven, Enescu, Chopin, Wieniawski, Mozart, and Brahms. On August 2 1986, their chamber orchestra led by Yehudi Menuhin played Brahms' Sextet, followed by the five-movement Nonet for Strings by Malcolm Singer and Bartók's Divertimento for String Orchestra. On August 4, versatility and a high standard of interpretation were the orders of the day in the performances of Dvorak's Piano Quintet in A major, Stravinsky's String Quartet, and Mozart's Piano Concerto KV 414 with pianists Louis Kentner and Peter Norris.

YEHUDI MENUHIN SCHULE | *YEHUDI MENUHIN SCHOOL*

Die von Yehudi Menuhin 1963 in London gegründete Schule basiert auf Erfahrungen von Besuchen Moskauer Musikschulen von 1946. Sie zügelte 1964 auf den wunderbaren Landsitz «Stoke d'Abernon», wo Menuhin als «The Lord Menuhin of Stoke d'Abernon» begraben ist. Die gemischte Eliteschule floriert dank Zusprechung öffentlicher Gelder 1974 unter Erziehungsministerin Lady Thatcher und eines Gönnervereins. Sie vermittelt den gegen 60 internen und einigen externen Schülern im Alter von 8 bis 19 Jahren neben perfekter Musikausbildung eine breite Allgemeinbildung zum Universitätszugang. Nach strenger Selektion werden jährlich aus vielen Kandidaten einige Neue aufgenommen, die ein Streichinstrument (Geige, Cello, Bass), Klavier oder seit 2005 Gitarre spielen. Dank Zuwendung der Rolling Stones studieren auch Gitarrespieler, die mit einer Rockband begeistern. Studenten Grossbritanniens (England, Wales, Schottland und Irland), europäischer (Italien, Spanien, Schweiz) und aussereuropäischer Länder (Kanada, USA, Dominikanische Republik), immer mehr aus Staaten wie Ukraine, Aserbaidschan, Korea, Japan und China bilden die internationale, gemeinsam musizierende Schulfamilie.

Das hervorragende Ausbildungsteam wird auch nach dem Tode Menuhins 1999 unter dem Patronat von M. Rostropovich durch hochkarätige Künstler ergänzt, die damit das Andenken an Yehudi Menuhin würdigen. Die moderne, anfangs 2006 eingeweihte, schöne Konzerthalle mit 350 Plätzen wird neben Meisterkursen viele Gastspiele ermöglichen. Die Besuche unter dem musikalischen Leiter Malcolm Singer und Headmaster Nicolas Chisholm am Menuhin Festival sind für die Studenten Highlights im Studienjahr.

In 1963, Yehudi Menuhin founded The Yehudi Menuhin School in London. It was based on experiences he had had visiting music schools in Moscow in 1946. In 1964 the school moved to a beautiful country estate in Stoke d'Abernon, Surrey (where Menuhin is buried). The elite school for boys and girls flourishes thanks to a strong donor association and government support initiated in 1974 by then education minister Margaret Thatcher. It offers approximately 60 mostly boarding students aged between 8 and 19, a perfect musical education alongside a broad general education program suitable for university entry. Few students are selected each year from the many applicants. Students must play a string instrument (violin, cello, bass, or since 2005 the guitar) or the piano. Thanks to the support of the Rolling Stones rock band, guitar playing has become a course of study and young performers have thrilled with the school's rock band. The international music school family consists of students from all over the world, including Great Britain, Italy, Spain, Switzerland, Canada, the United States, Dominican Republic, and increasingly such countries as Ukraine, Azerbaijan, Korea, Japan, and China. Even since Menuhin's death in 1999, the excellent team of teachers is complemented by top artists under the patronage of M Rostropovich as a means of commemorating Yehudi Menuhin. A beautiful, modern concert hall with 350 seats was inaugurated at the beginning of 2006, and will allow for many guest performances. Visits to the Menuhin Festival are led by musical director Malcolm Singer and headmaster Nicolas Chisholm, and are among the highlights of the student's school year.

01/04 Schulanlage in Stoke d'Abernon. *School campus in Stoke d'Abernon.*
02 Schüler der YMS Stoke d'Abernon. V.l.n.r./*Students of YMS Stoke d'Abernon. From left to right:* Colin Carr, Colin Twigg, Carol Norman, Jacqueline Cole, Susan Dorey, Krystyna Osostowicz, Nigel Kennedy.
03 Yehudi Menuhin begleitet sein illustres Team von 1976. V.l.n.r. vorne/*Yehudi Menuhin accompanying his illustrious team of 1976. From left to right, front row:* Yehudi Menuhin, Krystina Osostowicz, Struan Murray; hinten/*Back row:* Ming-Feng Hsin, Paul Coker, Ralph de Souza, Colin Twigg.

> "The vitality and very high quality of music-making among both pupils and teachers is testimony to the aim of providing a favourable environment fort he blossoming of each young person."
>
> Yehudi Menuhin, the founder and president of the school

1987 frohlockte Menuhin: «Ein neuer kreativer Abschnitt beginnt.» Er begrüsste erstmals den brillanten jungen Kollegen Gidon Kremer. Eröffnet wurde mit Kammermusik der Menuhin Schule, mit Werken von Haydn, Beethoven und Mendelssohn. Festivalauftakt 1988 am 3. August mit dem Brahms-Sextett op.18 und dem beliebten C-Dur-Streichquintett von Schubert und 1989 durch neun talentierte Absolventen mit Musik von Beethoven, Strauss, Strawinsky und Mozart. Am 29. und 30. Juli 1993 dirigierten Yehudi Menuhin und Peter Norris eindrückliche Schul-Konzerte, die erneut mit Bartóks «Divertimento für Streicher» endeten. Streichquartette von Haydn, Bartók und das B-Dur-Streichsextett von Brahms krönten am 31. Juli 1994 den 25. Besuch der «Yehudi Menuhin Schule» – eine 25 Jahre dauernde Tradition war etabliert: man hatte «Menuhins musizierende Jugend» lieb gewonnen, was der Gründer 1995 stolz formulierte:
«...werden Schüler meiner Schule drei Streichquartette zu Gehör bringen. Hier möchte ich betonen, dass meine beiden Ausbildungsstätten, die Akademie in Gstaad und die Yehudi Menuhin Schule in England, inzwischen einen überdurchschnittlich hohen Stand des Musizierens erreicht haben.»
Am 22. Juli 1995 überzeugten Talente aus Novosibirsk, Shanghai und London in Quartetten von Haydn, Mendelssohn und Schostakowitsch voll «Dramatik und russischer Launenhaftigkeit» und

School alumnus Volker Biesenbender showed his genius in the August 16 'Happy Birthday Mr Menuhin' concert in the Gstaad church community hall. He played a mixed set from eastern European cultures, including coffeehouse and gypsy, accompanied by singing. He presented it with the words: *"The goal of our music is not to be authentic folklore. It has matured on the street, at festivals and in inns. Our music lives in the moment. Its elements are improvisation, spontaneity, and vitality. One could call it personal folklore."*
In 1987 Menuhin rejoiced: *"A new creative chapter is beginning"*. For the first time he welcomed his brilliant, young colleague Gidon Kremer. The Menuhin School opened the festival with chamber music by Haydn, Beethoven, and Mendelssohn. On August 3 1988 the festival was kicked off with the Brahms' Sextet Op 18 and Schubert's popular String Quintet in C major. In 1989 the festival was opened by nine talented alumni with music by Beethoven, Strauss, Strawinsky, and Mozart. On July 29 and 30 1993, Yehudi Menuhin and Peter Norris conducted school concerts which ended with Bartók's Divertimento for Strings. On July 31 1994, the 25th visit of the Yehudi Menuhin School climaxed with String Quartets by Haydn and Bartók, and Brahms' Sextet for Strings in B major.
A 25-year tradition had been established, and it was nigh impossible not to fall in love with Menuhin's young performers.

zum 40. Jubiläum am 20. Juli 1996 das «Orchester der Menuhin Schule» unter dem ehemaligen Schüler Paul Watkins (1970), nach brillanter Cello-Karriere 1994 neuer Dirigent. Ausgezeichnet erfüllte der 17-jährige Geiger Rafael Payne seine Solisten-Aufgabe.

Mit der Stabübernahme 1997 von Gidon Kremer blieben Gastspiele der Menuhin Schule aus, seine Kremerata Baltica wurde «Orchestra in Residence». Nur die Camerata Lysy Gstaad durfte noch Menuhins Nachwuchs vertreten, während Lord Menuhin seine «Sinfonia Varsovia» dirigierte. Sein plötzlicher Hinschied am 12. März 1999 in Berlin und der abrupte Weggang von Gidon Kremer führten zum Interregnum unter Dr. Peter Keller als künstlerischem Leiter, bevor Eleanor Hope, langjährige Mitarbeiterin von Yehudi Menuhin und seit 1975 als Sekretärin enge Vertraute der Familie, als neue Festival-Leiterin am 25. Juli 2000 das «Orchester der Menuhin Schule» unter Malcolm Singer mit Werken von Purcell, Mozart und den «Jahreszeiten» von Vivaldi zurückbrachte, so am 27. Juli 2001 mit abwechslungsreichem Programm von Tartini, Weill, Mendelssohn, Samuel Barber und Alfred Schnittkes «Concerto Grosso Nr. 1» (1977).

Nach dem Neuanfang mit Christoph N.F. Müller 2002 erlebten die jungen Talente aus Stoke d'Abernon endlich am 47. Festival (26. Juli 2003) den 30. Besuch: Ihr Orchester spielte unter M. Singer im Konzert «Richard Strauss vs. Strawinsky» Werke von Strawinsky, C.P.E. Bach, J.S. Bach und R. Strauss; die Jugendlichen musizierten auch am Saaner Dorfmärit und im Berghaus Eggli. Nach einer Pause 2004 wurde die Menuhin Schule erneut 2005 eingeladen, spielte am 26. Juli 2005 Musik von Corelli, Elgar, J.S. Bach und Tippett. Jeremy Menuhin durfte als Solist in Klavierkonzerten von J.S. Bach auf «40 Jahre Musizieren in Saanen», die Schule auf «35 Jahre am Menuhin Festival» zurückblicken. Der warme Applaus war verdient!

Die langjährigen Gastspiele haben bewiesen, wie erfolgreich Yehudi Menuhin als Pädagoge und Talentförderer in der Schweiz und in Grossbritannien gewirkt hat. Hoffen wir, dass dies als Erbe und Verpflichtung bewahrt werden kann.

The founder proudly stated in 1995: "...students of my school will perform three quartets for strings. I would like to stress that my two training centers, the academy in Gstaad and the Yehudi Menuhin School in England, have reached a very high standard in making music." On July 22 1995 talents from Novosibirsk, Shanghai and London captivated audiences with their quartets by Haydn, Mendelssohn and Shostakovich, which were described as being full of "dramatic, Russian capriciousness." On July 20 1996, the Yehudi Menuhin School Orchestra led by the former student Paul Watkins performed for the festivals 40th anniversary. Watkins had become the orchestra's new conductor in 1994 after a brilliant cello career.

With the passing of the baton in 1997 to Gidon Kremer, guest performances by the Menuhin school were suspended. His Kremerata Baltica became Orchestra in Residence. Only the Camerata Lysy Gstaad was allowed to represent Menuhin's "offspring", while Lord Menuhin conducted his Sinfonia Varsovia. Menuhin's sudden death in March 1999 and the abrupt departure of Gidon Kremer saw a short period with Dr Peter Keller as temporary festival director. Eleanor Hope, long-time secretary of Yehudi Menuhin and a close confidante of the family took over as festival director. On July 25 2000 she brought back the Yehudi Menuhin School Orchestra led by Malcolm Singer, in a performance of works by Purcell, Mozart, and Vivaldi's Four Seasons. The school orchestra also thrilled with its July 27 2001 renditions of Tartini, Weill, Mendelssohn, Samuel Barber, and Alfred Schnittke's Concerto Grosso No 1. Under new festival director Christoph NF Müller, the young talents from Stoke d'Abernon experienced their 30th visit in July 2003. The orchestra led by Malcolm Singer, played 'Strauss v Strawinsky', incorporating works by Strawinsky, CPE Bach, JS Bach and Richard Strauss. The young musicians also performed at the village market in Saanen and at the mountain hut on the Eggli. After a break in 2004, the Menuhin School got invited again in 2005, and on July 2 2005 played music by Corelli, Elgar, JS Bach, and Tippett. Jeremy Menuhin performed piano concertos by JS Bach with the school orchestra in a retrospective concert commemorating '40 Years of Music in Saanenland' and the 35th visit of the school to the festival. The warm applause was well deserved.

The long lasting guest performances have proved how successful Yehudi Menuhin was as an academic and promoter of talent in Switzerland and Great Britain. Let us hope that his legacy and commitment can be maintained into the future.

The Menuhin Hall – die am 7. Januar 2006 eingeweihte moderne Konzert-Halle.
The Menuhin Hall – the modern concert hall inaugurated on January 7 2006.

Neues am 15. Festival 1971

Hoffnung und Dankbarkeit tönen in Menuhins Programmzeilen, die ahnen lassen, dass weitere Öffnungen bevorstehen. Nach Auftakt mit Kammermusik durch bewährte Festivalstützen brachte der Freitag, 13. August 1971 die erste Saaner «Rencontre de l'Orient et de l'Occident». Zum weiteren Höhepunkt wurde der Auftritt von Igor Oistrakh, dem Sohn von David, am 28. August 1971 zusammen mit Yehudi Menuhin und dem ZKO unter Edmond de Stoutz im Bach-Doppelkonzert, der die tiefe Freundschaft von Menuhin mit der Familie Oistrakh ahnen liess. Ohne viel Vorankündigung spielte Igor am folgenden Abend in Vertretung des erkrankten Pianisten Wilhelm Kempff einen Sonatenabend mit der Pianistin Nataljia Zercalova.

Neben Kammermusikabend, zwei Recitals von Louis Kentner, dem Konzert der Yehudi Menuhin Schule schenkte die ACCADEMIA MINTEVERDIANA unter Denis Steven mit einem englischen Vokalsolistenensemble Yehudi Menuhin und dem Ehepaar Wallfisch einen Einblick in acht Jahrhunderte europäischer Musik. Herzliche familiäre Stimmung herrschte am Sonaten-Abend mit Yehudi und Jeremy Menuhin.

Als Rahmen fand erstmals eine Kunstausstellung mit «tableaux musicaux» vom Engländer Norman Perryman im Hotel Landhaus statt.

1971: new frontiers for the 15th festival

Menuhin's words in the 15th festival program were of hope and thankfulness, and opened the door to a more broad-based musical journey. After a prelude with chamber music featuring established festival performers, Friday August 13 saw the first 'Rencontre de l'Orient et de l'Occident.' Another highlight became the August 28 performance of the Bach Double Concerto by Igor Oistrakh together with Yehudi Menuhin and the Zurich Chamber Orchestra led by Edmond de Stoutz. During this concert one could sense the deep friendship between Menuhin and the Oistrakh family. Without much advance notice, Igor played as a stand-in for the ill pianist Wilhelm Kempff in a sonata evening with the pianist Nataljia Zercalova.

The chamber music evening, with two recitals by Louis Kentner, and the concert of the Yehudi Menuhin School and the Accademia Minteverdiana led by Denis Steven, gave Yehudi Menuhin and the Wallfisch couple insights into eight centuries of European music with an English vocal soloist ensemble. There was a warm, familial atmosphere during the sonata evening with Yehudi and Jeremy Menuhin.

And for the first time an art exhibition took place at the Hotel Landhaus, featuring "tableaux musicaux" by the Englishman, Norman Perryman.

Vendredi 13 août 1971, 20.30

Rencontre de l'Orient et de l'Occident

Exécutants:	Yehudi Menuhin	Violon
	Maurice Gendron	Violoncelle
	Ravi Shankar	Sitar
	Alla Rakha	Tabla
	Kamala	Tanpura

Bach — Suite pour violoncelle solo en do majeur
Prélude
Allemande
Courante
Sarabande
Bourrée I et II
Gigue

Improvisations pour Sitar et Violon

Ragas interprétées par Ravi Shankar

Die Künstler

Ravi Shankar wurde 1920 in Benares geboren und schloss schon früh Bekanntschaft mit Tanz und Musik, indem er mit der Tanztruppe seines Bruders Uday die ganze Welt bereiste. Seine Ausbildung erhielt er von seinem Guru Ustad Allauddin Khan, welcher im traditionellen Stil «Beenkar gharana» unterrichtete. Ravi Shankar hat eine Anzahl neuer Ragas geschaffen wie Raga Nat Bhairav, Rasiya, Bairagi, Parameshwari, Gangeshwari, Kameshwari, Rangeshwari und verschiedene weitere, welche auch bei andern Musikern bekannt und beliebt sind.

In Indien erhielt Ravi Shankar eine besondere staatliche Auszeichnung sowie den Ehrentitel «Padma-Bhushan»; die Universität von Kalifornien in Santa Cruz verlieh ihm die Ehrendoktorwürde. In Bombay und Los Angeles befindet sich die von ihm gegründete Kinnara School of Indian Music. Unter seinen Schülern trifft man nicht nur indische Musiker, sondern auch viele bekannte Leute aus dem

01

01 Programmseite 1971 der ersten «Ost-West-Begegnung». | *Program page from 1971 of the first East meets West.*
02 Igor Oistrakh und Yehudi Menuhin proben unter Edmond de Stoutz das Doppelkonzert von Bach. | *Igor Oistrakh and Yehudi Menuhin rehearsing Bach's Double Concerto led by Edmond de Stoutz.*
03 Herzlichkeit der beiden grossen Geiger. *Cordiality of the two famous violinists.*

Ravi Shankar und Yehudi Menuhin: «Guru – vinaya – sadhana»
Ravi Shankar and Yehudi Menuhin: Guru – vinaya – sadhana

Für den 1920 in Benares geborenen Inder bilden diese drei Worte den Kern der musikalischen Tradition Indiens. Der Guru als Meister, Lehrer und Erzieher wird sorgfältig ausgewählt, wie dies Yehudi Menuhin beim berühmten Sitarspieler getan und in dessen Biografie «Meine Musik, mein Leben» 1968 in der Einleitung beschrieben hat:

«Ravi Shankar hat mir ein kostbares Geschenk gemacht. Durch ihn habe ich meiner musikalischen Erfahrung eine neue Dimension hinzugefügt – eine Dimension, die jeder grossen Musik angehört, einschliesslich unserer eigenen, die jedoch mit so vielem, was inspiriert und intuitiv bleiben sollte, aus unserer Welt hinausgeplant wird.»

Vinaya oder Demut, mit Gefühl von Liebe und Wertschätzung verbunden, hilft dem jungen Hindu, Eitelkeit und Selbstüberschätzung abzulegen. Ravi Shankar hat seine Begegnung mit Menuhin unter «Yehudi Menuhins Vinaya» erzählt:

«1951 hatte ich Gelegenheit, einen grossen westlichen Musiker kennen zu lernen, der bald ein naher Freund wurde – Yehudi Menuhin. Er kam zum ersten Mal nach Indien; bald nach seiner Ankunft in Delhi, wo er einige Konzerte geben sollte, veranstaltete mein lieber Freund Dr. Narayana Menon in seinem Heim eine musikalische Soiree für Menuhin und bat mich zu spielen. Ich hatte Yehudi zum ersten Mal Anfang der 30er Jahre bei seinen Proben in Paris gesehen, ihn jedoch nie kennen gelernt, obwohl sein Lehrer Enescu unser Haus oft besuchte. Yehudi machte am Abend im Hause von Dr. Menon Bekanntschaft mit der indischen Musik, und er war offensichtlich tief bewegt. Nie zuvor hatte ich gesehen, dass ein westlicher klassischer Musiker so emotional auf unsere Musik reagierte und nicht nur an ihren technischen Aspekten interessiert war. Yehudis Reaktion auf unsere Musik und meine eigene Reaktion auf seine Persönlichkeit waren der Anfang einer schönen Freundschaft zwischen uns.»

Vinaya verbindet sich drittens mit Sadhana: Übung und Disziplin schenken echte Selbstverwirklichung; dazu braucht es fanatischen Eifer und glühende Hingabe zum Guru und zur Musik, was die grossen Meister ein Leben lang geprägt hat. Gemeinsame Auftritte gipfelten im feierlichen Konzert der Vereinten Nationen zum Tag der Menschenrechte (10. Dezember 1967): «Menuhin hatte den Geist der Musik wirklich erfasst, und ich bin sicher, dass während unseres Spiels dies dem Publikum ebenso bewusst wurde wie mir», schrieb der Inder 1968.

Ravi Shankar was born in 1920 in Benares, India. "Guru – vinaya – sadhana" form Shankar's key to the Indian musical tradition. As master, teacher, and educator, the Guru is chosen carefully, as Yehudi Menuhin did when selecting the famous sitar player. In Shankar's biography 'My Music, My Life' (1968) Menuhin describes in the introduction: "Ravi Shankar has brought me a precious gift. Through him I have added a new dimension to my experience of music – one which belongs to all great music, including our own, but which, along with so much that should remain inspired and intuitive, is blueprinted out of our world."

Vinaya or humility, combined with a feeling of love and appreciation, helps the young Hindu to do away with vanity and the tendency to over-estimate himself. Ravi Shankar recounts his meetings with Menuhin in 'Yehudi Menuhin's Vinaya': "In 1951, I had the opportunity of meeting a great Western musician who soon became a close friend – Yehudi Menuhin. He had come to India for the first time, and soon after his arrival in Delhi, where he was to give several concerts, my dear friend Dr. Narayana Menon held a musical soirée at his home for Yehudi and asked me to play. I had seen Yehudi for the first time in the early Thirties, in Paris at his rehearsals, but never got to know him, although his teacher Georges Enesco often visited our house. Yehudi experienced Indian music for the first time that evening at Dr. Menon's house, and he was obviously deeply moved. I had never before seen a Western classical musician respond so emotionally to our music, not just show interest in its technical aspects. This reaction of Yehudi's to our music and my own reaction to his personality were the beginning of a beautiful friendship between us."

Vinaya combines with Sadhana. Exercise and discipline give true self-realization; for that one needs fanatical diligence and lasting dedication to the Guru and to music. This has marked the lives of all great masters.

Performances featuring Menuhin and Shankar climaxed at the festive UN concert for Human Rights Day (December 10 1967). As Shankar recounts in 1968: "Menuhin had really comprehended the spirit of music and I am sure that this came across to the audience as it did to me when we played".

In the festival program of 1971, Shankar published his impressive 'Views on Indian Music'. This showed the commitment of the two musicians who tried to break down cultural borders and bring cultures together by making music

Impressionen der Auftritte von Ravi Shankar und Yehudi Menuhin in Saanen.
Impressions of the performances of Ravi Shankar and Yehudi Menuhin in Saanen.

Dass im Festivalprogramm 1971 von Ravi Shankar bemerkenswerte «Betrachtungen über indische Musik» publiziert wurden, zeugt vom Engagement der beiden Meister, die bemüht waren, kulturelle Grenzen zu sprengen und mit ihrem gemeinsamen Musizieren Kulturen zu verbinden. Allein die Tatsache, dass die letzte Begegnung «Ost-West» nicht mehr in der Kirche Saanen, sondern am 17. August 1978 im Kirchgemeindehaus Gstaad stattfinden musste, lässt auf Probleme mit der Kirchgemeinde schliessen. Waren indische Atmosphäre, Weihrauch und die kräftigen Schlaginstrumente doch zu fremdländisch? Yehudi Menuhins Expressbrief vom 8. März bestätigt die damalige Problematik.

Menuhins Stimme ist seit 1999 verstummt, während der 85-jährige Komponist und Sitarspieler Ravi Shankar noch im Sommer 2005 als Kulturvermittler am Paléo Festival die junge Generation mit seinen indischen Klängen begeisterte, mit klassischen Ragas und Talas, fast missionarisch bedacht, dass «Musik schliesslich für mich wie ein menschliches Wesen» wirken soll. Auch ihn hat westliche Musik beeinflusst und mit fast Menuhinscher Neugier bestätigte er kürzlich: «Die westliche Musik hat bei mir nicht das Komponieren selbst verändert, aber definitiv die Idee davon – man lernt ja immer von dem, was einen umgibt, was man hört.» (Neue Zürcher Zeitung Nr. 162, 14. Juli 2005)

together. But the fact that the last festival meeting of east and west on August 17 1978 had to be held in the church community hall in Gstaad as opposed to the Saanen church indicated problems with the church community. Was the Indian atmosphere, the incense, and the powerful drumming of instruments too foreign? Yehudi Menuhin's letter of March 8 recounts the contentious issue.

Menuhin's voice may have been silent since 1999, but the 85-year-old Shankar has thrilled young audiences as recently as 2005 as cultural intermediary at the Paléo Festival in Nyon with his classical ragas and tala Indian sounds. He said with almost missionary zeal: "For me music takes the form of a human being". Western music has also influenced him and with Menuhin's curiosity he recently confirmed: "Western music has not changed composition itself, but it has certainly affected the manner in which it is played – one always learns from what surrounds oneself, what one hears." (Neue Zürcher Zeitung No 162, July 14 2005)

1961–1973

Nachwort von Yehudi Menuhin zum Extrakonzert

Im Programm zitiert er eigene Zeilen aus «Musik zwischen Orient und Okzident», einer Kulturgeschichte mit Wechselbeziehungen, von Peter Gradenwitz (israelischer Musik-Journalist): «Es ist deshalb umso mehr die besondere Pflicht unseres Zeitalters, zu versuchen, diese unendlich komplexen Wechselbeziehungen mit einer Mischung von Voraussicht und Vision zu verstehen und klarzulegen und dabei die grosse Fähigkeit zu nutzen, die wir wie alle Völker und Kulturen besitzen: die Kraft zu geben und zu nehmen, zu lehren und zu lernen; denn wir werden stets voneinander abhängig sein. Nur in solchem Geist der Demut können wir das Bestmögliche erreichen oder zum mindesten dem Schlimmsten entgehen, das immer vielfältigere und bezwingende Verpflichtungen uns zu bringen haben.»

Epilogue for the extra concert by Yehudi Menuhin

In the program for his extra concert for the 15th festival, Menuhin quoted from 'Music at the crossroads of the east and the west', an exploration of crossovers in cultural history by Israeli musical journalist Peter Gradenwitz. He wrote that it was increasingly becoming the duty of the era to try to understand the endlessly complex interrelations between east and west. One has to unravel them with a mixture of foresight and vision, a great ability which all people and cultures have; the power to give and to take, to teach and be taught; because we will always depend on each other. Only through humility can we reach the best, or at least escape the worst, which brings us an ever-wider and more compelling range of obligations.

OST-WEST-BEGEGNUNGEN AM MENUHIN FESTIVAL IN DEN 70ER JAHREN

13. August 1971	«Rencontre de l'Orient et de l'Occident» Première
27. August 1972	«Musique Hindoue»

Ram Narayan, Sarangi; Surresh Talwalkar, Tabla (ohne Ravi Shankar und Yehudi Menuhin)
Im Programmheft Einführung über klassische indische Musik

31. August 1973	«Rencontre de l'Orient et de l'Occident»
Improvisations pour Sitar et Violon	Yehudi Menuhin, Ravi Shankar
Chants	Lakshmi Shankar
Ragas interprétées par Ravi Shankar	
23. August 1975	«Rencontre de l'Orient et de l'Occident»
Improvisations pour sitar et violon	Yehudi Menuhin, Ravi Shankar
Ragas interprétées par Ravi Shankar	
17. August 1978	Im Kirchgemeindehaus Gstaad «Concert extraordinaire»

Benefizkonzert zugunsten IMMA und «Research Institute for Music and the Performing Arts of Varanasi, India» als **Rencontre Orient – Occident** mit Werken von J.S.Bach und Indiens Interpreten: Marius May, violoncelle; Yehudi Menuhin, violon; Ravi Shankar, sitar; Alla Rahka, tabla

01 Porträt Ravi Shankar in der «Neuen Zürcher Zeitung» Nr. 162 (14. Juli 2005). | *Portrait of Ravi Shankar in the Neue Zürcher Zeitung newspaper no. 162 (July 14 2005).*
02 Expressbrief Menuhins wegen Wechsel des Auftrittsortes. | *Menuhin's express letter on the change of venue.*

2, The Grove.
Highgate Village.
London. N6 6JX.

Express   8th March 1978

Dear Friend

I was very surprised to hear from Alex Chasen that the Kirchgemeinde have apparently objected to Ravi Shankar playing with me in the church in Saanen on 17th August. I believe the new Kirchgemeindehaus was suggested as an alternative.

I cannot fathom the reasoning behind this. Firstly, Ravi Shankar has always played in the church before. Secondly, he is an international artist of the highest reputation, and it would be an insult to him to suggest that he should not play in the normal Festival venue. Thirdly, he and I have played in cathedrals all over England. Why, suddenly, should he not be good enough for the Saanen church? Certainly it seems that he is good enough to be used as one of this year's chief attractions to the Festival.

Ravi Shankar is in London this week, and I would appreciate it if you would telephone Eleanor Hope to confirm that he will indeed be appearing in the church as originally planned, so that she may finalise programme details with him while he is here.

With all good wishes,

Yours sincerely,

Eleanor Hope
for (Yehudi Menuhin)
(dictated by Mr Menuhin and signed in his absence by his secretary)

Dr med Rolf Steiger
3780 Gstaad
Switzerland

14 Konzerte am 16. Festival

Das die Festivaltraditionen respektierende Programm legte das Schwergewicht auf Kammermusik durch die bewährten Kräfte, was Menuhin auch im Vorwort antönt, ohne besondere Künstler hervorzuheben. Bemerkenswert sind die beiden Klavierrecitals von Louis Kentner und dem feinfühligen Wilhelm Kempff, dessen Beethoven-Sonatenabend mit Yehudi Menuhin am 24. August einer musikalischen Sternstunde nahe kam.
Drei Auftritte des ZKO unter Edmond de Stoutz blieben Publikumsmagnet. Menuhins grosszügige Bereitschaft, mit Konzerten Wohltätigkeit und Unterstützung zu schenken, durfte die 1970 gegründete Musikschule Saanen erstmals erleben, die den Erlös des Schlussabends vom 3. September zugesprochen erhielt, der von Vater Yehudi mit Sohn Jeremy und Schwager Louis Kentner eindrücklich bestritten wurde.

14 concerts at the 16th festival

In keeping with tradition, the focus of the 1972 program was on chamber music. Without naming specific artists, Menuhin also referred to his focus on the tried-and-tested in his foreword. The two piano recitals by Louis Kentner and the sensitive Wilhelm Kempff were remarkable. Wilhelm Kempff's August 24 Beethoven sonata evening with Yehudi Menuhin came close to a moment of musical magic. Three performances of the Zurich Chamber Orchestra led by Edmond de Stoutz were magnets for the audience.
Menuhin was generous in helping charities and supporting organizations through benefit concerts. It was the Saanen Music School, founded in 1970, which first experienced this, with the profit of the final September 3 performance featuring impressive recitals from father Yehudi, son Jeremy, and son-in-law Louis Kentner, going to them.

> «Wir erleben eine Periode, in der das Geld selbst als Macht regiert und nicht nur als nützliches Hilfsmittel gebraucht wird. Es ist an der Zeit, dass der Mensch sich als Meister seines Geldes spürt und nicht länger sein Sklave ist. Ich vertraue darauf, dass im alten Berner Oberland, wo die Natur sowohl die Landschaft wie deren Leute geformt hat, der gesunde Menschenverstand seiner Bewohner über solche Schwächen den Sieg davonträgt.»
>
> Yehudi Menuhin im Vorwort zum Programm von 1972

MUSIKSCHULE SAANEN MSSO UND YEHUDI MENUHIN
SAANEN-OBERSIMMENTAL MUSIC SCHOOL (MSSO) AND YEHUDI MENUHIN

Wie ein dem Programm beigelegtes Flugblatt ausdrückt, hofften die Gründer 1970 unter Führung des initiativen Markus S. Bach auf eine Unterstützung durch Meister Menuhin.
Der Sekretär und baldige Schulleiter war an der Gründungsversammlung vom nur kurz anwesenden «Patronherr» nach dessen kurzen Worten nicht begeistert, da dieser bei der Vorführung der Violinausbildung durch die Geigenlehrerin an deren pädagogischen Fähigkeiten zweifelte und die Gründungsversammlung etwas ratlos zurückliess... Er wurde später immer wieder an die rasch wachsende Schule eingeladen, soll aber nie mehr an Versammlungen oder am Unterricht teilgenommen haben. Dennoch hat sich die MSSO mit wachsenden Schülerzahlen erfreulich entwickelt, wobei beim Klavier und bei den Blasinstrumenten, später beim Keyboard und Schlagzeug Steigerungen erfolgten, während Streichinstrumente trotz Menuhins Wirken für einheimische Jugendliche weniger gefragt waren. Das enorme Interesse an Blasmusik war bestimmt dem engagierten Wirken des Schulleiters Markus S. Bach, Posaunist und Dirigent, Gründer der Brass Band Berner Oberland und heute noch wichtiger Exponent der internationalen Blasmusik- und Brassszene, zu verdanken, aus dessen Schule viele hervorragende Interpreten herausgewachsen sind. Zusammen mit Roland Neuhaus, dem Organisten und Kantor in Saanen, hat er früh das Einzugsgebiet der Schule ins Obersimmental und Pays-d'Enhaut erfolgreich erweitert und 1989 verdient den Preis der Kulturszene erhalten.

A leaflet added to the festival program in 1970 indicated that the Saanen Music School, founded by Markus S Bach, hoped for the assistance of the master Menuhin. At the foundation assembly, the soon-to-be school director was not impressed by the short talk given by Menuhin, who was only briefly present at the meeting. At the demonstration of violin education, Menuhin doubted the academic abilities of the violin teacher, and at his departure left behind a rather perplexed foundation assembly. He was invited time and again to the rapidly growing school, but apparently never attended another assembly or class. Nevertheless, MSSO developed and attracted a growing number of students, especially in piano and brass, and later in keyboard and drums instruction. Despite Menuhin's work, string instruments were not of interest for young local talents. The great interest in brass was certainly due to the committed work of Markus S Bach, himself a trombonist, conductor, and founder of the Bernese Oberland Brass Band. To this day he is influential in the international brass music scene, and many great musicians have come from his school. Together with Roland Neuhaus, the organ player and cantor of Saanen, he soon increased the purview of the school to the Obersimmental and Pays d'Enhaut regions. In 1989 he was deservedly awarded the culture scene prize.

> Herr **Yehudi Menuhin** hat bereits bei der Gründung das Amt eines «Patronherrs» der Musikschule Saanenland übernommen, worauf die Schule natürlich sehr stolz ist.

1961–1973

Hommage an Elaine Shaffer mit Bachs h-Moll-Messe am 17. Festival

Herzliche Worte von Yehudi Menuhin erinnern an die beliebte Flötistin Elaine Shaffer, die anfangs 1973 gestorben ist und nach über 10 Jahren unvergesslicher Saaner Auftritte eine Lücke in der Festivalfamilie hinterlässt. Ihrer wird durch eine beeindruckende Aufführung der h-Moll-Messe von Johann Sebastian Bach durch das ZKO unter Edmond de Stoutz mit hochkarätigen Solisten gedacht. Erstmals musizieren die beiden Freunde aus der Schweiz, der geniale Flötist Peter Lukas Graf mit Jörg Ewald Dähler, dazu konzertieren Alberto Lysy mit seiner Camerata Lysy und illustre Solisten wie die Pianistin Edith Fischer und der Bratschist Ernst Wallfisch. Hinweise auf die Herkunft des jugendlichen Ensembles fehlen (wahrscheinlich aus dem holländischen Breukelen). Wer hat damals geahnt, dass diese Akademie in einigen Jahren nach Gstaad wechseln wird?

> «So beklagen wir in diesem Sommer zusammen den grossen Verlust unserer geliebten Elaine Shaffer. Seit Jahren hat sie uns mit ihrer Anwesenheit und ihrem Spiel entzückt und unsere Gedanken und Empfindungen zum Flug in die edlen Höhen der uns umgebenden Berge inspiriert. Sie und ihr Gatte Efrem Kurtz sind immer wieder in dieses Tal zurückgekehrt, um Kraft und Mut zu schöpfen, die sie ihrerseits wiederum uns vermittelten durch ihre Musik und ihre schöne Menschlichkeit.»
>
> Yehudi Menuhin im Vorwort zum Programm von 1973

17th festival – homage to Elaine Shaffer with the Bach Mass in H minor

Warm words of Yehudi Menuhin commemorated the popular flutist, Elaine Shaffer, who died at the beginning of 1973 leaving a hole in the festival family having played unforgettably in Saanen for over 10 years. She was remembered in an impressive performance of the Mass in H minor by Johann Sebastian Bach performed by the Zurich Chamber Orchestra led by Edmond de Stoutz together with top class soloists. The two friends from Switzerland, the ingenious flutist Peter Lukas Graf and Jörg Ewald Dähler, performed together for the first time. Others who gave concerts included Alberto Lysy with his Camerata Lysy, as well as illustrious soloists, such as the pianist Edith Fischer and the viola player Ernst Wallfisch. Hints of the origin of this young ensemble were not apparent (they were probably from Breukelen in Holland), but who would have thought then that this academy would soon transfer to Gstaad?

Elaine Shaffer
Photo: F. Föh, Gstaad

Dimanche 2 septembre 1973, 16.00 h

In Memoriam Elaine Shaffer

J. S. Bach (1685—1750)
Messe en si mineur, BWV 232

Exécutants:	Orchestre de chambre de Zurich
	Zürcher Konzertchor
	Agnes Giebel — Soprano
	Arlette Chédel — Contralto
	Adalbert Kraus — Ténor
	Kurt Widmer — Basse
	Nicolas Chumachenco — Violon
	Barbara Fleischhauer — Violoncelle
	Hans Josef Schönen — Contrebasse
	Raymond Meylan — Flûte
	André Lardrot — Hautbois d'amour
	Peter Fuchs — Hautbois d'amour
	Willi Burger — Basson
	Max Frei — Basson
	Josef Brejza — Cor
	Henri Adelbrecht — Trompete
	Verena Graf — Orgue
Direction:	Edmond de Stoutz

KYRIE
1. CORO
Kyrie eleison
2. DUETTO
Christe eleison
3. CORO
Kyrie eleison

GLORIA
4. CORO
Gloria in excelsis Deo, et in terra pax hominibus bonae voluntatis.

5. ARIA (Alto)
Laudamus te, benedicimus te, adoramus te, glorificamus te.

ORIGINALSTIMME | Annemarie Tschumper-Würsten

Familienleben im Banne des Festivals

Unser Vater Franz Würsten hat von den ersten «Deux concerts exclusifs» bis 1978 als Kassier und Verantwortlicher für die technischen Belange am Festival mitgearbeitet: Mit einer Schar langjähriger Helferinnen und Helfer war er verantwortlich dafür, dass alles in der Kirche für die Konzerte bereit war: Es galt Sitzplätze zu nummerieren, Platzanweiserinnen und Platzanweiser zu koordinieren, das Podium für jedes Konzert in der richtigen Grösse bereitzustellen, Konzertflügel hin und her zu transportieren, die Kirche zwischendurch wieder für Gottesdienste und Beerdigungen zu räumen, besonderen Bedürfnissen einzelner Musikerinnen und Musiker gerecht zu werden und die Blumenübergabe nach den Konzerten zu organisieren. In Zusammenarbeit mit dem Verkehrsbüro war die Eintrittskasse für die Proben zu besetzen, und der Kartenverkauf musste auf die besonderen Voraussetzungen jedes Konzerts abgestimmt werden. Und schliesslich mussten Cheques oder Bargeld und Quittung für die Auszahlung der Künstlerinnen und Künstler vorbereitet sein, und die Buchhaltung musste zuverlässig geführt werden.

Was mit «Deux concerts exclusifs» begann, wuchs bekanntlich stetig. Ab 1968 waren 13 bis 15 Konzerte mit immer komplexeren organisatorischen Anforderungen zu bewältigen. Wenn es in den ersten Jahren ein Podium für die kammermusikalischen Konzerte und eines für die Orchesterkonzerte gab, so musste 1966 erstmals ein Podium für zwei zum Symphonieorchester vereinte Kammerorchester bereitgestellt werden, und ab 1970 wurden grosse geistliche Chorwerke aufgeführt. Eine besondere Herausforderung war 1971 auch das erste Konzert mit Ravi Shankar. Erstens war er wohl der erste Star, der als solcher am Festival auftrat. Eine mehrseitige Liste mit Sonderwünschen eilte ihm voraus, was damals ungewöhnlich war. Zudem verursachte die wunschgemässe Gestaltung einiges Kopfzerbrechen. Wo sollten beispielsweise Orientteppiche hergenommen werden? Das grösste Problem war jedoch das erwartete Publikum. Die indische Musik und Philosophie waren damals nicht zuletzt dank den Beatles sehr populär. Viele Blumenkinder waren wegen der Krishnamurti-Wochen in Saanen und wollten natürlich dieses sensationelle Konzert besuchen. Das Abbrennen von Räucherstäbchen gehörte auf der Bühne obligatorisch dazu. Was aber, wenn es einigen Leuten in den Sinn kam, Räucherstäbchen auch auf der Empore abzubrennen oder gar Joints kreisen zu lassen? Ein Brand in der Kirche hätte fatal enden können. Und wie konnte man einen minimalen Respekt vor der Tatsache durchsetzen, dass das Konzert in einer Kirche stattfand? Ein aufwändiges Sicherheitsdispositiv war gefragt, und nach dem sehr beeindruckenden Konzert herrschte bei allen Beteiligten doch grosse Erleichterung, dass alles gut gegangen war.

Wenn das Festival unsere Eltern im August und Anfang September total absorbierte, gab es für uns dafür die Festival-Familie. In den frühen Jahren herrschte wirklich eine familiäre Atmosphäre unter den Musikerinnen und Musikern. Ab und zu gab es gar auch Familien-Knatsch. Uns Kindern war daher lange gar nicht bewusst, welche Berühmtheiten da auftraten. Die Musikerinnen und Musiker verbrachten oft gleichzeitig hier Sommerferien mit ihren Familien, und so hatten wir beispielsweise in den Kindern von Maurice Gendron Spielkameraden, wenn uns das Zuhören in den Proben zu lang wurde, oder wir spielten mit dem kleinen Sohn von Lory und Ernst Wallfisch. Es gab zudem die «Familie» der eingefleischten Festival-Besucherinnen und -Besucher, die Jahr für Jahr ihre Sommerferien in Gstaad verbrachten und die kein Konzert und keine Probe verpassten. Da unsere Mutter gerne Gäste empfing, gingen all die Jahre unzählige Musikerinnen, Musiker, Festivalbesucherinnen und -besucher aus aller Welt bei uns ein und aus. Zu einigen sind auch freundschaftliche Beziehungen gewachsen, welche die aktive Zeit im Festival lange überdauerten. Es gab aber auch die damals noch eher kleine Familie der einheimischen Festival-Fans, darunter die Helferinnen und Helfer, die jahrelang dabei waren. Sie wurden jeweils zum eingeschworenen Team und wir Kinder waren stolz, hier auch schon etwas dazuzugehören.

Natürlich gibt es aus den vielen Jahren unzählige eindrückliche, rührende und auch lustige Erinnerungen an persönliche Begegnungen mit den Musikerinnen und Musikern: zum Beispiel an Nadia Boulanger, Maurice Gendron, Elaine Shaffer, Ernst und Lory Wallfisch, Gaspar Cassadó, Zino Francescatti, Wilhelm Kempff, Mihaly Vinzlay, Garry Karr und unzählige Musikerinnen und Musiker, die in der Camerata Lysy und im Zürcher Kammerorchester Jahr für Jahr dabei waren. Ein Höhepunkt für uns war sicher, als wir als Sekundarschülerinnen anlässlich der Ehrenbürger-Feier «Wohl mir dass ich Jesum habe» von J.S. Bach singen durften, begleitet von Yehudi und Jeremy Menuhin, Maurice Gendron und einigen Musikerinnen und Musikern aus dem Saanenland.

Es ist heute kaum mehr vorstellbar, wie ein Festival dieses Formats weitgehend ehrenamtlich organisiert werden konnte. Und es war auch damals ab und zu schon speziell: Wenn Yehudi Menuhin im Juli aus London anrief, um letzte Anweisungen zu geben, und wir unseren Vater vom Heuen weg ans Telefon rufen mussten, hätten wir uns manchmal gewünscht, Herr Menuhin hätte ihn durchs Telefon in seiner Montur sehen können. Unser Vater versuchte stets, alle Wünsche zu erfüllen. Er bemühte sich aber auch eigene Anliegen einzubringen. So kämpfte er stets dafür, dass auch Schweizer Musikerinnen und Musiker im Festival auftreten konnten. Besonders in den 70er Jahren, als das Festival stetig wuchs, war unser Vater von früh morgens bis spät abends mit der Schule und dem Festival beschäftigt. Dies war nur möglich, weil er tatkräftig von unserer Mutter unterstützt wurde und weil er sehr viel Energie aus seiner Liebe zur Musik und den vielen wunderbaren Konzerterlebnissen schöpfte. An den besonderen Musikerlebnissen wollte er auch seine Schülerinnen und Schüler teilhaben lassen, indem er ihnen den Besuch von Proben ermöglichte oder indem er Musiker dafür gewann, in der Aula des Schulhauses ein kommentiertes Konzert für die Kinder zu geben. In vielen Briefen, die wir anlässlich seines Todes erhielten, erzählten ehemalige Schülerinnen und Schüler davon, wie ihnen diese Erlebnisse die Freude an der Musik öffneten.

1974–1979
Der Meister kämpft um sein Kammermusik-Festival
The master fights for his chamber music festival

Wie der Aufbruch in diese vielfältige Festivalzeit 1974 begann, hat der Meister mit treffenden Worten im Vorwort angedeutet: «…dass wir in dieser abgelegenen Bergweite, in dieser geologischen und geografischen Zitadelle und ganz besonders in unserem lieblichen Kirchlein, wo humane Unabhängigkeit, ethisches Verhalten und Mut überleben, Orchester aus völlig entgegengesetzten Enden der Welt wie Tokyo und London versammeln und Musik europäischen Ursprungs machen können.»

Zwei Spektakel im Saaner Landhaus haben mit «Dimitri» die Welt des Clowns und der Pantomime integriert. Neben üblicher Kammermusik faszinierten die Begegnung mit dem fast 80-jährigen Pianisten Wilhelm Kempff, das frische Spiel der Londoner Kinder mit der Berner Pianistin Agathe Jaggi, zwei Auftritte der Camerata Lysy aus Breukelen und die erste Begegnung mit dem Tokyo Akademiker Ensemble unter Fumiki Asazuma. Ein spektakuläres Ereignis wurde die «Première soirée hors programme» in der «Grande Salle du Palace Hôtel Gstaad» mit dem sympathischen Jazzgeiger Stéphane Grappelli und dessen Trio, die beim gemeinsamen Musizieren mit Freund Yehudi Menuhin dessen Improvisationskunst herausforderten – eine nachhaltige Begegnung, die als ein modernes «Crossover» Legende wurde und zu vielen Grappelli-Menuhin-Auftritten geführt hat. Das im Saanenland heimische Zürcher Kammerorchester unter Edmond de Stoutz schenkte nach zwei Konzerten – das erste mit dem Bratschisten Luigi Alberto Bianchi und dem berühmten Geiger Zino Francescatti und das zweite mit dem brillanten Flötisten Aurèle Nicolet und den beeindruckenden Cellisten Maud und Paul Tortelier – zusammen mit dem Menuhin Festival Orchestra die viel beachtete Saaner Premiere des «Polyptyque» von Frank Martin. Das Festival erlebte Musikgeschichte und eine Öffnung der reinen Kammermusik!

The master's preface clearly summed up this varied festival time from 1974 on: "…we are able to gather orchestras from completely opposite ends of the world, such as Tokyo and London, and play music of European origin in such a remote mountain place, in this geological and geographical citadel and especially in our lovely church, where humane independence, ethical behavior and courage have survived."

Two spectacles in the Landhaus Saanen integrated the world of clowns and pantomime with Dimitri. Alongside traditional chamber music, encounters which held the imagination included the performance of the nearly 80-year-old pianist Wilhelm Kempff, the fresh recital of the Stoke d'Abernon children with pianist Agathe Jaggi from Bern, two performances by the Camerata Lysy from Breukelen, and the first encounter with the Tokyo Academy Ensemble led by Fumiki Asazuma. The "Première soirée hors programme" in the Grande Salle du Palace Hotel Gstaad was a spectacular event. The congenial jazz violinist Stéphane Grappelli and his trio, challenged Grappelli's friend Yehudi Menuhin in the art of improvisation. This was a lasting encounter that became a legend as a classic/modern crossover, and led to many subsequent Grappelli-Menuhin performances.

This festival's first concert by the now-at-home Zurich Chamber Orchestra led by Edmond de Stoutz impressed with the viola player Luigi Alberto Bianchi and the famous violinist Zino Francescatti. The second concert included the brilliant flutist Aurèle Nicolet and the remarkable cellists Maud and Paul Tortelier. After these two concerts the Zurich Chamber Orchestra and the Menuhin Festival Orchestra performed the noted Saanen premier of the Polyptyque by Frank Martin. The festival was experiencing music history as well as a departure from pure chamber music!

01 Luigi Alberto Bianchi.
02 Vorwort im Programmheft 1974.
Preface to the 1974 Program.
03 Yehudi Menuhin und Zino Francescatti am 13. August 1974. | *Yehudi Menuhin and Zino Francescatti on August 13 1974.*

Einer der hervorragendsten Züge unserer Epoche ist zweifellos die Fähigkeit, immer mehr über Raum, Zeit und Stil zu gebieten. Mir scheint es ein Masstab für menschliche Entfaltung, dass wir hier in dieser abgelegenen Bergweite, in dieser geologischen und geographischen Zitadelle und ganz besonders in unserem lieblichen Kirchlein, wo humane Unabhängigkeit, ethisches Verhalten und Mut überleben, Orchester aus völlig entgegengesetzten Enden der Welt wie Tokyo und London versammeln und Musik europäischen Ursprungs machen können, die fünf Jahrhunderte umfasst. Durch das von Denis Stevens gewählte Programm lernen wir so den Lebensstil unserer geographischen Vorfahren kennen. Und schliesslich können wir ohne Vorurteil und mit der offenen Bereitschaft des Philosophen und des Kindes gegensätzliche Stile aufnehmen wie die von Kempff, Grappelli und Dimitri.

Die Erweiterung des menschlichen Horizontes geht jedoch zusammen mit einer immer grösseren Verantwortung. Jeder Fortschritt auf dem Gebiet des Wissens und Verständnisses, jede Vertiefung an Liebe ist denn auch ein Hinweis auf unsere Abhängigkeit voneinander und ebenso ein Zuwachs an Macht und Emanzipation wie eine heilige Bürde.

Nicht ohne grosse, demütige Dankbarkeit dürfen wir mit unserem geschätzten und geliebten Kollegen Edmond de Stoutz unseren Beitrag auf diesem Altar und für unsere Mitbürger darbringen in Form des noblen und tiefgründigen Werkes von Frank Martin – «Polyptyque - Images de la Vie du Christ». Durch die vom Komponisten an uns beide gerichtete Widmung fühle ich unsere Zusammengehörigkeit abermals besiegelt. Unsere zwei Orchester werden dieses Werk in Saanen spielen und in Genf für Platte aufnehmen.

Ausserdem zeigt im diesjährigen Festival das Programm der Kinder meiner Londoner Schule wiederum den Namen eines jungen Schweizer Talents. Möge dies auf eine noch engere Zusammenarbeit zwischen der Schule und dem Gstaader Unternehmen hinweisen. Diese Verknüpfung wird, wie ich hoffe, in den kommenden Jahren noch weitere gute Früchte zeitigen.

Es ist mir eine Herzensfreude, sowohl den verehrten, reifen Komponisten Alexander Tscherepnin zu feiern als auch gleichzeitig eine helfende Hand der begabten Jugend zu leihen, der wir das Beste zu übermitteln suchen, was wir an Erkenntnissen, Ueberzeugungen und Tradition zu bieten haben.

1974–1979

01 Signiertes Foto von W. Kempff. *Signed photograph of W Kempff.*
02/03 Probe von Wilhelm Kempff mit der Camerata Lysy Gstaad 1978. | *Rehearsal of Wilhelm Kempff with the Camerata Lysy Gstaad in 1978.*

Wilhelm Kempff – Poetischer Träumer am Piano
Wilhelm Kempff – poetic dreamer at the piano

Der unvergessliche Pianist und feine Künstler, der mit seinen Auftritten in den 70er Jahren einmalige Festivalabende prägte, wurde am 25. November 1895 in Brandenburg als Sohn eines Musikdirektors geboren, beeindruckte schon als neunjähriger Pianist und studierte beim Pädagogen Heinrich Barth (Schüler von Liszt und Bülow). Als mehrfacher Preisträger startete er nach dem 1. Weltkrieg eine grossartige Karriere, die ihn in vielen Ländern und der Schweiz auftreten liess. Sein sensibles Klavierspiel suchte nie äusserliche Brillanz und spektakuläre Virtuosität, sondern pflegte musikalische Details und schuf eine poetische Atmosphäre voll tiefer seelischer Inhalte. Kempff war Meister poetischer Zwischentöne, die sich besonders in der Kammermusik verdichteten, sein Musizieren als begnadeter Pianist in Recitals und die Sonaten-Abende mit Yehudi Menuhin zum unvergesslichen Erlebnis werden liessen. Bald nach den Saaner Besuchen ist es um den geschätzten Pianisten still geworden, der erst am 23. Mai 1991 nach längeren Altersbeschwerden gestorben ist.

Wilhelm Kempff was an unforgettable pianist and fine artist. He was born on November 25 1895 in Brandenburg as the son of a music director, and impressed with unique festival evenings during the 1970s. By the time he was nine years old, he had shown considerable prowess as a pianist, studying under Heinrich Barth (a student of Liszt and Bülow). As a multiple prize winner he started his great career after World War One, which led to him performing in many countries around the world, including Switzerland. His sensitive play was not so much characterized by outward brilliance and spectacular virtuosity, as much as it fed off musical detail and created a poetic atmosphere that was full of depth. Kempff was a master of the "poetry" of musical intervals, which are especially compacted in chamber music. This turned this gifted pianist's recitals and sonata evenings with Yehudi Menuhin into unforgettable events. Soon after his visits to Saanen, the cherished pianist fell silent, eventually dying of old age on May 23 1991.

{ 144 } GSTAAD UND DIE MENUHINS

Das «Polyptyque» von Frank Martin – Sternstunde am Festival 1974

Die wunderbare «Entente», Freundschaft und Zusammenarbeit von Frank Martin mit Yehudi Menuhin und Edmond de Stoutz mit seinem ZKO gipfelte in der Widmung der eindrücklichen Komposition «Polyptyque» (1973) an Martins Freunde Menuhin und de Stoutz und nach der Uraufführung in der eindrücklichen Wiedergabe am 2. September 1974. Die hohen Erwartungen wurden selbst für den anwesenden Komponisten durch das gemeinsam mit dem Menuhin Festival Orchestra musizierende Zürcher Kammerorchester unter Edmond de Stoutz und Yehudi Menuhin als Solisten wunderbar erfüllt. Eindrückliche Dokumente zeugen von diesem musikhistorischen Ereignis. Das tief religiöse Werk hat am Menuhin Festival weitere bemerkenswerte Reprisen erlebt, so am 5. September 1976 und 2. September 1984, aber auch in späteren Aufführungen.

The Polyptyque by Frank Martin – a magical moment of the 1974 festival

The wonderful entente, friendship and collaboration of Frank Martin with Yehudi Menuhin and Edmond de Stoutz with his Zurich Chamber Orchestra peaked in Martin's dedication of the Polyptyque (1973) to his friends Menuhin and de Stoutz, after the impressive world premiere performance on September 2 1974. The combined rendition of the Menuhin Festival Orchestra with the Zurich Chamber Orchestra led by de Stoutz featuring Yehudi Menuhin as soloist exceeded the high expectations of the composer. Impressive documents are evidence of this historical music event. The deeply religious work has since seen further remarkable Menuhin Festival re-runs, including on September 5 1976 and September 2 1984.

01 Frank Martin und/*and* Yehudi Menuhin.
02 Programmseite vom 2. September 1974. | *Programme page of September 2 1974.*
03 Handgeschriebene Zeilen der Gattin Maria Martin von 2005.
Handwritten letter from the wife Maria Martin in 2005.
04 Die drei Protagonisten an der Saaner Probe. V.l.n.r./*The three protagonists at the rehearsal in Saanen. From left to right:* Yehudi Menuhin, Frank Martin, Edmond de Stoutz.

Lundi 2 septembre 1974, 20 h 30

Menuhin Festival Orchestra
Orchestre de chambre de Zurich

Direction: Edmond de Stoutz
Soliste: Yehudi Menuhin Violon

Frank Martin POLYPTYQUE (1973)
1890 * Concerto pour violon et deux orchestres à cordes
(dédié à Yehudi Menuhin et Edmond de Stoutz)
I   Image des Rameaux
II Image de la Chambre haute
III Image de Juda
IV Image de Gethsémané
V   Image du Jugement
VI Image de la Glorification

Lorsqu'en 1973, quand Frank Martin était en train de composer le "Polyptyque" pour Yehudi Menuhin, quelqu'un lui demanda ce qu'il composait en ce moment, et pour qui, Frank Martin répondit: "Je n'écris pas pour un virtuose, j'écris pour un ange."

Maria Martin.

Lokales

20. Yehudi Menuhin-Festival Saanen

Einführung in das letzte Konzert des Menuhin-Festivals

in der Kirche Saanen
Sonntag, den 5. September 1976

«Lobe den Herrn, meine Seele,
und alles, was in mir ist,
seinen heiligen Namen!
Lobe den Herrn, meine Seele,
und vergiss nicht,
was er dir Gutes getan hat!
Der dir all deine Schuld vergibt
und heilet all deine Gebrechen —
der dein Leben vom Verderber erlöst,
der dich krönt mit Gnade und
Barmherzigkeit.» (Psalm 103, 1—4)

Sehen Sie, ich bin kein Freund von Vorreden, die den Zugang zur Musik eher erschweren als erleichtern. Doch heute will ich dem Wunsch von Herrn Menuhin, einige Worte an Sie zu richten, nachkommen. Ich will aber nicht als etwas andres zu Ihnen reden denn als das, was ich bin: Pfarrer in dieser Gemeinde.

Ich empfinde es als Krönung des vierwöchigen Musizierens, wenn an diesem Sonntag zwei geistliche Werke aufgeführt werden, die — wenn schon durch zwei Jahrhunderte getrennt — das gleiche Thema umspielen. Es besteht allerdings kein letzter Gegensatz für mich zwischen dieser geistlichen Musik und Werken nicht religiöser Kunst, wie sie in den vergangenen Wochen hier erklangen. **Jedes Kunstwerk ist ein Gebet**, sei es nun Klage oder Jubel, Hilfeschrei eines Leidenden oder Lobpreis. Wohl ist es in vielen Fällen ein unbewusstes Beten; aber die Seele des Menschen ist bewegt von einer unstillbaren Sehnsucht — nach Liebe. Selbst da, wo sie in grosser Angst nur um sich selber kreist, spiegelt sie noch diesen Hunger wider. Jede Freude aber, die sie erfährt, ist eine Spur des «Paradieses», das sie verlor — ein Hoffnungsschimmer, das Verlorene wiederzufinden — ein Lichtstrahl, der aus dem verschlossenen Himmel fällt...

In Martins «Polyptyque» und Haydns «Missa in angustiis» (= Messe in Zeiten der Angst) bleibt das Beten des Menschenherzens nun freilich nicht im Unbewussten; es wird hier ganz bewusst geübt. Beide Komponisten folgen Christus durch die Tiefen des Leids und finden dabei zur Gewissheit: das Paradies liegt nicht in Rom oder Florida, sondern auf Golgatha verborgen — nicht in der Selbstbespiegelung des Menschen, sondern in der **Vereinigung seiner Seele mit Gott.** Er ist die geheime Mitte jedes Menschenlebens; wo das wahrgenommen und anerkannt wird, muss Frieden einkehren. Die Schönheit einer Seele ist die Schönheit Gottes, die sich in ihr widerspiegelt.

Verehrter Yehudi Menuhin, liebe Künstler!

Das gemeinsame Bemühen so vieler verschiedenartiger Menschen, zum Klingen zu bringen, was die Seele eines einzelnen in Tiefsten bewegt hat, gibt uns teil an deren Kraft und Licht. Wir möchten Ihnen und all Ihren Helfern für diesen Dienst herzlich danken! Die strenge Ausrichtung jedes Musizierenden auf das e i n e Ziel — die treue Wiedergabe des innerlich Erlauschten — ist ein unerhörtes Symbol für das Leben aus Gott. Er, seine Liebe, seine Gerechtigkeit, ist «der Mittelpunkt dieser neuen Welt», sagt Ernesto Cardenal, «und die ganze Schöpfung wird sich um Ihn drehen, wie die Erde und die Planeten sich um die Sonne drehen. Die Liebe und Schönheit Gottes geben der Seele ihre Schönheit. Sie spiegeln sich in ihr wie der unendlich blaue Himmel in einem stillen See.

Zwar fühlen sich die meisten Menschen allein und unbeschützt in der Welt, hilflos wie verlorene Kinder in einem dunklen Wald. Aber der, der uns erschuf, bewohnt uns von innen und umgibt uns von aussen. Wir müssen nur warten, bis Er uns besucht! Alles, was geschieht — sogar die Konsequenzen der Sünde — ist Sein Wille, alles, ausser der Sünde selbst. Darum wollen wir annehmen, was Gott uns gibt; denn nur Er weiss, was uns nottut. Wir sehen Gott oft als einen Tyrannen; aber Er ist **nichts als bittende Liebe.** Das ist der Sinn von Golgatha! Wer wie Christus das Kreuz umarmt und sich mit Gott vereinigt, für den ist alles wie von einem besonderen Licht verwandelt, und eine Quelle der Freude bricht auf aus allen Dingen...» (aus: Ernesto Cardenal, «Das Buch von der Liebe», 1971)

Aus Ihrer Musik, liebe Freunde, kommt uns diese Kunde zu. Wir danken Ihnen!

Werner Sutter

Frank Martin (1890–1974)

1890 in Genf als 10. und jüngstes Kind des Priesters Charles Martin geboren, begann er früh mit Klavierspiel, liebte Improvisieren und schuf neunjährig kleine Lieder. Ergriffen von Bachs Matthäus-Passion wusste der Knabe, dass das Werk des Leipziger Kantors zum Leitbild seines Lebens würde. Klassisches Gymnasium, Mathematik- und Physikstudium in Genf vermochten seine Musikbegeisterung nicht zu mindern. 1918 bis 1926 in Zürich, Rom und Paris fand er als Komponist eine eigene Musiksprache, die im langen Leben in vielen Meisterwerken gipfelte: «Le Vin Herbé», la Petite Symphonie (1945), ein wunderbares «Requiem» (1973), «Golgotha» und 10 Tage vor dem Tod am 21. November 1974 die letzte Kammerkantate «Et la Vie l'emporte». Im langen Werkverzeichnis überraschte 1944 die Uraufführung «Sechs Monologe aus Jedermann» nach Texten von Hugo von Hofmannsthal für Bariton und Klavier, an den «Semaines Musicales de Gstaad» aufgeführt. Der Künstler hat 1971 im Artikel «Rolle der Kunst in unserer heutigen Gesellschaft» weise festgehalten: «Chercher à créer de la beauté est un acte d'amour, encore même que cet amour ne se dirigeait vers personne, non pas même vers l'humanité comme telle: C'est un acte d'amour en soi...»

An der Gründungsversammlung der «Société Frank Martin» 1979 war das Menuhin Festival in Lausanne vertreten und die beiden treuen Freunde des Verstorbenen, Menuhin und de Stoutz, übernahmen den Vorsitz. Menuhin soll gesagt haben:

«Beim Spiel des ‹Polyptyque› von Frank Martin spüre ich die gleiche Verantwortung, eine ähnliche Exaltation, wie wenn ich die ‹Chaconne› von Bach spiele.»

Frank Martin was born in 1890 in Geneva as the tenth and youngest child of the priest Charles Martin. He started to play the piano early and loved to improvise. When he was just nine years old he was composing short songs. He was moved by Bach's St. Matthew Passion, and knew that the work of the cantor from Leipzig would become his model for life. Classic grammar school and studies of maths and physics in Geneva were not able to curb his enthusiasm for music. From 1918 to 1926 he worked as a composer, with stints in Zurich, Rome, and Paris. His career was marked by many masterly pieces throughout his life: Le Vin Herbé, La Petite Symphonie (1945), a wonderful Requiem (1973), Golgotha, and ten days before his death in November 1974 the last chamber cantata Et la Vie l'Emporte. In the long listing of his works, the 1944 world premier of Six Monologues from Jedermann stands out, featuring texts by Hugo von Hofmannsthal for baritone and piano which was performed at the Semaines Musicales de Gstaad. In 1971 the artist said in an article entitled 'The role of art in today's society': "Chercher à créer de la beauté est un acte d'amour, encore même que cet amour ne se dirigeait vers personne, non pas même vers l'humanité comme telle: C'est un acte d'amour en soi..."

At the foundation assembly of the Société Frank Martin in Lausanne in 1979, the Menuhin Festival was represented by the two loyal friends of the deceased, Yehudi Menuhin and Edmond de Stoutz, who took the chairmanship. Menuhin is reputed to have said: "When playing the Polyptyque by Frank Martin I feel the same responsibility and a similar exaltation as when I play the Chaconne by Bach."

Kulturszene Lenk-Gstaad-Château-d'Oex

MENUHIN-FESTIVAL GSTAAD-SAANEN

Menuhin-Musik-Akademie

«Kommission für Kulturelles des Verkehrsvereins Gstaad» wird unabhängiges Festival-Komitee; 1977: Rasche Gründung der Kulturszene und der Internationalen Menuhin Musik Akademie

Das Jubiläum *20. Festival 1976 – 60. Geburtstag von Yehudi Menuhin* sollte einmalig werden: Erlesene Konzerte, dreiwöchige Einladung an die Menuhin-Schule Stoke d'Abernon und ein Check (Fr. 50 000.–) «für Menuhins 20-jähriges aufopferndes Bemühen». Trotz Gesuchen an Behörden, Institutionen und Gönner drohte anfangs Sommer 1976 wegen Defiziten der Vorjahre finanzielles Desaster, ja nach erfolgreichem Jubiläumsfestival mit Geburtstagskonzert am 26. August gar eine Krise. Die Behörden unter Gemeinderatspräsident Dr. Hans Sollberger und der Verkehrsverein unter Roland Pernet verlangten neue Strukturen. Peinlichkeiten wegen nicht einlösbarem Check an Peter Pears, unklare Auszahlung an Menuhin und zu späte Programmierung 1977 provozierten eine Reorganisation. Dennoch gelang dank Verständnis und Unterstützung von Yehudi Menuhin ein erfolgreiches «21. Menuhin-Festival Gstaad-Saanen»! Der geänderte Name auf Programm und Briefpapier bewies den neuen Aufbruch, wie im Vorwort des Festivalgründers steht, das Finanzregime wurde verschärft – alte Fotos und fehlende Konzerthin-

> «Dass mein lieber Kollege und Freund Peter Pears sich bereit erklärt hat, hierherzukommen und für uns zu singen, ist mir eine besondere Freude; denn gerade er ist es, der, zusammen mit Benjamin Britten, vor zwanzig Jahren unser Festival eingeleitet hat.»
> Yehudi Menuhin im Programm-Vorwort 1976

The Gstaad Tourism Office Cultural Commission becomes an independent festival committee. 1977; rapid foundation of the cultural institution and the International Menuhin Music Academy

The 20th festival anniversary in 1976 and the 60th birthday of Yehudi Menuhin were meant to be unique: exquisite concerts, a three week invitation to the Menuhin School in Stoke d'Abernon, and a SFr 50,000 check for Menuhin's selfless work over 20 years. However, despite appeals to the authorities, institutions and sponsors, in the summer of 1976 the festival was threatened by financial disaster due to the accumulated losses of previous years. Even after the successful anniversary festival and birthday concert of August 26, crisis loomed. The authorities, led by local council president Dr Hans Sollberger and tourism office director Roland Pernet, demanded new structures. Reorganization came in 1977 following the embarrassments of bad payments to Peter Pears, unclear payments to Yehudi Menuhin, and the late settling of accounts. Nevertheless, a successful 21st Menuhin Festival Gstaad-Saanen was made possible due to the understanding and support of Yehudi Menuhin. The changed name on the program and letterhead heralded the new beginning, as was mentioned in the festival founder's opening remarks. Financial procedures were tightened up, but old photos and the lack of concert details in the program were still criticized. As early as in mid-March, Yehudi Menuhin and Edmond de Stoutz introduced the planned youth concert to the teachers of Saanenland in the Ebnit school auditorium. They motivated with slogans such as "acquisition of music through education" and wanted young people to attend the concerts in August. For the first

---

20ᵉ FESTIVAL YEHUDI MENUHIN GSTAAD 8 août — 5 septembre 1976

avec le concours de / mit

Camerata Lysy
Leader: Alberto Lysy
Orchestre de Chambre de Berne
Direction: Jeanpierre Moeckli
Orchestre de la «Yehudi Menuhin School»
Direction: Peter Norris
Orchestre de Chambre de Zurich
Direction: Edmond de Stoutz

et les solistes

Colin Carr	Violoncelle
Arlette Chédel	Contralto
Nicolas Chumachenco	Violon
Paul Coker	Piano
Beverly Davison	Alto
Ralph de Souza	Violon, alto
Rachel Franklin	Piano
Rosemary Furniss	Violon
Maurice Gendron	Violoncelle
Agnes Giebel	Soprano
Ming-Feng Hsin	Violon
Nicola Hurton	Violon
Philippe Huttenlocher	Basse
Mindru Katz	Piano
Louis Kentner	Piano
Alberto Lysy	Violon
Nikita Magaloff	Piano
Karl Markus	Ténor
Robert Masters	Violon
Marius May	Violoncelle
Wolfgang Mehlhorn	Violoncelle
Hephzibah Menuhin	Piano
Jeremy Menuhin	Piano
Yehudi Menuhin	Violon
Susan Mezaros	Violon
Struan Murray	Violoncelle
Yfrah Neaman	Violon
Krystyna Ososwticz	Violon
Peter Pears	Ténor
Irmgard Seefried	Soprano
Steven Thomas	Violoncelle
Paul Tortelier	Violoncelle
Mifune Tsuji	Violon
Colin Twigg	Violon, alto
Jacoba Vyze	Violoncelle
Ernst Wallfisch	Alto, viola da gamba
Paul Wright	Violon
Yu Yusuroaka	Violon

01

Jeudi 26 août 1976, 20 h 30

Concert à l'occasion du 60me anniversaire de Yehudi Menuhin

Orchestre de chambre de Zurich

Direction: Edmond de Stoutz
Solistes: Irmgard Seefried, soprano
Alberto Lysy, violon
Nikita Magaloff, piano
Yehudi Menuhin, violon et alto obligato

Joseph Haydn 1732—1809	Symphonie en ut majeur no 37, Hob I: 37 Presto Menuet Andante Presto
Maurice Ravel 1875—1937	«Tzigane» Rhapsodie de concert pour violon et orchestre
Arnold Schönberg 1874—1951	Chansons du «Pierrot lunaire» 1. Valse de Chopin 2. Der kranke Mond 3. Gemeinheit 4. Der Mondfleck 5. Serenade 6. Heimfahrt 7. O alter Duft
Joseph Haydn	Concerto pour piano et orchestre en ré majeur Vivace Un poco adagio Rondo all'ungharese

Piano Steinway & Sons de la maison Krompholz & Cie., Berne

Prière de ne pas applaudir

02

---

01 Liste der Solisten am Festival 1976. *List of the soloists at the 1976 Festival.*
02 Programmseite zum Geburtstagskonzert am 26. August 1976. | *Programme page on the birthday concert of 26 August 1976.*

1974–1979

> «Mit dem Festival 1977 besteigen wir das Boot der dritten Dekade. Wir haben mit 21 Jahren das Alter der Reife und Mündigkeit erreicht. Ist es nicht merkwürdig, dass mehr und mehr das Stimmrechtsalter gesenkt, dagegen das Alter zum Führen eines Fahrzeuges eher erhöht wird!? Gilt dies wohl als Indiz für die Bedeutung, die wir immer mehr dem Wissen und Handeln zugestehen?»
>
> Yehudi Menuhin im Vorwort zum Programm von 1977

weise aber weiter kritisiert. Schon Mitte März stellten Yehudi Menuhin und Edmond de Stoutz den Lehrern des Saanenlandes in der Aula der Ebnit-Schule das geplante Jugendkonzert vor und motivierten mit «Erwerb der Musik in der Erziehung» zum Konzertbesuch der Jugend im August. Erstmals provozierte damals die Frage «Soll sich Alberto Lysy mit einer internationalen Musikakademie in Gstaad niederlassen?» Einig war man sich, dass dies unabhängig vom Menuhin Festival geschehen müsste und finanziell nicht belasten dürfte.

Eine Gründung der «Internationalen Menuhin Music Academy» IMMA lag in der Luft!

Weitere Probleme erschwerten die Vorbereitungen: Ein Konzertflügel und ein Cembalo sollten wegen steigender Mietkosten angeschafft werden, nachdem eine namhafte Kulturspende («Leifheit-Geld») signalisiert worden war; die Restaurierung des Flügels von Pfarrer O. Lauterburg wurde nötig, um im Kirchgemeindehaus eine Übungsmöglichkeit anbieten zu können. Steigende Künstlergagen, Zusatzforderungen von Alexander Chasen für Solisten, Zuzüger und Zürcher Kammerorchester liessen das ausgeglichene Budget schon vor dem Festival platzen; Unterkunftsprobleme und die

time the question was raised and to whether Alberto Lysy should settle in Gstaad with an international music academy. There was a consensus that this had to be done independently of the Menuhin Festival in order not to create financial burden. The foundation of the International Menuhin Music Academy (IMMA) was in the air!

But further problems made the preparation hard. When a substantial donation from the Leifheit family was in the offing, it was intended that a grand piano and a harpsichord be purchased due to rising rental costs. Furthermore, the restoration of priest Lauterburg's piano was necessary in order to offer a practice facility in the church parish house. Rising artist salaries, as well as additional demands from Alexander Chasen for soloists, out-of-towners and the Zurich Chamber Orchestra, all contributed to sending the budget into the red before the festival had even started. Accommodation problems and the cancellation of the long-standing contribution by Palace Hotel director Ernst A Scherz at the end of 1976 reduced the income and necessitated higher contributions from the canton. As a result of a new cultural promotion law, from 1977 these cantonal contributions were no longer offered generously for single events, but were given as an annual lump sum to a regional cultural institution if this institution was able to secure adequate amounts from members and sponsors, and the support of the local authorities. Together with those responsible for culture and music in Lenk and the Simmental, such as music professor Kurt Pahlen, Zweisimmen tourism director Hans Forrer, and teacher Fritz Gerber from Zweisimmen, it was possible to meet these requirements by rapidly founding the cultural institution ("Kulturszene") of Saanenland-Obersimmental. After talks in Bern, a substantial annual stipend for culture was obtained from the canton. The successful integration of western Switzerland with

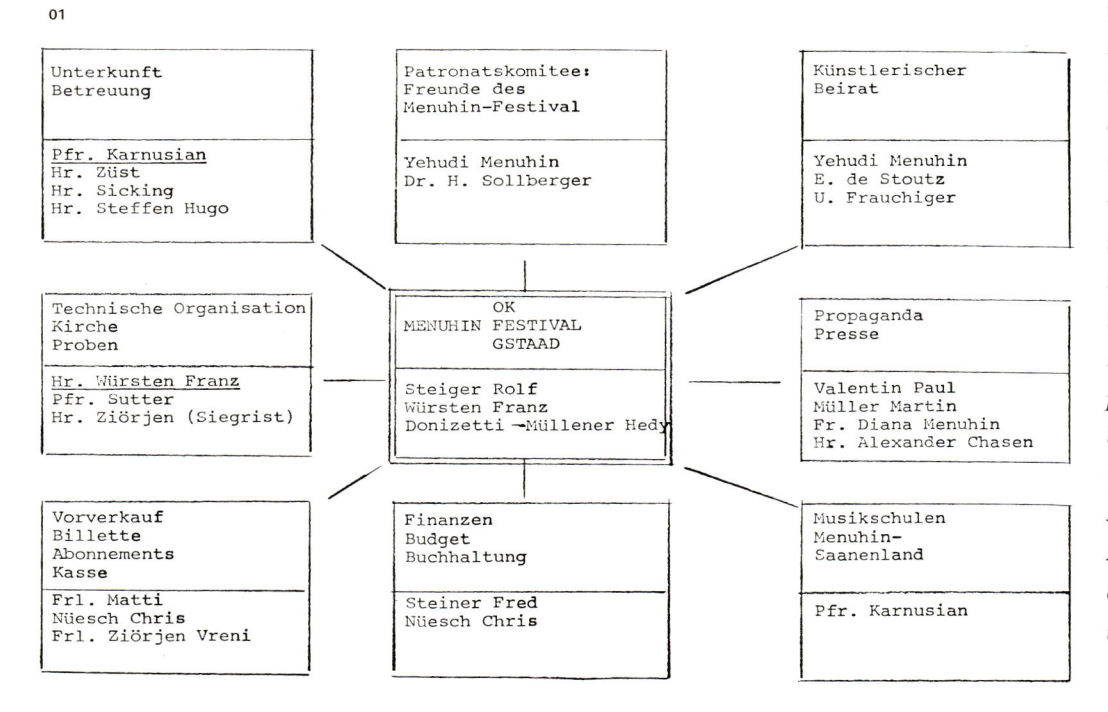

01 Organigramm des Festivals-OK 1976. *Organigram of the Festival OK 1976.*
02 Dankesbrief Menuhins nach dem Geburtstagskonzert vom 1. September. | *Thank you letter from Menuhin after the birthday concert of 1 September.*
03 Hommage vom Herausgeber des «Anzeigers von Saanen» Martin Müller. | *Homage from Martin Müller, the editor of the Anzeiger von Saanen.*

01

Unterkunft Betreuung	Patronatskomitee: Freunde des Menuhin-Festival	Künstlerischer Beirat
Pfr. Karnusian Hr. Züst Hr. Sicking Hr. Steffen Hugo	Yehudi Menuhin Dr. H. Sollberger	Yehudi Menuhin E. de Stoutz U. Frauchiger
Technische Organisation Kirche Proben	OK MENUHIN FESTIVAL GSTAAD	Propaganda Presse
Hr. Würsten Franz Pfr. Sutter Hr. Ziörjen (Siegrist)	Steiger Rolf Würsten Franz Donizetti –Müllener Hedy	Valentin Paul Müller Martin Fr. Diana Menuhin Hr. Alexander Chasen
Vorverkauf Billette Abonnements Kasse	Finanzen Budget Buchhaltung	Musikschulen Menuhin-Saanenland
Frl. Matti Nüesch Chris Frl. Ziörjen Vreni	Steiner Fred Nüesch Chris	Pfr. Karnusian

auf Ende 1976 erfolgte Kündigung des langjährigen Palace-Beitrages durch Generaldirektor Ernst A. Scherz schmälerten die Einnahmen und erforderten höhere Kantonsbeiträge. Diese wurden ab 1977 infolge des neuen Kulturförderungsgesetzes nicht mehr giesskannenartig an einzelne Veranstaltungen, sondern als jährlicher Gesamtbeitrag einem regionalen Kulturträger zugewiesen, wenn dieser Verein entsprechende Beträge durch Mitglieder, Sponsoren und lokale Behördenunterstützung aufbringt. Zusammen mit Verantwortlichen des Kultur- und Musikangebots an der Lenk und im Simmental wie Musikwissenschafter Professor Kurt Pahlen, Kurdirektor Hans Forrer und Lehrer Fritz Gerber aus Zweisimmen gelang es in kurzer Zeit, dank Gründung der Kulturszene Saanenland-Obersimmental den Forderungen zu entsprechen und nach Gesprächen in Bern vom Kanton einen namhaften jährlichen Kulturbeitrag zu erwirken. Die erfolgreiche Öffnung zur Westschweiz mit Integration des Pays-d'Enhaut in die «Alliance Culturelle» sicherte weitere Beiträge und die Unterstützung durch den Kanton Waadt.

Am feierlichen Gründungskonzert der IMMA und der Kulturszene am 21. August 1977 in der Kirche Saanen durften viele Gäste und Kulturfreunde zur Freude der Familie Menuhin die Stiftung «International Menuhin Music Academy Gstaad» und den neuen Verein «Alliance Culturelle» würdig feiern, womit der Region mit der Camerata Lysy Gstaad aus Mitgliedern der IMMA ein junges, hervorragendes Streicherensemble geschenkt wurde. Nach intensiven Wochen war mit Mut und Verantwortungsgefühl ein erster Aufbruch getan, aber Engagement, neue finanzielle Mittel und Abenteuersinn blieben weiter gefragt!

«Doch wie soll es weitergehen?» hiess es schon im Herbst 1977 im «Anzeiger von Saanen».

the incorporation of the Pays d'Enhaut created the "Alliance Culturelle" and secured further funds and the support of canton Vaud.

Many guests and friends were able to enjoy the festive foundation concert of IMMA and the new Alliance Culturelle on August 21 1977 in Saanen church, which made the Menuhin family happy. In the Camerata Lysy Gstaad, formed of members of IMMA, the region had gained a young, excellent string ensemble. After some intensive weeks, a first step forward had been courageously completed, but commitment, further new financial resources, and a sense of adventure were still lacking!

"But how should it continue?" declared the Anzeiger von Saanen in the autumn of 1977.

CHALET CHANKLY BORE
GSTAAD   1st September 1976

Dear Dr Steiger

I cannot thank you enough for the spontaneous and, as I understand, unprogrammed words you said at the supper after the birthday concert, all the more touching for their improvised and heartfelt quality. I know that you will crystallise all the chief elements of our Festival, and in particular the Bevölkerung: those who send their children to schools and those who come to the concerts and those whose hearts have welcomed my family. In a very special way I feel that you are a direct link between them and the Verkehrsverein, the Hotelierverein, the Kirchgemeinderat and those many people who wish to receive my School and to facilitate their coming. There is no reason why everything should not work together in harmony.

With every good wish, in which Diana joins,

Yours,
Yehudi Menuhin.

Dr med Rolf Steiger
3780 Gstaad

Yehudi Menuhin zum 60. Geburtstag

Lieber Herr Menuhin,

Die Komponisten teilen ihre Schöpfungen in Takte ein; das Menschenleben fassen wir in Dezennien zusammen. Wenn Sie, verehrter Meister Menuhin und lieber Saaner Ehrenbürger, morgen Donnerstag, den 22. April 1976, zu Takt 60 Ihrer Lebenssymphonie kommen, gedenken Ihrer auch die Musikfreunde im Saanenland.

Wir betrachten es als unverdientes Vorrecht, dass Sie mit uns, mit unserem Ländchen, seinen Bergen, Wiesen und Matten, Wegen und Stegen, mit den Häusern und besonders mit unserer Kirche in Saanen eine zwanzigjährige tiefe Freundschaft pflegen. Sie feiern ja dieses Jahr auch das 20. Menuhin-Fetival in Saanen. In dieser Zeit haben Sie nicht allein Ihre eigene hohe Kunst zu uns gebracht, sondern recht eigentlich die Welt der grossen Konzertsäle, einer Carnegie-Hall, einer Royal Festival-Hall, einer Salle Pleyel und wie sie alle heissen, in unsere Kirche verpflanzt, nur dass unser freskengeschmücktes Gotteshaus einen viel tieferbezogenen Rahmen bildete für Ihre Verkündigung durch das Wort der Töne.

Wir danken Ihnen ganz herzlich dafür, dass wir jeweils während des Festivals zu einem Weltzentrum der Musik werden, wobei wir selbstverständlich das ganze Jahr hindurch unsere langjährige Musiktradition hochhalten. Die angesehensten Künstler bringen Sie uns zu dieser Zeit mit sich, so dass, wie Sie sich einmal ausgedrückt haben, der Bauer gleichsam vom Stall weg, nachdem er seine Kühe gemolken hat, in den erlesensten Kunstgenuss gelangen kann, ohne eine Tagereise zu machen. Sie sind aber nicht nur ein begnadeter Künstler und seit frühester Jugend ein grossartiger Virtuose — ebensosehr liegt Ihnen das Menschliche am Herzen, und so betrachten Sie auch Ihre Konzerte als etwas Völkerverbindendes, indem Sie auch Musik anderer Völker in Ihrem Festival zum Erklingen bringen lassen. Von Ihrer hohen Auffassung von Kunst und von Ihrem tiefen Verständnis für unser kleines Schweizerland und das noch kleinere Saanenland zeugen jeweils Ihre Geleitworte im Festival-Programmheft.

Wir wissen nicht, wo Sie Ihren Festtag begehen, auf welchem Teil unseres Planeten, den Sie fast bis zur letzten Landfläche bereist haben, doch sind wir sicher, dass unsere guten Gedanken und Wünsche eine übersinnliche Notenlinie finden werden, um auch bei Ihnen zum Klingen zu kommen. Mögen Sie Ihre früh begonnene grossartige Laufbahn mit unverminderter Kraft weiterführen können, uns und allen Musikfreunden der ganzen Welt zur Freude.

Das wünschen Ihnen Ihre Saaner Mitbürger.   mm

Kräfte im Hintergrund
Driving Forces Behind the Scenes

Wer war Alexander Chasen?

Der umsichtige Manager des Zürcher Kammerorchesters galt seit dem ersten Auftritt des ZKO 1958 als Mit-Organisator des Festivals, wirkte als «gute Seele», für Verantwortliche oft auch als unnahbare «Graue Eminenz». Mit Diana Menuhin war er jahrelang für Fotos im Festivalprogramm verantwortlich und kümmerte sich intensiv um das oft längere Zeit im Saanenland weilende Orchester, half bei der Programmgestaltung und besorgte das Aufgebot der Zuzüger; er verstand es auch, Honorarforderungen durchzusetzen. Dank seines riesigen Beziehungsnetzes blieb das oft kränkelnde Ehepaar Chasen fürs Festival unentbehrlich. Es hat den Dank von Yehudi Menuhin, die Anerkennung der Verantwortlichen und die lieben Zeilen nach Alexander Chasens Ableben wirklich verdient:

«Und nicht zuletzt gilt mein Dank auch dem Manager des Zürcher Kammerorchesters Alexander Chasen, der in seiner Eigenschaft als Mit-Organisator unseres Festivals der Gemeinde Saanen seit neunzehn Jahren in Treuen dient.» (1976)

«Der Tod unseres Freundes Alexander Chasen hat uns alle tief betrübt, denn Alexander Chasen war seit Beginn des Festivals lange Jahre treuer Verwalter desselben, um es dann später jeden Sommer regelmässig mit seiner Frau Ilse zu besuchen und ihm damit verbunden zu bleiben. Wir alle sind in dieser für sie so schweren Zeit in Gedanken bei Ilse und sprechen ihr unser herzlichstes Mitgefühl aus.» (1991)

Who was Alexander Chasen?

The prudent manager of the Zurich Chamber Orchestra was a co-organizer for festival matters related to the Zurich Chamber Orchestra since the orchestra's first performance in Saanenland in 1958. He was a good soul, but for festival organizers he was often seen as a less than accessible "eminence grise". Together with Diana Menuhin, he was responsible for the pictures in the program for many years. He also took care of the orchestra, which often stayed longer in Saanenland, helped with the creation of the program, and took care of out-of-towners performing in the festival. He was particularly adept at pushing through salary demands. Thanks to his huge network of connections the often ailing Chasen was indispensable to the festival. Both he and his wife earned the genuine appreciation of festival organizers, as well as the gratitude of Yehudi Menuhin himself: "And last but not least, my thanks go to the manager of the Zurich Chamber Orchestra, Alexander Chasen, who as co-organizer of the festival for the past 19 years has loyally served the community of Saanen" (1976). "The death of our friend Alexander Chasen has shocked us all deeply. Since the beginnings of the festival, Alexander Chasen has been a loyal administrator over the years, and later he stayed connected by coming every summer with his wife Ilse. In this difficult time, all our thoughts are with Ilse, and we express our sincerest condolences" (1991).

Alexander Chasen als kritische, aber wertvolle Hilfe im Hintergrund.
Alexander Chasen as a critical but valuable assistant behind the scenes.

Eleanor Hope – die Sekretärin wird zur Festivalleiterin

Die in Südafrika als Tochter eines Theater-Beleuchtungsspezialisten und Nichte eines Opernsängers herangewachsene Eleanor Valentin heiratete jung den 1944 in Johannesburg geborenen, in der Hauptstadt Pretoria ausgebildeten Journalisten Christopher Hope, der Apartheiderlebnisse bis zum Umzug nach London 1975 dichterisch und schriftstellerisch verarbeitet hatte. Kaum in London, wurde Eleanor Hope, Mutter der zwei Söhne Jasper und Daniel, von Menuhin als Sekretärin eingestellt. Sie berichtete:

«Im Juni 1975 trat ich in London eine Stelle als Sekretärin von Yehudi Menuhin an. Schon zwei Wochen später erklärte er mir, wie es seine Art war, so nebenbei, dass wir den gesamten August in Gstaad verbringen würden. Ich war ziemlich perplex – was sollte ich mit meinen Kindern machen? Menuhin meinte darauf schmunzelnd: ‹Niemals würde ich eine Mutter von ihren Kindern trennen – natürlich nehmen Sie die ganze Familie mit!›»

Wurde damals damit gerechnet, dass sich Eleanor Hope so effizient erweisen sollte, dass sie immer mehr Macht gewann, der Meister sich von der Agentur Harold Holt trennte und sie zu seiner persönlichen Managerin machte? Eleanor hat Menuhins berufliche Tätigkeit neu belebt, ihn zur erfolgreichen Zusammenarbeit mit ihrem Gatten gebracht, wovon das lustige Kinderbuch «The King, the Cat and the Fiddle» (1983) zeugt. Sie schrieb weiter:

«Als sich dann unser Zug die Kurven über Montreux hinaufwand und wir die Wolkendecke, die über dem See lag, unter uns liessen, staunten wir über die paradiesische Landschaft, in die wir hineinfuhren. Dieser erste Besuch war

Eleanor Hope – the secretary becomes festival director

Eleanor Hope was born in South Africa as daughter of a theater lighting specialist. Her aunt was an opera singer, and she married young to the journalist Christopher Hope. Her husband was born in 1944 in Johannesburg and educated in the capital Pretoria, and he expressed his experiences with apartheid both poetically and journalistically. Shortly after the couple's move to London, the mother of two children (Jasper and Daniel) was employed by Menuhin as his secretary. She recounted: "In June 1975 I took a job in London as secretary to Yehudi Menuhin. Two weeks after starting, Mr Menuhin, as he was then, said casually that we would be going to Gstaad for the month of August. I was stunned: what would I do with my two small children? "I would never, ever part a mother from her children," Menuhin said smilingly. "You'll bring the whole family, of course.""

One would hardly have thought then that Eleanor Hope would prove to be so efficient that she would become increasingly influential, so much so that the master eventually dismissed his agent, Harold Holt, and appointed her as his new personal manager. Eleanor inspired Menuhin's career in new ways and she got him to collaborate successfully with her husband, which resulted in the funny children's book 'The King, the Cat and the Fiddle' (1983). She continued: " As the train curved upwards from Montreux, and we left the fat white clouds over the lake below us, we realised we were journeying into paradise. That first visit culminated in a love affair with Gstaad which lasted more than a quarter of a century. Initially it involved attending the festival concerts, and helping to deal with the thousand and one demands on

01 Yehudi Menuhin mit Eleanor Hope.
Yehudi Menuhin with Eleanor Hope.
02 «Vom König, vom Kater und der Fiedel» – ein geniales Kinderbuch. | *'The King, the Cat, and the Fiddle' – a great children's book.*

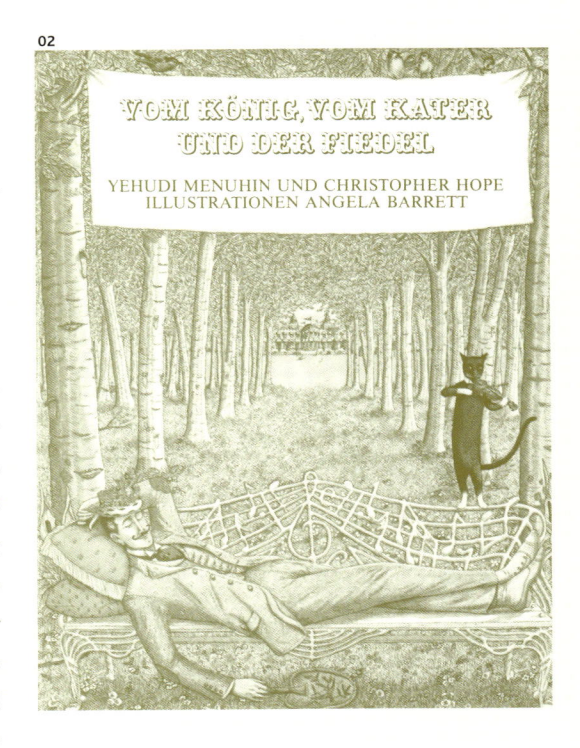

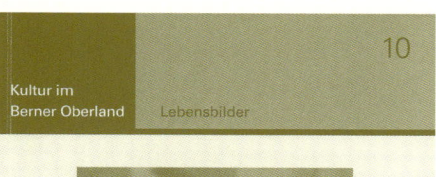

1974–1979

der Anfang einer Liebesbeziehung zu Gstaad, die mehr als ein Vierteljahrhundert dauern sollte. Ursprünglich war es meine Aufgabe, bei den zahllosen Aktivitäten Menuhins zu helfen und bei den Konzerten des Festivals anwesend zu sein. Bald aber übernahm ich auch Aufgabenbereiche von Alexander Chasen, dem damaligen Generalsekretär des Zürcher Kammerorchesters, der für die künstlerische Administration des Festivals zuständig war, und ab 1980 wurde mir dieser Bereich offiziell anvertraut. Yehudi Menuhin übergab mir eine Liste der Werke und Künstler, die er sich für das Festivalprogramm wünschte, und ich erledigte alles in enger Zusammenarbeit mit der rasch zu einer Freundin gewordenen Elisabeth Matti, die das Tourismusbüro leitete und deren grosse Liebe den Sommerkonzerten galt. Bald ermutigte mich Menuhin, auch selbst aktiv an der Programmierung und künstlerischen Gestaltung mitzuwirken. Ich erstellte Programme, die von ihm akzeptiert und dann vom Festivalkomitee (damals eine ehrenamtlich tätige kleine Gruppe von Gstaader Musikliebhabern unter dem Vorsitz von Dr. Sollberger, später von Dr. Rolf Steiger und Robert Villiger und dem Direktor des Tourismusbüros) genehmigt wurden.»

So wurde die persönliche Sekretärin zur Festivalmanagerin und später erfolgreichen Direktorin. Sie lebt heute mit ihrem Lebenspartner, dem Bariton Benno Schollum, in Wien.

Lesenswert bleibt ihr Beitrag «Standing Ovation» zum 80. Geburtstag des Meisters unter «Lebensbilder – Begegnungen mit Yehudi Menuhin» (Volkswirtschaftskammer Berner Oberland 1996).

Menuhin's time. It quickly moved into taking over the responsibility from Alexander Chasen, the general secretary of the Zurich Chamber Orchestra whose job it was to book the festival concerts, and by 1980 I was officially in charge of the artistic administration. Yehudi Menuhin would give me a list of artists and works to be performed, I did the rest, working closely with my friend Elisabeth Matti, who ran the secretariat of the tourist office and whose consuming passion was the summer concerts. As time went by, Menuhin encouraged me to assume ever greater artistic and programming responsibility; I would obtain his approval of a programme and then take it to the Festival committee – in those days a small group of enthusiastic Gstaader volunteers, led by Dr Hans Sollberger, later by Dr Rolf Steiger, Robert Villiger and eventually by the director of the tourist office."

So it was that Menuhin's personal secretary became festival manager and later its successful director. Today she lives with her partner, baritone Benno Schollum, in Vienna.

Very much worth reading is her contribution 'Standing Ovation', written in honor of the master's 80th birthday in 'Encounters with Yehudi Menuhin' (Volkswirtschaftskammer Berner Oberland 1996).

01 Eleanor Hope im Gespräch mit Frau Maria Martin (1979). | *Eleanor Hope having a conversation with Mrs Maria Martin (1979).*
02 «Begegnungen mit Yehudi Menuhin» (1996). Gedenkschrift in der Reihe «Kultur im Berner Oberland». | *'Encounters with Yehudi Menuhin' (1996). Commemorative volume in the series 'Culture in the Bernese Oberland'.*

Elisabeth Matti – Die langjährige Festival-Seele im Verkehrsbüro Gstaad

Die einheimische Elisabeth Matti hat nach einer Lehre von 1966 bis 1969 beim VVGstaad unter Paul Valentin von 1971 bis 1989 als Angestellte die verschiedensten Aufgaben pflichtbewusst erfüllt. Aus ihren Erinnerungen von 1993 spürt man, dass ihr Herz besonders fürs Menuhin Festival geschlagen hat, ein mit Anekdoten gespickter herzlicher Rückblick auf diese schönsten Jahre des touristischen Aufschwungs von Gstaad. Im Vorwort zum 33. Festival hat sogar Yehudi Menuhin warme Worte der Anerkennung geschrieben:

«Ich möchte an dieser Stelle Elisabeth Matti, die am Ende des Festivals das Verkehrsbüro verlässt, von ganzem Herzen Dank sagen für all die Hingabe und Liebe, mit welcher sie sich unseres Festivals angenommen hat. In den achtzehn Jahren, während derer Elisabeth uns mit Rat und Tat zur Seite stand, haben wir sie als gewissenhafte Mitarbeiterin schätzen gelernt. Nur ungern lassen wir sie gehen...» 1996 erzählte sie kurz vor ihrem frühen Tod von ihrer ersten Begegnung mit dem Festivalgründer:

«Meine erste Begegnung mit Herrn Menuhin war natürlich lange, lange bevor ich für das Festival arbeitete. Mit dem Unterschied, dass er mich damals nicht kannte. Nur ich ihn, wie Millionen von Menschen auf der Erde. Es war während der Schulzeit. Unser Gesangslehrer hatte für ganze Schulklassen Pflichtstunden eingeführt, um an den Konzertproben teilzunehmen. Dies war nicht immer für alle Kinder eitel Freude: Ach, schon wieder diese langweilige Kammermusik und mäuschenstill sitzen in der Kirche. Aber viele Jugendliche haben dadurch den Zugang zu der klassischen Musik gefunden und sind später zu regelmässigen Konzertbesuchern geworden. Eine musikalische Erziehung, die wir Herrn Menuhin zu verdanken haben. Später, während meiner Arbeit für das Festival, habe ich mich vielleicht gerade dafür eingesetzt, dass Kinder die Konzertproben gratis besuchen durften. Dies ganz im Sinne des Meisters. Kennen wir ihn doch als ganz grossen Förderer der Jugend.» (aus «Begegnungen mit Yehudi Menuhin»)

Elisabeth Matti – the soul of the festival at the Gstaad tourism office

Elisabeth Matti was from Saanenland, and did her apprenticeship from 1966 to 1969 at the tourism office in Gstaad. From 1971 to 1989 she worked dutifully under Paul Valentin in various areas. In her memoirs of 1993 – a hearty, anecdotal review of some of the best years of Gstaad's tourism boom – her excitement for the Menuhin Festival is almost palpable.

In his foreword of the 33rd festival, Yehudi Menuhin wrote warm words of appreciation: "At this point I would like to thank from the bottom of my heart, Elisabeth Matti, who is going to leave the tourism office at the end of this festival season. I am grateful to her for all her commitment and love with which she cared for our festival. During the 18 years in which Elisabeth stood beside us with her advice and action, we have come to appreciate her as a diligent collaborator. It is only with reluctance that we let her go..."

In 1996, shortly before her death, she told of her first encounter with the festival founder in 'Encounters with Menuhin': "My first encounter with Mr Menuhin was naturally long before I worked for the festival. He did not know me then. I knew him as millions of people did at that time. It was during my school years. Our singing teacher introduced compulsory hours for whole classes to participate at the concert rehearsals. This was not always appreciated by all children: oh, yet again this boring chamber music that we have to sit through as quiet as a mouse in the church. But for many young people these experiences were their entry point into classical music, and they later went to concerts on a regular basis – a musical education which we owe to Mr Menuhin. Later during my work for the festival, I lobbied hard so that children had the possibility to attend the concert rehearsals for free. This was completely in the spirit of the master, and we know him as a great supporter of youth."

Eleanor Hope, the ex-festival director and friend of Elisabeth, wrote recently about the end of her work in Gstaad: "I miss my good friends, especially Elisabeth

---

CHALET CHANKLY BORE
GSTAAD

31st August 1986

Miss Elisabeth Matti
Verkehrsbüro
3780 Gstaad

Dear Elizabeth Matti

I wanted before the end of the Festival to thank you personally for fifteen years of wonderful service to the Festival, to music and to our concertgoers. You have worked above and beyond the call of duty, and I know very well that without you there would be no Festival, for the administration is every bit as important as the music. I was so sorry that you were ill when we had our Festival committee meeting -- I do hope you are feeling better now -- since at that meeting I took the liberty of proposing without your knowledge and without having consulted you that you should be the 'Directrice d'Administration' of the Festival -- a post you in fact already hold, but one which I feel should be given proper recognition with a proper title. My suggestion was, I believe, enthusiastically welcomed, and I know it will now be put to the Verkehrsverein for approval.

I am sending a copy of this letter to our new President, Michel Müller, and to our good friend Mr Georges Tauxe, so that they will proceed accordingly.

With warmest appreciation and every good wish,

Yours sincerely,

Yehudi Menuhin

1974–1979

Elisabeth Matti mit Kurdirektor Paul Valentin und Ueli Steinmann.
Elisabeth Matti with tourism office director Paul Valentin and Ueli Steinmann.

Die spätere Festivaldirektorin Eleanor Hope, Freundin und Weggefährtin von Elisabeth, schrieb kürzlich über das Ende ihrer Arbeit in Gstaad: «Ich vermisse meine guten Freunde, besonders Elisabeth Matti, die 1996, kaum einen Monat nach meinem Weggang aus Gstaad, völlig unerwartet einem Schlaganfall erlag. Ihre grosse Rolle in der Entwicklung des Festivals wurde nie zur Gänze erkannt und gewürdigt.»
Das grosse Wirken der leider früh verstorbenen VVG-Angestellten bleibt unvergessen.

Matti who died unexpectedly from a stroke only one month after I had left in 1996. Her major role in the development of the festival was never fully recognized and acknowledged." The great work of this unfortunately deceased tourism office employee will be remembered for a long time to come.

ORIGINALSTIMME | Elisabeth Matti «Ich erinnere mich...»

Gerade spontan erinnere ich mich, wie ich 1966 als blutjunge Lehrtochter einem Musiker des Zürcher Kammerorchesters eine falsche Zugsverbindung herausgeschrieben habe, und wie dieser Herr mir einige Tage später eine Taxirechnung präsentierte, die mir glatt den halben Monatslohn wegfegte... oder, dass wir damals Julie Andrews auf dem Flugplatz Saanen jeweils mit einem Blumenstrauss aufwarteten. Und, dass ich alles in allem mit ... 16 Lehrtöchtern, 18 Sekretärinnen, 5 Sportsekretären und ... 3 Kurdirektoren zusammengearbeitet habe. Und dass es für mich die 20 schönsten Gstaader Tourismusjahre waren. Nicht zusammengezählt habe ich die Gäste aus allen Himmelsrichtungen, denen ich begegnete, oder die Briefe, Skiabis und sonstigen Billette, welche durch meine Hände gingen.

Und so erinnere ich mich, dass wir mit den Gästen plauderten wie die Wasserfälle, keine Mühe scheuten, um alle Wünsche zu erfüllen, streng gearbeitet, aber auch unheimlich viel gelacht haben. Zum Beispiel damals, als wir für kurze Zeit eine fremdländische Sekretärin als Kollegin hatten, die Mühe hatte mit der deutschen Sprache und speziell mit dem Dialekt. Vielleicht war es etwas mühsam, aber köstlich. So war ich mit einem Ohr immer an ihrem Schalter und mit dem anderen bei meinem, denn es konnte gut sein, dass sie für den Pillon Schnecken empfahl anstatt Schneeketten, und dass selbst den Gästen manchmal die Augen tränten vor Lachen, war wohl das Herrlichste an der ganzen Geschichte.

Klar war es, dass die Frotteetücher für die Tennisspieler das Jahr über im Verkehrsbüro gut aufgehoben waren, und dass wir jeweils während dem Turnier – in meinen ersten Jahren – bis spät am Abend auf die Resultate warteten, um die Spielpläne für den nächsten Tag auf Wachsmatrizen zu tippen. Und wenn die REX Rotary Maschine wieder einmal spukte und wir mit Druckerschwärze geschminkt Köbi Hermenjat die Spielpläne übergaben, konnte es ohne zu übertreiben 23 Uhr sein. Oder dass während dem Menuhin Festival mitten in der Nacht bei mir zu Hause das Telefon klingelte, weil ein Orchestermitglied vergessen hatte, die Orgel abzustellen und die Kirche nun geschlossen sei ... eine engagierte, aber wunderbare Zeit!

Selbstverständlich hat sich meine Tätigkeit im Laufe der Jahre verändert. «Fast» ein halbes Leben lang habe ich mit Paul Valentin zusammengearbeitet. Schöne, unvergessliche Jahre. Und wenn ich bei ihm bettelte, ich möchte doch auch gerne mal einen Tourismusfachkurs besuchen, entgegnete er mir: «Was, Sie wollen einen Kurs nehmen? Sie sollten einen geben!»

1979 kreierten wir ein neues Konzept für das Menuhin Festival. Und so übernahm ich ab 1980 die administrative Leitung des Festivals. Eine Aufgabe, die viel Engagement verlangte, mir aber auch sehr viel Genugtuung brachte. Bis heute sind mir daraus wunderbare Kontakte und wertvolle Freundschaften erhalten geblieben, die ich ausserordentlich schätze.

Ja, umgebaut hatten wir das Verkehrsbüro zwei Mal und ... schlussendlich, vis-à-vis, konnten wir ein neues, luxuriöses Verkehrsbüro mit viel mehr Platz planen. So hatte ich ab 1983 mein eigenes Büro. Es begann auch teilweise ein neuer Abschnitt für mich. Mit meinem mittlerweile neuen Chef, Georges Tauxe, hatte ich mich inzwischen sehr gut eingelebt. Vielleicht war es auch der welsche Einschlag, welcher uns Saanenländern ja auch etwas im Blut liegt, und nicht nur die neuen Aufgaben in einem Tourismus, der ständige Anpassungen im Wandel der Zeit verlangt, welcher mir in meinem zweiten Abschnitt beim VVG eine hochinteressante und herausfordernde Tätigkeit bot. So vertrat ich nun auch vermehrt den Kurdirektor, wenn er sich aufteilen musste, wozu genug Gelegenheit war, sei es am World Travel Mart in London, bei Pressekonferenzen, bei der Betreuung der Journalisten oder beim Empfang wichtiger Persönlichkeiten.

Niemals vergessen habe ich, wie herzlich mich der Staatspräsident von Burundi – schwarz wie die Nacht und zwei Meter lang – in seine Arme schloss... ob seine Frau deshalb so zitterte, als wir aufs Eggli fuhren, oder ob es wegen der Gondelbahn war, habe ich nie so ganz genau gewusst... aber eines weiss ich bestimmt: In Burundi gibt es keine Gondelbahnen...

Nach einem 6-monatigen Unterbruch war es schliesslich Hans-Ulrich Tschanz, der mich auf meinem letzten Stück Weg beim VVG begleitete, und ihm, als grossem Musikfreund, durfte ich nun mit gutem Gewissen mein Lieblingskind, das Menuhin Festival, überlassen. Dass er es pflegen würde, wusste ich von Anfang an. Und beim heutigen Musiksommer noch etwas dabei zu sein macht mir auch Spass.

Somit stand mir im Herbst 1989 nichts mehr im Wege, um endlich das Feld beim VVG zu räumen.

Schade, dass ich nun bei der letzten Generalversammlung des VVG nicht dabei sein kann. Aber sehr froh bin ich, dass ich ihm während seinen «Lebzeiten» Gutes erweisen durfte. Jedenfalls werde ich ihm ein «ehrendes Andenken» bewahren und mich an die Sprache Salomons halten: Alles hat seine Zeit!

Yehudi Menuhin – Der Briefeschreiber
Yehudi Menuhin – letter writer

Zahllos sind die Briefe, die vom Festivalgründer in den über 40 Jahren seines Wirkens im Saanenland geschrieben wurden, getippt von seinen Sekretärinnen, immer mit der typischen, sehr charaktervollen Unterschrift mit vollem Vor- und Nachnamen. Erst seit Wirken von Eleanor Hope wurden die Schreiben durch sie signiert. Die Zeitdokumente illustrieren Stimmungen, Anerkennung und auch Ablehnung, kritische Vorwürfe oder fragendes Unverständnis. Die Briefe sind sehr persönlich, gelegentlich ausschweifend, meistens voller Herzlichkeit formuliert. Zeigen sie nicht ein feines Gespür des Meisters für Schwachstellen, komplexe Probleme und aus seiner Sicht Wichtiges? Nimmt sich der Schreiber aber auch die Mühe, auf die Anliegen der andern einzugehen, deren Gründe zu verstehen? Die Zeilen drücken seine klare Ansicht, Wünsche und Anliegen oft so herzlich überzeugend aus, dass es fast unmöglich wird, negativ zu reagieren…

Erinnern wir uns nicht an die bemerkenswerte Aussage eines der Menuhin-Kinder, das über den Vater ein Wort kommuniziert hat, das durch die Weltpresse gegangen ist und den Kern moderner Zwischenmenschlichkeit trifft? «Es gibt nur wenige Menschen in der Welt, die Yehudi Menuhin wirklich interessieren. Er versteht es aber, alle spüren zu lassen, dass er für sie wirklich Interesse habe.»

There are countless letters written by the festival founder throughout his 40 years of work in Saanenland. They were typed by his secretaries, and always carried his spirited signature replete with full first and last name. Only since the work of Eleanor Hope were the letters signed by her. The written time capsules illustrate moods, acknowledgements, rejection, critical reproaches, or questioning incomprehension. The letters are very personal, occasionally verbose, and mostly phrased with full cordiality. They show the master's fine intuition for weak points and complex problems. They illustrate the things he thought were important. They demonstrate that he may not have always made the effort to address the concerns of others and to understand their reasons. But the words express his clear views, wishes and demands in such a cordial and convincing way that it is nearly impossible to react negatively. When reading the letters, the remarkable statement of one of Menuhin's children comes to mind. The words went around the world's press and express the core of modern humanity: "There are only few people in the world who are of interest to Yehudi Menuhin. But he knows how to make everybody feel that he is really interested in them."

INTERNATIONAL
MENUHIN MUSIC ACADEMY
GSTAAD

Dear Friends

For over 20 years I have held my annual Festival in Gstaad. It has been a source of immense joy to me to be able to bring music and musicians to this beautiful mountain region. This year, however, something very special has happened – the fulfilment of a dream, in fact: the music which has so long been only an annual event has become a year-round activity permanently established in an International Music Academy.

The Academy will provide a unique opportunity for young graduate string players from Switzerland and from all parts of the world to further their musical education with artists of international renown, while at the same time obtaining concerts experience in this region and on world-wide tours. They will bring their music to the people of the Saanenland, to their churches, schools, hospitals, clubs and old age homes and then to the concert platforms of Europe and the wider world.

The first academic year will begin on 1st October 1977. We have already found six talented young musicians who will work under the direction of my beloved colleague, Alberto Lysy. By January 1978 we hope another 8 or 10 students will have successfully auditioned for places in the Academy.

We have received enthusiastic financial and material support for this new project, both locally and from abroad. We still need musicians, to start an instrument fund, and to cover our administrative cost. The Academy is a non-profit-making foundation, which can give only as much as it receives from its friends.

Will you become

To the members of the Festival Committee of Gstaad:

My friends and fellow citizens of Gstaad,

I was not a little surprised to find in your reply to the Budget Estimate a tone of voice so different from that which marked our last meeting following the last Festival in early September. At that time you may remember we were anticipating an important 20th Jubiläumsfestival, a festival which would of necessity require a larger budget, a festival which was going to bring great renown and glory to Gstaad after twenty years of continuous music-making in the lovely mountain church of Saanen. I am not likely to see another twenty years of Festivals ahead of me, although I hope our Festival will always continue.

I must confess that I am deeply disappointed in this unexpected show of smallness, narrowness of vision, and of Geizigkeit. I know that very often one hears such things about Swiss people, but I have always ascribed it to jealousy and to gossip, because my own experience has always been of the great vision and generosity of the Swiss; the Swiss who have done much for world charities; the Swiss who realise their privileged position in a world torn by strife, war, famine and fear. I do not agree to accept in my Gstaad two different standards of values – one by the hoteliers for fashionable chansonnier entertainment, and one by my friends the schoolteachers, the pfarrers and the merchants, for the Gstaad Festival.

I would beg of you now to live up to the image that I have created of you, to live up to the image that the Gstaad Festival has created of you, not only in Switzerland but all over the world, and not at this 20th Festival to destroy the goodwill which should not only prevail between us, but between Gstaad and the rest of the world.

You should not confuse the size of public undertakings with the private budget of individuals such as you or my colleagues. I feel it is right that the good folk of Gstaad, the teachers, the pfarrers and so on, should have at least the same vision as their friends the hotel directors, the doctors and those in high positions. They must show the same vision, the same quality, if indeed not more so, in their appreciation of art, music, and what musicians give.

I would like you to respond to this letter of mine soon, and to get in touch with Mr De Stoutz and Mr Chasen immediately. Meanwhile please see that the handout brochure is printed promptly with the extra concerts included. People might want to order their tickets for these concerts in advance.

Yours sincerely,

Yehudi Menuhin

Sehr geehrter, lieber Herr Menuhin,

Zunächst möchte ich Ihnen für Ihre Weihnachtswünsche herzlich danken und Ihnen und allen Ihren Angehörigen im Namen meiner ganzen Familie alles Gute zum Jahreswechsel wünschen. Wir hoffen gerne, Sie bei bester Gesundheit in Gstaad wieder zu sehen und natürlich auch wieder zu hören. Glück auf!

Gestatten Sie mir, dass ich diesen meinen aufrichtigen Glückwünschen noch so etwas wie einen Abschiedsbrief, und zwar einen längeren, beifüge. Abschiedsbrief deshalb, weil ich, wie Sie wissen, mein "Amt" als Organisationschef der durchführungstechnischen Seite Ihrer Festivals nach zwanzigjähriger Tätigkeit niederlege. Ich trete ins zweite Glied und freue mich, mit meiner Frau zukünftige Festivals wenig belastet wirklich geniessen zu können. Meine Erfahrungen werde ich als technischer Berater dem neuen Komitee vorbehaltlos zur Verfügung stellen.

Meinen Rücktritt hatte ich ohnehin vorgesehen, aber ich hätte eigentlich nie gedacht, dass ich ihn mit so zwiespältigen Gefühlen vollziehen müsse.

Einerseits bin ich sehr dankbar dafür, dass ich in den zwanzig Jahren so viel Schönes erleben durfte, nicht nur Herrliches an musikalischen Erlebnissen, sondern auch Unvergessliches an Bekanntschaften mit Künstlern und Festivalbesuchern. Für all dies, das in wenig Worten nicht zu umschreiben ist, schulde ich vor allem Ihnen Dank; denn es waren Ihre Festivals, die mich so unschätzbar bereichert haben.

Ich halte es durchaus für richtig, wenn nun neue, jüngere und initiative Kräfte die Geschicke der Menuhin-Festivals an die Hand nehmen. Ich freue mich auch darüber und bin überzeugt davon, dass man in Dr. R. Steiger die richtige Person gefunden hat für die Leitung des neuen Organisationskomitees. Ich kenne seine Begeisterungsfähigkeit und weiss, dass er mit Elan und engagiert seine besten Kräfte in den Dienst Ihrer Anlässe stellen wird.

Andrerseits stimmen mich gewisse Sachen nachdenklich, vor allem, weil ich fast annehmen muss, alles, was bisher in organisatorischer Hinsicht getan worden sei, wäre wenn nicht ganz falsch, so doch unsachgemäss und ungenügend gewesen. Die Arbeit der neuen Organisation soll, so schreibt Ihre Sekretärin Mrs Hope, "far more efficient and effective than ever before" sein. Das soll uns alle freuen, aber ich gestatte mir die Frage: Was war unsere frühere Arbeit? Zu wenig im Rampenlicht? Zu selbstverständlich? Leider zum grossen Teil gratis? – Ist Mrs Hope nach so kurzer Mitarbeitszeit überhaupt in der Lage zu beurteilen?

Gewiss haben wir Fehler gemacht, sei es aus rein menschlicher Unvollkommenheit, sei es aus personellen Schwierigkeiten, sei es aus Zeitgründen, sei es aus was weiss ich für Gründen. Ich halte kein

1974–1979

Eindrückliche Weihnachtskarten mit Familienfotos aus Gstaad dokumentieren die enge Verbundenheit der Familie Menuhin mit ihren Freunden im Saanenland, überraschen durch herzliche Fotos von Diana und Yehudi Menuhin in der Natur oder im Kreise ihrer wachsenden Familie. Auf der Karte von 1982 steht «Grand Finale – Dernière Carte» was darauf schliessen lässt, dass diese Geste später ausgeblieben ist.

Impressive Christmas cards with family pictures from Gstaad document the close relationship of the Menuhin family with their friends in Saanenland, and surprise with warm pictures of Diana and Yehudi Menuhin surrounded by nature or their growing family. On the 1982 card "Grand Finale – Dernière Carte" is written, suggesting that it would be the last gesture of its kind.

Kritische Presse und Finanzen nach den Jubiläumskonzerten 1976

Eine im «Anzeiger von Saanen» wiedergegebene «Bund»-Pressestimme und ein Leserbrief belegen, dass die anfangs nur positive Kritik zunehmend negativen Berichterstattungen weichen musste, was mit dem engen finanziellen Rahmen von den Verantwortlichen viel Einsatz verlangte.

Critical press and financial status after the anniversary concerts in 1976

An article and a letter to the editors of Der Bund newspaper, which were published in the Anzeiger von Saanen, showed that the early flow of praise for the festival was becoming a torrent of criticism. This meant that the organizers had to conduct themselves with discipline in face of very tight financial constraints.

01 Festivalabrechnung vom 28. April 1977.
Festival bill of 28 April 1977.
02 Kritische Stimme im «Anzeiger von Saanen».
Critical opinion in the Anzeiger von Saanen.

01

```
ABRECHNUNG  YEHUDI  MENUHIN  FESTIVAL  1976

ersetzt Abrechnung vom 3.12.76 :
Einnahmen
Billetverkauf Konzerte und Hauptproben          173'000.--
Programmverkauf                                   9'697.80
Inserate im Programm                              7'340.--
Beiträge: VV Gstaad (Restanz Festival 75)        15'000.--
          VV Saanen                               2'000.--
          VV Saanenmöser                          1'500.--
          Gemeinde Saanen                        40'000.--
          & Erlass Billetsteuer
          SEVA                                   30'000.--
          Kanton Bern                            19'000.--
Ausgaben
Künstlerhonorare                                            231'136.20
Jubiläumsgage Yeh. Menuhin                                   50'000.--
Presse und Propaganda                                         8'813.20
Verschiedenes: Billetsteuer Kanton                3'970.10
               SUISA                              2'627.70
               Porti/Tel. Büro                      839.50
               Zins/Spesen/Kommission - Bank      2'692.75
               Spesen & Löhne                     2'291.--
               Programm & Vorprogramm/Prospekte 10'211.90
               Instrumentenmiete-stimmen        10'274.40
               Diverses                           4'229.60
               Taxis Yeh.Menuhin                  2'298.--
Defizit 1975                                                  8'845.25
                                                297'537.80  338'230.--
Kreditor Spar-u.Leihkasse Thun                   40'692.20
(debitor VV Gstaad 25'000.--
 Defizit 1976     15'692.20)
                                                338'230.--  338'230.--

Gstaad, den 28. April 1977    der Festivalkassier: C.B. Nüesch
                              abgelegt unter Vorbehalt von Missrechnungen
                              und Irrtümern.
```

Festival Yehudi Menuhin wohin?

Dem Redaktor des Anzeigers mag es sicher schwer gefallen sein, in der gleichen Nummer Ehrungen Yehudi Menuhins und eine recht derbe Kritik (-tt- im «Bund» Nr. 204) des zehnten Abends nebeneinanderzustellen.

Es gibt Dinge, über die man in guter Treue streiten kann, besonders über den Geschmack. Werkauswahl und -zusammenstellung, Interpretation im Sinne von Tempowahl und Differenzierung gehören dazu. Dass man einem verdienten Meister aus Respekt vor dem Alter hie und da einen technischen Fehler verzeiht, ist menschlich. Wenn aber eine Anhäufung solcher Fehler den Musikgenuss empfindlich stört, dann handelt es sich um eine realistische Tatsache, die nicht weiter verschwiegen werden darf. Denn der Standard des Festivals wird ja nicht mit dem wohlwollenden Masstab eines lokalen Anlasses gemessen, sondern mit dem heute viel anspruchsvolleren des internationalen Konzertlebens. Um mit ähnlichen Gedanken, wie sie -tt- in jenem Artikel äussert, nicht persönliche, tragische Sphären eines Künstlers tangieren zu müssen, habe ich einen schon fertigen Artikel wieder schubladisiert. Da nun aber die die Kritik von -tt- mit dem Nachsatz der Redaktion erschienen ist, muss der Objektivität halber gesagt werden, dass in den letzten Jahren nicht nur beim Musikkritiker, sondern auch bei einer ganzen Anzahl von Hörern ein zunehmendes Unbehagen aufkeimte.

Es wäre deshalb doch zu wünschen, dass d. Organisatoren nicht achtlos an diesen Kritiken vorbeigehen, damit das einst in voller Pracht aufgebaute «Festival-Gebäude», dessen «Unterhalt» in den letzten Jahren doch etwas vernachlässigt wurde, nicht durch weitere «Risse» gefährdet wird, sondern in altem Glanze wieder auferstehen kann.

Dr. med. F. Christeller

02

Betrifft: Beitrag Yehudi-Menuhin-Festival

Sehr geehrte Herren,

Wir beziehen uns auf Ihre Rechnung vom 6. September 1976 über Fr. 5.000.-- für den Festival-Beitrag 1976.

Leider müssen wir Ihnen mitteilen, dass wir nicht bereit sind, diesen Beitrag zu bezahlen.

Die Vereinbarung, laut welcher das Palace einen solchen Beitrag leistet, wurde in mehreren Punkten nicht eingehalten, so dass wir uns von unseren Verpflichtungen entbunden fühlen.

Ausschlaggebend für unsere Haltung jedoch ist die **Tatsache**, dass es ohne weiteres hingenommen wird, wenn Herr **Menuhin** seinen Versprechen inbezug auf die Finanzierung der von ihm gewünschten Konzerte nicht nachlebt. Wenn so **grossmütig** auf eine Summe von Fr. 50.000.-- einfach verzichtet wird, dann glauben wir, dass auch auf unsere Fr. 5.000.-- **ver**zichtet werden kann. Wir möchten uns hiermit auch **für die** Zukunft von der weiter oben erwähnten Vereinbarung **distan**zieren.

Immerhin sind wir bereit, für zukünftige Festivals über einen eventuellen Beitrag unsererseits zu diskutieren, und zwar dann, wenn wir davon überzeugt sind, dass diese Anlässe seriös budgetiert werden und alle Beteiligten sich auch an die aufgestellten Budgets halten wollen.

Mit freundlichen Grüssen
PALACE HOTEL GSTAAD

Ernst A. Scherz
Generaldirektor

03

Saanen, 17. Dezember 1976/mb

An den Verkehrsverein Gstaad
p.A. Herrn Roland Pernet, Präsident
3780 Gstaad

Betr.: Yehudi Menuhin Festival

Sehr geehrte Damen und Herren,

Von Gemeinderat Ernst Romang sind wir davon in Kenntnis gesetzt worden, dass für das Yehudi Menuhin Festival ein neues Organisationskomitee mit Herrn Dr. R. Steiger an der Spitze gewählt wurde.

Wir begrüssen es sehr, dass sich neue Kräfte um das Festival bemühen und möchten Ihnen noch dringend empfehlen, auch wenigstens je einen Vertreter des Verkehrsvereins Saanen und der Kirchgemeinde in das Komitee aufzunehmen. Wir danken Ihnen für Ihre Bemühungen und wünschen Ihnen frohe Festtage.

Mit freundlichen Grüssen
Ns. des Gemeinderates
Der Präsident: Der Sekretär:

Dr. H. Sollberger   P. Matti

Kopie geht zur Kenntnisnahme an:
- Herrn Dr. R. Steiger, Arzt, 3780 Gstaad

03 Kündigung des Festivalbeitrages vom Palace Hotel. | *The Palace Hotel withdraws its funding for the festival.*
04 Schreiben der Behörde zum neuen Präsidium des Festivals. | *A letter from the authorities on the new Festival Committee.*

ORIGINALSTIMME | Vreni Ziörjen, ehemals «Türsteherin»

Prominenz

Eines Abends vor dem Konzert (ich glaube, es war 1975) trafen nebst Zuhörern immer mehr «Paparazzi» vor der Kirche ein. Bewaffnet mit ihrer Kamera-Ausrüstung versuchten sie, Einlass zu erhalten. Da die meisten von ihnen kein Eintrittsbillett hatten, liess ich sie nicht eintreten. Höflich bat ich sie, vom Eingang zurückzutreten und den Gästen Platz zu machen. Immer wieder versuchten sie trotzdem, von der Türe aus Fotos des Kirchenraums zu schiessen, was ihnen wohl teilweise auch gelang. Mit Mühe konnten meine Mitarbeiter und ich die aufdringlichen Reporter mehr oder weniger zurückhalten. Kurz bevor das Konzert begann, konnte ich endlich in Erfahrung bringen, was der Anlass dieses «Auflaufs» war: Als Liz Taylor und Richard Burton zum zweiten Mal geheiratet hatten, kamen sie wieder einmal nach Gstaad und wollten ein schönes Konzert geniessen. Aha, jetzt habe ich verstanden...
Die Kirche war inzwischen zum Bersten voll und das Konzert begann, allerdings ohne dass ich die von den Reportern sehnsüchtig erwarteten prominenten Gäste zu Gesicht bekam. Doch jetzt klopfte es an der Türe. Leise öffnete ich sie (ich glaube, es war nach dem ersten Satz eines Konzertes). Wahrhaftig, Taylor/Burton kamen leise in den dunklen Kirchenraum (nur vorne bei den Musikern brannte Licht). Die Musiker begannen mit dem zweiten Satz. Flüsternd bat ich die verspäteten Gäste, vorerst in der Nähe der Treppe neben einer Kirchensäule Platz zu nehmen. Ohne zu murren setzten sie sich auf die einzigen noch freien Plätze in einer der hinteren Kirchenbänke, ohne jegliche Sicht aufs Podium. Als das erste Konzertstück fertig gespielt war, beeilte ich mich, die prominenten Konzertbesucher an ihre Plätze zu führen. Beeilen musste ich mich deshalb, weil damals in der Kirche nach dem Konzert noch nicht applaudiert, sondern nur aufgestanden wurde. Für das Ehepaar Taylor/Burton waren Plätze in der Mitte des Kirchenschiffes reserviert (soweit ich mich erinnere, handelte es sich um die Plätze des Cellisten Maurice Gendron und seiner Ehefrau). In der Kirche wurde hörbar getuschelt, als die Zuhörer wieder Platz nahmen und die beiden «Nachzügler» durch den Mittelgang des Kirchenschiffes gehen sahen. Das Konzert nahm seinen Verlauf bis zur Pause. Spätestens jetzt können wohl die prominenten Gäste der wartenden Meute nicht mehr entfliehen, dachte ich. Leider verlor auch ich die beiden aus den Augen. Wohin sind sie wohl verschwunden? Ein Kollege von mir hat sie nach langem Suchen zuhinterst bei einer Mauer auf dem Friedhof erspäht. Offenbar haben jedoch die Reporter ihre «Opfer» in der Pause nicht gefunden (haha...). Nach dem Konzert warteten sie wieder vor dem Haupteingang, bis Liz Taylor und Richard Burton aus der Kirche traten (endlich!!)...
Ich bin dann nach Hause gegangen und konnte am nächsten Tag in einschlägigen Boulevardblättern lesen, was nach dem Konzert bei den Promis geschah, welche Kleider sie trugen, was sie später im Palace Hotel gegessen hatten etc. etc. Ob alles der Wahrheit entsprach, kann und will ich nicht beurteilen. Eines wurde mir allerdings klar: Ich bin heilfroh, nicht zu den Promis zu gehören. Das wäre nichts für meine Nerven...!

01 Richard Burton und Gattin Liz Taylor in Gstaad unterwegs.
02 Vorsicht Stufen...
03 Reporter und «Paparazzi» bei Liz Taylor in Aktion.

Verein «Kulturszene Lenk/Gstaad/Château-d'Oex» gegründet

Yehudi Menuhin hob Musikakademie Gstaad aus der Taufe

1977 kam die «International Menuhin Music Academy» nach Gstaad

Ende Januar 1977 tauchten Ideen der Kammermusikschule auf, am 13. März wurden Festival-Verantwortliche erstmals von Menuhin mit seinen Zielen konfrontiert: der Meister schwärmte von Begegnungen junger Musiker verschiedener Länder und Kulturen, die in einer herrlichen Landschaft eine Weiterbildung zum Solisten und das Saanenland damit ein hoch stehendes Streicherensemble erhalten sollten. Die von Auftritten am Festival bekannte Camerata Lysy unter Maestro Alberto Lysy, aus der Camerata Bariloche in Argentinien hervorgegangen und seit Jahren als Kammerorchester der Académie Internationale de Musique de Chambre in Breukelen-Laren NL, musste Ende Juni 1977 aus finanziellen Gründen ihre Aktivitäten aufgeben. Trotz Budget von Fr. 200 000.– wurde schon am 17. April auf Menuhins Drängen gemäss Brief aus Breukelen, der den Ortswechsel bereits festhielt, die Gründung beschlossen. Treibende Kräfte freuten sich über Unterstützung durch den Gemeinderat unter Dr. Hans Sollberger (27. Mai 1977),

1977: International Menuhin Music Academy comes to Gstaad

At the end of January 1977 the idea of a school for chamber music was raised. On March 13 the festival organizers were confronted with the objectives of Menuhin for the first time. The master romanticized about encounters of young musicians from different countries and cultures receiving further education in order to become soloists within the setting of the beautiful landscape. In return, Saanenland would get a top flight string ensemble. The Camerata Lysy, led by maestro Alberto Lysy, was known from festival performances. It was founded from the Camerata Bariloche in Argentina and was known for years as the chamber orchestra of the Académie Internationale de Musique de Chambre in Breukelen-Laren in the Netherlands. Due to financial problems, it had to cease operations at the end of June 1977. Despite requiring a budget of SFr 200,000, the foundation for the school was formed as early as April 17 due to pressure from Menuhin. This was referred to in a letter from Breukelen which contained the decision to relocate. Those in favor of the idea were happy with the support from the local council led by Dr Hans Sollberger who even offered to preside

MUSIQUE

Gstaad

Ouverture de l'Académie internationale de musique Menuhin

Evénement culturel à Gstaad: la récente création de l'Académie internationale de musique Menuhin, qui a pour but d'offrir à de jeunes artistes diplômés talentueux la possibilité d'acquérir une formation de soliste et de travailler la musique de chambre et le jeu d'orchestre. Ces mêmes artistes formeront d'autre part l'ossature de la Camerata Lysy, qui se produira ultérieurement en Suisse et à l'étranger. C'est le célèbre violoniste Yehudi Menuhin qui en assume la direction musicale.

Internationale Menuhin-Musik-Akademie

aid. Der bernische Regierungsrat hat beschlossen, die Stiftung «Internationale Menuhin-Musik-Akademie» unter die Aufsicht der Erziehungsdirektion des Kantons Bern zu stellen. Die Stiftung, die am 3. Oktober 1977 mit Sitz in Gstaad (Einwohnergemeinde Saanen) gegründet worden ist, bezweckt die Führung einer Musik-Akademie zur Weiterbildung diplomierter Musiker, insbesondere von Interessenten, die sich der Solistenkarriere verschrieben haben, und hat ein Anfangskapital von 150 000 Franken.

▲
Pressestimmen zur Gründung der IMMA.
Media comments on the foundation of the IMMA.

01 Brief vom 1. April 1977 aus Holland. | *Letter dated 1 April 1977 from Holland.*
02 Positives Schreiben der Behörde an Alberto Lysy vom 27. Mai 1977. | *Positive letter from the authorities to Alberto Lysy dated 27 May 1977.*
03 Die Gemeindebehörde Saanen bestätigt die Stiftungsräte am 24. August 1977. | *The Municipal Authority of Saanen approved the Foundation Board Members on 24 August 1977.*

CHALET CHANKLY BORE
GSTAAD

19 August 1977

Lieber Freund

Ich habe Kenntnis genommen von der Stiftungsurkunde der internationalen Menuhin Musik-Akademie und möchte die folgenden Personen als Mitglieder des ersten Stiftungsrates nennen:

Dr med Hans Sollberger, Vertreter des Gemeinderats, und treuer Freund des Musiklebens im Saanenland;

Dr med Rolf Steiger, Präsident der Kulturszene Lenk-Gstaad-Chateau D'Oex, und begeisterter Organisator dieser Verwirklichung meines Traumes;

Pfarrer James Karnusian, Vertreter der Kirchgemeinde, und besonders weil er eine Vision im praktischen Leben fortführen kann;

Dr phil Walter Ryser, hervorragender Fachmann in allen juristischen und finanziellen Hinsichten, dem seit 20 Jahren mein Streben bekannt ist, und weil die kulturelle Wohlfahrt der Schweiz ihm am Herzen liegt;

Herrn Urs Frauchiger, mein Kollege und Direktor des bernischen Konservatoriums, der ohne Zweifel guten Rat und praktische Hilfe unserer Akademie leisten kann.

Einen Platz möchte ich freihalten für Günter Leifheit, der Gönner der es uns ermöglicht hat, diese Akademie zu gründen. Ich hoffe, die Bekanntschaft Herrn Leifheits bald machen zu dürfen, und ich würde mich sehr freuen, wenn er die Einladung akzeptieren würde, Mitglied des Stiftungsrates zu werden.

Mit herzlichen Grüssen,

Ihr ergebener

[signature]

Yehudi Menuhin

Dr med Rolf Steiger
3780 Gstaad

01

2 The Grove.
Highgate Village.
London. N6 6JX.

One of my great ambitions is for the most talented of my young Swiss fellow citizens aged between seven and ten years to be awarded an annual scholarship to the Yehudi Menuhin School in England, thus cementing the remarkable bonds of friendship which already exist between the School and Switzerland, and contributing to the musical life of Switzerland and the global character of the School.

[signature]

02

01 Menuhins Vorschlag der Stiftungsräte vom 19. August 1977.
Menuhin's suggestion on the Foundation Board Members of 19 August 1977.
02 Menuhin offeriert einem Schweizer Talent die Ausbildung in seiner Schule.
Menuhin offers a Swiss talent the opportunity to attend his school.

▶

03 Einladungsbrief fürs Gründungskonzert. | *An invitation to the foundation concert.*
04 Programm des feierlichen Gründungskonzertes. | *Programme of the festive foundation concert.*
05 Kopfblatt der Stiftungsurkunde. *Regional newspaper showing the deed of foundation.*

«Die Internationale Menuhin Musik Akademie Gstaad (IMMA) ist mehr als eine Akademie. Sie bietet begabten jungen Künstlern ein ideales Umfeld, wo sie bei berühmten Musikern studieren und sich weiterentwickeln können. Im Vergleich zu anderen Musik-Institutionen gilt hier das Hauptanliegen mehr den öffentlichen Auftritten als einem Abschlussdiplom. Jedem Schüler wird die Möglichkeit geboten, an besten Festivals und in Konzert-Gesellschaften sein Können weltweit vorzuführen.»

Alberto Lysy über seine IMMA

der sogar bereit war, die künftige Stiftung mit Hilfe von Pfarrer James Karnusian und Festivalpräsident Dr. Rolf Steiger zu präsidieren. Die Gründung der Kulturszene, um dem neuen Kulturgesetz des Kantons gerecht zu werden, sollte helfen, Menuhin Festival und Sommerakademie Lenk finanziell zu verbessern, während eine erwartete Spende durch die Familie Leifheit zugunsten lokaler kultureller Aktivitäten erst diskutiert wurde. Am 3. Oktober 1977 konnte die Stiftung «International Menuhin Music Academy» (IMMA) mit Sitz in Gstaad in der Einwohnergemeinde Saanen gegründet und unter Aufsicht der Erziehungsdirektion der Berner Regierung gestellt werden. Zufrieden und voll Hoffnung schrieb der Festivalgründer und Patronats-Ehrenpräsident Yehudi Menuhin im August von der Gründung und lud mit den Initianten zum feierlichen Gründungskonzert am 21. August 1977. Das Festkonzert wurde

over the future foundation with the help of priest James Karnusian and festival president Dr Rolf Steiger. The foundation of the cultural institution to satisfy the new cantonal law regarding culture was meant to financially assist the Menuhin Festival and the summer academy in Lenk. An anticipated donation from the Leifheit family for local cultural activities was being discussed. On October 3 1977 the International Menuhin Music Academy (IMMA) was founded with its base in Gstaad in the commune of Saanen under the supervision of the Bernese education department. Pleased and full of hope for the new academy, festival founder and honorary president Yehudi Menuhin wrote in August 1977 about the foundation and, along with the initiators of the project, sent out invitations to a festive foundation concert to be held on August 21 1977. The gala concert was held in the atmospheric Saanen church with many guests and friends of the newly-formed

RÉPONSES D'ALBERTO LYSY

Avec l'IMMA vous êtes «il custode angelico» de l'oeuvre de Menuhin?
«J'essaie d'enseigner tout ce que j'ai appris. Angelo custode non, parce que je crois chacun doit avoir son propre, il doit être libre... Nous avons formé la Camerata Lysy avec laquelle nous sommes allés un peut partout. Aux temps de Menuhin il venait avec nous, il jouait à Londres, à Paris, en Chine, aux Indes, au Japon. Et j'ai continué l'idée qu'il faut voyager, qu'il faut voir des différentes cultures, il faut donner et faire un échange entre cultures.»

Faut-il souffrir beaucoup pour entrer dans l'IMMA ?
«Souffrir non, il faut avoir le plaisir. Je suppose on doit être bon, très doué et puis d'avoir une certaine discipline. Elle est très importante et puis je cherche de donner tout ça que j'ai appris des autres.»

03

Kulturszene Lenk-Gstaad-Château-d'Oex
MENUHIN-FESTIVAL GSTAAD-SAANEN
Menuhin-Musik-Akademie

Liebe Musikfreunde,

Es ist uns eine grosse Freude und eine Ehre, dass wir Sie dieses Jahr zu einem ganz besonderen Anlass in die herrliche Kirche in Saanen einladen dürfen. Dank der Grosszügigkeit unserer Künstler und als Ausdruck der Dankbarkeit für das in den letzten Jahren unserem Festival erwiesene Vertrauen, dann aber besonders aus Freude für die grossen Zukunftsprojekte, die 1977 in unserer Region aufgebaut werden, erlauben wir uns, Sie zu einem feierlichen Konzert einzuladen:

Gründungskonzert für die Menuhin-Musik-Akademie

Sonntag, den 21. August 1977
Kirche Saanen, 20.30 Uhr

Das beiliegende Programm soll Sie über die Künstler und Werke orientieren. Neben der Familie Menuhin werden wir der Camerata Lysy begegnen, die künftig ihren Sitz im Saanenland als Stütze der Akademie haben wird und deshalb auch Camerata Lysy Gstaad heissen soll.
Wir freuen uns, wenn Sie am 21. August dieses feierliche Konzert miterleben können und uns damit auch den Willen Ihrer Unterstützung kundtun. Die neugegründete «Kulturszene Lenk-Gstaad-Château-d'Oex» wird als Trägerverein versuchen, die kulturellen Anlässe unserer Region als Gesamtes zu koordinieren und in jeder Beziehung zu unterstützen. Die Internationale Menuhin-Musik-Akademie soll als Stiftung vorerst in kleinem Rahmen jungen Künstlern die Möglichkeit bieten, nach dem Konzertdiplom eine Ausbildung als Solisten zu erleben und gleichsam auch in der Camerata eine weltweite Konzerttätigkeit auszuüben.
Im Saanenland sind wir stolz, dass sich das Podium unseres herrlichen Menuhin Festivals derartig erweitert und während des ganzen Jahres auszustrahlen beginnt.
Wir freuen uns, wenn Sie an diesem Gründungskonzert teilnehmen können und es sind für Sie 2 Plätze reserviert, nämlich die Nummern

Falls es Ihnen nicht möglich sein sollte anwesend zu sein, bitten wir Sie um Mitteilung, damit wir über die Plätze weiterverfügen können.
Wir danken für Ihre wertvolle Unterstützung und verbleiben

mit freundlichen Grüssen aus dem Saanenland

Steige Ralf *Yehudi Menuhin*

Dieser Brief gilt als Eintrittskarte für das Konzert vom 21. August 1977 in der Kirche Saanen. Allfällige Absage bitte an Menuhin Festival, 3780 Gstaad, Tel. 030 4 14 96

04

Kulturszene Lenk-Gstaad-Château-d'Oex
MENUHIN FESTIVAL
Internationale Menuhin-Musik-Akademie

Concert d'Inauguration
Feierliches Gründungskonzert

Dimanche, 21 août 1977
Sonntag, 21. August 1977

Eglise à Saanen à 20.30 h
Kirche in Saanen um 20.30 Uhr

Solistes:
Yehudi Menuhin
Hephzibah Menuhin
Jeremy Menuhin
Alberto Lysy et Oscar Lysy
Ana Chumachenko

J. S. Bach — Partita en ré mineur pour violon seul
Allemande — Courante — Sarabande — Gigue — Chaconne

L. v. Beethoven — Sonate pour piano et violon en fa majeur op. 24 «Le Printemps»
Allegro — Adagio molto espressivo — Allegro molto — Rondo: Allegro, ma non troppo

G. Ph. Telemann — Concerto pour violon et alto
Avec douceur — Gay — Largo — Vivement

A. Vivaldi — Concerto pour trois violons et orchestre à cordes en fa majeur
Allegro — Andante — Allegro

W. A. Mozart — Concerto pour piano et orchestre en la majeur, K. 414
Allegro — Andante — Allegretto

05

Urschrift Nr. 2'953

Stiftungsurkunde

Alfred von Grünigen, Notar des Kantons Bern, mit Büro in Gstaad

beurkundet

Die

Einwohnergemeinde von Saanen,

vertreten durch die Herren

1. Albert Würsten, von Saanen, Notar, Gstaad, Vice-Präsident des Gemeinderates;
2. Peter Matti, von und in Saanen, Gemeindeschreiber;

erklärt:

Sie errichte eine Stiftung im Sinne der Art. 80 ff des Schweiz. Zivilgesetzbuches und bestimme was folgt:

Art. 1

Name

Die Stiftung trägt die Bezeichnung

" Internationale Menuhin-Musik-Akademie "

Art. 2

Sitz

Der Sitz der Stiftung befindet sich in Gstaad in der Einwohnergemeinde Saanen.

---

in der stimmungsvollen Saaner Kirche mit vielen Gästen und Freunden der jungen IMMA dank Familie Menuhin, seiner unvergesslichen Hephzibah Menuhin, Alberto und Oscar Lysy und Ana Chumacenco zu einem Meilenstein der Saaner Musikgeschichte. Das Echo in Presse und der Region war stimulierend und bezeugte, dass die IMMA eine neue Heimat gefunden hatte; die Camerata Lysy Gstaad konnte ihre Aufgabe als musikalische Botschafterin der Region und des Festivals beginnen.

IMMA and, thanks to the Menuhin family, the unforgettable Hephzibah Menuhin, Alberto and Oscar Lysy, and Ana Chumacenco, it became a milestone in the musical history of Saanen. The reaction in the press and throughout the region showed that all were convinced that IMMA had found a new homeland, and the Camerata Lysy was able to begin its work as the musical ambassador for the region and the festival.

06 Pressekonferenz im Hotel Bellevue zur IMMA-Gründung. Menuhin mit den wichtigsten Initianten am Tisch. | *Press conference in Hotel Bellevue on the foundation of IMMA. Menuhin sitting next to the most important founding members.*

07 Dr. Hans Sollberger in der «Berner Zeitung» «am Draht». | *Dr Hans Sollberger in the Berner Zeitung 'good connections'.*

07

Heute am BZ-Draht — Dr. med. Hans Sollberger

rla. Im Jahr 1977 stellte ein ausländischer Erwerber einer Gstaader Bauparzelle der Gemeinde Saanen einen Betrag von 250 000 Franken für kulturelle Zwecke zur Verfügung. Ende November 1977 wiesen die Bürger an der Gemeindeversammlung das Geschäft, 150 000 Franken dieses Fonds der neugegründeten Menuhin-Musik-Akademie Gstaad zu übergeben, mit 134:6 Stimmen an den Gemeinderat zurück. Das mit der Auflage, dass nebst der Menuhin-Musik-Akademie auch einheimische kulturelle Institutionen aus dem Fonds zu unterstützen seien. Für die Gemeindeversammlung von heute abend steht dieses Geschäft nun erneut auf den Traktanden. Gemeinderatspräsident Dr. med. Hans Sollberger beantwortete der BZ einige Fragen:

Der Gemeinderat wird heute abend den Bürgern einen Verteiler-Vorschlag unterbreiten. Wer soll wieviel von dem «Kuchen» erhalten?
Hans Sollberger: Vorgesehen sind 85 000 Franken für die ortsansässigen kulturellen Institutionen; 60 000 Franken für das Menuhin-Festival; 40 000 Franken für die Internationale Menuhin-Musik-Akademie, Gstaad, dann möchten wir den bereits gekauften Flügel bezahlen und evtl. weitere Instrumente anschaffen. Dafür sehen wir 50 000 Franken vor. (Die restlichen 15 000 Franken sind der Menuhin-Musik-Akademie bereits 1977 zugegangen.)

Würden die Beträge den Institutionen sofort zur Verfügung gestellt?
Hans Sollberger: Nein. Die 85 000 Franken für die ortsansässigen kulturellen Institutionen würden von der Kulturkommission, der Vertreter aller betroffenen Organisationen angehören, verwaltet und nach Bedarf verwendet. Dem Menuhin-Festival und der Menuhin-Musik-Akademie würden die Beträge innerhalb dreier Jahre in Raten zugehen.

Die Kulturszene Lenk — Gstaad — Château-d'Oex ist nicht erwähnt. Warum?
Hans Sollberger: Für die Kulturszene ist kein Beitrag aus diesem Fonds vorgesehen. Sie erhält Beiträge der Gemeinde.

Wie gefällt Ihnen die heutige Lösung?
Hans Sollberger: Gut. Ich finde sie richtig.

Welche Chance geben Sie diesem Verteiler?
Hans Sollberger: Wir hoffen natürlich, dass die Bürger unserem Vorschlag zustimmen. Mir persönlich liegt viel daran, dass der Wert der kulturellen Förderung richtig eingeschätzt wird. Besonders wichtig erachte ich es für junge Leute, dass sie sich kulturell betätigen. Aus diesem Grunde freue ich mich darüber, dass es den Studenten der Menuhin-Musik-Akademie gelungen ist, sich Sympathien zu schaffen und der Bevölkerung zu beweisen, dass diese Ausbildungsstätte etwas sehr Positives ist.

21ᵉ MENUHIN FESTIVAL GSTAAD-SAANEN

Der Sommer 1977 war musikalisch erfolgreich, bewies Mut zu Neuigkeiten, wie dies der leicht geänderte Name und Menuhins Gedanken im Vorwort angedeutet haben. Bewährten Auftritten der Camerata Lysy mit bekannten Solisten, «Jeunes interprètes» aus London, Kammermusikabenden wie dem des Neuen Zürcher Streichquartetts mit dem Münchner Streichtrio folgten der spektakuläre Gitarrenauftritt des 34-jährigen Brasilianers Turibio Santos mit Meister Menuhin und eine Uraufführung im Konzert der «Cantilena Chamber Players»:

Welturaufführung von Odeon Partos (1907–1977) am 24. August 1977

Die «Cantilena Chamber Players» interpretierten zwischen Werken von Mahler, Copeland und Brahms das ihnen vom ungarischen Bartók-Schüler und Geiger Odeon Partos gewidmete achtminütige «Poème» zu Ehren von Partos' Freund Yehudi als Hommage an den in Israel am 6. Juli 1977 verstorbenen «Begründer des israelischen Musiklebens». Der als Bratschist und 1. Geiger der Israelischen Philharmonie wirkende ungarische Jude hat in Israel viel mit Menuhin musiziert. Die anregende «musikalische Ballade» gefiel in der Saaner Kirche und imponierte mit Kirchenglocken-ähnlichen Klängen, die an die tiefe Gläubigkeit des Komponisten erinnerten, der mit einem «Holocaust-Gebet» sein bekanntestes Werk geschaffen hat.

Die traditionsgemäss sehr gut besuchten Abende des ZKO unter Edmond de Stoutz mit erlesenen Solisten (Yehudi Menuhin mit dem Bratschisten Donald McInnes, dem Flötisten Peter Lukas Graf, dem Geiger Yfrah Neaman und dem Pianisten Nikita Magaloff) umrahmten das von Alexander Chasen organisierte geheimnisvolle, sinnige Stabpuppen-Spektakel der «Compagnie André Tahon» im Hotel Landhaus, das aber finanziell verheerend abschloss.

The summer of 1977 was musically successful and showed courage for new things. Traditional performances by the Camerata Lysy with famous soloists Jeunes interprètes from London, and chamber music evenings such as the one by the new Zurich String Quartet with the Munich String Trio, were followed by the spectacular guitar performance by the 24-year-old Brasilian Turibio Santos with master Menuhin and a world premiere of the concert Cantilena Chamber Players.

August 24 1977: world premiere of Odeon Partos (1907-1977)

Alongside works by Mahler, Copeland, and Brahms, the Cantilena Chamber Players interpreted the eight-minute long Poème which was dedicated to them by Odeon Partos, the Hungarian violinist and student of Bartók. It was played to honor Partos' friend Yehudi as homage to the "founder of musical life in Israel" who died in Israel on July 6 1977. The Hungarian Jew, who played the viola and first violin for the Israel Philharmonic Orchestra, used to play with Menuhin in Israel. The animating, musical ballad went down well at Saanen church, and impressed with its church bell-like tones that evoked the deep religious belief of the composer. His most famous piece was a holocaust prayer.

The traditionally well-attended evenings of the Zurich Cahmber Orchestra led by Edmond de Stoutz with exquisite soloists (Yehudi Menuhin with the viola player Donald McInnes, the flutist Peter Lukas Graf, the violinist Yfrah Neaman, and the pianist Nikita Magaloff), provided the backdrop for the mysterious and witty stick puppet spectacle of the Compagnie André Tahon organized by Alexander Chasen. It took place in the Hotel Landhaus, but financially-speaking was not at all successful.

---

01 Pressestimme aus «Der Bund». | *Press opinion from Der Bund.*
02 Flugblatt der «Compagnie André Tahon» zum Auftritt im Landhaus. | *Pamphlet of the 'Compagnie André Tahon' for their performance in the Landhaus.*

Menuhin Festival Gstaad
Aufgeschlossen – vernagelt

W.A.G. Jeder dieser beiden Begriffe ist das Gegenteil des anderen. Der erste bezieht sich auf das Programm des Konzertes der «Cantilena Chamber Players» (Frank Glazer, Klavier, Edna Michel, Violine, Harry Zaratzian, Viola, und Stephan Kates, Violoncello), welches das erst vor kurzer Zeit aufgefundene einsätzige Klavierquartett des 17-jährigen Gustav Mahler, das Klavierquartett des Amerikaners Aaron Copland, als Uraufführung das den Cantilena Chamber Players gewidmete Poème des in Israel aufgewachsenen und am 6. Juli dieses Jahres gestorbenen gebürtigen Ungarn O. Partos und schliesslich das Klavierkonzert in A-dur op. 26 von Brahms spielten. Vernagelt ist dagegen die Hälfte des hiesigen Publikums, welches ein so anregendes Konzert mit Abwesenheit belohnt, weil es nur herkommt, wenn sein einziges und alleiniges Idol zu hören und vor allem zu sehen ist, und gar nicht merkt, dass daneben ihm Ebenbürtiges in Hülle und Fülle geboten wird. Yehudi Menuhin blickte etwas resigniert in die vielen leeren Bankreihen, als er das neue Werke von Partos kurz erläuterte, und spendete dafür den Anwesenden ein freundliches Lob.

Die Cantilena Chamber Players sind ein vorzügliches Ensemble, den modernen Werken wie den romantischen von Mahler und Brahms musikalisch gewachsen, einzig dass der Ton der Geigerin etwas blass und in expressiv aufblühenden Teilen ein bisschen blutleer wirkt.

LANDHAUS SAANEN

Am Montag, den 29. und Dienstag, den 30. August, je 20.30 Uhr

LA COMPAGNIE ANDRÉ TAHON

Der «Narr von Paris» mit seinen Puppenspielen

Das Gstaader Festival pflegt uns seit Jahren mit Weltberühmtheiten zu verwöhnen. Wiederum findet ein Hochbedeutender ins Berner Oberland, diesmal einer von ganz anderem Genre: *André Tahon*, der grosse Puppenspieler aus Paris, der aber auch in Moskau und Berlin, in New York und Zürich Lorbeeren erntet. Das Publikum aller Länder jubelt ihm zu; denn was er uns durch seine Puppen in höchster Meisterschaft zukommen lässt, ist lächelnde, lachende, manchmal blödelnde, manchmal besinnliche und oft überlegene Menschlichkeit. Dass er diese gelegentlich durch Tiere darstellen lässt, führt seine Kunst auch ins Fabelreich.

Alles Technische wie Führung, Beleuchtung, musikalische Untermalung, die oft mehr als das aussagt, funktioniert reibungslos und ist fehlgeht, z.B. eine Tänzerin sich in der Richtung irrt, so muss das zu Lachstürmen hinreissen.

Die einzelnen Nummern — denn aus solchen besteht das kabarettistische Programm — werden von der wichtigsten Puppe, dem Conférencier «Papotin», zusammengehalten, der an sich schon ein kleines Wunder ist, ein Schwätzer, wie der Name sagt, ein

Das Programm-Nachwort «Zwanzig Jahre Menuhin Festivals» schlossen die drei neu Verantwortlichen wegweisend: «Es kann nicht Sinn dieser Zeilen sein, einen vollständigen Überblick über die bisherigen Festivals zu geben. Heute gilt es vielmehr, sich auf all das zu besinnen, was uns die Menuhin-Festivals so lieb und so wertvoll gemacht hat und was es zu bewahren gilt. Anderes will kritisch überprüft und neu überdacht sein, immer im Bestreben, bereits Erreichtes womöglich zu vervollkommnen und seinen Fortbestand zu sichern. Dies ist eine schöne, wenn auch nie endgültig zu lösende Aufgabe, und in diesem Sinne möchte das neu zusammengesetzte Organisationskomitee seine Zusammenarbeit mit den Künstlern verstanden wissen.
Franz Würsten
Dr. Rolf Steiger
Hedi Donizetti»

The epilogue of the program "Twenty years of Menuhin Festivals" was boldly concluded by the three new people responsible for the festival. They wrote: "It is not the intention of these words to give a complete overview of festivals gone-by. Today it is more important to concentrate on the things that have made the Menuhin Festival so beloved and cherished. These are the things which have to be preserved. Other elements have to be critically evaluated and thought about in new ways, always aiming to perfect what has worked, and if possible guarantee continuity. This is a wonderful task, although one which will never be quite complete. It is in this way that the newly formed organizational committee views its collaboration with artists.
Franz Würsten
Dr Rolf Steiger
Hedi Donizetti"

Menuhin-Festival
Wie soll es weitergehen...

Mit den herrlichen Konzerten des Zürcher Kammerorchesters mit einer Palette 'hervorragender Solisten ist das diesjährige Festival erfolgreich zu Ende gegangen. Der sehr gute Besuch und die ausgezeichnete Stimmung bewiesen erneut die Attraktivität unserer Kammermusikwochen mit Yehudi Menuhin, der wiederum den Konzerten durch seine prophetische Künstlerpersönlichkeit den Stempel aufgedrückt hat. Schon während der letzten Wochen und besonders im Zusammenhang mit der Gründung der Internationalen Menuhin Musik-Akademie in Gstaad wurde mehrfach angedeutet, dass das Festival unter Alterserscheinungen leide und in verschiedener Hinsicht Erneuerungen brauche. Sicher werden sich die Organisatoren bemühen, diese Kritiken zu berücksichtigen und Verbesserungen zu ermöglichen, um den Musikfreunden weiterhin einen vollen Genuss zu bieten und um besonders auch unserer Bevölkerung eine Begegnung mit dieser herrlichen Kammermusik zu erleichtern. Es wäre aber falsch, wenn am Gesamtkonzept unseres einmaligen Festivals stark herumgeflickt oder wesentliche Aenderungen angebracht würden. Wir werden uns bemühen, die dieses Jahr im Saanen-Anzeiger vermittelte Information vermehrt auch im Programmheft zu gestalten, den Konzertbetrieb vielleicht etwas disziplinierter mit einem pünktlicheren Beginn und einem zeitlich nicht allzu langen Programm zu gestalten. 1978 wird uns erlauben, zusammen mit dem 150. Todestag von Franz Schubert und in der Lenk geplanten Meisterkursen über Wolfgang Amadeus Mozart eine gewisse Thematik in die Werke zu bringen, was bestimmt auch für das Verständnis im Werke von Vorteil sein wird. Die Grosszügigkeit unserer Künstler und die Tatsache, dass wir bald über ein eigenes Kammerensemble im Saanenland verfügen werden, ermöglichen im kommenden Jahr besondere Anlässe für das einheimische Publikum. Geplant sind ein Sonderkonzert der Camerata Lysy Gstaad und ein doppelt gegebenes Konzert des Zürcher Kammerorchesters unter Edmond de Stoutz für unsere Bevölkerung, damit allen, die gleichsam Träger und Unterstützer unseres Festivals darstellen, wirklich der Besuch einiger Konzerte möglich wird. Auch am sehr gelungenen Jugendkonzert für Jugendliche aus der Region Obersimmental bis ins Pays d'Enhaut im Rahmen der Kulturszene sollte unbedingt festgehalten werden. Dass anlässlich des diesjährigen Anlasses Kinder aus der weiteren Umgebung bis Lausanne, Neuenburg, Bern und Interlaken durch die Rotary-Clubs der entsprechenden Orte eingeladen und nach Saanen gebracht wurden, hat mitgeholfen, unserem Festival eine weitere Ausstrahlung zu geben.

Die ersten Besprechungen für das Festival 1978 (wahrscheinlich vom 4.8.–1.9.78) haben stattgefunden, die ersten Pläne bestehen und werden in ähnlicher Art neben der Camerata Lysy Gstaad, neben dem Zürcher Kammerorchester wiederum die Begegnung mit herrlichen Kammermusikensembles und deren Zusammenwirken mit Yehudi Menuhin bringen. Dass der Meister wiederum besorgt sein wird, zahlreiche weltberühmte Solisten nach Gstaad zu bringen, darf mit Dankbarkeit festgehalten werden. Schliesslich soll auch das Rahmenprogramm 1978 mit einem Konzert der Nationalen Jugend Brass Band den Blasmusikfreunden eine Freude vermitteln, während Yehudi Menuhin selber besorgt sein möchte, auch einmal die bekannte Urnäschener Appenzellerkapelle anlässlich des Festivals ins Landhaus einladen zu können. Damit könnte ein verheissungsvoller Bogen zwischen allen Musikaktivitäten im Saanenland gespannt werden, was einem gegenseitigen Verständnis nur förderlich sein kann.

Abschliessend darf festgestellt werden, dass unser Saanenland im August das Menuhin Festival in seiner bisherigen Form braucht und dass auch wir Organisatoren und Freunde der Kammermusik weiterhin auf eine verständnisvolle Unterstützung durch unsere einheimische Bevölkerung und unsere Gäste angewiesen sind. Gerne sind wir bereit, gutgemeinte Vorschläge und neue Ideen zu studieren und zukünftig für ein besseres Verständnis beizutragen. Wir danken allen für die Mithilfe und Unterstützung.

Dr. R. Steiger

---

21. Menuhin-Festival Saanen-Gstaad
Bewegender Ausklang
Werke von Bach, Haydn und Mozart im Schlusskonzert

ns. Auch dieses Jahr lag die Gestaltung des Schlusskonzertes traditionsgemäss in den Händen des Zürcher Kammerorchesters und seines Dirigenten Edmond de Stoutz. Mit den Solisten Yehudi Menuhin, Yfrah Neamann (Violinen) und Nikita Magaloff (Klavier) gesellten sich drei Künstler zum vorzüglichen Ensemble, die zum vornherein dazu berufen waren, das Festival 1977 glanzvoll zu krönen. Die entsprechenden Erwartungen erfüllten sich vollumfänglich, nicht zuletzt auch deshalb, weil mit Bachs Doppelkonzert d-Moll für zwei Violinen und Orchester, Haydns Sinfonie F-Dur Nr. 67 und Mozarts Klavierkonzert Es-dur KV 271 drei Werke auf dem Programm standen, die in ihrer Schönheit kaum besser zum prachtvollen Raum der Saaner Kirche hätten passen können.

Yehudi Menuhin und Yfrah Neamann entpuppten sich in Bachs Doppelkonzert d-Moll als zwei Geiger, die sich sowohl violonistisch als auch nahezu unfehlbar grifftechnisch, musikalisch streng durchformend, bedingungslos auf klare Konturen bedacht. Bei Yehudi Menuhin und Yfrah Neamann verirrte sich das d-Moll Konzert nicht in romantische Gefilde, obwohl das Andante, in flüssigem Tempo vorgetragene Largo sehr empfindsam gestaltet wurde. Das Zürcher Kammerorchester begleitete einfühlend und präzis, mit der notwendigen Diskretion in Solopassagen, mit Verve in Tuttistellen.

Eine stilistische Delikatesse war Haydns Sinfonie F-Dur No. 67 in der Deutung durch Edmond de Stoutz. Spritzig und schwerlos, zuweilen vielleicht etwas maniriert formte den in seiner Gestik unkonventionell weit ausholende Dirigent mit seinem Orchester die schnellen Sätze, im Adagio liess man sich gebührend Zeit für höfisches Geflüster, bodenständig tanzte das serenadenhafte Menuett. Es war eine Wiedergabe, die in ihrer subtil erarbeiteten Dynamik Figuren wachrief, die uns heute nur noch aus grosser Entfernung, mit Grazie entgegenlächeln.

Von zeitloser Aussagekraft ist dagegen Mozarts Klavierkonzert Es-dur KV 271. In Nikita Magaloff und dem mit aussergewöhnlicher Intensität mitgestaltenden Zürcher Kammerorchester hatte es zudem Interpreten, die wahrhaft inspiriert musizierten. Der russische Pianist vereinigte seinen kernigen Anschlag, seine Virtuosität und seine vielseitige, spontan eingesetzte Musikalität zu einem Mozart-Stil von hintergründiger Kraft. Ruhevolles, verträumtes Erklingenlassen bedeutete bei Magaloff nicht Stillstand, es war vibrierendes Intermezzo, leidenschaftlich vorwärts drängendes Laufwerk strebte in klaren Linien zum Zentrum der Aussage, jede musikalische Phrase wurde in sich abgeschlossen und doch geheimnisvoll mit der folgenden verbunden. In dieser Art wurde das Konzert Mozarts zur Stätte der Begegnung, mit Gedanken und Gefühlen, die auch den modernen Menschen bewegen...

Pressestimmen zum 21. Festival 1977.
Press opinions on the 21st Festival in 1977.

Schlusskonzert des Menuhin-Festivals in Saanen
Menuhin und Magaloff

Das Menuhin-Festival ging am Mittwoch mit einem nach Werken und Ausführung gewichtigen Programm zu Ende. Wieder einmal nahm sich Yehudi Menuhin Bachs Doppelkonzert in d-moll an, diesmal zusammen mit Yfrah Neaman, ein Geiger, welcher mit ihm im Interpretationskonzept übereinstimmte, nicht ganz aber in der Deutlichkeit der Phrasierung und in der kernigen Ausdruckskraft des Tones.

W. A. G. Dennoch kann man in den Genuss einer hochstehenden, im Schlusssatz von mitreissender Vitalität getragenen Bachaufführung, an welcher das Zürcher Kammerorchester unter Edmond de Stoutz seinen bedeutenden Anteil hatte. Nach diesem gewichtigen Auftakt führten de Stoutz und sein Orchester die Zuhörer in die kapriziöse Welt von Joseph Haydns Symphonie Nr. 67 in F-dur, ihrem gesamten Charakter nach wie ein Divertimento in die Symphonie. Die Originalität des filigranhaften, schwebenden Beginns des ersten Satzes in den Violinen findet seine Fortsetzung in der Verarbeitung, in welche ganz andere Momente in den Bläsern, kantable Kontraste eingestreut werden. Im Finale aber unternimmt Haydn etwas, was Mozart in nachfolgenden frühen Es-dur-Klavierkonzert zur höchsten Bedeutung erhoben hat: er fügt dem Allegro einen ausgedehnten langsamen Teil ein, welcher an Ausdehnung das im umschliessende Allegro erreicht. Die Aufführung war ungemein präzis und ohne die Gefahr der Ueberspitztheit, wozu diese witzige Musik allerdings verführen kann, gelegentlich erlegend. Den heiteren Pointen schenkte de Stoutz mehr Aufmerksamkeit als der Wärme des Ausdrucks in den ruhigen Teilen.

Nach diesem Abstecher in die sonnigen Gefilde der Klassik führt Nikita Magaloff zum anderen Extrempunkt: Mit Mozarts «Jeunehomme»-Konzert KV 271 in Es-dur, Mozarts erstes grosses, kompromissloses, heroisches Klavierkonzert, mit 21 Jahren geschaffen, nach seiner Bedeutung gleichrangig neben seinen letzten Werken dieser Art stehend. Magaloff geht mit einer gewissen Distanz an dieses Konzert heran, etwas sec im ersten Satz, zurückhaltend im Andantino und im Rondeau leidenschaftlicheren Regungen nachgebend.

Stadt Bern
Schlusskonzert
Menuhin-Festival ging zu Ende

a. b. Mit einem zeitlich wieder einmal normal bemessenen Konzert ging das Menuhin-Festival zu Ende. Möglicherweise war es das letzte im bisherigen Konzept. Im Zusammenhang mit der Gründung der Internationalen Menuhin-Musikakademie in Gstaad wurde angedeutet, dass das Festival gewisse Alterserscheinungen aufweise, die gilt in verschiedener Hinsicht Remedur zu schaffen: Das Programmheft müsste vom Photoalbum zum Informationsorgan über Musiker und Werke werden, der Konzertbetrieb ruft nach Disziplinierung, einheimische Musiker wären noch mehr anzubringen. Am diesmaligen Schlusskonzert spielten Yehudi Menuhin und Yfrah Neaman Bachs Konzert in d-moll für zwei Violinen und Orchester in weitgehender musikalischer Uebereinstimmung. Nikita Magaloff nahm sich Mozarts Klavierkonzert in Es-dur (271) mit etwas kühler Distanz und pianistischer Unfehlbarkeit an. Das Zürcher Kammerorchester unter Edmond de Stoutz begleitete mit mehr als nur Sorgfalt und fügte als eigenen Beitrag Joseph Haydns Symphonie Nr. 67 in F-dur bei.

Hommage an Claude Barbey
Homage to Claude Barbey

Unglücklicher Flügelkauf bringt grosszügigen Festivalfreund

Um Mietkosten für Flügel und Cembalo zu senken, beschloss das Komitee die Anschaffung eigener Konzertinstrumente. Auf Rat des Festivalgründers wurde eine Kommission unter dem bekannten russischen Pianisten Nikita Magaloff, Professor am Genfer Konservatorium, bestimmt, die sogar eine Reise nach Hamburg ins Stammhaus von «Steinway & Sons» nicht scheute, um ein exzellentes, nicht zu mächtiges Instrument für unsere Kirche auszusuchen. Sie wurde von Martin Kelterborn, Bruder des Schweizer Komponisten Rudolf Kelterborn und ausgebildeter Klavierstimmer und Geschäftsführer von Hug Musik SA, beraten. Nach dem Kauf eines Steinways B-211 höchster Qualität wurde der neue Flügel am 31. August im Konzert mit dem ZKO unter Edmond de Stoutz von Nikita Magaloff selber eingeweiht und mit dem Mozart-Klavierkonzert KV 271 wunderbar präsentiert, ein inspirierendes Erlebnis, das bestes Presseecho fand: «Der russische Pianist vereinigte seinen kernigen Anschlag, seine Virtuosität und seine vielseitige Musikalität zu einem Mozart-Stil von hintergründiger Kraft.» (aus «Der Bund» Bern).

Die Enttäuschung und Auseinandersetzung folgte auf dem Fuss: Der Festivalmentor war masslos enttäuscht, ja wütend, dass man ihm für sein Festival nicht den grössten Konzertflügel gekauft hatte, was 1978 zum Eklat führte. Menuhin entschloss sich, im Musikhaus Krompholz & Cie in Bern selber einen echten Konzertflügel zu besorgen, seinen eigenen Flügel dagegen einzutauschen und den Restbetrag zur Not selber

Controversial acquisition of grand piano brings generous festival friend

In order to reduce rental costs for the grand piano and harpsichord, the committee decided to buy its own concert instruments. At the advice of the festival founder, a commission was appointed under the famous Russian piano player Nikita Magaloff, who was a professor at the Geneva Conservatory. This commission advocated a trip to Hamburg to the head office of Steinway & Sons to choose an excellent, but not too ostentatious instrument for the church. They were advised by Martin Kelterborn, brother of the Swiss composer Rudolf Kelterborn, who was a trained piano-tuner and president of Hug Music SA. After the acquisition of a Steinway B-211 of the highest quality, the new grand piano was inaugurated on August 31 by Nikita Magaloff himself, together with the Zurich Chamber Orchestra. The performance of the Mozart Piano Concerto KV 271 was an inspiring experience that was well-received by the press: "The Russian pianist combined his strong keystroke, his virtuosity, and his versatile musicality to a Mozart style of profound power" (from Bern newspaper Der Bund).

But disappointment and disagreement soon followed. Menuhin was extremely upset that the biggest grand piano had not been purchased for his festival, which led to a scandal in 1978. He decided to get a real concert piano at Krompholz & Cie in Bern, by trading in his own piano for the Krompholz instrument and paying any difference in cost himself if necessary. Menuhin was lucky: among the loyal chalet owners of Gstaad, was the former Rosey

zu übernehmen. Yehudi Menuhin hatte Glück: unter den treuen Gstaader Chaletbesitzern feierte damals der ehemalige Rosey-Schüler und Genfer Finanzier Claude Barbey seinen 60. Geburtstag. Er engagierte sich – begeistert vom ersten Zusammentreffen mit dem zwei Jahre älteren Meister Menuhin – sofort persönlich und stiftete als Geburtstagsgabe die fehlende Restsumme. Im Büchlein der Volkswirtschaftskammer Berner Oberland von 1996 schilderte der grosszügige Genfer und spätere Mäzen des Menuhin Festivals unter «Begegnungen mit Yehudi Menuhin» diesen «Accord sur un piano» als wunderbaren Anfang einer lebenslangen Freundschaft zwischen Menuhin und der Familie Barbey. Wären Festival, Internationale Menuhin Musik Akademie IMMA, Camerata Lysy Gstaad seither auch so erfolgreich gediehen, wenn dank des leidigen «Pianohandels» der ehemalige Hockey- und Sportcrack aus Genf damals dem Meister nicht persönlich begegnet wäre? Claude Barbey, der Ende Festival 2004 86-jährig einer schweren Krankheit erlag, verdient heute noch Dank und Anerkennung aller, denen das Wirken seines 1999 verstorbenen Freundes Yehudi am Herzen liegt. Beim Auftritt der Camerata Lysy am 16. August 2005 – als Gedenkkonzert dem grosszügigen Mäzen gewidmet – fand Festival-Präsident Leonz Blunschi prägnante Worte des Dankes, um des langjährigen Gönners und Gstaader Freundes zu gedenken. Sein Wirken bleibt im Saanenland unvergessen – der Konzertflügel zeugt heute noch von Barbeys grosszügiger Geste.

student and financier from Geneva, Claude Barbey. He had been fascinated by his first encounter with Menuhin, and decided to mark his own 60th birthday by donating the difference in cost as a birthday present. The booklet of the Bernese Oberland Chamber of Commerce from 1996 lists the generous Barbey, who later became a patron of the Menuhin Festival. In 'Encounters with Yehudi Menuhin', Barbey himself refers to his "accord sur un piano" as a wonderful beginning to a lifelong friendship between Menuhin and the Barbey family. Would the festival, the International Menuhin Music Academy, and the Camerata Lysy have been as successful had the former hockey and sports lover from Geneva not met the master personally as a result of the unfortunate "piano affair"?

Claude Barbey ultimately succumbed to serious illness at the end of the 2004 festival at the age of 86 years old, but to this day he deserves the thanks of everyone who was close to Menuhin's heart. At the performance of the Camerata Lysy on August 16 2005 – dedicated as memorial concert to the generous patron – the festival president Leonz Blunschi found concise words of gratitude to commemorate the long term supporter and friend of Gstaad. His work will remain remembered in Saanenland, and the grand piano stands to this day as evidence of Barbey's generosity.

04

01 Claude Barbey applaudiert begeistert. | *Claude Barbey applauding enthusiastically.*
02 Facture hug 1. September 1977. *Invoice from Hug Music SA, September 1 1977.*
03 Garantieschein für Steinway (Grösse B-211). | *Warranty for the Steinway (size B-211).*
04 Brief der Behörde zum Flügelkauf. *Letter from the authorities on the purchase of the grand piano.*

Martin Etter (tt) – die kritische Stimme vom «Bund»
Martin Etter – the critical voice of Der Bund

Seit 1967 kommt der bis 1985 in Bolligen als Lehrer wirkende Journalist ins Saanenland und hat beachtete Konzertberichte, oft mit brisanter Kritik, oft mit «Gedanken zur Situation des Menuhin Festivals» (Brief von 1977) geschrieben. So forderte er «Grundideen» wie Konzentration auf einen Komponisten, Stil oder Region, weniger Zufälligkeiten, mehr Kontraste und die Beschränkung der Konzertdauer auf vernünftige Länge. Bei der Künstlerauswahl dachte er zum Beispiel an Schweizer Interpreten, die «neue Impulse in das etwas erstarrte Familienfestival bringen könnten, wobei andere Instrumente (Horn, Oboe, seltene Barockinstrumente) vermehrt Beachtung finden sollten». Anstoss nahm er am verspäteten Konzertbeginn, Applausverbot, rudimentären Programmheft mit altem Fotomaterial und fehlender Information, kritisierte ungenügende Propaganda, Preispolitik mit zu wenig Abstufungen. Am 21. August 2001 schwärmte er im «Anzeiger von Saanen» von unvergesslichen Konzerten und seiner Verehrung der «Menuhin Familie mit allen Stärken und Schwächen», wagte Vorbehalte zu Grossanlässen im Festivalzelt, die Orchester und Künstler von Weltformat erfordern. Befriedigt hielt er fest: «Zum Glück konnte die etwas sture, allerdings musikalisch auf höchstem Niveau gelegene Gidon-Kremer-Linie verlassen und Publikumsnähe zurückgewonnen werden. Die Zerstückelung und für Musikwochen ungewohnte Länge von sieben Wochen erschweren Abonnementsgestaltung und Besuche, verlangen klare Strukturen und einen ‹roten Faden› im mutigen Programm» – das ihm seit 2002 mit den drei Säulen besser gefällt – «hoffentlich weiterhin vorwiegend mit stimmungsvollen Konzerten in der einmaligen Saaner Kirche, um den wahren Geist des Gründers zu bewahren.» An der würdigen Menuhin-Gedenkfeier im voll besetzten Berner Münster vom 12. März 2000 bekräftigte Etter: «Lord Menuhin war – und ist immer noch – eine Vaterfigur

> «Lord Menuhin war – und ist immer noch – eine der zentralen Symbolfiguren der Kultur in unserer kulturarmen, ja kulturfeindlichen Zeit, ein Fels in den Brandungen von Unmenschlichkeit, von Fundamentalismus, von Nationalismus, von Intoleranz und von Gewalt, ein eindrucksvoller Mahner und ein unüberhörbarer Warner.
> Kunst 195
> Zitate aus «Worte wie Klang in der Stille» (vorgetragen am Gedenkkonzert im Berner Münster durch Martin Etter)

Martin Etter is a journalist who until 1985 also worked as a teacher in Bolligen. Since 1967 he has been coming to Saanenland and has written noteworthy accounts of festival concerts, often with explosive critique. In these critiques, he proffered basic ideas such as focusing on one composer, style or region, less haphazardness, more contrast, and maintaining a reasonable length to concerts. Regarding the choice of artists, he thought about Swiss performers who could give fresh perspective to the static festival family, and about different instruments, such as the horn, oboe, and rare baroque instruments, that should get more attention. He objected to the late start of the concerts, the ban on applauding, and the rudimentary nature of the program booklet with its old pictures and lack of information. He also criticized the lack of promotional material and a ticket pricing policy with too little graduation.

On August 21 2001 he spoke enthusiastically in the Anzeiger von Saanen about the unforgettable concerts and his adoration of the Menuhin family with all its strengths and weaknesses. He also dared to mention provisos for the major events in the tent, which he stipulated need world class orchestras and artists: "Luckily the school of festival management propounded by Gidon Kremer, who was highly adroit musically but slightly stubborn, could be abandoned, and closeness to the festival audience could be reclaimed. The fragmentation and the unusually long seven-week duration for the musical weeks make subscription arrangements and visits harder, demand clear structures, and require a unifying element within the bold program".

Etter liked the concept of the three distinct festival tracks that have been in place since 2002 and hoped that "in order to preserve the real spirit of the founder, they will carry on with predominantly atmospheric concerts in the unique Saanen church."

At the fitting Menuhin memorial service in the fully occupied Bern Cathedral on March 12 2000, Etter emphasized: "Lord Menuhin was – and still is – a father figure of endless kindness and wisdom, a protagonist for uncountable new talents from all over the world, and a source of inspiration that brims

der unendlichen Güte und Weisheit, ein Helfer für zahllose Nachwuchstalente aus und in aller Welt, ein Förderer und Inspirator voller unbeugsamem Optimismus, voller unwiderstehlicher Ausstrahlung und voller verehrungswürdiger Geduld.

Lord Menuhin hat Spuren hinterlassen. Spuren mit seinem Ausbildungszentrum in England, mit seiner International Menuhin Music Academy in Gstaad, mit seinem Menuhin-Festival im Saanenland. Er hat unzähligen Musikfreunden gezeigt und bewiesen, dass sich die Macht der Musik nicht in virtuoser Selbstgefälligkeit und in eitler Brillanz erschöpft, sondern im gläubigen, demütigen Dienst an einer Klangwelt demonstriert, ohne die alles menschliche Leben hohl und Stückwerk wäre.

Und – nicht zuletzt – Lord Menuhin hat mit seinem Einsatz für alles Wahre, Gute und Schöne ein nachahmenswertes Beispiel der lebensbejahenden Existenzbewältigung gesetzt. Wer ihn im direkten Kontakt erleben durfte, wird nie seine hellen, wachen und strahlenden Augen vergessen können, nie seine leise, sanfte und beruhigende Stimme, nie seine fast magische Überzeugungskraft, die keiner lauten Töne, keiner Kraftausdrücke und keiner dramatischen Ausbrüche bedurfte.

Lord Menuhins Werk lebt weiter – in uns, die wir ihn gekannt, verehrt und geliebt haben, in seinen Mitarbeitern, Schülern und Studenten, die Unverlierbares durch ihn erfahren durften, und darüber hinaus in allen Menschen, die guten Willens sind und für die er zweifellos auch in Zukunft Vorbildcharakter hat und haben wird.»

with unflappable optimism, irresistible charisma, and adorable patience. Lord Menuhin has left his mark, with his education center in England, with his International Menuhin Music Academy in Gstaad, and with his Menuhin Festival in Saanenland. He proved to uncountable friends of music that the power of music does not wear out in virtuosic egocentricity or vain brilliance, but best illustrates itself in the faithful and humble service to the world of sound without which every human life would be empty. And last but not least, with his commitment to everything that is true, good and beautiful, Lord Menuhin has set as shining example of the value of a positive perspective as a path to a good life. Those who were able to experience him directly will never forget his alert, beaming eyes, his quiet, comforting voice, his nearly magical power to convince – he did not need to resort to loudness, strong language, or dramatic explosions. Lord Menuhin's work lives on; in all of us who knew him, admired him and loved him, in his co-workers, in his students who through him experienced things which cannot be lost, and above all, in everyone who is of goodwill and for whom he is and undoubtedly will continue to be role model in the future."

Bolligen, den 23. Aug. 77

Sehr geehrter Herr Dr. Steiger,

mit etwas Verspätung, die meinen gegenwärtig überdurchschnittlichen Arbeitspensum anzulasten ist, erhalten Sie meine kleine Studie über das Menuhin-Festival nun doch noch. Ich hoffe, sie entspreche einigermassen Ihren Vorstellungen.

Ich überlasse Ihnen den Text zur freien Verfügung, verzichte also meinerseits auf eine direkte Veröffentlichung. Es steht nun also ganz bei Ihnen, ob Sie meine Anregungen zuerst intern diskutieren oder zunächst im "Anzeiger" zur Diskussion stellen wollen. In beiden Fällen bin ich bereit, mich anschliessenden Gesprächen oder schriftlicher Auseinandersetzungen offen zu stellen.

Mit nochmaligem Dank für Ihre freundliche Einladung im "Bernerhof" und für den angenehmen persönlichen Kontakt

grüsse ich Sie herzlich

Martin Etter
Kistlerstrasse 9
3065 Bolligen
Tel. 031 58 61 74

Vorschläge

Gedanken zur Situation des Menuhin-Festivals

Als langjähriger Besucher und Rezensent des Menuhin-Festivals erlaube ich mir, einige Vorschläge zur Profilierung und zur Verbesserung dieser Veranstaltungsreihe, die aus dem kulturellen Leben des Berner Oberlandes nicht mehr wegzudenken ist, zur Diskussion zu stellen. Vorausschicken muss ich allerdings, dass meine Anregungen **als** positive Denkanstösse, niemals aber als destruktive Kritiken verstanden werden wollen.

Zur Programmgestaltung

Die Werkwahl sollte jeweils verbindlichen Grundidee untergeordnet werden. Dieses Konzept – es kann sich dabei um die Konzentration auf einen Komponisten (zum Beispiel Schubert oder Bartók), auf einen Stil oder auf eine geographische Region handeln – würde Zufälligkeiten in der Programmierung ausschalten und dem Festival zu einer klaren Linie verhelfen. Wünschbar sind ferner Kontrastprogramme mit zwei gegensätzlichen Konzerthälften, Komponistenporträts mit bekannten und weniger gespielten Werken, kommentierte Anlässe (besonders bei neuen Autoren und Partituren) und schliesslich die Beschränkung der Konzertdauer auf eine vernünftige Länge, welche die Aufnahmefähigkeit des Publikums nicht überfordert.

Zur Künstlerauswahl

Neue, in Gstaad noch nicht erprobte Musiker sollten unbedingt die Reihen der bisher hier tätigen Künstler ergänzen. Ich denke dabei vorab an Schweizer Interpreten, die nur ganz am Rande zum Zuge kommen und die zweifellos neue Impulse in das etwas erstarrte Familienfestival bringen könnten. Dabei müsste auch darauf geachtet werden, dass Instrumente (wie Horn, Oboe oder seltene Barockinstrumente), die bisher in Gstaad zu kurz kamen, vermehrt Beachtung finden.

Planung verspätet – das 22. Festival 1978 in letzter Minute

Erhaltene Briefe vom Dezember 1977 dokumentieren den Einsatz von Yehudi Menuhin für persönliche Einladungen an Freunde, am Menuhin Festival 1978 teilzunehmen, Anfragen, die eine Programmgestaltung erst im Juni erlaubten, was von Tourismuskreisen als Fehler apostrophiert wurde, da damit eine Werbung fast unmöglich war: Hoteliers klagten über fehlende Reservationen und Unterkunftslisten der Künstler. Inserate fürs Programm wurden zu spät beworben, die Budgetierung war fast unmöglich. So konnte es nicht erfolgreich weitergehen. Dennoch spürte das neue Komitee überall Unterstützung und den Willen, die wertvollen Musikwochen fortzuführen, wie im 10. Kulturszenenbulletin unter «Ein Fest für alle» und als Schlusswort unter «Ausblick in die Zukunft» festgehalten wurde.

Late planning – 22nd festival in 1978 put together at the last minute

Letters from December 1977 document the commitment of Yehudi Menuhin, who tried to secure the participation of his friends for the 1978 Menuhin Festival through personal invitations. The fact that the program could only be finalized in June was considered a mistake by those responsible for the tourism aspects of the festival, because it was nearly impossible to advertise, and hotel owners complained about the lack of reservations and artist accommodation lists. Advertisements for the program were solicited too late, which made budgeting nearly impossible. This was no way to continue successfully. Nevertheless, support for the new committee remained intact, and the will to continue the cherished music weeks was duly recorded in the 10th concert bulletin under "A festival for everyone" and in the epilogue under "View in the future".

01/02 Briefdokumente zeigen die späten Anfragen und Einladungen. | *Letter archives show the late requests and invitations.*
03 Entschuldigung und Absage von Paul Tortelier. | *Apology and cancellation of Paul Tortelier.*
04 Pressestimme zum gelungenen Jugendkonzert. | *Press opinion on the successful youth concert.*
05 Pechvogel Menuhin in Montreux. *The unlucky devil Menuhin in Montreux.*

▶

Schweizer Musiker am 22. Festival:
Swiss musicians at the 22nd Festival:
06 Yehudi Menuhin probt mit dem Orchestre Symphonique Neuchâtelois unter Théo Loosli. *Yehudi Menuhin rehearsing with the Neuchâtel Symphony Orchestra led by Théo Loosli.*
07 Cembalist Jörg Ewald Dähler ins Spiel versunken. | *Jörg Ewald Dähler at the harpsichord.*
08 Flötist Peter Lukas Graf an der Probe in der Saaner Kirche. | *Flutist Peter Lukas Graf rehearsing in Saanen Church.*

06

07

08

1974–1979

LEONID KOGAN

Er wurde am 14. November 1924 in Dnjepropetrowsk geboren, begann mit 7 Jahren mit Violinunterricht erst bei seinem Vater, dann bei Yampolski. Nach dem Umzug der Eltern nach Moskau stach er schon bald in der Begabtenklasse des Abraham Yampolski heraus. Er durchlief die bewährte sowjetische Musikerziehung und genoss eine sorgsame, organische und ausdauernde Ausbildung, bis er, schon 23-jährig, 1947 in Prag durch die glänzende Wiedergabe des Brahmskonzertes den 1. Preis gewann, den er 4 Jahre später in Brüssel im Wettbewerb der belgischen Königin Elisabeth bestätigte. Die Kritiker jubelten und sprachen von einem «neuen Heifetz, einem neuen Menuhin» … «…Kogans Spiel erhält seine besondere Note durch ein furioses, aber stets mit straffen Zügeln gelenktes Temperament, eine ungewöhnliche dynamische Brillanz und ein Klangraffinement besonderer Prägung…»

Der spektakuläre Auftritt des berühmten russischen Geigers Leonid Kogan wurde zur organisatorischen Hürde, da die Verträge auf russischen Papieren abgewickelt, Visas für die Eheleute Kogan erzwungen und die Honorarforderungen der Sowjet-Botschaft bezahlt werden mussten.
The spectacular performance of the famous Russian violinist Leonid Kogan became an organisational challenge, because the contracts had to be translated into Russian, visas had to be obtained for Mr and Mrs Kogan, and the monetary demands of the Soviet Embassy had to be met.
01 Vertrag. | *Contract.*
02/03 Leonid Kogan

04 Menuhin wird in Montreux der «Prix mondial du Disque» verliehen. | *Menuhin is awarded the 'Prix mondial du Disque' in Montreux.*

Montreux-Vevey
33. Musikfestival «Septembre Musicale»
Prix d'Honneur 1978 für Yehudi Menuhin
30. August 1978

Anlässlich der Preisverleihung des «Prix mondial du Disque» im stimmungsvollen Schloss Chillon wurde unser Festival-Schirmherr in sehr illustrer internationaler Gesellschaft durch die Organisation unseres Nachbarfestivals geehrt: die einmalige Musikerpersönlichkeit, sein weltweites Wirken für die Musik, sein dauernder Einsatz für die musizierende Jugend, seine bereitwillige Arbeit mit den Plattenfirmen und auch sein hervorragendes Wirken für sein Menuhin-Festival Gstaad-Saanen wurden in der Laudatio durch Frau Hirsch und Herrn Direktor Klopfenstein, dann auch durch den Syndic Herrn Cevey aus Montreux besonders hervorgehoben, bevor Yehudi Menuhin in bewegten Worten persönlich diese grosse Ehre verdankte. Nach der Verleihung der 3 Plattenpreise von Montreux genossen bei einem hervorragenden Buffet im wundervollen grossen Schlosssaal bei Kerzenlicht zahlreiche geladene Gäste diesen einmaligen Galaabend zu Beginn der Festwochen in Montreux, die dieses Jahr viele Höhepunkte versprechen. Dass dabei zwischen Gstaad und den Organisatoren am Genfersee gute Kontakte angeknüpft werden konnten, verdient ebenfalls den Dank an alle die Helfer um Herrn Direktor Klopfenstein.

IN HIS OWN WORDS | Lane Anderson

Als «Saaner» Meistercellist in Monte Carlo

Gerne hat der sympathische Musiker und Sohn der heute noch in Saanen lebenden Pianistin Constance Anderson, die 1957 an den ersten Rahmenkonzerten mitgewirkt hat, persönliche Erinnerungen an Menuhin und sein Festival beschrieben. Er fühlt sich glücklich, dass er zweimal in der herrlichen Saaner Kirche spielen durfte, als Solist in Werken von Couperin und Hindemith im sehr langen Konzert vom 23. August 1978 und 10 Jahre später in einem Rezital mit der Pianistin Pitti.

On the first occasion Sir Yehudi was also on the program, in a performance of the string quartet by Ernest Bloch. I cannot recall all the players that evening, but I do remember us all stuffed into the "green room" at the top of the stairs. Everyone was busy practising his music for the evening, trying hard to hear himself play and yet to defer respectfully to Sir Yehudi by playing softer that he did. For in the midst of this most amazing cacophony, he was preparing for the event the most furiously of us all what I suspect was a last-minute attempt to get the difficult score "in his fingers" where rehearsal time had been lacking!

My most unforgettable memory of him was a performance of the Great Symphony N° 9 in C by Franz Schubert that he conducted with the Washington National Symphony Orchestra, where I began my career before becoming principal cellist of the Monte-Carlo Philharmonic. As you surely know, this masterpiece requires considerable virtuosity from the orchestra musicians. No performance was given during Schubert's lifetime, because his orchestra refused to play a score they considered "unplayable"; it was not until twenty years later that Felix Mendelssohn resurrected it and convinced his musicians that it could be done as indeed it has been ever since, for the pleasure of music lovers throughout the generations.

If the orchestra parts are technically difficult, the conductor's role is very far from that of a mere virtuoso: in fact, no particular technical demands are made upon him. On the occasion in Washington, we prepared the concert in a rather routine way right up to the general rehearsal; with all due respect, Menuhin was, not what you would call a virtuoso conductor or even a master "drill sergeant". During those two or three days he had never wanted to make up his mind regarding the many (and long) repeats he would take in the four movements. After a final run-through, he finally said: "All repeats tonight." a dangerous invitation to a possibly long and boring concert!

But that evening, in his hands, the symphony received a performance that I shall always recall as the most beautiful by far of my entire career, one where the music flowed effortlessly from his mind and heart, through our combined instruments, and out to the grateful audience. Works of such depth and intangible beauty need to be brought to life by the most sensitive artists: Sir Yehudi's performance was proof beyond all doubt that he was of that stature, if indeed any further proof was necessary. Through these few written words I would like to address my personal thanks to him, posthumously, for his gift to me that evening a gift for a lifetime.

Lane Anderson

Mardi 22 août 1978, 20.30 h.

Musique de chambre
Camerata Lysy Gstaad

E. Bloch 1880—1959	Quatuor à cordes no 1
	Andante moderato - Allegro frenetico - Andante molto moderato Pastorale) - Finale: Vivace
	Yehudi Menuhin, violon Yfrah Neaman, violon Ernst Wallfisch, alto Marius May, violoncelle
P. Hindemith 1895—1963	«Trauermusik» pour violoncelle et orchestre à cordes
	Lane Anderson, violoncelle
F. Couperin 1668—1733	Cinq pièces en concert pour violoncelle et orchestre
	Prélude - Sicilienne - La tromba - Plainte - Air de diable
	Lane Anderson, violoncelle
Pergolese	«Orfeo» — Cantata per soprano con accompagnamento di archi
	Ingrid Frauchiger, soprano
G. P. Telemann 1681—1767	Concerto pour alto et orchestre à cordes en sol majeur
	Largo - Allegro - Andante - Presto
	Ernst Wallfisch, alto
A. Vivaldi 1678—1741	Concerto en do mineur pour deux violons et orchestre à cordes
	Allegro moderato - Largo - Allegro
	Alberto Lysy, violon Sergio Prieto, violon

Vor dem Finale am 31. August 1978 beginnt die Arbeit für 1979

In der Vorschau zum viel versprechenden Abschluss-Konzert stand:

«Dieser letzte Abend eines im Grossen und Ganzen doch sehr gelungenen 22. Menuhin Festivals bestätigt noch einmal dessen Gepräge, seine Einmaligkeit, verschiedene glänzende Solisten am gleichen Abend im akustisch hervorragenden Rahmen erleben zu können, ein Musizieren unter Freunden, die dank Menuhin gerne – fürs Festival noch knapp erschwinglich – ins Saanenland kommen. Dass sich diese Künstler nicht gerne in ein Programmschema einpassen lassen, dass diese ‹Musikfeste› gelegentlich auch länger dauern, dass Interpreten oft neue Herausforderungen wagen (wie die Schubert-Liederabende angelsächsischer Sänger), dürfen uns Kritiker nicht übel nehmen…»

Mit Genugtuung wurde festgestellt, dass die Presse meistens positiv, ausführlich und häufig berichtet hat, wobei auch kritische Feststellungen nicht fehlten.

Even before the finale of August 31 1978, work begins for 1979

The preview to the highly anticipated final concert contained the following words:

"This last evening of the largely successful 22nd Menuhin Festival confirms its influence and its uniqueness in being able to experience various shining soloists on the same evening in a wonderful acoustical setting. It is about a creation of music amongst friends who, thanks to Yehudi Menuhin, come to Saanenland with pleasure, and who are just about affordable for the festival. That these artists resist being boxed into a creative corner, that these musical celebrations occasionally take longer, that performers risk new challenges (such as the Schubert song evenings of Anglo-Saxon singers), must not be seen negatively by critics…"

It was noted with satisfaction that press coverage was mostly positive, although pockets of criticism remained.

Kritischer, aber gut gemeinter Kommentar von «tt» in «Der Bund».
A critical but well-meant comment by 'tt' in Der Bund.

Positive Stimme zum Abschluss-Höhepunkt in «Der Bund».
A positive opinion on the final highlight in Der Bund.

«Der Bund» Frühjahr 1979.
'Der Bund' of spring 1979.

Kontroverse um die Leifheit-Spende
Controversy surrounding Leifheit family donation

Yehudi Menuhin persönlich an der Gemeindeversammlung vom 1. Juni 1979

Ein 1977 vom ausländischen Industriellen Günter Leifheit der Gemeinde Saanen gestifteter Kulturfonds (Fr. 250 000.–), mehrheitlich für die neue Menuhin-Akademie gedacht, führte zu harten Auseinandersetzungen in der Presse und zur Ablehnung (150 000 Franken für IMMA) an der Gemeindeversammlung vom 18. November 1977. In einem offenen Brief von Saaner Lehrkräften an Pfarrer J. Karnusian wurden dessen zu engagiertes, zu wenig transparentes und überstürztes Vorgehen, die Vernachlässigung seiner Kirchgemeinde und die Einsitznahme in den IMMA-Stiftungsrat angegriffen. Schon am 16. Dezember 1977 hat Pfarrer Karnusian mit einer klaren Stellungnahme offen geantwortet. Das gegenseitige Missbehagen und Misstrauen hat während Monaten die definitive Regelung der Spendengelder verzögert, verlangte zusätzlichen Einsatz von Gemeinderatspräsident Dr. Hans Sollberger und aller Stiftungsmitglieder, bevor an der legendären Gemeindeversammlung vom 1. Juni 1979 unter Taktandum 7 Beiträge aus dem Leifheit-Fonds ans Menuhin-Festival, die IMMA und andere kulturelle Vereine behandelt wurden, wobei die Anwesenheit des Saaner Ehrenbürgers Yehudi Menuhin die Behörde veranlasst hatte, unter Änderung der Tagesordnung mit diesem Traktandum zu beginnen. Menuhins Wunsch, den Hauptbetrag seiner noch nicht 2-jährigen Akademie und nicht dem Festival zu gewähren, wurde auf geänderten Antrag von Dr. Rolf Steiger nach wiederholter Abstimmung als Anerkennung für die junge IMMA angenommen – Einsatz auf allen Ebenen war gefordert. Seither durften auch Ortsvereine von Leifheit-Geldern profitieren.

Yehudi Menuhin personally present at Saanen community assembly

In 1977 the foreign industrialist Günter Leifheit donated a culture fund to the community of Saanen in the amount of SFr 250,000. This money was to be used mainly for the new Menuhin Academy in Gstaad. However the donation led to major arguments in the press and the refusal to grant SFr 150,000 for IMMA at the community assembly of November 18 1977. In an open letter from the teachers of Saanen to priest J Karnusian, grievance was expressed that the priest was too committed, insufficiently transparent, overly hasty, and negligent relative to his church parish in taking a seat on the IMMA foundation board. On December 16 1977, priest Karnusian replied openly with a very clear statement. The mutual feeling of discomfort and distrust delayed the definitive disbursement of the donated funds for months, and demanded additional work from community council president Dr Hans Sollberger and all board members leading up to a legendary Saanen community assembly on June 1 1979. Item seven of the agenda was to be a discussion of contributions from the Leifheit Fund to the Menuhin Festival, IMMA, and other cultural clubs. The presence of the honorary Saanen citizen, Yehudi Menuhin, however, forced a change to bring this matter to the top of the agenda. Menuhin's wish to grant the main amount to his two-year-old academy rather than the festival was finally agreed to after petitioning from Dr Rolf Steiger and several rounds of voting. It was done in acknowledgment of the young IMMA. Commitment was requested on all levels, and since then town clubs have also been able to profit from Leifheit money.

wrs. Der vor neun Jahren zum Ehrenbürger ernannte und in Gstaad wohnhafte Violinvirtuose Yehudi Menuhin nahm erstmals an der Versammlung der Einwohnergemeinde Saanen teil. Die nur schwach besuchte Versammlung hatte die nicht alltägliche Aufgabe, über Gelder zu verfügen, die der Gemeinde von dritter Seite zugeflossen waren. Im Zusammenhang mit dem Erwerb einer Bauparzelle hatte der deutsche Industrielle Leifheit einen Betrag von 250 000 Franken für kulturelle Zwecke zur Verfügung gestellt. Ein erster Versuch, dieses Geld wieder loszuwerden, war im November 1977 von den Stimmberechtigten abgelehnt worden. Ein neuer Verteiler, der auch die kulturelle Arbeit der Ortsvereine fördern hilft, hatte nun mehr Erfolg. Danach gehen 85 000 Franken an die Ortsvereine, 50 000 Franken an einen Musik-Instrumentenfonds und 115 000 Franken als Stiftungskapital an die Gstaader Menuhin-Musikakademie. Nach dem Vorschlag der Gemeindebehörde hätte auch die Organisation des Menuhin-Festivals für die alljährlichen Konzerte in der Kirche Saanen bedacht werden sollen. Nach der persönlichen Intervention Menuhins schloss sich die Versammlung mit 50:27 Stimmen diesem an, wonach mit der Musikakademie dieses Mal nur ein Werk des Künstlers berücksichtigt wird. – Ohne grosse Dis-

> «So grosse Beiträge sollten für etwas verwendet werden, das dem ganzen Saanenland dient. Ob je ein Saaner Musiker in den Genuss der Menuhin-Musik-Akademie kommen wird, ist fragwürdig.»
>
> Lehrer Klaus Stoller in «Berner Nachrichten», 8. Dezember 1977

> «Der Angriff auf mich dürfte aus Neid oder aus persönlichen, emotionellen Gründen entstanden sein. Den Vorwurf, ich würde mein Amt als Pfarrer nicht erfüllen, weise ich zurück. Ich stehe unter Schweigepflicht, und es dürfte für Aussenstehende schwierig sein zu beurteilen, wann und wie oft ich wem beizustehen habe. Zudem habe ich auch Anspruch auf Freizeit. Ich treibe keinen Sport, dafür widme ich mich kulturellen Fragen und versuche, dem Kurort in dieser Richtung zu dienen.»
>
> Pfarrer J. Karnusian reagiert auf Anschuldigungen in «Berner Nachrichten», 15. Dezember 1977

Menuhin Festival 1979
Bartóks «Divertimento für Streichorchester» und Finale mit Eklat

Das Programmheft, eine schöne Doppelseite von Menuhin, Programmhinweise auf Béla Bartók, Ausstellungs-Einladung, Programm und Eröffnungsbericht dokumentieren den Auftakt zum «Bartók-Festival» und zur «40 ans Béla Bartók au Saanenland»-Ausstellung. Nach der gut besuchten, mit Musik durch Jugendliche der Yehudi Menuhin Schule umrahmten Vernissage am 3. August und dem spannenden Beitrag von Alt-Botschafter Werner Fuchss, dem Verfasser der Bücher «Béla Bartók en Suisse» und «Béla Bartók und die Schweiz», Gestalter der Wander-Ausstellung «Béla Bartók et la Suisse» und der Gstaader Ausstellung, folgten drei Referate mit persönlichen Reminiszenzen von Sándor Végh, von Mäzen und Gastgeber Dr. Paul Sacher und unserem gegen Ende August ans Festival zurückgekehrten Yehudi Menuhin. Die Konzerte erlaubten, neben traditionellen, vertrauten Komponisten, Einblicke ins Werk dieses «Klassikers des 20. Jahrhunderts» zu gewinnen, wobei die Auftritte des legendären «Quatuor Végh» mit dem 2. und 6. Bartók-Quartett und des «Collegium Musicum Zürich» unter Paul Sacher mit der seit 1958 mehrmals am Festival aufgeführten Saaner Bartók-Komposition «Divertimento pour orchestre à cordes» (1939 als Auftrag fürs Basler Kammerorchester komponiert) zu Höhepunkten wurden. Nach dem erfolgreichen Gastspiel des bekannten Blasorchesters der Stadtmusik Luzern unter Albert Benz mit klassischen Werken erfüllte der virtuose Trompeter Maurice André mit dem Zürcher Kammerorchester unter Edmond de Stoutz nach dem Mozart-Klavierkonzert von Hephzibah Menuhin – ein feiner Tribut des Meisters für seine geliebte Schwester – an zwei ausgebuchten Abenden höchste Ansprüche der Blasmusikfreunde: Ein erfolgreiches, aber nach Menuhin «zu teures De-

BÉLA BARTÓK: «DIVERTIMENTO FÜR STREICHORCHESTER»

Wie es zu dieser bedeutenden Komposition im Saanenland kam, hat uns der leider verstorbene Botschafter in Ungarn Werner Fuchss in seinem Buch «Béla Bartók und die Schweiz», einer Publikation der Nationalen Schweizerischen UNESCO-Kommission (1973 Hallwag Bern), geschildert:

«Als drittes Auftragswerk wünschte Paul Sacher von Bartók eine Komposition für Streichorchester. Bartók antwortete, er habe vorläufig keine Ruhe und könne erst im August 1939 an die Arbeit gehen. Paul Sacher lud ihn ein, als Gast einige Wochen in einem Bauernhaus, dem Chalet Aellen in Saanen, zu verbringen. Dort entstand dann in der Zeit vom 2. bis 17. August die Partitur seines ‹Divertimento für Streichorchester›. In einem Brief aus Saanen vom 18. August 1939 an seinen Sohn schrieb Bartók, er habe dort wie ein Musiker vergangener Zeiten als Gast eines Mäzens seiner Kunst ungestört obliegen können. Er wohne ganz allein in dem ‹volkskundlich interessanten Bauernhaus›. ‹Herr und Frau Sacher sorgen aus der Ferne vollständig für mich. Sogar ein Klavier haben sie mir aus Bern hierhergeschafft. Sein Eintreffen war für den 2. August 10 Uhr angekündigt, und denk Dir, sie sind nicht um 12 Uhr oder am Nachmittag damit eingetroffen, wie das zu Hause bei uns üblich wäre, sondern schon um ein Viertel vor 10 Uhr.› … ‹Glücklicherweise ging es gut mit der Arbeit, ich wurde damit in 15 Tagen fertig (ein Werk für Streichorchester von ungefähr 25 Minuten Spieldauer). Gerade gestern habe ich es beendet.›

In Saanen verbrachte er dreieinhalb sorgenfreie Wochen, in denen er sich ausschliesslich und in aller Ruhe seiner Kunst widmen konnte. Die dort entstandenen Werke sind das Ergebnis ruhigen Schaffens, unbeschwert durch äussere Umstände, aber wir finden in ihnen auch den Niederschlag der Vorahnung des kommenden Krieges. Wenn Bartók in den Augusttagen des Jahres 1939 in Saanen sich völlig in seine Arbeit versenken konnte und von den sich überstürzenden Ereignissen in Europa keine Kunde hatte, so lebte in ihm doch die bange Befürchtung bevorstehender Dinge. Denn er schrieb aus Saanen in dem schon zitierten Brief an seinen Sohn: ‹… die Schweizer sind gezwungen, in ständigem Kriegsfieber zu leben. Ihre Zeitungen sind voll von militärischen Artikeln, auf den wichtigeren Passübergängen usw. wurden Schutzmassnahmen und militärische Vorbereitungen getroffen. Ich habe selbst solche auf dem Julierpass gesehen: z. B. in den Boden eingebaute Felsblöcke gegen Tanks und ähnliche schöne Dinge› … »

One of the most impressive moments I have shared with fellow human beings was the meeting at which the Gemeinderat decided to make its contribution to the Academy; with due gravity and solemnity, as befits all Swiss mountain communities, this important issue was decided after listening to all proposals, comments and criticisms. Dr Hans Sollberger, the President of the Gemeinderat, said, «These young people have won the community's hearts not only through their music but through their humanity, their modesty, their desire to serve, to give and to help».

We are indebted to Dr Sollberger and to the whole, hospitable community, which has truly become an international centre of music, and which radiates in its turn both music and beauty to the world. I should also like to pay tribute to Dr Rolf Steiger, the President of the Festival who with his vision and energy has done so much for the Festival and for the general cultural development of this region. And there are those who work quietly and modestly for music, who deserve appreciation and recognition, among them Franz Würsten, James Karnusian, Markus Bach and all the music teachers of the Saanenland.

I think the higlight of this year's Festival must be the attention we are devoting to Béla Bartók, forty years after he lived and worked in the Saanenland, and we are honoured to have with us some of Bartók's greatest colleagues: Dr Paul Sacher and Sandor Vegh. We are indebted to Dr Werner Fuchss for arranging the Bartók Exhibition. Newcomers to the Festival are Maurice André, whose virtuoso trumpet-playing will be an inspiration to the many brass players of our region; the Kreuzberger String Quartet from Berlin; the distinguished clarinettist, Alfred Prinz; and Rudolf Barshai, my much-loved Russian colleague now living and working in Isreal and Germany. To all musical colleagues, old and new, a warm welcome on behalf of all my fellow-citizens of Gstaad. And to all our music-lovers, an equally warm welcome and heartfelt thanks for your continued friendship and support.

This Festival marks an important milestone in the musical evolution of our beloved Gstaad. It celebrates the transition form music as a continuous need and a cultural cornerstone essential to the very existence of our Saanenland. Much as I love my Festival and as grateful as I am to those who support it, the people of Gstaad in the first place, the people of Switzerland generally, and all the devoted and loyal visitors who have come here for twenty-three years, I had felt that music was not yet the sustenance and inspiration that it had to be in order to enrich the lives of every man, woman and child in our region. This it has become since the community, a few months ago, adopted the Academy with its Camerata Lysy Gstaad, a superb group of brilliant young musicians who contribute to the year-round musical activities — orchestral concerts, chamber music and solo performances, as well as teaching. Gstaad and Saanen have taken the Academy to its heart, and it will flourish in the presence of such goodwill.

Yehudi Menuhin

Das diesjährige Festival markiert einen wichtigen Meilenstein in der musikalischen Entfaltung unserer Region: es verkündet den eigentlichen Übergang und die Verschmelzung von Musik als einem dauernden Bedürfnis und einem kulturellen Eckpfeiler zu einer richtigen tragenden Säule des kulturellen Lebens im Saanenland. So sehr mir das Festival am Herzen liegt und so dankbar ich all jenen bin, die es unterstützen helfen — erstens der Saaner Bevölkerung, dem Schweizervolk ganz allgemein und all den treuen Besuchern, die seit 23 Jahren von überall hierherkommen —, empfand ich doch immer das Gefühl, dass unsere Musik noch nicht jene Bedeutung und Inspiration erfüllte, die sie haben sollte, um das Leben eines jeden — vom jüngsten bis zum ältesten Mitbürger — in dieser Gegend zu bereichern. Dies hat sich nun geändert, seitdem die Gemeinde vor wenigen Monaten die Internationale Menuhin-Musik-Akademie zusammen mit der Camerata Lysy Gstaad, einem überragenden Ensemble von brillanten jungen Musikern, in ihre Mitte aufgenommen hat. Umgeben von so viel «Goodwill» werden Akademie und Camerata bestens gedeihen und die ganzjährige Musikaktivität mit Orchesterkonzerten, Kammermusik und Solovorträgen bereichern.

Einer der eindrücklichsten Momente war für mich die Gemeindeversammlung in Saanen, an der beschlossen wurde, einen Beitrag an die Akademie zu leisten. Wie es in vielen Schweizer Gemeinden üblich ist, wurde dieser wichtige Schritt erst beschlossen, nachdem alle Vorschläge, Kommentare und Kritiken ernsthaft angehört und geprüft worden waren. Dr. Hans Sollberger, Gemeinderatspräsident, sagte: «Diese jungen Leute haben die Herzen der Bürger nicht nur durch ihre Musikdarbietungen gewonnen, sondern durch ihre Menschlichkeit, ihre Einfachheit, ihren Wunsch zu dienen, zu geben und zu helfen.»

Dank gebühre Dr. Sollberger und der ganzen gastfreundlichen Gemeinde Saanen, die wahrhaftig zu einem internationalen Musikzentrum geworden ist, das Musik und Schönheit harmonisch in die Welt ausstrahlt. Dank gilt auch Dr. Steiger, dem Präsidenten des Festivals, der mit Weitsicht und Energie viel für das Festival und das kulturelle Leben dieser Gegend geleistet hat, Anerkennung und Dank aber auch all jenen, die sich bescheiden und still für die Musik einsetzen, unter ihnen Franz Würsten, James Karnusian, Markus Bach sowie alle Musiklehrer des Saanenlandes.

Ich glaube, Höhepunkt des diesjährigen Festivals sind Gedenken und Würdigung von Béla Bartók, 40 Jahre nach seinem Aufenthalt und Wirken im Saanenland! Wir fühlen uns geehrt, einige seiner bedeutendsten damaligen Freunde mit uns zu wissen: Dr. Paul Sacher und Sandor Vegh. Wir sind auch Dr. Werner Fuchss äusserst dankbar für die Gestaltung der Bartok-Ausstellung.

Erstmals begrüssen wir am Festival Maurice André, dessen virtuoses Trompetenspiel anspornend auf die vielen Bläser der hiesigen Gegend wirken wird; das Kreuzberger-Streichquartett aus Berlin, den ausgezeichneten Wiener Klarinettisten Alfred Prinz und meinen lieben russischen Kollegen Rudolf Barshai, der gegenwärtig in Israel und Deutschland lebt und arbeitet.

Ein herzliches Willkommen an alle alten und neuen Musikkollegen auch im Namen meiner Mitbürger und ein ebenso warmer Willkommensgruss mit dem aufrichtigen Dank für die fortwährende Treue und Unterstützung gelte allen unseren Musikfreunden.

Yehudi Menuhin

Bartók-Doppelseite aus dem Programmheft 1979. | *Double page spread of Bartók from the 1979 program.*

---

büt des berühmten Bläsers»…Die gelungene «Soirée de Gala Bartók», die nach der 1. Sonate für Violine und Klavier (Sándor Végh mit Peter Pettinger) authentisch Menuhins Interpretation der ihm 1944 gewidmeten Violin-Solosonate erleben und in den Duos die beiden Meister Yehudi Menuhin und Sándor Végh aufeinander treffen liess, endete mit brillant gespielten «Contrastes» für Violine, Piano und Klarinette (für Benny Goodman und Joseph Szigeti komponiert) durch das hochkarätige Trio Sándor Végh, Peter Pettinger und Alfred Prinz – eine schöne Hommage an den 1945 verstorbenen, von Menuhin verehrten Komponisten. Das grossartige Schlussbouquet an zwei Abenden von Yehudi Menuhin und seinen Zürcher Freunden unter Edmond de Stoutz in den Violinkonzerten von Bartók (No. 2) und L. van Beethoven, op. 61, faszinierte und begeisterte in der ausverkauften Saaner Kirche, endete dann aber mit dem unerwarteten Eklat von Yehudi Menuhin, als der Meister nach dem kaum endenden Schlussapplaus mit bewegter Stimme bekannt gab: «Dies war mein letztes Konzert.» Das scheinbar äusserst erfolgreiche und gut besuchte Festivaljahr endete mit Unverständnis und vielen Fragen, die sich auch in der Presse niederschlugen.

The Soirée de Gala Bartók was felicitous and ended with the brilliantly played Contrastes for Violin, Piano and Clarinet (composed for Benny Goodman and Joseph Szigeti) performed by the top trio Sándor Végh, Peter Pettinger, and Alfred Prinz. It was a beautiful homage to the composer, who had died in 1945 and was much-admired by Menuhin. The Sonata No 1 for Violin and Piano (performed by Sándor Végh with Peter Pettinger) enabled the audience to relive Menuhin's authentic interpretation of the solo violin sonata of 1944 and brought the two masters Yehudi Menuhin and Sándor Végh together. The fantastic final flourish of Yehudi Menuhin and his friends from Zurich featuring Bartók's Violin Concerto No 2 and Beethoven's Op 61 over two evenings, fascinated and thrilled the sold-out Saanen church. But then it ended in an unexpected controversy when after the final applause Yehudi Menuhin emotionally announced: "This was my last concert". The successful, well-attended festival ended in confusion, and the many questions that arose also characterized the press coverage.

> "Every moment in our life is a new departure, an end and a beginning, a joining of the threads and a parting."
> Yehudi Menuhin

BELA BARTOK

25. März 1881 — 26. September 1945

«Kein anderer zeitgenössischer Komponist hat mich so unwiderstehlich angezogen wie Bartók. Ich fühlte mich eins mit seinen unerbittlichen und komplexen Rhythmen, eins mit seiner abstrakten, doch ungeheuer ausdrucksvollen Konstruktion der melodischen Linie, eins mit dem unglaublich reichen Spektrum seiner Harmonien und vor allem mit der Reinheit der Ausführung, immer ohne die geringste Spur von Sentimentalität, genauso scharf gemeisselt und durchdringend wie seine eigenen Züge und seine Augen.
Es gibt, glaube ich, keinen anderen Komponisten in unserem Jahrhundert, der es wie Bartók vermag, eine Reihe von Tönen auszuspinnen, so dass sie schweben und uns in einen zeitlosen Raum tragen — Melodie im wirklichen Sinne des Wortes.»
Yehudi Menuhin
(aus der Biographie Béla Bartók
von E. Helm, Rowohlt 1965, S. 140)

«Meine eigene Idee, deren ich mir — seitdem ich mich als Komponist gefunden habe — vollkommen bewusst bin, ist die Verbrüderung der Völker, eine Verbrüderung trotz allem Krieg und Hader. Dieser Idee versuche ich in meiner Musik zu dienen; deshalb entziehe ich mich keinem Einfluss, mag er nun slowakischer, rumänischer, arabischer oder sonst irgendeiner Quelle entstammen. Nur muss die Quelle rein, frisch und gesund sein.» Bartók an O. Beu (10. Januar 1931)

23ᵉ MENUHIN FESTIVAL
GSTAAD-SAANEN

Oberland bernois, Suisse
Berner Oberland, Schweiz

4 – 31 août 1979
4. – 31. August 1979

Il y a 40 ans:
Bela Bartok au pays de Gessenay
(Réminiscences du mois d'août 1939)

Vor 40 Jahren:
Bela Bartok im Saanenland
(Erinnerungen an August 1939)

Programme

Août 1979			Solistes exécutants:
1	Samedi 4	CAMERATA LYSY GSTAAD Dir. Alberto Lysy	Heinz Holliger, Alberto Lysy, Daniel Zisman, Yu Yasuraoka
2	Dimanche 5	RENCONTRE DE JEUNES INTERPRETES	
3	Mardi 7	MUSIQUE DE CHAMBRE	Kreuzberger-Streichquartett, Alfred Prinz
4	Jeudi 9	Récital de piano JEREMY MENUHIN	
5	Samedi 11	MUSIQUE DE CHAMBRE	Ursula Holliger, Peter-Lukas Graf, Rudolph Barshai
6	Mardi 14	CAMERATA LYSY GSTAAD	Alberto Lysy, Louis Kentner, Angel Soler
7	Dimanche 19	MUSIQUE DE CHAMBRE	Quatuor Vegh
8	Mercredi 22	COLLEGIUM MUSICUM ZURICH Dir. Paul Sacher	Alberto Lysy
9a	Dimanche 26	ORCHESTRE DE CHAMBRE DE ZURICH	Maurice André
9	Lundi 27	Dir. Edmond de Stoutz	
10	Mardi 28	SOIREE DE GALA BARTOK	Yehudi Menuhin, Sandor Vegh, Alfred Prinz, Peter Pettinger
11a	Jeudi 30	ORCHESTRE DE CHAMBRE DE ZURICH	Yehudi Menuhin
11	Vendredi 31	Dir. Edmond de Stoutz	

Concert extra-ordinaire: Samedi 25 août 1979
BLASORCHESTER DER STADTMUSIK LUZERN

Exposition: «40 ans Bartok au Saanenland»
Conférences de MM. Vegh, Sacher & Menuhin

Renseignements: Menuhin Festival, CH-3780 Gstaad

MENUHIN FESTIVAL GSTAAD

Exposition
à la Maison de Paroisse
Gstaad
du 3 au 31 août 1979

40 ans Bela Bartok au Saanenland
Réminiscences de son séjour en août 1939

Invitation au vernissage
vendredi 3 août 1979 — 18 heures

Exposition ouverte: chaque jour de 17–19 heures

Programme

Bartok	Duos pour 2 violons Bagpipes — Sorrow — Arabian Song Pizzicato — Transilvanian Dance	Elizabeth Layton Leland Chen
	Bienvenue par un membre du Comité	
Bartok	«An evening in the Village» Slovak Peasant's Dance	Sophie Renshaw, alto David Rothman, piano
	Allocution de l'ancien ambassadeur Werner Fuchss	
Bartok	Two Burlesques Quarrel A little tipsy Allegro barbaro	David Rothman, piano

Etudiants de la «Menuhin School London»

Auftakt zum Menuhin-Festival
Eröffnung der Bartok-Ausstellung im Kirchgemeindehaus Gstaad

Mit einer würdevollen Feierstunde wurde am vergangenen Freitagabend das diesjährige Menuhin-Festival mit der Vernissage für die Bartok-Ausstellung im Kirchgemeindehaus Gstaad eröffnet. Im grossen Saal konnte Dr. R. Steiger, Präsident des Festival-Komitees, eine ansehnliche Schar Musik- und Bartokfreunde willkommen heissen, unter ihnen besonders alt Botschafter Dr. Werner Fuchss aus Grandvaux. Nur in Gedanken anwesend war Yehudi Menuhin, der zur selben Zeit auf hoher See Richtung Nordkap segelte, womit für ihn

---

Bela Bartok
au Saanenland

Vernissage

Diner

Melon glacé

*

Paillard de boeuf
Pommes frites
Légumes frais

*

Iglou glacé

*

Vendredi, le 3 août 1979

01 Paul Sacher.
02 Interessierte Besucher der Bartók-Ausstellung, v.l.n.r.: Frau Françoise Fuchss, Kammersängerin Maria Stader, Yehudi Menuhin, Alt-Botschafter Werner Fuchss. | *Interested visitors at the Bartók Exhibition, from left to right: Frau Françoise Fuchss, chamber singer Maria Stader, Yehudi Menuhin and former ambassador Werner Fuchss.*
03 Yehudi Menuhin, Paul Sacher.
04 Menuhin spricht im Kirchgemeindehaus Gstaad über Bartók. | *Menuhin in the Gstaad church parish hall talking about Bartók.*
05 Sándor Végh redet über «Musizieren mit Béla Bartók». | *Sándor Végh talking about playing music with Béla Bartók.*
06 Festivalpräsident Rolf Steiger dankt Sándor Végh. | *Festival President Rolf Steiger thanking Sándor Végh.*
07 Programm der Bartók-Ausstellung. *Program of the Bartók Exhibition.*

EXPOSITION

3—31 août 1979
à la Maison de paroisse à Gstaad
ouvert chaque jour de 17—19 heures, ENTREE LIBRE

Vendredi 3 août 1979	18.00 h	Vernissage Allocution de l'ancien ambassadeur Werner Fuchss, Grandvaux Oeuvres de Bartók interprétés par les élèves de la «Menuhin School London»
Lundi 20 août 1979	20.30 h	Conférence de Sandor Vegh: «Musizieren mit Béla Bartók» Entrée: 7.—
Jeudi 23 août 1979	20.30 h	Conférence du Dr. Paul Sacher: «Meine Begegnung mit Béla Bartók» Entrée: 7.—
Mercredi 29 août 1979	20.30 h	Conférence de Yehudi Menuhin: «Béla Bartók — ein Genie im 20. Jahrhundert» Entrée: 7.—

01 Programmseite über Béla Bartók. *Programme page on Béla Bartók.*
02 Festivalplakat 1979. | *Poster of the 1979 Festival.*
03/04 Doppelseite mit Eintragungen der Vernissagegäste. | *Double page spread with entries of the guests attending the private viewing.*

23. Menuhin-Festival Gstaad-Saanen
«Seine Augen schienen alles zu durchdringen»
Der Geiger Yehudi Menuhin sprach über den Komponisten Bela Bartok

rag. Die Vortragsreihe im Rahmen des Menuhin-Festivals über Bela Bartok schloss mit den Betrachtungen Yehudi Menuhins über den grossen ungarischen Künstler unserer Zeit. Unter dem Titel «Bela Bartok – ein Genie des 20. Jahrhunderts» sprach Menuhin über seine Begegnung mit dem Komponisten. «Es ist ein Privileg, Bartok gekannt zu haben», meinte der Redner. Er zeigte in einem halbstündigen interessanten Vortrag die zwei letzten Lebensjahre des ungarischen Komponisten auf und versuchte, der grossen Zuhörerschaft im Kirchgemeindehaus das tiefe Empfinden, das ihn mit dem Komponisten verband, zu vermitteln.

Im November 1943 begegneten sich die beiden in New York erstmals. Bereits vor diesem Zeitpunkt hatte Menuhin die Werke Bartoks gespielt. Zwischen Komponist und Interpret entstand eine innige Beziehung. Menuhin: «Bartok offenbarte mir in der Musik sein Innerstes.» Die ersten Worte des wortkargen Bartok an den Violinvirtuosen waren: «Ich hätte nicht geglaubt, dass man ein Werk so gestalten könnte, es sei denn lange nach dem Tod des Komponisten.» Bartok litt in New York. Er hatte Heimweh und war krank. Seine finanziellen Verhältnisse waren schlecht, wenn er auch nicht – wie so oft behauptet wird – Hunger litt. «Aber», so weiss Menuhin, «Bartok war ein schwieriger Mensch. Er liess sich nur helfen, wenn er selbst etwas geben konnte. Andere Hilfe lehnte er ab. Er war sehr wortkarg, sprach nur das Nötigste und war deshalb in Gesellschaft sehr schwierig.»

Menuhin bestellte bei Bartok eine Solosonate für Geige. Sie war eines der wenigen Werke, die in Amerika entstanden. Die Krankheit zermergelte Bartoks Körper aus, seine Kräfte schwanden, doch sein Geist lebte. Zwei Tage vor seinem Tod vollendete er sein letztes Geschenk an seine Frau, das 3. Klavierkonzert. Am 26. September 1945 verschied er. Ein grosser Geist war nicht mehr, doch in New York deutete kein Zeichen auf den Verlust. Seine Beziehung zum grossen ungarischen Musiker umreisst Yehudi Menuhin so:

«Kein anderer zeitgenössischer Komponist hat mich so unwiderstehlich angezogen wie Bartok. Ich fühlte mich eins mit seinen unerbittlichen und komplexen Rhythmen, eins mit seiner abstrakten, doch ungeheuer ausdrucksvollen Konstruktion der melodischen Linie, mit dem reichen Spektrum seiner Harmonien und vor allem mit der Reinheit der Ausführung, immer ohne die geringste Spur von Sentimentalität, genauso scharf und durchdringend wie seine eigenen Züge und seine Augen...»

Bericht in «Der Bund». | *Report in 'Der Bund'.*

Paul Sacher (1906–1999)

Wenige Musiker erlebten im Saanenland während Jahren so viele Meilensteine ihres Wirkens wie der Basler Gastgeber von Béla Bartók in Saanen. Paul Sacher, am 28. April 1906 in Basel geboren, Schüler von Felix Weingartner, ist Gründer und Leiter des Basler Kammerorchesters und des Collegium Musicum Zürich. Er hat mit beiden exzellenten Ensembles viele Auslandreisen unternommen; daneben hat er bei vielen Orchestern als Gastdirigent gewirkt. 1933 gründete er die Schola Cantorum Basiliensis und wurde nach deren Angliederung an die Akademie von 1954 bis 1969 Direktor der Musik-Akademie Basel, der wichtigsten «Brutstätte moderner Schweizer Komponisten». Als grosszügiger Mäzen hat er die Neue Musik stark beeinflusst und durch ungezählte Kompositionsaufträge bereichert. Er war auch viele Jahre Mitglied und Präsident des Schweizerischen Tonkünstlervereins, bevor er zu dessen Ehrenpräsident ernannt wurde. 1951 wurde er Ehrendoktor der Universität Basel. Er ist am 26. Mai 1999 93-jährig in Basel gestorben. Sein Lebenswerk wird dank der Paul-Sacher-Stiftung und des reichen Archivs durch den Sohn Georg weitergeführt. Nachdem Paul Sacher 1934 die um 10 Jahre ältere Maja Sacher-Stehelin, die Witwe des früh verstorbenen Emanuel Hoffmann, geheiratet hatte, wirkte er 60 Jahre als Grossaktionär und Verwaltungsrat des Pharma-Konzerns Roche, wo er 1996 zum Ehrenpräsidenten ernannt wurde. Dass er damit zum «reichsten Schweizer» geworden war, hat ihm in seinem «intensiven Leben für die Noten» viel geholfen und ihn zum verdienstvollen Musik- und Kunstmäzen werden lassen. Fürs Saanenland bleiben nicht nur die entscheidenden Jahre um 1939 im Chalet Aellen in Saanen, das zur Wallfahrtstätte vieler Musiker wurde, sondern auch Sachers Teilnahme an den «Semaines Musicales de Gstaad» im Hotel Palace, wo er mit Hermann Scherchen und Edwin Fischer prägende Figur war, was im Atlantis Musikbuch «Paul Sacher als Gastdirigent – Dokumentation und Beiträge zum 80. Geburtstag» im Auftrag des Tonkünstlervereins am 9. August 1945 und 3. und 6. August 1946 dokumentiert ist.

Es war eine schöne Geste von Paul Sacher, am Menuhin Festival 1979 – Bartók und den «40 Jahren Divertimento» gewidmet – als damaliger Gastgeber seines Schützlings Béla Bartók als Leiter mit seinem Collegium Musicum Zürich und als eindrücklicher Referent über seine «Begegnung mit dem berühmten Komponisten» teilzunehmen. Die glanzvolle Aufführung des «Divertimento» in der Saaner Kirche und Sachers Ausführungen waren Höhepunkte des 23. Menuhin Festivals.

There are few musicians who experienced so many career milestones in Saanenland as Paul Sacher. Sacher was born on April 28 1906 in Basel. He was a student of Felix Weingartner, and as the founder and director of the Basel Chamber Orchestra and the Collegium Musicum Zurich, he went on many foreign trips with both ensembles. He also served as a guest conductor with a large number of orchestras. In 1933 he founded the Schola Cantorum Basiliensis, and after merging with the Music Academy of Basel (one of the most important breeding grounds for Swiss composers), he became director of the academy from 1954 to 1969. As a generous patron, he strongly influenced and enriched "Neue Musik" through numerous commissioned compositions. In addition he was a member and president of the Swiss Musicians Union for many years before he got nominated as their honorary president. In 1951 he received an honorary doctorate from the University of Basel. After his marriage in 1934 with Maja Sacher-Stehelin, the widow of the deceased Emanuel Hoffmann, he worked over the course of 60 years as major shareholder and board member of pharmaceutical company Roche. Through his work with Roche, he became Switzerland's richest person, and was nominated honorary president in 1996. This significant wealth helped him fulfill his "intensive life for music", and also made him a deserving patron of music and the arts. For Saanenland there were a number of crucial years around 1939 in which his chalet in Saanen, Chalet Aellen, became a pilgrimage place for many musicians. Sacher's participation in the Semaines Musicales de Gstaad at the Palace Hotel, where he was a formative figure together with Hermann Scherchen and Edwin Fischer, was also significant (a contribution documented in the book 'Paul Sacher as Guest Conductor – Documentations and Contributions for his 80th Birthday'). It was a kind gesture of Paul Sacher to participate at the Menuhin Festival of 1979, which was dedicated to Bartók and 40 years of Divertimento for Strings. As the host of his protégé Béla Bartók, and director of the Collegium Musicum Zurich, he impressed with his speech about his encounters with the famous composer. The glamorous performance of the Divertimento in Saanen church and the speech by Sacher were among the highlights of the 23rd Menuhin festival.

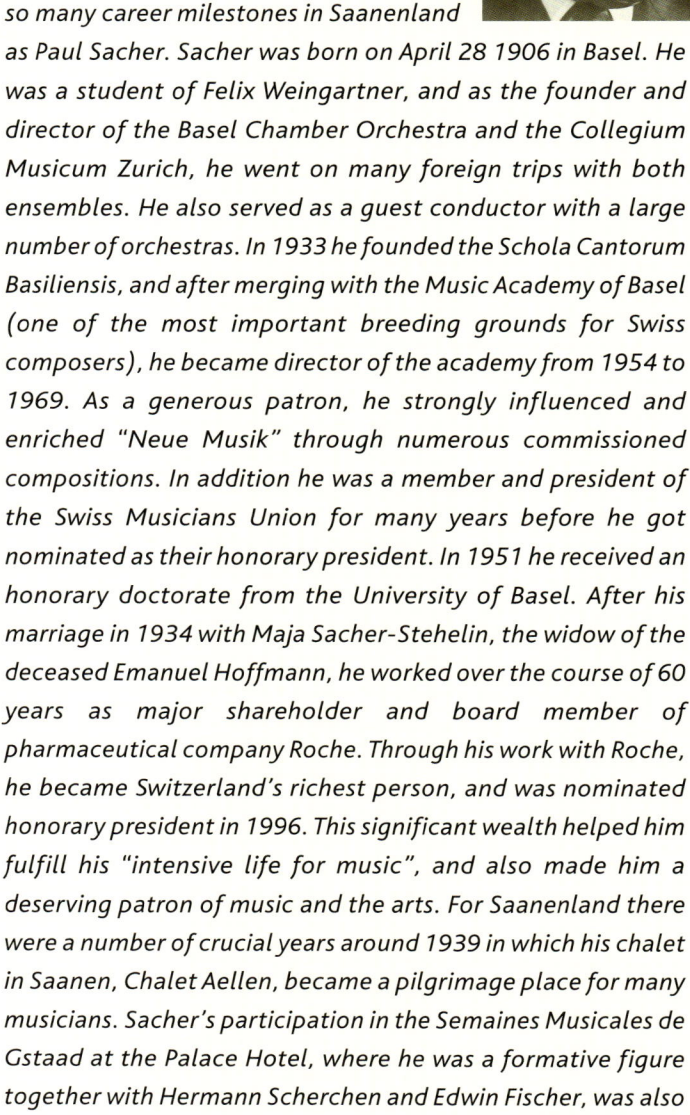

Sacher died on May 26 1999 in Basel at the age of 93 years-old. His life's work is remembered thanks to the Paul Sacher Foundation and the rich archive maintained by his son George.

Bericht im «Anzeiger von Saanen».
Report in the Anzeiger von Saanen on the inauguration of the commemorative plaque for Bartók on November 31 1975.

Chalet Aellen

Das alte Chalet oberhalb der Saaner Kirche mit dem umwachsenen Garten ist zur idyllischen Begegnungsstätte musikhistorisch interessierter Festivalbesucher, zum stillen Ort der Erinnerung an Béla Bartók geworden. Hier schrieb der berühmte Komponist vom 2. bis 17. August 1939 als Gast von Paul Sacher sein «Divertimento für Streichorchester».

In ungestörter Arbeit zurückgezogen, schuf er Entwürfe zum 6. Streichquartett und die berühmte Auftragskomposition, die weniger Ursprünge der Natur, die «heile Welt» der Berge, sondern in der Tradition barocker Unterhaltungsmusik mit Wechseln zwischen Solisten, Instrumentengruppen und Orchester wie im «Concerto grosso» mit dunklen Klangfarben und Klagen Bartóks depressive Art widerspiegelt. Der triste Zeitgeist des drohenden Weltkrieges prägte die Stimmung. Der Komponist ist nach dem Aufenthalt – kurz nach Heimkehr – in die USA ausgewandert. Monate später gefiel am 11. Juni 1940 die wegen Kriegsausbruchs verschobene Uraufführung durchs Basler Kammerorchester unter Paul Sacher. Der Kritiker zweifelte, «ob die schöpferischen Kräfte, die sich in dem Konzert regten und in die Zukunft weisend zum Ausdruck drängten, gegen die grauenhaften Kräfte der Vernichtung wohl standzuhalten vermögen» («Basler Nachrichten» vom 12. Juni 1940). Schon am 15. Januar 1940 schrieb Bartók sei

Chalet Aellen was the Saanenland home of Paul and Maja Sacher during the 1930s. The old chalet above Saanen church with its overgrown garden has become an idyllic meeting place for festival visitors interested in music history. It also became a quiet place of remembrance for Béla Bartók, who as a guest of Paul Sacher from August 2 to 17 1939 wrote his Divertimento for String Orchestra.

During his stay, Bartók worked undisturbed to create drafts of the Sixth String Quartet and his famous Divertimento commission oeuvre. Divertimento reflected less the origin of nature or the "ideal world" of the mountains, but more the tradition of baroque popular music with interchanges between soloists, instrumental groups, and orchestra, similar to a "concerto grosso." It mirrored Bartók's depressive manner with its dark musical tones and interludes of lamentation. The sad spirit of the age created by the threatening World War formed a backdrop. Shortly after his stay, the composer emigrated to the US. On January 15 1940 Bartók wrote to his patron Paul Sacher, declaring: "I cannot say anything about the Divertimento except the following about its form: "1st movement – in the form of a sonata; 2nd movement – approximately the form A-B-A; and the last movement – a kind of rondo." Months later, the world premiere, which had been delayed due to the start of the Second World War, was well-received with a rendition by the Basel Chamber Orchestra led by Paul Sacher. On June 12 1940, the Basler Nachrichten newspaper reported Sacher questioning whether the creative powers that were unleashed during that evening's performance would be able to stand firm against the ghastly destructive forces that were sweeping Europe at that time. Critics spoke

Das legendäre Chalet Aellen in Saanen.
The legendary Chalet Aellen in Saanen.

«In diesem Hause hat Bela Bartok sein Divertimento geschrieben...»

So steht seit letztem Freitag, dem 21. November 1975, auf einer Tafel neben der rechten Kellertüre am Hause von Frau Rosa Hossmann, dem Chalet Aellen, ob der Saanenkirche zu lesen. Der ganze Wortlaut heisst:

«In diesem Hause hat im August 1939 der ungarische Komponist Bela Bartok, 1881–1945, als Gast von Paul und Maja Sacher sein Divertimento geschrieben sowie das 6. Streichquartett entworfen. Saanen 1975»

Zur Enthüllung dieser Gedenktafel — der ersten dieser Art im Saanenland; am Kirchturm befindet sich jene, die an den tödlichen Absturz von zwei Saaner Ballonfahrern erinnert — hatte sich eine illustre Gesellschaft aus Diplomatie und Musikwelt im winterlich verschneiten Garten vor dem Chalet Aellen eingefunden — an einem strahlenden Frühwintertag, nachdem es am Vortag noch fast anhaltend geschneit hatte.

Als erster ergriff der ungarische Botschafter, S. E. György Varsanyi, das Wort. In seiner in sehr gutem Deutsch gehaltenen Ansprache würdigte er Leben und Werk von Bela Bartok, dessen bedeutendes Schaffen und die in diesem Hause entstandenen Kompositionen die Würdigung rechtfertigen.

Hierauf wandte sich Paul Sacher, der während seines Wirkens und noch jetzt weithin bekannte Basler Dirigent und bedeutende Förderer des Basler Musiklebens, an die Festgemeinde. Als seinerzeitiger Gastgeber liess er seinen Blick zurückschweifen in die Zeit, als Bartok im Sommer 1939 an dessen Divertimento arbeitete, und erinnerte auch daran, dass im selben Haus ebenfalls der leider allzufrüh verstorbene grosse Pianist Dinu Lipatti und Frank Martin, der auf den Tag genau vor einem Jahr verstorbene grosse Schweizer Komponist, abgestiegen waren, was die Hausbesitzerin besonders ehrt. Letzterer hatte hier sein Oratorium geschrieben. (Eine grosse Ehre war es auch, dass Frau Martin, wie auch Bartoks Sohn sich unter den Anwesenden befanden). Paul Sacher schloss seine Ausführungen mit dem Hinweis auf die Persönlichkeit Bartoks, der als feuriger Patriot und unerschütterlicher Verfechter der Freiheit durch die politische Entwicklung gezwungen war, in die Emigration zu gehen.

Nach diesen Ansprachen nahm der ungarische Botschafter die schöne Hauswebereidecke von der bis jetzt noch verdeckten Platte weg, womit die eigentliche Enthüllungszeremonie beendet war. Es trat dann noch der Präsident des ungarischen Tonkünstlervereins, Ferenc Farkas, vor, der namens dieser Organisation einen Ehrenkranz übergab und die Huldigung der ungarischen Komponisten aussprach.

Hierauf begaben sich die Teilnehmer in die Saanenkirche, wo nun Bartok selbst zu «Worte» kam, sinnigerweise durch sein 6. Quartett, das, wie die Tafel besagt, im Chalet Aellen entworfen worden war. Das Berner Streichquartett mit Alexander van Wijnkoop, 1. Viol., Eva Zurbrügg, 2. Viol., Heinrich Forster, Bratsche, und Walter Grimmer, Cello — bei uns keine Unbekannten — bot eine glänzende Wiedergabe dieses anspruchsvollen Werkes — sicher keine leichte Aufgabe vor all den vielen Musikkennern. (Es befanden sich unter den Zuhörern z. B. Walter Kägi, der bedeutende Berner Musiker und langjähriger Feriengast in der Lauenen, sowie der Komponist Daetwyler, dessen Konzert für Alphorn erst vor kurzem in der Saanenkirche erklungen hatte.)

Den Abschluss der alle sichtlich beeindruckenden Feier bildete ein von der ungarischen Botschaft offerierter Empfang Hotel Landhaus, und hier waren es diteren Sekundarschulmädchen unter der Leitung von Sekundarlehrer Franz Würsten, die mit der Darbietung von drei ungarischen Volksliedern von Bartok die Herzen der Zuhörer eroberten — so eindrucksvoll sangen sie diese nicht leichten Werke. Spontan dankten ihnen Botschafter Varsanyi und der Präsident der schweizerischen Unesco-Kommission, Charles-Frédéric Ducommun. Es erfolgte dann noch die Ueberreichung von zwei Exemplaren der ins Ungarische übersetzten Biographie Bartoks, die von alt Botschafter Werner Fuchss bereits in Deutsch erschienen war. Zum Schluss überbrachte noch Gemeinderatspräsident Dr. H. Sollberger die Grüsse der hiesigen Behörden und der Bevölkerung sowie den Dank für die Ehrung, die ebenfalls unser Tal betrifft, das seit jeher der Musik gegenüber sehr aufgeschlossen ist und im Menuhin-Festival ein musikalisches Ereignis von weltweiter Bedeutung durchführen kann.

mm

nem Mäzen Paul Sacher: «Ich kann nichts über das Divertimento sagen, nur folgendes über seine Form: 1. Satz: Sonatenform; 2. Satz: ungefähr die Form A-B-A; und der letzte Satz: eine Art Rondo.»

In der Kritik tönte es begeistert:

«Tänzerisch beschwingt die Aussensätze, ein Meisterstück an Stimmung und Aufbau das wie eine Romanze aus dem scharf akzentuierten Mittelteil den notwendigen Kontrast schöpfende Adagio. Was da alles aus dem Streichkörper herausgeholt ist, verrät den Meister schon von weitem.»

Yehudi Menuhin hat sich früh für das Werk eingesetzt und Bartók immer hoch verehrt. Vergessen wir nicht, dass bei Paul Sacher im Chalet Aellen auch der leider allzu früh verstorbene grosse Pianist Dinu Lipatti (1917–1950) und Frank Martin (1890–1974) und andere Komponisten Gäste waren – schöne Beweise für das Fluidum der Stätte hinter der Saaner Mauritiuskirche, wo seit dem 21. November 1975 auf einer Gedenktafel steht:

«In diesem Hause hat im August 1939 der ungarische Komponist Béla Bartók, 1881 bis 1945, als Gast von Paul und Maja Sacher sein Divertimento geschrieben, sowie das 6. Streichquartett entworfen. Saanen 1975»

Möge das legendäre Chalet weiterhin begeisterte und nachdenkliche Musikfreunde anziehen und von den dort komponierten Kompositionen zeugen.

enthusiastically of the loping dance of the outer movements, of a masterpiece in atmosphere and composition that grows like a romance, of its contrast in the adagio as a necessary departure from the more accented middle movement. What is extracted from a string orchestra in playing this oeuvre easily betrays that this is the work of a master.

Yehudi Menuhin established himself early with this piece and always admired Bartók highly. It should not be forgotten that among the guests of Paul Sacher in Chalet Aellen was the great pianist Dinu Lipatti, who unfortunately died far too early (1917-1950), Frank Martin (1890-1974), and many other composers. Their sojourns at Chalet Aellen are testament to the aura of the place behind Saanen's Mauritius church, and since November 21 1975 there has been a plaque on the wall bearing the inscription: "At this house, the Hungarian composer Béla Bartók (1881-1945) wrote his Divertimento, as well as drafts for the Sixth String Quartet, in August 1939 as the guest of Paul and Maja Sacher. Saanen 1975". May this legendary chalet continue to draw enthusiastic and thoughtful music friends, and be witness to the oeuvres composed there.

Mercredi 22 août 1979, 20.30 h.

Collegium Musicum Zurich

Direction: Paul Sacher
Soliste: Alberto Lysy, violon

W. A. Mozart 1756—1791 — Cinq mouvements de la sérénade en ré majeur, K. 203
Andante maestoso. Allegro assai - Menuetto - Andante - Menuetto - Prestissimo

J. Haydn 1732—1809 — Concerto pour violon en sol majeur, Hob. VIIa: 4
Allegro moderato - Adagio - Allegro

B. Bartók 1881—1945 — Divertimento pour orchestre à cordes (1939)
composé pour l'orchestre de chambre de Bâle
Allegro non troppo - Molto Adagio - Allegro assai

«DIVERTIMENTO FÜR STREICHER» von Béla Bartók, komponiert im Chalet Aellen in Saanen als Gast von Paul Sacher vom 2. bis 17. August 1939.
Brief vom 15. Januar 1940 aus Budapest an Paul Sacher:
... «Inzwischen ersuchte mich Ihre Sekretärin um Einzelheiten über das Divertimento. Leider habe ich überhaupt nichts Unbekanntes darüber zu berichten. Man weiss es ja, dass ich es auf Ihre Veranlassung geschrieben habe; Besetzung, Zeitdauer, Datum und Ort der Komposition ist ebenfalls aus der Partitur ersichtlich. Und sonst kann ich gar nichts über das Werk sagen, ausser eventuell über die Form: I. Satz Sonatenform, II. annähernd A-B-A; III. Rondo-artig.
Ich habe sehr traurige Weihnachten gehabt, da meine Mutter einige Tage vorher gestorben ist!»...

Die Uraufführung in Basel musste wegen des Krieges vom Mai auf den 11. Juni 1940 verschoben werden, wobei der Komponist nicht zugegen sein konnte: Basler Kammerorchester unter seinem Begründer Paul Sacher.

Merian schrieb nach dem eindrucksvollen Konzertabend, der fast im Kriegsdonner verhallte:
«Tänzerisch beschwingt die Aussensätze, ein Meisterstück an Stimmung und Aufbau, das wie eine Romanze beginnende und aus einem scharf akzentuierten Mittelteil den notwendigen Kontrast schöpfende Adagio. Was da alles, nicht zuletzt an Klangeffekten, aus dem Streichkörper herausgeholt ist, verrät den Meister schon von weitem.»
Basler Nachrichten, 12. Juni 1940

01 Programmseite vom 22. August 1979 von Sachers Auftritt. | *Programme page of August 22 1979 on Sacher's performance.*
02 Konzert-Bericht der «Berner Zeitung». *Concert review by the Berner Zeitung.*

Menuhin-Festival Saanen/Gstaad
Engagement für Bartok

Paul Sacher wurde am Mittwochabend zu Recht vom Gemeindepräsident vor versammeltem Konzertpublikum gewürdigt: der bedeutende Förderer moderner Musik war mit Bartok befreundet und ermöglichte ihm vor 40 Jahren einen Kompositionsaufenthalt in Saanen.

eb. Paul Sacher hat immer wieder in grosszügiger Weise Talente gefördert, Kompositionsaufträge erteilt und neue Schöpfungen aufgeführt. In der Kirche von Saanen dirigierte der sympathische, jung gebliebene Musikveteran denn auch Bartoks «Divertimento pour orchestre à cordes» (1939 in Saanen entstanden) mit erstaunlichem Schwung, gebührender Hinwendung zu den zarten Stellen und prägnanter Darstellung der rhythmischen Eigenarten. Das Collegium Musicum zeigte sich in diesem Schlussstück des Abends voll engagiert. Nicht so ganz glücklich war ich mit den vorgegangenen Mozart- und Haydn-Deutungen. Zum einen setzten die Musikanten aus Zürich doch allzuviel Energie ein für diesen kleinen Raum. Namentlich die Streicher hörten sich bisweilen recht eckig an. Mozart ging in den fünf Sätzen der D-dur-Serenade der Lieblichkeit, der Zartheit und wohl auch beglückender Beschwingtheit verlustig. In Haydns G-dur-Violinkonzert gesellte sich zu den bisweilen recht martialisch spielenden Musikern ein nicht minder markiger Alberto Lysy: obwohl technisch praktisch durchgehend makellos, fehlte dem Geigenton doch die Wärme. Brillantes Spiel allein vermag wohl zu begeistern, kann indessen keine innere Anteilnahme erreichen. Vielleicht war Paul Sachers und seiner Musiker Verbundenheit mit Bartok, die gedankliche Rückblende an jene Zeiten des Kriegsausbruchs mitverantwortlich, dass die Klassik am Mittwochabend etwas allzu trocken geriet.

Im Konzert aufgeschnappt

eb. Unmittelbar vor Konzertbeginn kommt Jehudi Menuhin in den Zuhörerraum, begrüsst eine kleine, gepflegte Dame in der Reihe nebenan sehr herzlich mit einem Kuss. Kommentar einer älteren Dame hinter mir: «E dä Jehudi, das isch sicher en alti Fründin.» Nach dem ersten Stück läuft Paul Sacher durch den Raum, zurück vom Podium, En passant gibt er der gleichen gepflegten Dame einen freundschaftlichen Klaps auf die Schulter, offensichtlich erfreut, sie hier zu sehen. Kommentar hinter mir: «Itz dr Sacher o no. Was isch de das für nes Möbel?» — Die also geehrte und kommentierte Dame war Maria Stader...

SÁNDOR VÉGH

Der Österreicher Sándor Végh, ungarischer Abstammung, seit Gründung der Sommer-Akademie auch in der Lenk tätig, scheute keinen Aufwand, mit rumänischen Streichern das geplatzte, ehemals sehr berühmte Végh-Quartett zu ersetzen. Mitglieder des Bukarester Athenäum-Quartetts schenkten unter Führung des Altmeisters einen eindrücklichen Kammermusik-Abend. Dass die Künstler dann im Westen Asyl beantragten und nach Frankreich fuhren, brachte den Festivalverantwortlichen spannungsvolle Momente.

Since the foundation of the summer academy, Sándor Végh, an Austrian of Hungarian decent, worked in Lenk. He made every effort to replace the formally very famous Végh quartet with Romanian violinists. Members of the Bucharest Athenäum quartets led by the old master performed an impressive evening of chamber music. The fact that the artists then asked for asylum in the west and drove off to France brought some exciting moments for festival organizers.

01/02 Die Presse schilderte die bedeutsamen Ereignisse und Véghs Wirken, der im 84. Lebensjahr am 7. Januar 1997 in Salzburg gestorben ist.
The press described the important events and the influence of Végh, who died aged 84 on January 7 1997 in Salzburg.

03 Pressestimme zum Konzert mit Maurice André.
Press opinion on the concert with Maurice André.

23. Menuhin-Festival Gstaad-Saanen
Saanen – Budapest – New York
Saanen und Bartoks letztes Streichquartett: Végh-Quartett im 7. Konzert

Gm. Mit dem im Programm als «Végh-Quartett» bezeichneten Ensemble verhielt es sich etwas anders, als die Bezeichnung vermuten lässt, indem es sich nämlich um drei Mitglieder des Bukarester Athenäum-Quartetts handelte, in welchem für diesen besonderen Anlass Sandor Végh den «Vorsitz», also das erste Pult übernommen und das Programm mit den übrigen drei Musikern erarbeitet hatte. Dieses hatte ursprünglich zwei Streichquartette von Bartok und das a-Moll-Quartett von Schubert vorgesehen, eine aufschlussreiche Konfrontation innerhalb der Bartokschen Quartettreihe, welche jedoch aufgegeben wurde. An Stelle von Bartoks zweitem Quartett wurde Joseph Haydns op. 76 Nr. 2 an den Anfang gestellt, welches ich leider nicht hören konnte.

Ihm folgte Bartoks letztes, das sechste Quartett, welches insofern zu Saanen in einiger Beziehung steht, als sein Schöpfer im August hier als Gast Paul Sachers lebte und in seinem Auftrag das Divertimento für Streichorchester schrieb. Dazu tauchten auch die ersten Gedanken zu dem neuen Quartett auf, welches der Geiger Zoltan Székely, der Gründer des Ungarischen Streichquartetts in Amsterdam, bei Bartok bestellt hatte. Beendet wurde es im November desselben Jahres in Budapest und im Januar 1941 in New York vom Kolisch-Quartett erstmals aufgeführt. Saanen, Budapest, New York: ein Spiegel des tragisch entwurzelten Lebens, welches, nur drei Jahre nach der noch in Saanen intakten vitalen Schaffenskraft, am Silvester 1942 Bartok in New York schreiben liess: «Wir leben von einem halben Jahr aufs andere. Meine Laufbahn als Komponist ist sozusagen beendet; der Quasi-Boykott meiner Werke seitens der führenden Orchester geht weiter, weder meine alten noch meine neuen Werke werden gespielt.»

Ob man in dem hochexpressiven, schmerzlichen Schlusssatz, «Mesto», des 6. Quartetts einen Ausfluss der niederdrückenden Stimmung der beginnenden Kriegszeit sehen darf (sicher spielen die Ereignisse mit), kann kaum mit solcher Ausschliesslichkeit behauptet werden; denn mehr als zwanzig Jahre vorher finden wir in seinem zweiten Quartett einen sehr ähnlich gestimmten Finalsatz, und andererseits entstand bald nach Bartoks verzweifelter Klage über das Ende seiner Komponistenlaufbahn jenes grossartige, klassizistisch klare Konzert für Orchester.

Sandor Végh, mit Bartoks Person und Musik vertraut wie wenige, verdanken wir eine unendlich hintergründige, bewegende Wiedergabe, welche aufs eindringlichste kundtat, welche emotionalen Kräfte, welche humane Haltung hier mit strenger konstruktiver Faktur verbunden werden.

Angesichts einer derart tiefgründigen musikalischen Vermittlung ist die nicht durchwegs erreichte quartettistische Ausgeglichenheit eine völlige Nebensache. Sie ist es auch bei Schuberts Quartett in a-Moll. Man war fast betroffen von der hauchzarten, aus weiter Ferne herklingenden Melodie der ersten Geige am Anfang des ersten Satzes, und dieser Beginn war symptomatisch für die zarte Eindringlichkeit, die unendlich liebevoll nuancierten harmonischen Wunder, vor allem des Menuetts, für die delikate Zurückhaltung, mit welcher auch der frohe Finalsatz gespielt wurde. Nach solch suggestiver Beschwörung romantischen Geistes wünschte man sich nichts sehnlicher zurück als die frühere Gepflogenheit, den Dank nur durch Aufstehen auszudrücken. Jetzt muss man sich, kaum ist der letzte Ton erreicht, niederbrüllendes Geschrei gefallen lassen.

Dankbar sind wir dem berufensten Bartol.-Quartett-Interpreten **Sandor Vegh**, dass er die Mühen nicht scheute, für unseren Festival mit rumänischen Musikern wieder ein Quartett zu formieren. Sandor Vegh stammt aus der berühmten Budapester Violinschule von Hubay und gilt heute als Doyen der grossen Kammermusiker mit einer einmaligen Ausstrahlung, so dass seine Meisterkurse in Salzburg, die Zermatter Casals-Kurse, seine Mitarbeit am Prades-Festival von Pablo Casals Künstler und Geiger von überall angezogen. Als Freund und grosser Interpret von Béla Bartok ist er berufen, unsern Festival wirklich zu bereichern. RS

Oeffentliche Hauptprobe am Konzerttag, 10.30 Uhr.

Hephzibah Menuhin und Maurice André mit dem Zürcher Kammerorchester

Er mag wohl hinkommen, wo er will, so bläst er die Scharen zu Hauf, der Koloss mit dem Trompetchen, Maurice André. Auch am zweiten Abend des wiederholten Programms drohte die Kirche zu Saanen aus den Fugen zu brechen, und er kann ja wirklich spielen, was er will: die Begeisterung ist ihm sicher, sogar nach einem so trockenen Konzert wie jenem in D-Dur von Gottfried Heinrich Stölzel (1690—1749), den Mattheson einen «vernünftigen, gelehrten und grossen Tonmeister» nennt.

Natürlich blies André das Konzert mit dem ganzen Einsatz seines Könnens, auch wenn sich darin sein virtuoser Zierrat anbringen lässt. Anders dann bei Giuseppe Tartini, dessen Konzert in D-Dur von angenehmster Erfindung ist und dem Solisten Gelegenheit gibt, musikalisches Brio zu entfalten und mit fein geschliffenen Verzierungen zu versehen. Die Akustik in der Kirche zu Saanen lässt keine Ungenauigkeit und keine Unsauberkeit unbemerkt vorübergehen. Schon allein die unwahrscheinlich präzise, elegante, leicht hingezeichnete Ausführung der zahlreichen Verzierungen war ein Vergnügen für sich, ganz abgesehen von der spritzigen und witzigen Beweglichkeit der schnellen Sätze, der Kantabilität des Andantes.

Das Zürcher Kammerorchester unter Edmond de Stoutz begleitete den Solisten sauber und korrekt, was auch von seinem Beitrag zu Mozarts Klavierkonzert in C-Dur, KV 415, zu sagen ist, in welchem Hephzibah Menuhin sich erneut als feinsinnige Mozartspielerin in Erinnerung rief. Mozart schrieb es nebst zwei anderen für sein Debut in Wien und musste darauf Bedacht nehmen, dem Publikum zu gefallen. So fliesst denn dieses Konzert als ein unterhaltendes Spiel dahin, ungestörte Heiterkeit auch im Andante und muntere Laune mit einigen Ueberraschungen im Finale. Das Paradoxon sei gestattet: anspruchsvolle Anspruchslosigkeit, und sie vollzog Hephzibah Menuhin mit bezaubernder Subtilität.

In Tomaso Albinonis «Sonata a cinque» in g-Moll ging, wenigstens in den bewegten Sätzen, das Zürcher Kammerorchester etwas aus seiner ausdrucksmässigen Indifferenz heraus. Erwärmen konnte man sich an seinem Spiel nicht und «der Beifall war endenwollend», wie Friedrich Thorberg einmal schrieb. gm., «Bund», Bern

---

MAURICE ANDRÉ

Maurice André, der phänomenale Trompeter – auf Wunsch einheimischer Bläser direkt vom Festival und Edmond de Stoutz eingeladen – hat mit Erfolg an zwei Konzerten viele Blasmusik-Freunde erstmals ans Festival gelockt, die Kirche war überfüllt, das Echo stark! Hat es Yehudi Menuhin tatsächlich nicht gut verschmerzen können, dass «ein Trompeten-Bläser ein überwältigendes Publikum anzuziehen wusste, aber auch eine so hohe Gage erhalten haben sollte»? Die Antwort des Meistergeigers liess nicht lange auf sich warten.

Maurice André, the phenomenal trumpeter, got invited at the request of local brass artists. The invitation from the festival and Edmond de Stoutz drew many brass music fans to two concerts. The church was overflowing and the volume was loud! Did Yehudi Menuhin get over the fact that a trumpeter thrilled such a large audience and also got so well paid for doing so? One didn't have to wait too long for the master violinist's answer.

1974–1979

Yehudi Menuhin verlässt «sein» Festival in Gstaad-Saanen
Der Geiger nimmt den Hut und geht

Zweites BZ-Gespräch mit und um Menuhin
Ich will kein Star-Festival

In der BZ vom Sonntag, 9. Sept., stand zu lesen, dass im kommenden Jahr wiederum das Menuhin-Festival in Gstaad stattfinde und dass bereits die Vorbereitungen für das 25. Festival Franz Würsten sind jedoch Akademie und Camerata Lysy miteinander identisch. Und wenn für das Programm im kommenden Jahr zweimal die Camerata Lysy, zweimal das Zürcher [...] wissen wir, dass es eine Frage der Zeit [...] Festival zurück- [...] ms kam die Mitteilung [...]

Diana Menuhin, Gattin des berühmten Geigers, erzählte der BZ aus anderer Sicht: «Im Jahre 1956 fragte der Kurdirektor von Gstaad, Paul Valentin, Yehudi Menuhin, ob er bereit wäre, [...]

▸ Pressestimmen und Leserbrief in der Lokalpresse.
Press opinions and letters to the editor in the local press.

23. Menuhin-Festival in Gstaad-Saanen
Ganz im Dienst der Werke
Yehudi Menuhin am Schlussabend mit den Konzerten von Beethoven und Bartok

esch. Bei der schweizerischen Erstaufführung von Bela Bartoks zweitem Violinkonzert, wie der damalige Solist Hansheinz Schneeberger einmal erwähnte, waren die Hörer schockiert. Heute, 32 Jahre danach, kann man sich eine solche Reaktion kaum mehr vorstellen.

Zwar enthält das am Vorabend des Zweiten Weltkriegs entstandene Opus, vor allem im ersten Satz, noch einige schroffe Kontraste. Von der hektischen Tonsprache, wie sie etwa Bartoks erste zwei Klavierkonzerte oder die Suite «Der wunderbare Mandarin» ausprägt, ist beim Violinkonzert aber nicht mehr viel zu bemerken.

Ähnlich wie beim dritten Klavierkonzert des ungarischen Meisters ist auch das Violinkonzert in einem eher konventionellen Rahmen gehalten, im Stellenwert dem Konzert derselben Gattung von Alban Berg verwandt, das eine Art Rückbesinnung auf die Tonalität bedeutet. In diesem Zusammenhang scheint es bemerkenswert, dass Bartok im ersten Satz (nach seiner eigenen Aussage) ein zwölftoniges Gebilde verarbeitet, gedacht, wie er sich selber äusserte, «mit entschiedener Tonalitätsbezogenheit». Vielleicht ist dieser – scheinbare – Widerspruch an der Schwelle von Atonalität und traditioneller Harmonik ein Grund dafür, warum das Konzert zu einem Ausdruck gefunden hat, der es zu den schönsten in der Literatur der Violinkonzerte zuordnen lässt, weil es letztlich die ästhetische Linie der grossen klassischen und romantischen Konzerte fortsetzt.

Schon unter diesem Gesichtspunkt rechtfertigte es sich, die Konzerte von Beethoven und Bartok an ein und demselben Abend aufs Programm zu setzen. Die Verwandtschaft der beiden Werke ergibt sich nicht nur äusserlich mit der gleichen beträchtlichen Ausdehnung, sondern auch mit dem weiten sinfonischen Atem, der beide Konzerte durchweht, und ebenso mit der organischen Einfügung des Soloinstrumentes in das Motivgewebe des Orchesters. Und beide Konzerte – neben jenem von Brahms – stellen mehr als alle anderen den Anspruch an einen Künstler, der mehr sein will als ein blosser Virtuose. Beide Konzerte stellen wahrhafte Prüfsteine an die künstlerische Reife eines Interpreten dar.

Dass Yehudi Menuhin diesem Anspruch gerecht werden sollte, war sicher zu erwarten. Dass er ihn aber dergestalt erfüllen würde, übertraf die Erwartungen noch. Dabei soll nicht übersehen werden, dass durch die Vielzahl junger und jüngster Geigenvirtuosen sich unsere Ohren unmerklich an einen anderen – und äusserlich brillanteren – Standard umgewöhnt haben. Unweigerlich wird man sich so die Frage stellen, ob das (einstige?) grosse Können des längst berühmten Solisten ihn doch nicht ein wenig verlassen hat; ob die Tonqualität und die Präzision durch die vorgerückten Jahre nicht doch etwas gelitten haben.

Jeder derartige Befürchtung wurde an der Schlussveranstaltung des Festivals eindeutig widerlegt. Dabei wurde dem Hörer deutlich bewusst, wie sehr sich Menuhin in der Interpretierung von allem äusseren Glanz entfernt hat, und wie sehr er seine Kunst ganz in den Dienst der kompositorischen Strenge stellt. Gewiss war auch zu bewundern, wie der Solist in den Finalsätzen beider Konzerte geigerisches Temperament und jugendlichen Elan aufflackern liess, und man konnte sich auch davon überzeugen, dass Menuhin an Beweglichkeit der linken Hand und an der ruhig ausbalancierten Bogenführung kein Jota eingebüsst hat. Auch die besonders heiklen technischen Klippen, etwa die kniffligen, von Doppelgriffen durchsetzten Kadenzen bei Beethoven oder die etüdenhaft bewegten, horrenden Passagen im Kopfsatz bei Bartok, wurden vom Künstler makellos gemeistert.

Doch all dies erschien nur wie selbstverständlich. Zutiefst war Menuhins Darstellung überhaupt keine vordergründige Virtuosität und kein Perfektionismus mehr eigen, vielmehr wurde die Gestaltung von einer musikalischen Reflexion getragen, die ganz auf den Ausdrucksgehalt ausgerichtet war. Sein Geigenton, der das Vibrato kaum je forcierte, wirkte in keiner Phase eingeglättet oder weich schmierig, eher – überspitzt gesagt – etwas trocken, im Sinne einer Tongebung, die von jeglichem oberflächlichen Schmelz befreit ist. So wurden vor allem die langsamen Sätze aller Süsse entkleidet; ich glaube nicht, Beethovens Larghetto jemals so schön und verinnerlicht gespielt vernommen zu haben. Menuhin spielte zudem konsequent ohne manierte und die Entwicklungen störende Tempowechsel. Wie sehr der Violinist das Gewicht auf das musikalische Material gelegt hat, zeigte sich ausgeprägt auch im Finale bei Beethoven, das er zu einer bestechenden klassischen Rondo-Idee verdichtete, der weder das Ebenmass noch das Anmutige fehlten.

Was Menuhin darbot, war wohl eine reine geistige Verkörperung eines Interpreten, der sich nicht mehr selbst darstellt, sondern ein geschaffenes Werk nachvollziehend wiedergibt und weitervermittelt. Das Publikum, das die Kirche randvoll besetzte, schien diesen Verzicht auf jede Selbstdarstellung zu spüren. Besonders erfreulich war, dass die Hörer (die alles andere als schockiert waren!) vor allem auch von Bartoks Konzert sichtlich ergriffen zu sein schienen und damit anerkannten, wie nachhaltig auch moderne Musik wirken kann.

Zur reichen Erfüllung des Abends trugen auch der Leiter Edmond de Stoutz und das verstärkte Zürcher Kammerorchester bei, die in echter Partnerschaft musizierten. Dabei bestätigte sich, wie wichtig und nötig es ist, dass der Dirigent bei der zerklüfteten Partitur von Bartok die einzelnen Pulte stets sorgfältig betreut.

Dankbar schrieb das Festival-OK zum letzten Konzert vom 31. August 1979 im «Anzeiger von Saanen» vom Erfolg des 23. Festivals, erwähnte kurz die riesigen Anstrengungen und Kosten, um diese Abende als Höhepunkte zu gestalten. Der erst in den letzten Augusttagen ans Festival zurückgekehrte Yehudi Menuhin sollte mit dem zweiten Violinkonzert von Béla Bartók und dem herrlichen D-Dur-Konzert Beethovens den glanzvollen Abschluss bringen. Mit dem Dank und einem Hinweis auf die Bartók-Karte von 1924 (Jury-Mitglied am Schweizerischen Tonkünstler-Wettbewerb) mit Künstlern der damaligen Zeit und dem Zitat aus Beethovens «Fidelio» hofften alle, ein erfolgreiches Schlussmotto gefunden zu haben: «Es sucht der Bruder seine Brüder und kann er helfen, hilft er gern…» Die Abende bleiben als musikalische Sternstunden unvergesslich, besonders aber Menuhins Schlussauftritt in der vollbesetzten Kirche, als er mit bewegter Stimme «Dies war mein letztes Konzert» sprach!

For the last concert on August 31 1979, the festival organization committee wrote thankfully in the Anzeiger von Saanen about the success of the 23rd festival, briefly mentioning the great efforts and costs required to make these evenings a success. Yehudi Menuhin, who only returned to the festival in the last days of August, was supposed to bring the festival to a climax with a performance of Béla Bartók's Violin Concerto No 2 and Beethoven's wonderful Concerto in D major. With the thanks and the link to the Bartók card from 1924 containing artists of the past and the quote from Beethoven's Fidelio, everyone hoped to have found a successful motto: "The brother searches for his brothers and if he can help, he does so with pleasure…" These evenings stay with us as magical musical moments, particularly Menuhin's final performance in the sold-out church when he movingly declared: "That was my last concert."

> «Eine Entwicklung jedoch, die dahin zielt, die Kunst nur administrativ zu betrachten, kann ich als künstlerischer Leiter eines Festivals, das meinen Namen trägt, nicht gutheissen.»
>
> Yehudi Menuhin in einem Presseartikel

Das 23. war das letzte Menuhin-Festival Gstaad

«Mein letztes Konzert...»

Der Schlussapplaus war eben verrauscht, da gab der Violinist Yehudi Menuhin in der Kirche Saanen mit bewegter Stimme bekannt: «Dies war mein letztes Konzert.» Meister Menuhin erklärte der BZ, «gewisse Umstände gestatteten ihm das weitere Wirken als künstlerischer Verantwortlicher des Menuhin-Festivals Gstaad-Saanen nicht mehr».

sa./dlb. Dass sie einem Abschiedskonzert des berühmten Geigers beiwohnten, hätten sich die Besucher der letzten Veranstaltung des 23. Menuhin-Festivals Gstaad-Saanen nicht träumen lassen. Für den Aussenstehenden kam Menuhins Absage an «sein» Festival völlig überraschend. Dr. Steiger, Präsident des Menuhin-Festivals, erklärte der BZ hingegen, seit ein paar Jahren wisse er, dass es eine Frage der Zeit sei, wann Menuhin sich zurückziehe. «Für uns Organisatoren wäre eine klare Sachlage nun sehr erwünscht», hielt Dr. Steiger fest. Solange Menuhin bestimmt, wann sein Festival durchzuführen ist und wer dabei mitwirken soll, sind uns vom Festival-Vorstand die Hände gebunden.» Dr. Steiger berichtete, mehr als einmal sei der Vorstand bezüglich Programmgestaltung im ungewissen gewesen. Ueberdies habe sich das Festival zu eingleisig bewegt.

«Sture Administration»?

Yehudi Menuhin seinerseits betonte, seiner Ansicht nach werde in Gstaad die Kunst zu sehr aus der Perspektive der Administration betrachtet. Eine solche Entwicklung könne er als künstlerischer Leiter eines Festivals, das seinen Namen trage, nicht gutheissen. Sturheit und Peinlichkeiten seien ihm begegnet. Seine Vorbehalte gälten nicht der Bevölkerung von Saanen oder dem Publikum. Auch soll seine Akademie in Gstaad bestehen bleiben. Wenn das Ende seines Festivals auch für manche überraschend gekommen sei, möchte er doch bemerken, dass es am längsten aller von ihm betreuten Festivals lebte. Aus dem Menuhin-Festival wird künftig nun wohl ein Gstaader Festival werden.

Yehudi Menuhin im Gespräch mit der BZ

«Es war mir peinlich...»

Nach seinem letzten Konzert in Saanen flog Yehudi Menuhin von Genf aus mit einem Privatflugzeug nach Limoges (Frankreich), um hier einer 90jährigen Dame ein lang versprochenes Hauskonzert zu geben. Von Limoges aus telephonierte Menuhin der BZ und nahm dabei zu den Vorkommnissen in Gstaad-Saanen wie folgt Stellung:

Es konnte mir in der letzten Zeit nicht verborgen bleiben, dass in Gstaad die Kunst zu sehr unter dem Gesichtswinkel der Administration betrachtet wurde. Ich bekam das Gefühl, je länger desto mehr mit der Sturheit konfrontiert zu werden. Das war für mich sehr peinlich, weil es meine Kollegen betraf, die es nicht verstehen konnten, dass man von ihnen Erklärungen wegen der erforderlichen Probezeiten verlangte. Eine Entwicklung jedoch, die dahin zielt, die Kunst nur administrativ zu betrachten, kann ich als künstlerischer Leiter eines Festivals, das meinen Namen trägt, nicht gutheissen. Freilich hätte ich es begrüsst, wenn ich mich erst nach dem 25. Festival hätte zurückziehen können. Die Umstände, wie sie sich heute bieten, gestatten mir jedoch kein längeres Verbleiben als künstlerischer Verantwortlicher.

Akademie bleibt

Meine Vorbehalte gelten keineswegs der Bevölkerung von Saanen und meinem Konzertpublikum, denn ich bin mit Gstaad eng verwurzelt und habe immer wieder die Zuneigung dieser Leute spüren dürfen. Ich war und bin in Gstaad, dessen Bürger meine Frau und ich werden durften, sehr glücklich. Meine Akademie wird dort weiterleben, und aus dem Menuhin-Festival dürfte ein Gstaader Festival werden. Wenn auch das Ende meines Festivals für manche überraschend gekommen sein mag, so möchte ich doch bemerken, dass es am längsten von allen von mir bisher betreuten Festivals dauerte. Zurückblickend möchte ich festhalten, dass diese Jahre in Gstaad für mich eine sehr schöne Zeit waren. Zwar habe ich in den ersten 12 Jahren nichts bekommen, und meine Kosten wurden auch später bei weitem nicht gedeckt. Zudem musste ich wegen meines Gstaader Festivals auf die Mitwirkung in Salzburg verzichten, was mir nicht leicht gefallen ist. Ich habe aber in Gstaad liebe Freunde gefunden und durfte mit ihnen zusammenarbeiten, was mir grosse Befriedigung gab. Die Mitwirkung meines Freundes de Stoutz, eines sehr sensiblen Menschen, und seines Orchesters bedeutete mir ebenfalls sehr viel. Ich gebe am Schluss der Hoffnung Ausdruck, dass die Erfahrungen, die die administrativen Verantwortlichen in all den Jahren sammeln konnten, dazu führen werden, dass auch das Gstaader Festival auf die Zuneigung der Musikliebhaber zählen kann.

Yehudi Menuhin im Vorwort des Programmheftes zum diesjährigen Menuhin-Festival: «Das diesjährige Festival markiert einen wichtigen Meilenstein in der musikalischen Entfaltung unserer Region: es verkündet den eigentlichen Uebergang und die Verschmelzung von Musik als einem kulturellen Eckpfeiler zu einer richtigen tragenden Säule des kulturellen Lebens im Saanenland.»

«Wissen Sie vielleicht nicht, wie grosse Freude Sie Einheimischen und Gästen in diesen 23 Jahren bereitet haben? Wir hoffen, dass Sie Ihren Entschluss nochmals überdenken – uns allen zuliebe.»

Leserbrief

Brief an Herrn Menuhin

31. August 1979

Sehr verehrter, lieber Herr Menuhin,
Wir alle vom Chalet El Camino sind soeben von Ihrem himmlischen Konzert nach Hause gekommen – tief erschüttert. Wohl hatten wir Gerüchte gehört, wonach Schwierigkeiten mit dem Festivalbüro bestehen sollen, haben diesen aber wenig Beachtung geschenkt. Sollte dies jedoch der Grund sein für die Bekanntmachung, dass Sie nicht mehr spielen werden, müssen wir darunter leiden, weil einige Leute scheinbar Macht mit Schönheit verwechseln — oder sogar vorziehen?

Wissen Sie vielleicht nicht, wie grosse Freude Sie Einheimischen und Gästen in diesen 23 Jahren bereitet haben? Wir hoffen, dass Sie Ihren Entschluss nochmals überdenken — uns allen zuliebe. Der Gedanke eines Sommers in Gstaad ohne Ihre herrlichen Konzerte macht uns sehr traurig.

Mit vielen lieben Grüssen
Gretl Popper
Lisa und Stanley Weiss

«Der Sturm im Wasserglas hat sich gelegt, das Gewitter verzogen – Gstaad darf sich voller Mut und Zuversicht an die Planung des 24. Menuhin-Festivals heranwagen.»

Pressestimme

Ende gut – alles gut
Der Fortbestand des Menuhin-Festivals Gstaad-Saanen ist gesichert

-tt- Aus Gstaad kommt günstige Kunde: Das durch erhebliche Meinungsverschiedenheiten in seiner Existenz bedrohte Menuhin-Festival ist gerettet worden! In der Sitzung vom vergangenen Freitag fanden die Kontrahenten den erhofften Kompromiss: Yehudi Menuhin wird sein Festival weiterhin mit Rat (Programmideen, Interpretenvorschläge) und Tat (eigene Auftritte bereits während der Festwochen von 1980) betreuen, gleichzeitig aber auf die nicht unbeschränkten Finanzen der lokalen Subventionsgeber und auf deren Vertreter im Organisationskomitee Rücksicht nehmen.

Erfreulicherweise hat sich nun also genau der Konsens finden lassen, der im «Bund» vom letzten Donnerstag (Nr. 208) vorgeschlagen worden war. Der Sturm im Wasserglas hat sich gelegt, das Gewitter verzogen – Gstaad darf sich voller Mut und Zuversicht an die Planung des 24. Menuhin-Festivals heranwagen. Es wird eine Reduktion der Anlässe mit sich bringen (die 8 Konzerte finden zwischen dem 5. und 30. August 1980 statt) und Beethoven und dem Schweizer Komponisten Ernest Bloch, der vor 100 Jahren in Genf das Licht der Welt erblickte, gewidmet sein.

Wünschbar bleibt allerdings, dass das ansehnliche Defizit der heurigen Veranstaltungsreihe – es bildete einen der wesentlichsten Punkte der nun beigelegten Zwistigkeiten – irgendwie gedeckt werden kann. Auch die faszinierendste Künstlerpersönlichkeit darf es sich nicht erlauben, über fremde Mittel völlig eigenmächtig zu verfügen...

1980–1986
Das Festival wächst
The festival expands

Nach dem 1979 gescheiterten Aufbruch vom familiären Musizieren zum erweiterten, thematisch geprägten Festival begann 1980 unter dem neuen Präsidenten Robert Villiger ein «Zurückbesinnen und Zurückfinden» zur traditionellen, von Streichmusik beherrschten Kammermusik im Freundes- und Familienkreis. Die alten Festivalfreunde und das beliebte ZKO unter Edmond de Stoutz blieben bewährte Programmstützen. Man spürte die starke Hand von Eleanor Hope von London aus, während in Gstaad die Verkehrsvereins-Sekretärin Elisabeth Matti zur «Seele des Festivals» wurde, bestens von Ulrich Steinmann unterstützt.

Das Programm vom 24. Festival 1980 wurde im vertrauten Rahmen zur Hommage an Ernest Bloch (1880–1959), den Schweizer Komponisten jüdischer Wurzeln, dem Yehudi Menuhin schon 1928 in Amerika begegnet war und dem er im Vorwort zum 100. Geburtstag seine tiefe Verehrung ausdrückte und mit einigen Werken am Festival gedenken wollte. Ein Foto des 12-jährigen Yehudi mit Ernest Bloch ziert die Würdigung.

After 1979's unsuccessful departure into different musical themes, the following year saw the return of the traditional strings program dominated by chamber music. The music was performed in the circle of friends and family, and performers such as the ever-popular Zurich Chamber Orchestra led by Edmond de Stoutz remained festival stalwarts. The festival presidency passed to Robert Villiger, and the strong hand of Eleanor Hope from London was palpable. At the Gstaad tourism office, secretary Elisabeth Matti became the "soul of the festival", and she was strongly supported by Ulrich Steinmann.

The program of the 24th festival in 1980 became homage to Ernest Bloch (1880-1959), the Swiss composer with Jewish roots. Yehudi Menuhin had met him in 1928 in America, and showed his deep appreciation on the occasion of Bloch's 100th birthday with some pieces at the festival. A picture of the 12-year-old Yehudi with Ernest Bloch graced the acknowledgement.

ERNEST BLOCH – EIN VIEL GESPIELTER MEISTER AM FESTIVAL
ERNEST BLOCH – A MUCH-PERFORMED MASTER AT THE FESTIVAL

Der Schweizer Komponist, am 24. Juli 1880 in Genf geboren, studierte bei Emile Jaques-Dalcroze, dann Geigenspiel in Brüssel bei Eugène Ysaye, Komposition in Frankfurt bei Iwan Knorr und in München bei Ludwig Thuille.
Als Dirigent wirkte er in Lausanne (1909–1910), als Kompositionslehrer in Genf (1911–1915), bevor er 1916 in die USA übersiedelte und schon 1924 Amerikaner wurde. Den Jahren als Direktor des Musikinstituts in Cleveland (1929–1925), am Konservatorium von San Francisco bis 1930 folgte bis 1938 die Rückkehr nach Europa. Aber Nazis und drohender Kriegsausbruch veranlassten ihn, endgültig nach San Francisco zurückzukehren, wo er als Musiker, Pädagoge und Komponist viel Ansehen gewann. Seine natürlich-jüdischen Kompositionen wurzelten in jüdischer Kulturtradition und geistiger Volksmusik seines Volkes, umfassten neben Bühnenwerken besonders Kammermusik und rhapsodisch angelegte Orchestermusik. Er starb als verehrter Musiker am 15. Juli 1959 in Portland/Oregon.

Swiss composer, Ernest Bloch, was born on July 24 1880 in Geneva. He studied with Emile Jaques-Dalcroze, violin in Brussels with Eugène Ysaye, composition in Frankfurt with Iwan Knorr, and in Munich with Ludwig Thuille. He worked as a composer in Lausanne (1909-1910), a composition teacher in Geneva (1911-1915), and then moved to the US in 1916, where he became American citizen in 1924. From 1920-1925 he was director of the music institute in Cleveland and then at the San Francisco Conservatory until 1930. He returned to Europe in the early 1930s, but with the rise of the Nazis and the threat of war, he moved back to San Francisco for good. There he gained prestige as musician, academic, and composer. His natural compositions evoked culture, tradition, and spiritual folk music of his Jewish heritage. His wide-ranging work included theatre pieces, chamber music, and rhapsodic orchestral music. He died as an admired musician on July 15 1959 in Portland, Oregon (US).

Die Menuhin Musik Akademie entwickelt sich

Für die IMMA werden Gönnervereine zur finanziellen Unterstützung und Förderung gegründet: 1980 schuf die emsige Förderin Käti Jaberg den Berner Verein «Freunde der Menuhin Akademie». Öffentliche Beiträge, Spenden, Patenschaften und die neuen Mitglieder des Gönnervereins tragen erfolgreich die wachsende Akademie unter Maestro Alberto Lysy. Sein internationales Ensemble Camerata Lysy Gstaad hat sich zu einer renommierten Streicherformation und zu einer der Stützen am Menuhin Festival entwickelt.

The Menuhin Music Academy develops

In 1980, sponsor associations were founded in order to financially support IMMA. The active supporter, Käti Jaberg, founded the Bernese chapter of the Friends of the Menuhin Academy. Public funds, donations, financial support, and new members of the sponsor association successfully supported the growing academy under maestro Alberto Lysy. His international ensemble Camerata Lysy Gstaad had become a renowned string formation and a regular fixture at the Menuhin Festival.

A l'occasion de la fête du 900ᵉ anniversaire de l'église de Rougemont et de son château

CONCERT DE GALA
de bienfaisance

avec

YEHUDI MENUHIN et ALBERTO LYSY

et la

CAMERATA LYSY GSTAAD

Direction Alberto Lysy

suivi d'une réception

en présence de Monsieur Georges-André Chevallaz,
Président de la Confédération et de Madame Chevallaz
et
S.A.R. la Princesse Benedikte et de S.A. le Prince Richard de Danemark
et
Leurs Excellences
Ambassadeurs et des Membres du Corps diplomatique étranger

En faveur:
de l'Hôpital du Pays-d'Enhaut, Château-d'Œx
de l'Académie Internationale de Musique Menuhin, Gstaad
de l'Ecole de Musique du Pays-d'Enhaut

GRANDE SALLE · ROUGEMONT · VAUD

15 AOUT 1980 A 20 H 30

01

Yehudi Menuhin und Ernst Bloch, 1928

Unser 1980-Festival ist nicht nur der Beginn eines neuen Musik-Jahrzehnts in Gstaad, sondern auch weiterer entscheidender Ereignisse. Dies ist ein Anlass zur Dankesbezeugung und Rückbesinnung, und gleichzeitig auch ein Blick in die Zukunft. Während ich diese Worte schreibe, planen wir bereits den 25. Jahrestag des Festivals im nächsten Jahr, und dieser Sommer ist ein Vorspiel zu diesem Jubiläum, das wir, so Gott will, 1981 begehen werden.

Seit dem letzten Sommer haben sich viele interessante Entwicklungen im Musikleben von Gstaad ergeben. Die Akademie hat sich einen festen Platz in den Herzen meiner Mitbürger im Berner Oberland erobert. Wir hatten das Privileg, als Lehrstätte offiziell anerkannt zu werden. Unsere verehrte Freundin Käti Jaberg aus Bern hat, zusammen mit einem hervorragenden Kreis unserer Förderer, unermüdlich für die Freunde der Menuhin Akademie gearbeitet. Wir sind stolz darauf und fühlen uns sehr geehrt, dass der Präsident der Schweizer Konföderation zu diesem Kreis gehört. Die Mitglieder der Akademie werden während dem Festival für den Präsidenten und Madame Chevallaz musizieren; die Einnahmen aus diesem Konzert sind für das Spital und die neue Musikschule in Château-d'Œx bestimmt. Genau diese Art der Zusammenarbeit hatte ich mir erhofft, als die Akademie vor vier Jahren gegründet worden ist. Auch Kontakte, die wir mit dem Fernen Osten aufbauen konnten, tragen jetzt Früchte: zwei Violinschüler aus Beijing und zwei aus Hong Kong werden im Oktober zu uns kommen.

Wir freuen uns, in diesem Sommer neue Kollegen willkommen heissen zu können: das hochangesehene Alberni-Quartett aus England, die Flötisten Akira Shirao und Masahiro Hashizume aus Japan, Radu Aldulescu, Christiane Jaccottet, Alexander Lonquich, Thomas Demenga, Nigel Kennedy (ein früherer Schüler meiner Schule) und Tang Yun, eine junge Violinistin, die ich in Beijing traf und die wahrscheinlich die erste Solistin ihres Landes ist. Es freut mich immer besonders, wenn politische Grenzen durch Musik überbrückt werden, und ich bin daher sehr traurig darüber, dass meinen russischen Kollegen Vladimir Spivakov und dem Borodin-Quartett im letzten Augenblick die Ausreiseerlaubnis verweigert worden ist.

Dies ist auch ein Anlass der Dankes- und Ehrenbezeugung: an Ernest Bloch, den Schweizer Komponisten, den ich als Junge in Amerika kannte, und dessen hundertjährigen Geburtstag wir dieses Jahr mit der Aufführung einiger seiner Werke feiern. Das Alberni-Quartett hat Benjamin Brittens drittes Streichquartett im Programm: jene unter Ihnen, die seit dem Anfang vor 24 Jahren zu den Freunden des Festivals gehören, werden sich daran erinnern, dass Ben bei der Begründung unserer Musik-Sommer eine entscheidende Rolle spielte. Ich bin glücklich darüber, dass wir ihn auf diese Weise ehren können. Lory Wallfisch wird zum Gedenken ihres Mannes, unseres verehrten lieben Ernsts, spielen; wir vermissen ihn sehr. Und schliesslich: jene unter Ihnen, die die jährlichen Konzerte der Kinder meiner Schule in England schätzen, werden meinen tief empfundenen Dank an Robert Masters teilen, den musikalischen Direktor, der in diesem Monat nach 17 Jahren unsere Schule verlässt. Die Inspiration und das Wissen, die von ihm beigetragen wurden, sind unschätzbar.

Noch einmal ein herzliches Willkommen in unserem wunderschönen Gstaad und in der bezaubernden Mauritius-Kirche in Saanen an alle alten Freunde und Kollegen: es ist immer eine grosse Freude, Sie bei uns zu haben. Ihre Musik bereitet unserem Publikum soviel Freude und Vergnügen. Auch an mein Komitee, an der Spitze unser neuer Präsident, Robert Villiger: wärmsten Dank dafür, dass der Geist Apollos wieder in unserer Mitte weilt. Mein besonderer Dank gilt Ueli Steinmann und Elisabeth Matti für ihre unermüdliche Hilfe.

Yehudi Menuhin

Aus dem Programmheft 1980. | *From the 1980 Programme.*

24ᵉ MENUHIN FESTIVAL GSTAAD-SAANEN

5—28 août 1980

Avec la participation de

Yehudi Menuhin	Violon
Orchestre de Chambre de Zürich	Dir. Edmond de Stoutz
Camerata Lysy Gstaad	Dir. Alberto Lysy
Quatuor Borodin	
Neues Zürcher Streichquartett	
Alberto Lysy	Violon
Radu Aldulescu	Violoncelle
Aurèle Nicolet	Flûte
Edith Mathis	Soprano
Jeremy Menuhin	Piano
Nigel Kennedy	Violon
Thomas Demenga	Violoncelle
Hephzibah Menuhin	Piano
Lory Wallfisch	Piano
Vladimir Spivatov	Violon
Alexander Lonquich	Piano
Christiane Jacottet	Clavecin
Akia Shirao	Flûte
Masahiro Hashizume	Flûte

02

01 Programm des Wohltätigkeits-Konzerts in der Kirche Rougemont. | *Program of the Charity Concert in Rougemont church.*
02 Teilnehmer 1980. | *Participants in 1980.*

ORIGINALSTIMME | Robert Villiger

Neuanfang

Freitag, den 14. September 1979. Die letzten Vorbereitungen für den am Nachmittag stattfindenden Apéro zum fünfundsiebzigjährigen Jubiläum unseres Geschäfts werden getroffen. Eine Dame ruft mich an, um mir ganz herzlich zu gratulieren. «Danke, ich hoffe, dass du an unser Fest kommen kannst.» «Ich gratuliere nicht zum Firmenjubiläum, weisst du denn von nichts?» Nach langem Hin und Her erklärt sie mir, dass ich am Vorabend zum neuen Präsidenten des Menuhin Festivals gewählt worden sei. So kam ich – wie die Jungfrau – zum Kind, einem Wunderkind, das ich in der Folge sieben Jahre meines Lebens bei seinen Auftritten begleiten durfte. Unvergessliche musikalische Momente und faszinierende Begegnungen prägten diese schöne Zeit, die nicht so rasch und unbeschwert verflossen wäre, hätten diesem Wunderkind nicht zwei perfekte Paten zur Seite gestanden. Im Verkehrsbüro liefen auf dem Tisch der leider viel zu früh verstorbenen Elisabeth Matti alle Fäden zusammen und Ueli Steinmanns Mitarbeit war all die Zeit über unentbehrlich.

Mit Yehudi Menuhin trafen wir uns regelmässig, um das Programm des anstehenden Festivals auf die Beine zu stellen. Er kannte unzählige Musiker und hätte sie gerne alle zu seinem Festival eingeladen, denn er blieb zeitlebens seiner Idee treu, dass sein Festival ein Musizieren unter Freunden sei. Geschickt gestaltete er das Programm und verstand es gut, seine Freunde für die geplanten Werke einzuladen. Es lag ihm viel daran, zeitgenössische Musik aufzuführen und die Zuhörerschaft mit modernen Werken vertraut zu machen. Ferner sollte das Festival jungen Musikern die Gelegenheit bieten, mit erfahrenen Kollegen aufzutreten. Darin war er sich mit seinem Freund und Berater für die Programmgestaltung, mit dem Dirigenten Edmond de Stoutz, einig. Unermüdlich beharrte er darauf, dass die Musik eine internationale, völkerverbindende Sprache sei, welche über politische und nationale Grenzen reiche. Auch vertraute er in die Musik als erzieherisches Mittel. Es war beglückend zu sehen, wie er sich über die ersten Erfolge freute, wenn Jugendliche aus schwierigen sozialen Verhältnissen dank der Musik ihrer Existenz einen Sinn zu geben vermochten und begannen, zunächst ihren Tagesablauf und dann ihr Leben neu zu strukturieren.

Unvergesslich sind die Proben, an welchen Edmond de Stoutz die Werke erklärte, die sein Orchester spielte. Ganze Schulklassen waren dazu eingeladen und liessen sich in die Welt Haydns, eines romantischen oder eines zeitgenössischen Komponisten einweihen. Die Sprache des ausgebildeten Juristen war klar, für alle packend, nicht nur für die Jugendlichen.

Yehudi Menuhins siebzigster Geburtstag fiel in die 30. Austragung des nach ihm benannten Festivals. Zwei Ausstellungen und das von Edmond de Stoutz geleitete Jubiläumskonzert standen auf dem Programm. Am Jubiläumskonzert spielte Maestro Menuhin das Beethoven-Konzert, dessen zweiter Satz die Zuhörer tief bewegte. Am folgenden Tag fand eine kleine Feier im Freundeskreis statt. Auf dem Hornberg wurde ein einfaches Mittagessen serviert. Der Jubilar liess es sich nicht entgehen, als erstes die Kühe im Stall zu inspizieren und dem Käser bei der Arbeit zuzuschauen. Es lag ihm viel daran, die Menschen und ihr Brauchtum zu kennen. Alphornklänge begleiteten den Aperitif, bevor man sich zu Tisch setzte. Für Herrn Menuhin standen die Tafelfreuden nicht an erster Stelle, doch genoss er sichtlich das gemeinsame Mahl, die Tischreden und das gemütliche Beisammensein. Der Mundart-Schriftsteller Paul Eggenberg verfasste eigens zu diesem Anlass ein Gedicht, welches, von einer Kalligraphin auf Pergament geschrieben, bei Tisch vorgetragen und dem Empfänger gleich in die Schriftsprache übersetzt wurde. Herr und Frau Menuhin wurden mit einem Bild beschenkt, das der damals in Bulle lebende und an dem Fest anwesende spanische Kunstmaler Abraham Lopez geschaffen hatte. «Nichts hätte mir mehr Freude machen können», sagte Herr Menuhin tief bewegt, so kommentierte der Berichterstatter «mm» im «Anzeiger von Saanen» und schloss mit den Worten: «Wir glauben in unserer Annahme nicht fehl zu gehen, dass Herr Menuhin gerade durch diese Feier in seiner engsten ‹Saanerfamilie› inmitten unserer Bergwelt uns nochmals einen Schritt näher gekommen ist. Wir auf alle Fälle betrachten diese Feier als eine der schönsten von all den vielen vorausgegangenen. Wir sagen ein herzhaftes ‹Lebehoch!› auf Meister Menuhin und seine Familie.»

Béla Bartók komponierte sein Divertimento in D-Dur, als er im Sommer 1939 in Saanen Gast von Paul Sacher war. An-

lässlich des hundertsten Geburtstags von Béla Bartók und im Gedenken an Bartóks Aufenthalt im Saanenland wünschte der ungarische Botschafter in Bern, eine Gedenkfeier im Rahmen des Menuhin Festivals zu veranstalten und eine Gedenktafel am Aellen-Haus ob der Kirche, wo die Familie Sacher öfters die Sommerferien verbrachte, einzuweihen. Der Botschafter und sein Kulturattaché besuchten mich zu diesem Zweck mehrmals in meinem Geschäft. Herr Menuhin, der ständig auf Reisen war, hatte von der Sache Kenntnis, aber nie Zeit gehabt, gründlich darüber nachzudenken. Nach einigem Zögern gab er sein Einverständnis, und eine würdige Feier fand statt, die aber durch die damaligen politischen Ereignisse gestreift wurde. Anlässlich der Vorbereitungen der Gedenkfeierlichkeiten wurde uns nämlich auch ein schneidiger Mann vorgestellt, der in der ungarischen Botschaft den Posten eines Wirtschaftsattachés innehatte. Sein militärisches Gebaren erinnerte eher an einen Offizier als an einen zart besaiteten Melomanen und nur eine Woche vor dem Bartók-Fest wurde unser vermeintlicher Musikfreund als Spion enttarnt und als persona non grata des Landes verwiesen.

Gnadenlos stürzten sich die Musikkritiker jeweils über das an unserem Festival Erlebte. Sie beanstandeten die Auswahl der Werke, die Hitze in der Kirche, die Unzulänglichkeiten der Musiker und immer wieder die mangelhafte Gestaltung des Programmheftes. So lag denn nichts näher, als die vernichtend kritisierte Broschüre neu zu gestalten. Das Heft enthielt damals zwar sehr viele schöne Fotos von Musikern, ansonsten aber recht wenig Substanzielles. Es sollte durch Biografien von Interpreten und Komponisten ergänzt werden, wobei uns am Herzen lag, gerade unbekannte Komponisten einem breiteren Publikum näher zu bringen. Doch wer verfügte sowohl über die nötigen musikhistorischen Kenntnisse als auch über das erforderliche redaktionelle Talent? Niemand anderer als Dominic Müller, damals ein junger Musikologe der Scuola Cantorum Basiliensis, dem es auf treffende Weise gelang, fundierte Fakten mit pikanten Anekdoten so zu verbinden, dass jeder seiner Beiträge zu einem wahren Lesevergnügen wurde. Der Flötist Aurèle Nicolet bekundete seine helle Freude an dem kurzen Lebenslauf des Musikers und Offiziers Jean Baptiste Edouard Dupuy, dessen Konzert er brillant aufführte, ohne sein abenteuerliches Leben zu kennen.

Einmal sorgte aber das Programmheft auch für Verwirrung. Im August 1984 wollte der Tenor Peter Schreier Schuberts «Schöne Müllerin» interpretieren. Im Programmheft waren alle Lieder der Reihe nach aufgeführt. Beim Kontrollieren der Druckfahnen geriet ein Mitglied des Komitees ausser sich und korrigierte: «Professor Schreier wünscht den Zyklus ohne Pause zu singen.» Natürlich wünscht ein Künstler dieses Formats nicht mitten in einem Zyklus zu pausieren, aber sollte er Schuberts Lied Nr. 12 mit dem Titel «Pause» nicht vortragen? Das Missverständnis löste sich in Minne auf, Schreier sang und nie erschallte eine «Pause» am Festival klangvoller.

Rückblickend bleiben lebhafte Erinnerungen, ein wahres Kaleidoskop unvergesslicher Momente: Yehudi Menuhin mit seiner Schwester Hephzibah und Maurice Gendron, die das Schubert-Trio spielen; Yo Yo Ma, der nach einer begeisternden Interpretation des Haydn-Konzerts wieder Platz nimmt und mit der Camerata Lysy den Rest des Abends bestreitet; Gary Karr, der seinem Kontrabass die unglaublichsten Töne entlockt..., gute Menschen, begnadete Musiker, grossartige Werke, die Liste liesse sich beliebig verlängern, und über allem schwebte Yehudi Menuhins Idee, dass die Sprache der Musik dazu geschaffen ist, die Menschen und die Völker zu verbinden.

Das Jubiläums-Festival 1981

Das Festivalprogramm zeigt erstmals Organisation mit Ehrenpatronat, künstlerischem und administrativem Komitee, Spenderliste und Menuhins englisches Vorwort zum Jubiläum sowie den «Rückblick auf 25 Jahre» von Paul Valentin, dem Gstaader Kurdirektor, der mit dem mutigen Gang zu Menuhin viel zum erfolgreichen Auftakt beigetragen hat.

Das Jubiläumsprogramm eröffneten die Camerata Lysy Gstaad mit der Accademia Monteverdiana, das Gastspiel talentierter Jugendlicher der Yehudi Menuhin Schule und der zur Tradition gewordene Quartett-Abend des Neuen Zürcher Streichquartettes. Der Brahms-Abend mit zwei Sextetten vereinte hochkarätige Musiker und Freunde Menuhins, die mit kurzen Biografien aufgeführt sind. Der geniale Kontrabassist Gary Karr begeisterte mit der Camerata Lysy, besonders mit den ihm gewidmeten «Erinnerungen an Schumann» («Eusebius Revisited») des 44-jährigen Paul Ramseier – ein romantisch-ausdrucksvolles Werk. Hohe Musikalität und Virtuosität bewies der witzige Kontrabassist auch im Recital mit dem Pianisten Harmon Lewis im Kirchgemeindehaus Gstaad.

Am 17. August wurde das festliche «Jubiläum mit bunter Palette» zum eindrücklichen Geschenk der Familie Menuhin durch Vater Yehudi, Sohn Jeremy und Alberto Lysy. Das Hephzibah gewidmete Schubert-Trio in B-Dur spielten die drei «Senioren» Yehudi Menuhin, Schwager Louis Kentner und Maurice Gendron als beseelte, erschütternde Hommage an die am 1. Januar verstorbene Schwester! Spürbaren Dank, Abschied und Würdigung an die begnadete Pianistin prägten

YEHUDI MENUHIN FESTIVAL GSTAAD

President: Robert Villiger
Artistic Director: Yehudi Menuhin
Administrator: Eleanor Hope

EHRENKOMITEE / HONORARY COMMITTEE

Monsieur Claude Barbey
Herr Marcel Burri-Ammon
Dr. & Frau Ernst Jaberg
Herr Günther Leifheit
Herr Roland Pernet
Dr. med Hans Sollberger
Ancien Ambassadeur Dr Er
Herr Paul Valentin

KÜNSTLERISCHES KOMITEE / ARTISTIC ADVISORY COMMITTEE

Herr Rudolf Baumgartner
Signor Luigi Alberto Bianchi
Herr Antal Dorati
Herr Heinz Holliger
Monsieur René Klopfenstein
Signor Alberto Lysy
Monsieur Aurèle Nicolet
Monsieur Edmond de Stoutz

ADMINISTRATIVES KOMITEE / ADMINISTRATIVE COMMITTEE

Frau Hedi Donizetti
Mrs Eleanor Hope
Fräulein Elisabeth Matti
Herr Fred Steiner
Herr Ulrich Steinmann
Herr Robert Villiger
Herr Franz Würsten

The anniversary festival in 1981

For the first time, the 1981 festival program was able to present an organization under honorary patronage, separate artistic and administrative committees, a donation list, and Menuhin's anniversary foreword in English. Moreover, it included a 25-year retrospective by Paul Valentin, the tourism office director of Gstaad, who was instrumental in approaching Menuhin to get the festival started.

The anniversary program was opened by the Camerata Lysy Gstaad with the Accademia Monteverdina, the guest performance by talented young performers from the Yehudi Menuhin School, and the quartet evening of the new Zurich String Quartet (which has since become a tradition). The Brahms evening with two Sextets brought together top musicians and friends of Menuhin who were listed with short biographies. The genial double bass player, Gary Karr, thrilled with the Camerata Lysy, especially with the impressive romantic piece Memories of Schumann (Eusebius Revisited) by Paul Ramseier. The amiable double bass player also demonstrated his high caliber and virtuosity in a recital with pianist Harmon Lewis at the community hall in Gstaad.

On August 17 the festive and varied anniversary became an extraordinary present of the Menuhin family, with father Yehudi, son Jeremy, and Alberto Lysy. The Schubert Trio in B major was dedicated to the recently deceased Hephzibah, and was played as moving homage with plenty of soul by the three aged performers Yehudi Menuhin, his brother-in-law Louis Kentner, and Maurice Gendron. Two days later, selected friends produced unforgettable musical moments at the Hephzibah Menuhin Memorial Concert

> "In a strife-torn world in which no-one knows whether they can celebrate a 25th anniversary of whatever sort, in which triumphs and hopes are short-lived and only suffering, exile, disease and pain seem to be continuous and growing, it is some satisfaction to celebrate the twenty-fifth year of a happy, harmonious event belonging to one place, our beloved Gstaad."
>
> Yehudi Menuhin, Foreword 1981

zwei Tage später das ergreifende Spiel erlesener Freunde im Hephzibah-Menuhin-Gedenkkonzert mit unvergesslichen musikalischen Momenten. Nach Vladimir Ashkenazys Piano-Recital wurden im Referat des Musikliteraten Miron Grindea «Le temps et l'oeuvre de Georges Enesco» und im Konzert zu dessen 100. Geburtstag Werk und Leben des grossen Rumänen als Musiker, Komponist, Dirigent und Menuhin-Lehrer gewürdigt: Yehudi Menuhin musizierte tief bewegt mit seinen Freunden, wobei die rumänischen IMMA-Professoren Albert Guttman am Klavier und Radu Aldulescu am Cello die berühmte Cellosonate in C-Dur op. 26 (1935) interpretierten. Zu weiteren Festivalhöhepunkten wurden die beiden Schlussabende des Zürcher Kammerorchesters unter Edmond de Stoutz mit Menuhins Sologeige in Frank Martins «Polyptyque», dem virtuosen Cellospiel des ehemaligen Londoner Schülers Felix Schmidt und zum Abschluss die gewinnenden Auftritte von Alberto Lysy und Jeremy Menuhin als Solisten in Mozart-Konzerten, die, von Werken Schuberts umrahmt, das «Jubiläumsfestival im Freundeskreis» herrlich beschlossen.

◀

01/02 Bronze als Geschenk zum 25. Festival an Yehudi Menuhin von treuen Festivalfreunden. | *Bronze frieze as a present at the 25th Festival for Yehudi Menuhin from loyal festival friends.*
03 Yehudi Menuhin Festival Gstaad Komitee-Liste. | *Yehudi Menuhin Festival Gstaad: committee list.*

04 Bericht von Arthur Godel, Chef Radio DRS 2. | *Report by Arthur Godel, head of Radio DRS 2.*

in a farewell performance brimming with gratitude and respect for the gifted piano player.

After Vladimir Ashkenazys' piano recital, the work and life of George Enescu were celebrated in a talk by music writer Miron Grindea entitled 'Le temps et l'oeuvre de Georges Enesco.' The great Romanian was honored as a musician, composer, conductor, and Menuhin's teacher. In the concert to commemorate his 100th birthday, Yehudi Menuhin played movingly with his friends. The Romanian IMMA professors Albert Guttman (piano) Radu Aldulescu (cello) interpreted Enescu's famous Cello Sonata in C major Op 26 (1935).

Other festival highlights included the two finale evenings of the Zurich Chamber Orchestra led by Edmond de Stoutz performing Frank Martin's Polyptyque with Menuhin as violin soloist, the virtuosic cello play of the former London student Felix Schmidt, and finally the winning performance of Alberto Lysy and Jeremy Menuhin as soloists in Mozart concerts. These Mozart concerts, flanked by works of Schubert, brought a wonderful close to the anniversary festival in the circle of friends.

Ein Festival feiert mit Menuhin im Zentrum

Von Arthur Godel

Am Anfang des Gstaader Musikfestivals treffen sich ein international bekannter Künstler und ein tüchtiger Kurdirektor. Der Kurdirektor gewann seinen illustren Feriengast für ein paar Konzerte, um die Sommersaison im Saanenland zu verlängern, durch Musik die Gäste zu erfreuen, wenn die ersten August-Regentage sie zur Abreise verleiten. Seine Rechnung ist aufgegangen, manch einer kommt heute für das musikalische Vergnügen von weit her nach Gstaad und hat dieses von Bergketten umsäumte, breit ausschwingende Hochtal liebgewonnen. Auch der Künstler, der Geiger Yehudi Menuhin, der dem Festival den Namen gab, hat hier seine besondere Ferienfreude entdeckt. In seinen Lebenserinnerungen «Unvollendete Reise» notiert er: «Ich habe gelernt, dass ein Festival zu leiten eine bessere Art von Ferien bedeutet: Man macht sich Gedanken, um seinen Horizont als Solist zu erweitern, man trifft eine Menge Musikerkollegen in einer freundlichen und freundschaftlichen Atmosphäre.» Nachdem sich Menuhin von den beiden englischen Festivals, die er früher einmal leitete, zurückgezogen hatte, blieb ihm Gstaad als sein liebster Ort. Hier gründete er auch 1977 die internationale Menuhin Musikakademie zur Perfektionierung hochbegabter Streicher. Daraus hervor geht die Camerata Lysy Gstaad, ein jugendliches Streicherensemble, das inzwischen mit Erfolg international konzertiert. Die Verbindung von Musik und Ferientourismus, die Zauberformel vieler Sommerfestivals, ergab sich eigentlich von selber an einem Ort, wo seit langem Künstler und Stars abzusteigen pflegen. Um bei der Musik zu bleiben: 1939 komponirte hier Bela Bartok sein von Paul Sacher bestelltes Divertimento für Streichorchester, im selben Châlet wohnten schon Dinu Lipatti, Edwin Fischer, Frank Martin. Paul Baumgartner und Pablo Casals haben in Gstaad Konzerte gegeben, in den vierziger Jahren gastierte hier öfter das Winterthurer Stadtorchester unter der Leitung von Hermann Scherchen und führte sämtliche Beethoven-Sinfonien auf.

Kammermusik bildete seit je den Schwerpunkt des Gstaader Festivals. Dabei treffen wir auf die grossen Meisterwerke von Bach bis Bartok, auf Beethoven, Schubert, Mozart, Brahms und auf Künstler wie Lory und Ernst Wallfisch (Klavier, Bratsche), Elaine Schaffer (Flöte), Gaspar Cassado (Cello), das Vegh-Quartett (speziell mit Bartok-Quartetten), das Münchner Streichtrio und immer wieder auch auf die hervorragende Kammermusikerin und Pianistin Hephzibah Menuhin. Der anfangs dieses Jahres verstorbenen Schwester von Yehudi Menuhin war dieses Jahr ein ganzer Kammermusikabend gewidmet, bei dem u.a. Mstislav Rostropowitsch die fünfte Cellosuite von Bach und das zweite Cello im C-Dur-Quintett von Schubert spielte.

Einige Male wurde der Versuch gewagt, gross besetzte Chor- und Orchesterwerke aufzuführen: Beethoven-Sinfonien und Solo-Konzerte, Bachs Johannes-Passion und die H-moll-Messe. Damit waren eher sowohl die finanziellen Grenzen wie auch der akustischen Rahmen der Saanerkirche (mit ungefähr 800 Plätzen) gesprengt. Neben dem Zürcher Kammerorchester gastierten in Saanen-Gstaad auch das Bath-Festival-Orchester, dirigiert von Yehudi Menuhin, die Academia Monterverdiana unter Denis Stevens (auch dieses Jahr dabei), das Collegium musicum Zürich unter Paul Sacher (beim Gedenkkonzert vor zwei Jahren: «40 Jahre Bartok im Saanenland») und Mitglieder der Academy of St. Martin-in-the-Fields.

Die Hauptproben sind öffentlich. Die Festivalbesucher haben die Gelegenheit, die Musiker bei der Arbeit zu beobachten und sich vor allem bei neuen Werken in ungewohnte Klänge und Verläufe einzuhören. Experimentelle Avantgarde sucht man in diesem Programmen zwar vergeblich, doch wurden immer wieder Werke der gemässigten Moderne aufgeführt: Rudolf Kelterborns 2. Kammersinfonie (1964), Klaus Hubers «Cantio-Moteti-Interventiones» (1965), Frank Martins «Polyptique» (1973/74/81), und natürlich immer wieder Werke von Bela Bartok.

Bei den Rezitals spannt sich der Bogen vom Organisten Lionel Rogg, über den Cembalisten Georges Malcolm und den Pianisten Wilhelm Kempff bis zu Vladimir Ashkenazy, der dieses Jahr ein Beethoven-Chopin-Programm spielte.

Eine besondere Attraktion, und wie sich nach dem ersten Konzert rasch herausstellte, auch kein echter Nachlass, bildete im diesjährigen Jubiläumsprogramm der Auftritt des amerikanischen Kontrabass-Virtuosen Gary Karr; man darf ihn getrost den Paganini des Kontrabass' nennen; denn wer macht es ihm schon nach die von den Geigern gefürchteten «Moses-Variationen» (von Paganini) im Originaltempo auf der Bassgeige zu exekutieren und dabei noch schelmisch dem verblüfften und erheiterten Publikum zuzuzwinkern. Gary Karr verwandelt den «Elefanten des Orchesters», wie Berlioz den Kontrabass nannte, in eine Gazelle. Seinem 365-Jahre alten Amati-Instrumente, das früher dem Kontrabassisten und Dirigenten Serge Koussevitzky gehörte, entlockt er Kantilenen von bezaubernder Anmut. Karr spielt Schuberts «Arpeggione-Sonate» als hätte er ein Cello oder eine Bratsche in der Hand, kostet in den höchsten Lagen die tenorale Süsse seines Wunderinstruments aus und versteigt sich über das Griffbrett hinaus in blitzblanken Flageoletts in geigerische Stratosphären. Sein Rezital mit Originalwerken und Transkriptionen von Eccles, Wilder, Bottesini, Ravel und Koussevitzky verband feinfühlige Musikalität, Virtuosität und Witz zum perfekten Genuss.

Beim Jubiläumskonzert «25 Jahre Menuhin Festival Gstaad» wirkten Künstler mit, die sich seit Jahren diesem Musikfest verbunden fühlen: der Pianist Jeremy Menuhin, der Sohn von Jehudi Menuhin, mit einer vielfältigen Wiedergabe von Debussys «Estampes», Alberto Lysy, eigentlich der einzige Schüler von Menuhin und heutiger Leiter der Gstaader Menuhin-Akademie sowie der daraus hervorgehenden Camerata Lysy, mit der Solosuite von Ernest Bloch in einer kraftvoll eindringenden Interpretation. Die Wiedergabe des B-Dur-Klaviertrios op. 99 von Franz Schubert als Abschluss dieser Jubiläumsveranstaltung durch Louis Kentner (Klavier), Maurice Gendron (Cello) und Jehudi Menuhin, litt unter den seit Jahren sich abzeichnenden Nachlassen der technischen Kräfte des Geigers. Einige Momente gelöster Musikalität erinnerten fast wehmütig an die grossen Zeiten dieses Künstlers, der schon vor fünfzig Jahren als geniales Wunderkind die Welt in seinen Bann schlug.

Mit den «Deux concerts exclusifs» begannen 1957 in der Saaner Mauritius-Kirche (erbaut 1444—47), wo heute noch die Konzerte stattfinden, die jährliche Reihe der Gstaader Sommerkonzerte: Jehudi Menuhin musizierte zusammen mit Benjamin Britten, Peter Pears und mit dem Cellisten Maurice Gendron, der auch bei dem Jubiläumskonzert dieses Jahr wieder dabei war. 1958 waren es schon fünf Konzerte, (heute sind es zehn) erstmals dabei das Zürcher Kammerorchester unter Edmond de Stoutz, das seither regelmässig hier gastierte. 1959 erarbeitete Nadia Boulanger mit einem Vokalensemble Werke von Schütz bis Strawinsky, 1962 leitete sie das Oratorium «Jephte» von Carissimi und das Fauré-Requiem mit dem Singkreis Zürich.

Marta und Dan Rubinstein

Das Künstlerpaar am Menuhin Festival

Eine wertvolle Begegnung brachte zum Jubiläum unter dem Menuhin-Patronat die erste Ausstellung des feinfühligen Künstlers und Zeichners Dan Rubinstein vom 6. bis 31. August im Kirchgemeindehaus Gstaad. Eindrücklich ist die Leidens- und Lebensgeschichte des 1940 in Nathanya geborenen Dan, der als kränkelnder Jüngling mit schwerer Behinderung dank der Grosszügigkeit der Menuhins zur Behandlung in die bekannte Bircher-Benner-Klinik in Zürich gebracht werden konnte. Nach hartem Ringen mit dem Schicksal, dank Einsatz und Ausdauer, wurde er therapeutisch zu künstlerischem Ausdruck und Malerei geführt: so hat er trotz Behinderung dank Ausbildung am Krankenbett und an der Kunstgewerbeschule sein hartes Schicksal gemeistert. Seit 1964 lebt Dan Rubinstein in Zürich, wo er versucht, mit Pinsel und Farben seelische Spannungen und Lebensbejahung auszudrücken. 1972 heiratete der invalide Dan Marta, die, als Kind russisch-jüdischer Eltern in Argentinien geboren, als Reiseleiterin 1967 nach Israel ausgewandert war. Die Journalistin und Schriftstellerin blieb stets kreativ, half Dan, neben eigenen Projekten, eindrückliche Publikationen herauszugeben. Sie verstand es wunderbar, ihren Gatten zu begleiten, ihm zwei Kinder zu schenken, wobei auch die 1977 geborene Tochter Edna als Künstlerin kreativem Wirken und dem «Spiel mit Farben» frönt. Die von Dan Rubinstein seit den 60er Jahren gestalteten Porträts und Musikerskizzen wurden 1981 als Zyklus «Hommage au Festival Menuhin» mit 10 Radierungen neben Farbradierungen über das Buch Esther zur eindrücklichen Nachschau auf die vergangenen Festivaljahre. Im 1985 publizierten Werk Dan Rubinsteins «Graphik – Graphics – Graphique» beeindrucken Menuhins herzliche Würdigung «Rubinstein ist kein Fremder» und ein Beitrag des Musikschriftstellers und NZZ-Journalisten fürs Menuhin Festival Peter Gradenwitz, «Dan Rubinsteins Welt der Musik».

The artistic couple at the Menuhin Festival

Under the patronage of Yehudi Menuhin, the first exhibition of the sensitive graphic artist, Dan Rubinstein, took place in the church community hall in Gstaad from August 6 to 31. The exhibition added a precious new dimension to the anniversary.

Dan Rubinstein's woeful life story is impressive. He was born in 1940 in Nathanya, Israel with a significant handicap. Thanks to the generosity of the Menuhins, the ailing adolescent was brought to the famous Bircher-Benner Clinic in Zurich. Having agonized over his future, he endured and became committed to partaking in a therapy program. This commitment, as well as education in hospital and at the arts-and-crafts school, led him down the path of artistic expression and painting, and in so doing he was able to come to terms with his handicap. Since 1964 he has lived in Zurich where he seeks to express his mental tensions and love of life with brush and colors.

In 1972 he married Marta. Born in Argentina to Russian Jewish parents, she emigrated to Israel as travel guide in 1967. As a journalist and author, she was always creative and helped Dan with his projects. Because of her, he was able to publish impressive publications. She was a wonderful complement to her husband, and gave birth to their two children. Their daughter Edna, who was born in 1977, is also an artist.

Dan Rubinstein has been drawing portraits and musical outlines since the 1960s, and these works were put together as a 'Hommage au Festival Menuhin' in 1981. The 10 etchings, alongside color etchings about the book Esther in the Old Testament, are an impressive review of past festival years. Menuhin's hearty acknowledgement, 'Rubinstein is no foreigner', in the 1985-published work of Dan Rubinstein 'Graphik – Graphics – Graphique' is remarkable, as is the contribution for the Menuhin Festival of Neue Zürcher Zeitung

▲

Festivalimpressionen von Dan Rubinstein.
Festival impressions of Dan Rubinstein.

01 Dan Rubinstein erklärt Yehudi Menuhin seine Werke. | *Dan Rubinstein explaining his work to Yehudi Menuhin.*
02 Marta und Dan Rubinstein im Gespräch mit Yehudi Menuhin. | *Marta and Dan Rubinstein in conversation with Yehudi Menuhin.*

Immer wieder erlebten Festivalbesucher faszinierende Ausstellungen unseres «Festival-Zeichners» Dan, der – selber zur Menuhin-Familie zählend – auch mit eindrücklichen Büchern sein Wirken mit Marta Rubinstein dokumentiert hat: Die witzig illustrierte Lokalgeschichte «Gstaad in beautiful Saanenland» (1986 im Benteli-Verlag Bern) und die sehr persönliche Festivalgeschichte «Allegro con spirito» (1988 im Eigenverlag edition eden Zürich) bleiben gesuchte «Rubinstein-Souvenirs» und schöne Erinnerungen ans Wirken des kreativen Künstlerpaares Marta und Dan Rubinstein.

music journalist, Peter Gradenwitz, entitled 'Dan Rubinstein's world of music'.
Time and again visitors to the festival were able to experience fascinating exhibitions of our "festival graphic artist" Dan, who also documented his work with Marta Rubinstein in inspiring books. The funny, illustrated local story 'Gstaad in Beautiful Saanenland' (published by Benteli Bern in 1986), and the very personal festival history 'Allegro con Spirito' (1988) remain much sought-after Rubinstein souvenirs, and represent beautiful memories of the works of the creative artist couple.

26. Festival 1982

Auch 1982 beschrieb Yehudi Menuhin im Vorwort sein 26. Menuhin Festival. Wieder beeindrucken die freundlichen Zeilen, die den zahlreichen ehemaligen Absolventen der Yehudi Menuhin Schule gewidmet sind:
Andrew Watkinson und Garfield Jackson als Mitglieder des preisgekrönten Endellion-Quartetts, Menuhins junger Sonatenpartner und exzellenter Pianist Paul Coker, Cellist Neall Edward Brown, die Geigerin Karen Turpie als Solistin der Camerata Bern. Begrüssungsworte gelten älteren Festivalfreunden wie dem faszinierenden Kontrabassisten Gary Karr mit Harmon Lewis, dem Cellisten Yo Yo Ma, Aurèle Nicolet mit seinem jungen Flötenschüler Thierry Fischer, dem Neuen Zürcher Streichquartett und der Pianistin Martha Argerich mit dem ZKO unter Edmond de Stoutz. Willkommen geheissen werden das English Chamber Orchestra, der bekannte Hornist Hermann Baumann, Thomas Zehetmair als aufstrebender Geiger und selbstverständlich die Camerata Lysy Gstaad.

Volker Biesenbender

Besondere Worte gelten dem «Zigeuner und Aussenseiter» Volker Biesenbender, dessen Laufbahn wunderbar mit Yehudi Menuhin verbunden bleibt:
«Ein wenig ausserhalb der Welt klassischer Musik steht Volker Biesenbender, ebenfalls ehemaliger Student meiner Schule. Volker erschien eines Tages mit seinem Freund Pierre Cleitman in meinem Chalet und brachte Diana und mir ein Ständchen. Wir waren hochentzückt davon, und ich habe keinerlei Zweifel, dass es Ihnen ebenso ergehen wird, wenn Sie ihnen am 26. August zuhören.»
Wer hätte geahnt, dass der quirlige Vollblutmusiker als «Spartenüberwinder» im Sinne des modernen «Crossover» und als Geigenvirtuose mit tollen Auftritten und Improvisationen über Jahre dem Festival gemäss seiner «Aufforderung zum Tanz – oder – Was hat klassische Musik eigentlich mit Improvisieren zu tun?» (Buch 2005 HBS Nepomukverlag, CH-5001 Aarau) viel Neues schenken konnte und im Jubiläumsfestival 2006, im Zentrum von «Tout le Monde du Violon» stehend, die improvisierende Solo-Violine in der Auftragskomposition von Jacques Loussier spielen würde.

> «Ich gehöre zu den Menschen, denen viel an Beständigkeit liegt, und daher macht es mir besondere Freude, hier einige der Kinder zu sehen, denen ich zuerst in meiner Schule begegnet war und die sich inzwischen eine Karriere aufgebaut haben und in diesem Jahr an unserem Festival teilnehmen.»
> Yehudi Menuhin, Vorwort im Programm 1981

26th festival in 1982

In 1982, Yehudi Menuhin again described his 26th Menuhin Festival in the foreword. The friendly lines are once more remarkable, and are dedicated to the numerous former students of the Yehudi Menuhin School, among them Andrew Watkinson and Garfield Jackson as members of the award-winning Endellion Quartet, Menuhin's young sonata partner and excellent pianist Paul Coker, cellist Neall Edward Brown, and violinist Karen Turpie as soloist of the Camerata Bern. Welcoming words were also directed at old festival friends such as the fascinating double bass player Gary Karr with Harmon Lewis, cellist Yo Yo Ma, Aurèle Nicolet with his young flute student Thierry Fischer, the New Zurich String Quartet, and pianist Martha Argerich with the Zurich Chamber Orchestra led by Edmond de Stoutz. Also welcomed were the English Chamber Orchestra, the famous horn player Hermann Baumann, Thomas Zehetmair as an up-and-coming violinist, and of course the Camerata Lysy.

Volker Biesenbender

Special words were reserved for the "gypsy outsider" Volker Biesenbender, whose career remained remarkably connected to that of Yehudi Menuhin: "Slightly outside the realm of classical music stands Volker Biesenbender, also a former student of my school. One day Volker and his friend Pierre Cleitman came to my chalet and serenaded Diana and me. We were very touched by their performance, and I am certain that you will be too when you hear them on August 26". Who would have thought that the lively full-blooded musician would bring so much to the festival over the years? His music contained an element of modern crossover, and the violin virtuoso, who had great talent for performing and improvisation, described the technique that had brought so much innovation to the festival over many years in his book 'Request for a Dance – or – What has Classical Music Got to Do With Improvising?'. In the anniversary festival of 2006, he is slated as the centerpiece of 'Tout le Monde du Violon' improvising on solo violin in the commission work by Jacques Loussier.

«Volker & Pierre»

Im Programmheft von 1982 beschreiben Volker Biesenbender und Pierre Cleitman ihre Musik: «Unsere Musik hat nicht zum Ziel ‹authentische Folklore› zu sein. Sie entwickelte sich von selbst auf der Strasse, auf Festen und im Wirtshaus.

Wie die Spielleute früherer Zeiten bedienten wir uns der Lieder fremder Völker als Material, um diese nach unseren Vorstellungen schöpferisch umzuformen. So werden deutsche oder italienische Madrigale des 16. Jahrhunderts mit Handorgelbegleitung gesungen; aus einem jiddischen Lied wird plötzlich eine Jazz-Improvisation; die Stimme wird gelegentlich instrumental benutzt, und aus der Geige wird ein Tambour.

Unsere Musik lebt aus dem lebendigen Moment. Ihre Elemente sind Improvisation, Spontaneität und Lebensfreude. Man könnte sie als ‹persönliche Folklore› bezeichnen.»

In the 1982 festival program, Volker Biesenbender and Pierre Cleitman describe their music as follows:
"The goal of our music is not to be 'authentic folklore.' It has matured on the street, at festivals and in inns. Like the players of old, we took foreign songs as base material and creatively transformed them to our taste. In this way, German or Italian madrigals of the 16th century are sung with accordion accompaniment. A Jewish song is suddenly transformed into a jazz improvisation. Voice is occasionally used instrumentally and the violin is transformed into a tambour.
Our music lives in the moment. Its elements are improvisation, spontaneity, and vitality. One could call it 'personal folklore'."

AUSSER ABONNEMENT

Donnerstag, 26. August 1982, 20.30 Uhr
im
KIRCHGEMEINDEHAUS, GSTAAD

VOLKER & PIERRE

Strassenmusik unter Holzdach

Volker Biesenbender
(Stehgeige, Gesang und diverse Zutaten)

Pierre Cleitman
(Handorgel, Fussglocken, Gesang)

Lieder, Stücke, Schmonzetten
aus 4 Jahrhunderten und 8 Ländern

Eintrittspreis/Prix d'entrée: Fr. 20.–
AHV, Studenten Fr. 10.–

HORS ABONNEMENT

JUBILÄUMSFESTIVAL 2006 MIT URAUFFÜHRUNG VON JACQUES LOUSSIER
2006 ANNIVERSARY FESTIVAL WITH JACQUES LOUSSIER WORLD PREMIER

Für das Jubiläumsfestival 2006 hat der französische Komponist Jacques Loussier ein ganz besonderes «Geburtstagsgeschenk» komponiert: ein «Konzert für improvisierende Violine und Orchester», welches Volker Biesenbender als Solist zur Uraufführung bringen wird. Yehudi Menuhin hörte Jacques Loussier und dessen Trio 1964 während seines Festivals in Bath und zeigte sich begeistert von den Brückenschlägen zwischen Jazz und Klassik. Beim Menuhin Festival setzen dieser Kompositionsauftrag und die Uraufführung die Programm-Reihe unter dem Titel «Todays Music» fort, welche bereits Uraufführungen von Kompositionen der Schweizer Komponisten Georges Gruntz und Daniel Schnyder beinhaltete.

The French composer Jacques Loussier composed a very special birthday present for the anniversary festival of 2006; a Concerto for Violin Improvisation and Orchestra, which is seeing its world premiere with Volker Biesenbender as soloist. Yehudi Menuhin heard Jacques Loussier and his trio in 1964 during the festival in Bath and was thrilled by the link between jazz and classical music. At the Menuhin Festival the inaugural performance of this composition continues the Today's Music program series. This series has already featured world premieres by the Swiss composers Georges Gruntz and Daniel Schnyder.

Basler Zeitung Dienstag, 23. März 1999 Nr. 69 **Teil IV** **Das Feuilleton.** Seite 41

Seine Phrasierungen hatten auch im Leben einen grossen Bogen: Begegnungen mit Yehudi Menuhin

Bewegende Lauterkeit und eine Prise Ironie dazu

Vorbild als Geiger, Muster als Mensch: Yehudi Menuhin mit Volker Biesenbender auf dem Podium. *Foto Barbara Klemm/FAZ*

Nasskalter Wintermorgen, 1964: Im Konservatorium einer westdeutschen Stadt im Kohlenrevier ist hoher Besuch angesagt: Yehudi Menuhin macht Zwischenhalt auf der Suche nach Talenten für seine neue Musikschule in England. Aufgeregt von einem Fuss auf den andern tretend wartet ein Bub mit Geigenkasten auf den Unbekannten. Die Tür öffnet sich, ein jugendlicher Mann mit schütterem blonden Haar und leicht zerstreutem Blick tritt ein, hinter ihm Journalisten und Honoratioren. Eine Putzfrau klatscht ihm wortlos einen nassen Lappen vor die Füsse. Menuhin bückt sich, säubert sorgfältig seine Schuhe und entschuldigt sich höflich mit einem Händedruck für die Schmutzflecken auf dem Parkett.

*Von Volker Biesenbender**

Nasskalter Wintermorgen 1999, Empfangshalle des Düsseldorfer Flughafens: Der kleine Junge von damals, inzwischen 35 Jahre älter, tritt aufgeregt von einem Fuss auf den anderen: Er wartet auf seinen alten Lehrer, unter dessen Stabführung er in einer westdeutschen Stadt im Kohlenrevier Bartók spielen soll. Ein sehr gebeugter, zerbrechlich wirkender Herr mit schütterem weissen Haar und leicht zerstreutem Blick kommt mutterseelenallein durch die Tür, vorsichtig einen Trolley vor sich herschiebend. Der Wartende stürzt hinzu, will nach der Umarmung den Kofferberg übernehmen. No chance: Menuhin besteht darauf, selber für sein Gepäck zu sorgen.

Orpheus und Hans im Glück

Ein Taxi zum 80 Kilometer entfernten Probenort wird angeheuert. Kaum sitzen die beiden, zückt Menuhin eine Partitur und sagt: «Komm, lass uns die Zeit nutzen.» Die Probenarbeit besteht darin, dass Menuhin mit hellem, vor Ergriffenheit zitternden Tenor jede einzelne Stimme der Partitur seines Freundes Bartók durchsingt. Überwältigt von der «Richtigkeit» dieser musikalischen Phrasen, realisiert sein Begleiter, was auch Menuhins besorgte Freunde über dessen unendlicher Betriebsamkeit gelegentlich vergessen: All diese mit dem Namen Menuhin verbundenen Projekte und Verlautbarungen, Sponsorenbankette, Talkshows und Besuche bei Zigeunern, der unermüdliche Einsatz für die Armen und das Tafeln an den Tischen der Reichen – all dies verdunkelt nur, dass in diesem zart und klein gewordenen Greis eine schwindelerregende Grösse, ein musikalisches Feuer lebt, für das es in diesem Jahrhundert kaum Vergleiche gibt.

Yehudi Menuhin ist tot: Zeit zum Trauern, auch für Musiker. Nach Celibidache und Sándor Vegh ist wieder ein «letzter Mohikaner» abgetreten – einer derjenigen, die als lebende, quasi unter Artenschutz stehende Anachronismen bis zum letzten Atemzug darauf beharrten, dass Musik auch bei nüchternster Betrachtung mit lebendigem Ausdruck und menschlichem Berührtsein zu tun hat. Verstaubte Begriffe wie Inspiration, Entrücktheit, Erhebung, die alte Orpheus-Geschichte von der läuternden Kraft der Musik: Ihm, dem auch unter Musikern so beliebten Mann, nahm man solche Vokabeln ab, weil er sie in eigener Person verkörperte. Die ärgerliche öffentliche Legende vom guten Menschen Menuhin, die allgegenwärtige Medienpräsenz, welche Menuhin-Freunde in letzter Zeit schmerzhaft miterleben liess, wie ahnungslos Talkshow-Moderatoren einem Jahrhundertgenie ungestraft dümmliche Fragen stellen durften, die Zweckbündnisse mit Strahlemännern à la Justus Frantz, der Beifall von mehr als einer falschen Seite: all diese vor Menuhins wahrer Statur letztlich marginalen Gegebenheiten sollten uns nicht daran hindern, nüchtern danach zu fragen, von welcher Art sein Musizieren war und was daran auch in Zukunft aktuell sein könnte.

Menuhin selbst hat sich wiederholt als einen «Hans im Glück» bezeichnet, und er hatte auch für mich die Ausstrahlung des ewigen Glückskindes, das sich weigert, das Hässliche und die Kleinlichkeiten des Alltags zur Kenntnis zu nehmen – seine Phrasierungen hatten auch im Leben weite Bögen. Es war letztlich die Kehrseite dieses Glückskind-Bewusstseins, die ihn in den letzten Jahren ruhelos zu seinen weltumspannenden Aktivitäten antrieb: das nagende Gefühl, der Menschheit etwas zurückzahlen zu müssen. Menuhin kannte das Gefühl des Schuldigseins wohl, und er sprach gerade in seiner letzten Zeit auffällig oft davon.

Proteus und ewiges Kind

Einmal traf ich ihn in Brüssel, als er gerade vom Begräbnis seiner 103jährigen Mutter aus Amerika zurückkam. Ich kondolierte verlegen. Gelassen antwortete der Achtzigjährige: «Weisst du, es gibt so ein Sprichwort, dass man erst wirklich erwachsen ist, wenn man keine Mutter mehr hat.» Nach einer kurzen Pause fügte der alte Fuchs hinzu: «Aber vor dem Erwachsenwerden gönne ich mir noch eine längere Pubertät.»

Dieses proteisch junge Lebensgefühl mag ihn dazu befähigt haben, die Welt immer wieder wie neugeboren zu erleben, jede Aufführung anders klingen zu lassen, neue Begegnungen und Situationen bis ins hohe Alter wie ein Schwamm aufzusaugen. Es erklärt vielleicht auch seine rührende Liebe zu allen Arten von schrägen Vögeln, seinen verzwickten Sinn für Situationskomik, seine Bewunderung für die Improvisierenden der Musik und des Lebens. Gleichzeitig mag diese Freunde und Kollegen gleichermassen bezaubernde Kindlichkeit auch für manche seiner eher naiven Fehleinschätzungen verantwortlich sein. So schien Menuhin bis zuletzt unfähig, zweideutige oder sogar gegen seine Grundüberzeugungen gerichtete Absichten zu durchschauen, was ihn zum Magneten für Menschen und Institutionen machte, die mit ihm ihr Süppchen kochen wollten.

Ausgleich und Toleranz

Als gelegentlicher Teilnehmer solcher Benefizkonzerte, Industriellen-Treffen, runder Menuhin-Geburtstage dachte ich oft darüber nach, wie wohl ein Goethe oder Beethoven reagiert hätte, wenn er wie Menuhin beruflich mit Thomas Gottschalk oder den Moderatoren von RTL 2 zu tun gehabt hätte. Menuhin entledigte sich solcher Aufgaben mit bewegender Lauterkeit, einer versteckten Prise Ironie und dem untrüglichen Stilgefühl des Gentleman. Irgendwo wusste auch er, was gespielt wurde. Als ich ihn nach einer etwas schiefen kommerziellen Situation vorsichtig auf diese Problematik ansprach, gab er eine sehr Menuhinsche, gleichsam taoistische Antwort: «Weisst du, man muss das Schlechte benutzen, um etwas Gutes daraus zu machen.»

Ausgleich zwischen Gegensätzen: Dies war vielleicht das wichtigste innere und äussere Thema von Menuhins grosser und weitausgespannter Seele. Diese Weite des «Alles-integrieren-Wollens» konnte einen manchmal geradezu erschrecken. Als ich zur Feier des 70. Geburtstags in Bonn das für Menuhin komponierte Werk «Avodah» (gesegnete Arbeit) des jüdischen Komponisten Ernest Bloch zu spielen hatte, realisierte ich plötzlich mitten im Stück, dass mit den Menuhin-Freunden Josef Abs, Marcel Reich-Ranicki, Bundeskanzler Schmidt und Elisabeth Furtwängler ein als Financier der Nazis verurteilter Bankier, ein Überlebender des Warschauer Ghettos, ein früherer Ostfront-Offizier und die Witwe von Hitlers Generalmusikdirektor einträchtig miteinander im Saal sassen …

Proteus Menuhin: Wenn man Yehudis sprichwörtliche Liebenswürdigkeit und Toleranz erwähnt, die zur Verzweiflung seiner Agenten und Sekretärinnen zu niemandem und nichts Nein sagen konnte, dann muss man auch seine Zivilcourage erwähnen, die ihn, wie sein Einsatz für Furtwängler oder die israelischen Araber zeigt, mehr als einmal schutzlos im Gegenwind stehen liess. Wenn er Partei ergriff, konnte der sanfte Engel YM allerdings wie ein vom Berge Sinai herabgestiegener Moses wirken. Als ich ihm einmal von einem Buchprojekt über Musikpädagogik berichtete, dessen Thesen vielleicht ein wenig zu kühn seien, da ballte er die Faust, blitzte mich hinter seinen buschigen Augenbrauen an und sagte strafend: «Aber man *muss* kühn sein!»

Gemeinsame Bartók-Probe, kaum vier Wochen vor seinem Tod. Mein eher vorsichtiges, in diesem Moment mehr auf Präzision und Sicherheit bedachtes Spiel kommentierte er etwas unzufrieden: «Schön gespielt, aber, weisst du … ein bisschen sehr bürgerlich.» Sekunden vor dem eigentlichen Auftritt wandte er sich mir dann noch einmal zu, ballte die Faust, machte mit dem Arm eine unnachahmliche Bewegung in Form eines weitgezackten Blitzes und … grollte wie ein Löwe. Was mich dazu motivierte, alle bürgerlichen Vorsichten zu vergessen und mich einfach der Musik Bartóks zu überlassen.

Feuer und Verlorenheit

Proteus Menuhin: Ein Mann, der die Ausgeglichenheit in Person zu sein schien, sich für alles Zeit nahm; trotzdem fühlte man sich in seiner geschäftigen Präsenz ständig wie im Mittelpunkt eines mittleren Tornados. Ein Mann, der umgeben war von Menschen, die sich für ihn in Stücke hätten hauen lassen; trotzdem umwehte ihn immer ein Hauch von Einsamkeit und Verlorenheit. Ein Mann, der wunderbare Anekdoten über Musikerkollegen erzählen konnte; gleichzeitig aber ein scheuer und empfindlicher Mensch, der noch immer verlegen erröten konnte, wenn man ihm ein Kompliment machte. Ein

● **Fortsetzung Seite 42**

* Der Autor war von 1964–1976 Schüler von Yehudi Menuhin in Surrey, England. Er lebt heute als Geiger in Basel.

Kursiv

In und out

Zum Autofahren sollte man einfach nicht Musik hören dürfen. Musik weckt – dafür ist sie ja da – Emotionen, und das Blutbad, das emotionalisierte Fahrer auf unseren Strassen anrichten, fällt uns bloss nicht auf, weil es im Stundentakt und nicht als signifikante Katastrophe geschieht. Natürlich kann Musik auch beruhigen. Doch die Jähzornigen wählen jähzornige Musik und die Tranigen wählen tranige Musik; eines gefährlicher als das andere, und so kommt es zu den positiven Rückkopplungen, die sich äusserst negativ auswirken können.

Irgendwie muss das unerträgliche Getöse übertönt werden. So bleibt das Wort, und wir Internet-Geschädigten erfahren, zum Hören vielleicht nicht bestellt, aber durch die Situation gezwungen, den Reichtum und die Kraft des gesprochenen Worts, seine klärende und objektivierende Wirkung, die die für das Autofahren unabdingbare Ausgeglichenheit des Gemütes und der Säfte gewährleistet.

Und wie alles Gute zeitigt es eine Fülle unbeabsichtigter, aber segensreicher Nebeneffekte. Was man da unversehens lernt, Sprachen zum Beispiel, oder wie die Börse wirklich funktioniert und worauf man beim Zügeln achten muss. 120 Kilometer Autobahn bringen, Staus und 80er-Strecken eingerechnet, mehr Information und spirituellen Gewinn als zwölf Lektionen an Volkshoch- oder Klubschulen.

Vor ein paar Tagen bin ich in ein sympathisches Gespräch zweier unbekannter Filmexperten geraten, die kompetent und locker über die für den Oscar nominierten Filme flachsten. Das Publikum hatte Gelegenheit, den Oscar interaktiv selber zu vergeben. Ich verzichtete auf eine Beteiligung, erstens, weil das Telefonieren während des Fahrens verboten ist – und ich fand, wenigstens einer müsse sich doch noch daran halten –, und zweitens, weil ich meiner einschlägigen Kompetenz und der des Publikums misstraute. «Das Publikum isch es Chalb», pflegte unser Musiklehrer zu sagen.

Natürlich kam auch «Shakespeare In Love» zur Sprache. Nicht ganz einig waren die beiden Herren über seine Lebensdaten. «Er lebte im 17. Jahrhundert», meinte der eine, «17. und 18.» Der andere, hin und her gerissen zwischen der Pflicht zur Kollegialität und der zur Wahrheit, entschloss sich für letztere: «16.», sagte er mit leisem Nachdruck. «Ich wollte dich nur testen», sagte der Shakespeare-Kenner, ohne im geringsten akustisch zu erröten. Merkt euch das endlich, Lehrplanreformer: Büldung ist out, Ausreden sind in. Das muss man vermitteln in den Schulen: Techniken, nicht Inhalte. Denn für das Leben, nicht für die Schule lernen wir.

Einigkeit herrschte wiederum über die Bedeutung des Stratforders. «Er war ein Genie», sagte der eine. «Genau, er war der Grösste», der andere. «Heute wäre er Drehbuchautor», mutmasste der erste. Der zweite setzte noch einen drauf: «Genau, sogar Filmregisseur.» Armer Shakespeare! Wenn der heute lebte – aus dem wäre sogar noch etwas geworden.

Doch fern seien Spott und Tadel. Die Herren haben recht. Schriftstellerei ist out, Theater ist out. Man dürfte höchstens fragen, ob der Film nicht auch schon out sei. Und Shakespeare somit arbeitslos. Ob das der Grund ist, dass er nicht heute lebt, sondern irgendwo zwischen dem 16. und dem 18. Jahrhundert? Urs Frauchiger

Hörspielpreis der Kriegsblinden

Das Lied vom Tod

Der Hörspielpreis der Kriegsblinden 1998 geht an Eberhard Petschinka und Rafael Sanchez für das Hörspiel «Rafael Sanchez erzählt: Spiel mir das Lied vom Tod», das im März 1998 vom Westdeutschen Rundfunk (WDR/Köln) erstgesendet wurde; das Stück war im November 1997 auch am Theater Basel gezeigt worden, in dessen Ensemble der 1975 in Basel geborene Sanchez mitwirkt. Koproduzenten waren der Mitteldeutsche Rundfunk und der Österreichische Rundfunk; das Stück erhielt 16 von 19 Juroren-Stimmen. *dpa*

Bern, Freitag, 20. August 1982

feuilleton

26. Menuhin-Festival Gstaad-Saanen

«Elégie»: Eine Uraufführung von Bernard Schulé

Die Camerata Lysy spielte Werke von Bach, Schulé und Haydn im 7. Konzert in der Kirche Saanen

gt. Wenn so populäre Werke wie das Doppelkonzert für zwei Violinen d-Moll, das Brandenburgische Konzert Nr. 3 G-Dur von Bach und Haydns Cellokonzert D-Dur auf dem Programmzettel zu finden sind, wird man sicher immer das Dargebotene mit den sattsam bekannten Platteneinspielungen vergleichend werten. Was alle mir bekannten Aufnahmen vermissen lassen, ist genau das, was die jungen Musiker der Camerata Lysy boten, nämlich Spiellaune, Freude und Identifikation mit der Musik. Frei von allen Diskussionen über Werktreue, Aufführungspraxis usw. spielten sie «ihren» Bach überschwenglich und enthusiastisch. Erfolg war, dass alle Zuhörer mitgerissen wurden in den Sog der strahlenden Anmut dieser Musik.

Alberto Lysy bot ein Lehrstück seiner (wenigstens) drei Talente. Als Musiker übernahm er selbst den Solopart des Bachschen Violinkonzerts g-Moll. Deutlich wurde seine Einstellung zur Musik, seine leicht romantische Interpretation des Werkes und die Unterordnung unter die fliessende Melodik als Primus inter pares. Der Pädagoge Lysy hatte seine Schüler so konzentriert auf das Konzert vorbereitet und geformt, dass sie mit scheinbarer Leichtigkeit über die Schwierigkeiten der Stücke hinwegkamen und sich voll Intensität der Ausgestaltung widmen konnten. Zum dritten zeigte er, wie er Talente unter seinen Schülern fördert und weiterbringt. Was Jia Hong-Guang (der bereits im letzten Jahr aufgefallen war) und Zhang Le-Yi im Doppelkonzert an musikalischer Reife, Verve und brillanter Technik darboten, sucht seinesgleichen.

Zu einem weiteren hinreissenden erlebnis wurde der Auftritt von Yo Yo Ma. Er schien in eine andere Welt entrückt und lockte aus seinem Cello alle nur möglichen Tonvarianten heraus. Faszinierend waren vor allem die Läufe in den oberen Lagen und die empfindsam gestalteten Kadenzen.

Ein wahrer Beifallssturm war die Antwort des Publikums.

Zwischen diesen Prachtwerken der Virtuosität lag eine Perle: Die Uraufführung von Bernard Schulés «Elégie pour cordes». Das Werk ist eine Auftragskomposition für die Ende August beginnende Chinareise der Camerata Lysy. Wie mir der anwesende Komponist in einem Pausengespräch erklärte, war die Idee, neben die furiosen Stücke ein kleines Werk der Ruhe zu setzen. In strengen Proben habe er es zusammen mit der Camerata Lysy (von deren Begeisterungsfähigkeit er hingerissen ist) in seinem Sinn so erarbeitet, wie es gespielt wurde.

Das schlichte, etwas melancholische tonale Thema führt ins Werk ein und wird zunächst von allen Stimmen übernommen. Es schwillt sodann in wunderschönen Akkorden an und wird mehrfach umgeformt. («Die Dissonanzen stehen ausserhalb der Akkorde.») Ähnlich wie in romantischer Programmusik zeigt sich Schulé als Meister der Instrumentierung und der Interpretation eines Gefühls durch Dur-Moll-Modulationen. So bricht das Thema plötzlich in einen Hoffnungsstrahl aus, um dann leise, neutral zu verschweben. Schulé glaubt mit dieser Art (s)einen neuen Weg gefunden zu haben. Der Erfolg des Stückes beim Publikum, die Hingabe, mit der die jungen Musiker es liebevoll spielten, werden ihn ermutigen, diesen Weg weiterzugehen.

*

Leider zeigt auch in diesem Jahr das offizielle Programmheft des Festivals deutliche Schwächen im Detail. Die Werkangaben sind oft ungenügend, z.B. fehlen die Nummern des Bach-Werke-Verzeichnisses, im 3. Brandenburgischen Konzert (g-Moll?) ist unter der Satzbezeichnung nur ein Allegro aufgeführt (was leider zum Klatschen ins sehr schön bearbeitete Adagio führte). Ein Violinkonzert in g-Moll existiert im Original von Bach nicht mehr, höchstens eine Umarbeitung des aus einem Violinkonzert hervorgegangenen Klavierkonzerts f-Moll in g-Moll; war es dann aber die Bearbeitung bei Peters oder die von J.B. Jackson oder gar eine neue von Alberto Lysy, die gespielt wurde?

---

01 Bericht über die Uraufführung von Bernard Schulé in «Der Bund». | *Report on the first performance of Bernard Schulé in Der Bund.*

Mittwoch, den 18. August 1982, 20.30 Uhr   7

Camerata Lysy Gstaad

Solisten:	Jia Hong-Guang, Violine Zhang Le-Yi Yo Yo Ma, Cello
J. S. Bach 1685–1750	Konzert in d-moll für 2 Violinen und Streicher Vivace Largo ma non troppo Allegro
J. S. Bach	Brandenburgisches Konzert Nr. 3 in g-moll für Streicher Allegro
Bernard Schulé geb. 1909	Elégie pour cordes *(Création / Uraufführung)* Adagio
J. Haydn 1732–1809	Zwölf Tänze, in einer Fassung für Streichorchester (Hob. IX - Anhang b)
J. Haydn	Konzert für Cello und Streicher in C-dur Moderato Adagio Allegro molto

BERNARD SCHULÉ wurde 1909 in Zürich in einer Genfer Familie geboren. Nach Studien am Zürcher Konservatorium kam er 1931 nach Paris, wo er neben Klavier (Alfred Cortot) und Orgel (Joseph Bonnet) sich besonders dem Kompositionsstudium bei Nadia Boulanger und Paul Dukas widmete. Seine Wahl 1935 als Organist und Chordirigent an die Britische Botschaftskirche bewog ihn, in Paris zu bleiben. Um sich als freier Musiker nur noch der Komposition zu widmen, kehrte er 1961 in die Schweiz zurück und wohnt seither in Genf. Er hat verschiedene Kammermusik-, Orchester- und Chorwerke sowie zahlreiche Filmmusiken geschrieben.

Über das zur Uraufführung gelangende Werk schreibt der Komponist:

«Elegie» für Streicher (opus 127) ist ein *Adagio*, das sich ganz aus einem schlichten, leicht malancholisch gefärbten Thema entwickelt. Ein Gefühl von wachsender Beklommenheit macht einer gedämpften Hoffnungsfreude Platz. Das kurze Werk ist 1982 auf Anregung von Alberto Lysy entstanden. Es ist eine tonale Komposition, und das melodische Element – immer die direkteste und natürlichste Art des musikalischen Ausdrucks – spielt eine wesentliche Rolle.

Bernard Schulé

02 Programmseite vom 18. August 1982. | *Program page from August 18 1982.*
03 Biografie und Bekenntnis von Bernard Schulé im Festivalprogramm 1982.
Biography and confession of Bernard Schulé in the 1982 Festival Programme.

Sonntag, 14. August 1983, 20.30 Uhr   7

Cantilena Chamber Players of New York

Ausführende:	Frank Glazer, Klavier Edna Michell, Violine Philipp Naegele, Bratsche Hakuro Mori, Cello Yehudi Menuhin, Violine
Vincent d'Indy 1851–1931	Klavierquartett, op. 7 Allegro non troppo Ballade Andante moderato Allegro vivo
Josef Tal geb. 1910	Klavierquartett 1982 (dedicated to the Cantilena Chamber Players) *Création / Uraufführung*
J. Brahms 1833–1897	Klavierquintett op. 34 Allegro non troppo Andante, un poco adagio Scherzo: allegro, trio Finale: poco sostenuto, allegro non troppo

Programmseite mit Uraufführung «Klavierquartett» von Josef Tal. | *Program page with the first performance of Piano Quartet by Josef Tal.*

JOSEF TAL: KLAVIERQUARTETT

Josef Tal wurde 1910 im damals deutschen Pinne bei Posen geboren und genoss seine Ausbildung an der Staatl. Musikakademie in Berlin. 1934 ging er nach Israel und lehrte dort Klavier und Komposition an der Musikakademie Jerusalem, deren Direktor er 1948–1952 war. Ab 1961 leitete er das Israelische Zentrum für elektronische Musik. 1965 wurde er Inhaber des Arthur-Rubinstein-Lehrstuhls an der Hebräischen Universität in Jerusalem, die ihn 1971 zum Professor ernannte. Seine ausgedehnte Tätigkeit als Pianist, Dirigent und Dozent führte ihn nach Europa, Amerika und in den fernen Osten. Sein Schaffen wurde mit ehrenvollen Auszeichnungen gewürdigt, u.a. mit dem Engel-Preis der Stadt Tel Aviv, dem Staatspreis von Israel, dem Kunstpreis der Stadt Berlin.
Sein Werk umfasst Symphonien, Klavierkonzerte, Werke für Kammerorchester, Quartette und Opern. Unter seinen Auftragswerken seien genannt: «Shade» für Kammerorchester zur Zweihunderjahrfeier der U.S.A., die Oper «Ashmedai» für die Hamburger Staatsoper, «Massada» für das Israel Festival 1973 (mit elektronischer Musik), die Oper «Die Versuchung» für die Münchner Oper.
Zum 1982 entstandenen, den Cantilena Chamber Players gewidmeten Klavierquartett teilt der Komponist mit:
«Das einsätzige Werk gründet auf einem einzigen Motiv, welches seinen inneren Gehalt im Verlauf der Satzentwicklung zu rechtfertigen hat. Es verursacht Widersprüche und Auseinandersetzungen unter den vier Instrumenten, deren Beziehung zum Grundmotiv jedoch stets sorgfältig gewahrt bleibt. Momente grosser Verdichtungen wechseln mit Stellen mehr meditativer Aussage. Die natürlichen Unterschiede der Ausdrucksweisen von Streichern und Klavier verschmelzen unter dem als Einheit aufzufassenden Werkganzen.»

27. Menuhin Festival 1983

Das englische Vorwort von Menuhin, Zeichnungen von Dan Rubinstein und Hinweis zur dritten Ausstellung im Kirchgemeindehaus Gstaad, Auftritte der Camerata Lysy Gstaad, ein Recital von Alberto Lysy mit Edith Fischer, Menuhins Musizieren mit Schülern seiner Londoner Schule, ein Klavierabend von Nikita Magaloff, Kammermusik und die Gastspiele des English Chamber Orchestra und des Zürcher Kammerorchesters (Solisten Maud und Paul Tortelier und Sängerin Edith Mathis) gehörten zum gewohnten Rahmen. Neue Farbtupfer schenkten das «Polish Chamber Orchestra», zwei Auftritte des «Soviet Emigre Orchestra» unter Lazar Gosman mit dem Violinisten Boris Belkin am ersten, Luigi Alberto Bianchi am zweiten Abend. Improvisationen mit dem Tausendsassa Volker Biesenbender im Steigenberger Hotel, das Sonderkonzert vom Geiger Pinchas Zukerman mit dem Pianisten Marc Neikrug, das Zürcher Bläseroktett, eine «Soirée nostalgique» der «I Salonisti» im Hotel Steigenberger und ein Gönner-Konzert der Camerata für die neuen Gönner von Festival und Akademie ergänzten das vielseitige Programm.
Eine Uraufführung konnte nicht fehlen: Die Cantilena Chamber Players of New York spielten am 14. August mit Yehudi Menuhin, eingebettet zwischen Werken von Vincent d'Indy und Brahms, erstmals das ihnen vom israelischen Komponisten Josef Tal (1910, eigentlich Grünthal) gewidmete Klavierquartett 1982, eine verdichtete Komposition verschiedenster Ausdrucksformen der Streicher und des Klaviers.

Begeistert erwähnte Menuhin die traditionellen Sommerkurse der IMMA und dankte Flora Reichenbach aus Gstaad, die seit 1979 als Sekretärin der IMMA mit Elisabeth Karnusian bis 40 Studenten

27th Menuhin Festival 1983

The 27th festival in 1983 contained many of the most popular elements that audiences had come to expect. These included the English foreword by Menuhin, drawings by Dan Rubinstein and hints to a third exhibition in the Gstaad community hall, performances by the Camerata Lysy Gstaad, a recital by Alberto Lysy with Edith Fischer, Menuhin performing with his students from his school in England, a piano evening by Nikita Magaloff, chamber music, and guest performances by the English Chamber Orchestra and the Zurich Chamber Orchestra with soloists Maud and Paul Tortelier singer Edith Mathis. New sparks of color included the Polish Chamber Orchestra and two performances of the Soviet Emigré Orchestra led by Lazar Gosman, one with violinist Boris Belkin, the other featuring violinist Luigi Alberto Bianchi. Also supplementing the staple program were improvisations with jack-of-all-trades Volker Biesenbender in the Steigenberger Hotel, the extra concert by violinist Pinchas Zukerman with pianist Marc Neikrug, the Zurich Brass Octet, a "Soirée Nostalgique" of I Salonisti also in the Steigenberger Hotel, and a concert by the Camerata put on for new supporters of the festival and the academy.

But the program would not have been complete without a world premiere. The Cantilena Chamber Players of New York played with Yehudi Menuhin on August 14. Between works by Vincent d'Indy and Brahms, they performed a piece which had been dedicated to them by Israeli-born Josef Tal (Piano Quartet 1982). This was a composition that encompassed different forms of expression for strings and the piano.

Enthusiastically Menuhin made reference to the traditional summer classes of IMMA. He thanked Flora Reichenbach

der sommerlichen Meisterkurse betreut, sich um alle Einzelheiten kümmert und zur wahren «Alma Mater» der jungen Musiker geworden ist. Begeistert erzählt Flora Reichenbach:

«Für uns, die einheimische Bevölkerung, hat das Festival eine grosse Anziehungskraft. In unserer Kirche, wo wir uns so sehr zu Hause fühlen, wird uns die Möglichkeit geboten, mit der ‹grossen Welt› in Kontakt zu kommen. Für uns Dorfbewohnerinnen bedeutet das eine Gelegenheit, uns schön zu machen. Wir knüpften bleibende Kontakte zu unseren Gästen, wir sind alle älter geworden zusammen mit dem Festival. Wir sind eine Familie geworden: die Gäste, die Musiker und die einheimische Bevölkerung.»
(Zitat aus «Allegro con spirito – Festival Yehudi Menuhin» von Marta und Dan Rubinstein.)

from Gstaad who had worked as secretary of IMMA since 1979, and tended to the 40 or so students of the summer master classes together with Elisabeth Karnusian. It was Flora who took care of all the details and who became a real "alma mater" for the young musicians. As she fervently recounted in 'Allegro con spirito – Festival Yehudi Menuhin' by Marta and Dan Rubinstein: "For us local folk, the festival is a huge draw. In our church, where we feel so much at home, we are offered the possibility to make contact with the world at large. For us ladies of the villages, it gives us an opportunity to make ourselves pretty. We establish long term relationships with our guests. We have all grown older together with the festival. And we have become a family: the guests, the musicians and the locals".

01 Buch von Marta und Dan Rubinstein über das Menuhin Festival.
Book by Marta and Dan Rubinstein on the Menuhin Festival.

02 Plakat der Sommer-Kurse der IMMA 2.–23. August 1982. | *Poster of the summer courses of IMMA, August 2-23 1982.*
03 Vertrag mit dem «Soviet Emigré Orchestre & Lazar Gosman». | *Contract with the Soviet Emigré Orchestre & Lazar Gosman.*

Das 28. Festival 1984 wahrt die Tradition

Im zweisprachigen Vorwort (d/e) hält der Festivalgründer im Ausblick auf die 13 Konzerte am erfolgreichen Konzept fest: Neue Kräfte vereinigen sich mit vertrauten Künstlern, sodass die Festivalfamilie immer grösser wird. Wichtig ist Menuhin das Gedenken an seinen vor 10 Jahren verschiedenen, so geschätzten Freund David Oistrakh, «einer der grössten Geiger aller Zeiten, der zehn Jahre nach seinem Tod immer noch einen grossen Platz in meinem Herzen einnimmt». Die von Yehudi Menuhin mit Sohn Jeremy und dem Cellisten Felix Schmidt von Brahms und Schubert gespielten Trios «In memoriam David Oistrakh» wurden «zu einem der erfülltesten Konzerte, an denen Yehudi Menuhin in den letzten Jahren beteiligt war».

Mit herzlichen Gedenkworten an den am 9. Dezember 1983 akut verstorbenen «Grandseigneur de l'hôtellerie» und Palacebesitzer Ernst Scherz-Bezzola schliesst Menuhin sein Vorwort:
«Und vergessen Sie bitte nicht Ernst Scherz, einen frühesten Förderer dieses Festivals, ohne dessen Unterstützung es nie gelungen wäre, hier so fest Fuss zu fassen mit unserer Musik, wie wir es getan haben.»

Die Camerata Lysy Gstaad spielte am 21. August als Uraufführung unter dem Gastdirigenten und Komponisten Lukas Foss das Werk für 2 Sologeigen, Streicher, Oboe, Harfe, Schlagzeug und Klavier «Orpheus und Euridike» (Yehudi Menuhin und Edna Michell gewidmet).

The 28th festival in 1984 preserves the tradition

In the German/English foreword, the festival founder adhered to the successful concept, with a program featuring 13 concerts. New artists combined with known ones, making the festival family ever larger. For Menuhin the memory of his admired friend David Oistrakh, who had passed away ten years prior, was noteworthy. Menuhin described him as "one of the greatest violinists of all time, who ten years after his death, has left an aching void in my heart". The Trios by Brahms and Schubert which were played by Yehudi Menuhin, son Jeremy, and the cellist Felix Schmidt to commemorate David Oistrakh, became one of the most fulfilling concerts which Yehudi Menuhin had performed in over the past few years.

Menuhin closed his foreword with hearty commemorative words for the "Grandseigneur de l'hôtellerie", Palace owner Ernst Scherz Bezzola, who had died on December 9 1983:
"Remember, too, as you listen to these concerts, Ernst Scherz, one of this festival's earliest supporters, without whose encouragement our festival would not have taken the firm roots it has in this community."

On August 21, The Camerata Lysy Gstaad played at the world premiere of Orpheus and Euridike led by guest conductor and composer Lukas Foss. The piece for two solo violinists, strings, oboe, harp, drums, and piano was dedicated to Yehudi Menuhin and Edna Michell.

---

01 Ernst Scherz-Bezzola (1909–1983).

▶

02 Programm des Gedenkkonzerts «In memoriam David Oistrakh. | *Program of the Memorial Concert In memoriam David Oistrakh.*
03 Pressebericht in «Der Bund».
Press report in Der Bund.
04 Hinweis auf «Concert de Bienfaisance à la Memoire de David Niven». | *Announcement of the Concert de Bienfaisance à la Memoire de David Niven.*
05 David Niven und Peter Ustinov vor dem Palace Hotel Gstaad. | *David Niven and Peter Ustinov in front of the Palace Hotel Gstaad.*

LUKAS FOSS (* 15. AUGUST 1922)

Unter dem Namen Fuchs in Berlin geboren, studierte der angesehene amerikanische Pianist, Dirigent und Komponist in Paris, Philadelphia und bei Hindemith an der Music School der Yale University, war 1953 bis 1962 Nachfolger von Arnold Schönberg an der kalifornischen Universität in Los Angeles, wurde zum berühmten Musikpädagogen in den Staaten und bekam viele Ehrendoktorate. Als Chefdirigent des Jerusalem Rundfunkorchesters wirkte er in Israel, dirigierte als Gast die berühmtesten Orchester in allen Musikzentren der Welt und wurde 1983 Mitglied der American Academy and Institute of Arts and Letters.

Lukas Foss (born Fuchs) was born in Berlin on August 15 1922. The respected American pianist, conductor and composer studied in Paris, Philadelphia, and at the Yale University School of Music under Paul Hindemith. From 1953 to 1962, he was the successor of Arnold Schönberg at the University of California, Los Angeles, and became a famous music academic in America where he received many honorary doctorates. He also worked as principal conductor at the Jerusalem Radio Orchestra in Israel and was a guest-conductor with the most famous orchestras in all the music capitals of the world. In 1983 he became a member of the American Academy and Institute of Arts and Letters.

Donnerstag, den 9. August 1984, 20.30 Uhr   2

Kammertrio

In memoriam David Oistrakh

Yehudi Menuhin, Violine
Jeremy Menuhin, Klavier
Felix Schmidt, Cello

J. Brahms Trio in C-dur, op. 87
Allegro
Thema mit Variationen: andante con moto
Scherzo: presto
Finale: allegro giocoso

F. Schubert Trio in B-dur, D 898
Allegro moderato
Andante un poco mosso
Scherzo: allegro -Trio
Rondo: allegro vivace

Photo: Kayaert

IN MEMORIAM DAVID OISTRAKH
1908–1974

Anlässlich David Oistrakhs sechzigsten Geburtstages schrieb ich vor sechzehn Jahren folgendes:

«Drei Generationen der Menschheit haben, von Poughkeepsie bis Peking, David Oistrakh in ihr Herz geschlossen; diese Liebe gilt instinktiv sowohl dem Menschen als auch dem Musiker.

Seine Einstellung gegenüber seinen Mitmenschen und insbesondere seinen Kollegen untersteht in der unwandelbaren Weise des Alten Testaments einem Gesetz menschlicher Würde, die weit ausserhalb der Gebote von Tyrannen liegt und sich weder Mode, Konvention noch Bequemlichkeit zu Vorteil beugen.

In diese Integrität, die sein Denken bestimmt, sein Empfinden und Spiel ausmacht, hört auch nicht auf, seine Einstellung und sein Verhalten zu steuern, wenn er die Geige aus der Hand legt. Ob er musiziert, einen Schüler in die Geheimnisse der Musik einführt oder einem Freund sein Herz ausschüttet — immer stehen Bescheidenheit und tiefster Ernst im Vordergrund.

Überwältigende Treue, gleichermassen zur Familie, zum Freund und zum Land, eine ihm ganz eigene Ehrenhaftigkeit, die weit über den herkömmlichen Erwartungen steht, verbunden mit Philosophie, Liebe und echter Herzenswärme — die Weisheit des Herzens – sie alle zeichnen ihn zum Prinzen unter Männern aus.»

Heute, zehn Jahre nach seinem Tode, finde ich kaum Worte; es ist noch immer zu schmerzhaft daran zu denken, dass er wirklich nicht mehr unter uns weilt, und dass alles, was mir lieben ist, Erinnerungen sind, Erinnerungen an einen Mann, den ich hoch verehrte, ja, liebte und respektierte, und an seine Musik, die immer in mir weiterleben wird.

Wir trafen uns zum ersten Mal 1945 in Moskau. Ich war dort als Gast der sowjetischen Regierung, und David Oistrakh, zusammen mit seinen Kollegen (Künstlern und Komponisten) war mein offizieller Gastgeber. Seit Jahren von der musikalischen Entwicklung des Westens abgeschnitten, dürsteten miene russischen Kollegen nach Hören und Lernen.

Ich hatte die Partituren und Einzelstimmen der Violinkonzerte von Bartók und Elgar mitgebracht (Kompositionen, die ihnen jedoch durch die BBC wohl bekannt waren).

Der Höhepunkt meines Besuches war unser erstes gemeinsames Auftreten mit dem Bachschen Doppelkonzert, das wir später in vielen Grossstädten der Welt spielten.

Offiziell vom amerikanischen Aussenministerium unterstützt, konnte ich David in die Vereinigten Staaten einladen, und es gelang mir, trotz der damals herrschenden McCarthy-Mentalität, die Erlaubnis einzuholen, dass Formalitäten wie Fingerabdrücke ihm erspart blieben und ich ihn so begrüssen konnte, wie er mich damals in Moskau willkommen geheissen hatte: am Fusse der Flugzeugtreppe stehend.

In grosser Eile steuerte ich ihn durch das Flughafengebäude und übergab ihn sozusagen dem Schoss der Partei — nämlich direkt den Armen der russischen Delegation, die ihn hinter dem Zolldurchgang erwartete. Obwohl ich ihm meinen Wagen anbot, zog er es vor, mit seinen Landsleuten nach New York hineinzufahren; er verschwand im Inneren eines der grossen, schwarzen Diplomatenfahrzeuge. David muss oftmals der grossen Versuchung, im Westen zu bleiben, widerstanden haben, so gross war seine Treue zu seinem Vaterland. «Meine Karriere verdanke ich meinem Heimatland» hatte er mir gesagt, «ohne die Hilfe des Staates, ohne dessen Ermutigung und ohne den phantastischen Unterricht, der mir zuteil wurde, wäre ich niemals da, wo ich heute bin».

1965 schenkte er mir in New York die Faksimilepartitur des ersten Violinkonzertes von Schostakowitsch wenige Wochen nach der Premiere des Werkes, die er in Moskau gegeben hatte. Dadurch konnte ich es zur gleichen Zeit wie er zur Uraufführung bringen. Das gleiche geschah mit Schostakowitsch's zweitem Violinkonzert.

An Davids sechzigstem Geburtstag schrieb ich: «All die Jahre hindurch hat sich Davids Musikalität über das vorbildliche Meistern seines Instrumentes hinaus vertieft und verfeinert. Seine tiefgründige Erkenntnis und seine Auffassung, einer Offenbarung gleichend, erstreckten sich nun in grossem Bogen vom Kammermusikspiel zum Dirigentenpult und von der alten Musik bis hin zur zeitgenössischen.»

Wenn ich diese Worte heute in Erinnerung bringe, scheint es mir recht und billig im Andenken an die grosse Liebe, die dieser Mann jungen Menschen entgegenbrachte, und die tiefe Inspiration, die er seinen jungen Kollegen zuteil werden liess, dass die zwei Konzerte, die ich in diesem Jahr zu seinem Gedenken ausgewählt habe, Trios sein werden, die ich in Gstaad mit meinem Sohn Jeremy und dem Cellisten Felix Schmidt spielen werde, und ein Londoner Konzert, von einem jungen Chinesen, Muhai Tang, dirigiert werden wird, der damit sein Londoner Debut gibt.

Yehudi Menuhin

MENUHIN ALS TALENTSPÜRER?

Wer hätte geahnt, dass der «junge Chinese Muhai Tang» 2005 als Howard Griffiths Nachfolger zum Chef des Zürcher Kammerorchesters gewählt würde? Der Chinese stammt aus dem Künstlermilieu Schanghais, sein Vater ist der Filmregisseur Xiaodan Tang. 1983 wurde der Stipendiat in München von Karajan entdeckt, was zur rasanten Dirigentenkarriere im Westen führte.

---

28. Menuhin-Festival

Drei Musiker — ein Ensemble

Yehudi und Jeremy Menuhin und Felix Schmidt in der Kirche Saanen

Yehudi Menuhin, sein Sohn Jeremy und, herzlich für diesen Abend in der Familie aufgenommen, der Cellist Felix Schmidt, sind drei Musiker, die einzeln betrachtet ganz unterschiedliche Talente, Temperamente und Einstellungen zur Musik haben. Im Kammermusikabend des Menuhin-Festivals hatten sich die drei Brahms' Trio C-Dur op. 87 und Schuberts B-Dur Trio D 898 ausgewählt. Die Verschiedenheit ihrer Charaktere wurde zunächst im ersten Satz des Brahmsschen Trios offenbar. Dominant gestaltete Jeremy Menuhin den Klavierpart, sein Vater in zurückhaltender Art schien in sich hineinzuhören, und Felix Schmidt in zwar prägnanter, aber doch wenig selbständiger Art begleitete die beiden.

Mehr und mehr aber zeigte sich, dass alle drei vor allem sich untereinander verstehen lernten. Mehr und mehr nahm Jeremy im Kraftaufwand zurück, ermunterte dadurch seinen Vater, aus sich herauszukommen, und dem jungen deutschen Cellisten gelang es bis zum Ende des ersten Satzes, seine Sprödigkeit abzulegen; alle drei steigerten sich bis dahin schon zu einem klanglich geschlossenen Ensemble.

Die aus dieser Steigerung gewonnene Sicherheit führte in den Variationen zu einer weiteren Verschmelzung des Klangbildes, und auf diesem Fundament konnte wieder jeder «seine» Musik machen. Es war ein beglückendes Erlebnis, zu sehen und zu hören, wie jugendlich frisch Yehudi Menuhin im Finale die Themen erklingen liess und seine beiden jungen Partner immer mehr von seiner geistigen Reife profitierten.

Nicht nur aus musikalischer Sicht, sondern besonders auch wegen der besonderen menschlichen Wärme, die die Künstler vermittelten, wurde dieser Abend zu einem der erfülltesten Konzerte, an denen Menuhin in den letzten vier Jahren in Gstaad-Saanen beteiligt war.

gt., «Bund», Bern

CONCERT DE BIENFAISANCE

à la mémoire de David Niven

sera donné par des étudiantes de
l'ÉCOLE de YEHUDI MENUHIN,
Angleterre.

ST. PETER'S ENGLISH CHURCH, CHATEAU-D'ŒX - Vaud - Suisse

lundi 30 juillet 1984, à 20 h. 30

- Son Excellence l'Ambassadeur de Grande Bretagne et Mrs. John Powell-Jones et
  Son Excellence l'Ambassadeur des Etats-Unis d'Amérique et Mrs. John Davis Lodge,
  honoreront la soirée de leur présence.

- Œuvres de Chopin, Franck, Debussy et Schubert.

- Ce concert est organisé par la Colonie anglophone de la région en faveur de
  — Praz-Soleil, Maison d'Accueil et de retraite, Château-d'Œx.
  — St. Peter's English Church, Château-d'Œx.

Prix des billets : Fr. S. 60.—, 30.—, 15.—.

Réservations : Office du tourisme, 1837 Château-d'Œx. Tél. (029) 4 77 88.

Les dons sont les bienvenus à : Banque Crédit Foncier Vaudois, 1837 Château-d'Œx. Compte 753 880.4 - 30784.

Pour tous renseignements, s'adresser à Mme B. Bloodworth, 1837 Château-d'Œx. Tél. (029) 4 60 92.

1980–1986

Das 29. Festival 1985 mit wenig neuen Pfaden

Während Yehudi Menuhin voll Freude und Stolz seine neuen Festivalgäste in der «Einführung» vorstellt, im «europäischen Musikjahr» und «Internationalen Jahr der Jugend» mit Genugtuung auf die hoffnungsvolle Jugend hinweist, dann aber auch traditionsgemäss die vielen alten Freunde erwähnt, tönt es nach den ersten Konzerten in den Zeitungsberichten recht zwiespältig.

The 29th festival in 1985 stays the course

In the prelude to the 1985 festival, Yehudi Menuhin introduced his latest festival guests. With 1985 being the European Year of Music and the International Year of Youth, he was full of happiness and pride when referring to young people, whom he described as full of hope. He went on to mention the usual list of performing friends, although press commentary was noticeably ambivalent after the first concerts.

01 Bericht im «Bund» über die Festivaleröffnung mit Jugendlichen. | Report in Der Bund on the opening of the festival involving young people.
02 Zusammenfassung der Komitee-Sitzung vom 4. September 1985. | Summary of the committee meeting of September 4 1985.
03 Einführungsworte von Yehudi Menuhin im Programmheft 1985. | Introduction by Yehudi Menuhin to the 1985 Program.

Die Jugend hatte den Vortritt
Yehudi Menuhin School eröffnet das Festival Gstaad-Saanen

An den Menuhin-Festivals in der Kirche zu Saanen ist es seit langem üblich, dass Schülern der Yehudi Menuhin School in London ein Abend reserviert wird, an welchem sie ihr Können und ihren musikalischen Reifegrad an prominenter Stelle vorstellen können. Diesmal – im Jahr der Jugend – ist ihnen sogar die Ehre zugefallen, das 29. Menuhin-Festival zu eröffnen.

Zwei Geiger (Ben Renshaw und Antonella Rallo), der Bratschist James Boyd, der Violoncellist und Pianist Paul Watkins und schliesslich die Pianistin Sophia Rahman wickelten ein Programm mit Werken ab, welche keine noch unfertige Technik zulassen und in einzelnen Fällen ein musikalisch hohes Niveau voraussetzen.

Auch diesmal konnte man das unbefangene Auftreten dieser jungen Musiker feststellen, ihr sympathisch natürliches Gehaben auf dem Podium. Es gab auch den ganzen Abend lang kaum einen Patzer aus Nervosität. Die ruhige Selbstsicherheit übertrug sich auf den Zuhörer, der ohne Bangen ums Gelingen unbeeinträchtigt die Leistungen in sich aufnehmen konnte, Leistungen, welche durchs Band weg Anerkennung herausforderten.

Durch ihre künstlerische Aussagekraft verblüfften etwa Sophia Rahmans Interpretation von Chopins Scherzo in b-moll oder die Darstellung von Mozarts Sonate in G-Dur KV 301 durch Ben Renshaw und Sophia Rahman, welche sich hier und mit Paul Watkins (Beethoven: Sieben Variationen über «Bei Männern, welche Liebe fühlen») als sich genau anpassende Partnerin bewährte, andererseits Watkins als Pianist zusammen mit James Boyd (Konzertstück für Viola und Klavier von Enescu) und der Geigerin Antonella Rallo (Polonaise brillante op. 21 von Wieniawski) als hochbegabter Mitgestalter auffiel. Die beiden Streicher zeigten vor allem ihre sattelfeste Technik.

Zum Schluss spielten die vier Streicher das Quartett in B-Dur op. 67 von Brahms in einwandfreier Manier und Sicherheit in allen technischen Belangen. Musikalisch hatte man allerdings mit diesem Werk zu hoch gegriffen. Gm, «Bund», Bern

---

Akten - Notiz

Geht an :
Komitee - Mitglieder
Yehudi Menuhin Festival

Besprechung vom 4. September 1985 im Hotel National-Rialto.
Anwesende : Robert Villiger, Fred Steiner, Michel Müller, Georges Tauxe, Paul Eggenberg, Elisabeth Matti

Rückblick Festival 1985 :

Trotz einigen schwach besuchten Konzerten sind die Finanzen des Festivals 1985 erfreulicherweise ausgeglichen. Das Ein- und Ausschalten des Lichtes zu Beginn und während der Konzerte wurde kritisiert. Ebenfalls das zu späte Abschliessen der Türen. Diese beiden Punkte müssten mit dem Sigrist für nächstes Jahr vor den Konzerten besprochen werden. In bezug auf die Lüftung müsste mit der Kirchgemeinderat eine Lösung gefunden werden. Für den Gäste-Transport ab Gstaad zu den Konzerten und zurück sollen für nächstes Jahr bei Ummel und PTT Offerten eingeholt werden.

Finanzen 1986 :

Die festzulegenden Eintrittspreise werden später besprochen. Herr Villiger ist der Meinung, die Preise sollten nicht zu stark in die Höhe getrieben werden.
Grundsätzlich ist auf einem Budget von Fr. 500'000.-- zu basieren. Zu erwartende Einnahmen aus Billetverkauf, Generalproben und Programmlös im allerbesten Falle Fr. 300'000.--. Die zu beschaffenden Mittel belaufen sich somit auf rund Fr. 200'000.--. Frau Hope wird durch E. Matti ersucht, ein Gagenbudget pro Konzert zu erstellen. (Künstlergagen Total Fr. 380'000.--).
Ein definitives Budget für 1986 wird nach der Antwort von Frau Hope erstellt. In Vorarbeit nimmt Herr Tauxe mit dem Kanton (Henry Louis Favre), SBV (Dr.Boller) und SBG (F. Florio) um eine ev. Unterstützung Kontakt auf. Frl. Matti verfasst im Auftrag von R. Villiger einen Brief an den VVSL, Gesuch um doppelten Beitrag (Fr. 26'000.-) P. Eggenberg nimmt Kontakt auf mit Swissair ev. Reisespesen der Menuhin Schule. Gemeinde wird später kontaktiert. Eine weitere Mittelbeschaffung über ev. Sponsorfirmen wird ebenfalls in einer späteren Phase diskutiert.
Für die Ausstellungen im Rahmen des Festivals sollte eine Sonderkommission ins Leben gerufen werden.

In bezug auf das Festival 1985 wird R. Villiger im Anzeiger einen Artikel veröffentlichen.

4. September 1985 / em
Verkehrsbüro Gstaad

EINFÜHRUNG

Für unser diesjähriges Festival möchte ich gern einige Aspekte besonders hervorheben. Es sind unsere «neuen» Mitspieler, die ich Ihnen kurz vorstelle:

Das weltberühmte Cleveland String Quartet, Justus Frantz, Jon Kimura Parker, Dimitris Sgouros, Leland Chen, Hu Kun und Mi-Kyung Lee. Diese beiden Gäste aus China erwarben den vierten und fünften Platz beim diesjährigen Concours Reine Elisabeth in Brüssel, und, nachdem ich selbst sie gehört habe, kann ich Ihnen nur versichern, dass wir stolz darauf sein können, sie an unserer Akademie und unter Alberto Lysys Fittichen zu haben.

Es macht mir auch besondere Freude, Leland Chen vorzustellen, der an meiner Schule in England und auch in Gstaad studiert hat und für Sie mit dem Europäischen Kammerorchester, dessen Mitglieder alle unter 27 Jahren sind, musizieren wird.

Der Akzent liegt in diesem europäischen Musikjahr und Internationalen Jugendjahr bei der Jugend: Dimitris Sgouros wurde von uns zum ersten Mal eingeladen. Sein ausgezeichneter Ruf ist ihm längst vorausgegangen, und ich freue mich, diesen jungen phänomenalen Künstler hier begrüssen zu können. Jean-Luc Viala, unser junger Tenor, mit dem ich die Bachkantaten in London aufführte, ist ein grossartiger Musiker mit einem so strahlenden Tenor, wie man ihn sich schöner kaum wünschen könnte. Mit Bachs Johannes-Passion stellt sich Pforzheim vor, und Neuss ist dabei mit Musik aus verschiedenen Jahrhunderten.

Aber auch unsere guten Freunde aus den Vorjahren, wie zum Beispiel George Malcolm, Lory Wallfisch und Paul Coker, werden in Herzlichkeit begrüsst. Das Cleveland String Quartet möchte ich willkommen heissen und damit unsere ganz grosse Liebe zu der höchsten aller musikalischen Ausdrucksformen, nämlich dem Streichquartett und dem Kammerorchester, bezeugen.

Dies sind, ganz kurz angedeutet, die Kennzeichen unseres diesjährigen Festivals, das zweierlei verspricht: musikalische Genüsse höchster Qualität und das Bewusstsein, die Früchte einer Arbeit, die in Gstaad vor 29 Jahren begann, in unserem geliebten Oberland ernten zu können.

Gstaad kann stolz auf seine Tradition musikalischer Darbietungen sein und sich mit jedwedem anderen Festival auf eigene Weise messen. Wir schöpfen für die Zukunft aus der eigenen Quelle der Vergangenheit und Gegenwart.

Yehudi Menuhin

DIE NEUE ORGEL VON 1984 IN DER MAURITIUSKIRCHE SAANEN
THE NEW ORGAN OF 1984 IN THE MAURITIUS CHURCH SAANEN

Im Programmheft von 1985 war zu lesen: «Das prachtvolle Gehäuse der ‹neuen› Orgel weist eine interessante Geschichte auf. Sein Erbauer, Jakob Rychener (1694–1755), stammte aus Rupperswil im damals noch bernischen Aargau, wo heute noch viele Handwerker- und Bauernfamilien Richner heissen. Die fertige Orgel stellte Rychener im Jahre 1740 auf die Empore der Stadtkirche Lenzburg. Der Bau hatte etwa zwei Jahre gedauert. Weil das Kunstwerk damals die Lenzburger nicht begeistern konnte, verlegte man es 1746 an den Bielersee nach Neuenstadt (La Neuveville) in die 1720 erbaute Seekirche. Dort erst wurde die Orgel durch ein Rückpositiv (kleine Orgel in der Brüstung) ergänzt. 1816 und 1895 wurden die Pfeifenwerke ersetzt. 1972 hatten sowohl Gehäuse wie Orgelwerk ausgedient und wurden beim Ersatz an Zahlung gegeben. Erst dann schaltete sich der bernische Denkmalschutz ein, um das Gehäuse dem Kanton zu bewahren. Es handelt sich um das zweitälteste Orgelgehäuse im Kanton nach der grossen Orgel im Berner Münster (1726).

Das neue Instrument im antiken Gehäuse ist in vier Teile gegliedert, die von drei Manualen und dem Pedal aus bespielt werden. Das unterste Manual gehört zum Rückpositiv, das 8 Register enthält. Das Hauptwerk über der Spielnische birgt elf Register und ist wie das Rückpositiv in fünf Achsen gegliedert. Es wird vom zweiten Manual aus gespielt. Auf dem Mittelturm des Hauptwerkes steht das in drei Felder gegliederte Oberwerk. Ihm sind fünf Register zugeordnet, die mit dem obersten Manual verbunden sind. Das Pedalwerk ist vom Kirchenschiff aus nicht sichtbar, da es sich im hintersten Teil des Gehäuses befindet. Es umfasst fünf Register. Insgesamt verfügt die neue Orgel über 1823 Pfeifen. Alle diese vier Werke können durch eine sinnvolle Vorrichtung gekoppelt und vereint auf einem Manual und dem Pedal gespielt werden. Die Zusammensetzung der einzelnen Register und Registergruppen – die sogenannte Disposition – entspricht weitgehend derjenigen, wie sie Jakob Rychener vor bald 240 Jahren für die Seekirche in Neuenstadt verwirklichte, auch wenn sie den modernen Ansprüchen angepasst wurde.

Das neue Instrument stammt von der Orgelbaufirma M. Mathis und Söhne in Näfels. Als eigentlicher Restaurator des Gehäuses zeichnet Walter J. Furrer, Brig, verantwortlich.»

(Auszug aus dem Aufsatz von Dr. h. c. Hans Gugger in der Broschüre «Die Orgeln der Mauritiuskirche in Saanen», 1984 herausgegeben von der Kirchgemeinde Saanen.)

Der Berner Organist Philippe Laubscher durfte am Konzert vom 25. August 1985 dieses Saaner Wunderwerk einweihen.

The Bernese organ player Philippe Laubscher inaugurated the masterfully-restored organ during a festival concert in the Saanen church on August 25 1985. The 1985 festival program contained background information on the new Saanen church organ in the form of an abstract from the essay by Dr HC Hans Gugger in the brochure 'The Organs of Mauritius Church in Saanen' (published in 1984 by the church parish of Saanen).

The gorgeous body of the "new" organ has an interesting history. Its builder, Jakob Rychener (1694–1755) came from Rupperswil, then still in Bernese Aargau. Between 1740 and 1742, Rychener installed the completed organ into the gallery of the city church in Lenzburg. But the piece of art did not please the people of Lenzburg, and in 1746 it was transferred to the lakeside church in Neuenstadt on Lake Biel. In 1816 and 1895 the organ pipes were replaced, but by 1972 the organ had fallen into disrepair and was sold for scrap. Only then did the Bernese monument conservation authority step in to save the organ body for the canton, as it is the second oldest organ body of the canton after the main organ in Bern Cathedral which dates from 1726.

The restored instrument comes from the organ building company M Mathis & Sons in Näfels. The restorer of the body is Walter J Furrer from Brig. The new instrument in the antique body is played with three keyboards and one pedalboard, and has a total of 1,823 pipes. Although it has been adapted to modern demands, its disposition is more or less the same as it was when Jakob Rychener installed it in the lake church in Neuenstadt nearly 240 years ago.

Der Berner Organist Philippe Laubscher durfte am Konzert vom 25. August 1985 die neue Orgel einweihen. | *The organist Philippe Laubscher from Bern inaugurated the new organ at the concert on August 25 1985.*

SONDERKONZERT

Sonntag, den 25. August 1985
18.00 Uhr

Orgelrezital

Philippe Laubscher
Organist
der Französischen Kirche, Bern

Johann Sebastian Bach
(1685–1750)

1. Präludium und Fuge in C-dur, BWV 547
2. Partita sopra «Sei gegrüsset, Jesu gütig», BWV 768
   (Choral mit 11 Variationen)
3. Fantasie in G-dur, BWV 572
   Très vitement
   Gravement
   Lentement
4. Choral (Leipziger-Handschrift):
   «An Wasserflüssen Babylon», BWV 653
5. Präludium und Tripelfuge in Es-dur, BWV 552

Eintritt frei.
Kollekte zu Gunsten der Renovation des Altersheims Pfyffenegg in Saanen.

Entrée libre.
Collecte en faveur de la rénovation de la maison de vieillesse «Pfyffenegg» à Saanen.

From The Right Honourable The Lord Menuhin, OM KBE
65, Chester Square,
London, SW1

1985 wurde Yehudi Menuhin britischer Staatsbürger
1985: Yehudi Menuhin becomes a British citizen

Auf die Frage, wo er sich «zu Hause» fühle, antwortete Sir Yehudi 1988 im Gespräch mit Hans Bünte in «Zeugen des Jahrhunderts»:
«Ich glaube, es ist eine interessante Kombination von Nomaden-Dasein und Verwurzeltsein. Ich liebe die Nomaden. Ich habe in meinem Herzen für die Zigeuner, die genauso gelitten haben wie die Juden, dasselbe Gefühl. Ich nenne die Juden ja auch so etwas wie urbane Zigeuner.»
Auf seiner Lebensreise von San Francisco über New York, Paris, Rumänien, die Schweiz, Grossbritannien landete er schliesslich in London, wo er mit Ehrungen, Orden und Auszeichnungen überhäuft wurde. Über die Erhebung in den Adelsstand 1985 durch die Queen erzählte er:
«Ja, weil mich Richard Armstrong, Chef des Kabinetts von Margaret Thatcher – sein Vater war Prinzipal der Royal Academy of Music, so war er musikalisch schon vorbelastet – eines Tages fragte: ‹Deine Frau ist Engländerin, du wohnst hier, deine Schule ist hier, du arbeitest hier, du machst Aufnahmen, deine Kinder sind hier erzogen. Warum wirst du nicht britisch?› Da sagte ich: ‹Ich möchte gern, nur muss ich Amerikaner bleiben. Die Schweiz hat mir schon die Ehrenbürgerschaft gegeben.›
Kurz danach habe ich einen britischen Pass bekommen und wurde zum Knight Commander of the British Empire ernannt.»
Er erwähnte sein Bekenntnis zur englischen Monarchie, diesem Symbol von Tradition und Kontinuität, und ergänzte dann: «Ich liebe England, das Volk, seine Traditionen. London ist nicht mehr die Stadt, die ich als junger Mann kannte, aber es ist etwas geblieben von der toleranten und geduldigen Art. Traditionsgemäss übernehmen sie keine Passionen, keine Leidenschaften. Interessant, weil es nicht bedeutet, dass sie keine Leidenschaften hätten. Die Engländer sind unglaublich romantisch.»
Von 1983 bis zum Tode 1999 lebte Menuhin in London im eleganten Belgravian-Stadthaus, 65 Chester Square, wenige Fussminuten von der Victoria Station, fühlte sich als Engländer und genoss grosse Verehrung, die 1993 in der Ernennung zum Baron mit dem Titel «The Right Honorable Lord Menuhin of Stoke d'Abernon» gipfelte.

In 1988, Sir Yehudi appeared with Hans Bünte in the television program 'Witnesses of the Century'. During the interview, he discussed where he felt most at home: "I think it is an interesting combination between being a nomad and having roots. I love the nomads. In my heart I feel for the gypsies who suffered as the Jews have. In many ways Jews are like urban gypsies."

After a life of travel through San Francisco, New York, Paris, Romania, and Switzerland, he finally ended up in London where he was overwhelmed with distinctions, medals and honors. He recounted receiving his knighthood from the Queen in 1985 as follows: "Well, Richard Armstrong, leader of Margaret Thatcher's cabinet – his father was the principal of the Royal Academy of Music, so he was already drawn to music – asked me one day: your wife is English, you live here, your school is here, you work here, you record here, your children are educated here. So why aren't you English? I replied that I would like to be English, but I have to stay American, and Switzerland has already given me honorary citizenship. Shortly afterwards I got a British passport and became Knight Commander of the British Empire."

He referred to his commitment to the English monarchy as a symbol of tradition and continuity before adding: "I love England, the people, and the sense of tradition. London is no longer the city that I used to know as a young man, but something of its tolerant and patient ways has survived. Traditionally English people do not show any passion, but interestingly, that does not mean that they are not passionate about things. English people are incredibly romantic."

From 1983 until his death in 1999, Menuhin lived in London in an elegant Belgravia townhouse at 65 Chester Square, just a few minutes walk from Victoria Station. He felt English and enjoyed plenty of adulation, culminating in 1993 with the receipt of a peerage and the title The Right Honorable Lord Menuhin of Stoke d'Abernon.

Jubiläumsfestival 1986 – 70 Jahre Yehudi Menuhin

Schon im Vorfeld des 70. Geburtstages von Yehudi Menuhin am 22. April 1986 durfte der begnadete Musiker und Humanist weltweit ungezählte Würdigungen und Ehrungen erleben. Schon 1985 zeigt ein Programm-Entwurf vom 8. August 1985, dass man auch im Saanenland das 30. Menuhin Festival und den 70. Geburtstag des Gründers festlich und würdig feiern will.

Das «Willkommen» von Robert Villiger, Präsident OK, schliesst im Jubiläumsprogrammheft, das mit neuem Gesicht auftritt, nicht ohne Stolz:
«Seit dem ersten Konzert hätte das Gstaader Festival den Untertitel ‹Musizieren unter Freunden› verdient. Der Freundeskreis mit Yehudi Menuhin im Zentrum weitete sich aus. Solisten, Ensembles, Musikstudenten, Zuhörer aus nah und fern wurden in diesen Zirkel eingeschlossen. Alle vereinigen sich seit 30 Jahren, um unvergessliche musikalische Augenblicke zu erleben, in welchen die Musik als Symbolsprache wirkt und die Menschen über politische, sprachliche und ideologische Grenzen hinweg verbindet.
Mögen die Freude an der Musik und die verbindende Botschaft in diesem Monat August und in jedem kommenden Sommer unsere schöne Saanen-Kirche erfüllen.

R. Villiger, Präsident des OK»

Anniversary festival 1986 – 70th birthday of Yehudi Menuhin

Even before the 70th birthday of Yehudi Menuhin on April 22 1986, the gifted musician and humanitarian experienced uncountable acknowledgements and distinctions. A program draft for August 8 1985 showed plans to festively celebrate the 30th Menuhin Festival and the 70th birthday of the founder throughout Saanenland.

The welcome of Robert Villiger, organization committee president, proudly closed the new-look anniversary program booklet:
"Since its first concert, the Gstaad Festival could have earned the subtitle 'Making Music Amongst Friends.' The circle of friends around Yehudi Menuhin grew and grew, and soloists, ensembles, music students, and audiences from near and afar were included in this circle. For the past 30 years, all have united in order to experience unforgettable musical moments in which music functions as a symbolic language and connects people across political, language, and ideological boarders. May the pleasure of music and its connecting message fill our beautiful Saanen church this month of August and every summer that follows.

R Villiger, organization committee president"

Festakt und Bildband für Yehudi Menuhin

01 Programmheft im Jubiläumsjahr 1986.
Program for the Jubilee Year 1986.
02 Bericht aus dem «IMMA-Bulletin» über den Festakt und die Vernissage des Buches von Fernand Rausser «Konzertprobe mit Yehudi Menuhin und der Camerata Lysy Gstaad» im Berner Rathaus. | *Report from the 'IMMA Bulletin' on the ceremony and private viewing of the book by Fernand Rausser 'Rehearsal with Yehudi Menuhin and the Camerata Lysy Gstaad' in the Bern City Hall.*

bzk. Würdiger Festakt für den grossen Violinisten: Zum 70. Geburtstag von Yehudi Menuhin veranstalteten Freunde und Bekannte eine Feier im Berner Rathaus zum Äusseren Stand. Im Rahmen dieser «Hommage à Yehudi Menuhin» ergriffen alt Bundesrat Georges André Chevallaz, der bernische Regierungsrat Henri-Louis Favre und der Stiftungsratspräsident der Menuhin-Akademie in Gstaad, Edwin Oehrli, das Wort. Musikalisch umrahmt wurde der Anlass mit Darbietungen der Camerata Lysy, dem aus Musikern der Akademie zusammengesetzten Kammerorchester. Anschliessend erhielt der Jubilar vom Verleger Max Haupt ein ganz besonderes Geburtstagsgeschenk überreicht: den Bildband «Konzertprobe mit Yehudi Menuhin und der Camerata Lysy» mit Aufnahmen des Berner Fotografen Fernand Rausser.

Berner Zeitung, 12.5.1986

Yehudi Menuhin beim Interview mit F. Muri für die Tagesschau Fernsehen DRS

Von links nach rechts: Regierungsrat H.-L. Favre, Frau Chevallaz, a. Bundesrat Chevallaz, a. Staatssekretär Dr. P. Jolles

Dr. M. Haupt begrüsst die Gäste

Von links nach rechts: Frau Jolles, Frau Thalmann, a. Botschafter E. Thalmann, Frau Probst, a. Botschafter R. Probst

---

Das traditionelle Eröffnungskonzert der Yehudi Menuhin Schule unter Leitung von Menuhin beeindruckte durch das 1984 in London uraufgeführte «Nonet for Strings» von Malcolm Singer, dem späteren musikalischen Leiter der Schule in Stoke d'Abernon, und eine zur Tradition gewordene engagierte Wiedergabe von Béla Bartóks «Divertimento für Streichorchester» (Saanen 1939).

Die musikhistorische Ausstellung «L'univers d'un compositeur» über Frank Martins Wirken, sein Lebenswerk und die Freundschaft zur Familie Menuhin wurde in der Curlinghalle zusammen mit «musikalischen Impressionen» von Sir Sidney Nolan präsentiert.

Der Auftritt des Menuhin-Schwagers Louis Kentner mit den talentierten Londoner Jugendlichen unter Peter Norris im

The traditional opening concert of the Yehudi Menuhin School led by Menuhin impressed with the Nonet for Strings by Malcolm Singer (who later became the musical director of the school in Stoke d'Abernon) and the traditional, enthusiastically-performed Divertimento for String Orchestra by Béla Bartók.

The music history exhibition 'L'univers d'un Compositeur' about Frank Martin's work, his life's achievements, and his friendship with the Menuhin family, was presented in the Gstaad Curling Hall together with the musical interpretations by Sir Sidney Nolan.

Traditional family performances included Louis Kentner with the talented young performers from Stoke D'Abernon led by Peter Norris in renditions of Dvorak's Piano Quintet and Mozart's

01 «Der Bund»-Gratulationsartikel von Martin Etter.
Congratulatory article by Martin Etter in Der Bund.
02 Herzliche Zeilen von Edmond de Stoutz im Programmheft. | *Sincere article by Edmond de Stoutz in the program.*

Dvořák-Klavierquintett und im Mozart-Klavierkonzert KV 414, die sehr persönlich geschriebene Hommage «Hephzibah» von Yehudi Menuhin im Programmheft und die Präsenz von Yaltah Menuhin im Mozart-Klavierkonzert KV 488 mit der Camerata Lysy Gstaad schenkten Angehörigen des Meisters traditionelle Auftritte – leider fehlte die sechs Jahre zuvor verstorbene Schwester Hephzibah.

Nach dem Abend mit dem Neuen Zürcher Streichquartett gefiel das English Chamber Orchestra unter Yehudi Menuhin im weitgefächerten Abend mit Werken von Händel, Mozart zum «Concertino Rustico» für Alphorn von F. Farkas, das durch die blendende Blastechnik von Joszef Molnar gefiel.

Der 80-jährige Antal Doráti dirigierte am 12. August (zwei Jahre vor seinem Hinschied 1988) das Konzert des English Chamber Orchestra mit dem Schweizer Oboisten Heinz Holliger und Yehudi Menuhin als Solisten. Sein Werk «Trittico», das dem Wunsch von Holliger entsprechen sollte, die ganze «Oboenfamilie» erstmals in einer Komposition solo erklingen zu lassen, wurde nach Uraufführung 1985 in der modifizierten Fassung zur beachteten «Première» und zum musikhistorischen Ereignis.

Viel Anklang fand das witzige «Happy Birthday, Mr Menuhin» als musikalischer Spaziergang durch die Liedkunst vergangener Jahrhunderte des «Fiedlers» Volker Biesenbender mit dem Akkorde-

Piano Concerto KV 414, the very personally written homage to Hephzibah by Yehudi Menuhin in the program booklet, and the presence of Yaltah Menuhin playing the Mozart Piano Concerto KV 488 with the Camerata Lysy Gstaad.

After the evening with the New Zurich String Quartet, the English Chamber Orchestra led by Yehudi Menuhin pleased audiences with a varied program, ranging from pieces by Handel and Mozart to the Concertino Rustico for Alphorn by F Farkas featuring the fabulous blowing technique of Joszef Molnar.

On August 12, the 80-year-old Antal Doráti conducted a concert of the English Chamber Orchestra featuring Swiss oboist Heinz Holliger and Yehudi Menuhin as soloists. Per Holliger's wishes, his piece, Trittico, included the complete oboe family solo for the first time in one composition. After the world premiere in 1985, it was later performed in its modified version and became a historic music event.

Much appreciated was the funny 'Happy Birthday Mr Menuhin' concert in the Gstaad community hall. It was a musical walk through the art of song from past centuries by the fiddler Volker Biesenbender and accordion player Pierre Cleitman, with "The Scholars" in vocal accompaniment.

The Warsaw Symphony Orchestra led by Yehudi Menuhin performed two diversified programs from Mozart-Rossini to Debussy-

---

137. Jahrgang
Nr. 93
Der Bund | 33

Zum 70. Geburtstag des Geigers und Dirigenten Yehudi Menuhin

Künder der Menschlichkeit

-tt- An seiner künstlerischen und an seiner menschlichen Ausstrahlung war und ist nicht zu zweifeln: Yehudi Menuhin gehört zu den stärksten Persönlichkeiten der heutigen Musikszene und darüber hinaus zu den wenigen Musikern, die auch für kulturell kaum interessierte Zeitgenossen zu einem Begriff geworden sind.

Ein solcher Ruf erklärt sich nicht allein aus der interpretatorischen Qualität – nicht einmal aus der Tatsache, dass Menuhin eine lange Wunderkind-Karriere hinter sich zu bringen vermochte. Entscheidend dafür, dass sich Menuhin zum Bannerträger für Kunst und Humanität entwickeln konnte, ist sein lebenslanger Einsatz für Frieden, Verständigung und Toleranz.

Als erster jüdischer Künstler trat er nach dem Zweiten Weltkrieg wieder in Deutschland auf, als erster organisierte er ein Wohltätigkeitskonzert zugunsten der palästinensischen Flüchtlinge, als erster Jude plädierte er für Wilhelm Furtwängler und als erstem gelang es ihm, für verfolgte russische Musiker (wie etwa Rostropowitsch) Ausreisegenehmigungen zu erwirken: Menuhin setzt Zeichen, und dies nicht nur, wenn er zur Geige greift.

Seine von Systemzwängen unbelastete Gläubigkeit (sie enthält wohl jüdische, christliche und indische Elemente) findet zweifellos in seiner Tätigkeit als Violinist, als Dirigent, als Pädagoge, als Nachwuchsförderer und als Musikschulgründer und -betreuer und als Galionsfigur für eine bessere Zukunft ihren Niederschlag – sie hat ihm aber auch aus den Krisen herausgeholfen, in die er nach seinen Wunderkind-Jahren geraten war. Damals musste man um den Hochbegabten bangen und musste betrübt zur Kenntnis nehmen, dass die geigerische Technik und die gestalterische Sicherheit nicht immer mit dem leidenschaftlichen Ausdrucksstreben Schritt zu halten vermochte.

Erstaunlicherweise fing sich Menuhin aber wieder auf: Ohne je seinen visionären Personalstil dem von den elektronischen Medien georderten Perfektionsanspruch aufzuopfern, gelang ihm eine zweite Karriere, eine Laufbahn, die ihn zu Verinnerlichung und Erschütterung, zu tiefer Expressivität und zu geistiger Überhöhung führte. Man könnte sagen:

Menuhin ist sicher nicht der grösste Geiger, aber der grösste Künstler unter den Geigern unserer Zeit.

Sein Leben gehört unverrückbar der Musik. Ob er selbst auftritt oder dirigiert, ob er als Lehrer wirkt oder bekenntnishafte Vorträge hält, ob er Konservatorien gründet oder Bücher schreibt – stets ist er derselbe lautere, gütige, optimistische und allem Wahren, Guten und Schönen aufgeschlossene Mensch, ein Humanist, wie es nur noch wenige gibt.

Durch seinen Wohnsitz in Gstaad ist Menuhin zu einem Wahlberner geworden. Im Berner Oberland hat er sein weltweit beachtetes Festival angesiedelt (es feiert dieses Jahr sein 30jähriges bestehen), hat er seine Menuhin-Schule aufgebaut, hat er sich ein Vertrauenskapital aufgebaut, wie es vor ihm wohl kaum ein Künstler erwerben konnte.

In zweieinhalb Wochen wird Menuhin wieder einmal durch die Lauben von Bern spazieren: Am 9. Mai soll er im Rahmen eines Festaktes durch Vertreter des Bundesrates, der Berner Regierung und des diplomatischen Korps geehrt werden. Zu diesem Zeitpunkt wird auch Fernand Raussers Bildband «Konzertprobe» (Impressionen mit Yehudi Menuhin und seinen Musikern) im Verlag Paul Haupt Bern erscheinen.

01

DANKE, YEHUDI MENUHIN!

Nur wenigen Persönlichkeiten unseres Jahrhunderts wurde eine so umfassende Verantwortung übergeben wie Ihnen, lieber Yehudi, und noch weniger zahlreich sind die Verantwortungsträger, welche die ihnen anvertraute Mission derart unermüdlich, bedingungslos und loyal erfüllen.

Ihre kulturelle und moralische, Ihre geistige Führerschaft wirkt sich bereits auf Generationen von Künstlern, Soziologen, Politikern und Denkern aller Arten und Weltteile aus, und das Vertrauen, das Ihnen von überall her entgegengebracht wird, wächst von Tag zu Tag. Unter den vielen Nutzniessern Ihrer Schöpferkraft und Menschlichkeit möchten wir, die wir uns hier in Saanen seit 30 Jahren als Musikfreunde und Musiker jeden Sommer um Sie scharen dürfen, heute an diesem doppelten Jubiläum von neuem unserem tief empfundenen Dank und unserer uneingeschränkten Verehrung Ausdruck geben.

Das einmalige Gepräge, das Ihr Charakter und Künstlertum Ihrem Festival verleiht, schuf eine beispielhaft kohärente Gemeinde von Musikbegeisterten. Hier ist ein jeder glücklich, das Seine beitragen und mitnehmen zu können. Unzählige Anhänger Ihrer kulturellen Ethik sammeln jeweilen in den Gstaader Augusttagen die geistigen Kräfte, von denen sie das ganze Jahr bis zum nächsten Wiedersehen zehren können. Ihr grosszügiges Verschenken von Hoffnung, Mut und Zuversicht hilft uns allen, jedem auf seinem Gebiet, weiterzukommen und weiterzuwirken.

Ich glaube, sicher im Namen aller, die Ihnen in dieser Kirche je begegneten, zu sprechen, wenn ich Ihnen sage, das wir Sie lieben, weil Sie Liebe ausstrahlen.

Ihr treu ergebener

Edmond

02

01 Yehudi Menuhin erhält das Bild vom spanischen Maler Abraham Lopez.
Yehudi Menuhin receiving the painting by the Spanish artist Abraham Lopez.
02 Die Collage mit der Kirche Saanen als Symbol für Menuhins Wirken. | *Collage with Saanen church as a symbol of Menuhin's influence.*

03 Yehudi und Diana auf dem Weg zum Bergrestaurant. | *Yehudi and Diana on the way to the mountain restaurant.*
04 Edmond de Stoutz mit seiner Gattin, Yehudi Menuhin im Gespräch mit dem Ehepaar A. von Grünigen und Bauersleuten in Saanentrachten. *Edmond de Stoutz with his wife, Yehudi Menuhin in conversation with Mr and Mrs A von Grünigen and farmers in Saanentrachten.*

onisten Pierre Cleitman und den singenden «The Scholars» im Kirchgemeindehaus Gstaad. Das Warschau Symphony Orchestra unter Yehudi Menuhin mit zwei abwechslungsreichen Programmen von Mozart-Rossini bis Debussy- Saint-Saëns und dem Flötisten Aurèle Nicolet in Flötenwerken Mozarts führte zu den erfolgreichen Auftritten des Zürcher Kammerorchesters unter Edmond de Stoutz mit Justus Frantz am Piano.

Der prägnante Festivalrückblick von Sekundarlehrer und Festivalpromotor Franz Würsten und ein herzliches «Danke Yehudi Menuhin von Edmond» (de Stoutz) sind beeindruckende Zeugnisse der tiefen Dankbarkeit für die unzähligen erlebten Menuhin-Konzerte.

Höhepunkt 1986 wurde das Jubiläumskonzert in der Kirche Saanen vom 25. August mit der eindrücklichen Wiedergabe von Frank Martins «Polyptyque» für Violine und zwei Streichorchester, Yehudi Menuhin und Edmond

Saint-Saëns with the flutist Aurèle Nicolet in pieces by Mozart. This was followed by the Zurich Chamber Orchestra led by Edmond de Stoutz with Justus Frantz at the piano.

The concise festival review by the secondary school teacher and festival promoter Franz Würsten, as well as the hearty thanks to Yehudi Menuhin by Edmond de Stoutz, are evidence of the deep gratitude both men felt for having been able to experience uncountable Menuhin concerts.

The highlight of 1986 was the anniversary concert in Saanen church on August 25 with the extraordinary performance of Frank Martin's Polyptyque for Violin and Two String Orchestras, which was dedicated to Yehudi Menuhin and Edmond de Stoutz, and is today a festival classic.

Yehudi Menuhin gave a remarkable performance of the Beethoven Violin

de Stoutz gewidmet und heute die Festivalgeschichte prägend. Eindrücklich spielte dann Yehudi Menuhin das Beethoven-Violinkonzert.

Nach dem Münchner Streichtrioabend (Ana Chumachenco, Oscar Lysy und Wolfgang Mehlhorn mit dem Pianisten Jeffrey Gilliam) dirigierte der nimmermüde Yehudi Menuhin das renommierte Royal Philharmonic Orchestra mit Felix Schmidt im Boccherini-Cellokonzert und Tenor Peter Schreier mit Mozartarien und der Haydn-Sinfonie «Mit dem Paukenwirbel». Der zweite Abend war Mozart gewidmet und gipfelte im Mozart-Klavierkonzert KV 453 mit Menuhin-Sohn Jeremy am Flügel unter der Stabführung seines Vaters – beeindruckendes Musizieren von Vater und Sohn.

Als Festivalfinale durfte der Gefeierte am 2. September 1986 an einer Geburtstagsfeier auf dem Hornberg Kontakte mit Einheimischen und der Landschaft und die gebührende Würdigung erleben, wie dies von Robert Villiger herzlich beschrieben wurde.

Concerto. After the Munich String Trio evening (Ana Chumachenco, Oscar Lysy, and Wolfgang Mehlhorn with pianist Jeffrey Gilliam), the tireless Menuhin conducted the renowned Royal Philharmonic Orchestra with Felix Schmidt in the Boccerini Cello Concerto with tenor Peter Schreier, and the Haydn Symphony 'Mit dem Paukenwirbel'. The second evening was dedicated to Mozart and climaxed with the Mozart Piano Concerto KV 453 featuring Menuhin's son Jeremy at the piano led by his father.

For the festival finale, the honoree experienced a birthday party held on September 2 1986 on the Hornberg. There he was able to get in touch with the countryside and local residents, and experience their appreciation for his work and contributions to the region.

Yehudi Menuhin zum 70. Geburtstag

Ehrebürger, das isch klar,
Blybe i de Bärge rar.
Da het me Steine, Weide, Himmel
u git nüt uf Stedterfimmel:
Perzonekult, devoti Haltig,
das widerstreit üs wääger gwaltig.
En Ehrebürger hei mer, sy uf ne stolz
Er isch gwüss us chächem Holz
weiss was er wott u geit sy Wäg
u schreckt nid zrügg vor schmalem Stäg.
Drum passt er guet i üses Tal.
Bi üs z sy isch für ihn kei Qual.
Süsch hätt er üs nid rych beschänkt,
so mängs i gueti Bahne glänkt.
Dänk me nume a sy Akademie!
Da het's der Geischt bruucht vom Genie
für us nüt öppis la z entstah,
Same z sääje u la ufzgah,
wo wältwyt Frücht het treit,
wo zämefüert u nid entzweit.
Für meh no hei mer hüt härzlech z danke.
Sy Kunscht kennt kei Gränze u kei Schranke:
Hür schänkt är üs ss 30igschte Festival,
es Jubiläum also nach der Zahl
u no meh als das: Es Kunschterläbe,
wi me's riner gar nid cha ersträbe.
Drum, Yehudi Menuhin, verehrte Meister,
zahllosi grossi u chlyni Geischter
danke Euch am feschtliche Ehretag
und wünsche alli, ohni Frag,
dass d Gyge wyterhin mög erklinge
u d Härze chönni zum Schwinge bringe!

Paul Eggenberg
Oberhofen

05 Der Meister inmitten der Kühe beim Stallbesuch.
The master in the middle of the cows during a barn visit.
06 Mundart-Ehrung des Oberländer Schriftstellers Paul Eggenberg. | *Tribute in Swiss German by the Oberländer writer Paul Eggenberg.*

Diana Menuhin (1912–2003) – Yehudis beste Hilfe
Diana Menuhin (1912–2003) – Yehudi's right hand

«Die Frau ist das Wichtigste auf der Welt, nur sie allein kann den Mann dahin führen, wo es Gott gewollt hat.»

Henrik Ibsen

Unermüdlich hat Diana Menuhin ihren Gatten am Festival unterstützt: sie war für Fotos in den Programmen und für die Agenda des Meisters und dessen allseitiges Engagement zuständig. Was wäre aus dem in einer Lebenskrise steckenden Künstler Yehudi Menuhin geworden, wenn er nicht 1944 Diana Gould begegnet wäre? Schon 1927 soll er der hübschen Tänzerin und Stieftochter des britischen Admirals Sir Cecil Harcourt begegnet sein, bevor es im September 1944 zum legendären Wiedersehen in London kam (beschrieben in der Biografie «Unvollendete Reise»). Er nennt seine Primaballerina eine «Schönheit in Geist, Wesen und Erscheinung», die selber die Bitterkeit des Karrierekampfes erlebt hatte. Diana spürte Menuhins Krise, als sein nachtwandlerisches Spiel und die Fingerfertigkeit zu versagen drohten und er erkannte, dass die Ehe mit der unbekümmerten Nola nicht mehr zu retten war und die Familie mit den beiden Kindern Zamira und Krov auseinanderbrach. Als treue Gattin verstand es Diana – ähnlich dem Vorbild Anna Pawlowa –, den Künstler Yehudi zu neuen musikalischen Höhen zu führen. Die glücklichen Eheleute lebten mit ihren beiden Söhnen Gerard (1948) und Jeremy (1951) vor allem in England. Selten dauerten die Aufenthalte mehr als 2 Monate am gleichen Ort: das wilde Umherreisen, Aufenthalte in den Bergen und seit 1954 im Saanenland, in der Toskana, bei den Eltern in den USA und nach 1961 auf Mykonos wurden für Diana zur Herausforderung! Sie teilte das unstete Leben mit ihrem «Y» und hat auf eigene Karriere und persönlichen Ruhm verzichtet. «In Tradition und Ausdruck der Kultivierung eines mensch-

Diana Menuhin supported her husband tirelessly at the festival: she was responsible for the pictures in the program, the agenda of the master, and all of his commitments. What would have happened if Yehudi Menuhin, who was going through a life crisis at the time, had not met Diana Gould in 1944? Supposedly he met the beautiful dancer and stepdaughter of the British Admiral Sir Cecil Harcourt as early as 1927, some 17 years before their legendary re-encounter of September 1944 in London (he described this in his biography 'The Unfinished Journey'). He calls his prima ballerina a "beauty in soul, character and looks" who herself experienced the bitterness of the struggle with his career. Menuhin realized that his marriage with the easygoing Nola Nicholas could not be saved and that the family with the two children would break apart. Diana felt Menuhin's sense of crisis when his acumen and dexterity threatened to fail him.

As a loyal wife Diana knew how to guide the artist Yehudi to all new musical heights. The happy couple lived mostly in England with their two sons Gerard and Jeremy, although their stays rarely lasted longer than two months in any one place. The wild traveling, the stays in the mountains of Saanenland, in Tuscany, in the US with parents, and after 1961 in Mykonos became a challenge for Diana. She shared the nomadic life with her "Y" and abandoned her own career and personal fame. "Formed in the tradition and expression of the cultivation of human inheritance" (Yehudi Menuhin), she was able to create the ideal surroundings and atmosphere

lichen Erbes geformt» (Yehudi Menuhin), gelang es ihr, im rastlosen Künstlerleben die ideale Umgebung und Atmosphäre zu schaffen, um eine harmonische Familie gedeihen zu lassen, wie sie in der Autobiografie «Durch Dur und Moll» voll Humor und Gefühl erzählte. Dass sie ihren Karriereverzicht nicht leicht verkraften konnte, spürt der Leser zwischen den Zeilen. Mit feiner Ironie hat sie die Facetten ihrer Künstlerehe «ohne Bitterkeit und Selbstlob, erfüllt von Zufriedenheit und Glück» ausgemalt, «fern aller bürgerlich-stillen Familienidylle»! Takt, Diskretion, Standfestigkeit und eiserne Nerven haben Diana die dankbare Liebe Yehudis und seiner Familie, Anerkennung und Dank der Freunde geschenkt. Sie hat ihren rastlosen Gatten bis an dessen Lebensende im März 1999 begleitet, war treuer Gast im Saanenland und Hilfe am Festival. Dankbar für Unterstützung und Pflege verbrachte Diana die letzten Jahre in London, bis sie am 25. Januar 2003 die verdiente Ruhe finden und ihrem «Y» folgen durfte. Weltweit trauerten Musikfreunde um eine wunderbare Frau, vorbildliche Gattin und geliebte Mutter, die mit selbstlosem Wirken so viel geschenkt hat. Ihr hat Yehudi seine Biografie gewidmet:

«Meiner geliebten Diana, dem Engel auf meinem Erdenwege.»

in the restless artist's life in order to grow a harmonic family, which she describes in her autobiography, 'Fiddler's Moll', full of humor and feeling. One only need read between the lines to see that it was not easy for her to give up her career. With subtle irony she painted the many facets of the artist marriage "without bitterness and self-praise, filled with contentment and happiness, far away from the quiet civility of the family idyll." Discretion, stability and strong nerves yielded Diana the grateful love of Yehudi and his family, as well as recognition and thankfulness from friends. She accompanied her restless husband until his death in March 1999, and was a loyal guest and helping hand in Saanenland at the festival. Grateful for all the support and care, she lived out her years in London, where she died in peace on January 25 2003.

All around the world, music friends mourned the loss of a wonderful woman, exemplary wife, and beloved mother who gave so much so selflessly. It was to her that Yehudi dedicated his biography:

"To Diana, my heavenly host on this earthly way."

1987–1996
Die Geburt des Musiksommers
The birth of the music summer

Diese Zeitepoche – so stellte es sich im Rückblick heraus – war für das Festival und für die kulturelle Weiterentwicklung der Region die wohl turbulenteste, aufregendste und vielleicht auch interessanteste. Sie stellte alle Beteiligten vor grösste Herausforderungen, war gezeichnet durch viele Hochs, aber auch Tiefs, brachte die Erweiterung des Festivalsommers durch Konzerte im Festival-Zelt der ursprünglichen «Alpengala», beinhaltete zwei bedeutende Jubiläen, den 75. und den 80. Geburtstag von Yehudi Menuhin, sowie die Vorbereitung der Menuhin-Nachfolgeregelung im Jahre 1996.

Diese Zeitepoche stellte aber auch unter Beweis, was die Region Saanenland bereit ist, an Energien zu mobilisieren, wenn es darum geht, eine Chance zu packen. Visionäre Kräfte waren da am Werk. Nicht immer war voraussehbar, in welche Richtung die teilweise unter enormem Zeitdruck getroffenen Entscheidungen führen würden.

Unter verschiedenen Malen mussten massive Sanierungsprogramme durchgezogen werden, um zu verhindern, dass eine grosse Vision stirbt. Und immer wieder konnten die Initianten des späteren grossen Konzertsommers – gestaltet aus dem Menuhin Festival und der Alpengala – auf die fast unglaubliche Solidarität und Hilfe vieler Gstaader Gäste, der Touristik sowie der Stimmbürgerinnen und Stimmbürger zählen.

Die Erweiterung des Festivalsommers durch den Konzertzyklus im «Alpengala-Zelt» ging man im

In retrospect, this was probably the most turbulent, exciting, and perhaps also the most interesting period for both the festival and the cultural development of the region. During these years, everybody rose to meet the greatest of challenges, and the period was marked by many highs as well as lows. Among the most important developments was the expansion of the summer festival season with concerts in the festival tent of the original "Alpengala"; two important anniversaries, the 75th and 80th birthdays of Yehudi Menuhin; and the preparation for the Menuhin succession in 1996.

But this time period also showed the extent to which the Saanenland region was willing to mobilize its energies when opportunity came knocking. Visionary forces were at work, and the outcomes of sometimes hastily-made decisions were not always readily apparent.

In order to keep the grand vision alive, a number of large-scale clean-up programs had to be undertaken. Time and again the founders of what was to become the much larger summer concert series – created by the combination of the Menuhin Festival and the Alpengala – were able to count on the incredible support and assistance of Gstaad's many guests, the region's tourism and business infrastructure, as well as its local residents.

In the summer of 1987, the expansion of the summer festival program with the concert series in the Alpengala tent was carefully undertaken. That summer, concert

Sommer 1987 mit grösster Vorsicht an. Das damalige Komitee des Menuhin Festival, seit Dezember 1986 neu unter dem Präsidium vom damaligen Kurdirektor Hans-Ulrich Tschanz, war zwar durchaus in der Lage, plötzlich grosse mittelfristige Entwicklungsmöglichkeiten für den Konzertsommer im Saanenland zu sehen, als im März 1987 Initianten aus Wengen die dort gescheiterte Idee «Alpengala» ins Saanenland transferieren wollten. Die Zeltkonzerte durften aber fürs erste das traditionelle Programm des Menuhin Festivals in der Kirche Saanen unter keinen Umständen konkurrenzieren und wurden vorerst an den Rand des Sommers platziert.

Mit grossem Respekt sah man aber, wie es dem damaligen künstlerischen Leiter

organizers in Wengen were seeking to move their failed Alpengala summer concert series to Saanenland. The Menuhin Festival committee at the time, which had been led by tourism director Hans-Ulrich Tschanz since December 1986, saw the chance for a rapid expansion of Saanenland's existing summer concert series. Under no circumstances were the concerts in the tent to represent competition with the Menuhin Festival's traditional program in Saanen church, and so they were initially held at the tail-end of the summer season.

However great respect was accorded Sergio Fontana, when in 1987 as artistic director, he was able to attract to Gstaad none other than Carlo Maria Giulini of La Scala in Milan (literally at the last minute) and the maestro Marcello Viotti.

«Geburtsurkunde» ALPENGALA GSTAAD.
"Birth Certificate" of ALPENGALA GSTAAD.

EDMOND DE STOUTZ: PERSÖNLICHE ZEILEN AN EINEN FREUND

Lieber Yehudi

in diesen Tagen haben Sie, konzentrierter als sonst, die dankbaren Glückwünsche, Bewunderungs- und Liebesbekundungen von hunderten, von tausenden von Verehrrern erfahren können, die Ihr Beitrag zur Schöpfung in unserem Jahrhundert glücklich gemacht hat.
Millionen Menschen kennen Sie und brauchen Sie. Sie sind Hoffnung und Stolz all jener, für die Ihre vielfach erwiesene Menschlichkeit so ermutigend geworden ist!
Ihre Botschaft wird schon von vielen verstanden, viele aber müssen sie noch zu beherzigen lernen: Ihr Lebensauftrag wird Sie noch lange beanspruchen!
Ihr Wirken ist seit 70 Jahren eine Lichtquelle, spendet Wärme und Zuversicht. Ihre von Toleranz geprägten geistigen Impulse werden unser aller Lebzeit weit überdauern.
Das alles spüren Sie so gut wie wir, doch bewirken Ihre Talente bei uns Ehrfurcht und Dankbarkeit, so sind sie für Sie eine gewaltige Verpflichtung, eine Verantwortung, die nur starke Schultern tragen können; Ihre Mission kann nur ein reines Herz erfüllen.
Sie sind ein seltener Glücksfall, denn schon als Kind waren Sie Bestätigung für die absolute Schönheit und Liebe im Schöpferischen und Lebendigen. Der bewusste Künstler dann stärkte in jedem, der ihm begegnete, den Glauben an das Gute, das Erhabene, und dem reifen Menschen ist es nun aufgetragen, seinen Zeitgenossen ins Gewissen zu reden. Das setzt Autorität voraus. Ihre Autorität ist nicht autoritär, sondern respektgebietende geistige Überlegenheit und indiskutable künstlerische Kompetenz.
Es gibt nur ganz, ganz wenige musikalische Führer, denen es möglich ist, durch ihre blosse Anwesenheit alle an der selben Aufführung Mitwirkenden über ihr seelisches, kreatives, darstellerisches Verständnis des Werkes zu informieren. Sie, lieber Yehudi, brauchen weder zu erklären noch gar zu befehlen, um von uns allen, die wir in Ihrer Nähe sind, das zu erhalten, was Sie wollen; von uns Musikern und Zuhörern. Das Wort bezaubern gefällt mir nicht: es ist zu oberflächlich; Sie beflügeln Ihre Mitmenschen, verbessern ihre Leistungen, wecken in Ihrer Umgebung Kräfte, die sonst weiter schlummern würden.
Ich spreche aus Erfahrung, denn drei Dutzend Jahre, die wir nun schon zusammenarbeiten, haben mir alles gezeigt, worüber ich jetzt laut nachdenke. In der musikalischen Mitteilung kommt Wahrheit bekanntlich klarer zum Ausdruck als in den durch täglichen Gebrauch und Missbrauch oft sinnverwischenden Worten. Beim Musizieren kann man sich eben kaum wie beim Sprechen hinter der Aussage ducken, seine Meinung tarnen. Es gibt kein diplomatisches, sondern nur wahrhaftiges oder verlogenes Musizieren.
Sie haben mir mit Vivaldi, Bach, Haydn, Mozart, Beethoven, Mendelssohn, Brahms, Elgar, Schönberg, Bartók, Martin Ihr einzigartiges Wesen, Ihr richtungweisendes Schöpferherz hundert- und aberhundertmal offenbart. Nichts Äusserliches wird imstande sein, mir das originäre Bild Ihrer Kunst je zu nehmen; es gehört mir als Teil meiner Musikanschauung für immer.
Armselig, wer glaubt Ihre Kunst charakterisieren zu können, indem er sagt: er spielt schnell, er spielt langsam, spielt hoch oder tief, laut-leise, er phrasiert so oder anders, er gestaltet romantisch, klassisch, originell, konventionell…! Das Geheimnis, das Wesen Ihrer Aussage ist gerade, dass sie sich der Analyse entzieht; nie wird man sie erklären können, sie lässt sich nur erleben! Der zweite Satz Ihres Beethovenkonzertes genügt einem, um alles zu erfahren, was an Heiterkeit, Adel und Kraft Ihre Meditation erfüllt. Privilegiert, wer daran teilnehmen darf!
Als Kronprinz geboren, sind Sie – so denkt nun die ganze Welt – König geworden, denn Sie verwalten ein Riesenerbe, das Sie pflegen, veredeln und mehren, um es weiterzugeben. Sie respektieren die Vergangenheit, bauen in der Gegenwart und sorgen sich um die Zukunft unserer gesamten Kultur.
Und ich spreche jetzt auch im Namen meiner Mitarbeiter und Freunde, wenn ich Sie versichere, dass Dankbarkeit das Mindeste ist, was wir Ihnen heute bezeugen können; wir lieben Sie!   Edmond de Stoutz, 26. April 1991

Sergio Fontana bereits 1987 gelang, Carlo Maria Giulini mit dem Scala Orchester aus Milano (buchstäblich in letzter Minute) und den leider in der Zwischenzeit viel zu früh verstorbenen Maestro Marcello Viotti nach Gstaad zu bringen.

Schon bald begann man sich mit der Idee auseinander zu setzen, die enormen Synergiepotenziale der beiden Festivals zu nutzen, und vor allem zusammenzuarbeiten. Immer unter der ausdrücklichen Billigung des grossartigen Yehudi Menuhin.

1990 fand zum ersten Mal ein Festival unter dem Namen «Musiksommer Gstaad Saanenland – Menuhin Festival/Alpengala» statt. Dies nachdem während zweier Sommer zuvor die beiden Festivals parallel und getrennt organisiert waren. Mit einer wichtigen Einschränkung allerdings: Bereits im Jahre 1989 fanden zwei «Sonder-Konzerte» des Menuhin Festivals im Festivalzelt der «Alpengala» statt: Yehudi Menuhin dirigierte am 21. August 1989 das Orchestre de Chambre de Lausanne. Solistin: Anne-Sophie Mutter, Violine. Die 2000 Plätze im Zelt waren nicht genug. Zusatzstühle mussten organisiert werden. Das Zelt platzte aus allen Nähten. Am 29. August 1989 dann, an einem Dienstagabend, folgte der «zweite Streich»: Das «Alpengala-Zelt» ist wieder bis auf den letzten Platz besetzt: Yehudi Menuhin lädt seinen Freund Stéphane Grappelli zu einem gemeinsamen Jazz-Abend ein. Das war der Beginn der Zusammenarbeit Menuhin Festival/Alpengala. So hat alles angefangen, was ein Projekt-Team unter der Leitung von Leonz Blunschi dann speditiv in organisatorische und operative Form brachte. Und anschliessend in eine Gesellschaft mit Namen «Musiksommer Gstaad Saanenland – Menuhin Festival/Alpengala AG» unter dem VR-Präsidium von Dr. Werner Wenger und später Leonz Blunschi, unter der künstlerischen Oberleitung von Yehudi Menuhin, führte.

It was not long before the idea came about to tap into the synergistic potential of combining the two festivals; always with the explicit approval of the great Yehudi Menuhin.

In 1988 and 1989, the two festivals continued to be organized separately. However in 1990, a festival with the name 'Musiksommer Gstaad Saanenland – Menuhin Festival/Alpengala' took place for the first time, although with one important limitation. Back in 1989, two special Menuhin Festival concerts had been held in the Alpengala's festival tent. In the first on August 21, Yehudi Menuhin conducted the Lausanne Chamber Orchestra with soloist Anne-Sophie Mutter on violin. With the tent bursting at the seams, the 2,000 chairs proved insufficient and additional seating had to be organized. Then a second coup followed on the evening of Tuesday August 29, with the Alpengala tent again packed to the brim for a jazz evening headlined by Yehudi Menuhin and his friend Stéphane Grappelli. These two events constituted the seeds of collaboration between the Menuhin Festival and the Alpengala, seeds which quickly blossomed into a formal operation known as Musiksommer Gstaad Saanenland – Menuhin Festival/Alpengala AG under the leadership of Leonz Blunschi. This entity was chaired by Dr Werner Wenger and later Leonz Blunschi, with Yehudi Menuhin ever-present as artistic director.

In December 1989 Yehudi Menuhin agreed to merge "his" Menuhin Festival with the Alpengala. He certified that the festival tent had good acoustics, and after that he conducted the Sinfonia Varsovia and the Royal Philharmonics every year with great success.

Later, operas were also performed in the style of a concert, which brought new accents to the festival summer in Gstaad and became increasingly popular with the audience. Menuhin's assistant,

▲

Im «Alpengala Zelt» erlebte das Gstaader Publikum Yehudi Menuhin auch als begnadeten Dirigenten. | *The Gstaad audience also experienced Yehudi Menuhin in the Alpengala festival tent as an exceptionally gifted conductor.*

Yehudi Menuhin willigte also ein, «sein» Menuhin Festival im Dezember 1989 mit der «Alpengala» zu fusionieren. Er attestierte dem Festivalzelt eine gute Akustik und dirigierte in der Folge jährlich wiederkehrend und mit ständig grossem Publikumserfolg die Orchester Sinfonia Varsovia und Royal Philharmonic.

Später auch mit konzertant aufgeführten Opern, was dem Festivalsommer in Gstaad neue Akzente zu verleihen vermochte und beim Publikum mehr und mehr auf grosse Beliebtheit stiess. Seine Assistentin, Eleanor Hope, übernahm im Juni 1990 die Programmierung auch der Konzerte im Festival-Zelt, löste somit den dortigen künstlerischen Leiter Sergio Fontana ab und zeichnete für das künstlerische Management des gesamten Festivals verantwortlich.

Das Festival-Zelt, wie es in der Folge genannt wurde, brachte nun aber den Zugang zu neuen Orchestern, Interpreten und Festival-externen Anlässen. Viele Musikfreunde erinnern sich an die fulminanten Auftritte von Bruno Amaducci, Aldo Ceccato, Nello Santi, Vladimir Fedoseyev, Vladimir Ashkenazy, Emmanuel Krivine, um nur einige aus den Anfangsjahren zu nennen. Sogar Edmond de Stoutz und sein Zürcher Kammerorchester musizierten im Festival-Zelt, wenn auch vorerst mit

Eleanor Hope, took over the program as well as the concerts in the tent in June 1990, and in so doing, replaced the artistic director of the tent, Sergio Fontana, and became responsible for the complete artistic management of the festival.

The festival tent (as it became known) provided access to new orchestras, performers, and festival events. Many music friends remember the fabulous performances of Bruno Amaducci, Aldo Ceccato, Nello Santi, Vladimir Fedoseyev, Vladimir Ashkenazy, and Emmanuel Krivine, to name just a few from the early years. Even Edmond de Stoutz and his Zurich Chamber Orchestra performed in the festival tent, although initially with great caution and skepticism. The Gstaad audience rapturously applauded soloists such as Anne-Sophie Mutter, Vadim Repin, Victoria Mullova, Alexis Weissenberg, Maria João Pires, and Mstislav Rostropovich.

Later periods saw performances by Gidon Kremer, Julian Rachlin, Sarah Chang, and Joshua Bell. In the early years the fabulous Bernese Oberland Brass Band led by Markus S Bach performed on a regular basis. Between 1994 and 1995 even silent movies accompanied by live music led by Carl Davis were tried. Laughing out loud in the festival tent became a new experience.

TO MY FATHER ON HIS 80TH BIRTHDAY

You seem ageless to me; you are a man whose mind moves with time, an individualist whose optimism for the world suffers only temporary setbacks, and whose hopes for tolerance and balance are ever present; you are fortunate in having two voices with which to communicate your ideas; they are, of course, words and music.

I remember your being astonished when as a child I sang you many bars of the first movement of Bartóks 2nd Violin Concerto in the back of a New York taxi. You didn't know that I lived with those '78 records which I played over and over again.

As I grew up I realised that you mean a great deal to many other people as well, people you do not even know. I feel in a strange way that I have something in common with them; and this enriches my life.

You have many projects, and champion many causes, and so I was delighted when I was asked to become a Governor of your remarkable school in Stoke d'Abernon. For me it is a way to carry forward, with the help of so many of your loyal friends, some of the most important themes of your life and philosophy.

Your spirit, your agility of heart, mind and body continue to amaze us. That you should also be my father and grandfather to my three sons, Lin, Dominic and William, is a source of constant happiness.

Zamira

grosser Vorsicht und nicht geringer Skepsis. Das Gstaader Publikum applaudierte frenetisch Solisten wie Anne-Sophie Mutter, Vadim Repin, Victoria Mullova, Alexis Weissenberg, Maria João Pires, Mstislav Rostropovich.

Später dann Gidon Kremer, Julian Rachlin, Sarah Chang, Joshua Bell. In den Anfangsjahren trat regelmässig auch die brillante Brass Band Berner Oberland unter der Leitung von Markus S. Bach auf. Und in der Zeit zwischen 1994 und 1995 gab es gar Stummfilm-Vorführungen mit musikalischer Live-Begleitung unter der Leitung von Carl Davis. Im Festival-Zelt wurde zum ersten Mal herzlich gelacht. Auch das eine neue Erfahrung…

Gleichzeitig dehnte die Festivalleitung die Kirchenkonzerte auf das Pays-d'Enhaut sowie auf die romantischen Kirchen in Gsteig, Lauenen und Zweisimmen aus.

Das Zürcher Kammerorchester mit Edmond de Stoutz, die Camerata Lysy und die talentierten und energiegeladenen Schüler der Menuhin Schule aus London waren regelmässige Gäste in der Kirche Saanen.

Das Festival erreichte Mitte der 90er Jahre eine Besucherfrequenz von gegen 15 000 Musikfreunden. Immer mehr stell-

Meanwhile the church concerts were expanded to Pays d'Enhaut as well as romantic churches in Gsteig, Lauenen, and Zweisimmen.

The Zurich Chamber Orchestra with Edmond de Stoutz, the Camerata Lysy, and the talented, energetic students of the Menuhin School from Stoke D'Abernon continued as regular guests to Saanen church.

By the mid-1990s, festival attendance had climbed to about 15,000 musical friends. It became increasingly clear that the festival tent and Saanen church complemented each other ideally. In one, sophisticated chamber music programs in an intimate and familial atmosphere. In the other, large orchestras, conductors, soloists, and an ambiance that tended towards the glamorous.

The integration of the festival tent also marked the beginning of the era of real festival sponsorship. Soon a third of the profit could be accounted for by commercial partners

In August 1993 a one-time renovation donation of SFr 725,000 was given by the canton Bern lottery fund, and in December 1999 the commune of Saanen approved SFr 1 million for a new festival tent.

The quality and future of the festival tent was increasingly debated by the festival committee and the commune of Saanen. Those for and against the festival tent were divided. Time and again alternative concepts were put on the table but then fell to the wayside due to slim chances of being realized. Yehudi Menuhin in particular had visionary thoughts on this matter, and even though he publicly praised the acoustics and ambiance of the tent on repeated occasions, he most certainly harbored a dream of a concert house in the mountains. He asked his friend and world famous architect IM Pei to draft plans, which were ambitious and incredibly interesting – just like all the visions of the great maestro. The two encounters of Yehudi Menuhin with IM Pei stand out in the memories of the Saanenland audiences and are close to unbelievable.

Two important birthdays and anniversaries took place between 1987 and 1996. Yehudi Menuhin celebrated his 75th and 80th birthdays at the same time as the festival celebrated its 35th and 40th anniversaries. Many enthusiastic followers of the great musician and the contemporary master remember the engaging message of congratulations from Adolf Ogi of the Federal Cabinet

Sommerliches Open-Air Konzert im Schlosshof Rougemont.
Summertime open air concert in the Rougemont Château Courtyard.

te sich heraus, dass sich Festival-Zelt und Kirche Saanen ideal ergänzten. Hier die anspruchsvollen kammermusikalischen Programme in intimer, familiärer Atmosphäre. Dort die grossen Orchester, Dirigenten und Solisten und ein Ambiente mit leichtem Hang zum Mondänen.

Mit dem Festival-Zelt begann auch die eigentliche Epoche des professionellen Sponsorings. Bald einmal konnten bis zu einem Drittel der Einnahmen über Partner aus der Wirtschaft eingebracht werden.

Im August 1993 sprach der Regierungsrat des Kantons Bern aus dem Lotteriefonds einen einmaligen Sanierungsbeitrag von 725 000 Franken, bevor die Gemeinde Saanen dann im Dezember 1999 eine Million Franken an die Anschaffung eines neuen Festival-Zeltes bewilligte.

Bereits früh – und dann mit immer wiederkehrender Regelmässigkeit – wurde in der Festivalleitung und der Gemeinde Saanen über Qualität und Zukunft des Festival-Zeltes debattiert. Die Lager der «Zelt-Befürworter» und «Zelt-Kritiker» waren gespalten. Immer wieder kamen Alternativ-Konzepte auf den Tisch,

>> Fortsetzung auf Seite 219

in 1996. Moreover, festival organizers were permitted to attend the Gala Concert for Yehudi Menuhin's 80th birthday at the Royal Albert Hall in London on April 20 1996. Performers included Anne Sophie-Mutter and Mstislav Rostropovich.

Even before Menuhin's 80th birthday, a ceremony for the official transfer of the festival was held at Saanen church. At that ceremony, which took place on August 7 1995 at midday, the festival torch was officially passed to Gidon Kremer, who took over responsibility for the festival from 1997. With cautious optimism and excitement, the public, the media, and the traditional festival audience awaited the first festival with Gidon Kremer at the helm.

01

Hillary and I are delighted to join your family, friends, and countless admirers around the world in wishing you a very happy eightieth birthday.

As an inspired musician, a visionary educator, and a dedicated humanitarian, you have warmed our hearts with your generous spirit and uplifted our souls with the gift of your music. We hope you have a joyous celebration and every happiness in the future.

Bill Clinton
The President of The United States of America

02

01 Programmheft zum Gala-Abend anlässlich des 80. Geburtstags Yehudi Menuhins in der Royal Albert Hall in London. | *Program of the Gala Evening for Yehudi Menuhin's 80th birthday at the Royal Albert Hall in London.*
02 Persönlichkeiten wie Bill Clinton senden Geburtstagsgrüsse. | *Famous people, such as Bill Clinton, send their birthday greetings.*
03 Richard Müller und Leonz Blunschi überreichen Yehudi und Diana Menuhin im Chalet «Chankly Bore» in Gstaad das Geburtstags-Geschenk. | *Richard Müller and Leonz Blunschi giving Yehudi and Diana Menuhin the birthday present at Chalet Chankly Bore in Gstaad.*

▶ (folgende Seite/*Next page*):
Impressionen der «Figaro»-Aufführung.
Impressions of the Figaro performance.

03

GSTAAD UND DIE MENUHINS { 215 }

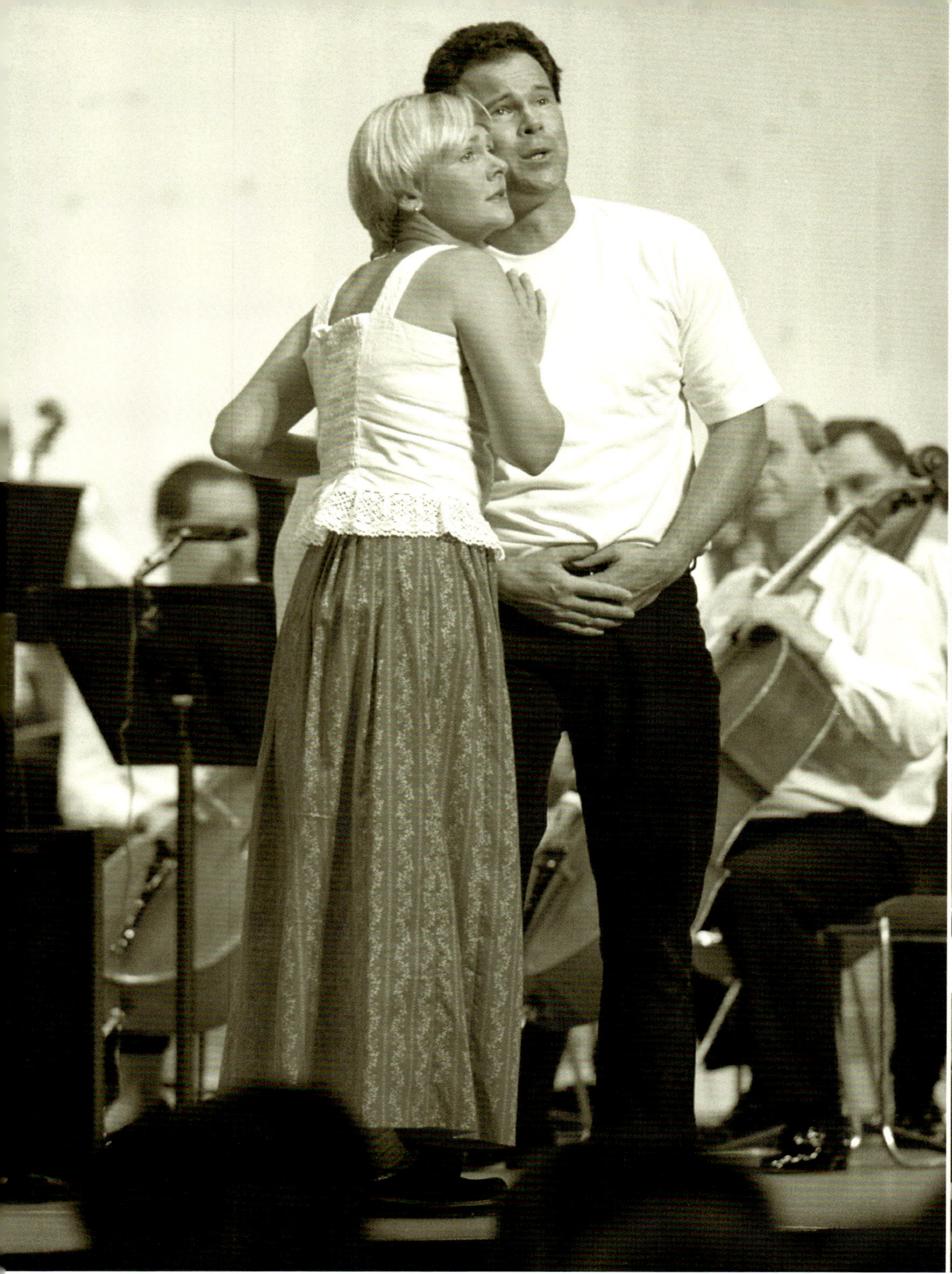
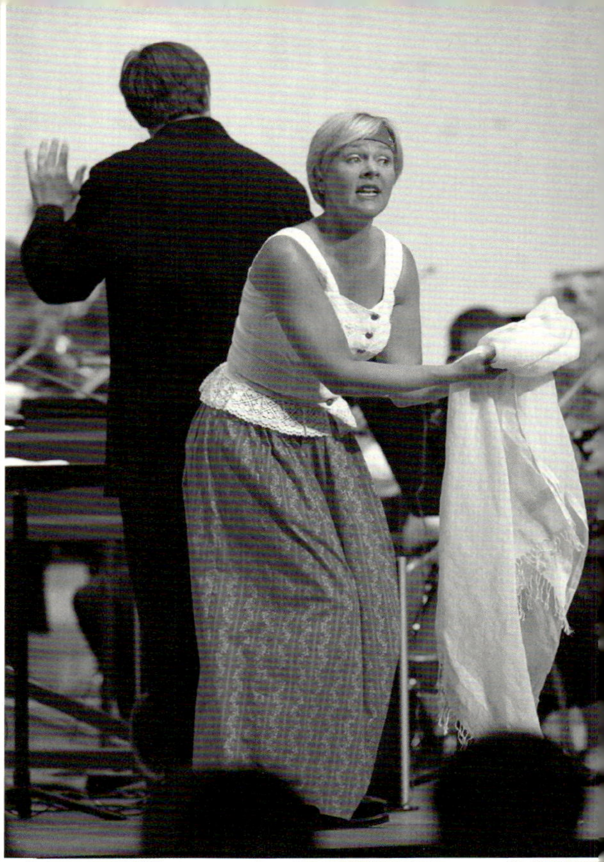
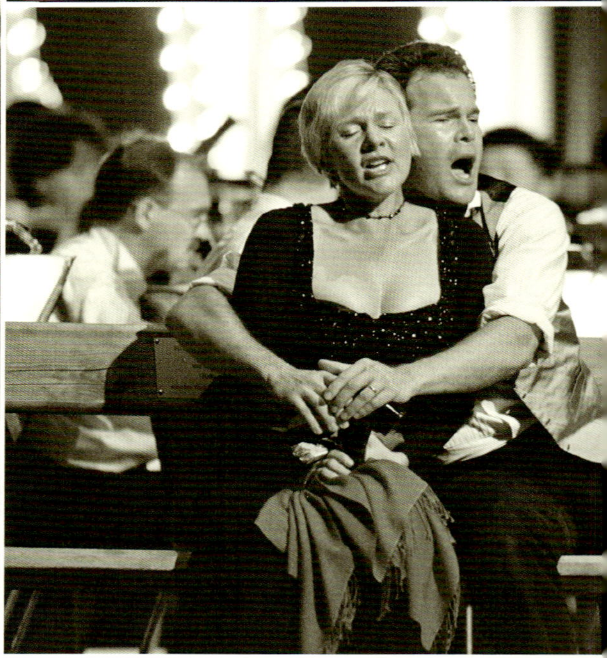
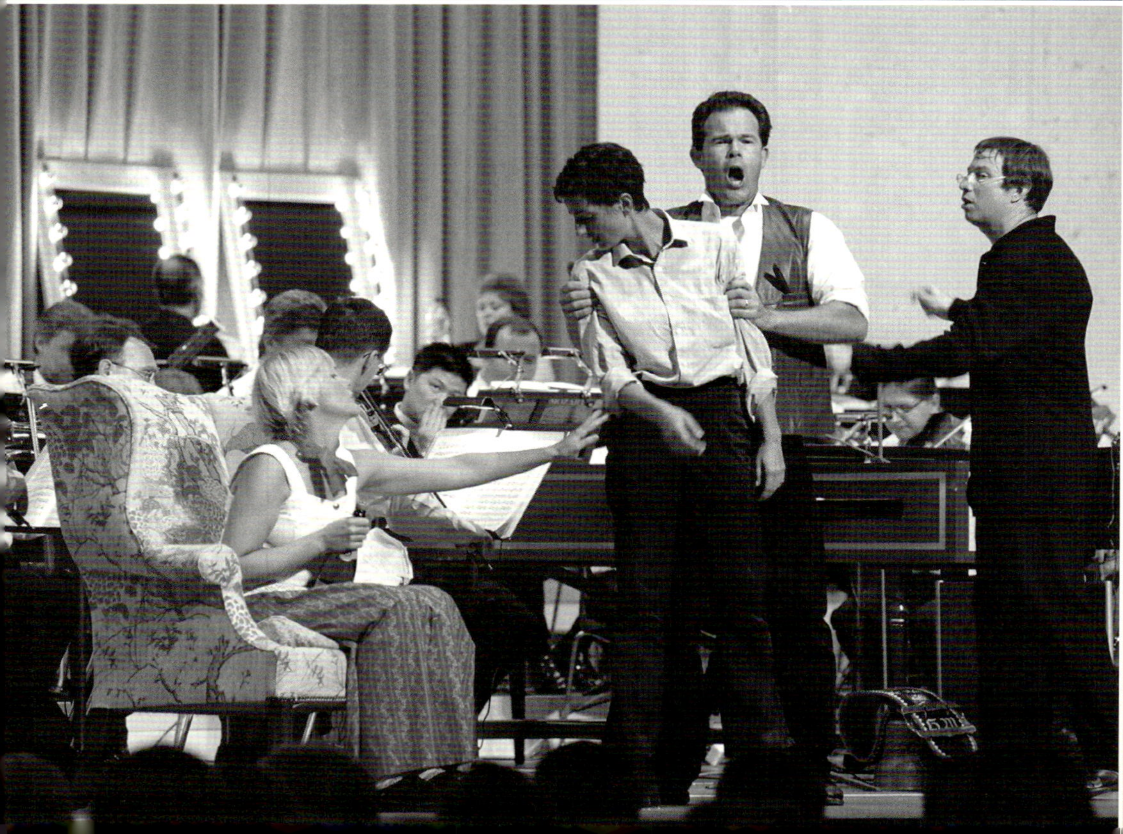
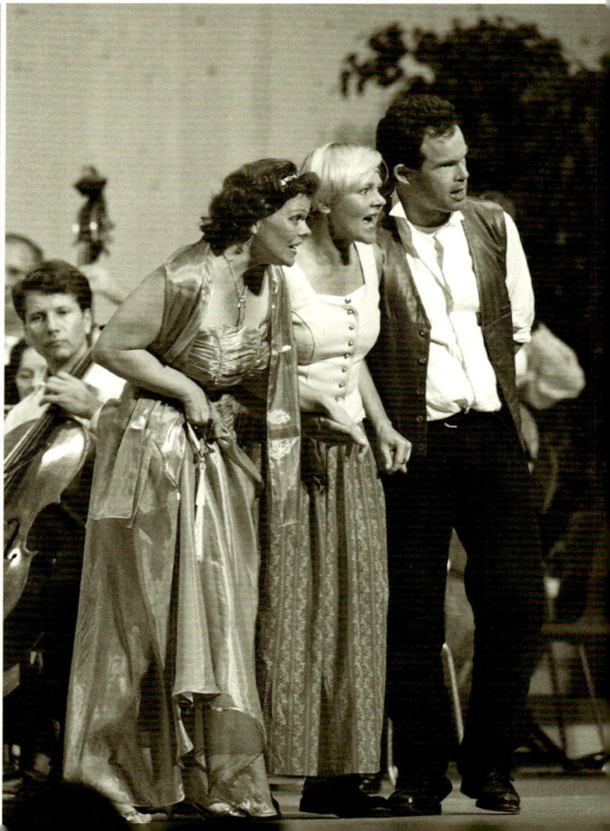

HOMMAGE AN EINEN LORD: YEHUDI MENUHIN ZUM ACHTZIGSTEN GEBURTSTAG / VON GIDON KREMER

Wenn es einen Künstler gibt, dessen Schaffen, dessen Persönlichkeit mich wirklich bewegt haben und den ich seit meiner Kindheit verehre, so ist es Lord Yehudi Menuhin. Das Menschliche an seinem Auftritt reizte genauso wie das Göttliche seiner frühen Aufnahmen. Um gerecht zu sein, muss ich erwähnen, dass ich auch für andere Geiger nicht gerade taub war. Das Gleichgewicht Oistrakhs, die Brillanz von Heifetz, die Klarheit von Szeryng sowie das Phantasievermögen von Stern hinterliessen unsichtbare, aber vielleicht hörbare Spuren in mir, genauso wie die Eigenart von Szigeti, die Vitalität von Kogan und die Urmusikalität von Grumiaux oder Francescatti.

Durch meinen Vater, der, die mehr als moderaten Gegebenheiten des Schallplattenangebots von Riga durch Sammeln seltener Aufnahmen weit übertroffen hat, lernte ich, wie verschieden man geigen kann. Als Rarität dieser Sammlung galt eine Tschaikowsky-Aufnahme des von meinem Vater noch persönlich erlebten und immer als Beispiel für Feuer und Herz geltenden Bronislaw Huberman. Eine historische Aufnahme, bei der man alle drei Minuten die Platte wechseln musste...

Menuhin aber, ein Zeitgenosse, war mehr als das. Was zog denn alle an ihm so an? Was beeinflusste mich persönlich? Zum Teil, so glaube ich, war es die Ausstrahlung eines Künstlers, der Musik und Ethik zu verbinden suchte. Schon damals bestand in mir der unbewusste Drang, das Gute und das Schöne als Einheit zu sehen. Die Memoiren «Summit up» von Somerset Maugham, für uns eine Buchrarität, unterstützten diese Reflexion und setzten Akzente, als ich sechzehn Jahre alt war. Seine brillante Art des Denkens löste so einige Vorurteile auf und inspirierte mich zugleich, die Ideen weiterzudenken.

Andere Massstäbe entwickelten sich langsam und führten später zu grossen Modifikationen in der Einstellung zu ethischen Werten. Das Gute zeigte nicht selten mehrere sich widersprechende Gesichter, das Schöne unterlag einer Palette an Deutungen. Zurück zu Menuhin. Die Gespräche im Haus förderten die Annäherung. Bücher, die man uns über ihn schickte, zeugten davon, dass seine Ideale den meinen ähnelten. Was aber buchstäblich überwältigte, war sein Spiel.

Viele Jahre danach hatte ich Gelegenheit, Menuhin im Konzert zu hören. Erst da wurde mir bewusst, dass die Kurven seines Schicksals nicht selten das musikalische Idealbild verzerrten, obgleich die Töne immer noch Leben verströmten. Damit meine ich vielleicht das Empfindlichste und Gewagteste: Leben als In-Frage-Stellen und Herausforderung – und es zu akzeptieren. Nach unerreichbarer Vollkommenheit streben. Das Faustische... Die Suche nach dem nicht zu Vereinbarenden war durch sie zu hören. (Was nützen die endlosen Beispiele einer Perfektion, die nichts mitzuteilen hat?)

So «göttlich-menschlich» klang der Elgar, den Menuhin mit sechzehn Jahren spielte. So klangen viel später einzelne Phrasen des zweiten Satzes des Beethoven-Konzerts, Sätze aus den Solo-Suiten von Bach. Gespielt für die Studenten des Moskauer Konservatoriums, erzeugten sie – wie alles wirklich Grosse – ein anderes Zeitgefühl. Elgar stand am Anfang dieser Erfahrungen und überwältigte mich mit Haut und Haar. Ich hörte die Zaubertöne von der Küche aus – mein Vater legte im Wohnzimmer eine neue Platte auf – und wusste gar nicht, wer und was gespielt wird. Wegen dieses Erlebnisses und im Einverständnis mit Oistrakh lernte ich das Elgar-Konzert. Es wurde mein erster Erfolg der Studienjahre in Moskau.

Schritt für Schritt reifte auch bei mir die Möglichkeit heran, mich einem Wettbewerb zu stellen. 1966 hatte ich zum ersten Mal das Glück, zu den Auserwählten zu gehören, die vom Staat nach Brüssel zum «Concours Reine Elisabeth» geschickt werden sollten. Die Tore der Wünsche und Hoffnungen schienen sich zu öffnen. Kein Wunder, dass ich bei dieser Gelegenheit als Hauptwerk für das Finale gerade das Elgar-Konzert wählte, das mir ans Herz gewachsen war.

Objektiv gesehen, war diese Entscheidung unglücklich – im Stress des Wettbewerbs bekamen die Teilnehmer kaum ausreichend Probezeit mit dem Orchester. Zudem ist das Werk immer noch nicht gerade populär und stösst bis heute auf Kritik ausserhalb der englischsprachenden Länder. Noch nie vorher durch die Mühle eines internationalen Wettkampfs gegangen, wusste ich das alles nicht. Subjektiv betrachtet war es einleuchtend, eine Musik zu präsentieren, mit der ich mich vollkommen identifizierte, die mich bewegte.

Zahllose Monate der Vorbereitung waren vorbei, der Stress der letzten Tage vor der Abreise – bekomme ich einen Ausreisepass? – war überstanden. Ich landete zum ersten Mal in meinem Leben in einem ausländischen Flughafen. Meine Güte, die unvergessliche Wärme der Stimme im Lautsprecher der Flughafen-Durchsage für Ohren, die das unverständliche Gebrüll der russischen Bahnhöfe gewohnt waren! Ein wahrer Schock.

Erfolgreich passierte ich die ersten zwei Runden und stand im Mai 1967 auf der Bühne des «Palais des Beaux Arts». Hier spielte ich im Finale das Menuhin so vertraute Elgar-Konzert. Er selber und andere Berühmtheiten wie Szigeti, Grumiaux, Gingold, Oistrakh sassen in der Jury. Mein Auftritt stand in Anbetracht

der Wettbewerbsspannung sicher nicht nur im Zeichen der Verehrung von Lord Menuhin, der gar nichts von der Vorgeschichte ahnte und mich zum ersten Mal sah. Das geliebte Werk versuchte ich mit den eigenen romantischen Gefühlen zu füllen, die ihre Wurzeln in allen erlebten Empfindungen und Enttäuschungen hatten, die mir, dem damals Zwanzigjährigen, besonders wichtig waren.

Dank der Menuhin-Aufnahme erschien mir die Expressivität, um die ich mich bemühte, Elgar angemessen zu sein, seinem Geist zu entsprechen. Dass ich trotz meines vollen Einsatzes «nur» den dritten Preis bekam, enttäuschte mich sehr. Es kam mir vor, als sei mein Inneres nicht verstanden, nicht akzeptiert worden. Meine beiden Mitstreiter Philipp Hirschhorn und Stoika Milanova, die den ersten und zweiten Platz erhielten, waren zwar geigerisch sehr stark, aber strahlten aus meiner Sicht eine Kälte aus, die mir fremd war. Was ich als Kälte, Nüchternheit, Berechnung empfand, bedeutete schon in diesen Jahren den Gegenpol meines durch Lebensumstände und Hörerfahrung sich bildenden Konzepts eines gefühlsbetonten, persönlichen Musizierens. In der Atmosphäre der Elgar-Wiedergabe durch Menuhin hatte ich das erkannt.

Den Grundsätzen dieses Künstlers versuchte ich mich zu nähern. Es reichte nicht aus. Das ausserordentliche geigerische Können, die Perfektion des Stilgefühls in Anbetracht der von meinen Mitstreitern gewählten Werke verkauften sich besser. Philipp spielte das ihm so entsprechende Paganini-Konzert mit teuflischer Sicherheit, Stoika bewältigte energisch die monumentale Architektonik von Schostakowitsch. Bei Wettbewerbsumständen, das musste ich lernen, entschieden eben mehrere Faktoren.

Oistrakh war sehr überrascht, als er mir am Morgen nach der Preisverleihung gratulierte. Meine bittere Reaktion empfand er wahrscheinlich als Undank oder krankhaften Ehrgeiz. Sogar er, der mir die grösste Unterstützung auf dem Weg des Wachsens leistete, der auf seinen Schüler stolz war, konnte schwer durchschauen, was der Grund meiner Verzweiflung war. Mein in das Geigen projiziertes «blutendes Herz» erlebte eine sehr subjektive Niederlage. Aus der Sicht meiner Eltern und sicher aller meiner Freunde ein Riesenerfolg, empfand ich diesen als eine Zurückweisung und als Nicht-verstanden-worden-Sein.

1985, achtzehn Jahre, nachdem ich meinen ersten internationalen Erfolg im «Concours Reine Elisabeth» feierte, stand ich nicht mehr vor, sondern sass neben Lord Menuhin in der Jury des traditionsreichen Brüsseler Wettbewerbs. Wir kannten uns inzwischen etwas, obgleich nur sehr flüchtig. Meine Bewunderung für ihn reduzierte sich nicht, auch wenn die eine oder andere Leistung, der ich in der Zwischenzeit gewahr wurde, nicht mehr generell überzeugte. Was mich mehr beschäftigte, war die Beziehung zum Menschen Menuhin. Seine Ansprachen, sein Auftreten umgab so oft die Aura von etwas Überdimensionalem. Seine zum Ausdruck kommende «Über-Humanität» brachte mich in Verlegenheit – schien er doch unfehlbar und unantastbar zu sein. Stand dahinter eine Methode, mit der Menuhin sich um glaubwürdige Distanz bemühte, die mit seinem Image übereinstimmte? Man wagte sich kaum, in seine Nähe zu treten, ein Wort zu sagen. Vielleicht war es in dem genannten Fall mein persönliches Problem. Die Kluft zwischen dem grossen Künstler und normalen Menschen – sind Künstler nicht ebenso normal? – schien jedenfalls schwer zu überwinden zu sein. Das Idol hatte immer noch Anziehungskraft, und ich fühlte mich mit Recht als Jüngling.

Nun spielte ein chinesischer Teilnehmer, der später übrigens den ersten Preis gewann, ein Student des grossartigen Joseph Gingold aus Bloomington. Für das Finale wählte er: das Elgar-Konzert. Diese Gelegenheit nutzte ich, nach Tagen der Verlegenheit, um Kontakt zu Menuhin zu suchen. In der Pause erzählte ich ihm die Geschichte meiner Beziehung zu dem Werk, die so eng mit ihm selber verbunden war. Darauf antwortete er mir überraschenderweise, ich hätte doch damals herrlich gespielt. Sollte ich glauben, dass er sich wirklich daran erinnerte? Irgendwie konnte ich es ihm nicht gleich abnehmen. Es ist doch bekannt, dass Lord Menuhin kaum je ein schlechtes Wort über Musiker in der Öffentlichkeit sagt. Doch das tatsächlich Verblüffende folgte noch. «Ich selber», fuhr Menuhin fort, «hatte unlängst eine ganz besondere Konfrontation mit dem Werk. Mein Zahnarzt, der während der Behandlung immer über Kopfhörer Musik erklingen lässt, spielte mir ausgerechnet das Elgar-Konzert vor in der Aufnahme einer jungen Geigerin. Wissen Sie, das hat mehr geschmerzt als das Bohren.» Der greise Yehudi, lächelnd mit kindlichem Leidensausdruck im Gesicht. Es war gerade diese ein wenig boshafte Geschichte, die die wahre Unschuld Menuhins wieder herstellte. Diese private Äusserung änderte im übrigen nichts an meinem Respekt und der langjährigen Sympathie für die von Menuhin gemeinte Kollegin und ihr geigerisches Können. Trotzdem könnte man behaupten, dass vielen Geigern immer noch das romantische Tenor-Stimmen-Ideal vorschwebt. Die so Denkenden werden in jeder romantischen Musik von einer Belcanto-Tendenz im Sinne Verdis oder Puccinis verführt. So könnte es sein, dass gerade dieses Element für Menuhin in der erwähnten Interpretation fremd war.

Ich musste noch oft an das Phänomen Lord Menuhin denken. Besonders in den kommenden Jahren, wenn ich die nettesten, persönlichsten Zeilen von ihm bekam. Wie freute ich mich unlängst, als er mich zu einem Gespräch nach Hause einlud. Dabei überraschte es mich kaum, dass er es sich ganz bequem machte und mir die Türe im schlichten Bade-Kimono öffnete. Der Heiligenschein blieb im Kleiderschrank. Der Mensch trat hervor. Yehudi Menuhin, dem – wie mir – die wahrhaftigeren Charaktere von Dostojewskis Sündern viel bedeuten, zeugen sie doch von der Gefahr, die in jeglicher Überheblichkeit – im Leben wie in der Musik – steckt. Ein Zitat aus der Rede Menuhins während der Feier anlässlich seines siebzigsten Geburtstags in Bonn passt in dieses menschliche Bild: «Wir alle sind Sünder, auch ich. Aber wir können versuchen besser zu werden.»

Durch diesen Versuch entgeht man der Täuschung einer möglichen Perfektion. Gerade darin traf ich wieder die Grösse Menuhins als Musiker und Mensch. George Enescu, auf den sich Menuhin im geistigen Ansatz beruft, pflegte zu sagen: «Wie schön wäre es, wenn Musiker wie Mönche Bruderschaften gründen könnten.» In solch einem auch imaginären Kloster könnte es lebenswichtig sein, sich erbauen zu lassen. Lord und Laienbruder Yehudi würden sich da vielleicht in einer Gestalt treffen. Die Vorstellung, von jemandem, der sich ein Leben lang darum bemühte, Frommes zu vermitteln, und der Versuchung aus dem Wege geht, dafür geehrt zu werden, wirkt aufbauend. Das Bild von Yehudi aber, der den Frack abnimmt, um mit den Engeln Quartett zu spielen, ist zusätzlich göttlich.

Aus «Frankfurter Allgemeine Zeitung» vom 22. April 1996

>> Fortsetzung von Seite 115

bevor sie dann mangels Realisierungs-Chancen wieder verschwanden. Allen voran machte sich Yehudi Menuhin visionäre Gedanken zur diesbezüglichen Thematik. Obwohl er die Akustik und Ambiance im Zelt stets und immer wieder öffentlich lobte, war sein Traum wohl derjenige eines «Konzerthauses im Berg». Seinen Freund und weltberühmten Architekten I.M. Pei liess er gegenüber den Gstaader Exponenten seine Pläne skizzieren. Ambitiös und äusserst interessant waren sie – wie sie es alle waren, die Visionen des grossen Maestros. Die beiden Begegnungen mit den Zeitgenossen Yehudi Menuhin und I.M. Pei bleiben für die damals interessierten Zuhörer aus dem Saanenland von höchstem Erinnerungswert und fast schon etwas Unglaubliches.

In die Zeitepoche 1987 bis 1996 fielen zwei wichtige Geburtstage und Jubiläen. Yehudi Menuhin konnte seinen 75. und 80. Geburtstag jeweils gleichzeitig mit dem 35. und 40. Jubiläumsjahr des Festivals feiern. Viele begeisterte Anhänger des grossartigen Musikers und Zeitgenossen Menuhin erinnern sich an die engagierte Gratulationsbotschaft des damaligen Bundesrates Adolf Ogi im Jahre 1996. Die Gstaader Festival-Organisatoren durften zudem am 20. April 1996 in der Royal Albert Hall in London dem Gala-Konzert zum 80. Geburtstag von Yehudi Menuhin beiwohnen. Mit dabei unter anderen Anne Sophie-Mutter und Mstislav Rostropovich.

Noch vor dem 80. Geburtstag von Yehudi Menuhin, nämlich am 7. August 1995, mittags, fand in der Kirche Saanen die offizielle Übergabe des Festivals ab 1997 von Yehudi Menuhin zu Gidon Kremer statt. Öffentlichkeit, Medien und das traditionelle Festivalpublikum sahen mit Spannung und vorsichtigem Optimismus dem ersten Festivaljahr unter Gidon Kremer entgegen…

Mit dem Festival-Zelt kam das Kultur-Sponsoring. Grosse Firmen luden zum «Event» nach Gstaad.
Cultural sponsorship came with the Festival Tent. Large companies invited people to the events in Gstaad.

SPEZIELLE VEREINBARUNG MIT SPONSOR «CHAMPAGNE VEUVE CLICQUOT»

Seit 1989 steht die Flagge von «Champagne Veuve Clicquot» auf einem unbekannten Berg im Himalaya auf 5500 m ü.M. Der damalige Hotelier und heutige Präsident des Menuhin Festival Gstaad, Leonz Blunschi, verbrachte mit seinem Hotelier-Kollegen Ruedi Widmer Trekking-Urlaub im Himalaya. Doch vor der Abreise dorthin standen «harte» Vertragsverhandlungen mit dem damaligen CEO von Veuve Clicquot, Monsieur Cyril Nicod, an und es wurde spasseshalber vereinbart, dass der zu verlängernde Sponsoring-Vertrag um genau so viele Franken erhöht würde, wie die Höhe über Meer beträgt, auf welche das Champagner-Emblem getragen und letztlich platziert wird.

01 Am 7. September 1996 dirigierte Yehudi Menuhin sein letztes Konzert im Festival-Zelt Gstaad, die konzertante Aufführung von Franz Lehars «Die lustige Witwe». 2000 begeisterte Musikfreunde besuchten dieses einmalige Ereignis mit viel Dankbarkeit und Wehmut. Yehudi Menuhin geht – Gidon Kremer kommt.

02/03 Der zukünftige Künstlerische Leiter des Menuhin Festival Gstaad, Gidon Kremer, gibt sein Stelldichein im Sommer 1995 als Weltklasse-Geiger und Interpret vieler zeitgenössischer Komponisten mit einem Werk von Luigi Nono «La lontananza nostalgica utopica futura».

01 On September 7 1996, Yehudi Menuhin conducted his last concert in the Gstaad Festival Tent. Franz Lehar's 'The Merry Widow' was performed in a concert style. 2,000 enthusiastic music lovers attended this unique event with a lot of gratefulness and nostalgic feelings. Yehudi Menuhin departs – Gidon Kremer arrives.

02/03 The future artistic director of the Menuhin Festival Gstaad, Gidon Kremer, performing in the summer of 1995 as a world class violinist and interpreter of many contemporary composers with a piece by Luigi Nono 'La lontananza nostalgica utopica futura'.

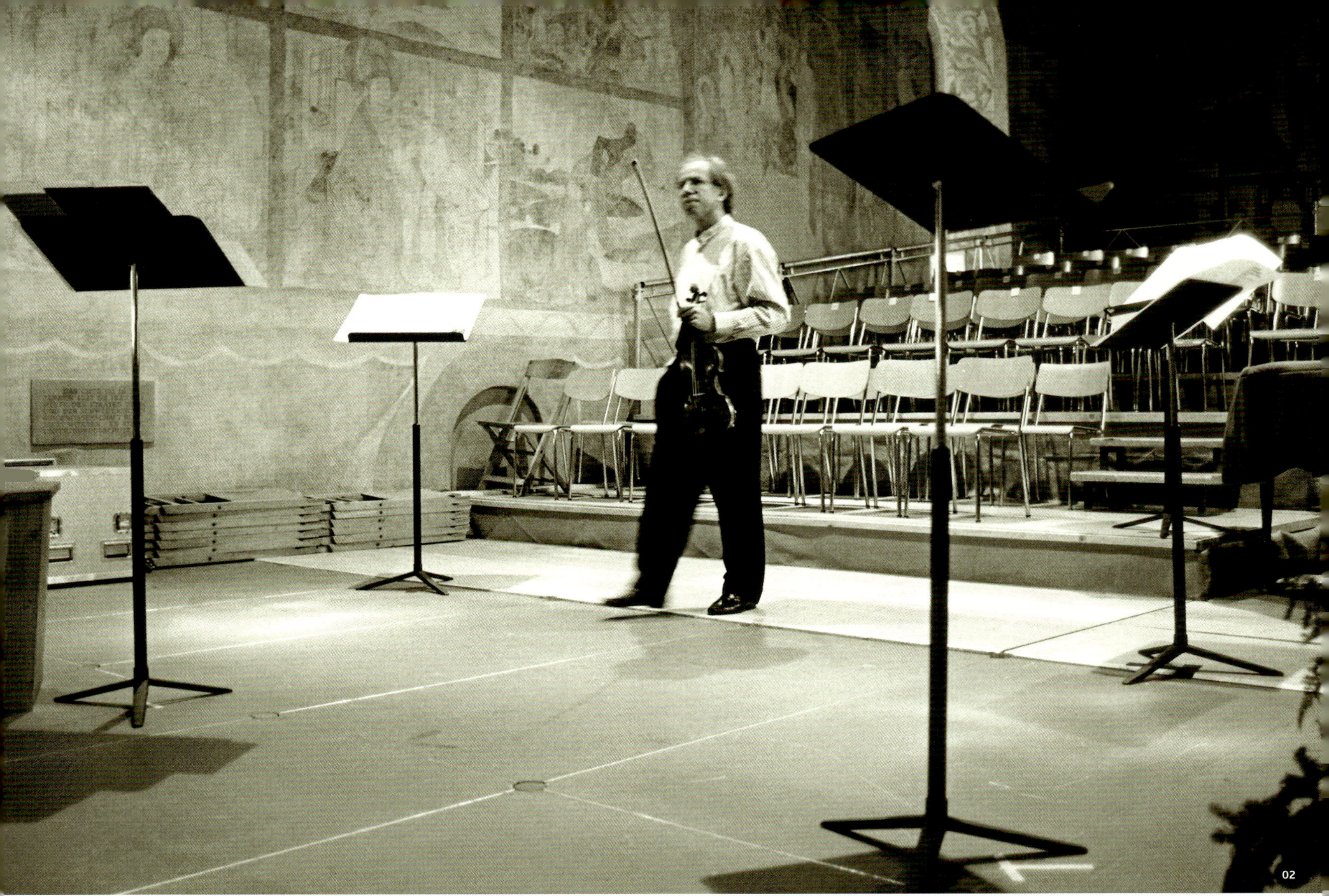

02

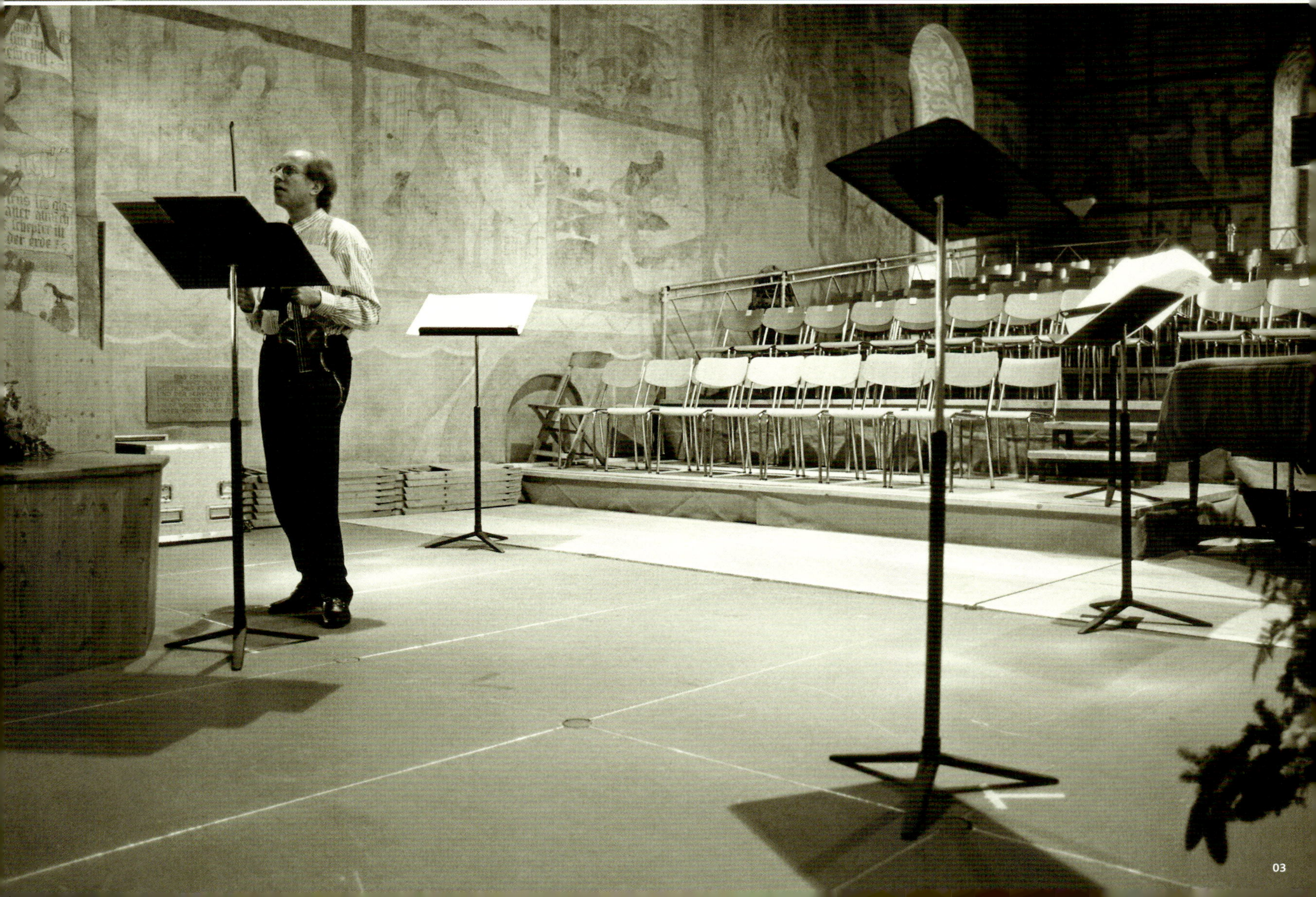

03

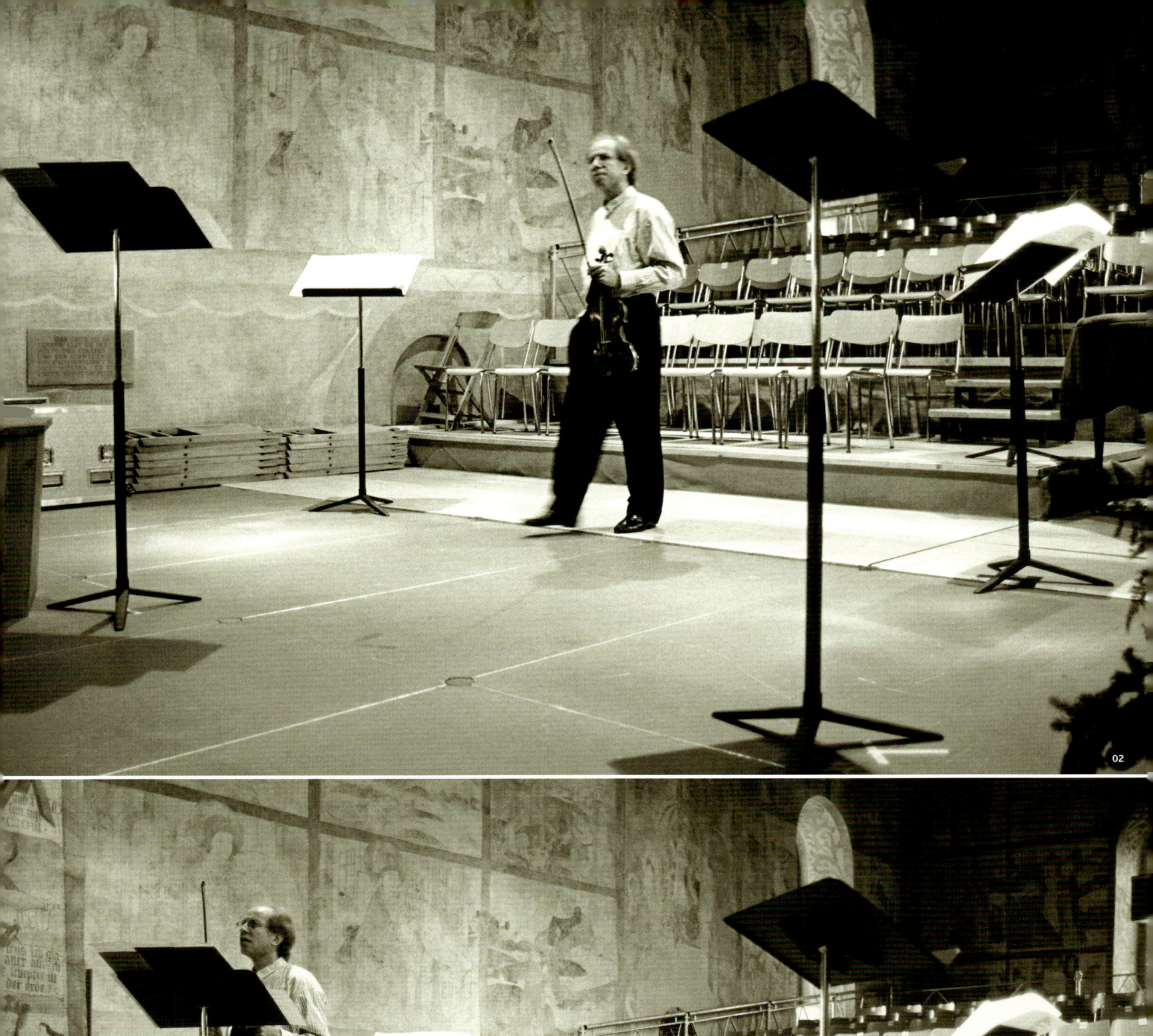

ORIGINALSTIMME | Werner Wenger

Menuhin Festival und Alpengala: zwei ungleiche Partner vermählen sich

Unterschiedlicher hätten die Parteien des Fusionsgebildes «Musiksommer Gstaad-Saanenland – Menuhin-Festival/Alpengala AG» (so die damalige Firmenbezeichnung der heutigen Menuhin Festival Gstaad AG) zunächst nicht sein können:

– auf der einen Seite das seit über dreissig Jahren etablierte Yehudi Menuhin Festival mit seiner herausragenden Tradition kammermusikalischer Konzerte in der Saaner Mauritius-Kirche, organisatorisch ohne eigenen Rechtsträger von einer Spezialkommission des Verkehrsvereins Gstaad betreut, finanziell zwar nicht auf Rosen gebettet, aber in geordneten Verhältnissen lebend;
– auf der anderen Seite die Alpengala AG, eine erst wenige Monate vor den ersten Gstaader Zelt-Konzerten mit unzureichender Kapitalbasis gegründete Gesellschaft, Nachfolgeorganisation einer Trägerschaft, die zuvor in Wengen unter Hinterlassung erheblicher Verbindlichkeiten jeweilen im Sommer Konzerte mit Schwerpunkt im Bereich der italienischen Oper durchgeführt hatte.

Die Geschichte der Alpengala in Gstaad nahm ihren Anfang am 11. September 1987, als die französische Barockoper «Alceste» von Jean-Baptiste Lully mit der hervorragenden «Grande Ecurie et la Chambre du Roy» unter dem Dirigenten Jean-Claude Malgoire zur bewegenden Aufführung gelangte, und zwar – im schon damals 2000 Personen fassenden Zelt auf der Eggli-Wiese – vor kaum mehr als 150 Besuchern, welche sich an diesem frühherbstlich kühlen Abend in ihre Mäntel zu hüllen hatten, weil der Lärm der Zeltheizung eine Beheizung während des Konzerts nicht zuliess.

Der Anfang war somit künstlerisch begeisternd geglückt, finanziell ein Misserfolg und infrastrukturell – milde ausgedrückt – verbesserungsbedürftig. Die Ausstrahlungskraft der weiteren Konzerte dieser Auftaktsaison (u.a. ein Arienabend mit Renata Scotto und ein Sinfoniekonzert mit dem Orchester der Mailänder Scala unter Carlo Maria Giulini) liess jedoch den Enthusiasmus-Funken auf eine Gruppe einheimischer und auswärtiger Musikfreunde überspringen. Deren selbstlosem Einsatz und deren Hartnäckigkeit ist es zu verdanken, dass unter der künstlerischer Leitung von Sergio Fontana auch in den Jahren 1988 und 1989 jeweils im September, im Anschluss an das Menuhin-Festival, denkwürdige Alpengala-Konzerte durchgeführt werden konnten. Charakteristischer Höhepunkt war jeweils die konzertante Aufführung einer italienischen Oper (1988 «Wilhelm Tell» von Rossini und 1989 «Andrea Chénier» von Giordano); unvergesslich bleibt für viele auch die Aufführung von Verdis Requiem unter Marcello Viotti mit dem Chor und Orchester des Teatro Reggio di Torino.

Die Zelt-Infrastruktur erfuhr alljährlich markante Verbesserungen und das Marketing lag in zunehmend professionellen Händen, sodass die gestiegenen Besucherzahlen und das Medienecho die Erkenntnis reifen liessen, dass auch die Alpengala aus dem Reigen der Sommerveranstaltungen im Saanenland nicht mehr wegzudenken sei. Diese Überzeugung ermöglichte es, die Alpengala AG, deren Bilanz zuweilen schlafraubende Überschuldungsängste auslöste, dank der Opferbereitschaft der Beteiligten und mit Hilfe eines namhaften Beitrags der Gemeinde finanziell so zu sanieren, dass sie als halbwegs gesunde Braut mit dem Bräutigam Menuhin Festival erste Verlobungsgespräche aufnehmen konnte. Für beide Seiten war die offensichtlich begründete Aussicht motivierend, mit einem Zusammenschluss in den Bereichen der Werbung und der Attraktivität der Anlässe für Sponsoren sowie in administrativen Belangen erhebliche Synergieeffekte zu erzielen.

Erste Annäherungen erfolgten in der Weise, dass Yehudi Menuhin – der damals vermehrt den Violinbogen durch den Taktstock zu ersetzen neigte – in den Jahren 1988 und 1989 eingeladen wurde, auch Konzerte im Alpengala-Zelt zu dirigieren. Bereits im Frühjahr 1989 bildete sich ein als «Sechser-Bande» apostrophiertes, paritätisch aus Vertretern des Menuhin Festivals und der Alpengala zusammengesetztes Gremium mit dem Ziel, den Zusammenschluss der beiden Festivals zu prüfen und vorzubereiten.

Am 8. Dezember 1989 konnte «Hochzeit» gefeiert werden. Die Alpengala AG schloss sich mit dem Yehudi Menuhin Festival zusammen, indem sie zur Trägerorganisation der bis anhin unter der Schirmherrschaft des Verkehrsvereins Gstaad durchgeführten Konzerte des Menuhin Festivals erkoren wurde. Dementsprechend änderte die Alpengala AG ihre Firmen-

Der 1. Präsident des «Musiksommer Gstaad Saanenland – Menuhin Festival/Alpengala», Dr. Werner Wenger, an der Seite von Yehudi Menuhin und Eleanor Hope anlässlich einer Medienorientierung.

bezeichnung in «Musiksommer Gstaad-Saanenland – Menuhin-Festival/Alpengala AG» ab. In den darauffolgenden Monaten wurde die Organisation – nicht ohne schmerzliche Dissonanzen – allmählich den neuen Gegebenheiten angepasst; Yehudi Menuhin wurde in den Verwaltungsrat der Gesellschaft gewählt und übernahm in der Folge und mit zunehmender Freude auch die künstlerische Verantwortung für die im Alpengala-Zelt durchgeführten Konzerte. Die Ausrichtung auf die konzertante Aufführung italienischer Opern, die ihren Höhepunkt in einer enthusiastisch bejubelten «Traviata»-Aufführung mit Tiziana Fabbricini und Francisco Araiza am 5. September 1992 erlebte, fand ihre Fortsetzung zunächst in halbszenischen Aufführungen von Opern Mozarts nach Libretti von Lorenzo da Ponte («Così fan tutte», «Don Giovanni», «Le Nozze di Figaro»). In der weiteren Entwicklung bildeten zwar Werke mit Gesangssolisten und Chören weiterhin wichtige Bestandteile des Programms; das ursprüngliche Charakteristikum der Alpengala, nämlich die konzertante Aufführung von Opern des italienischen Repertoires, verschwand jedoch im Laufe der Jahre.

Hätte die Oper, die für die Promotoren der seinerzeitigen Alpengala im Vordergrund des Interesses gestanden hatte, in Gstaad eine bessere Überlebenschance gehabt, wenn nach einer während der Fusionsgespräche 1989 von Yehudi Menuhin entwickelten Idee, inspiriert durch das Vorbild indischer Felsentempel, in Gstaad ein unterirdischer Opern-/Konzertsaal gebaut worden wäre? Die Frage ist leider müssig; zwar hätten in Gstaad verkehrstechnisch und geologisch geeignete Standorte gefunden werden können, und mit Ieoh Ming Pei, dem Architekten der Pyramiden im Louvre, stand ein Künstler zur Verfügung, der eine Attraktion vom Range des Luzerner KKL hätte gestalten können. Die Idee scheiterte leider – ohne Überraschung – an den Hürden der Wirtschaftlichkeit.
Insgesamt jedoch haben die Promotoren der Vermählung von 1989 zwischen den beiden ungleichen Partnern Anlass, auf ihr Werk mit grosser Zufriedenheit zu blicken: Der Zusammenschluss darf – dank der exzellenten Betreuung durch die seither Verantwortlichen – als glückliche Ehe mit schönsten Zukunftsperspektiven bezeichnet werden.

LIVE ART 1993–1997 im Rahmen des Musiksommers
1993-1997: LIVE ART within the music summer

Erfolgreich konnte über fünf Jahre in einem farbigen Zelt auf der Eisbahnmatte oder in der alten Curlinghalle von Gstaad diese spektakuläre «Kunstakademie» mit Namen LIVE ART als anschauliches und vielseitiges Forum für talentierte Studenten aus Abschlussklassen führender europäischer Kunstakademien durchgeführt werden. Schon 1993 wirkte eine internationale Künstlerschar von 17 eingeladenen Artisten (u. a. aus Madrid, Barcelona, Paris, Wien und Lausanne) im Gstaader «Künstleratelier» während zwei Wochen mit den von LIVE ART zur Verfügung gestellten Utensilien und konnte viele interessierte Kunstneugierige an der Entstehung eines Kunstwerkes teilhaftig werden lassen. Die in Gstaad geschaffenen Werke wurden am Schluss durch ein Fachgremium bewertet und ausgestellt. Die Jury unter Direktor Dr. Hans-Christoph von Tavel erwählte auf Grund der Bewertungen jährlich einen LIVE ART-Preisgewinner. An der öffentlichen, jeweils gut besuchten Preisverteilung konnten oft prominente Persönlichkeiten (1993 Bundespräsident Adolf Ogi, 1994 Yehudi Menuhin, 1995 Madame Chantal Michetti, 1996 Gidon Kremer) den Erwählten die vom heimischen Künstler Herbert Buchs geschaffene Siegerskulptur und den Siegerpreis von Fr. 3000.– übergeben, was immer grosses Publikums- und Medieninteresse ausgelöst hat. Leider sind nach organisatorischer Pause 1998 bei der Ausschreibung 1999 die Anmeldungen aus den Kunstakademien stark zurückgegangen, so dass ein echter Wettbewerb nicht mehr möglich war. Die bemerkenswerte Initiative im Rahmen des Musiksommers ist dann leider eingeschlafen.

From 1993 until 1997, a stunning academy of arts named LIVE ART was put on in a colorful tent on the Eisbahnmatte or in the old curling hall of Gstaad. It was a vivid, diversified forum for talented students from the graduation classes of leading European art academies. As early as 1993, an international group of 17 artists (from such places as Madrid, Barcelona, Paris, Vienna, and Lausanne) was able to let people interested and curious in art witness the creation of a piece of art over the course of two weeks. The necessary equipment and supplies were provided by LIVE ART. The works created in Gstaad were exhibited and evaluated by a panel, and each year the jury, led by director Dr Hans-Christoph von Tavel, announced a LIVE ART prize winner. At a well-attended public ceremony, the winning prize was presented by a famous personality (1993 federal president Adolf Ogi, 1994 Yehudi Menuhin, 1995 Chantal Michetti, 1996 Gidon Kremer), which always caused a great deal of audience and media interest. The winner received a sculpture created by the local artist Herbert Buchs and prize money of SFr 3,000. Unfortunately the applications from art academies fell off rapidly with the organizational fissures of 1998, which made real competition impossible, and the noteworthy initiative within the summer music program fell by the wayside.

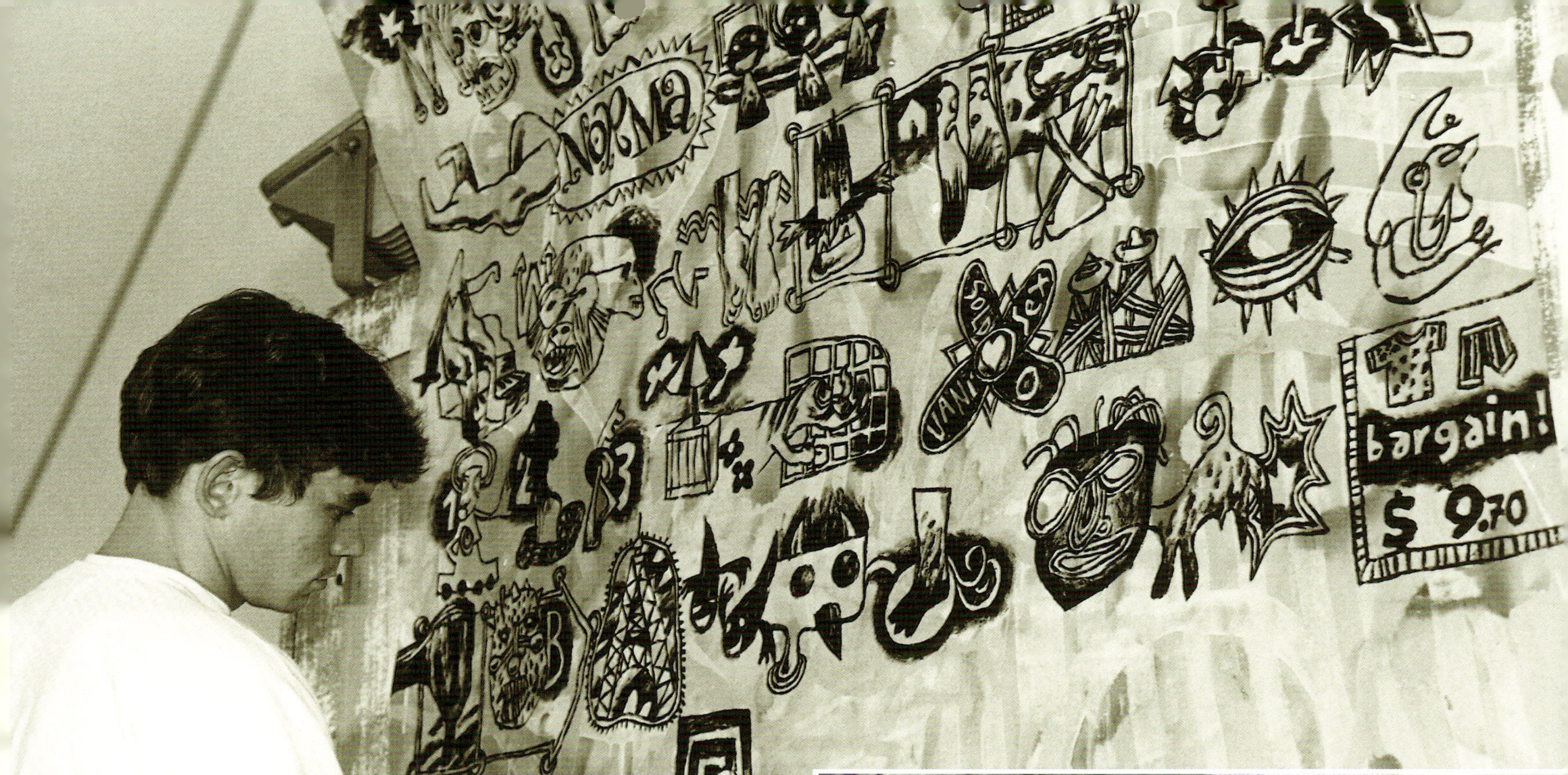
NORMA
bargain!
$ 9.70

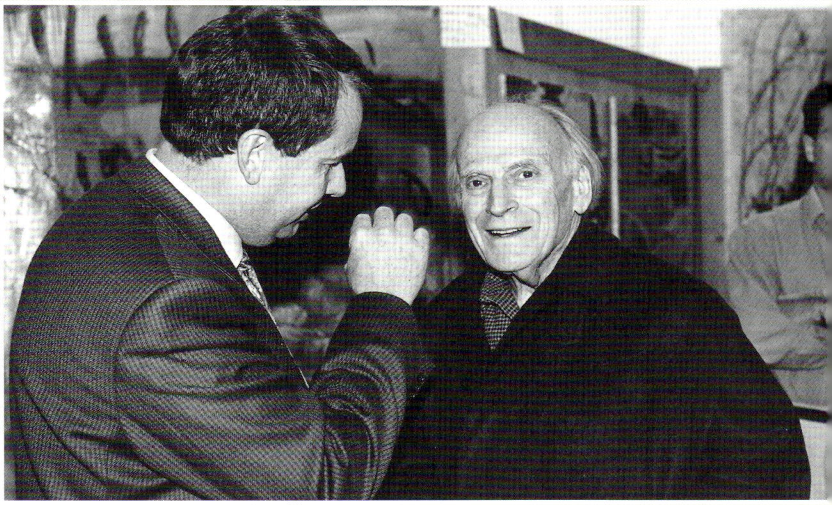

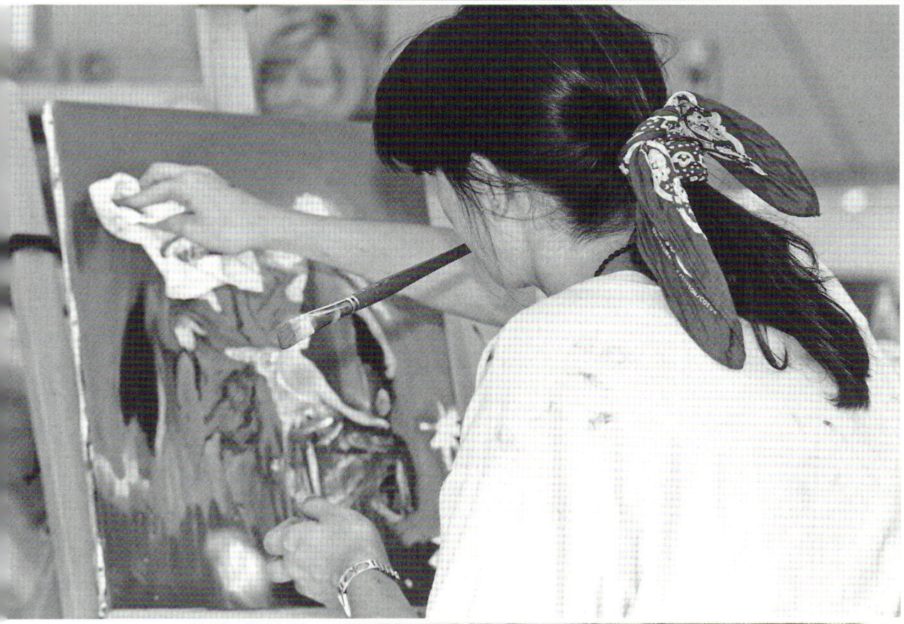

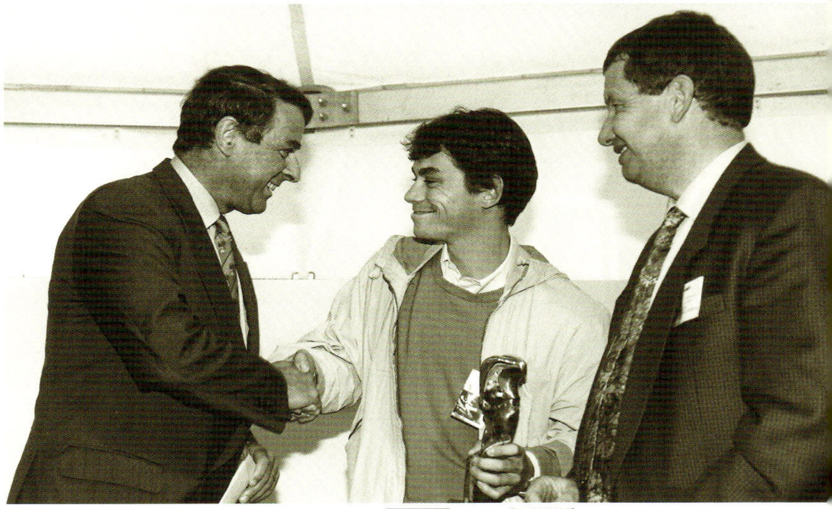

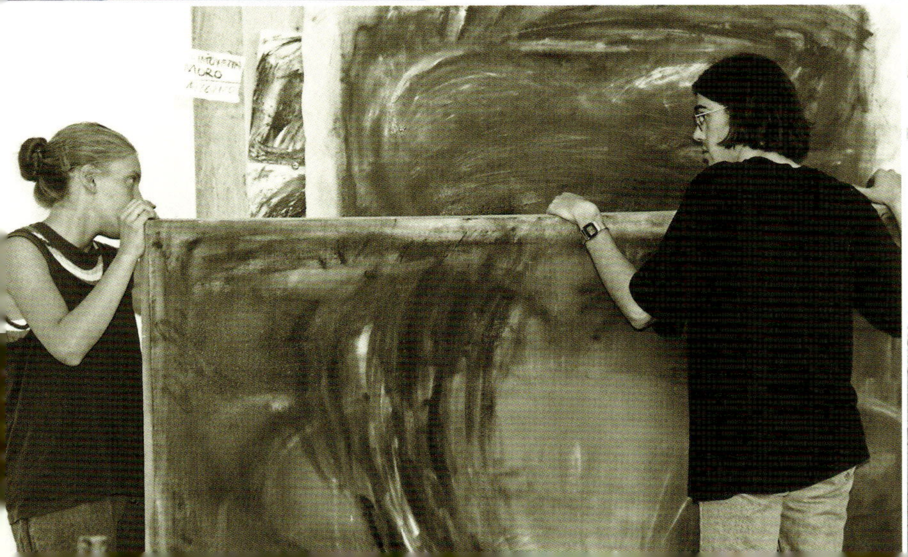

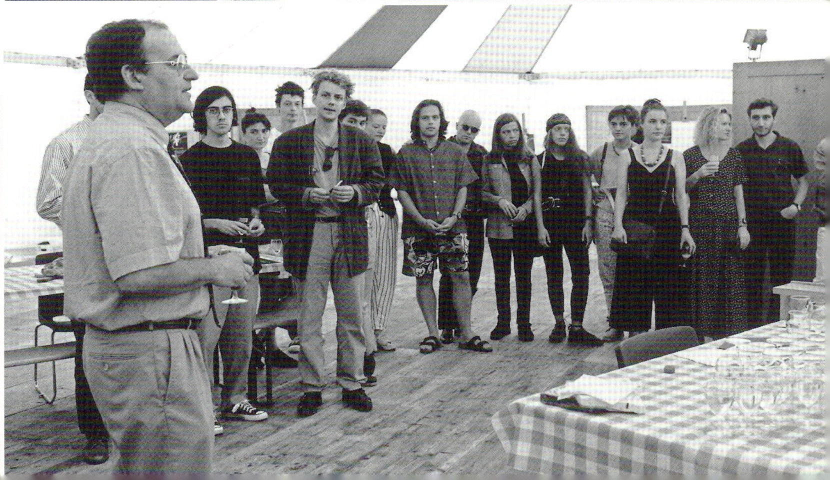

CINEMUSIC – Internationales Festival für Film und Musik
CINEMUSIC – international film and music festival

Es begann alles im Jahre 1993. Damals im Chalet «Le Bonheur» am Gstaader Oberbort bei einem Gespräch mit Gerd-Rudolf Flick. Ein paar Verwaltungsräte des Menuhin Festivals wollten das honorable Mitglied der bekannten Flick-Familie über die damaligen finanziellen Sorgen und Nöte des Menuhin Festivals orientieren. Doch es kam ganz anders. Flick schlug vor, stattdessen in den bisher Event-armen Winter zu investieren und sich besser ernsthafte Gedanken darüber zu machen, wie den in dieser Zeitperiode schneearmen Wintern mit einem kulturellen Grossanlass «à la Menuhin Festival» geholfen werden kann. Gerd-Rudolf Flick hatte aber nicht bloss eine gute Idee, sondern drückte den Festival-Managern auch gleich einen Check in die Hand. Sein Beitrag an ein erfolgreiches Filmfestival im Winter in Gstaad…

Was dann folgte, waren viele intensive und spannende Gespräche mit den Gstaader Freunden aus der Film- und «Show-Bizz-Branche». Insbesondere mit Julie Andrews, Blake Edwards und Roman Polanski. Unvergesslich bleiben dabei die Cheminée-Gespräche im Chalet von Julie Andrews, ermöglicht damals durch die späteren Verwaltungsräte des Festivals, Peter Bratschi, Ernst A. Scherz und Gottfried von Siebenthal.

Bald einmal wurde klar, dass die Idee «Filmfestival», welche mittlerweile fast so etwas wie ein Identifikations-Projekt von Julie Andrews wurde, EIN Thema haben musste, um in der Fülle von Filmfestivals auf dieser Welt eine Daseins-Berechtigung zu kriegen. Und da die Idee im Umfeld des Menuhin Festivals entstanden war, einigte man sich darauf, eine Fokussierung auf die Filmmusik – den Soundtrack – anzustreben:

«CINEMUSIC – internationales Festival für Film und Musik». Mit diesem Namen und sehr hohen Ambi-

It all began in 1993 during a conversation with Gerd-Rudolf Flick at Chalet Le Bonheur in Gstaad-Oberbort. Some members of the administrative board of the Menuhin Festival wanted to make the famous member of the Flick family aware of the festival's financial difficulties and needs. However things transpired quite differently. Flick suggested the idea of investing in the event-free winter season. At the time Gstaad was suffering from a lack of snow, and his idea was to create a grand winter event in the mold of the Menuhin Festival. Gerd-Rudolf Flick did not only have a great idea, but immediately put a check into the hands of the festival managers, which became his contribution to a successful film festival in the winter of Gstaad.

What followed were many, intensive and exciting talks with Gstaad's friends from the world of film and showbiz, especially Julie Andrews, Blake Edwards, and Roman Polanski. The fireside conversations in Julie Andrews' chalet, facilitated by later festival board members Peter Bratschi, Ernst A Scherz, and Gottfried von Siebenthal, will remain unforgettable.

It was soon realized that the idea of a film festival, which had become more or less identified with Julie Andrews, needed one clearly defined theme in order to have the standing amongst all the other film festivals around the world. As the idea originated around the Menuhin Festival, it was agreed to aim for a focus on music in film – the soundtrack.

And so this idea grew to become CINEMUSIC – International Festival for Film and Music. With its grand title and high ambitions, the first festival started in March 1995 after intensive preparatory work by the festival directors Hans-Ulrich Tschanz and Peter

▲
Liza Minnelli.

Julie Andrews gratuliert Liza Minnelli – auf der CINEMUSIC-Bühne in Gstaad – per Live-Video Link aus Los Angeles zum Geburtstag. | *Julie Andrews wishing Liza Minnelli happy birthday on the CINEMUSIC stage in Gstaad by live video link from Los Angeles.*

▼
Regisseur Roman Polanski glaubte an die Idee «CINEMUSIC» und beteiligte sich mit Engagement an den Diskussionen. *Director Roman Polanski believed in the idea of CINEMUSIC and was actively involved in the discussions.*

tionen startete das erste Festival im März 1995, nach intensiven Vorbereitungsarbeiten durch die Festival-Direktoren Hans-Ulrich Tschanz und Peter Reichenbach und mit den Hauptsponsoren SWISSAIR, American Express sowie Telecom PTT (heute Swisscom).

Dank grosser Sympathien und Hilfe von Seiten Julie Andrews', welche aus terminlichen Gründen beim 1. CINEMUSIC-Festival im März 1995 nicht persönlich anwesend sein konnte, sondern über Video-Live-Link aus Los Angeles dem Festival einen guten Start wünschte und gleichzeitig dem Weltstar Liza Minnelli mitten in die Gstaader Show zum Geburtstag gratulierte, kamen in den Jahren 1995–1998 Persönlichkeiten wie Roman Polanski, Liza Minnelli, Quincy Jones, Michael Caine, Zucchero, Dieter Meier, Toru Takemitsu, Ziao Jiping, David Raksin, Patrick Doyle und viele, viele mehr in die glitzernde CINEMUSIC-Halle. Welt-Stars, welche auf dem roten Teppich in Cannes von hunderten von hungrigen Fotografen erwartet werden, begaben sich still und bescheiden auf die Bühne der für CINEMUSIC umgebauten Tennishalle in Gstaad. Der «Henry Mancini-CINEMUSIC-Award» ging in den vier Festival-Jahren an die Filmmusik-Komponisten Elmer Bernstein, John Barry, Quincy Jones und Michel Legrand.

Leider, und zum grossen Bedauern einer grossen CINEMUSIC-Fan-Gemeinde, wozu auch honorable Repräsentanten der Film- und Musikbranche gehörten, musste das Festival nach vier Ausgaben im Jahre 1998 zum letzten Mal stattfinden. Dies auf Grund fehlender Finanzen und eines doch zu kleinen Einzugsgebiets für die grossen Events mit zum Teil weltexlusivem Charakter.

Reichenbach. The main sponsors were Swissair, American Express, and Telecom PTT (now Swisscom).

Due to a scheduling conflict, Julie Andrews was unable to attend the first CINEMUSIC festival in March 1995, but via live video link from Los Angeles wished the festival off to a good start. At the same she wished a happy birthday to Liza Minnelli. Thanks to the great efforts of Julie Andrews, from 1995 to 1998 personalities such as Roman Polanski, Liza Minnelli, Quincy Jones, Michael Caine, Zucchero, Dieter Meier, Toru Takemitsu, Ziao Jiping, David Raksin, Patrick Doyle and many others came to the glittering CINEMUSIC hall (transformed from the indoor tennis courts in Gstaad). World stars normally hounded by hundreds of paparazzi on the red carpet in Cannes went quietly and humbly onto the stage for CINEMUSIC. In the first four festival years, The Henry Mancini CINEMUSIC Award went to the film music composers Elmer Bernstein, John Barry, Quincy Jones, and Michel Legrand.

Unfortunately, much to the regret of a large CINEMUSIC fan community that included honorable representatives from the film and music businesses, the festival had to cease operations after four outings, with its last turn being in 1998. Reasons included a lack of financing and the locale of Gstaad being too small for such a large international event.

▲
Weltstar Quincy Jones, Musiker und Produzent, fühlte sich am CINEMUSIC Festival wohl und sorgte mit seinen zwei Konzerten für eine musikalische Sensation. | *Quincy Jones, musician and producer, felt good at the CINEMUSIC Festival and caused a musical sensation with his two concerts.*

01 Regisseur Roman Polanski mit Montreux Jazz Chef Claude Nobs am «Round Table» in der CINEMUSIC Halle. | *Director Roman Polanski with Montreux Jazz Director Claude Nobs at the Round Table discussion in the CINEMUSIC Hall.*
02 Der künstlerische Direktor Peter Reichenbach mit Liza Minnelli. *Artistic director Peter Reichenbach with Liza Minnelli.*
03 Festival-Direktor Hans-Ulrich Tschanz heisst Quincy Jones in Gstaad herzlich willkommen. | *Festival Director Hans-Ulrich Tschanz welcoming Quincy Jones to Gstaad.*

1987–1996

ORIGINALSTIMMEN

Das Alpengalazelt

Das Alpengalazelt kommt 1987 von Wengen nach Gstaad
Wie kommen ein Gstaader und sein Dorf zu einem Festivalzelt? Eigentlich wie eine Jungfrau zum Kind...
In meiner Funktion als Präsident einer politischen Partei lernte ich einen jungen Mann namens Nic Zenger, den damaligen Präsidenten der Alpengala Wengen, kennen. Ich empfing Nic zu einem Nachtessen in Gstaad. Wir wollten uns über Politik und Aktivitäten mit unseren jungen Bürgern unterhalten. Der Abend verlief jedoch bald anders...
Ob wir schon etwas von der Alpengala in Wengen gehört hätten, war plötzlich die Frage von Nic. Ja, wir hatten davon gehört, der Grossanlass in einem Zelt mit 2000 Besuchern schien für Wengen eine gute Sache zu sein.
Unser Gast orientierte uns, dass dieser Anlass in Wengen infolge der abgelegenen Lage und der ungünstigen Anreisemöglichkeiten nicht überlebensfähig sei. Die Alpengala Wengen stehe vor dem Konkurs.
Nic kam mit der Idee zu uns, dieser kulturelle Anlass könnte doch von Gstaad übernommen werden. Die Angelegenheit sei dringend, offenbar waren schon Verträge mit Künstlern und Orchestern abgeschlossen worden. Wenn Gstaad nicht kurzfristig einsteigen könne, werde er sofort mit einem anderen Ort Kontakt aufnehmen.
Diese Aussage hat bei mir gezündet oder, anders gesagt, ich bin der «Erpressung» zum Opfer gefallen. Ich orientierte den Touristik-Präsidenten Leonz Blunschi. Er fand die Idee bestechend und unbedingt prüfenswert.
Das erste Alpengala-Festival fand dann im September 1987, also nach den Konzerten des Menuhin Festivals in der Kirche Saanen, statt. Die Fusion beider Anlässe wurde erst später vollzogen.
In der Zeit von April bis zum Festivalbeginn wurde die Organisation und Infrastruktur sozusagen aus dem Boden gestampft. Der Standort Eggli-Wiese konnte kurzfristig gemietet werden. Die beteiligten Firmen und Lieferanten mussten überzeugt werden, dass die Gstaader Alpengala ihre finanziellen Verpflichtungen erfüllen werde. Es waren da ja auch noch Forderungen aus Wengen, die befriedigt werden mussten. Angesichts der vielen finanziellen Engpässe mussten wir uns hie und da selbst zum Weitermachen überreden.
Dank der eindrücklichen Unterstützung der einheimischen Bevölkerung, der Behörden und der Sponsoren war es jedoch möglich, die kostspielige «Zeltbauerei» weiterzuführen und somit die inzwischen europaweit bekannten Zeltanlässe in Gstaad zu erhalten.

Mit viel Herzblut wurde ich quasi Zeltbauer. Trotz aller Schwierigkeiten war es für mich eine sehr positive Zeit. Ich würde es nochmals tun.
Mein Wunsch ist, dass «mein» neues Zelt weiterhin im Sinne von Yehudi Menuhin dem Festival als Ort der Begegnung dienen darf!
Hans Reichenbach | *Architekt, Gstaad*

Mit der «Alpengala» und dem Scala-Orchester von Wengen nach Gstaad

Die Alpengala wurde 1985 in Wengen gegründet und zog dann 1987 nach Gstaad.
Es handelte sich dabei um ein Festival, das in einem Zelt aufgeführt wurde. Schwerpunkte waren sinfonische Werke, konzertante Opern und Ballett.
1987, im ersten Jahr in Gstaad, konnten wir Carlo Maria Giulini mit dem Scala-Orchester aus Mailand verpflichten, die am 19. September 1987 auftraten. Es war ein erfolgreicher Abend. Am 18. September 1987 hatte das Orchester von der Scala einen Auftritt in Stresa am dortigen Festival. Ich verlangte von ihnen, dass sie noch am selben Abend die Reise von Stresa nach Gstaad unternehmen sollten. Leider war dies nicht der Fall. Die Reise wurde am 19. September angesetzt ab Mailand per Bahn. Kaum bewegte sich der Zug in Mailand, traf eine elektrische Panne ein. Fazit: Das Orchester und Maestro Carlo Maria Giulini trafen kurz vor 19.00 Uhr in Gstaad ein und das Konzert fing pünktlich um 19.15 Uhr an. Welche Aufregung und welcher Stress! Aber es hat geklappt. Im selben Jahr fand noch ein Konzert mit dem Teatro Regio aus Turin statt. Dirigent war Marcello Viotti und die Solistin Renata Scotto, Sopran. Der vielversprechende und in der Schweiz geborene Marcello Viotti ist leider 2005 sehr jung verstorben.
Das Ballett «Giselle» wurde mit Noëlla Pontois und Eric Vu-An aufgeführt, also mit einer Starbesetzung.
Was die Oper anbelangt, so wurden «La cambiale di Matrimonio» und «Wilhelm Tell» von Rossini aufgeführt, «Andrea

Chénier» von Umberto Giordano unter der Leitung von Nello Santi, «La Traviata» von Giuseppe Verdi mit Tiziana Fabbricini und Francisco Araiza und «Macbeth» von Giuseppe Verdi mit Ghena Dimitrova und Silvano Carroli. Die beiden letzteren Werke wurden von Bruno Amaducci dirigiert. Im weiteren gab es ein Opernkonzert mit Ghena Dimitrova und Silvano Carroli unter der Leitung von Marcello Viotti. Nicht zu vergessen sind einige Abende mit dem Dirigenten Aldo Ceccato mit dem Orchester aus Bergen sowie dem Radio-Orchester aus Turin. Auch Sir Yehudi Menuhin wurde eingeladen im Zelt zu dirigieren, was er mit Begeisterung tat. Er wohnte sogar einer «Traviata»-Aufführung bei und ass dann mit den Solisten nach dem Konzert, was ich persönlich sehr schätzte.

Einige Aufnahmen der Opern «Wilhelm Tell» und «Andrea Chénier» wurden von der RSI-Lugano und Radio Basel aufgenommen und weltweit ausgestrahlt.

Im Jahre 1989 dachte man an eine Fusion mit dem traditionell ansässigen Menuhin Festival. Diese wurde dann auch realisiert: Aus dem Menuhin Festival und der Alpengala wurde die «Musiksommer Gstaad-Saanenland – Menuhin Festival/Alpengala AG» gegründet. Dies entsprach einer richtigen Logik, um in Gstaad unter einem Hut beide Festivals organisieren und vermarkten zu können.

Nachdem ich 1990 den Musiksommer verlassen hatte, habe ich 1995 in Avenches das dortige Opernfestival gegründet und leite es seither. Das Verhältnis zu Gstaad ist immer noch da und regelmässig besuche ich die Konzerte und meine damals gewonnenen Freunde.

Sergio Fontana | *Künstlerischer Leiter Alpengala Wengen 1985–1986 und dann in Gstaad 1987–1990. Heute: Opernsänger und künstlerischer Leiter der Opernfestspiele von Avenches.*

Starke «Zelt-Verbindungen»

Die ersten Kontakte mit der Alpengala Wengen entstanden 1985 und gipfelten darin, dass wir im Jahr 1986 ein in seinen Abmessungen riesiges Zelt nach Wengen transportieren durften. Es galt grosse Mengen von Stahl und Membranen auf der Wengernalpbahn zu transportieren, was sich als nicht ganz einfach herausstellte. Dieses Zelt musste in Wengen mit sehr einfachen Hilfsmitteln montiert werden. Wir hatten damals gemischte Gefühle, ob dieser Anlass wirklich auch so viel Beachtung und Besucher würde anziehen können, dass die Organisatoren einen wirtschaftlichen Nutzen daraus ziehen könnten.

Trotz eines populären Programms, zum Beispiel den «Fischer Chören», entstand nach dem Anlass eine «Katerstimmung». Obwohl die Investitionen in das Zelt damals eine relativ geringe Summe betrugen, war bald klar, dass an eine Weiterführung dieses einmaligen Anlasses nicht gedacht werden konnte.

Aber es sollte bald besser kommen: Anfang 1987 entstanden erste Kontakte nach Gstaad, die sich bis zum heutigen Tag gehalten und sogar intensiviert haben.

Die Montagearbeiten in Gstaad gestalteten sich stets zu einem eigentlichen «Spiessrutenlauf» für unsere Monteure. Es war eine grosse Herausforderung, eine Montage möglichst ohne Baulärm zu bewerkstelligen, damit Ferien-Gäste in den benachbarten Hotels und Chalets nicht gestört wurden.

Wir schmolzen mit den Gstaadern zur eigentlichen Familie zusammen, mit dem Anspruch, den Gästen im Saanenland unbeschwerten Musikgenuss zu bieten.

Josef Imfeld / Toni Halter | *HP Gasser AG, Membranbau*

Musikalische Öffnung mit dem Alpengala-Zelt
Musical opening at the Alpengala tent

Bereits im ersten Alpengala-Sommer 1987 kam es für alle Festival-Liebhaber zu einer kleinen Sensation: Im Programm standen Carlo Maria Giulini und sein Scala Orchestra. Das Kammermusik-gewohnte Gstaader Publikum kam plötzlich in den Hochgenuss bekanntester Sinfonieorchester und Dirigenten. Der Zuschauer-Zuspruch war entsprechend und im Alpengala-Zelt wurden die sinfonischen Klänge euphorisch gefeiert. Auch Yehudi Menuhin nutzte die neue Grossbühne für meisterliche Auftritte, neuerdings als Dirigent seines Royal Philharmonic Orchestra und der Sinfonia Varsovia, oder im Jazz-Duo mit seinem Freund Stéphane Grappelli. Selbst die «ganz Grossen» lobten die Akustik im Zelt und genossen das weltweit einzigartige Ambiente mitten im sommerlichen Saanenland.

For the first Alpengala summer in 1987, festival-goers were treated to a minor sensation: the program promised Carlo Maria Giulini and his La Scala Orchestra. Gstaad's audience, more accustomed to chamber music, was suddenly able to enjoy the most famous symphony orchestras and conductors. The reception by the audience was ecstatic and the symphonic sounds of the Alpengala tent were highly lauded. Yehudi Menuhin also used the new, large stage for masterly performances, including as conductor of the Royal Philharmonic Orchestra and the Sinfonia Varsovia, and a jazz recital with his friend Stéphane Grappelli. Even top players praised the acoustics of the tent and enjoyed a unique international ambience in the heart of summery Saanenland.

01 Vladimir Spivakov.
02/03 Carlo Maria Giulini.

02

03

1997–2001
Stabübergabe mit Problemen
Problems passing the torch

Die Festival-Zeitepoche 1997 bis 2001 war der mühsame Weg hin zur definitiven Menuhin-Nachfolgeregelung. Und um es gleich vorweg zu nehmen: Sie gelang nicht im ersten Anlauf – wohl auch nicht einmal im zweiten.

Was zuerst als eigentlicher «Glücksgriff» von Yehudi Menuhin aussah, nämlich den weltberühmten Geiger Gidon Kremer offiziell zu seinem Nachfolger in Gstaad zu küren und ihn mit seinem ganzen Vertrauen und viel Vorschusslob auszustatten, erwies sich in der konkreten Umsetzung als äusserst schwierig und mit zunehmender Dauer gar als unrealisierbar.

Die Medien applaudierten im Jahre 1995 demonstrativ dem Maestro, als er nach dem denkwürdigen Übergabe-Akt in der Kirche Saanen im Sommer-Monat Juli seinen Nachfolger und «lieben Gidon Kremer» vorstellte. Von Mut und Weitsicht war die Rede. Aber auch von ungemeiner Grösse, im richtigen Moment den Stab an einen jüngeren Kollegen abzugeben. In einigen Feuilletons wurde zwar bereits sehr bald die Frage gestellt, wie das wohl herauskomme mit dem aus Lockenhaus bekannten, eigenwilligen neuen Festivalleiter und dem traditionellen Publikum in Gstaad. Fast ein wenig erschrocken war man von soviel Mut und Bereitschaft zum Risiko.

Der lettische Geiger Gidon Kremer nahm den Auftrag von Yehudi Menuhin ernst und versuchte, seine ausgeprägte Experimentierfreudigkeit einerseits und allseits erwartetes Verantwortungsbewusstsein als Festivalleiter andrerseits ineinander zu verweben. Ohne Zweifel: Er wollte das Festival weiter bringen. Hörte zu und fand sich mit manchem ab, was nicht ganz direkt mit seinem Herzen vereinbar war. Aber er tat es. Bis zu einem bestimmten Punkt. Doch er fand den geeigneten Boden im Saanenland nicht vor, wo alles hätte wachsen können, so wie er es ehrlich wollte. Wenn auch die Auftritte von Kremer in der Kirche Saanen das eher spärlich erschienene Publikum in grosse Spannung zu versetzen

The festival period from 1997 to 2001 could be characterized as the difficult path to finding a definitive successor to Yehudi Menuhin. To be upfront, it did not work out at the first attempt, indeed not even with the second one.

Initially it seemed like a master stroke by Yehudi Menuhin to appoint the world famous violinist Gidon Kremer as his official successor. Menuhin trusted Kremer completely and was full of praise of his talents, but in practical terms it turned out to be extremely difficult, and over time it became unworkable.

The ceremonial handing-over of the baton took place in Saanen church in May 1995. The media rapturously applauded the maestro as he introduced his successor, the "dear Gidon Kremer". All the talk was of bravery and foresight, and about the incredible graciousness to hand over the baton to a younger colleague at the opportune moment. However some articles soon raised the question of how the traditional Gstaad audience would receive the new festival director, as he was known for his stubbornness from his days as director of the Lockenhaus Festival in Austria. It was with some trepidation that one contemplated Kremer's penchant for new challenges and taking risks.

Originally from Latvia, Gidon Kremer took the assignment of Yehudi Menuhin seriously. He tried to interweave his distinct joy with experimentation with the sense of responsibility as festival director that was expected of him. Without a doubt he wanted to advance the festival. He listened and accepted certain things, even though they were not always consistent with his heart's desire. But only up to a point. Ultimately, he did not find the soil in Saanenland to be compatible with the seeds he imagined he could sow. Even though the performances by Kremer in Saanen church thrilled the rather sparse audience,

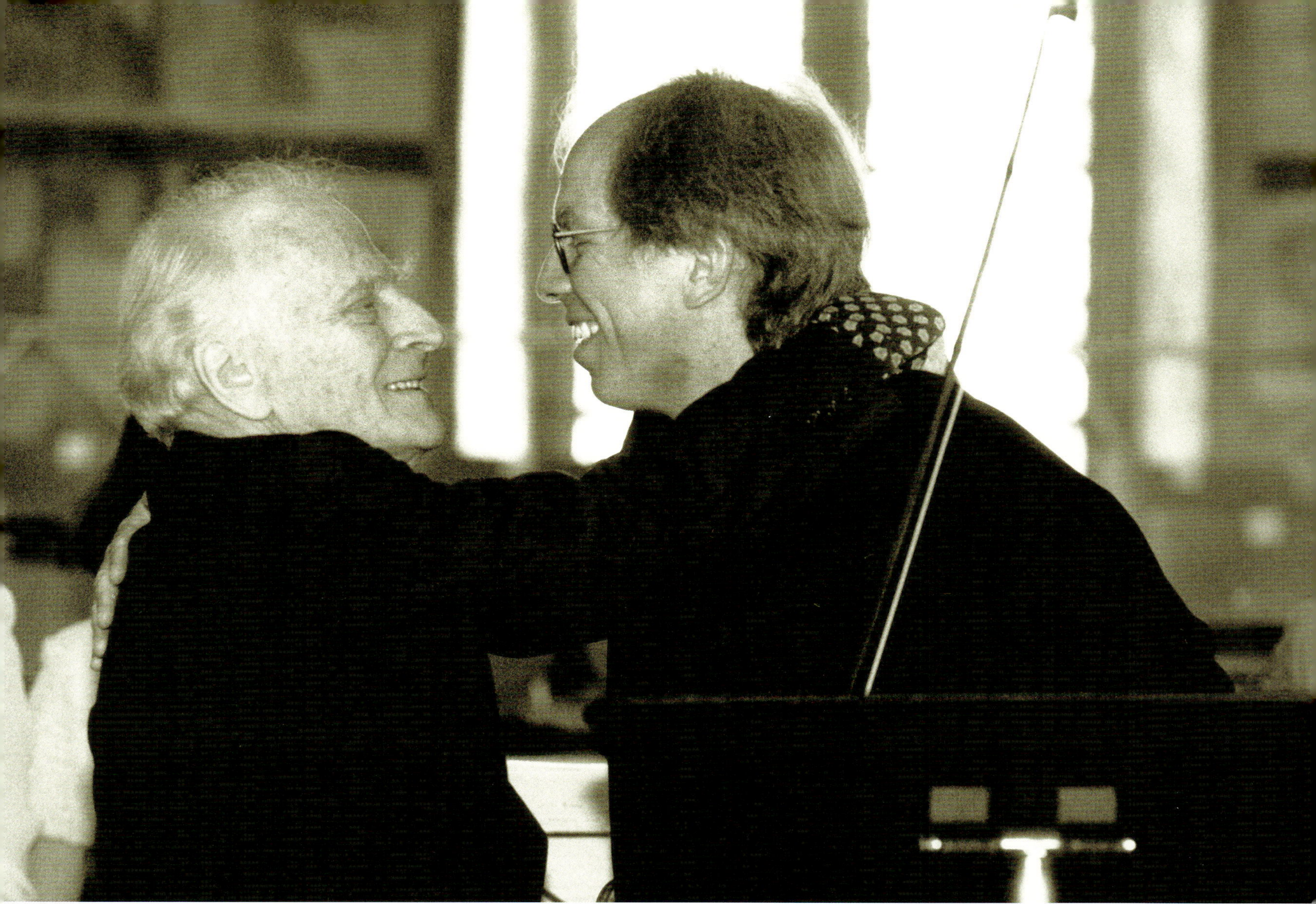
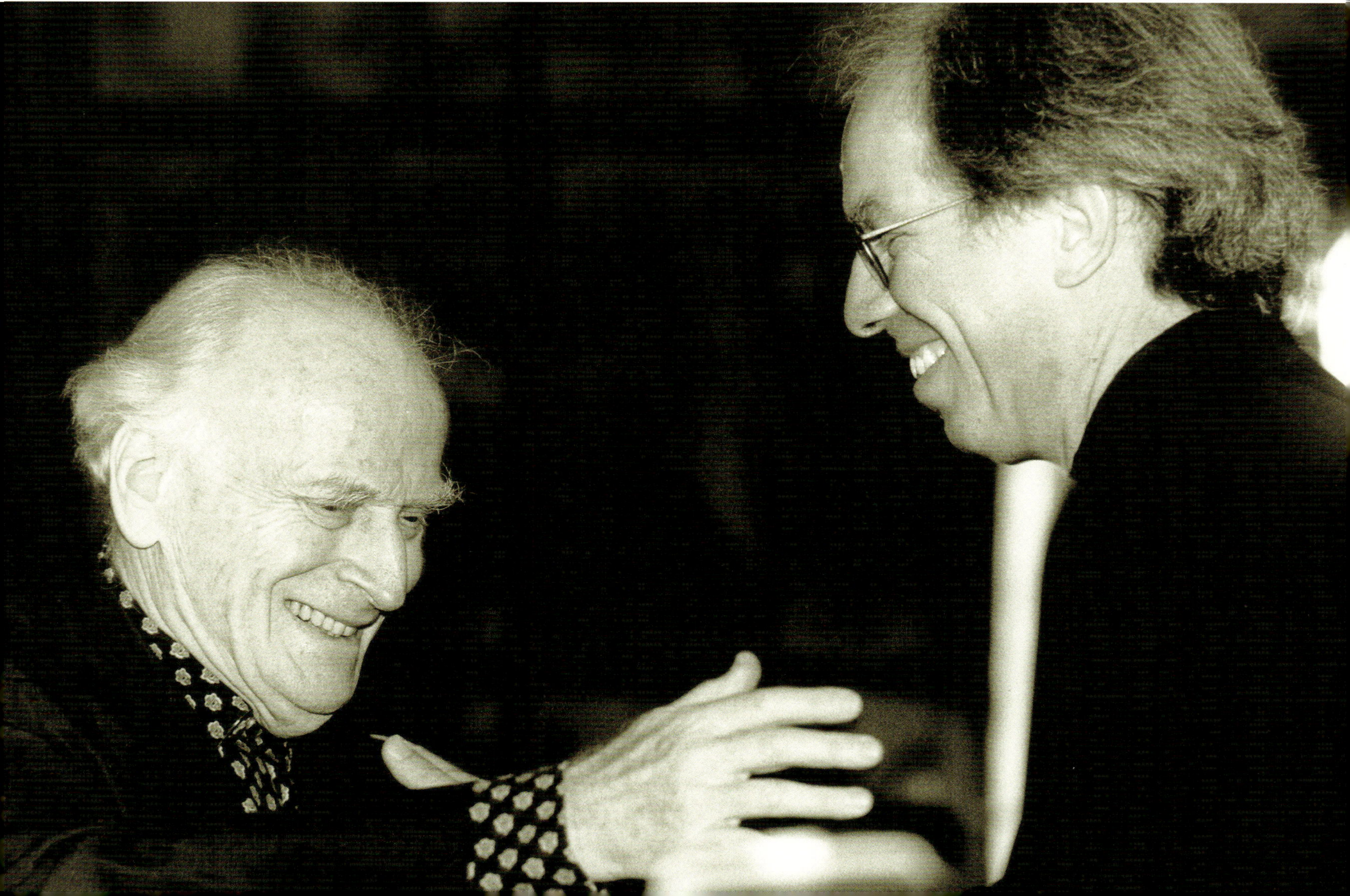

vermochten, so funktionierte seine Programmgestaltung für dieses Festival von allem Anfang an nicht oder nur teilweise. Schon gar nicht jedenfalls für die Konzerte im grossen Festivalzelt, welches Gidon Kremer von allem Anfang an nur als Hypothek mit auf den Weg nahm.

Das Festival unter Gidon Kremer erlebte trotzdem einige Höhepunkte. Aber in der Gesamtheit fiel das Konzept immer mehr durch und das Publikum blieb den Konzerten in zunehmendem Masse fern.

Gidon Kremer verabschiedete sich nach seinem zweiten Gstaader Festival Ende Sommer 1998 aus dem Saanenland. Zurück blieb ein grosses Defizit mit dringendem Sanierungsbedarf. Dies nachdem bereits Ende 1996 mit unermesslichem Energieaufwand aller Beteiligten eine Sanierung erfolgreich durchgezogen werden musste. Und zurück blieb eine entnervte politische Gemeinde Saanen, welche im Dezember 1999 nur mit grossen Vorbehalten einem Kredit in der Höhe von 1 Million Franken für die Anschaffung eines neuen Festival-Zeltes zustimmte. Die Stimmung war gereizt. Man wollte einen definitiven Neuanfang.

Nach 20-jähriger Mitarbeit im Festival trat auf Ende Sommer 1997 Eleanor Hope als Künstlerische Managerin aus dem Festival aus und übergab den schwie-

right from the beginning his program arrangements for the festival did not work out, or were only partially successful. The concerts in the big festival tent, which Kremer considered something of a burden, were particularly unsound.

While the festival under Kremer did experience some highlights, the overall concept was increasingly flawed, and the audiences became smaller and smaller. So it was that Gidon Kremer left Saanenland at the end of his second Gstaad festival in the summer of 1998. In his wake were great losses along with an urgent need for reorganization, and all of this just after everyone involved had expended significant energies on the reorganization at the end of 1996. What remained was an unnerved commune of Saanen, and it was with great reservation that they agreed to a SFr 1 million loan for the purchase of a new festival tent. The mood was irritable, and a new start was most certainly sought.

After 20 years of work for the festival, Eleanor Hope retired as artistic manager at the end of the 1997 summer and handed over her difficult job to Peter Keller. Keller accompanied Gidon Kremer in his second year as artistic director, and was the sole artistic director for the festival of 1999, albeit in a program still very

{ 236 } GSTAAD UND DIE MENUHINS

rigen Job an Peter Keller. Dieser begleitete dann Gidon Kremer noch in seinem zweiten Jahr als Künstlerischer Leiter und führte im Jahre 1999 als alleiniger Künstlerischer Direktor das noch von Kremer beeinflusste Programm durch.

Auf das Festival 2000 hin holte der Verwaltungsrat dann wiederum Eleanor Hope als Künstlerische Direktorin. Es wurde eine Programmkommission mit internationalen Persönlichkeiten aus Kultur und Wirtschaft eingesetzt.

Die Credit Suisse zog sich nach 13 Jahren als Hauptsponsor zurück.

Doch noch bevor das Festival in ein neues Jahrtausend gehen konnte, traf am 12. März 1999 wie ein Blitz aus heiterem Himmel die traurige Botschaft vom plötzlichen, unerwarteten Tod Yehudi Menuhins im Saanenland ein. Die Betroffenheit war überall spürbar und jedermann wusste: Mit dem Jahrtausend-Wechsel geht das Menuhin Festival nun definitiv in eine neue Epoche.

Mit der von Prince Sadruddin Aga Khan gegründeten Stiftung «Alp Action» startete der von «Musiksommer Gstaad Saanenland» wiederum in «Menuhin Festival Gstaad» umgetaufte Konzertsommer eine enge Partner-

much influenced by Kremer. For the 2000 festival, the administrative board brought back Eleanor Hope as artistic director, and a program commission was appointed comprising international personalities from the worlds of culture and business. Additionally, Credit Suisse pulled out as the festival's main sponsor after 13 years of participation.

But before the festival was able to take off into the new millennium, the news of the sudden and unexpected death of Yehudi Menuhin on March 12 1999 hit Saanenland like lightening from a clear sky. The shock was omnipresent; everybody knew that with the new millennium upon them, the Menuhin Festival was certain to change as it moved into a new era.

As a first step, the Music Summer Gstaad Saanenland was renamed Menuhin Festival Gstaad. It entered into a partnership with Alp Action, founded by Prince Sadruddin Aga Khan, which, under the auspices of the Aga Khan Foundation, and together with the Scheufele family, Chopard, Sarasin Bank, and the family of Claude Barbey, had started nature and wildlife preservation activities in Lauenen. These activities were continued into 2001 and 2002, and then later combined with the International Year of Water in 2003.

schaft. Gemeinsam mit der Familie Scheufele und dem Hause Chopard sowie der Bank Sarasin und der Familie Claude Barbey startete die Aga-Khan-Stiftung Naturschutz-Aktivitäten in der Gemeinde Lauenen, welche über die Jahre 2001, 2002 und dann kombiniert mit dem «Internationalen Jahr des Wassers» auch 2003 fortgesetzt wurden.

Das Festival-Jahr 2001 wurde mit der durch Chopard zu Gunsten der Leukämiebekämpfung organisierten Konzert-Gala mit José Carreras abgeschlossen. Die Genfer Uhrenfirma Chopard war neu Hauptsponsor.

Mit Christoph N.F. Müller wurde ein neuer Künstlerischer Direktor gewählt.

The festival year of 2001 ended with a Chopard-organized gala concert benefiting leukemia research, which featured José Carreras. The Geneva watch and jewelry company also became the new main sponsor for the festival.

For 2002, Christoph NF Müller was elected as the festival's new artistic director.

Chopard-Gala mit José Carreras im Festivalzelt.
Chopard Gala with José Carreras in the Festival Tent.

01 Das neue Dorfbild von Gstaad: Festivalzelt mit Palace Hotel.
The new skyline of Gstaad: the festival tent and Palace Hotel.
02 Live Orchester mit Stummfilm vor begeistertem Publikum.
Live orchestra accompanying a silent film in front of an enthusiastic audience.

Der Abschied von Lord Menuhin
The farewell of Lord Menuhin

WESTMINSTER ABBEY

Service of Thanksgiving
for the life and work of
The Lord Menuhin
of Stoke d'Abernon, OM, KBE

Thursday 3 June 1999
Noon

«Service of Thanksgiving for the life and work of the Lord Menuhin of Stoke d'Abernon, OM, KBE». So lautete die offizielle Einladung, am Donnerstag, 3. Juni 1999 in der Westminster Abbey London vom grossartigen Menschen Yehudi Menuhin für immer Abschied zu nehmen.

Eine Gstaader Delegation rüstete sich für die Reise nach London. Eleanor Hope rief an und bestellte eine Saanen-Fahne mit dem Kranich, welche während der Abdankungsfeier auf dem Turm der Westminster Abbey wehen sollte. Zu Musik von Johann Sebastian Bach, Giovanni Gabrieli, Giovanni Battista Pergolesi, Johann Christoph Pezel, Georg Friedrich Händel und Carl Nielsen betrat eine sichtlich betroffene Trauergemeinde, bestehend aus allen denkbaren Honoratioren dieser Welt, die Westminster Abbey. Darunter natürlich die Royal Family sowie Members of Foreign Royal Families, zum Beispiel Her Majesty The Queen of Spain.

An Eindrücklichkeit kaum noch zu überbieten dann die persönlichen und verlesenen Botschaften von Nelson Mandela, vom Dalai Lama, Prince Sadruddin Aga Khan und Erzbischof Desmond Tutu. Dazwischen wunderschöne Musik, gespielt vom English Symphony Orchestra unter der Leitung von William Boughton, sowie die bewegenden Worte von Sohn Gerard und das Gebet von Krov Menuhin.

Ein grosser Moment auf dieser Welt. Jeder Anwesende erlebte ihn in seine eigenen Gedanken versunken. In ureigenen Erinnerungen an einen grossen Menschen, den es jetzt nicht mehr gibt.

"Service of Thanksgiving for the life and work of The Lord Menuhin of Stoke d'Abernon, OM, KBE". This was how the official invitation was worded for the final farewell to the great Yehudi Menuhin on Thursday June 3 1999 in Westminster Abbey London.

A delegation from Gstaad prepared for the trip to London. Eleanor Hope ordered a Saanen flag with its crane, which was to be flown from the tower of Westminster Abbey during the memorial service. Visibly shocked mourners made up of all kinds of dignitaries from around the world entered Westminster Abbey to the music of Johann Sebastian Bach, Giovanni Gabrieli, Giovanni Battista Pergolesi, Johann Christoph Pezel, Georg Friedrich Handel, and Carl Nielsen. Among them, of course, was the Royal Family as well as members of foreign royal families such as Her Majesty the Queen of Spain.

Personal addresses by Nelson Mandela, the Dalai Lama, Prince Sadruddin Aga Khan, and Archbishop Desmond Tutu could not be topped in their impressiveness. In between, there was wonderful music played by the English Symphony Orchestra led by William Boughton, as well as the moving words by son Gerard and the prayer by Krov Menuhin.

These were without a doubt great moments, and each person present experienced those moments deeply in his own thoughts with personal memories of a great person who is no longer.

SonntagsZeitung, 14. März 1999   **KULTUR**

Nie spielte er fehlerfrei – und nie langweilig

Der Musiker und Schriftsteller Urs Frauchiger zum Tod von Yehudi Menuhin

Wir alle haben Yehudi Menuhin schlecht geigen gehört, sehr schlecht sogar. Und trotzdem sind wir uns wohl einig, dass mit ihm einer der grossen Geiger des Jahrhunderts gestorben ist. Schöner und «richtiger» als das zwölfjährige Wunderkind hat vor und nach ihm niemand Bach gespielt. Gidon Kremer, der mit Lob und Gott sparsam umzugehen pflegt, nannte dieses Spiel schlicht «göttlich».

«Wissen Sie, wir wollen schöne Blumen, und merken nicht, dass sie nicht mehr duften. Es entgeht uns, wieviel Hässlichkeit hinter dem schönen Äusseren verborgen ist», sagte Lord Yehudi einmal zu mir. Kaum war er dem Wunderkind-Rummel entronnen, kaum hatte er sich von dem erdrückenden Einfluss seiner eminenten Lehrer Georges Enescu und Adolf Busch emanzipiert, die ihn in die letzten Geheimnisse eingeweiht und ihm die allgemein zugänglichen Grundlagen vorenthalten hatten, begann er, hinter die Kulissen zu sehen. Von da an war er aus dem Paradies vertrieben. Was ihm vorher zugefallen war, musste er plötzlich im Schweisse seines schönen Angesichts erarbeiten. Zuweilen überfiel ihn unerträgliches Lampenfieber, lähmten ihn Zweifel an der Überwindbarkeit des Hässlichen.

Doch gerade das machte die Kraft und die Glaubwürdigkeit seiner Kunst aus! Die Mängel, die Snobs, Schulmeister und Kritiker mit unverhohlener Schadenfreude registrierten, waren der Brückenzoll zu den Schönheiten seines Spiels. Er war unvollkommen, weil er kompromisslos nach dem Vollkommenen strebte. Die Szene beherrschte ein immer grotesker Perfektionismus: Alle spielten gleich fehlerfrei und gleich langweilig. Nie passierte ein Unglück und nie ein Glück. Bei Menuhin waren für Mitspieler und Zuhörer oft peinliche Durststrecken zu überwinden – und plötzlich war da ein Übergang, eine Reprise, ein ganzer Satz in der makellosen «göttlichen» Schönheit seiner jungen Jahre. Der Himmel öffnete sich, wie Paul Klee einmal über das Spiel von Pablo Casals gesagt hatte. So schenkte er mehr Schönheit als die Fehlerfreien. Das allein zählt und wird bleiben.

Menuhin war der Nachfolger von Pablo Casals und Albert Schweitzer

Als er nicht mehr so gut hörte, verlegte er sich aufs Dirigieren – keine ungewöhnliche Karriere, aber die Orchester und das Publikum standen nicht auf der Höhe der Situation. Man mass ihn an Bruno Walter, sogar an Simon Rattle, wo er doch nur an sich selber gemessen werden durfte. Warum soll das Matterhorn auch noch Reben tragen?

Er war eine Ikone geworden. Ikonen fordern *uns* heraus und nicht umgekehrt. Man musste spüren, was sich hinter seiner Stirne tat, durch die so viel Musik hindurchgegangen ist. Wie bei verblichenen Fresken musste man Sinn und Ganzheit aus der eigenen Vorstellungskraft herstellen. Menuhin setzte immer den mündigen, den autonomen Hörer voraus. Nie offerierte er der Konsumgesellschaft etwas auf dem Präsentierteller.

Wie es Weltbürger gibt, gibt es eine Art von Weltpräsidenten. Keine «moralische Instanz», denn es geht nicht um Recht und Richten, wohl eher um eine Gestalt, die den guten Willen und die absolute Integrität am Glaubwürdigsten verkörpert und deshalb als Schutzpatron aller gut gemeinten Aktionen dient. Unter den Musikern waren es Pablo Casals in einer stolzen, kompromisslosen, Albert Schweitzer in einer etwas rührseligen Version. Ihr Nachfolger war Yehudi Menuhin. Im Gegensatz zu der Unversöhnlichkeit von Casals ging er auf die Menschen zu, sogar auf die Gefährten der Unmenschen. Als einer der ersten spielte er wieder in Deutschland, mit Furtwängler ostentativ das Beethoven-Konzert, in einer Interpretation, die ich neben denen von Fritz Kreisler und Viktoria Mullova zu den besten des Jahrhunderts zähle. Er suchte den Kontakt zu östlichen Kulturkreisen und ihren Musikern; sein Joga hatte die Ernsthaftigkeit seines Spiels.

Menuhin glaubte, die Musik könne Verstehen und Frieden schaffen

Erst als er mit seinem Namen bürgte, gelang es uns, den eingekerkerten Pianisten Miguel Angel Estrela freizubekommen. Menuhin glaubte unverbrüchlich an die Weltsprache Musik, die eines Tages weltumspannendes Verstehen, Frieden zu schaffen vermöchte. Und bei ihm tat es sie! Noch in hohem Alter beschämte er uns Jüngere durch seine Geduld und eine endlose Konzentrationsfähigkeit. Er konnte sich durch einige Augenblicke des Wegtretens erholen, wie er auch komplexe Werke in einigen intensiv genutzten Minuten lernte. So entstand in ihm diese erträumte Welt. Doch man misstraue allen, die in seinem Namen zu sprechen sich nicht entblöden und eine glamouröse Schickimicki-Seidenumschlungenmillionen-Duselei zelebrieren, die zu der luziden Schlichtheit seiner Menschenliebe in skandalösem Gegensatz steht.

Er war Ehrenbürger von Saanen und Grenchen. Dank ihm ist Gstaad ein «haut-lieu» der Musik geworden. Hier war er für eine Weile zu Hause, hier verstand er und fühlte er sich verstanden, auch wenn das vielleicht auf Missverständnissen beruhte. Sahen die Oberländer in ihm nicht einen Ausserirdischen, der Glanz ins Chalet brachte? Sah er in den Einheimischen nicht aufgeklärte, schillernd schillersche Urmenschen?

Ein Wunder schien es, dass in Gidon Kremer der einzig würdige Nachfolger für Gstaad gewonnen werden konnte. Aber Wunder geschehen nur einmal. Menuhin war das Wunder.

Als ich Lord Yehudi, damals noch Sir Yehudi, dafür dankte, dass er sich bereit erklärt hatte, an der Gedenkfeier für den grossen Geigenpädagogen Max Rostal zu sprechen, sagte er auf Deutsch: «Sie müssen mir nicht danken, Urs, ich erfülle eine süsse Pflicht.»

Eine süsse Pflicht, ihm dafür zu danken, dass es ihn gegeben hat.

Er war unvollkommen, weil er kompromisslos nach der Vollkommenheit strebte: Yehudi Menuhin   Foto: Action Press/L. Dukas

IN HER OWN WORDS | Eleanor Hope

"I miss Gstaad…"

In June 1975 I took a job in London as secretary to Yehudi Menuhin. Two weeks after starting, Mr Menuhin, as he was then, said casually that we would be going to Gstaad for the month of August. I was stunned: what would I do with my two small children? "I would never, ever part a mother from her children," Menuhin said smilingly. "You'll bring the whole family, of course!""

As the train curved upwards from Montreux, and we left the fat white clouds over the lake below us, we realised we were journeying into paradise. That first visit culminated in a love affair with Gstaad which lasted more than a quarter of a century. Initially it involved attending the Festival concerts, and helping to deal with the thousand and one demands on Menuhin's time. It quickly moved into taking over the responsibility from Alexander Chasen, the general secretary of the Zurich Chamber Orchestra whose job it was to book the Festival concerts, and by 1980 I was officially in charge of the artistic administration.

Yehudi Menuhin would give me a list of artists and works to be performed, I did the rest, working closely with my friend Elisabeth Matti, who ran the secretariat of the tourist office and whose consuming passion was the summer concerts. As time went by, Menuhin encouraged me to assume ever greater artistic and programming responsibility; I would obtain his approval of a programme and then take it to the Festival committee – in those days a small group of enthusiastic Gstaader volunteers, led by Dr Hans Sollberger, later by Dr Rolf Steiger, Robert Villiger and eventually by the director of the tourist office.

And so it was that my family and I made the acquaintance of a host of great artists: Ruggiero Ricci playing Paganini Caprices with devilish fingers; the great cellist Paul Tortelier with his magical floating bow – he always carried his cello on his back, even when he had to toil up the hill to the Menuhin chalet for lunch; the Amadeus Quartet playing Schubert and Beethoven with a homogeneity of sound I never believed was possible; Peter Schreier with "Schöne Müllerin" and "Schwanengesang", moving us all to tears; the great Antal Doráti not conducting a symphony orchestra but directing a chamber group from the harpsichord; Ravi Shankar introducing us to a whole new palette of sound with his sitar; Gary Karr showing us the incredible virtuosity of the double bass, and playing the theme from "Dr Zhivago" in the church with Kobi Bach on the musical saw. My children grew up with music and musicians in the most natural way imaginable. Daniel was roped in to turn pages at Festival concerts of Gidon Kremer and Pinchas Zukerman from the age of ten; he was a teenager with a passion for Alfred Schnittke's music when Yehudi invited him to make his Festival debut.

In the early days Yehudi Menuhin never took a fee. I discovered with astonishment that the ticket sales paid for most of the artistic costs, and the balance was paid by Yehudi out of his own pocket. The Festival obviously required sponsorship, so I went to see Dr Max Kopp, then director of Crédit Suisse in Bern, and persuaded him to part with twenty thousand francs. My committee was horrified. "They'll be wanting to influence the programming next!" I assured them that this was not the case, and we went on to enjoy a long and happy relationship with our sponsors, without whom many of the later developments of the Festival would never have been possible, such as the expansion of concert venues: instead of being confined to Saanen we put on concerts in the glorious little churches in Rougemont, Gsteig and Lauenen, which were beautifully suited to chamber music. One of the things I was able to correct was Menuhin's having to bear the financial burden of the Festival, and he began to receive a fee, albeit less than his regular one, for his Festival concerts.

A turning point was the fusion with the Alpengala – a bankrupt series of ambitious concerts held in a tent in Wengen, which Gstaad decided to acquire and stage. Furious debates were held at the time: why pay six hundred thousand francs for a tent when the money could be invested in a permanent concert hall, why use up our carefully hoarded Festival savings in order to finance a bankrupt concert series, look at the vast sums it cost to erect the tent each summer (after the grass had been mown – vital for the cows) and so on. Sir Yehudi (he had been knighted by the Queen in 1965 and by then he was a British citizen and allowed to use his title) was initially not in favour of the tent concerts; he felt they would detract from the exquisite atmosphere of the church concerts in Saanen. I on the other hand was all in favour of a facility that would finally enable Gstaad to invite symphony orchestras. The sudden resignation in 1990 of the person run-

ning the Alpengala a few weeks before their series was due to begin changed my life. Leonz Blunschi asked me to step in immediately and run the tent series; one of the productions was a concert version of Verdi's "Macbeth"; and singing the role of the doctor was the Viennese bass-baritone, Benno Schollum, who today is the man in my life. In the six years that followed, up to and including the 1996 Festival when Lord Menuhin turned 80 and the Festival celebrated its 40th anniversary, we presented a host of international orchestras, renowned conductors and soloists in the tent – which by sheer luck had a splendid acoustic – and Menuhin, though he would have preferred a concert hall inside one of the mountains and even commissioned the famous architect I. M. Pei, who designed the Louvre pyramid, to conduct a study in this respect, came to be rather fond of the tent despite its extraneous noise, its poor ventilation and wildly fluctuating temperatures.

From Thomas Allen to Pinchas Zukerman, from Barbara Bonney to Michael Tilson Thomas, Carlo Maria Giulini, Mstislav Rostropovich, Vladimir Fedoseyev, Barbara Hendricks, Francisco Araiza, José Carreras, Armin Jordan, Marcello Viotti, Krzyzstof Penderecki, Vladimir Ashkenazy, Sir Roger Norrington: these were just some of the superb artists I was privileged to invite, and whose performances in the tent remain unforgettable. But perhaps the most challenging evenings for me in my total of 23 summers in Gstaad were the operas, with which we filled the huge tent to capacity. I succeeded in semi-staging all the Da Ponte operas, mostly with the magnificent assistance of Sinfonia Varsovia (whom we proudly christened Menuhin Festival Orchestra as an acknowledgement of the extraordinary role they played) and some wonderful conductors: in addition to Lord Menuhin we had David Stern and Yves Abel for this hugely attractive repertoire. Our "La Traviata" had the audience sobbing, as a good Traviata should. And our "Die Lustige Witwe", Yehudi Menuhin's special 80th birthday production and the work with which he (and I) said farewell to Gstaad, was an immense success, with half the Festival committee taking part as "comprimari", and my wonderful logistics man throughout my tenure, Marco Meyer, giving an incredibly athletic performance as one of the waiters in Maxim's, and Lord Menuhin's assistant of many years, the redoutable Philip Bailey, starring as one of the diplomats. Danilo (Benno Schollum, who became Menuhin's "Leibbariton" for oratorios around the globe over ten years) made his entrance on a bicycle,

Yehudi Menuhin with Eleanor Hope.

riding the length of the tent, Yehudi handed his baton to Njegus (Stephan Paryla) and ordered him to conduct while he had the pleasure of a waltz with Hanna Glawari (Teresa Seidl), the can-can dancers with their frilly skirts, champagne for the entire audience at the end – we left Gstaad in an atmosphere of immense good humour, joy and élan, and a thousand happy memories.

Gidon Kremer had been appointed to succeed Yehudi; it was not a success, despite Gidon's undoubted best efforts, and after the forty golden Menuhin years things went from bad to worse.

In March 1999 Yehudi Menuhin died in Berlin in the middle of a concert tour. I was by his side when he slipped quietly out of this life: he was never good at farewells, and he would have called this one "doing a Karajan". (Herbert von Karajan never had time for admirers and autograph hunters after concerts; he was whisked into a waiting car and transported away from the hall before the audience had finished applauding.) In June the same year, following a memorial service for him in Westminster Abbey (at which I arranged for the flag of Saanen to fly from the tower), I was asked to return to Gstaad as artistic director and try to put the Festival back on the map. The finances were in poor shape, the audiences had diminished. I did what Yehudi did when he first started his Festival: I called my friends. Marco Meyer arrived at once, and together we set about planning the Festival for 2000: with exactly three months available for the work we put together a package of over twenty concerts featuring such great artists as Yuri Bashmet, Daniel Harding, Vladimir Fedoseyev, Vadim Repin, Fabio Luisi, Philippe Entremont and Sarah Chang. Many of the artists were generous enough to come for lower fees than normal; my family was pressed into service; I commissioned some new works at my own expense just to keep up the Menuhin tradition; the audience came back, the sponsors were encouraged, the reviews were wonderful. We repeated the success in 2001, adding some open air concerts for the very first time, and some nocturnes; we marvelled at the playing of the then barely known young Nikolai Lugansky; we sat mesmerised in the church as Klaus Maria Brandauer gave us Stravinsky's "L'Histoire du Soldat"; and Joshua Bell and Viktoria Mullova were just two of a host of superb violinists. Two wonderful highlights: our "Carmina Burana", featuring local choirs for the first time, and everyone dressed in local Tracht; and "Le Nozze di Figaro", in which my friend Barbara Bonney made her directing debut with highly original staging and sang a splendid Susanna – an entire opera put together in three days by artists chosen by Barbara who each brought their performing experience of this opera and shone in their roles. After ending the season with a gala evening with José Carreras in aid of his Leukaemia Foundation, I was pleased to hand over a flourishing summer event to a talented young colleague, Christoph Müller, who has been able to carry on the good work.

I miss Gstaad, I miss the green hills and the crisp air, I even miss the immensely hard work each summer with long days and short nights. I miss the good friends I made (especially Elisabeth Matti, who was the victim of a sudden massive brain haemorrhage a mere month after I left in 1996, and whose role in the development of the Menuhin Festival has never been fully acknowledged). But I take comfort in the knowledge that the summer music continues, that the Festival's reputation has been re-established and therefore the sponsorship is once again flowing in, making more good things possible, and that finally there is a superb winter series as well; I delight in the fact that my violinist son Daniel, who spent all his childhood summers in Gstaad, is a frequent guest on the concert platforms there; that my elder son Jasper, who is one of the most successful concert promoters in Europe, had his first musical experiences in Gstaad; that people will go to Gstaad for as long as there is a Festival and remember the extraordinary man who made it all happen, the genius that was Yehudi Menuhin.

Junge Preisträger vor einem grossen Festival-Publikum
Young prize winners in front of large festival audiences

Zusammenarbeit mit der Kiefer Hablitzel Stiftung (KHS)

Es war stets eine der grossen Maximen des Festivalgründers Yehudi Menuhin, an seinem Festival in Gstaad jungen Musikern eine würdige Plattform zu bieten. Es sei in diesem Zusammenhang an die Gründung der «International Menuhin Music Academy» erinnert, welche im Umfeld des Festivals erfolgt ist, und an die regelmässigen Auftritte der Schüler der «Menuhin School London» in der Kirche Saanen.

So entstand 1996 auch eine enge Zusammenarbeit mit der Kiefer Hablitzel Stiftung. Diese wurde 1946 durch die Eheleute Charles und Mathilde Kiefer-Hablitzel gegründet, welche als Industrie-Pioniere in Brasilien zu grossem Ansehen und Vermögen gelangt waren.

Die jungen Preisträger dieser heute von Freddy W. Schwab präsidierten Stiftung finden also seit Mitte der 90er Jahre regelmässig ein grosses begeistertes Festivalpublikum im Saanenland. Im Jahre 1996 erhielt ausgerechnet der junge angehende Saaner Konzertpianist aus dem Turbach, Reto Reichenbach, als erster dank der Kiefer Hablitzel Stiftung die Gelegenheit eines Auftritts am Menuhin Festival. Seither wurde der Turbacher bereits des öfteren am Festival gefeiert. Bis ins Jahr 2000 wurden die Konzerte der Preisträger jeweils von der «Bank Armand von Ernst» finanziert, welche über diese Zeitperiode gleichzeitig als Hauptsponsor am Menuhin Festival auftrat. Im Jahre 2001 ermöglichte dann die KHS-Beistiftung «Freddy und Elisabeth Schwab» den jungen Preisträgern zum ersten Mal diese willkommene Plattform.

Die Auftritte der enthusiastischen jungen Preisträger gehören mittlerweile zum festen Bestandteil des jährlichen Konzertprogramms und wurden auch vom neuen Künstlerischen Direktor des Festivals, Christoph N.F. Müller, in sein Konzept aufgenommen. Das Publikum verdankt die Konzerte der Kiefer Hablitzel Stiftung stets mit grossem Applaus und das Menuhin Festival erhält durch diesen interessanten Programmteil wohltuende Frische.

Collaboration with the Kiefer Hablitzel Foundation (KHF)

It was always a great maxim of the festival founder Yehudi Menuhin to offer the festival stage in Gstaad to young musicians. In this regard, one recalls the performance of the students from IMMA as well as the Menuhin School in England, which always took place alongside the festival in Saanen church. So it was that in 1996 a close collaboration with the Kiefer Hablitzel Foundation began. The foundation was created in 1946 by Charles and Mathilde Kiefer-Hablitzel, who achieved prestige and wealth as industry pioneers in Brazil.

The young award winners of this foundation, which is today presided over by Freddy W Schwab, have performed since the mid 1990s in Saanenland and have thrilled festival audiences. In 1996 the young concert pianist from Turbach, Reto Reichenbach, was the first to receive the chance to play at the Menuhin Festival thanks to the Kiefer Hablitzel Foundation. Since then he has been feted on numerous occasions at the festival. Until 2000 the concerts of the award winners were financed by the Bank Armand von Ernst, which was the main sponsor of the Menuhin Festival at the time. In 2001 the KHF-adjunct foundation of Freddy and Elisabeth Schwab made it possible for the young award winners to perform.

The renditions by the enthusiastic, young award winners were also retained in the festival concept of the new artistic director Christoph NF Müller, and are now a regular part of the annual concert program. The audience is always wowed by the concerts of the Kiefer Hablitzel Foundation, and the Menuhin Festival enjoys a degree of agreeable freshness with this most interesting element of its program.

01 Freddy Schwab (li), Stiftungspräsident, und sein Vorgänger Philippe Garraux mit ihren Gattinnen. | *Freddy Schwab (left), Foundation president, and his predecessor Philippe Garraux with their wives.*
02 Siegerinnen 2003: Sopranistin Claude Eichenberger (li), Mezzosopranistin Jeannine Hirzel. | *2003 winners: soprano Claude Eichenberger (left) and mezzo soprano Jeannine Hirzel.*

2002–2006
Aufbruch und Neuanfang
Departure and new beginning

Im Verwaltungsrat des Festivals war seit den wechselvollen Jahren ab 1996 die Erkenntnis gewachsen, dass nur ein kompletter Neuanfang, sowohl inhaltlich als auch personell, einen Umschwung herbeiführen konnte, letztlich mit dem Ziel, beim grossen Stammpublikum, bei den vielen Gönnern und vor allem auch bei bestehenden und neuen Sponsoren das Vertrauen zurückzugewinnen. Auch aufgrund der immer grösser werdenden Festivalkonkurrenz im In- und Ausland war es unumgänglich, dem Menuhin Festival ein klareres Profil und eine schärfere Kontur zu verleihen. Die Herausforderung der Menuhin-Nachfolgeregelung musste nochmals völlig neu angegangen werden.

Im Rahmen von verschiedenen Kandidaten-Gesprächen fiel letztlich die Wahl auf den damals 31-jährigen Basler Cellisten und Kulturmanager Christoph N.F. Müller, der eine klare Vision des künftigen Menuhin-Festivals präsentierte und vernünftige und realistische Mittel sah, diese umzusetzen. Es war auch die definitive Entscheidung des Verwaltungsrates, auf einen Kulturmanager zu setzen und sich endgültig von der Idee einer grossen Künstlerpersönlichkeit als künstlerischer Leiter zu verabschieden. Christoph Müller strebte von Beginn weg das hohe Ziel an, Yehudi Menuhin in seiner Ganzheit als Künstlerpersönlichkeit im Festivalprogramm zu widerspiegeln, hauptsächlich inhaltliche Bezugspunkte zu Yehudi Menuhins künstlerischen Intentionen zu schaffen und weniger äussere, repetitive Elemente einzusetzen, die nur noch an frühere Festivals erinnerten. Christoph Müller sah sich als eine Art «Verwalter» des Erbes Menuhins in Bezug auf das Gstaader Festival. In dieser Haltung fand er für seinen riskanten und schwierigen Neuanfang einhellige Unterstützung.

Christoph Müller verfolgte die Idee, an Yehudi Menuhin als Kammermusiker zu erinnern, welcher in den Kirchen des Saanenlandes im engsten Kreise seiner Musikerfreunde musizierte. Aber auch an den grossen Virtuosen als Solist in den

From the turbulent period starting in 1996, the administrative board of the festival knew that only a completely new start from both a content and staffing perspective would turn things around. The primary goal was to win back the trust of the large core audience, the many donors, and especially existing and new sponsors. Due to the growing number of festivals at home and abroad, it was also necessary to give a clearer definition to the Menuhin Festival. The challenge to find a successor for Menuhin had to be approached from a completely new angle.

After talks with various candidates, the choice came down to Christoph NF Müller, a 31-year-old cellist and culture manager from Basel. He presented a clear vision for the future of the Menuhin Festival and saw reasonable and realistic means to achieve this vision. The administrative board also decided to rely wholly on a culture manager and do away with the idea of a great artistic personality as artistic director. From the very beginning Christoph Müller aimed for the lofty objective of reflecting Yehudi Menuhin's artistic personality in the program of the festival. He wanted to create more content that referenced Menuhin's artistic intentions, and use less of the repetitive elements which would serve only to remind the audience of past festivals. In many ways, Christoph Müller saw himself as an administrator of the Menuhin legacy with respect to the Gstaad festival, and in this approach he had full support for his risky and difficult new start.

On the one hand, Christoph Müller had the idea to commemorate Yehudi Menuhin as a chamber musician who made music within his circle of music friends in the churches of Saanenland. On the other hand, Yehudi Menuhin was to be remembered as a great virtuoso, as a soloist in orchestral concerts, and as a curious and attentive contemporary who was always interested in new things and different music styles from foreign cultures and countries. He was always able to create exciting artistic convergence points, and he was to be recognized for the risks he took to do new things.

Der Schauspieler Klaus Maria Brandauer mit «L'histoire du soldat» von Igor Stravinsky in der Kirche Saanen. | *Actor Klaus Maria Brandauer with 'L'histoire du soldat' by Igor Stravinsky in Saanen church.*

George Gruntz / Peter O. Chotjewitz:

"The Magic of a Flute"

A Jazzopera
For
Eight Improvising Vocalists & Jazz-Big Band

Aria Lyrics conceived by:
Calvin Hernton
Dick Higgins
Anne Waldman
Marvin X
Lennox Raphael
Sonia Sanchez
Jackson Mac Low
Lenore Kandel
Tuli Kupferberg

Commissioned by:

MENUHIN FESTIVAL GSTAAD/Switzerland
(Kompositionsauftrag des Menuhin Festival Gstaad)

First performance by:
Mrs. Renée Manning
Mrs. Lauren Newton
Mrs. Kitty Margolis
Mrs. Yvonne Moore
Mrs. Sandie Wollasch
Mr. Mark Murphy
Mr. Ian Shaw
Mr. Marcelino Feliciano

NDR Big Band – Hamburg/Germany
Mr. Wolfgang Kunert
Mr. Axel Duerr

Original Score # 2 of four
Dedicated to Cesar Blunschi / Christoph Müller — MENUHIN FESTIVAL GSTAAD
1. Oktober 2003

GEORGE GRUNTZ – THE MAGIC OF A FLUTE

Entstehungsgeschichte

Im Anschluss an einen entsprechenden Auftrag des Opern-Intendanten Rolf Lieberman schrieb der deutsche Schriftsteller Peter O. Chotjewitz ein neues Opern-Libretto, das auf der von Emanuel Schikaneder erfundenen Geschichte der Zauberflöte basiert, welche Wolfgang Mozart zu einem der grössten Meisterwerke aller Zeiten vertont hat.

Ausgerüstet mit zu «Storyboards» reduziertem Libretto, animierte George Gruntz in den USA eine Reihe von teilweise sehr namhaften Lyrikern, neue Texte zu schreiben, Texte, geeignet für die jazzmässige Komposition und Interpretation des Werks durch improvisierende Jazz-Vokalisten und -Instrumentalisten. Zu diesem neuen Libretto schrieb George Gruntz eine neue, jazz-orientierte Musik, ohne irgendeinen auch nur entfernten Anklang an das Werk Mozarts. Bereits 1973 waren sämtliche Texte vorhanden. George Gruntz hat sie in Einzelheiten überarbeitet und in mehreren Schüben die Musiken dazu komponiert, nun ebenfalls beauftragt durch Rolf Liebermann, der vorsah, das Werk zuerst in Paris (1975 bis 1980), später (1986) in Hamburg herauszubringen.

Beide Male kam das Projekt nicht über das Stadium der Vorarbeiten hinaus. Rolf Liebermann hätte seine Opernhäuser – eigentlich wie zuerst von ihm gewünscht! – vollständig dem von George Gruntz vorgeschriebenen Jazz-Ensemble überlassen müssen. Eine nichtparodistische, wirkliche Jazzoper kann nur von einem improvisierenden Jazz-Personal interpretiert werden, mit Vorteil gestützt durch eine Jazz-Grossformation. Sänger, Chöre und Orchester des klassischen Opern-Musikbetriebs eignen sich nicht für irgend eine gültige Art der Jazz-Interpretation.

Das Ziel einer gemeinsam portierten, ersten wirklichen Jazzoper gelang dem Team Gruntz/Liebermann trotzdem, in Form der neuen, 1988 an der Hamburgischen Staatsoper von Robert Wilson inszenierten Gruntz-Jazzoper «Cosmopolitan Greetings», mit einem Libretto von Allen Ginsberg. «The Magic of a Flute» kam auf Eis und George Gruntz hat heute alle schon geschriebenen Entwürfe als ungenügend betrachtet, was zu einer kompletten Neuvertonung des fantastischen Textmaterials führte. In der Konzertversion, die im Sommer 2003 in Gstaad ihre Uraufführung erlebt hat, wurden einige der Arien gesungen, andere Texte sind nur als Textblatt vorhanden und wurden rein instrumental komponiert und durch hervorragende Jazz-Instrumentalisten improvisatorisch umgesetzt.

Das Menuhin Festival Gstaad hat George Gruntz für dieses neue Werk einen entsprechenden Kompositionsauftrag erteilt.

A work of distinction

Opera tycoon, Rolf Lieberman, former superintendent of the Hamburg State Opera and National Theatre of France, commissioned European jazz composer George Gruntz to write the first two real jazz-operas, to be performed in classical opera houses in Europe. The first one, Cosmopolitan Greetings with a libretto by Allen Ginsberg, had its run in 1988 at the Hamburg State Opera in a full version staged by Robert Wilson. The second one, The Magic of a Flute also originally commissioned by Lieberman, had its premiere in Gstaad, Switzerland on August 8 2003. During a very long development process, George Gruntz wrote various versions of the music, yet never performed them. The final version for the 2003 run was written anew as commissioned by the Yehudi Menuhin Festival in Gstaad. The Magic of a Flute ("MoaF") has a libretto, based on an idea of German poet Peter O Chotjewitz, who wrote a completely new plot based on the structures of Emanuel Schikaneder's Magic Flute (put to music by Mozart). By comparing the list of personnel and arias, one can find an equivalent for almost each person, each aria, in the two librettos by Schikaneder and Chotjewitz. Nevertheless in MoaF, the personnel is handled in an over-reflected and quite different way. One particular concept in creating the definite libretto set to music by George Gruntz completely independently from Mozart, was that on basic sketches of each scene set up by Chotjewitz, nine US poets wrote the actual lyrics for the arias, respecting the basic plot, but in complete independence from each other as well as from Schikaneder. The US poets are Calvin Hernton, Dick Higgins, Sofia Sanchez, Anne Waldman, Tuli Kupferberg, Marvin X, Lenore Kandel, Jackson Mac Low, and Lennox Raphael. With such a large team of co-authors, and with all aria texts allowed to be written in considerable independence, the result is an unusual, richly-faceted collection of American and Afro-American contemporary lyric poetry, especially within the breadth of the plot construction abstracted from the great Schikander legend. For the series of first performances, George Gruntz chose eight improvising jazz/blues vocalists to interpret the arias, as well as the renowned German NDR Big Band for all orchestral work (with additional improvisers as members of this great band, proportioned as a classical big band in jazz format). The performing vocalists for this first 2003 run were Renée Manning, Marcelino Feliciano, Mark Murphy, Kitty Margolis, Ian Shaw, Yvonne Moore, Lauren Newton, and Sandie Wollasch.

The Magic of a Flute (© George Gruntz/Peter O. Chotjewitz)

13-B "SO IF LOVE IS A TRIUMPH OF ILLUSION"
(composed by: George Gruntz – lyrics by: Lenore Kandel)
insert / anticipation of Aria # 20

slow Ballade (♩ = 72)

Der Schweizer Jazz-Musiker George Gruntz, Artist and Composer in Residence in Gstaad 2002 und 2003.
The Swiss jazz musician George Gruntz, Artist and Composer in Residence in Gstaad 2002 and 2003.

Orchesterkonzerten und als neugierigen, aufmerksamen Zeitgenossen, der sich für Neues und Anderes aus fremden Kulturen und Ländern sowie für andere Musikstile interessierte und stets spannende Annäherungen schaffte, alles in allem also Neues riskierte.

Vor diesem Hintergrund präsentierte sich das Festival 2002 erstmals in drei klar unterscheidbaren Zyklen:
«Kammermusikfest Gstaad»
«Orchesterkonzerte und Oper»
«21st Century Renaissance»

Während die Zyklen «Kammermusikfest» und «Orchesterkonzerte» die Tradition der klassischen und romantischen Musik pflegten, riskierte Müller mit der erstmaligen gewichtigen Präsenz eines Jazzmusikers beim Menuhin Festival einiges: der grosse Schweizer Jazz-Musiker George Gruntz stellte sich zur Verfü-

With this backdrop, the festival presented itself in 2002 with three clearly distinguishable tracks:
Chamber Music Festival Gstaad
Orchestral Concerts and Operas
21st Century Renaissance

While the Chamber Music Festival and Orchestra Concerts tracks kept with the festival tradition of classical and romantic music, Müller took quite some risk in putting on a jazz performance at the Menuhin Festival. The great Swiss jazz musician, George Gruntz, made himself available in 2002 and 2003 in order to help create the first series for the 21st Century Renaissance track, which he marked with performances of his own arrangements and compositions. Gruntz, who is known in the world of jazz as the "Renaissance Man", created two remarkable evenings in the festival tent in 2002. The evenings included the Big

gung, in den ersten beiden Jahren, 2002 und 2003, die Reihe «21st Century Renaissance» mitzugestalten und durch eigene Arrangements und Kompositionen zu prägen. Gruntz, der in der Welt des Jazz auch als «Renaissance-Man» bezeichnet wird, gestaltete beim Festival 2002 mit der Big Band de Lausanne, dem Orchestre de la Suisse Romande, Elementen aus Volksmusik (Geschwister Schönbächler) und Jazz (Erika Stucky) zwei denkwürdige Abende im Festivalzelt, die in nachhaltiger Erinnerung blieben und eindrücklich Menuhins Vision von der grenzenlosen Einheit von Volksmusik, klassischer Musik und Jazz demonstrierten. Das Eröffnungskonzert des Festivals 2002 war denn auch sinnbildlich für das Neue: der berühmte Barockgeiger Giuliano Carmignola spielte Vivaldis «Vier Jahreszeiten», ehe der Pianist George Gruntz am Klavier während einer Stunde über die viel gespielte Musik improvisierte.

Für das Festival 2003 schrieb George Gruntz gar eine Jazz-Oper zur Zauberflöten-Thematik. Dieses schon monumentale Werk wurde an einem Wochenende zusammen mit Mozarts Zauberflöte uraufgeführt, mit weltbekannten Sängern und Instrumental-Solisten aus der Jazz-Welt. Schlagartig hat sich das «neue» Gstaad im Bewusstsein der Fachwelt, der Presse, der Musiker, aber auch des Publikums etabliert. Eine breite Öffentlichkeit hat davon Kenntnis genommen, dass in Gstaad «etwas» passiert und man offenbar Lust auf Neues bekundet.

Die Projekte mit Gruntz waren im Nachhinein gesehen mit viel Risiko belastet, finanziell und logistisch sehr aufwändig, weil personalintensiv. Diese wären denn auch ohne Mäzene und Sponsoren nie denkbar gewesen. Aber sie waren Initialzündung für einen Neuanfang und von grossem künstlerischem Wert, der am Schluss haften blieb und weit über die Landesgrenzen hinaus erkannt und anerkannt wurde. Bedeutende Festivals und Konzertveranstalter in Europa und den USA haben seither Ausschnitte aus Gruntz' Gstaader Konzerten übernommen.

Seit dem Festival 2002 wird nun jeweils ein Musiker beauftragt, ein Werk zu schreiben. Nach Gruntz' «Magic of a Flute» schrieb im Jahre 2004 der Schweizer Jazz-Saxophonist und Komponist Daniel Schnyder ein «Konzert für Alphorn» und Sinfonieorchester, welches vom Sinfonieorchester Basel unter der Leitung von Kristjan Järvi uraufgeführt wurde. Schnyder, ein Musiker der jüngeren Generation, aber mittlerweile einer der meist gespielten Schweizer Komponisten im Ausland, schrieb für das Jahr 2005 eine Kammeroper zur Beziehung Casanova-Mozart, die im Rokoko-Saal des Hotel Palace im August 2005 uraufgeführt wurde.

Band de Lausanne, L'Orchestre de la Suisse Romande, elements of folk music (the Schönbächler sisters), and jazz (Erika Stucky), and they impressively demonstrated Menuhin's vision of the borderless unity of folk, classical, and jazz. The opening concert of the 2002 festival also symbolized the departure into the new, in the form of the famous baroque violinist Giuliano Carmignola. He played Vivaldi's Four Seasons prior to pianist George Gruntz improvising over the much-performed music for an hour.

For the 2003 festival, George Gruntz even composed a jazz opera to the theme of The Magic Flute. This monumental piece was performed on one weekend together with Mozart's Magic Flute. World famous singers and instrumental soloists from the world of jazz participated. All of a sudden, the "new" Gstaad festival had established itself in the eyes of experts, the media, musicians, and audiences. The public at large took note that something new was happening in Gstaad.

In retrospect, the projects with Gruntz were fraught with risk, both financially and logistically (because a lot of staff was needed). They would not have been possible without patrons and sponsors. But they were also the fuel for the fire that heralded a new beginning. They were highly important artistically, and became known and acknowledged the world over. Famous festivals in Europe and the US have since adopted elements of Gruntz's Gstaad concerts.

Since the 2002 festival, one musician has been commissioned every year to compose a piece. After Gruntz's The Magic Flute, in 2004 the Swiss jazz saxophonist and composer, Daniel Schnyder, composed a Concert for Alphorn and Symphony Orchestra. It was world premiered with the Basel Symphony Orchestra led by Kristjan Järvi. Although a musician of the younger generation, Schnyder is already one of Switzerland's most performed composers abroad. In 2005, he wrote a chamber opera about the relationship between Casanova and Mozart which was world premiered in the Salle Baccarat of the Palace Hotel Gstaad in August 2005.

The French jazz musician Jacques Loussier, who became world famous with his 'Play Bach' programs, is to write a violin concerto for the 2006 festival at which the 90th birthday of Lord Menuhin will be celebrated. Loussier accompanied Menuhin during his explorations with improvisation in the 1960s, and Menuhin invited him on numerous occasions to the Bath Festival.

Alongside these hallmark events, exciting but much smaller improvisation days took place from 2002 on under the umbrella of the re-named 'Today's Music' track. Musicians such as the

Der französische Jazzmusiker Jacques Loussier, welcher durch seine «play Bach»-Programme weltberühmt wurde, wird im Auftrag des Festivals ein Violinkonzert zum 90. Geburtstag von Lord Menuhin im Jahre 2006 schreiben. Er hat Menuhin unter anderem in den 60er Jahren begleitet bei seiner Annäherung an improvisierte Musik und Menuhin lud ihn mehrmals an sein Festival nach Bath ein.

Neben diesen grossen Anlässen fanden in kleinerem Umfeld der «Todays Music» – so der neue Titel der experimentellen Reihe ab 2004 – seit 2002 höchst spannende «Improvisationstage» statt. Musiker wie der Menuhin-Schüler Volker Biesenbender und der Organist Rudolf Lutz unterrichteten während einer Woche zum Thema «Improvisation»; in abschliessenden Konzerten trafen sich Improvisationskünstler aus Klassik, Barock, Jazz und Rock zu bunten «Stilblüten», wo der freien Kunst der Improvisation gefrönt wurde.

Menuhin student Volker Biesenbender and the organist Rudolf Lutz, taught the art of improvisation over the course of one week. These sessions concluded in concerts with improvisation artists from the worlds of classical, baroque, jazz, and rock music, who came together in a musical kaleidoscope as they indulged in the art of free improvisation.

The chamber music concerts were increasingly performed around a famous Artist in Residence, who in the spirit of the Menuhin-era stayed for a few days in Gstaad and played chamber music amongst friends in a relaxed atmosphere. Joshua Bell, Alfred Brendel, and András Schiff were the Artists in Residence for 2003, 2004 and 2005 respectively. With them great stars returned to Saanen church, and at the same time the unique atmosphere of intimate chamber music concerts in the wonderful Mauritius Church was revived.

Impressionen der Kammeroper «Casanova» von Daniel Schnyder im Saal des Palace Hotel Gstaad. | *The Chamber Opera Casanova by Daniel Schnyder at the Palace Hotel Gstaad.*

GSTAAD UND DIE MENUHINS { 251 }

Die Kammermusik-Konzerte wurden vermehrt rund um einen bekannten «Artist in Residence» formiert, welcher, im Geiste Menuhins, während einigen Tagen in Gstaad weilte und «Kammermusik unter Freunden in entspannter Atmosphäre» spielte. Joshua Bell, Alfred Brendel und András Schiff waren in den Jahren 2003, 2004 und 2005 diese repräsentativen Persönlichkeiten, mit denen einerseits grosse Stars in die Kirche Saanen zurückkehrten, aber anderseits auch die einzigartige Atmosphäre der intimen Kammerkonzerte in der herrlichen Mauritiuskirche eindrücklich zum Tragen kam.

Im Jahre 2003 begann eine vorerst auf fünf Jahre vereinbarte Zusammenarbeit mit der britischen «HSBC Private Bank». Im Zuge dieses langjährigen Engagements war es möglich, mit einem der weltweit führenden Sinfonieorchester, dem London Symphony Orchestra, eine mehrjährige Zusammenarbeit einzugehen. Mit dem LSO reiste nicht nur ein Orchester an, welches sich der grossen Sinfonik der Romantik und Moderne verschrieben hat und damit gut in den Zyklus passt, sondern auch eine Familie der weltweit bekanntesten Künstler wie Sir Colin Davis, Valery Gergiev, Bernard Haitink, Maxim Vengerov usw. Das LSO und das Menuhin Festival haben für die Jahre 2004, 2005 und 2006 eine wachsende Zusammenarbeit vereinbart, die im Jahre 2006 in drei Konzerten des LSO gipfelt. Bereits wurden für die Jahre 2008 und 2009 Projekte fixiert, welche sogar noch über den üblichen Konzertrahmen hinausgreifen. Im Zuge der «LSO-Euphorie» konnten aber auch andere hervorragende Orchester gewonnen werden wie das Russian National Orchestra mit Rostropovich, das Bayerische

In 2003, a five-year sponsorship cooperation with the British HSBC Private Bank was initiated. Due to this multi-year commitment it was possible to begin a long term collaboration with one of the world's leading symphony orchestras, the London Symphony Orchestra (LSO). With the LSO being dedicated to great symphonies of the romantic and modern eras, it was perfect for the Orchestral Concerts and Opera track of the festival program. But with the LSO, the festival also gained a family of world-renowned artists, such as Sir Colin Davis, Valery Gergiev, Bernhard Haitink, and Maxim Vengerov. The LSO and the Menuhin Festival agreed on a growing collaboration for 2004, 2005, and 2006, climaxing with three concerts for 2006. For 2008 and 2009, project plans are already set that go even beyond the usual concert frame. With the excitement over the collaboration with the LSO, it became possible to win over other excellent orchestras, such as the Russian National Orchestra with Rostropovich, the Bavarian National Orchestra with Zubin Mehta, Vladimir Ashkenazys' Euopean Union Youth Orchestra, and the fantastic Mahler Chamber Orchestra with its charming young star Daniel Harding.

With the long term commitment of the London Symphony Orchestra, a new benchmark in the area of symphonies was set, and the orchestral music track of the program was rendered comparable to the performances of the chamber music track with such personalities as Brendel, Bell, and Schiff. These two festival tracks were able to record seven to ten percent year-on-year increases in audience numbers. In 2005, the festival lured over 19,000 people to Saanenland for the first time since 1996, and media coverage reached record highs.

The positive development of the image, audience numbers, perception, and charisma of the festival also led to new avenues for fundraising. Since 2003, a Club des Sponsors Privés has brought together patrons who give supplementary donations over and above the normal supporter amount. Also since 2003 a new

01 Peter F. Braunwalder (HSBC Private Bank), mit/*with* Daniel Schnyder.
02 Daniel Schnyder.
03 Volker Biesenbender.

▶

04/05 Begeisterten bereits mehrmals in Gstaad: Sir Colin Davis und das London Symphony Orchestra. | *They have already impressed several times in Gstaad: Sir Colin Davis and the London Symphony Orchestra.*

Staatsorchester mit Zubin Mehta, Vladimir Ashkenazys European Union Youth Orchestra oder das fantastische Mahler Chamber Orchestra mit seinem charismatischen Jungstar Daniel Harding.

Mit der langfristigen Verpflichtung des London Symphony Orchestra wurde im sinfonischen Bereich ein Markstein gesetzt, der dem Image der Kammermusikkonzerte um Persönlichkeiten wie Brendel, Bell oder Schiff entspricht. Diese beiden Zyklen durften seit 2002 auch einen stetigen Publikumszuwachs verzeichnen, jährlich zwischen sieben bis zehn Prozent. Das Festival 2005 lockte erstmals seit 1996 wieder über 19 000 Menschen ins Saanenland und die Medienberichterstattung erreichte im Jahre 2005 Rekordhöhe.

Die positive Entwicklung des Images, der Publikumszahlen, der Wahrnehmung und der gesamten Ausstrahlung des Festivals führte auch zu neuen Wegen in der Mittelbeschaffung. Ein «Club des Sponsors privés» fasst seit 2003 Mäzene zusammen, welche bereit sind, über den Gönnerbeitrag hinaus jährlich einen grösseren Betrag zur Verfügung zu stellen. Eine im

foundation created by the administrative board provides additional funds to special projects of the Menuhin Festival.

The years 2002 to 2006 are considered a new beginning, and one can say with confidence that the issue of the Menuhin succession has been resolved and the new path for the festival has been found.

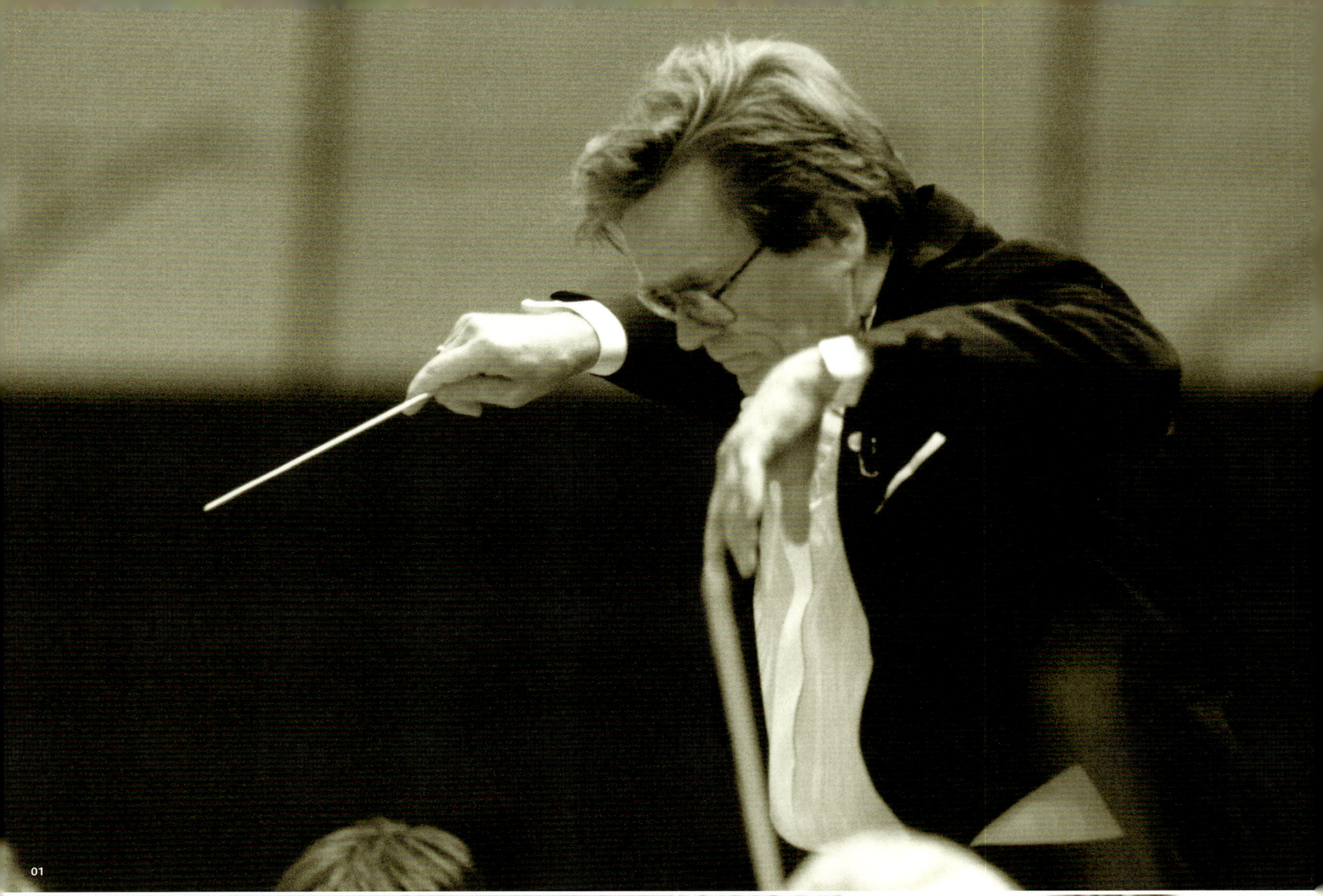
01

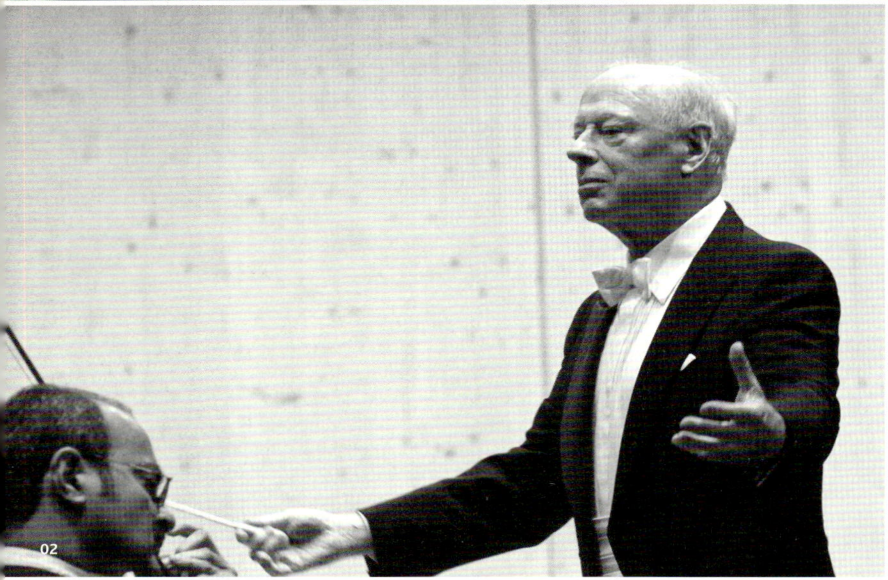
02

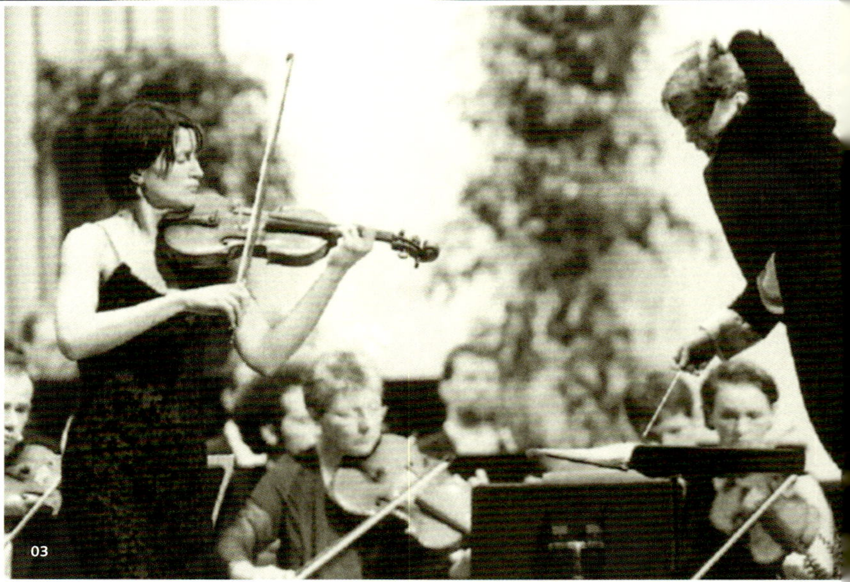
03

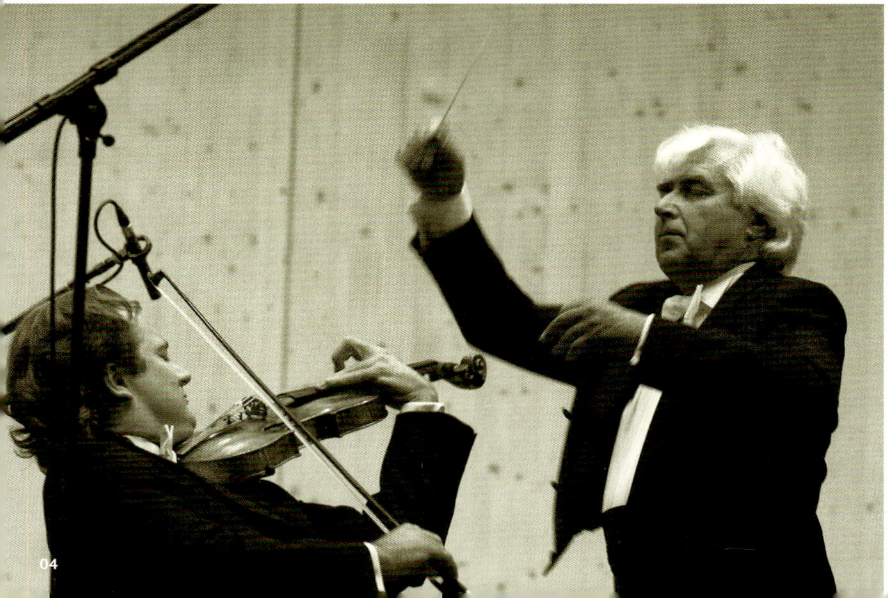
04

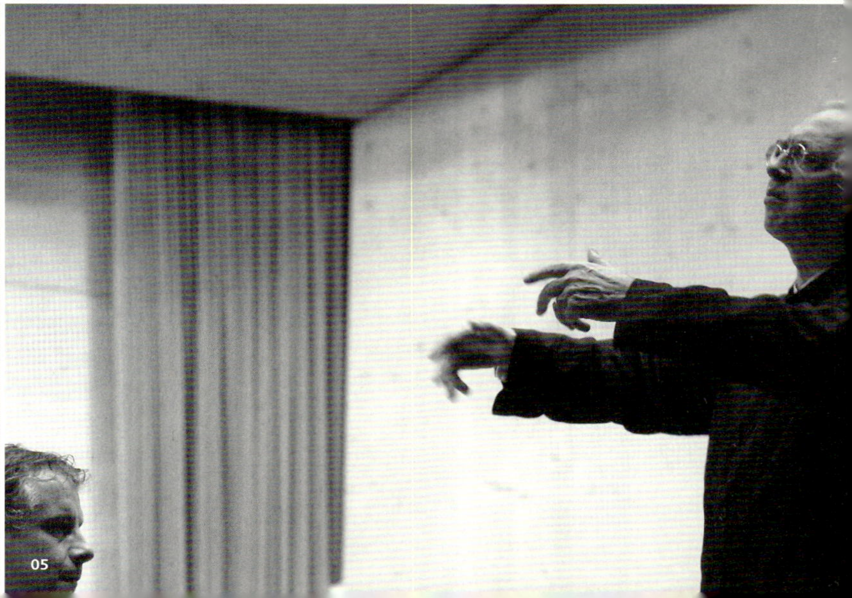
05

Jahre 2003 von Verwaltungsräten neu geäufnete Stiftung stellt zu Gunsten spezieller Projekte des Menuhin Festivals zusätzliche Mittel zur Verfügung.

Die Jahre 2002 bis 2006 waren als Neustart konzipiert, und es kann getrost gesagt werden, dass die Menuhin-Nachfolgeregelung nun gelöst und die Form gefunden ist, wie sich ein Festival, welches während 40 Jahren von einer so schillernden, charismatischen Persönlichkeit geprägt wurde, in der Zukunft positionieren kann. Das Menuhin Festival hat einen Weg gefunden, das Erreichte zu wahren und es in einem neuen Licht des 21. Jahrhunderts zu präsentieren, immer mit der unerschöpflichen Inspirationsquelle des Festivalgründers als Ausgangspunkt.

Das Menuhin Festival Gstaad ist wieder vital, farbig und lebendig wie in seinen besten Zeiten.

With its new form, the festival, characterized for over 40 years by a dazzling charismatic personality, can position itself for the future. The festival has found a way to maintain the proven elements, and to present them in the new light of the 21st century, always drawing from the inexhaustible well of inspiration of the festival founder.

As in its best times, The Menuhin Festival Gstaad is once again vital, colorful, and full of life.

◀
Die «Klassischen»: | *The classical:*
01 Vladimir Fedoseyev. 02 Bernard Haitink. 03 Viktoria Mullova und/*and* Daniel Harding. 04 Renaud Capuçon und/*and* Dmitrij Kitajenko. 05 Philippe Herreweghe.

▲
Die «Modernen»: | *The modern:*
01/02 Bobby McFerrin. 03 Uri Caine.

«In England bin ich ein Lord,
          in der Schweiz ein Schweizer.»

Yehudi Menuhin

BETRACHTUNGEN
REFLECTIONS

258 Voix originale: Michel Convers, Cornelio Sommaruga: Yehudi Menuhin / Fonds Mozart
260 «L'invention du musicien philanthrope»
261 Originalstimme Werner Schmitt: Gstaad als «Geburtsort von MUS-E»
263 Originalstimme Svend Peternell: Die Vision Opernhaus im Berg
264 In their own words: Daniel Hope: Gstaad – My first musical experiences
267 Originalstimme Reto Reichenbach: Geblieben ist die Dankbarkeit
269 Originalstimme Urs Frauchiger: Yehudi Menuhin – Musikerzieher im weitesten Sinn
270 András Schiff – ein Freund Menuhins, erhielt einer der letzten Briefe | *András Schiff – a Menuhin friend who received one of his last letters*
272 Yehudi Menuhin – sein eigener Arzt | *Yehudi Menuhin – his own doctor*
273 Originalstimme Max Kopp: Ein Blick zurück auf die Anfänge im Sponsoring
274 Originalstimme Rolf P. Steiger: Begegnung mit Yehudi Menuhin
276 Originalstimme Hans-Ulrich Tschanz: Unterwegs mit Yehudi Menuhin
278 Yehudi Menuhin Philosophenweg | *Yehudi Menuhin Philosopher's Path*
279 Ehrungen im Saanenland | *Recognitions in Saanenland*

◂ Festival-Zelt in Gstaad. | *Festival tent in Gstaad.*

Betrachtungen

VOIX ORIGINALE | Michel Convers, Cornelio Sommaruga

Yehudi Menuhin / Fonds Mozart

Si Lord Menuhin est entré dans l'histoire alors qu'il était encore en vie, c'est grâce essentiellement à la très grande sensibilité avec laquelle il interprétait d'abord, puis dirigeait les grandes œuvres du répertoire musical dans son ensemble ; son génie faisait la quasi unanimité parmi les mélomanes. Mais ceux qui ont lu ses œuvres, entendu ses interviews, ou eu le grand privilège de le côtoyer, ont pu découvrir qu'à côté de l'interprète et du Maestro, il y avait une personnalité composée de plusieurs facettes, toutes plus riches, nobles et intéressantes les unes que les autres.

L'une d'elles, qui est en fait davantage qu'une facette, mais une composante de sa personnalité, est l'intérêt qu'il portait à tout ce qui concerne l'humanité, son présent comme son avenir. Les problèmes de société, les questions relatives à la science, la philosophie, la politique, rien ne le laissait indifférent. Son esprit était toujours en éveil; comme il était très créatif, il avait presque toujours une solution, souvent originale, aux problèmes qui pouvaient se présenter.

Parmi les préoccupations majeures qui étaient les siennes, on trouve les conflits qui déchirent les peuples, avec toutes les souffrances qu'entraînent les guerres, et les problèmes écologiques qui grèvent l'avenir de l'humanité. Estimant qu'il est nécessaire de réagir face à une situation dramatique, il s'est battu pour apporter sa contribution à l'allègement des souffrances humaines et à la solution des problèmes par la prévention. Il était convaincu que la musique pouvait y contribuer, en faisant par exemple jouer ensemble des musiciens provenant de pays en guerre. Cette créativité, doublée d'une grande générosité, l'ont amené à œuvrer à la mise sur pied d'un fonds, intitulé le «Fonds Mozart», qui avait comme objectif de financer des projets visant à la prévention de problèmes pouvant menacer le bien-être de l'humanité d'une part, et financer des actions de protection et d'assistance à des victimes de conflits. Examinons plus en détail ce qu'aurait dû être ce fonds, dont l'édification a été interrompue par le décès subit du Maestro.

L'idée est née au début de 1989 au cours d'une conversation entre Sir Yehudi et l'un de ses amis, Richard Baechi, Directeur de la Tonhalle de Zurich. 1991, année de la commémoration du 200ᵉ anniversaire de la mort de Mozart, allait être l'occasion de nombreux concerts et festivals au cours desquels les œuvres de ce grand compositeur seraient interprétées. Mozart, à qui l'humanité doit tant, est pourtant mort dans la misère; les droits d'auteur n'existaient pas à cette époque. Afin de nous acquitter de notre dette à son égard, on pourrait envisager que, sur une base volontaire, une part des profits des concerts, de même des cachets des artistes, soient versés à un fonds à créer, dont la raison d'être serait la prévention des conflits et l'allègement des souffrances qui en découlent.

Grande et noble idée que Yehudi Menuhin décida de soumettre à une institution à laquelle il vouait un profond respect et une grande admiration. Dans une lettre adressée en février 1989 à son président de l'époque, il expose son projet. Celui-ci fera l'objet d'un échange de vue approfondi un peu plus tard, lors d'une rencontre à Gstaad du Maestro et des signataires de cette note avec la participation de Richard Baechi. La conclusion retenue pour l'année Mozart était la création du Fonds Mozart, financé sur une base volontaire; le produit irait pour moitié à des actions de prévention conduites par des organisations diverses à désigner de cas en cas, et au CICR pour l'autre moitié en faveur de ses actions de protection et d'assistance aux victimes de conflits.

Mais très vite, on s'aperçut que l'ambition du Maestro ne s'arrêterait pas à l'année Mozart. La lutte contre les menaces planant sur l'humanité et l'allègement des souffrances des victimes des conflits armés nécessitent des moyens importants. Le nouveau projet de Lord Menuhin visait à établir un «domaine public payant» pour les œuvres de musique qui ne sont plus protégées par le droit d'auteur parce que les délais de protection ont expiré. La redevance obtenue de cette manière (son taux était à définir) serait destinée à des œuvres qui visent le soulagement et la prévention de la souffrance, de catastrophes humaines. Cela reviendrait, en somme, à destiner les droits d'auteur, desquels les Grands Maîtres comme Mozart n'ont jamais bénéficié, à de grandes œuvres de prévention. La base volontaire était abandonnée; il fallait pour cela obtenir que les lois nationales et les traités internationaux dans le domaine du droit d'auteur soient modifiés afin d'exiger une redevance pour l'utilisation d'œuvres musicales appartenant au domaine public, non protégées par le droit d'auteur, donc actuellement gratuite. Ces redevances seraient dues pour la radiodiffusion, la télédiffusion, l'exécution publique et la reproduction d'œuvres musicales du domaine public.

Le processus de mise sur pied de cet ambitieux projet s'est rapidement heurté à d'importants obstacles; le premier, c'est que les salles de concert sont souvent déficitaires et vivent grâce à des subventions publiques; le deuxième, ce sont les intérêts économiques en jeu dans l'industrie discographique; enfin la modification de lois et traités internationaux nécessite une volonté politique qui n'était pas perceptible en l'occurrence.

Mais nous avons constaté dans le processus de construction de ce projet, qu'aucun obstacle n'était de nature à décourager, encore moins arrêter Lord Menuhin dans ses efforts inlassables.
Entouré d'un groupe d'amis, de personnalités reconnues et de professionnels de la branche, il avançait sans se fatiguer. Bénéficiant du très grand prestige que lui conférait sa carrière musicale, il a rencontré chefs d'Etat, de gouvernements, ministres, parlementaires nationaux et internationaux, commissaires européens pour obtenir souvent avec succès leur appui. Le temps a malheureusement manqué à cet homme prestigieux pour atteindre son objectif, si jamais il pouvait être atteint.

Cet exemple du Fonds Mozart nous a permis de mieux connaître un homme exceptionnel qui force l'admiration. Profondément préoccupé par le sort de l'être humain, qu'il aimait du plus profond de son cœur, il a tout fait ce qui lui était possible pour améliorer son sort. Très généreux dans tous les sens du terme, il a personnellement contribué de manière substantielle au Fonds qui lui tenait tant à cœur.
Nous avons eu plusieurs fois le privilège de côtoyer à Gstaad et ailleurs «notre» Maestro et c'est aussi pour cela que nous gardons de ce grand artiste, dont l'ambition allait jusqu'au rêve, un souvenir lumineux.

Aubonne / Genève, 3 octobre 2005

Dr. Dr.h.c. Cornelio Sommaruga | *Il a exercé la fonction de diplomate dans différents pays et a représenté la Suisse à Genève dans nombre d'institutions internationales.*
En 1987, il devient président du comité international de la Croix Rouge (CICR), poste qu'il a occupé jusqu'en 1999. Il est actif depuis lors dans diverses autres organisations humanitaires.

---

273 ★ 28.11.89
Dienstag, 28. November 1989   FEUIL

Tantiemen für Mozart?

Yehudi Menuhin gründet einen Fonds und baut eine Oper im Berg

Sir Yehudi Menuhin ist bekannt für seine guten Taten auch auf außermusikalischen Gebieten. Jetzt hat er einen neuen Plan, von dem er uns in einem Gespräch anläßlich einer Tournee erzählte, die er teils mit der Staatsphilharmonie Rheinland-Pfalz, teils mit dem English Chamber Orchestra absolviert. In Hamburg übernahm er die Leitung einer Aufführung vom „Deutschen Requiem" von Brahms, das er erstmals dirigiert. Mit Sir Yehudi sprach Wolf-Eberhard von Lewinski.

Sir Yehudi, Sie geben heute in Kempten ein Konzert mit dem Bayerischen Rundfunk-Sinfonieorchester, führen Mozart auf. Es soll eine Wohltätigkeits-Veranstaltung sein – zu wessen Gunsten?

Ich möchte eine Idee von Herrn Bächi, dem Zürcher Orchesterdirektor, aufgrei-

Kann Musik wirklich von sich aus den Menschen positiv beeinflussen?

Ja, unbedingt. Musik kann ausgleichend wirken. Der ganze Körper ist eingeschlossen, besonders bei jenen, die musizieren. Das Denken, das Intellektuelle, das Muskuläre, Seelische ist einbegriffen – man wird wieder eins.

stande kommen. Es gibt Geld dort. Es gäbe ein für die Schweiz relativ zentral gelegenes Haus. Ich habe schon mit einem Architekten gesprochen, mit dem Chinesen Pei, der die Pyramide im Louvre baute und in Dallas, in Texas, ein fabelhaftes Konzerthaus errichtete. Er ist ein Jahr jünger als ich, also zweiundsiebzig, will diesen Plan gern annehmen – und zwar nach meiner Idee, das ganze Opernhaus in einen Berg zu bauen, so daß die Umwelt überhaupt nicht belastet wird, nichts von außen zu sehen ist, was stört, alle Zufahrten unterirdisch liegen. Pei wird im Februar nach Gstaad kommen. Noch ist er mit dem höchsten Gebäude in Hongkong, Bank of China, befaßt. Er ist dort nicht

Zeitungsausschnitt: Die «Süddeutsche Zeitung» befasst sich mit Menuhins Visionen und Projekten.
Newspaper clipping: the 'Süddeutsche Zeitung' addresses Menuhin's visions and projects.

Betrachtungen

CULTURE D'HUMANITÉ

L'invention du musicien philanthrope

Yehudi Menuhin en 1947

Les musiciens n'ont pas été les derniers à mettre leur talent au service d'une grande cause ou d'une grande œuvre. Soucieux de bienfaisance, ils ont aussi tiré de cette ouverture à l'autre une sensibilité qui a oxygéné leur art musical et amplifié la densité de leur génie, démontrant combien la musique peut élever et célébrer notre part d'humanité.

A la mort de Franz Liszt en 1886, on ne trouva dans les affaires du célèbre pianiste et compositeur que quelques pièces de vêtements assorties de boutons de manchette. Comment un homme qui vécut dans l'adulation de ses disciples, qui était reçu dans certaines villes de Hongrie ou d'Allemagne comme un chef d'État, et devant qui, en plein concert, les dames des Cours princières se dépouillaient de leurs bijoux qu'elles jetaient à ses pieds, put-il finir ses jours dans un tel état de précarité?

Il n'y a là aucun mystère : Liszt qui fut l'inventeur du récital et dont la notoriété, en considération de l'époque, fut certainement supérieure à celle des Beatles, préféra la gestion de son image à celle de son patrimoine. Une stratégie conditionnée non par l'ambition mais par la volonté de soutenir des causes. Très jeune, avant une entrée dans les ordres, le pianiste fit de l'intérêt pour autrui son mot d'ordre, et presque le ferment de sa création. De fait, Liszt visitait des prisons, des hospices, il allait voir des condamnés à mort. Du visiteur de prison au bienfaiteur public, il n'y avait qu'un pas. Qu'une épidémie se déclarât, qu'une inondation laissât des populations entières dans la déshérence, Liszt fut le premier à mettre son art au service des réfugiés ; il fut l'inventeur des concerts de charité. Ce qu'il fit, nul ne l'avait fait avant : ni Haydn, ni Mozart, ni Beethoven, ni Schubert, ni Chopin. La musique était encore le faire-valoir des royautés, des mécènes ; elle commençait à peine à devenir un gagne-pain. Et Liszt, qui sut monnayer la musique, rendit à la société ses gratifications sous forme de dons gracieux aux démunis.

Dépasser l'individualisme du virtuose

Son geste fit des émules. Il n'est pas une biographie de grand interprète qui n'insiste sur son rapport à la charité : Callas chanta pour les Chevaliers de Malte ; Charles Munch dirigea Berlioz pour la Croix Rouge ; le contralto Katleen Ferrier sillonna l'Angleterre entre 1941 et 1943 allant d'église en entrepôt, d'école en camp militaire pour interpréter Purcell ou Frank Bridge ; le pianiste chilien Claudio Arrau, dont nous célébrons cette année le centième anniversaire, au plus fort de la dictature apporta sa contribution à Amnesty International… Les exemples sont légion, parsemés parfois d'images fortes, comme celle du violoncelliste Mstislav Rostropovitch se produisant devant le mur de Berlin ou au milieu des ruines de la bibliothèque de Sarajevo. Il faudrait aussi insister sur le cas du violoniste Yehudi Menuhin qui donna, entre 1940 et 1945, des centaines de concerts au profit des forces alliées et d'organisations de bienfaisance. Dans une lettre à sa sœur, le très jeune Yehudi évoquait la prise de conscience que fit naître en lui cette rencontre avec la souffrance : il dénonçait son « manque de contact » avec la vie, son « enfermement » dans l'univers musical. Une découverte qui lui permit de dépasser l'individualisme, presque névrotique, du virtuose pour conquérir une autre dimension, apporter une respiration humaine à son jeu.

Liszt, et un siècle plus tard, Mehuhin avaient compris les vertus interactives de l'art dans la pratique du don. Et si l'altruisme régénérait l'art? Cette question vaut qu'on y pense… ✚

Pierre Maréchaux

ORIGINALSTIMME | Werner Schmitt

Gstaad als «Geburtsort von MUS-E»

... es war ein wunderschöner und sonniger Tag, der 31. August 1992 in Yehudis einmaligem Chalet in Gstaad, als ein Projekt seinen Anfang nahm, welches später zu einer der wichtigsten Initiativen wurde, die Yehudi Menuhins Namen neben seiner Genialität als «der Geiger des 20. Jahrhunderts» in Erinnerung behalten werden. Yehudi Menuhin war neben vielen anderen Ämtern von 1993 bis 1999 Präsident der ESTA (European String Teachers Association), der in 29 europäischen Ländern vertretenen Fachorganisation für Streicherpädagogik.

Durch meine langjährige Tätigkeit als Kassier und Mitglied des Zentralvorstandes der ESTA habe ich Yehudi Menuhin kennen gelernt. An dem besagten sonnigen Herbsttag in Gstaad besprachen wir Fragen der ESTA und, nachdem wir dieses Gespräch abgeschlossen hatten, erzählte ich ihm von meinen Sorgen am Konservatorium Bern. Kurzfristige massive Budget-Kürzungen hatten im Jahr 1991 einen Aufnahmestopp für alle neu eintretenden Schülerinnen und Schüler zur Folge.

Wir waren uns einig, dass eine wirksame und tiefgreifende europaweite Initiative dringend notwendig sei, um den Künsten beginnend in der Bildung auf allen Stufen eine zentrale Rolle zukommen zu lassen. Das Verständnis für die Werte der Kunst könne insbesondere in einer multikulturellen Gesellschaft grosse soziale Probleme verhindern.

Offenbar hatte dieses Gespräch seine Visionen beflügelt, denn zwei Wochen später rief er mich an und teilte mir mit, dass er mit dem damaligen Generalsekretär der UNESCO, Federico Major, ein Treffen in Paris vereinbart habe, um über das Thema zu sprechen, das uns in Gstaad gemeinsam bewegte. So trafen wir uns zusammen mit Marianne Poncelet, der Generalsekretärin der International Yehudi Menuhin Foundation (IYMF), in Paris und konnten erfreut feststellen, dass wir bei Federico Major offene Türen einrannten. Er gab uns den Rat, wir müssten aus unserer Idee ein Projekt entwickeln. So kam es dann vom 27.–29. August 1993 in Gstaad zur ersten Vorbereitungskonferenz, welche schliesslich in das Projekt MUS-E[1] mündete.

Der damalige Erziehungsdirektor des Kantons Bern, Regierungsrat Peter Schmid, übernahm das Patronat über die Konferenz und mit Hilfe von Eleanor Hope und Hans-Ulrich Tschanz konnten sich die teilnehmenden Expertinnen und Experten aus den Bereichen Schule, Musikerziehung und Psychologie aus acht europäischen Ländern durch den Besuch eines Gala-Konzertes in das Menuhin Festival integriert fühlen.

In seiner Eröffnungsansprache zu dieser historischen Konferenz zeigte sich, dass Yehudi Menuhin bereits sehr klare Vorstellungen in sich trug, welche er mit der Metapher des musikalischen Interpreten so ausdrückte:

"I think, that this first conference is a musical one: you and I have the same intention, the same aspiration, but I do not think that many of us have the real experience on which this project has to be based. ... music exists in time. When you start a piece, you have already in mind the whole ark of a piece as an ark of a life, as section of existence. We don't start a piece and play from note to note as some people do, we start a piece and good musicians know that we start building a life even if it is only forty minutes or five minutes, it is an existence."

Diese Sätze zeigen, dass für ihn Musik Leben bedeutete und die Kunst uns lehrt, Prozesse des Lebens zu steuern. Seine Konferenzbeiträge waren immer wieder von grosser geistiger Tiefe geprägt. So sagte er beispielsweise zur Bedeutung der Stille in der Musik:

"... listening, not only to music, to nature, and participation. Silence is a form of participation."

Die aufgrund der Konferenz-Resultate entstandene Einsicht, dass uns die Künste lehren, sich und den Nachbarn besser zu verstehen, führte zu den Guidelines von Gstaad des Projektes MUS-E. Diese beinhalten die in den Stundenplan einer ganzen Klasse integrierte regelmässige Arbeit von Künstlerinnen und Künstlern mit den Kindern und die Wirkung ihrer Aura auf deren emotionale und körperliche Sensibilisierung.

Heute, im Jahr 2006, ist der Beweis in 16 europäischen Ländern in 1500 Schulklassen längstens erbracht, dass sich die in Gstaad entstandenen Einsichten bestätigten: Die Künste erziehen zu Respekt und Toleranz, die Lernmotivation für die kognitiven Fachgebiete wird gefördert und nicht zuletzt wird allen Kindern Gefühl und Verständnis für die verschiedensten künstlerischen Ausdrucksformen ermöglicht.

Das Projekt MUS-E führte zu einem engen Kontakt und einer tiefen Freundschaft zu Yehudi Menuhin. Wir trafen uns an den verschie-

Menuhin und die Schüler vom Gäbelbach

Mit Musik, Tanz, Ausdruck, Theater und Gesang werden Aggressionen in Schulklassen abgebaut. Die Schule Gäbelbach setzt ein von Yehudi Menuhin europaweit initiiertes Projekt für die Schweiz um.

◆ **Urs Lüthi**

Im Kreise sitzend finden der Perkussionist Marco Santschi und die Drittklässler der Lehrerin Dora Fawer zusammen einen Rhythmus. Bei jedem Unterbruch improvisiert ein anderes Kind ein kleines Solo. Was vor einigen Monaten noch eher chaotisch gewirkt hat, tönt nun ganz ansprechend. Marco Santschi ist neben der Tänzerin Rosy Walker und dem Theaterpädagogen Hanspeter Utz einer von drei Kulturschaffenden, welche am Projekt «Mus-e» an der Schule Gäbelbach mitarbeiten.

«Mus-e» ist ein internationales Projekt, das der amerikanische Violonist und Dirigent Yehudi Menuhin zusammen mit Werner Schmitt, dem Leiter des Konservatoriums, und der Musikschule Bern ins Leben gerufen hat. Wie Madeleine Renner, Sachbearbeiterin im städtischen Schulamt und Projektkoordinatorin für die Schweiz, an der gestrigen Medienorientierung darlegte, sollen mit Hilfe von Musik, Bewegung, Tanz, Ausdruck, Theater, Gesang und Zeichnen Aggressionen in den Schulklassen abgebaut werden. Bern ist bisher die einzige Schweizer Gemeinde, die sich am Pilotprojekt beteiligt. «Mus-e»-Programme laufen zudem in Belgien, Deutschland, Frankreich, Portugal, Spanien, Ungarn, Grossbritannien und Estland.

Ausbau ist geplant

Ideell unterstützt von der Menuhin-Stiftung und finanziert durch den Gfeller-Fonds hoffe sie im nächsten Schuljahr weitere Projekte auslösen zu können, sagte gestern Schuldirektorin Claudia Omar (LdU). Denn eine Nationalfonds-Studie habe klar aufgezeigt, so Omar, dass «der Einbezug von Musik in der Erziehung bessere Konzentration, ein besseres Gedächtnis und bessere Leistungen» ermöglicht. Durch die Aktivierung aller Sinne würden die Kinder ausgeglichener, aufnahmebereiter und könnten Konflikte leichter lösen.

Man lebe deswegen nicht plötzlich in einer «heilen Welt», ergänzte die Gäbelbach-Lehrerin Gertrud Thommen. Aber sie lerne die Kinder eindeutig von einer andern Seite kennen. Durch den Einbezug von Schlaginstrumenten entdecke ein Mädchen plötzlich neues Selbstvertrauen. Verhaltensauffällige Kinder lernten sich in eine Gruppe einzugliedern.

Über mehrere Jahre

«Mus-e» – «e» steht laut Werner Schmitt für Erziehung und Europa – ist eigentlich eine Weiterentwicklung des Projekts Kulturvermittlung/Kulturpädagogik, das in Bern seit 1987 läuft. Diese Projekte laufen jedoch nur ein Quartal oder ein Semester. «Mus-e» wird jedoch über mehrere Jahre an derselben Klasse durchgeführt. Eine Künstlerin oder ein Künstler arbeitet jeweils während zwei Lektionen pro Woche mit der Klasse. Während zehn weiteren Wochenlektionen wird zudem das Thema in den normalen Unterricht einbezogen.

Getestet wurde das Projekt bereits zwischen 1993 und 1996 an zwei Klassen im Schulhaus Muesmatt. Eine Auswirkung jenes Experiments ist laut Werner Schmitt, dass kaum in einer andern Klasse in Bern derart viele Kinder Musikinstrumente spielen lernen. ◆

Volle Konzentration auf den Rhythmus: Die Drittklässler der Schule Gäbelbach suchen auf ihren Instrumenten den richtigen Ton – auch im Umgang untereinander.
BILD URS BAUMANN

Erschienen im Berner «Bund». | *Appeared in the Bernese 'Bund'.*

---

densten Orten in Europa, aber auch in Gstaad, wo ich die Gelegenheit hatte, die Familie Menuhin in ihrem engeren Kreis kennen zu lernen. Dabei erinnere ich mich, dass Lady Diana gar nicht glücklich über die vielseitigen Aktivitäten ihres Mannes war: «Yehudi würde auch noch Präsident eines Velo-Clubs werden, wenn man ihn fragen würde.» In der Tat stellten wir in Brüssel fest, dass es sogar eine ganze Reihe von Vereinigungen und Stiftungen in verschiedenen Kontinenten gab, welche sich mit dem Namen Menuhin zierten. Es gehörte zu ihm, dass er immer die positiven Aspekte sah und dies mit einem wundervollen und geheimnisvollen Lächeln in seinem Gesicht. Oft verrieten seine Augen, dass er wieder etwas im Schilde führte, mit dem er seine Umwelt «in Trab» hielt, und eine Idee gebar, welche er nicht wieder los liess, bis sich jemand damit beschäftigte. Niemand konnte sich dieser weichen und beruhigenden Stimme entziehen, sogar wenn die involvierten Personen selbst eigentlich gar nicht an eine Realisierbarkeit glaubten. In diesem Sinne besass er eine «magische Kraft», welche natürlich im Konzert auch auf Orchester, Solisten und Publikum ausstrahlte.

Dies traf auch für hohe Politikerinnen und Politiker und sogar gekrönte Häupter zu: Immer gelang es ihm, sie für seine Anliegen zu gewinnen. Ich erinnere mich in diesem Zusammenhang an die Geschichte mit Vladimir, dem kleinen bulgarischen Jungen, den ich Yehudi präsentierte, damit er an die Yehudi Menuhin Schule in Stoke d'Abernon bei London aufgenommen würde.

Vladimir spielte Yehudi Menuhin und dem Direktor der Schule, Nicolas Chisholm, während des Festivals in Saanen vor und wurde tatsächlich aufgenommen. Aber dies für den Jungen glückliche Ergebnis beinhaltete ein gewaltiges Problem: die hohen Kosten des Aufenthalts in dieser einzigartigen Internatsschule. Nach dem Konzert am Abend sassen wir zusammen mit dem damaligen Finanzdirektor des Kantons Bern. Yehudi fragte ihn, ob es nicht die Möglichkeit gebe, aus Mitteln des Kantons den begabten Jungen zu unterstützen. Ich glaubte, nicht richtig zu hören: Der hohe Politiker sagte, es gebe da noch ein «Kässeli». Dies zu einer Zeit, wo der Kanton Bern bereits in grossen Finanznöten war! Da es natürlich so ein «Kässeli» gar nicht gab, informierte dieser Regierungsrat den begnadeten Journalisten Walter Daepp vom Berner «Bund» und inspirierte ihn, eine Reportage über diese Geschichte zu machen. Walter Daepp und sein Kollege, der ebenso einzigartige Fotograf Hansueli Trachsel, kreierten zwei so berührende Artikel im «Bund», dass tatsächlich soviel Geld zusammenkam, dass Vladimir in London die Menuhin-Schule besuchen und so seine Talente in optimaler Umgebung entwickeln konnte, die er in seinem Heimatland Bulgarien nicht hätte finden können.

Yehudi Menuhins unermüdlicher Drang, denjenigen zu helfen, welche auf der Schattenseite des Lebens stehen, seien es Minoritäten oder andere Randgruppen, machen ihn rückblickend zu einem «prophetischen Musiker», dessen Musik Publikum und Mitwirkende immer wieder in ihren Bann gezogen hat und erlebbar machte, dass Musik nicht nur Virtuosität und Glanz bedeutet, sondern jedes Konzert die zutiefst erlebbare Botschaft der Nächstenliebe in sich trug.

Werner Schmitt | *Cellist; Direktor der Musikschule Konservatorium Bern; Vize-Präsident der International Yehudi Menuhin Foundation mit Sitz in Brüssel.*

[1] *Informationen zu MUS-E finden sich auf www.menuhin-foundation.com und den Links zu diesem Thema*

ORIGINALSTIMME | Svend Peternell

Die Vision Opernhaus im Berg

Dass das so reibungslos gehen würde – das hatte ich mir eigentlich nicht träumen lassen. Aber es war so: Ich hatte Ende Juli 1989 die Bestätigung für ein Gespräch mit Yehudi Menuhin in der Hand! Termin Anfang August in seiner Gstaader Sommerresidenz. Ich freute mich!

Als damaliger neuer Redaktor bei der Tageszeitung «Berner Oberländer» wollte ich mich so rasch als möglich ins Menuhin Festival hineindenken und über dessen Entwicklung und aktuelle Bezüge ins Bild setzen. Ich notiere mir also einen langen Fragenkatalog. Mit dem Festivalgründer so in Kontakt zu kommen – das war eine verlockende Herausforderung. Eine wundervolle Begegnung mit Yehudi Menuhin stand mir bevor – da war ich mir sicher.

Sie wurde wundervoll – aber anders! Yehudi Menuhin musste – das spürte ich bald einmal – etwas loswerden, das ihn offensichtlich beschäftigte. Und wir beide kamen von dem einen Thema während unseres Gesprächs nicht mehr los: Menuhins Vision eines Konzert- und Opernhauses im Berg. Ja, ja, das Festivalzelt (das ich als unbedarfter Neuling bis dahin nicht mal mit eigenen Augen gesehen hatte!), meinte Menuhin im Gespräch, ist schon gut und recht. Aber nur ein Provisorium. Denn akustisch genüge diese Zelthülle höheren Ansprüchen auf die Dauer nicht. Ich nahms zur Kenntnis – und wollte mehr zum «versteckten» Opernhaus wissen. Was denn so ein Jahrhundertbau kosten solle? Und wer finanziert ihn? Das war Menuhin in seiner visionären Begeisterungsfähigkeit nicht so wichtig. Vielmehr schmeichelte er seiner geliebten Schweiz: «Wenn man etwas baut, das 100 Jahre hält, so ist das nicht teuer. Gerade die Schweizer haben einen Sinn für die Dauerwerte. Deshalb ist es in diesem Land am schönsten zu leben.» Hm, ja, aber trotzdem... Menuhin blieb unbeirrt: «Etwas, das schon bald 700 Jahre gedauert hat – die Eidgenossenschaft –, zeichnet sich durch Kontinuität aus. Teuer hingegen sind Drogen, weil sie das Leben zerstören. Teuer ist Zucker, der nur Augenblickswert hat und den Zähnen schadet.» Ja, so gesehen schon, aber...

Ich konnte keine Einwände mehr einbringen und liess es dann auch sein. Wer diesem charismatischen, aussergewöhnlichen Menschen zuhörte, der konnte sich der faszinierenden Vision nicht entziehen. Das Opernhaus stand in Menuhins Gedankengebäude schon fest da – ein grosser, utopischer Wurf, voller Ehrfurcht vor Natur und Schöpfung. Menuhin sprach von einem «indianischen Tempel» – unsichtbar, da im Erdboden versteckt. Die Landschaft wollte er als Heiligtum nach Möglichkeit nicht antasten. Auch den Architekten dieses gigantischen Werks konnte Menuhin schon benennen: den Chinesen Ieoh Ming Pei, von dem die Glaspyramiden des Pariser Louvre stammen.

Zum Respekt der Landschaft und Umwelt gegenüber passte auch, wie Menuhin die Zufahrten regeln wollte – natürlich ebenfalls unterirdisch und ganz im Sinne eines Friedensreich Hundertwasser: Von Spiez oder Zweisimmen aus schwebte ihm eine Tunnelröhre direkt nach Gstaad oder Saanen vor. Von der Westschweizer Seite her über Aigle hatte er eine ähnliche Lösung vor Augen.

Für eine Realisierung dieses Projekts kalkulierte Menuhin sechs oder sieben Jahre ein. Wir wissen, dass daraus nichts geworden ist und in dieser Form wohl auch nie werden wird. Menuhin wollte im Dienste einer grossen Sache immer viel. Wenn er sich über die langwierigen Wege demokratischer Prozesse – so sehr er sie auch schätzte – enervierte oder das Gefühl bekam, die Verwaltungsräte versuchten seine Ideen auf machbare Kompromisse zurechtzustutzen, wurde Menuhin ungeduldig. Und handelte, indem er sich Luft verschaffte. Bei den Medien etwa. Denn da wusste er, dass etwas in Gang kommen würde. Das war am 9. August 1989 auch so. Die im «Berner Oberländer» abgedruckte Opernhaus-Vision machte national und international die Runde. Auf das Saanenland fokussierte sich der Blick der Öffentlichkeit – natürlich nicht zum ersten Mal!

Mich müssen die unerwarteten News von Yehudi Menuhin ganz schön durcheinander gebracht haben. Bei der anschliessenden «Tea-Time» mit Menuhin selber, seiner Frau, seinen zwei Söhnen mit ihren Frauen und dem jüngsten, neunmonatigen Enkelkind versuchte ich nämlich einige stimmige Aufnahmen hinzukriegen. Ich habe d i e grosse Gelegenheit aber schlecht genutzt. Meine Spiegelreflexkamera, die mich bis anhin noch nie im Stich gelassen hatte, spuckte am nächsten Tag einen von Unschärfe und falschen Belichtungen strotzenden Film aus. Ärgerlich, gewiss! Doch trotz Fotoflop: Diese meine erste persönliche Begegnung mit Yehudi Menuhin sehe ich klar vor meinem inneren Auge – nicht nur wegen der Vision Opernhaus.

Svend Peternell (44), Spiez | *Stv. Leiter Redaktion «Berner Oberländer» in Thun.*

Betrachtungen

IN HIS OWN WORDS | Daniel Hope

Gstaad – My first musical experiences

Gstaad has been a part of my life for as long as I can remember.

My first memories date back to when I was three. My family had emigrated from South Africa to England, and my mother had been given the job of secretary to Yehudi Menuhin. Within a few months of her beginning her new work, we travelled to Gstaad for the duration of the summer, since Yehudi was busy with his festival.

We occupied an apartment in the Chalet Olden, which was adjacent to the Menuhin Chalet – Chankly Bore. I remember being fascinated by Chankly Bore, with its glorious view over Gstaad, and its balconies decorated with the shape of violins. Some of my earliest mental pictures of Gstaad were the wonderfully strange Palace Hotel which emerges when you drive down the hill from Schönried, looming over the town with an anachronistic elegance; or the famous blue MOB train, tooting happily as it passed through the village. And above all, the glorious view of Les Diablerets, their snow-capped peaks like icing on a cake.

Gstaad provided me with my first musical experiences. I was so small that I had to sit on a cushion on the hard benches of the "Mauritius Kirche" in order to see and hear the performers on the stage. The stunning frescoes on the wall of the church, the smell of wood, the perfect acoustics, and the closeness to the musicians who strode up and down the aisle of the church past the euphoric crowds, had a profound effect on me. Then there was the arrival of Diana Menuhin, Yehudi's formidable wife, usually at the last minute, dressed to kill and greeting friends with her loud and very distinctive voice. She was escorted to her seat, on the aisle of the "Menuhin Pew" as it was called, which was the signal for the performance to begin.

Of the hundreds of concerts and rehearsals which I had the privilege and joy of hearing in Saanen, certain moments will remain with me forever: the cellist Zara Nelsova, with her amazing wardrobe of multicoloured, flowing robes and bandana, "mounted" on a podium; Stéphane Grappelli, who drank half a bottle of whisky in his small dressing room at the back of the church, before giving a performance which was quite simply, breathtaking; the violinist Ruggiero Ricci dazzling us with his ferocious technique, and then taking us all to dinner at the Café du Cerf in Rougemont, where he in turn was dazzled, not only by the delicious raclette, but by Kobi Bach's ability to play the musical saw with a double-bass bow; or the pianist Ivo Pogorelich, whose recital suffered a power cut in the church, but he continued to play in the eerie darkness. Of course there was Emil, the wonderfully jovial sexton of the church, whose job it was to turn the lights on and off during the concerts. Invariably he missed his cue, illuminating the building in the middle of a movement, or the minute he heard the applause, causing certain members of the audience to stand up and leave, much to the distress of the visiting artists. In the early years, applause was forbidden in the Saanen church, and one stood in frustrated silence to acknowledge the artists and their performance – women in low cut dresses received disapproving looks from members of the congregation.

When I was ten, Elisabeth Matti asked me if I would like to earn some extra pocket money by working as a page turner at the concerts. I readily agreed, and found myself in the midst of wonderful music making. This way I was able to get even closer to the musical ideas of great artists, and in particular, to the violinists. These included Pinchas Zukerman, Gidon Kremer, Dmitry Sitkovetsky, Vladimir Spivakov, and of course, Menuhin. One evening I turned pages for the pianist Jean Louis Steuerman, who played so beautifully that I kept losing my place in the music, and often missed the moment to turn. Jean Louis merely giggled cheekily, and shook his head, whilst snatching the pages just in time.

But perhaps the most poignant moment at the Menuhin Festival was Yehudi's final appearance as a violinist. He was due to play the Beethoven Triple Concerto with the Zürcher Kammerorchester and Edmond de Stoutz. The ZKO was the first orchestra I heard, and through them, I heard my first Mozart, my first Beethoven. Spontaneous as ever, Yehudi announced that he would add the Beethoven Violin Concerto to the programme, after some years of not playing it – and that it would be his last performance of the piece. De Stoutz agreed to the change of programme, but said that he would leave the stage to Menuhin, as his presence would be superfluous in such a unique moment. Yehudi gave one of the most moving performances of a piece which had accompanied him all his life, through all the highs and lows. The Beethoven Concerto is a work that every violinist loves and fears, and that night we joined Yehudi's final journey through a work that he had lived and breathed all his life. That night I sat in the "Menuhin Pew", and marvelled at how someone could be so at peace with his instrument, how his innermost emotions, and the thoughts and feelings of Beethoven, were conveyed to us as if from another world. I recall watching a little girl, sitting in the front row of the church with her father, to whom I later spoke. It was her very first concert, and she was understandably excited, perhaps as excited as I had been at her age, in that same church. That her first concert was Yehudi's last as a violinist, was something which I found rather touching. In March 1999 I played a concert in Düsseldorf, which Yehudi conducted. After the concerto, Menuhin encouraged me to play an encore. I chose Ravel's Kaddish (the Jewish prayer for the dead). He pushed me out onto the stage and, unusually, sat amongst the orchestra listening to it. Perhaps it may have been in some way prophetic – it was to be his final concert, as, sadly, he died unexpectedly a few days later.

Because Gstaad attracts so many interesting people, it was always an experience to see who would show up at the concerts, or indeed around town. Whether it was Balthus or Margaret Thatcher; David Niven or Peter Sellers, Nathan Milstein or Murray Perahia, Elizabeth Taylor or Michael Jackson, celebrities have never been hard to find in Gstaad. I can remember being stunned to see Roger Moore and Robert Wagner drinking together at the Hotel Olden, where for at least ten years I celebrated my birthday, every August 17th. Madame Donizetti would sing ballads, and we revelled in the beautiful atmosphere. The shock of seeing "Inspector Clouseau" eating yoghurt at Pernet's grocery store, was equally unforgettable!

In 1992, at the age of eighteen, I gave my first performance at the Menuhin Festival. It was a concert of works by the Russian composer, Alfred Schnittke, with whom I was lucky to work closely. It was a moment of great pride for me to stand on the stage of the Mauritius Kirche, not as page-turner but as a performer. I felt as if things had come full circle, and that I finally had the opportunity to give something back to both the church and the audience which had given me so much. Both the Menuhins sat in their pew, and encouraged me enthusiastically, both during and after the performance. That concert was also the first performance with the violist Philip Dukes, who later became a great friend and colleague. Philip was so excited to learn the Julie Andrews owned a chalet in Gstaad that he insisted I take him to her house between rehearsal and concert, so he could post a letter of admiration through her letterbox.

Over the years I have given dozens of concerts in Saanen, from chamber and orchestral performances, to an unforgettable evening with my close friend, the actor Klaus Maria Brandauer. I had put together a production of Stravinsky's "A Soldier's Tale", and I was keen to get Brandauer to Gstaad to perform it at the Festival. Brandauer came, and gave a breathtaking performance. "The Soldier's Tale" is a lesson in human morality, a reworking of the story of Faust, the man who sold his soul to the devil in exchange for riches, power, youth and wisdom. As the piece ends, the Soldier is duped by the Devil – because of his own greed, and his refusal to be happy with what life has given him, he is punished and taken off to hell. We portrayed this by having a red light shine from outside the church during the final moments, through the window behind the stage. The public reacted with standing ovations – but some days later, one of the pastors wrote an insensed letter to the Saanen Anzeiger. He complained that the Devil himself, in the form of Brandauer, had personally visited his church – and that had it been a Catholic church, he could have at least used incense or holy water to banish the evil spirits. It was a reminder of the power of art, and the effect that Stravinsky's music can have, even 80 years after it was written.

Betrachtungen

This year marks the 50th anniversary of the Menuhin Festival. To celebrate this great jubilee, I have been asked to recreate the two opening programmes which Menuhin gave, together with his legendary colleagues; the composer and pianist Benjamin Britten, the tenor Peter Pears and the cellist Maurice Gendron. I have selected three artists who represent the finest in music-making today, and who each have a highly distinctive voice: the phenomenal composer and pianist Thomas Adès, the tenor Mark Padmore and the cellist Pieter Wispelwey. The programmes, which were devised by Britten and Menuhin, are beautifully crafted evenings of friends coming together to celebrate great music, in different combinations, from solo to quartet. I often wonder how the audience must have reacted at those first concerts of the music of Bach, Schubert, Mozart and Britten which marked the beginning of a truly unique festival.

Gstaad played a crucial role in forming some of my earliest ideas, eliciting reactions, and giving me a genuine sense of "Heimat". Now, as a festival director of my own, in Savannah USA, I look back fondly on many moments which helped to show me what it takes to run a festival. My relationship to Gstaad is that of a love affair which never tires. When the summer months approach, I sense the nervous anticipation of visiting her – and if a summer goes by without a trip to the Berner Oberland, there is definitely something missing! I am proud to have been a very small part of the Festival, and I look forward to many more experiences in Saanen. Happy birthday, Menuhin Festival!

Daniel Hope | *Daniel Hope performs around the world. He is also the violinist of the Beaux Arts Trio. In 2005 he won the ECHO Klassik Prize, the Classical Brit Awards, and was nominated for two Grammy Awards. He is Associate Artistic Director at the Savannah Music Festival, USA, www.savannahmusicfestival.org.*

Yehudi Menuhin tells Daniel Hope what a young musician has to look out for in his career, which and how composers are played today, how interpretations have changed, how children are introduced to classical music and what it depends on for every musician.

ORIGINALSTIMME | Reto Reichenbach

Geblieben ist die Dankbarkeit

Wenn ich mir heute, anlässlich dieses Jubiläumsbuches, einige Gedanken mache über meine Beziehung zum Menuhin Festival, so fällt es mir schwer, mir vorzustellen, dass dieses nicht schon immer da war. So sehr gehören die Konzerte einfach zum Saanenland, dass ich leicht vergesse, was für einen Weitblick, aber auch was für eine Liebe zu dieser Gegend Yehudi Menuhin vor fünfzig Jahren gehabt haben muss, um das aufzubauen, was mir heute als so selbstverständlich erscheint.

Bei meinen ersten Besuchen von Hauptproben und Konzerten empfand ich ein Gefühl der staunenden Ehrfurcht. Für den einheimischen Jungen, der sich in vagen Vorstellungen selbst ein Leben als Musiker erträumte, ging eine geheimnisvolle Faszination davon aus, «diese berühmten Musiker» so nahe erleben zu können. Als ich dann als 14-Jähriger im Alpengala-Zelt zum ersten Mal Tschaikowskis b-Moll-Klavierkonzert hörte, schlug dies wie ein Blitz in meinem Innersten ein. Vor mir taten sich bis dahin ungeahnte Dimensionen der Klaviervirtuosität auf, und ich schwankte zwischen der Entschlossenheit, es auch einmal so weit zu bringen, und dem resignierenden Gefühl, dass ein so schwieriges Stück jenseits des Erreichbaren liege...

Wenige Jahre später wurde ich zum ersten Mal ans Menuhin Festival eingela-

> «Für den einheimischen Jungen, der sich in vagen Vorstellungen selbst ein Leben als Musiker erträumte, ging eine geheimnisvolle Faszination davon aus, «diese berühmten Musiker» so nahe erleben zu können.»
>
> Reto Reichenbach

Zuhause im Turbach bei Gstaad.

den. Dass ich gleich für einen Solo-Klavierabend engagiert wurde, zeugt vom Vertrauen Yehudi Menuhins in die Nachwuchs-Musiker. Seither habe ich hier viele spannende Programme als Solist und Kammermusiker realisieren dürfen. Gewiss ist die Faszination und staunende Bewunderung von einst der Feststellung gewichen, dass auch berühmte Musiker Menschen sind, die nicht jeden Tag in der besten Form sein können. Geblieben aber ist die Dankbarkeit, dass ich durch das Festival die Möglichkeit hatte, in meiner Heimat fern der städtischen Zentren Konzerte auf Weltniveau zu hören. Yehudi Menuhin selbst habe ich zwar nicht gut gekannt, ich bin ihm eigentlich nur einige Male flüchtig begegnet. Sein Wirken im Saanenland jedoch hat mich geprägt und meinen Werdegang nachhaltig beeinflusst.

Vorfreude auf den USA-Studienaufenthalt.

AUS DEM TURBACH IN DIE WEITE WELT DER MUSIK

Reto Reichenbach wurde 1974 geboren und wuchs in Turbach bei Gstaad auf. Nach dem ersten Klavierunterricht an der lokalen Musikschule bei Roland Neuhaus und Katalin Stojanovits trat er 1990 in die Berufsklasse von Tomasz Herbut am Berner Konservatorium ein, wo er 1994 mit dem Lehrdiplom und 1996 mit dem Solistendiplom abschloss. Er wurde mit dem Eduard-Tschumi-Preis für das beste Solistendiplom des Jahres ausgezeichnet. Im selben Jahr erhielt er auch einen Kulturförderpreis des Schweizerischen Bankvereins, der ihm den Start zur Weiterbildung in den USA ermöglichte. Dort studierte er zuerst in der Klasse von Ann Schein am Peabody Conservatory in Baltimore und anschliessend bei Boris Berman an der Yale Universität, wo er auch in Meisterklassen mit Claude Frank und Peter Frankl arbeitete. Im Sommer 2000 kehrte er in die Schweiz zurück und lebt seither als freischaffender Pianist in der Nähe von Basel.

Reto Reichenbach pflegt ein breites Repertoire vom Barock bis zur Musik der Gegenwart, mit Schwerpunkt auf der Romantik und der Musik des 20. Jahrhunderts. Eine besondere Leidenschaft ist für ihn auch die Pflege der Kammermusik, sowohl als Lied- und Instrumentalbegleiter wie auch mit grösseren Ensembles. Diese vielseitige künstlerische Tätigkeit öffnete Reto Reichenbach die Türen zu zahlreichen Konzertauftritten in der Schweiz sowie in Deutschland, Frankreich, Italien, den Niederlanden und den USA. Wichtige Meilensteine bildeten Engagements beim Menuhin Festival Gstaad, den Interlakner Festwochen, den Orpheum-Musiktagen in Zürich und dem Festival «Young Artists in Concert» in Davos. Als Solist trat Reto Reichenbach mit dem Europäischen Jugendorchester Darmstadt, dem Zürcher Kammerorchester, dem Rumänischen «Oltenia» Philharmonic Orchestra di Craiova, dem Orchestre Philharmonique Suisse, dem Berner Symphonieorchester, dem Berner Konservatoriumsorchester und dem Orchester der Internationalen Menuhin Musik Akademie (Camerata Lysy) auf. Mehrmals spielte Reto Reichenbach für Radiosendungen, unter anderem für Schweizer Radio DRS 2, Radio de la Suisse Romande und Radio Astra.

Reto Reichenbach war Preisträger beim Internationalen Klavierwettbewerb der Stadt Cantù (Italien), beim Schweizerischen Jugendmusikwettbewerb in Bern und beim Jecklin Musiktreffen in Zürich. Ausserdem wurde er mit Studienpreisen der Stanley-Johnson-, Kiefer-Hablitzel-, Ernst-Göhner- und Josef-Pembaur-Stiftungen ausgezeichnet.

FROM TURBACH INTO THE WIDE WORLD OF MUSIC

Reto Reichenbach was born in 1974 and grew up in Turbach near Gstaad. After his first piano lessons at the local music school with Roland Neuhaus and Katalin Stojanovits, he went to the professional class of Tomasz Herbut at the Bern Conservatory in 1990. He graduated in 1994 with a teacher's diploma, and in 1996 he received a soloist diploma, winning the Eduard Tschumi Award for best soloist diploma of the year. In the same year he also received a culture promotion prize from the Swiss Banking Union, which made it possible for him to begin his advanced training in the US. There he initially studied with Ann Schein at the Peabody Conservatory in Baltimore, before moving on to Yale University under Boris Berman, where he also participated in classes with Claude Frank and Peter Frankl. He returned to Switzerland in the summer of 2000 and now lives close to Basel as a freelance pianist.

Reichenbach nurtures a broad repertoire ranging from baroque to contemporary music, with an emphasis on romantic music and music of the 20th century. One of his special passions is chamber music, as well as song and instrumental accompaniment with large ensembles. This versatile artistic work has opened many doors to numerous concert performances throughout Switzerland, as well as Germany, France, Italy, the Netherlands, and the US. Important milestones have included commitments at the Menuhin Festival Gstaad, festival weeks in Interlaken, the Orpheum music days in Zurich, and the Young Artists in Concert festival in Davos. As a soloist, Reichenbach has performed with the European Youth Orchestra Darmstadt, the Zurich Chamber Orchestra, the Romanian Oltenia Philharmonic Orchestra di Craiova, the Orchestre Philharmonique Suisse, the Bern Symphony Orchestra, the Bern Conservatory Orchestra, and the Orchestra of the International Menuhin Music Academy (Camerata Lysy). He has also played numerous times for radio stations, including DRS2, RSR, and Radio Astra.

Reichenbach was an award winner at the international piano competition of the city of Cantù (Italy), at the Swiss youth music competition in Bern, and the Jecklin music meeting in Zurich. Moreover he was awarded student awards from various foundations, including the Stanley Johnson Foundation, the Kiefer Hablitzel Foundation, the Ernst Göhner Foundation, and the Josef Pembaur Foundation.

ORIGINALSTIMME | Urs Frauchiger

Yehudi Menuhin – Musikerzieher im weitesten Sinn

Alfred Polgar hat einmal geschrieben, eine vernünftige Würdigung eines Menschen sei nicht die, die «Zeugnisse ausstellt, sie in geltende Tugendkategorien einreiht», sondern jene, «die aussagt, wodurch der Gerühmte sich von allen, die sind, waren und kommen werden, unterschied.»

Das scheint mir auch in unserem Fall die richtige Methode zu sein. Worin unterschied sich Menuhin von allen, die sind, waren und kommen werden? – Es gab andere ebenso hochbegabte Musiker, es gab virtuosere, perfektere Geiger (obwohl man bei einigen Leuten feindselige, geradezu hysterische Reaktionen auslöst, wenn man das feststellt), es gab ebenso tiefsinnige Denker über Musik, ebenso hochherzige Förderer, Anreger und Ermutiger, es gab erfolgreichere Lehrer. Was also machte ihn einzigartig? Denn dass er einzigartig war, darin sind wir wohl alle einig.

Ich glaube, es war seine weise Gelassenheit allen Phänomenen gegenüber, den Hochbegabungen, den wunderbaren Leistungen genauso wie den Fehlern und Schwächen – den eigenen wie den fremden. Gerade die Fehler, die bei uns tabuisiert und schon vom Kindergarten an tunlichst zu vermeiden sind, waren für ihn nicht Ärgernis, sondern Bestandteil der Condition humaine, aus denen man lernen konnte. So schuf er überall, wo er wirkte, eine Aura entspannnter, aber hochkonzentrierter Kreativität, das Gefühl «Wir können das. Schaut, es geht!», bei seinen Kollegen und Schülern, aber auch bei Menschen, für die Künstler in der Regel wenig Verständnis haben. Er besass im höchsten Mass die Gabe der Empathie, wusste sogleich, wie ein Mensch sich fühlte, in welcher Situation er steckte, und deshalb verstand er sie, auch die Dienstleistungsberufe, die Unternehmer, die Politiker, die Handwerker, die sogenannt «einfachen Leute», von denen er wusste, dass sie nicht einfach sind und die gleiche Würde haben wie er selber. Ohne diese Eigenschaften wäre «Gstaad» nie zustande gekommen.

Lange bevor die Konzertformel «and friends» Mode wurde, verwirklichte er sie in Gstaad. Wer nicht schon ein Freund war, wurde es hier. Das gab dem Festival von Anfang an seinen Charme, seine Wärme, den Charakter der Wundertüte im besten Sinn. Natürlich führte es auch zu gewissen Nachlässigkeiten in Konzeption und Durchführung, zuweilen zu einem «festival de déchiffrage», auch gab es halt Freunde, die einfach bezahlte Ferien machen wollten und am Abend noch ein bisschen spielten, aber wichtiger waren die Sternstunden, das Ereignishafte mancher Interpretationen, die sich ebenso regelmässig einstellten.

Ich habe ihn als Lehrer erlebt, in Gstaad und im Berner Konservatorium. Das heisst, ein Lehrer im klassischen Sinn war er nicht, das Vermitteln von Grundlagen war seine Sache nicht; er war ein grosser Vernetzer (auch das, bevor networking ein Schlagwort wurde), und wer das Handwerk bereits beherrschte, konnte bei ihm das lernen, was er an Musikhochschulen nicht mitbekam. Mit Max Rostal, dem Leiter der damaligen Meisterklasse, verbanden ihn eine Freundschaft und der Respekt, den er jeder Autorität, auch einer anders gearteten, zollte. Als ich ihm dankte, dass er bei der Gedenkfeier für Max Rostal mitten in einer Stresszeit hergekommen war und sprach, sagte er nur: «Es ist mir eine süsse Pflicht.»

Das war es wohl: Er fühlte Vepflichtung, aber sie war ihm Freude, Sinn. Ich habe Dutzende, nein Hunderte von Menschen kennen gelernt, die behaupteten, sie seien Freunde oder Schüler von Menuhin gewesen. So viele Freunde und Schüler kann man in einem Menschenleben eigentlich nicht haben. Und doch logen sie nicht. Menuhin, der Vielbeschäftigte, oft auch Umhergetriebene, war allen, mit denen er zu tun hatte, ein Freund. Manchmal nur für eine Stunde, aber es war eine der Stunden, die ein Leben prägen. Und wer ihm begegnete, wurde sein Schüler, ob er wollte oder nicht.

Das ist, was ihn einmalig machte. Und was uns fehlt.

Urs Frauchiger | *Urs Frauchiger wurde 1936 im Emmental geboren. Er war 20 Jahre Cellist im Berner Reist-Quartett. Honorarprofessor der Universität Bern. Dann Direktor der Schweizerischen Kultur-Stiftung PRO HELVETIA. Seither wirkt er weiterhin als wichtiger Vermittler der Musik in verschiedenen Medien. Urs Frauchiger hat äusserst erfolgreiche Bücher veröffentlicht, darunter «Was zum Teufel ist mit der Musik los» und «Entwurf Schweiz – Anstiftung zur kulturellen Rauflust».*

András Schiff – ein Freund Menuhins, erhielt einen der letzten Briefe | *András Schiff – a Menuhin friend who received one of his last letters*

András Schiff und seine charmante Gattin studierten 2005 beim Besuch des Menuhin Centers Saanen Fotos, Unterlagen und Bücher über Menuhin. Mit Ehrfurcht und bester Erinnerung widmete Schiff am 49. Festival seine drei Konzertabende Lord Menuhin und spielte Werke von Béla Bartók. Für den heute in Florenz wohnhaften ungarischen Pianisten bleibt Yehudi Menuhin ein Inbegriff von Menschlichkeit, «ein grosser Botschafter der Humanität». «Die Reinheit seines Blickes sagt alles», fasste Schiff sein Urteil zusamm New York zum 150. Geburtstag von Brahms, als er den Meister begleiten durfte und ihn der Geiger kurz vor Auftritt überraschte: «Wir spielen heute auswendig.»

Es wurde ein wunderbares gemeinsames Musizieren! Solistenauftritte unter dem Dirigenten Menuhin und die Einladung ans Menuhin Festival 1994 für Kammermusik mit Werken von Haydn, Mendelssohn und Schumann bleiben András Schiff unvergesslich. Seine japanische Gattin Yuuko Shiokawa spielte die berühmte Stradivari «Emperor» (1715), die Rafael Kubeliks Vater gehört hatte, während sie heute in Konzerten eine Geige aus der Sammlung von Yehudi Menuhin spielt – die berühmte Violine von Giovanni Grancino, die 1999 an einen amerikanischen Geigenbauer versteigert wurde, der das wunderbare Instrument gegen die Kubelik-Stradivari tauschte. Die tiefe Verbundenheit der Schiffs zu Lord Menuhin belegt der herzliche Briefwechsel von András mit Yehudi, der ihm noch am 7. März 1999 – fünf Tage vor dem

András Schiff and his wife studied pictures, documents, and books about Menuhin when they visited the Menuhin Center Saanen in 2005. In awe and with the fondest memories, Schiff dedicated his three concert evenings of the 49th festival to Lord Menuhin in which he played works by Béla Bartók. Today the Hungarian pianist lives in Florence, and for him Yehudi Menuhin was "a great ambassador of humanity...The purity of his look says everything."

It is with pleasure that he recalls the wonderful memory of the first time they performed together in 1983 at Carnegie Hall in New York for the 150th birthday of Brahms. On this occasion he was allowed to accompany the master, who apparently surprised him shortly before the performance by saying: "Today we play by heart." Also unforgettable for Schiff were performances as a soloist led by the conductor Menuhin, and the invitation to the 1994 Menuhin Festival for chamber music featuring pieces by Haydn, Mendelssohn, and Schumann.

His charming Japanese wife, Yuuko Shiokawa, used to play the famous Stradivari Emperor (1715) that belonged to Rafael Kubelik's father. Today she plays a violin from Yehudi Menuhin's collection, the famous violin of Giovanni Grancino that was sold at auction to an American violin maker who swapped the wonderful instrument for the Kubelik Stradivari.

The deep connection of the Schiffs to Lord Menuhin is shown in the warm exchange of letters between András and Yehudi. In the last such letter, written on March 7 1999 just five days

From Lord Menuhin, OM KBE

65, Chester Square,
London, SW1

By fax

Mr András Schiff
Via San Quirichino 1
Firenze 50124
Italy

Fax No: 00 39 055 22 38 99   7th March 1999

My dear András

I am overwhelmed by the warm letter from such a dear and admired colleague as you. The sheer spontaneity of it is most heart-warming. A thousand thanks.

I also wish we could get together and make music. You will try and I will try.

Yours affectionately,

Yehudi

Hinschied am 12. März in Berlin – herzlich antwortete:
«I also wish we could get together and make music. You will try and I will try.
Yours affectionately, Yehudi.»
War es Menuhins letztes Schreiben? Mit herrlichem Spiel hat András Schiff zusammen mit seiner Gattin unserem unvergesslichen Meister eine einmalige «Hommage» geschenkt.

*before he died, Menuhin wholeheartedly expressed: "I also wish we could get together and make music. You will try and I will try.
Yours affectionately, Yehudi."
Was that Menuhin's last letter? András Schiff, together with his wife, paid unique homage to our unforgettable master with their wonderful music.*

01/02 András Schiff und seine Gattin zeigen viel Interesse im Menuhin Center Saanen.
András Schiff and his wife showing a lot of interest in the Menuhin Center Saanen.
03 Brief von Menuhin an den ungarischen Pianisten nur fünf Tage vor Menuhins Hinschied. | *Letter from Menuhin to the Hungarian pianist just five days before Menuhin passed away.*

Yehudi Menuhin – sein eigener Arzt
Yehudi Menuhin – his own doctor

Menuhins Wertschätzung der Schrift «La musique au coeur de l'émerveillement» (Die Musik des Herzens menschlicher Verzückung) der feinfühligen Pianistin E. Sombart, Gründerin der Stiftung «Résonnance» – ein «geschätztes persönliches Bekenntnis, beruhend auf grosser musikalischer Erfahrung, die sich ganz auf Emotionen und erhöhte göttliche Gnade für menschliches Sein und Wirken stützt.» | Menuhin's appreciation of the writing 'La musique au coeur de l'émerveillement' (The music of the heart of human rapture) of the sensitive pianist E Sombart, founder of the foundation 'Résonnance' – an 'appreciated personal confession, based on significant musical experience, which rest entirely on emotions and increased divine mercy for human being and actions.'

Meditation, Yoga-Übungen wurden ihm wichtige Selbstbehandlungen. Dazu brauchte er seine Musik, von der er vor Jahren am «Tag der Kranken» schrieb:
«Für mich ist, seit ich denken kann, die Musik der direkteste Weg durch die Tiefen des Lebens, der viele Menschen, denen ich begegnet bin, wieder ins Licht geführt hat. Körper und Seele sind untrennbar, und die Musik beflügelt den Geist, dessen Gesundung auf geheimnisvolle Weise den Körper stärkt.
Hauptbotschaft der Musik ist Harmonie, selbst wenn der Weg über Dissonanzen führt. Und der Harmonie, also dem Gleichklang im weitesten Sinne, wohnt heilende Kraft inne.
Wie sonst hätte ein fast tauber Beethoven uns auch in den Jahren seines Leidens die tiefstempfundene, ja tröstende Musik geben können? Oder denken wir an den an Leukämie unheilbar erkrankten Bartók, oder an Schubert oder Schumann.
Musik ist eine Art der Meditation; sie ist lebendige Kommunikation mit dem Unendlichen, dem Unerklärlichen, wie auch mit dem unmittelbaren Lebendigen...
Versuche doch, auf die harmonischen Laute in der Natur zu horchen: den Gesang eines Vogels, das Summen einer Biene, ja auch das Lachen eines Kindes. Die Gleichung ‹Musik ist Harmonie› geht auf. Es suche jeder nach dieser Harmonie!»
Die «Heilende Kraft in der Harmonie der Musik» hat Menuhin offenbart und immer wieder fühlen und erleben lassen. Danken wir für dieses moderne und wundervolle Vermächtnis!

Meditation and yoga became important self-healing exercises for Yehudi Menuhin. For this he needed his music, of which he wrote years ago on the 'Day of the Ill':
"Since I could think, music has been for me the most direct path through the depth of life. It has helped many people I have met to find their path to the light again. Body and soul are not to be parted and music quickens the soul, and it is recovery of the soul that strengthens the body in mysterious ways. The main message of music is harmony even if the path to get there is one of dissonance. And in harmony, in consonance in the broadest sense, lives healing power. How else would it have been possible for a nearly deaf Beethoven to give us such deeply-felt, consoling music even during his years of suffering? Or spare a thought to Bartók who suffered from incurable leukemia, or Schubert, or Schumann. Music is a kind of meditation; it is living communication with the eternal, the inexplicable, as well as the "here-and-now". Try to listen to the harmonious sounds of nature: the singing of a bird, the humming of a bee, even the laugh of a child. The equation "music is harmony" works. Everybody should search for this harmony!"
The enlightened Menuhin has time and again felt and experienced the "healing power in the harmony of music", and we can be ever grateful for this modern and wonderful legacy.

ORIGINALSTIMME | Max Kopp

Ein Blick zurück auf die Anfänge im Sponsoring
Yehudi Menuhin und die Credit Suisse

Im Leben hängt einiges von Zufällen ab! 1966 war mein Antrag, in Gstaad eine Niederlassung der Schweizerischen Kreditanstalt zu eröffnen, von der damaligen Geschäftsleitung kurzerhand abgelehnt worden. Zufällig sass ich dann an einer Konferenz der Bank am gleichen Tisch wie der zuständige Generaldirektor. Ich bat ihn, den Entscheid nochmals zu überdenken. Am nächsten Tag rief er mich an und sagte bloss: «Also – so machen Sie es halt!» Am 17. November 1967 konnte ich die «Niederlassung» eröffnen; sie war etwa so gross wie ein Billettschalter der MOB.

Jetzt waren wir also in Gstaad etabliert. Es war leicht, mit den massgebenden Kreisen im Saanenland in Kontakt zu kommen. Aber es war ein Zufall, dass ich bald einmal Yehudi Menuhin und der unermüdlichen Eleanor Hope begegnete. Ich war von der Persönlichkeit Yehudi Menuhins fasziniert. Menuhin war ein Weltbürger im wahrsten Sinne des Wortes, ein Humanist, der es verstand, verschiedene Kulturen mit Leichtigkeit zu verbinden. Es war schön, mit ihm zu diskutieren; der Themenkreis war unendlich.

Ab 1986 unterstützte die Schweizerische Kreditanstalt das Festival in sehr bedeutendem Masse. Wenn man sich Gedanken über eine finanzielle Unterstützung macht, soll man «mit grösster Überlegung die Würdigsten auswählen». Das haben nicht etwa die für die Kulturbeiträge verantwortlichen Leute der Schweizerischen Kreditanstalt geschrieben – es war der gute alte Seneca. Schon damals hat man sich offensichtlich Gedanken über das Sponsoring gemacht… für uns war Gstaad in der Tat ein «würdiger Anlass». Nach dem Konzert vom 25. August 1986 habe ich gesagt, dass wir damit unsere Hochschätzung für das Schaffen von Yehudi Menuhin zum Ausdruck bringen, aber auch zeigen wollten, dass unser kulturelles Engagement nicht nur für die grossen Zentren wie Zürich oder Genf gelte.

Gustav Mahler sagte in seinen «Gesprächen», dass alle Wirkung beim Publikum durch das Temperament des Musikers erzielt wird. So war es auch für mich bei Yehudi Menuhin: Sein Temperament war seine Sensibilität, seine Innerlichkeit. Er beglückte und bereicherte uns mit seinem Spiel. Und beim anschliessenden Empfang beeindruckte er mit seiner Menschlichkeit und seiner geistigen Präsenz.

Nach meiner Ansprache umarmte er mich jeweils sehr herzlich und so habe ich ihn in Erinnerung: spontan und herzlich…

Max Kopp, Dr. iur., Universität Bern | *geboren 1933, 1958 Eintritt in die damalige Schweizerische Kreditanstalt, ab 1964 stellvertretender Direktor, ab 1967 Direktor der Niederlassung Bern. 1981 bis 1992 Mitglied der Generaldirektion in Zürich. 1992 bis 2003 Präsident des Bankrats, bzw. des Verwaltungsrates der Berner Kantonalbank.*

ORIGINALSTIMME | Rolf P. Steiger

Begegnung mit Yehudi Menuhin

Tagebuchauszug vom 11. Mai 1977

Nach Irrfahrten und Umwegen fand ich um 16.00 Uhr den herrlich gelegenen Sitz «Le Tourbillon» der Familie Obermeier in «La Conversion» oberhalb Lutry. Der Genfersee glänzte in verblüffendem Blau, die Berge schienen im Föhnhimmel zum Ergreifen nahe, weisse Kumuluswolken kämpften gegen die brennende Frühsommersonne. Nach der langen Hecke betrat ich den einladenden Gartenhof, wo mich die grazile Gastgeberin – sie schien gerade angekommen – in würdevoller Haltung begrüsste. Ihre gepflegten weissen Haare strahlten Würde und Respekt aus: «Herr Menuhin freut sich, Sie zu treffen und mit ihm seine Pläne zu erörtern.» Wenig später sah ich den vertrauten Meister leichtfüssig die Treppe herabsteigen, freudvoll blickend, die Haare zerzaust, mit exotisch anmutender Weste bekleidet, seine nackten Füsse in einfachen Sandalen.

Nach herzlicher Begrüssung rühmte er die erholsame Siesta und begann mit spürbarer Begeisterung über seine vergangenen Tage zu berichten, als ihm vergönnt war, die Berliner Philharmoniker in Berlin – sein Lieblingsorchester – zu dirigieren. «Ihre Schubert-Sinfonie war einfach grossartig!» Als Höhepunkt empfand er das Wiedersehen seiner Freunde wie Edmond de Stoutz und Herbert von Karajan. Die jetzige Reise an den Genfersee kam nicht sehr gelegen… Immerhin hätten ihm das Mitwirken am «Festival International de Lausanne», die gestrige Probe mit dem ausgezeichneten «New Philharmonic Orchestra London» und besonders die Anwesenheit seiner geliebten Schwester Hephzibah viel bedeutet. Gänzlich versöhnt mit Lausanne hat ihn die grosszügige Gastfreundschaft auf «Le Tourbillon» – er freue sich auf das abendliche Konzert: «Schliesslich spiele ich für alle meine Freunde!» Morgen solle die Reise nach Paris weitergehen, wo er an einem Wohltätigkeitskonzert zugunsten der unvergesslichen Nadia Boulanger spiele, an deren Akademie in Fontainebleau er im Schicksalsjahr 1954 erstmals Musikunterricht erteilt habe. «Die geplagte, über 80-jährige Pianistin und Musikerin leidet an Gehirnstörungen, die bewirken, dass die grossartige Künstlerin alle Töne um einen Halbton höher hört! Wieso versteht ihr Ärzte so wenig vom ‹musikalischen Gehör›? Seit kurzem weiss man, dass das ‹musikalische Gehör› nicht gleiche Empfindungswege wie das gewöhnliche Hören braucht, wie das Verstehen der Stimme. Die Musik wird im Gehirn in einem andern Areal wahrgenommen. Sollten wir nicht Spezialisten ausbilden, die sich speziell mit dem ‹musikalischen Gehör› abgeben?»

Nachdenklich lehnte er sich an, spielte mit seinen nackten Beinen und meinte, plötzlich hellwach lächelnd, voll Enthusiasmus: «Ich finde die Idee ausserordentlich, in Gstaad ein polyvalentes Kulturzentrum für meine geplante Musikakademie zu schaffen. Bestimmt finden wir begeisterungsfähige Mäzene und Artisten, die sich mit Kraft für unsere Ideen einsetzen. Beweisen heute nicht Künstler, Musiker und Akademiker weite Horizonte? Ich denke, dass wir früher viel egoistischer für Kunst und Karriere, für die Musik gelebt haben. Hat sich die Ausbildung des Musikers nicht erweitert? Ich bewundere alle jungen Studenten, die neben ihrem immensen Musikpensum an Hochschulen eine breite Bildung erarbeiten und z.B. Mathematik, Physik und Sprachen studieren. Persönlich musste ich während meines Artistenlebens hart für ein breites Allgemeinwissen, Menschlichkeit und Reife und humanes Wissen kämpfen, das ich während meiner behüteten Jugend nur mässig erwerben konnte.»

Zu mir sagte er weiter: «Als Mediziner zeigen Sie schön, dass es neben Beruf und Arzttätigkeit wichtig ist, sich für andere Lebensinhalte zu interessieren, mit Neugier und Freude sich für Kulturaktivitäten zu engagieren. Eröffnen sich so nicht menschlichere Horizonte, wie dies für alle Musikstudenten seit Jahren gefordert werden sollte? Grossbritannien ist den andern Ländern weit voraus und absolut grossartig!»

Das Gespräch streifte Probleme des bevorstehenden Menuhin Festivals im Saanenland; der Festivalleiter insistierte auf Finanzfragen und Budget, um nicht erneut ein Defizit einzufahren. Wieder spürte ich seine motivierende, etwas fordernde grosszügige Haltung und Überzeugung, dass mit echtem Enthusiasmus für eine gute Sache immer auch erforderliche Gelder aufzubringen seien… Voll Begeisterung erwähnte er Kontakte mit Rundfunkanstalten: «Das Radio muss unbedingt an unserem grandiosen Festival interessiert sein! Ich werde mich persönlich in Stuttgart, Berlin und Luxemburg dafür einsetzen!» Er lebe für sein Gstaader Musikfest, das ihm Begegnungen mit treuen Freunden und genialen Künstlern ermöglicht, mit denen er schon seit 20 Jahren zusammenspielen kann – «wieso kann dies nicht im Radio ausgestrahlt werden? Die junge Camerata Lysy wird mit dem Konzert in Les Diablerets in die Westschweiz ausstrahlen.» Darauf kommt Yehudi Menuhin konkreter auf Pläne seiner geplanten Musikakademie zu sprechen:

«Ich bin überzeugt, dass wir wunderbare Lehrkräfte haben werden, komplett ausgebildete Pädagogen, Musiker, alles fa-

belhafte Virtuosen und Artisten. Wenn die Künstler nicht immer die Allerbesten im Organisieren, in Pünktlichkeit, der Hartnäckigkeit zu regelmässigen Musikstunden und Schulung sind, werden sie als Vorbilder motivieren, wie ich dies immer wieder in England erleben durfte, wo beste Meister bereit sind, Kurse und Lektionen zu erteilen und hervorragend auszubilden. Wir brauchen auch einige Basislehrer, die eine gute Grundausbildung vermitteln und gleichzeitig an der jungen Saaner Musikschule wirken können, aber auf höchster Stufe oft nicht mehr genügen. Alle Ausbildungsstufen sind auszufüllen, so dass auf verschiedenen Stufen alle profitieren können und niemand befürchten muss, seinen Arbeitsplatz, seinen Wirkungsbereich zu verlieren. Wir wünschen keine Konkurrenz, sondern eine gegenseitig bereichernde Stimulation.»
Unsere Diskussion ging weiter, auch um die Frage der Bläser, der Blasmusik, die in allen unseren Dörfern durch Musikgesellschaften sehr gepflegt wird, aber in den letzten Jahren durchs Festival scheinbar vergessen worden ist.
«Mit Sicherheit werden wir auch Bläser und andere Instrumentalisten ausbilden helfen. Wird nicht am kommenden Windsor-Festival eine bekannte Brass Band mit einem Hornkonzert auftreten können? Ja, denken wir an die berühmten Schweizer Bläser wie Aurèle Nicolet, Heinz Holliger, Peter Lukas Graf und viele andere, die wir animieren wollen, bei uns zu unterrichten, um den Wünschen von Blech- und Holzbläsern gerecht zu werden. Wie konnten wir dies nur vergessen?», sinnierte der Geiger, sichtlich zufrieden, dass diese Fragen aufgeworfen wurden.
Dankbar über diese Begegnung, das wichtige Gespräch und eine scheinbar totale Übereinstimmung dachte ich an den bevorstehenden Abend und wünschte unserem Meister grossen Erfolg. Wenn sein Gesichtsausdruck auch etwas müde schien, die Augen leicht eingesunken, das Haar zerzaust, erhob sich Meister Menuhin mit «Elan und Souplesse»: Er liess eine durch langjährige Yogaübungen trainierte Elastizität erkennen, und ich folgte ihm von der kleinen Bibliothek auf den Balkon mit der wunderbaren Aussicht, wo letzte Sonnenstrahlen ein Lichtspektakel auf den See zauberten. Dann durchquerten wir den Esssalon und verabschiedeten uns herzlich im stimmungsvollen Vorraum.

Zufrieden spazierte ich zum Wagen, in Gedanken noch mit dem Meister verbunden, der einmal mehr durch Spontaneität und Motivationsgabe, durch Lebenshaltung und Einsatz für die Musik und «das Gute im Menschen» faszinierte. Knapp drei Stunden später durfte ich im Palais Beaulieu in Lausanne dem Menuhin-Konzert beiwohnen, den bewunderten Solisten in einem Violinkonzert von Johann Sebastian Bach und als Dirigent des «New Philharmonic Orchestra London» erleben, aber auch als Bruder mit Schwester Hephzibah, die mit ihm voll Harmonie das 2. Klavierkonzert von Béla Bartók zum unvergesslichen Musikerlebnis werden liess. Begeisterung und Stimmung waren in der grossen Säulenhalle ausserordentlich, der Erfolg des Meisters riesig! Menuhin genoss seinen Triumph, spielte mit Freude einige Zugaben und stürzte sich nach der Pause als Dirigent mit fast fanatischem Eifer in die berühmte 9. Sinfonie von Franz Schubert. Wie kommt es, dass unser Meister so gerne Werke des grossen Wieners dirigiert und Schubert so verehrt, den gefühlvollen Romantiker, der nie ein Violinkonzert komponiert hat?

Betrachtungen

ORIGINALSTIMME | Hans-Ulrich Tschanz

Unterwegs mit Yehudi Menuhin

Mit Yehudi Menuhin unterwegs sein. Wem wurde dieses Himmelsgeschenk schon gegönnt...

Ich erinnere mich: Flugplatz Bern-Belpmoos. Späte Achtzigerjahre. In ein paar Minuten wird Yehudi Menuhin in einer Maschine aus Paris landen. Mit mir meine Mitarbeiterin Elisabeth Matti und ein Redaktor vom Berner «Bund». In der Stadtmitte warten zu dieser Zeit schon die Medienleute auf den grossen Meister und Festivalgründer. Alljährliche Pressekonferenz nach dem allen bekannten Muster: Yehudi Menuhin wird in sanftem Ton über Gott und die Welt – und wieder einmal nicht über Gstaad, sein Festival und das Programm des kommenden Sommers – sprechen. Er wird sich gegen eine Schweiz in der EU, zur Tragödie auf dem Balkan und zum Gewicht der Musik in der Völkerverständigung äussern. Oder dezidiert für eine Wiederwahl von Margaret Thatcher als «Prime Minister» werben (was dann anderntags gar zu «Headlines» in den englischen Medien führte).
Aber zurück aufs Belpmoos: Yehudi Menuhin ist inzwischen gelandet und es passiert etwas, was wir bereits kennen und oft erlebt haben, was uns aber trotzdem immer wieder von Neuem zu Tränen rührt: In seinem Jäger-Hütchen, mitsamt eingesteckter Feder, begrüsst er uns herzlich, fast spitzbübisch und schreitet zur nächstgelegenen Telefonkabine, nicht ohne uns vorher nach landeskonformem Kleingeld gefragt zu haben. Er tritt in die Kabine, ohne die Türe zu schliessen, ein Bein bleibt draussen. Ganz beiläufig. Er wählt, und wir hören den Anfang des Gesprächs mit: «Darling, I have arrived safely...» Diana wollte es so, zu jeder Zeit und nach jeder Ankunft. An jedem Ort auf dieser Welt.

Ein paar Jahre später dann in Hamburg. Hotel «Vier Jahreszeiten». Yehudi Menuhin hatte alt-Kanzler Helmut Schmidt eingeladen. Soeben von der politischen Bühne abgetreten und neu Mitherausgeber der «Zeit», ist er nach wie vor ein «Schwergewicht» und europapolitisches Urgestein. Schmidt setzte sich in die erste Reihe zu den Journalisten, nachdem er sich für den Eintrag im Präsenzbuch in die Reihe gestellt hatte. Für uns Gstaader fast so etwas wie mitten in einem Traum. Um uns herum drängende Fotografen. Menuhin spricht leise – Schmidt hört schlecht. Aber die beiden Persönlichkeiten zusammen – das war schon was! Später dann in der Hotel-Suite: Yehudi Menuhin hatte den ehemaligen Bundeskanzler in den 4. Stock eingeladen. Plötzlich nehmen wir auch die Sicherheits-Leute wahr. Immer ganz nahe am Geschehen. Schmidt zündet eine Zigarette an und nimmt eine Prise aus seiner hellblauen Schnupftabak-Dose. Und immer noch die Fotografen. Ich sehe durch den geschmackvoll eingerichteten Raum die Blumen in den Vasen, die grossen Fotos an den Wänden, die kleinen überflüssigen Dinge, die der Hotelluxus so überall verstreut. Und ich sehe in die Gesichter dieser zwei genialen Menschen, welche beide je eine winzige Epoche der unendlichen Zeitgeschichte unserer Erde mitgeprägt haben.

Yehudi Menuhin war nicht mehr ganz von dieser Erde. Also über was reden? Zum Beispiel beim Mittagessen in einer fremden Stadt. Oder in der Abflughalle eines Airports, wenn sich alle Flüge wegen Nebels um Stunden verspätet haben. Man spricht dann zu jemandem, von dem man weiss, dass er womöglich an ganz andere Dinge denkt. Zum Beispiel an Partituren grosser Komponisten. An schönste Musik bevorstehender Konzerte. Oder an zurückliegende Lebensjahre, von deren Reichtum wir nicht die geringste Ahnung haben. Also haben wir sehr oft einfach geschwiegen.

Auf Reisen trifft man in unserer Zeit leider immer und überall auf musikalische Geräusche. Im Lift, im Restaurant, in Wartehallen, im Taxi – überall. Und jedes Mal scheint diese Musik «gut gemeint». Aber Yehudi Menuhin war geradezu allergisch gegen «Musik, immer und überall». Als Menuhins Begleiter spürte man diese Abneigung geradezu körperlich. Deshalb wurden gerade diese Momente des Unterwegsseins zu grösster Belastung.

Als Momente der Tiefe bleiben die traditionellen Frühstück-Einladungen für uns Gstaader im Hause Menuhin in London in Erinnerung. «Breakfast at Chester Square», wie wir diese Erlebnisse mit Anspielung auf einen bekannten Filmtitel zu nennen pflegten. Regelmässig erlaubte es uns Yehudi Menuhin auch, ein paar Redaktoren aus der Schweiz mit einzuladen. Dort im grossen Wohnraum sassen wir jeweils im Kreis um Yehudi Menuhin und lauschten seinen Gedanken. Darunter hatte es durchaus auch kritische Journalisten, welche sich im Vorfeld fest vorgenommen hatten, dem einen oder anderen Gedanken Widerspruch zu leisten. Aber die Anwesenheit von Yehudi Menuhin veränderte die Luft! Man war verzaubert von seiner Präsenz und von der Zärtlichkeit, welche in seinen Worten mitschwang. Unmöglich, ureigene Fragezeichen zu

> Berner Oberländer
> Berner Oberländer Nachrichten
> Dienstag, 21. Januar 1992, Nr. 16
>
> **Extra**
>
> Musiksommer Gstaad-Saanenland stellte sich und sein Programm in Hamburg vor über 30 Journalisten vor
>
> ## *Selbst Helmut Schmidt erwies Yehudi Menuhin die Reverenz*
>
> Grosser Medienandrang im Hotel

setzen oder gar laut zu formulieren. Es wäre ein Skandal gewesen – und jedem war das klar. Also hörte man zu und liess seine eigene Seele in Frieden. Genoss die klaren Gedanken Menuhins und blickte in sein Gesicht, welches alles andere überstrahlte und endlose Güte vermuten liess. Nach dem Abschied dann betretenes Schweigen rund herum. Und plötzlich war man wieder sich selbst – aber stärker als vorher.

Einmal – das letzte Mal, als ich Yehudi Menuhin in seinem Haus in London besuchen durfte – trat er vor seine Tür, um sich von Jeremy und mir zu verabschieden und um eigenhändig ein Taxi herbeizurufen. Der beruflichen Pflicht gehorchend, hielt der Fahrer an – ohne wissen zu können, was für ein Kopf sich gerade ins offene Taxi-Fenster beugte, um die gewünschte Fahrdestination selbst zu bestellen, als könnte es in diesem Moment niemand besser. Und was ich damals nicht wissen konnte: ich war zum letzten Mal zu Yehudi Menuhin «unterwegs» (Januar 1999).

01 Yehudi Menuhin empfängt Medienleute an seinem Wohnsitz in London und spricht über sein Festival in Gstaad. | *Yehudi Menuhin receiving the media at his home in London and speaking about his festival in Gstaad.*
02 Yehudi Menuhin mit alt-Bundeskanzler Helmut Schmidt anlässlich einer Pressekonferenz im Hotel «Vier Jahreszeiten» in Hamburg.
Yehudi Menuhin with the former Federal Chancellor Helmut Schmidt on the occasion of a press conference in the Hotel 'Vier Jahreszeiten' in Hamburg.

Betrachtungen

Auf dem Menuhin-Philosophenweg.
On the Menuhin philosopher's path.

Yehudi Menuhin Philosophenweg
Yehudi Menuhin Philosophers' Path

Lord Menuhin hat ein grossartiges Erbe hinterlassen. Ein Bewunderer hat bereits vor seinem Tod den Vorschlag eingebracht, dem Ehrenbürger der Gemeinde Saanen einen Philosophie-Pfad zu widmen. Die Gemeindebehörden stimmten zu, und der Rotary Club Gstaad-Saanenland hat sich bereit erklärt, diesen Yehudi Menuhin Philosophenweg mit der Unterstützung der Gemeinde zu planen und zu finanzieren.

«Unser Leben braucht ein Ziel; an uns liegt es, dafür den rechten Weg zu wählen.»
Zitat 5 des Philosophenwegs

Es handelt sich um einen ausgeschilderten Weg vom Zentrum Gstaads bis nach Saanen. Auf Schautafeln am Wegrand entlang der Saane sind in drei Sprachen Überlegungen und Gedanken des berühmten Musikers dargelegt, die er für dieses Projekt zur Verfügung gestellt hat.

Der Weg führt zur Mauritius-Kirche in Saanen, wo Yehudi Menuhin seit 1956 viele Konzerte gegeben, dirigiert und 1957 sein Festival gegründet hat. Der Philosophenweg erinnert an den grossen Künstler und Menschen und soll uns zum ruhigen Nachdenken anregen.

Menuhin Center Saanen

Eine lebendige Präsentation im historischen Chalet Salzhaus im Zentrum von Saanen (1. Stock des Tourismus Büros) soll das grossartige künstlerische und geistige Erbe des weltweit verehrten Musikers, Pädagogen, Humanisten und Initianten des Menuhin Festivals auch für die Zukunft erhalten. Die kleinen, heimeligen Räume schaffen ideale Bedingungen für eine kreative Begegnung und Auseinandersetzung mit Lord Menuhin, seiner Familie und seinem Umfeld, seinen Freunden und dem faszinierenden musikalischen und erzieherischen Wirken des Saaner Ehrenbürgers. Ausgebaut wird das Gedenk-Center mit Bild-, Brief- und Textarchiven, einer kleinen Bibliothek und Mediothek, thematischen Wechselausstellungen sowie einem Begegnungsraum für Gespräche und Sitzungen mit Fotopräsentationen.

Lord Menuhin has left us a great legacy. Before his passing, one of his admirers suggested that a walking trail be created by the community of Saanen dedicated to Lord Menuhin's most treasured philosophical ideas – a Philosophers' Path. The community approved the idea and the Rotary Club of Gstaad-Saanenland agreed to plan and to help finance the path in cooperation with the municipality of Saanen.

A sign-posted path winds from the centre of Gstaad along the river Saane to the village of Saanen. At various points along the trail the thoughts and reflections made available to this project by the famous musician are presented on trilingual plaques.

The way leads to the Mauritius Church in Saanen where Lord Menuhin has given and conducted numerous concerts since 1956 and founded the Menuhin Festival in 1957. The path recalls the great artist and the man and is intended to stimulate quiet reflection in all who pass along it.

Menuhin Center Saanen

In Saanen in the old historical Chalet Salzhaus – on the first floor of the tourism office – small rooms with photos, pictures and documents of the master musician present a perspective on Lord Menuhin's life and work, family and friends. A presentation of his thoughts and educational activity as founder of the Menuhin School in London (1963) and the International Menuhin Music Academy (1977) and the history of the Menuhin Festival Gstaad since the first concerts in 1957, rotating exhibitions (also for the current Menuhin Festival), and a small library complete this exposition. The Menuhin Center Saanen is not supposed to be a museum of Yehudi Menuhin, but a meeting point of Menuhin friends, musicians, and tourists, reflecting as an active memorial place the life and work of this great musician, humanist, teacher, and cosmopolitan.

02 Der alte «Salzlade» in Saanen. | *The old 'Salzhaus' in Saanen.*

01 Paul Harris-Urkunde. | *Paul Harris Fellow certificate.*
02 Bericht im «Schweizer Rotarier» von September 1991. | *Report in the Schweizer Rotarier of September 1991.*
03 Dankesbrief Menuhins an den Präsidenten Heinz Stucki nach der Einladung in den Rotary Club Gstaad-Saanenland vom 3. September 1990. | *Thank you letter from Menuhin to President Heinz Stucki of September 3 1990 after being invited to the Rotary Club Gstaad-Saanenland.*

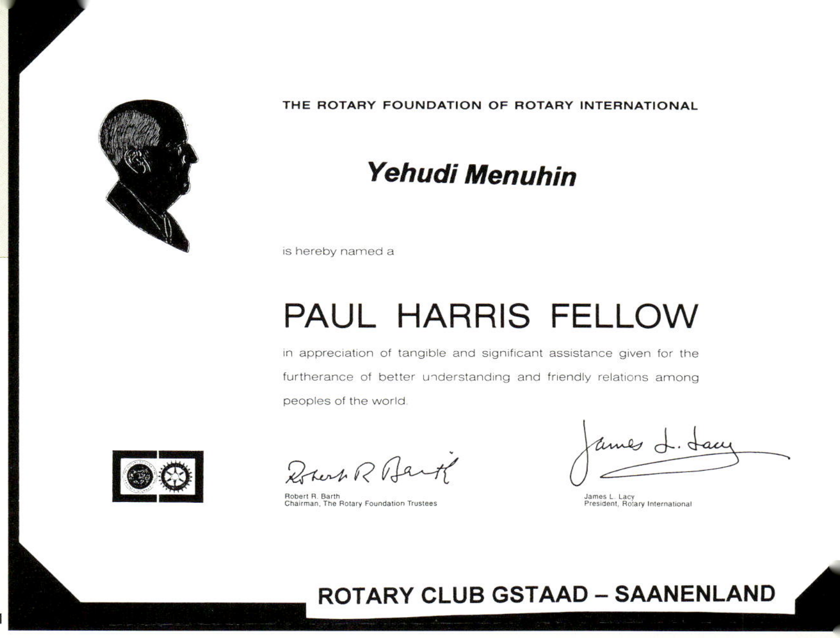

THE ROTARY FOUNDATION OF ROTARY INTERNATIONAL

Yehudi Menuhin

is hereby named a

PAUL HARRIS FELLOW

in appreciation of tangible and significant assistance given for the furtherance of better understanding and friendly relations among peoples of the world.

Robert R. Barth
Chairman, The Rotary Foundation Trustees

James L. Lacy
President, Rotary International

ROTARY CLUB GSTAAD – SAANENLAND

01

Ehrungen im Saanenland
Recognitions in Saanenland

Menuhins Wirken in der Region war volksverbunden, wie die Ernennung 1970 zum Ehrenbürger der Gemeinde Saanen und weitere Ehrungen bewiesen.

Paul Harris Fellow des Rotary Clubs Gstaad-Saanenland
Nachdem Yehudi Menuhin einige Male als engagierter Referent – oft zusammen mit seinem Freund und Zürcher Rotarier Edmond de Stoutz – und Initiant musikalischer Jugendaktivitäten im lokalen Rotary Club aufgetreten war, wurde er 1991 als Dank und zum 75. Geburtstag zum «Paul Harris Fellow» ernannt. Die eindrückliche Ehrung gipfelte nach Übergabe von Diplom und Medaille mit dem Bildnis von Paul Harris, Gründer von Rotary International 1905 als weltweit aktiver Service-Club, in sympathischen Dankesworten Menuhins, der sich mit den rotarischen Zielen gut identifizieren konnte.

Menuhin's work in the Saanenland region was connected to people. His commitment was demonstrated in a number of ways, including when the commune of Saanen granted him honorary citizenship in 1970, and with numerous other recognitions.

Paul Harris Fellow of the Rotary Club Gstaad-Saanenland
Following talks with his friend and Zurich Rotary Club member Edmond de Stoutz, and as initiator of youth music activities at the local Rotary Club, Yehudi Menuhin was announced as a Paul Harris Fellow in 1991 in honor of his 75th birthday. In this impressive recognition, Yehudi Menuhin was presented with a diploma and a medal with the image of Paul Harris, founder of Rotary International in 1905. Yehudi Menuhin warmly thanked the gathered members, and said that he felt very much in tune with the objectives that are supported by the Rotary Clubs.

02

Distrikt 1990

Ehrung für Yehudi Menuhin

Sir Yehudi Menuhin, Ehrenbürger der Gemeinde Saanen, wurde im August zum *Paul Harris Fellow* der Stiftung von Rotary International ernannt.

Als eine der letzten und sicher der würdigsten Amtshandlungen durfte Rotarier Heinz Stucki als abtretender *Präsident 1990/91 des Rotary-Clubs Gstaad-Saanenland*, dem begnadeten Musiker zu Ehren seines 75. Geburtstags und in Dankbarkeit für seinen verdienstvollen Einsatz zu einem besseren Kulturverständnis sowie zur Jugendförderung diese Auszeichnung überreichen.

Der Governor des Distrikts 1990, André Tobler, Past-Governor Robert Dubath, die Mitglieder des Rotary-Clubs Gstaad-Saanenland, zahlreiche Rotarier aus dem In-und Ausland, alle mit Gattinnen, nahmen an der Veranstaltung der Verleihung teil und konnten den freudigen Dank von Sir Yehudi zur Kenntnis nehmen, in welchem dieser daran appellierte, an das Gute im Menschen zu glauben, die Würde des Lebens zu respektieren und damit Voraussetzungen zu schaffen zur besseren Verständigung und zum Frieden unter den Menschen.

hpg

CHALET CHANKLY BORE
GSTAAD

August 20, 1991

Mr. Heinz Stucki
President Rotary Club
Gstaad-Saanenland
3792 Saanen

Dear Friend,

I was so overwhelmed last night by the words and the honours given me and have rarely felt so in tune with the objectives and good works which are supported by the Rotary Clubs. I am particularly happy to have found these congenial souls in Gstaad, in a place to which we are deeply attached and where not only the beauty of nature, but the beauty of music and the good people together, create a harmony which hardly has its equal anywhere else in the world.

I am proud to be a Paul Harris Fellow and shall look forward to our reunion next year, especially to our singing together on that occasion. I shall also look forward to meeting Rotary members all over the world as it fascinates me to think that the next president will be an Indian from India. It must be the most extraordinarily well-administered club.

With every good wish to you and your dear lady,

Yehudi Menuhin

03

3. Sept 1990

CHALET CHANKLY BORE
GSTAAD

Lieber Herrn Präsident
Heinz Stucki –

Für den Rotary-Lunch so herzig u. sympatisch meinen innigsten Dank – und für das so interessantesten u. wertvolles Buch "Landschaft Saanen" wo Ihr Sache die Wandels Geschichte dieses schönen Landes seit über hundert Jahren, kann ich nur sagen dass, mit der Widmung wird es eins der geliebtesten Bücher in meiner Bibliothek. Nochmals vielen herzlichen Dank

Yehudi Menuhin

Menuhin-Büste von Andreia Bove im Dorfzentrum von Saanen

Am 29. Mai 2000 wurde die Menuhin-Bronzebüste auf dem kleinen Platz im Zentrum von Saanen – 1999 als Hommage an den Festivalgründer zum Menuhin-Platz umgetauft – vom Rotary Club der Gemeinde Saanen übergeben. Die rumänische Künstlerin Andreia Bove-Nastasescu hat sie 1985 in Zusammenarbeit mit Menuhin geschaffen, als sie eingeladen war, ihre Skulpturen während des Menuhin Festivals zu zeigen.

Menuhin-Büste der polnischen Künstlerin Zofia Wolska im Museum der Landschaft Saanen

Schon 1996 erhielten Museumsvertreter diese bemerkenswerte Menuhin-Büste, die heute im Museum der Landschaft Saanen steht.

ANDREIA BOVE-NASTASESCU

Bildhauerin und Keramikerin, 1935 in Bukarest geboren, wurde durch Heirat Italienerin, bekam 2001 das Schweizer Bürgerrecht. Nach Studien an der Theaterakademie wirkte sie als Schauspielerin in Rumänien, gestaltete Theaterkostüme, beschäftigte sich früh mit Formen und Skulpturen. Durch Heirat mit Pietro Bove begann eine Reise- und Studienzeit. Die Begegnung mit der Bildhauerin Zoe Baicoianu führte sie zum Bildhauen. Der frühe Tod des Gatten und Existenzprobleme schenkten die «innere Notwendigkeit», als freie Künstlerin zu wirken. Seit über 20 Jahren lebt sie in Walchwil bei Zug, bearbeitet Keramik, Bronze, Stein, Granit und Muranoglas. 1985 erste Ausstellung in Gstaad, wo sie Yehudi Menuhin begegnet, dessen Faszination sie nie mehr los lässt. Im Sommer 1999 wurde ihre Bronzebüste «Yehudi Menuhin» in Saanen eingeweiht.

Sculptor and ceramicist, Andreia Bove-Nastasescu, was born in 1935 in Bucharest. She became Italian through marriage and in 2001 received Swiss citizenship. Having studied at the theatre academy, she worked as actor in Romania, designed theatre costumes, and from early on engaged herself with sculpture. Her marriage to Pietro Bove marked the beginning of a period of travel and study, and this period produced an encounter with sculptor Zoe Baicoianu. It was this encounter that led her to sculpting, and following the early death of her husband, she felt an inner need to work as freelance artist. She has lived for over 20 years in Walchwil near Zug, sculpting with ceramics, bronze, stone, granite and Murano glass. Her first exhibition in Gstaad took place in 1985, and it was then that she met Yehudi Menuhin in whom she developed a fascination. In the summer of 1999, her bronze bust entitled 'Yehudi Menuhin' was unveiled in Saanen.

Lord-Menuhin-Skulptur für Museum der Landschaft Saanen

Anlässlich der feierlichen Übergabe der Büste, v.l.n.r.: Hanspeter Grundisch (Vertreter des Museums), Lord Menuhin, Zofia Wolska (Künstlerin)

Die polnische Künstlerin Zofia Wolska hat in Anwesenheit von Lord und Lady Menuhin dem Museum der Landschaft Saanen eine Bronze-Büste des Meisters überreicht.

Nach Studien an der Akademie der Schönen Künste in Krakau hat Frau Wolska eine äusserst rege und vielbeachtete Laufbahn als Bildhauerin eingeschlagen. Gastdozentin an der Hochschule für bildende Künste in Westberlin, Stipendiatin der «Koscinsks Foundation» New York, Geschäftsführerin der Ars Polona Galerie in Düsseldorf, sind Angelpunkte ihres Schaffens.

Arbeiten von ihr befinden sich unter anderem im Nationalmuseum in Warschau, in den Polnischen Akademien der Wissenschaften von Paris, Moskau und Berlin, bei der UNICEF New York, im Senat von Westberlin, bei der Kopernikus Stiftung in Chicago. Büsten von Persönlichkeiten aus Kultur, Wissenschaft und Politik, wie Frederic Chopin, Luciano Pavarotti, Nikolaus Kopernikus, J. Carter, F. Mitterand, König Bodouin zeugen von ihrem Flair, mit verschiedenen Materialien, namentlich mit Bronze, umzugehen. Seit einigen Jahren werden die Werke von Zofia Wolska ebenfalls als Preise für «Den Unternehmer des Jahres» und «Die Firma des Jahres» seitens des Polnischen Business Clubs verliehen.

Das «Museum der Landschaft Saanen», welches dereinst im Hauswebereihaus in Saanen eingerichtet wird, sieht vor, dem Ehrenbürger der Gemeinde Saanen, Yehudi Menuhin, einen Raum zu widmen. Die von Frau Zofia Wolska geschenkte Skulptur wird darin einen Ehrenplatz einnehmen. hpg

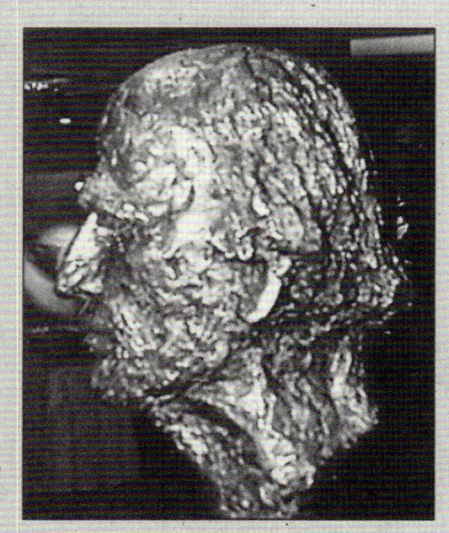

Die Bronze-Büste von Lord Menuhin

Bericht im «Anzeiger von Saanen» über die Menuhin-Büste im Museum Saanen.
Report in the Anzeiger von Saanen on the bust of Menuhin in the Saanen Museum.

Menuhin bust by Andreia Bove in Saanen

On May 29 2000 the Rotary Club Gstaad-Saanenland presented a bronze bust of Yehudi Menuhin to the commune of Saanen. The small square in the center of Saanen that is now home to the bust, was renamed Menuhin Square in 1999 as homage to the festival founder. The Romanian artist, Andreia Bove-Nastasescu, created the bust in 1985 together with Menuhin when she was invited to exhibit her sculptures during the festival.

Menuhin bust by Polish artist Zofia Wolska

In 1996 representatives of the Countryside Museum of Saanen were given a remarkable Menuhin bust by Polish artist Zofia Wolska. Today the bust is on display in the museum.

Le Prix Européen Coudenhove-Kalergi

est conféré exceptionnellement en 1999
à titre posthume à

Yehudi Menuhin

✠

Violoniste de génie et grand humaniste,
il a oeuvré avec talent
en faveur du rapprochement des peuples
dans la paix, la liberté et la tolérance.

Son actif et sincère dévouement à la cause paneuropéenne
et son projet de doter la Grande Europe
d'un Parlement des Cultures
lui valent ce témoignage de reconnaissance.

Fondation Coudenhove-Kalergi

Le Président　　　　　Le Directeur

Gérard F. Bauer　　　*Marco Pons*

Gstaad, le 4 septembre 1999.

01

01 «Prix Européen Coudenhove-Kalergi».
02 Liste der Ehrungen aus der «Thanksgiving-Broschüre» der Menuhin-Gedenkfeier vom 3. Juni 1999 in der Westminster Abbey. | *List of honours from the booklet for the Menuhin Memorial Celebration of June 3 1999 in Westminster Abbey.*

LORD MENUHIN'S HONOURS AND DECORATIONS

Grand Officier	de la Légion d'Honneur	France
Commander of	l'Ordre des Arts et des Lettres	France
	Croix de Lorraine	France
Commander of	Ordre Leopold	Belgium
Officer of	Ordre de la Couronne	Belgium
Grand Cross, Star & Shoulder Band	Order of Merit	Germany
Knight Commander of the	Royal Order of Phoenix	Greece
Knight Commander of the	Most Excellent Order of the British Empire	Great Britain
Commander	Order of Orange-Nassau	Netherlands
Grand Officier	Ordre de la Chêne	Luxembourg
Member of the	Order of Merit	Great Britain
Epée d'Académicien	Académie des Beaux Arts	France
Gran Cruz	Merito Civil	Spain
Cavaliere di Gran Croce	Ordine Al Merito	Italy
Grã-Cruz	Ordem Militar de Sant'Iago da Espada	Portugal

Freedom of the Cities of London, Warsaw, Edinburgh, Bath

Gold Medal	Royal Philharmonic Society
Mozart Medal	Royal Philharmonic Society
Gold Medal	Sociéte d'Encouragement au Progrès
Nehru Award for International Understanding	India
Sonning Music Prize	Denmark
Rosenberg Medal	University of Chicago
Gold Medal	Canadian Music Council, Quebec
Medal of	City of Jerusalem
Handel Medal	City of New York
Peace Prize of	Börsenverein des Deutschen Buchhandels
George Washington Award	American Hungarian Foundation
Albert Medal	Royal Society of Arts
Una Vita nella Musica	Italian National Prize
Ernst von Siemens Prize	Germany
Krefeld Concord Prize for International Understanding	Germany
Gold Medal of	City of Paris
Moses Mendelssohn Prize for Tolerance	Germany
Membre de l'Institut	Académie des Beaux Arts, France
Hon Freedom	The Worshipful Company of Musicians
Brahms Medal	City of Hamburg
Preis der Stiftung für Freiheit und Menschenrechte	Bern
Buber-Rosenzweig-Medaille	Gesellschaft für Christlich-Judische Zusammenarbeit
Interfaith Medal	Sternberg Centre, London
Gold Medal	University of Cordoba
Glenn Gould Prize	Canada
Pro Cultura Hungarica Award	Hungary
Wolf Prize	Israel
Abraham Joshua Herschel Peace Award	Jewish Peace Fellowship, New York
Wieniawski Medal	Poland
Goodwill Ambassador of UNESCO	France
Medal of Merit to Polish Culture	Poland
The Edvard Grieg Award	Norway
Ehrenmedaille in Gold	Vienna
Kennedy Center Award	United States of America

Hon D Mus of the Universities of Oxford, Cambridge, London, Sorbonne, Ottawa, Belfast, Leicester, Nottingham, Surrey, Virginia, Hartford, Santa Clara.
Hon LL D of the Universities of Bath, St Andrews, Liverpool, Sussex, Toronto.
Hon Doctorates of the Universities of Liège, Louvain, Maryland, Middlesex, Gakushuin Tokyo, Warwick, Valencia (posthum.), and Bucharest and Cluj Music Academies; Hon Professor of Beijing Conservatoire.
Hon Fellowships of St Catherine's College, Cambridge, Trinity College of Music, Manchester Metropolitan University, Royal College of Music, Royal Society of Arts, Royal Institute of British Architects, Portsmouth University.
Hon Memberships of Royal Academy of Music, Guildhall School of Music, Royal Northern College of Music, Portsmouth Polytechnic.
Professor h.c. Senate, Berlin.

02

Posthume Ehrung Menuhins am 4. September 1999 durch den «Prix Européen Coudenhove-Kalergi»

Als feierlicher Abschluss der eindrücklichen Europa-Tagung 1999 der Fondation Coudenhove-Kalergi und Paneuropa-Gesellschaft im Hotel Palace Gstaad, an deren früheren Treffen Yehudi Menuhin einmal interessiert teilgenommen und sogar gesprochen hat, verliehen die Präsidenten Marco Pons und André Poulin posthum dem Humanisten und Europafreund als Dank für dessen völkerverbindenden Einsatz ihren wichtigen Preis.

Die Ehrbezeugungen aus dem Saanenland verblassen aber angesichts der eindrücklichen Liste aller Ehrungen in der Gedenkschrift zum Gedenkgottesdienst vom 3. Juni 1999 in der Westminster Abbey in London.

Posthumous recognition of Menuhin with the Prix Européen Coudenhove-Kalergi

On September 4 1999, in recognition of his work bringing together the nations of Europe, The Coudenhove-Kalergi Foundation and the Paneuropa Association awarded the humanitarian and "friend of Europe", Yehudi Menuhin, with the Prix Européen. Having made a speech to a past Europe assembly, Menuhin was awarded the prize posthumously by the presidents Marco Pons and André Poulin at the end of their 1999 Europe assembly at the Palace Hotel Gstaad.

But for all the greatness of the acknowledgements he received in Saanenland, they seemed to pale in comparison to the impressive list of honors listed in the printed material for Menuhin's memorial service in June 1999 at London's Westminster Abbey.

"A sense of humour and the ability to laugh at ourselves are essential."

Yehudi Menuhin

NACHKLANG
REVERB

284 Yehudi Menuhin – ein Symbol für uns Menschen | *Yehudi Menuhin – a symbol for humanity*
290 Der Auftrag – Persönliche Anmerkungen der Herausgeber | *The assignment – personal note from the publishers*

Nachklang

Yehudi Menuhin – ein Symbol für uns Menschen
Yehudi Menuhin – a symbol for humanity

**Neugierig wie ein Kind, gleich einem Wirbelwind,
erfüllte er sein Leben: uns die Musik zu geben!**

Tiefe Trauer und weltweite Betroffenheit bewiesen das Empfinden vieler Menschen, dass mit dem plötzlichen Hinschied von Yehudi Menuhin nicht nur ein musikalisches Genie, ein «Wundergeiger», sondern «einer jener guten Menschen» von der Weltbühne abgetreten ist.
Hat nicht Bertold Brecht im «Guten Menschen von Sezuan» nach vielen Enttäuschungen 1943 ins Publikum gerufen: «Es muss ein guter da sein, muss, muss, muss…»?
Unser Ehrenbürger Yehudi Menuhin war ein guter Mensch. Er starb am 12. März 1999 nach akuter Erkrankung an Herzversagen in Berlin, der für ihn so wichtigen Stadt, wo auch Brecht nach langer Emigration seine letzte Wirkstätte gefunden hatte.
Nach 30 Jahren Begegnungen und Erlebnissen, ergänzt durch die Erfahrungen aus Studien für das vorliegende Buch, wagen wir, den Menschen Menuhin zu zeichnen, nachdem Lebensdaten, Marksteine und Festivalgeschichte dargestellt sind. Wer war eigentlich unser Yehudi Menuhin?

Als musikalisches Wunderkind wuchs er, nach Geburt in New York, streng behütet in San Francisco auf, wurde zum Üben und Lernen erzogen und nach ersten Erfolgen früh der Öffentlichkeit präsentiert. Man spürte die Hand der strengen russisch-jüdischen, musischen Eltern, von Vater Moshe mit chassidischen Rabbinern als Vorfahren, dem in Jerusalem streng erzogenen «Lehrer», und der sprachbegabten, stark dominierenden Mutter Marutha aus der Krim. Nach individueller Auswanderung in die USA versuchten beide, ihre Kinder stets zu fördern. Selten durften die Kinder spazieren; echte Elternliebe spüren zu lassen, war fast unschicklich…
«Wir sind nie Kinder gewesen und entdecken alles erst jetzt! Wir lebten in unserer Traumwelt, wohin die Menuhins sich immer wieder flüchteten», erzählte Schwester Yaltah.
Nie haben die Kinder über diese Zucht geklagt; dankbar wussten sie zu würdigen, dass nur harte Arbeit Lohn bringen kann. Lernen, Üben und bewusstes Arbeiten wurden wichtig im

*Deep sorrow and sadness filled many people around the world after the sudden death of Yehudi Menuhin. A musical genius, a violin prodigy, and a good person had left the stage. It was Bertold Brecht who, after many disappointments in the play 'Guten Menschen von Sezuan' shouted into the audience: "One good person must be out there, has to be, has to be, has to be…"
Our honorary citizen Yehudi Menuhin was a good person. He died on March 12 1999 after a sudden heart failure in Berlin, a city which was very important to him. After 30 years of encounters and experiences, as well as the experience of researching this book, We dare to draw a picture of the person Menuhin. Who was our Yehudi Menuhin?*

*Yehudi Menuhin was born in New York and grew up very sheltered as a musical prodigy in San Francisco. He was educated to practice and study, and after early successes he was presented to the public when he was still very young. One could feel the strong hand of his Russian Jewish parents, who were also very musical. His father Moshe had Hasidic rabbis in his family lines and was educated in a strict manner in Jerusalem to become a teacher. Yehudi's mother, Marutha, from Crimea was a strong linguist and very dominating. After both parents had emigrated separately to the US, they tried to further their children.
Rarely were they allowed to run around; to let real parental love be felt was almost unbecoming. Yehudi's sister Yaltah once said: "We have never been children so only now are we discovering everything! We lived in our dream world where the Menuhins constantly fled to."
The children never complained about this; they gratefully recognized that only hard work would bring success. Studying, practicing, and conscious work were important in life and Yehudi accepted his mother's remark: "I chose a good father for you!" Nevertheless the harsh criticism of the famous Eugène Ysaye hit the young genius hard when he failed playing scales and did not hit certain notes at a rehearsal in Brussels: "Take my advice my boy, you have to practice scales and arpeggios".*

Yehudi Menuhin – der Bruder. Mit Hephzibah (li) und Yaltah. | *Yehudi Menuhin – the brother. With Hephzibah (left) and Yaltah.*

Leben und Yehudi akzeptierte Mutters Bemerkung: «Ich habe einen guten Vater für dich ausgesucht»! Dennoch hat die harsche Kritik des berühmten Eugène Ysaye in Brüssel das junge Genie, das im Vorspiel bei Tonleitern und Griffen versagte, sehr betroffen: «Nimm meinen Rat, mein Junge, du musst Tonleitern und Arpeggios üben.»

In Menuhin steckte «Faustisches Streben», die schöpferische und unermüdliche Neugier des Kindes: So wurde er zum «Symbol der ewigen Jugend». Hat Menuhin nicht Mut zu Neuem, Ideen und Kreativität und unermüdliches Engagement für das Gute und Schöne vorgelebt? Dass aber auch der Stärkste an Grenzen der Belastbarkeit stossen kann, hat der Geiger nach der Welt-Tournee mit über 100 Konzerten 1935 bitter erlebt. Künstlerische Krisen und Schwächen zwangen ihn zur Ruhe. Schon vor Beginn des Zweiten Weltkrieges startete er neu, was in denkwürdigen Konzerten für die alliierten Truppen gipfelte und seinen Ruhm gewaltig förderte. Konnte er – in den Bergen oder am Meer – überhaupt etwas Ruhe finden?

Seine fast überbordende Aktivität ging weiter, nie gönnte er sich längere Pausen. Suchten wir sein Gespräch oder Rat, erlebten wir Menuhin als Nomaden und Kosmopoliten. Er war

In Yehudi there was Faustian ambition combined with the creative and restless curiosity of a child. So it was that he became a symbol for eternal youth. He has set an example with his courage for new things, with his ideas and creativity, and with his tireless commitment for the good and the beautiful. But the violinist also had the bitter experience of realization that even the strongest can have limits, when after a world tour in 1935 comprising over 100 concerts he was afflicted with an artist's crisis so acute that he was forced into a rest period. But he soon picked himself up and was at it again during the Second World War, culminating in remarkable concerts for the allied troops that did much for his renown. Was he actually ever able to find peace, either in the mountains or at the sea?

His almost over-the-top activities continued, and he never granted himself longer rests. When we sought conversation or advice, we experienced Menuhin as a nomad and cosmopolitan. He was everywhere and nowhere, wandering around the world as a genius and humanitarian, as an organizer and musician. Even in 1991 Menuhin performed over 100 times in a year, with over 5,000 concerts, talks and appreciations given throughout his life. His veins coursed with the maternal blood of the Tatars, of a powerful conqueror of world history. Apparently the family living room was furnished without tables or chairs, but with ottomans, cushions and

GSTAAD UND DIE MENUHINS { 285 }

Nachklang

```
              YEHUDI MENUHIN
              GENERAL SCHEDULE
           NOVEMBER 1977 to NOVEMBER 1979

NOVEMBER 1977
1 - 4        London
5 - 6        Paris
7 - 8        London
9            Warwick, recital + Hephzibah
10           Birmingham, Literary Lunch
11           Telford, recital + Hephzibah
12           Liverpool, concert +RLPO
13           Return to London
15           Royal Festival Hall, concert + RPO in aid of
             "New Outlook"
17           Recital, Wigmore Hall + Hephzibah, Eric Fenby,
             Susan Meszaros
18           Greenwich, recital + Hephzibah
19           To Paris
20           Paris, Frank Martin Memorial Concert
24           Paris, "Le Grand Echiquier" television programme
25           Sédan, recital + Hephzibah
26           Antwerp, recital + Hephzibah
27           Liège, concert
28           Return to London
28 + 29      Royal Albert Hall, two concerts for Schools Prom
30           Memorial Service, Dr E Schumacher, Westminster
             Cathedral + YMS

DECEMBER 1977
1            Westminster Abbey, concert + YMS for Council of
             Christians and Jews
2 - 14       To Senegal and Spain, CBC filming
15           To Hamburg
16           Leer, (near Bremen) concert + ZKO
17           To Berlin
20,21,22     Concerts with Berlin Philharmonic
23           Return to London
26-31        CBC meetings, London
28           Queen Elizabeth Hall, concert + Camerata Lysy Gstaad

JANUARY 1978
2            To Toronto
3 - 11       Canada, CBC filming
12           To New York
14           Long Island, recital + Hephzibah
18           New York, recital + Hephzibah
20           Miami, concert
22           Dallas, concert
23, 24       Jacksonville, concerts
25           CBC filming
26           Sarasota, recital + Hephzibah
27           Memphis, recital + Hephzibah
29           Washington DC, recital + Hephzibah
31           Oakland, concert

                                                    /...

FEBRUARY 1978
1, 2         Oakland, concerts
3            San José, recital + Hephzibah
4            Los Gatos
5            To Toronto
6            Montreal, concert
7            Buffalo, recital + Hephzibah
8            CBC filming
9            Toronto, recital
10           Winnipeg, concert
12           Chicago, recital
13           Philadelphia, recital
14           Return to London
18           To Berlin
20           Berlin, concert for Ferenc Fricsay Gesellschaft
21           To Paris
22           Paris, recital + Jeremy
23           Lyon, recital + Jeremy
24           Saint Etienne, recital + Jeremy
26           Nice, concert + Nouvel Orchestre de Nice
27           Montpellier, recital + Jeremy
28           Alès, recital + Jeremy

MARCH 1978
1            Cannes, concert
2            Geneva, recital + Jeremy
3            Basle, recital + Jeremy
4            To London
5            Guildford, concert + YMS
6            To Gstaad
29           Zurich, concert + ZKO
30 - 31      Concerts, Germany

APRIL 1978
1 - 5        Concerts, Germany
6            Return to London
7            Royal Festival Hall, concert for 60th anniversary
             of the R A F + RPO
9            Manchester, adjudicate Young Musician of the Year
10           Sheffield, recital
11           Huddersfield, recital
12           Grizedale, recital
13           Return to London
13           Royal Festival Hall, concert + LPO
16           Royal Albert Hall, concert + RPO
17           Wells Cathedral, concert for Cathedral Preservation
             Appeal Fund
19           Cardiff, recital for 'Live Music Now'
23           To Scandinavia
25           Oslo, recital + Robert Levin
27           Bergen, concert + Musikselskabet
29           Denmark, concert or recital

MAY 1978
1            Arhus, Denmark, concert
3            ? Copenhagen, recital
4            Return to London
5            Royal Albert Hall, concert + RPO for Elgar
             Foundation
6            To Stuttgart
7            Schwetzingen, concert + Barshai
8 - 9        CBC filming
10           Salzburg, recital
11           Vienna, CBC filming
12 - 30      CBC filming, Greece,
```

überall und nirgends, durchwanderte als Genie und Humanist, Organisator und Musiker die ganze Welt. Noch 1991 erzählte Menuhin von jährlich über 100 Auftritten, zeitlebens von über 5000 Konzerten, Vorträgen und Ehrungen. In seinen Adern floss mütterliches Tartarenblut, gar von Tamerlan, dem mächtigen Eroberer der Weltgeschichte. Dass die Mutter das Wohnzimmer ohne Tische und Stühle mit Ottomane, Kissen und Teppichen ähnlich einem asiatischen Zelt möbliert haben soll, dürfte das junge Kind geprägt haben. Menuhins Musik hat aber auch die Welt erobert!

Wo war er zu Hause? Nach dem Verlassen der Staaten hatte er viele Wohnsitze, liebte das zentrale London, genoss die herrliche Zuflucht in der Ägäis auf Mykonos, schätzte New York und sagte – was uns im Saanenland mit Stolz erfüllt – oft begeistert:

«Ich fühle mich in Gstaad zu Hause. Ich habe dort ein kleines Musikfestival in der wunderbaren kleinen Kirche in Saanen geschaffen.»

Yehudi Menuhin als Festivalgestalter, Herrscher im Reich der Töne und der Musik, pflegte den Ton anzugeben, was Gstaad und auch die Organisatoren des Bath-Festivals erfuhren: Aus dem Musizieren im Freundeskreis wurde der Gstaader Musiksommer, aus einem kleinen Häufchen freiwilliger Helfer in der Kirche professionell gestaltete Musikwochen, eine Entwicklung, die unser Mentor früh ahnte, oft warnend entgegensteuerte, um zum Beispiel seine «geliebten Streicher» nicht dem «brutalen Klang der Trompeten» weichen zu lassen. Seine Hingabe zur Violine schenkte unvergessliche Kammermusikabende und Begegnungen mit Meistern der Streichmusik. Musizieren im Freundeskreis wurde zum Symbol seiner Festivals: die Festivalfamilie wuchs heran, die sich bis zu den Zuhörern ausdehnte. Die Menuhins haben viele Freunde gehabt,

rugs. Perhaps his mother's style might have influenced the young child, but it was Menuhin's music that conquered the world!

Where did he consider himself at home? After leaving the US he had many homes, loved central London, enjoyed the wonderful Aegean retreat in Mykonos, relished New York, and often said enthusiastically, which makes us especially proud in Saanenland: "I feel at home in Gstaad. There I have created a small music festival in the wonderful, small Saanen church."

As a festival organizer and ruler of the world of sound and music, Yehudi Menuhin would dictate the order of play to the festival organizers of Gstaad as well as Bath. Friends coming together to make music in church concerts organized by a few volunteers soon became the professionally-organized Gstaad music summer, a development which Menuhin foresaw from early on. He often steered in the opposite direction, for example to protect his beloved strings from the brutal sound of trumpets. His devotion to the violin presented us with unforgettable chamber music evenings and encounters with the masters of string music. Making music in a circle of friends became the symbol of his festivals, and over time the festival family grew, extending even to the audience. The Menuhins had many friends, which is shown in the festival programs and the many birthday acknowledgements he received. But critical voices could also be heard; there were those who asked for a better representation of Swiss musicians such as loyal Gstaad visitor Nathan Milstein, who anyway did not want to participate in a festival that carried the name of a living musician. It was difficult to set fees for the illustrious circle of friends when the director of the festival took pleasure in organizing the festival by personal invitation. Indeed he cared little for financial success, at least until he was forced to make financial demands.

Yehudi Menuhin – der Vater. | *Yehudi Menuhin – the father.*

wie Programme und viele Geburtstagswürdigungen beweisen. Es wurden auch kritische Stimmen laut, die nach vermehrter Teilnahme von Schweizern verlangten, von Musikern wie dem treuen Gstaader Gast Nathan Milstein, der nicht an einem Festival, das den Namen eines noch lebenden Musikers trägt, teilnehmen wollte… Schwierig war es, im illustren Freundeskreis Gagen zu bestimmen, wenn der Festivalleiter Freude an der Festivalgestaltung, am Einladen und nicht am finanziellen Erfolg fand, dann aber unter Druck Forderungen anmelden musste!

Menuhins Gutmütigkeit und Grosszügigkeit wurden als seine menschlichen Schwächen oft ausgenützt. Man wandte sich für alles an ihn, obschon er, wie Yaltah sagte, gar nicht so stark war: «Er ist nicht sehr lebenstüchtig, Yehudi musste sich irgendwo anlehnen.» Dennoch wurde er, oft trotz heftiger Widerrede seiner geliebten Gattin und «Säule» Diana, zum «ewigen Präsidenten» von Organisationen und Institutionen: «Yehudi hat einfach mehr Überzeugungskraft ausgestrahlt als andere.» Auch dies kann zum Verhängnis werden.

Yehudi als «der Jude» fand immer wieder seine Kraft im Glauben, im Meditieren und Beten, während vieler Jahre in Yoga und östlichem Denken. Die Tatsache, dass die streng gläubigen

People often took advantage of Menuhin because of his bonhomie and generosity. People turned to him for everything even though he was not so strong. Yaltah said: "He is not very fit in life, Yehudi ha[s] to lean on something." Nevertheless he became lifelong president for numerous organizations and institutions, often at the strong objection of his beloved wife and rock Diana. "Yehudi simply projected more persuasiveness than others." But that is not always a good thing.

There is an anecdote about Yehudi's parents searching for an apartment in New York. His mother is said to have chosen the name Yehudi – meaning "the Jew" – after the devoted parents were treated harshly by a landlord who did not want Jews as tenants. As "the Jew", over the years Yehudi found his strength time and again in his belief, in meditation and praying, as well as yoga and eastern thinking. Throughout his life the fighter Yehudi felt committed to this name, and became a symbol for the Jews who were so heavily violated during the Second World War. The many honors he received certify the symbolism of his character. On October 14 1979, he was presented with the peace prize of German book trade in the Paulus church of Frankfurt-am-Main. He was honored as a brave idealist who, through his work, stood up audaciously and tirelessly for justice and reconciliation of

GSTAAD UND DIE MENUHINS { 287 }

Nachklang

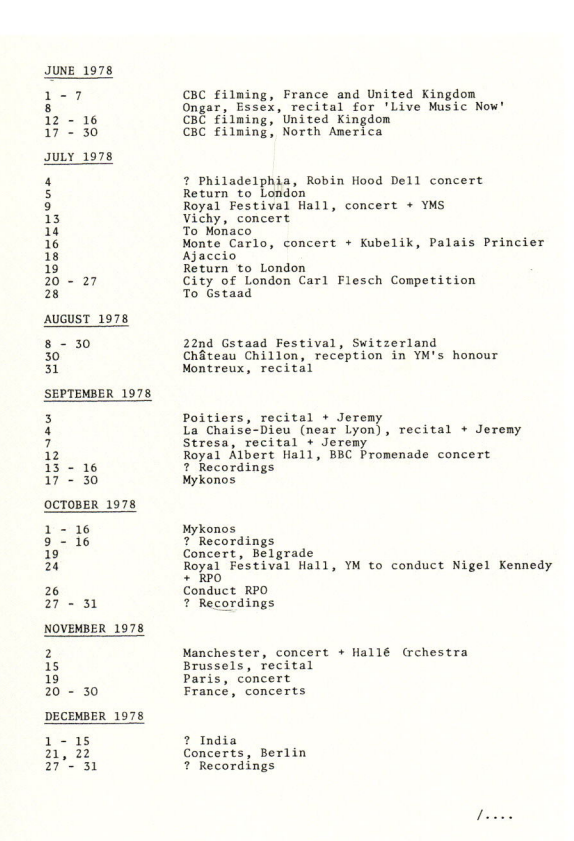

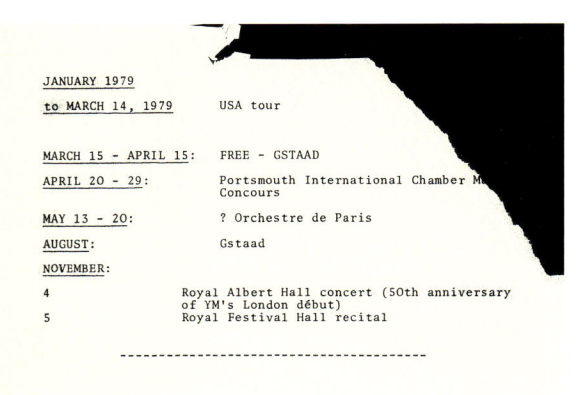

```
JUNE 1978
1 - 7        CBC filming, France and United Kingdom
8            Ongar, Essex, recital for 'Live Music Now'
12 - 16      CBC filming, United Kingdom
17 - 30      CBC filming, North America

JULY 1978
4            ? Philadelphia, Robin Hood Dell concert
5            Return to London
9            Royal Festival Hall, concert + YMS
13           Vichy, concert
14           To Monaco
16           Monte Carlo, concert + Kubelik, Palais Princier
18           Ajaccio
19           Return to London
20 - 27      City of London Carl Flesch Competition
28           To Gstaad

AUGUST 1978
8 - 30       22nd Gstaad Festival, Switzerland
30           Château Chillon, reception in YM's honour
31           Montreux, recital

SEPTEMBER 1978
3            Poitiers, recital + Jeremy
4            La Chaise-Dieu (near Lyon), recital + Jeremy
7            Stresa, recital + Jeremy
12           Royal Albert Hall, BBC Promenade concert
13 - 16      ? Recordings
17 - 30      Mykonos

OCTOBER 1978
1 - 16       Mykonos
9 - 16       ? Recordings
19           Concert, Belgrade
24           Royal Festival Hall, YM to conduct Nigel Kennedy
             + RPO
26           Conduct RPO
27 - 31      ? Recordings

NOVEMBER 1978
2            Manchester, concert + Hallé Orchestra
15           Brussels, recital
19           Paris, concert
20 - 30      France, concerts

DECEMBER 1978
1 - 15       ? India
21, 22       Concerts, Berlin
27 - 31      ? Recordings

                                          /....

JANUARY 1979
to MARCH 14, 1979      USA tour

MARCH 15 - APRIL 15:   FREE - GSTAAD

APRIL 20 - 29:         Portsmouth International Chamber M
                       Concours

MAY 13 - 20:           ? Orchestre de Paris

AUGUST:                Gstaad

NOVEMBER:
4                      Royal Albert Hall concert (50th anniversary
                       of YM's London début)
5                      Royal Festival Hall recital
```

Liste der Konzertauftritte von Yehudi Menuhin von November 1977 bis November 1979. | *List of Yehudi Menuhin concert appearances from November 1977 to November 1979.*

Eltern auf der Wohnungssuche in New York von einem Vermieter barsch mit der Bemerkung abgewiesen wurden, «man wolle keine Juden als Mieter», soll die Mutter veranlasst haben, dem Sohn den Namen «Yehudi», «der Jude» zu geben.

Yehudi als Kämpfer fühlte sich zeitlebens diesem Namen verpflichtet und wurde für die im Zweiten Weltkrieg so schwer geprüften Juden zum Symbol.

Viele Ehrungen bezeugten seine Symbolkraft. An der Überreichung des Friedenspreises des Deutschen Buchhandels am 14. Oktober 1979 in der Pauluskirche in Frankfurt am Main wurde er als mutiger Mann und Idealist geehrt, der durch sein Wirken kühn und unermüdlich für Gerechtigkeit und Versöhnung unter den Menschen eintrat. In der legendären, berühmten Rede schilderte er seine wichtigste Rolle als Friedensbringer: «Niemals konnte der Frieden grössere Bedeutung und Sinntiefe haben als in Berlin im Jahre 1946. Ich kam mit meiner Frau Diana in die Hauptstadt einer grossen Nation, die vom Krieg verwüstet war und zu tiefer, brennender Selbstprüfung und Gewissensforschung erwachte; ja ich kam unmittelbar aus der Mitte Ihrer jüngsten Gegner, von Völkern, die das Opfer des Krieges waren, um Ihre Musik, unsere Musik, die universale Musik Beethovens zu spielen.»

Diese «Friedensrede» mit vielen Zitaten Hölderlins bringt die Tiefe des Humanisten näher und zeigt den Visionär und Träumer für eine Welt ohne Krieg und Zerstörung.

Im Juni 1996 antwortete Lord Menuhin im Gespräch (bei «Egon Zehnder international») auf die Frage: «Beziehen Sie aus der Freiheit des Künstlers die Kraft, stets kritisch zu bleiben und faule Kompromisse zu meiden?»:

«Meine Familie gibt mir den stärksten Rückhalt. Sicher bin ich ein Nomade, dem es aber vergönnt war, drei epochale

mankind. In his legendary acceptance speech he talks about his most important role as a transmitter of peace: "Peace could not have had more impact in its meaning and significance than in Berlin in 1946. I came with my wife Diana to the capital of this great nation, a nation devastated by the war and racked with a deep and burning sense of introspection and soul-searching. Yes I came out of the midst of their recent opponents, from the ranks of people who were the victims in this war, to play their music, our music, the universal music of Beethoven."

This speech of peace containing quotations from Hölderlin brings out the depth of the humanitarian and shows a visionary dreaming of a world without war and distraction. In June 1996, Lord Menuhin was asked whether he draws his strength from the freedom as an artist to stay critical and to avoid compromises, to which he answered: "My family gives me the strongest support. Certainly I am a nomad to whom it was granted to experience three sunrises of epochal dimension. The first was the establishment of democracy after the First World War. The second was the victory over the Hitler dictatorship and the foundation of the United Nations. The third was the end of the oppression of Eastern Europe. Each sunrise was proceeded by a night of destruction. The memory of what people can do to each other and the strong hope that these destructive forces can be overcome together is what makes me continue. To slow down would mean to give up."

The language genius Yehudi Menuhin owes his capability to communicate perfectly in several languages to his parents as well as his thirst for knowledge.

We in Saanenland are thankful that with the foundation of the International Menuhin Music Academy in 1977, we were able to experience Menuhin as an educator of youth. Many children of the

Sonnenaufgänge zu erleben. Der erste war die Heraufkunft der Demokratie nach dem Ersten Weltkrieg, der zweite der Sieg über die Hitlerdiktatur und die Gründung der Vereinten Nationen, der dritte das Ende der Unterdrückung in Osteuropa. Jedem Sonnenaufgang ging eine Nacht der Vernichtung voraus. Die Erinnerung daran, was Menschen einander antun können, und die feste Hoffnung, dass wir diese zerstörerischen Mächte gemeinsam besiegen, treiben mich weiter. Nachzulassen würde bedeuten aufzugeben.»

Dass er sich als Sprachgenie in mehreren Sprachen perfekt ausdrücken konnte, hat er seinen Eltern und seinem Wissensdurst zu verdanken.

Dankbar sind wir im Saanenland, dass wir mit der 1977 erfolgten Gründung der Internationalen Menuhin Musik Akademie Menuhin als Erzieher der Jugend erleben durften. Viele Kinder der Region durften an Proben und Konzerten die Kraft und Wirkung der Musik erleben, dem Meister begegnen und unvergessliche Eindrücke aufnehmen. Viele Erinnerungen an die wechselvolle Geschichte unserer Akademie, Kontakte zu Künstlern und Studenten, die unter Maestro Alberto Lysy Musik, Menuhins menschliche Mission und als Camerata Lysy den Namen Gstaad in die weite Welt tragen. Wir bewahren unseren Yehudi Menuhin tief im Herzen und hoffen, dass sein menschliches Werk weitergehen und Hölderlins herrliche Verse der Friedensrede nie verklingen werden:

«Zufrieden bin ich,
wenn auch mein Saitenspiel
mich nicht hinab geleitet.
Einmal lebt ich, wie Götter,
und mehr bedarfs nicht.»

region were able to experience the power and effect of music in rehearsals and concerts. They were able to meet the master and to absorb unforgettable impressions. Many memories about the meandering history of our academy, contacts with artists and students who made music led by maestro Alberto Lysy, as well as Menuhin's humanitarian mission all carry the name of Gstaad around the world.

We preserve our Yehudi Menuhin deep in our hearts. We hope that his humanitarian work will continue, and that the fantastic verses by Hölderlin in his peace speech shall never fade away:

"I will be content, even if my lyre
does not come with me; for once
I lived like the gods – and I require no more."
(Translation by Emily Ezust)

Grabstein von Yehudi Menuhin in Stoke d'Abernon.
Gravestone of Yehudi Menuhin in Stoke d'Abernon.

Nachklang

Der Auftrag – *Persönliche Anmerkungen der Herausgeber*
The assignment – personal note from the publishers

Vom «Rätsel Menuhin» sind wir seit Jahren fasziniert.

Der Auftrag, die Geschichte über 50 Festival-Sommer sowie über «Gstaad und die Menuhins» nachzuerzählen, wurde für uns zur willkommenen Herausforderung. Unsere persönlichen Erfahrungen als Festivalpräsidenten und Mitgestalter der 70er, 80er und 90er Jahre haben uns bestimmt dabei geholfen, obwohl vieles in vielen Archiven wiederum recherchiert werden musste, denn schliesslich greift das Gedächtnis oft kurz und der Lauf der Zeit ist intensiv.

Auf dem spannenden und arbeitsintensiven Weg stiessen wir auf einige neue Erkenntnisse. Auch wir hatten zu akzeptieren, dass das Enträtseln von Menuhins Biografie immer unvollständig bleiben würde. Aber wir durften immer und immer wieder staunen über sein enorm reiches Wirken, über seine Ausstrahlung als Musiker, Künstler, Pädagoge, engagierter Weltbürger und – über sein Festival im Saanenland! Viele authentische Unterlagen erlaubten uns, Tatsachen zu illustrieren. Beiträge Aussenstehender erhellten Erkenntnisse und Zusammenhänge, obwohl das subjektive Erinnern manchmal verändert und beschönigt. Durch möglichst lückenlose Dokumentation soll dann später zumindest der Vorwurf der «Schönfärberei» entkräftet werden.

Oft bedauerten wir, dass uns während der aktiven Mitarbeit fürs Festival heutige Erkenntnisse gefehlt haben, was bestimmt Missverständnisse vermieden hätte.

Wir wünschen, mit dem Buch «Gstaad und die Menuhins» zu weiterem Suchen und Aufarbeiten des «Rätsel Menuhin» anzuregen. «Wollen wir etwas Neues werden, müssen wir das Alte pflegen, das wir ererbt haben…» steht auf der dritten Tafel von Menuhins Philosophenweg zwischen Gstaad und Saanen. Ist dies als Mahnung gedacht?
Gilt die Forderung nach Respekt für das Bestandene nicht auch und vor allem für die künftigen Gestalter des Menuhin Festivals, die neue Wege zu gehen haben, aber mit «Ursprung als Inspiration» dieser Verpflichtung gerecht zu werden suchen?

We have been fascinated by the "Menuhin mystique" for many years.

The assignment to recount the tale of 50 festival summers and to discuss Gstaad and the Menuhins was a welcome challenge for us. Our personal experiences as festival co-creators and presidents throughout the 70s, 80s and 90s have certainly helped, although we had to research numerous sources and archives as memories fade and time passes quickly.

During the course of this exciting and laborious exercise, we came across some new findings. We also had to accept that the demystification of Menuhin's biography would never be complete. But time and again we were able to ponder the master's incredibly rich work, as well as his charisma as a musician, artist, academic, and committed cosmopolite; not to mention his festival in Saanenland! Numerous original documents have made it possible for us to illustrate facts to the reader. Contributions of outsiders enlightened our findings and correlations, although the subjective memory is prone to alter and, at times, exaggerate. In offering as complete a document as possible, any claim of embellishment shall be minimized.

We often found ourselves regretting that we did not have today's insight during our active work for the festival, which would surely have avoided misunderstandings.

With the book 'Gstaad and the Menuhins', we hope to encourage further research and consideration of the Menuhin enigma. The third sign of Menuhin's Philosophers' Path between Gstaad and Saanen bears the quotation: "Wollen wir etwas Neues werden, müssen wir das Alte pflegen, das wir ererbt haben…" Is this meant as a warning? Is this appeal to respect what has worked in the past aimed specifically at future organizers of the Menuhin Festival, who carry the burden of re-invention while maintaining a commitment to originality and authenticity as the basis for inspiration?
The publishers remember a deeply touching moment when traveling together in the area of the Menuhin School in Stoke d'Abernon, south of London. It was a clear January, a perfect English countryside setting. A strong feeling arose to get close to

Die Herausgeber erinnern sich an einen erlebten Moment tiefen Empfindens: Gemeinsam unterwegs zum Areal der «Menuhin School» in Stoke d'Abernon, südlich von London. Englische Landschaftsidylle an einem sonnenkalten Januartag. Dabei das starke Gefühl, sich wieder der grossen Aura des dort begrabenen Yehudi Menuhin zu nähern. Und erst viel später die urplötzliche Erkenntnis, dass bei beiden im gleichen Moment sich ähnliche Befürchtungen ins Bewusstsein drängten, nämlich die ängstliche Ahnung, dass im Saanenland die wunderbare Zeit von «Gstaad und den Menuhins» bald nur noch im Herzen der «alten Erzähler» zu finden sein könnte.

Später dann am Grab von Yehudi Menuhin (auf einer weiten Wiese nur als leichte Boden-Unebenheit mit bescheidenem, eingepflanztem Natur-Stein zu erkennen) der Wunsch, dieser Gefahr des Vergessens mit Vehemenz und Engagement entgegenarbeiten zu wollen.

Das vorliegende Buch zum 50. Menuhin Festival kann dafür ein wichtiger Schritt sein.

Die dankbaren Herausgeber

Rolf P. Steiger
Hans-Ulrich Tschanz

the grand aura of Yehudi Menuhin, who is buried there. It was only much later that we were both suddenly struck by the fear that there would soon come a time when the wonderful tales of Gstaad and the Menuhins would be confined to the hearts and memories of a few old story tellers.

Later at the grave of Yehudi Menuhin, located in a vast meadow and recognizable only by a slight rise in the ground topped by a humble natural stone, we were moved by the desire to work with commitment and vehemence against this danger of forgetting.

The book in your hands, in commemoration of the 50th Menuhin Festival, is but one important contribution to that end.

The thankful publishers

Rolf P. Steiger
Hans-Ulrich Tschanz

«Der Mensch ist ein Geheimnis. Man muss es enträtseln und wenn du es ein ganzes Leben lang enträtseln wirst, so sage nicht, du hättest die Zeit verloren. Ich beschäftige mich mit diesem Geheimnis, denn ich will ein Mensch sein.»

Fjodor Dostojewski

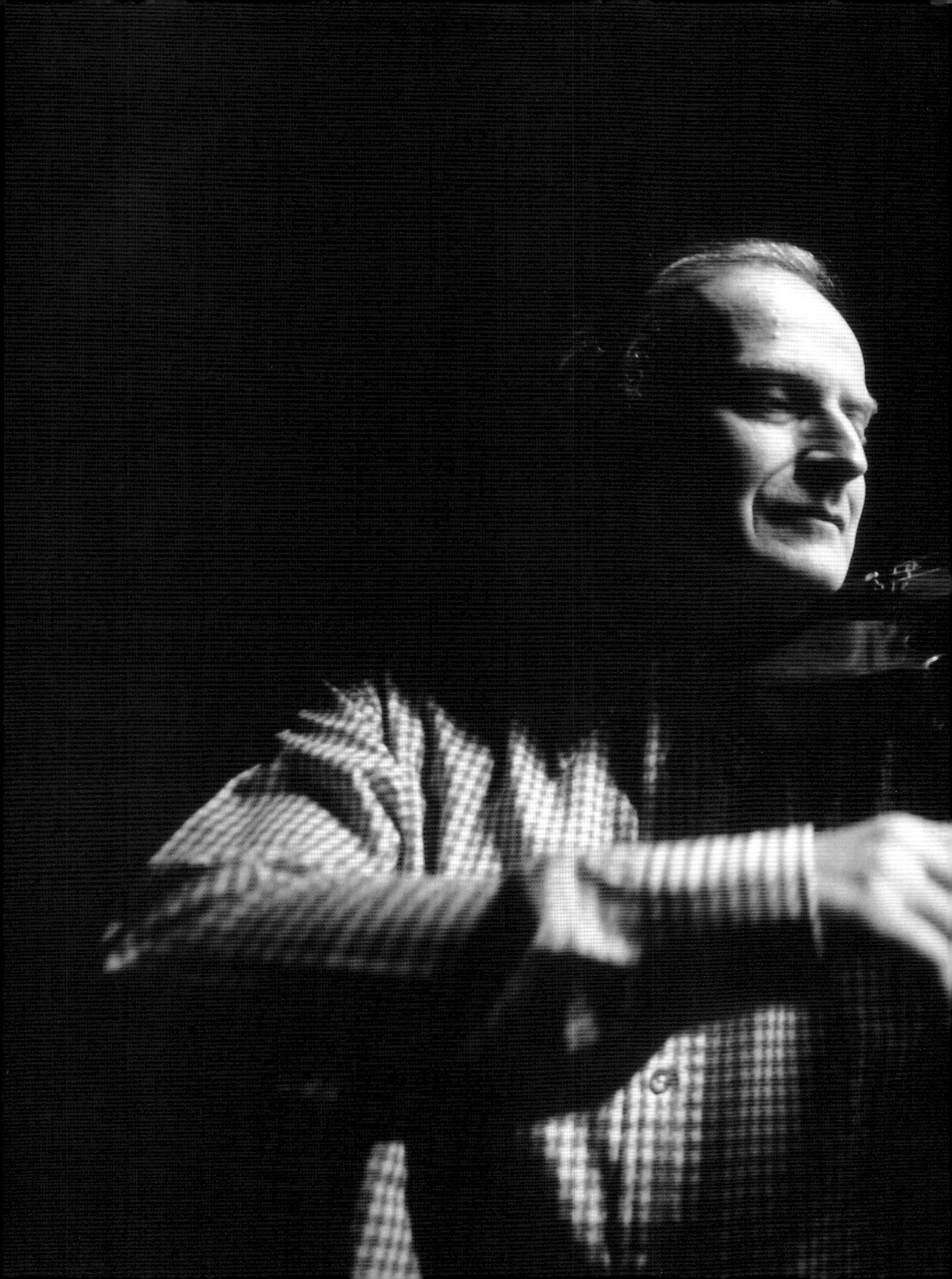

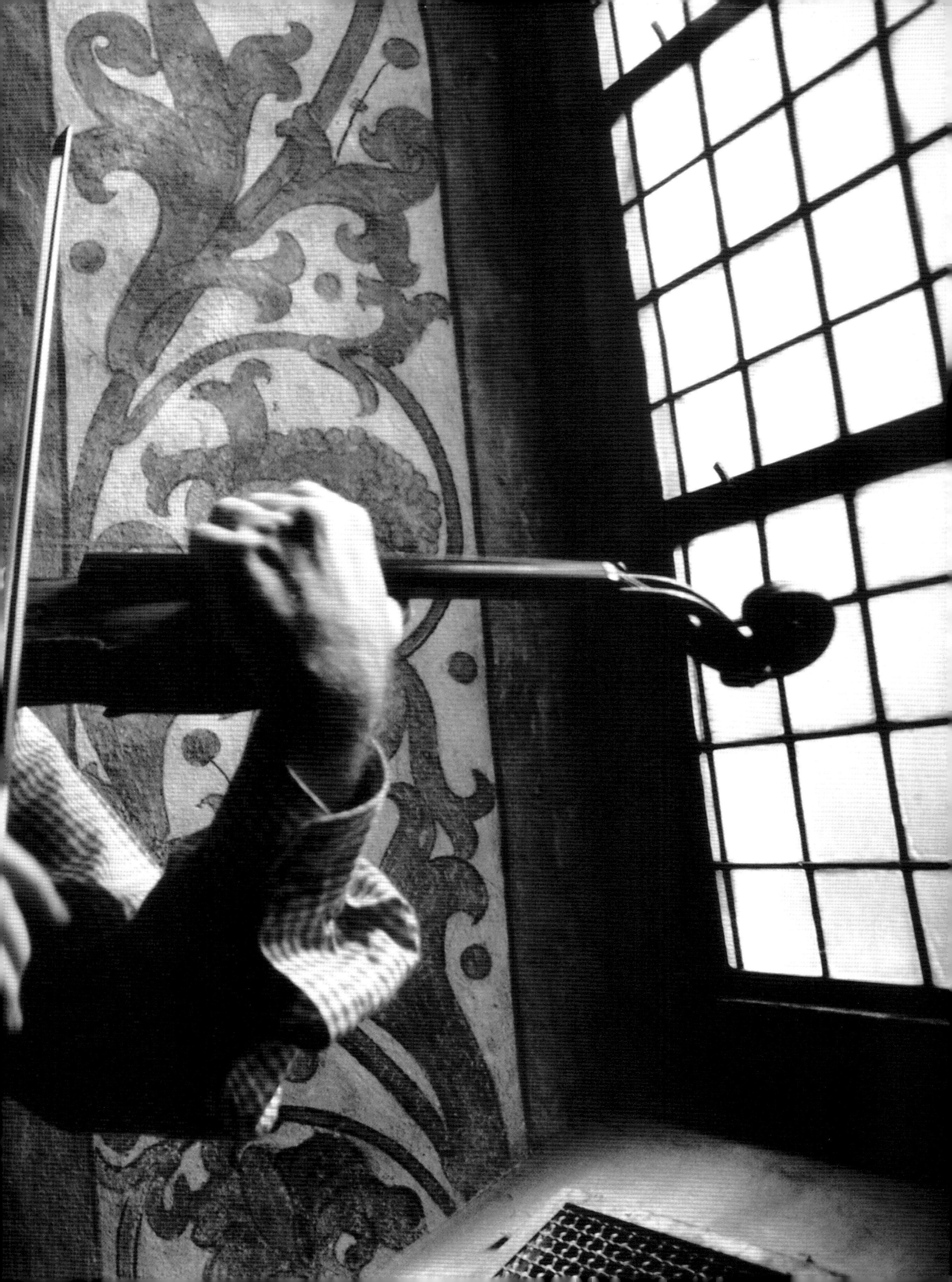

« Eine Gesellschaft kann ohne ihre Träumer nie frei sein. »

Yehudi Menuhin

INDEX

296 Bibliografie | *Bibliography*
297 Festival-Konzerte des Zürcher Kammerorchesters ab 1958 | *Festival concerts of the Zurich Chamber Orchestra since 1958*
299 Die «Yehudi Menuhin School of Stoke d'Abernon» in Gstaad | *The Yehudi Menuhin School of Stoke d'Abernon performing in Gstaad*
301 Fotonachweis | *Picture credits*
302 Personenregister | *People index*

◄ Herzstück des Festivals: Mauritiuskirche Saanen und Festival-Zelt Gstaad.
The heart of the festival: Mauritius Church Saanen and the Festival Tent Gstaad.

Bibliografie | *Bibliography*

Bücher und Beiträge von Yehudi Menuhin
Books and articles by Yehudi Menuhin

1. «**Violin: Six Lessons**»; London (Faber Music), 1971, e
   «**Sechs Violinstunden**»; Albert Müller Verlag, Rüschlikon CH, 1973, d
2. «**Theme and Variations**»; Heinemann, London, 1972, e
   «**Variationen – Betrachtungen zu Musik und Zeit**»; Piper, 1979, d
3. «**Unfinished Journey**»; 1977, e
   «**Unvollendete Reise – Lebenserinnerungen**»; 2. Auflage 1977, d
   «**Voyage inachevé – Autobiographie**»; Seuil, Paris VI, 1977, f
   «**onvoltooide reis – herinneringen**» Ad. Donker – Rotterdam 1977, h
4. «**Violin and Viola**»; Yehudi Menuhin / William Primrose, 1976, e
   «**Violine und Viola**»; Yehudi Menuhin/William Primrose, Bergh/Ullstein, Frankfurt/Berlin, d
5. «**The Music of Man**»; 1979, mit Curtis Davis, e
   «**Die Musik des Menschen**»; Fernsehserie CBC (Canada) Genf (Weber) 1980, d
6. «**Ich bin fasziniert von allem Menschlichen**»; Gespräche mit Robin Daniels
   (Conversations with Menuhin, 1979) Piper-Schott, 1982, d
7. «**Life Class**»; ed. by Christopher Hope; Heinemann, London 1986, e
   «**Lebensschule**»; München/Zürich (Piper), 1987, d
8. «**La légende du violon**»; Paris/New York (Flammarion), 1996, f
   «**Die Violine – Kulturgeschichte eines Instrumentes**»; Metzler/Bärenreiter Stuttgart-Weimar, 1996, d
9. «**Die Freude liegt im Unvorhersehbaren**»; David Dubal, Piper München/Zürich, d
   Originalausgabe «Conversations with Menuhin», London 1991, e
10. «**Unterwegs**»; Erinnerungen; 1976–1995, Piper, 1998, d
11. «**Worte wie Klang in der Stille**»; Herder 1993, d
12. «**Kunst als Hoffnung für die Menschheit**»; Reden und Schriften. Laudatio von Pierre Bertaux; Piper München/Zürich, 1986, d
    L'Art – Espoir pour l'humanité, Ed. Buchet/Chastel, Paris 1987, f
    Lecciones de Vida, Barcelona, 1989
13. «**Ansprachen anlässlich des Friedenspreises des Deutschen Buchhandels**»; 1979 Frankfurt am Main, d
14. «**Kunst und Wissenschaft als verwandte Begriffe**»; Suhrkamp Nr. 671 1979. Rede, 1959 Royal Institution of GB in London, d
15. «**Vom König, vom Kater und der Fiedel**»; Yehudi Menuhin und Christopher Hope
    Illustrationen Angela Barrett, Severin und Siedler 1983, Berlin, d
16. Jahrzehnte der Führung – 40 Jahre Egon Zehnder International
    «**Wir haben ein gemeinsames Gewissen**» von Lord Menuhin S. 47, d
17. «**Die Klarinette**»; Jack Brymer aus Reihe Yehudi Menuhins Musikführer Edition Sven Erik Bergh, 1978 bei Europabuch AG, CH 6300 Zug, d
18. Beitrag von Yehudi Menuhin in «**Das musikalische Selbstportrait**»; herausgegeben J. Müller-Marein, H. Reinhardt Nannen-Verlag 1963, d
19. «**Mein Gebet**»; Beitrag von Yehudi Menuhin in «Ja zum Weltethos», Hans Küng (Hg)
    Perspektiven für die Suche nach Orientierung, Piper München/Zürich 1995, d

Biografien und Bücher über Yehudi Menuhin
Biographies and books about Yehudi Menuhin

1. Fenby, Eric: **Menuhin's House of Music**, London (Icon) 1969, e
2. Magidoff Robert: **Yehudi Menuhin – Mensch und Musiker**, Alfred Scherz Verlag, 1955, d. Original: **Menuhin, The Story of the Man and the Musicien**, e
3. Menuhin Diana: **Durch Dur und Moll – Mein Leben mit Yehudi M.**, Piper München, 1985, d. Original: «**Fiddler's Moll**», London 1984, e
4. Menuhin Diana: **Blick ins Paradies**, Piper 1993, d
   Original: «**A Glimps of Olympus**», e
5. Menuhin Moshe: **Die Menuhins**, SV international 1985, d
   Original: **The Menuhin Saga**, bei Sidgwick & Jackson, London, e
6. Palmer Tony: **Yehudi Menuhin – Ein Porträt**, 1993, d
   Original: **Menuhin – A Family Portrait**; 1991, e
7. Hans Otto Spingel: **Yehudi Menuhin**, Berlin 1964, d
8. Bernard Gavoty: **Yehudi Menuhin – Georges Enesco**, Genf 1960, d
9. Stucker Jakob: **Begegnungen mit Menuhin**, Krebser Thun, 1996, d
10. Rausser Fernand: **Konzertprobe mit Yehudi Menuhin und Camerata Lysy**, Haupt Bern 1986, d
11. Marta und Dan Rubinstein: **Allegro con spirito – Festival Yehudi Menuhin**, edition eden 1988, Vorwort von Yehudi Menuhin, d
12. Burton Humphrey: **Menuhin – Biographie**, Piper 2001, d
    Original: «**Menuhin – A Life**» London, 2000, e
13. Ravi Shankar: **Meine Musik, mein Leben**, Einleitung Yehudi Menuhin 1969, d. Original: **My Music, My Life**, Simon and Schuster, N.Y. 1968, e
14. Campbell Margaret: **Die grossen Geiger – Geschichte des Violinspiels**, von Antonio Vivaldi bis Pinchas Zukerman, Athenäum, 1982, d
    Original: **The Great Violinist**, London, 1980, e
15. Monsaingeon Bruno: **Passion Menuhin – «l'album d'une vie»**, France inter, textuel 2000, Arte Editions, f
16. Peters Johannes: «**Musik im Dienste der Humanität**», Zur Brunnerrezeption Yehudi Menuhin, d
17. Mireille Gansel: **Yehudi Menuhin «Le Violon de la Paix»** 2. Ed., Collection POLLEN, Edit. Alternatives, Paris 2000, f
18. Edmond Blattchen: **Yehudi Menuhin «L'âme et l'archet»** Alice Edit., Bruxelles/Liège 2001, f
19. Yehudi Menuhin: **A Celebration**/Concert 6.11.99 Royal Albert Hall, e
20. Important musical instruments from the collection of Lord Menuhin SOTHEBY'S 1999, e
21. **Hommage à Yehudi Menuhin**, Festschrift zum 70. Geburtstag, 22. April 1986, Nomos Verlag, Baden-Baden, Hrsg. K.W. Pohl und A.Zipf-Pohl, d
22. Jutta Schall-Emden: **Weder Pauken noch Trompeten**, Piper München/Zürich, 1991, d
23. **Zeugen des Jahrhunderts – Yehudi Menuhin, Wunderkind und Weltgewissen** Gespräch mit Hans Bünte, Lamuv Verlag Göttingen, 1994, Herausgeber Ingo Hermann, d
24. Robert C. Bachmann: **Grosse Interpreten im Gespräch**, Hallwag AG Bern, 1976, d
25. **Zämeha** – Impressionen des Musiksommers, Menuhin Festivals, Fotos: H. Kaiser, Vorwort Yehudi Menuhin, Müller Druck Gstaad, 1990, d/e/f
26. 20 ans de Rencontres Musicales Internationales Fondation Simón I. Patiño: **Camerata Lysy in Blonay**, 2004, fes
27. Urs Frauchiger: **Der eigene Ton – Gespräche mit grossen Geigern**, Ammann Zürich 2000, d
28. **25 Jahre Kammerorchester**, Jubiläumsbuch, 1978, d
29. Harald Eggebrecht: **Grosse Geiger** – Yehudi Menuhin S. 278, Piper München/Zürich, 1963, d

Festival-Konzerte des Zürcher Kammerorchesters von 1958 bis 2000 | *Festival concerts of the Zurich Chamber Orchestra since 1958*
(bis 1989 jeweils 20.30 Uhr in der Kirche Saanen) | *until 1989 always at 20h30 in Saanen church*

30. Juli 1958 (Mi)
Dir.: Benjamin Britten am Clavecin
Solist: Yehudi Menuhin, Violon
Vivaldi (Le Quattro Stagioni), Mozart, Britten (Simple Symphony)

31. Juli 1958 (Do)
Dir.: Edmond de Stoutz
Solist: YM, Violon
Geminiani, Johann Sebastian Bach, Mozart, Bartók (Divertimento)

10. August 1959 (Mo)
Dir.: Edmond de Stoutz
Solisten: Violon: YM, Alberto Lysy
J. S. Bach

12. August 1959 (Mi)
Dir.: Edmond de Stoutz
Solisten: Violon: YM; Viola: Ernst Wallfisch
Wolfgang Amadeus Mozart

14. August 1960 (So)
Dir.: Edmond de Stoutz
Solisten: Harfe: Marilyn Costello; Flöte: Elaine Shaffer; Piano: Lory Wallfisch; Violon: YM; Viola: Ernst Wallfisch
Haydn, Mozart (KV 249 für Flöte, Harfe unter YM)

16. August 1960 (Di)
Dir.: Edmond de Stoutz
Solisten: Violoncello: Gaspar Cassadó; Violon: Alberto Lysy
Händel, Vivaldi, Mendelssohn (d-Moll Violon-Konzert unter YM).

18. August 1960 (Do)
Dir.: Edmond de Stoutz
Solisten: Piano: Hephzibah Menuhin; Violoncello: Maurice Gendron; Violon: YM
Johann Christian Bach, Haydn, Mozart (Klavierkonzert KV 414 unter YM)

26. August 1961 (Sa)
Dir.: Edmond de Stoutz
Solisten: Violon: YM; Viola: Marie Rose Guiet, Ernst Wallfisch; Violoncello: Guy Claude Burger; Oboe: André Lardrot
J. S. Bach (Kunst der Fugen, Brandenburg Nr. 6)

28. August 1961 (Mo)
Dir.: Edmond de Stoutz
Solisten: Violon: YM; Violoncello: Gaspar Cassadó
Werke von Joseph Haydn

30. August 1961 (Mi)
Dir.: Edmond de Stoutz
Solisten: Piano: Hephzibah Menuhin; Violon: YM, Alberto Lysy

12. August 1962 (So)
Dir. Edmond de Stoutz
Solisten: Violon: YM, Ulrich Lehmann; Violoncello: Guy Claude Burger, Gaspar Cassadó, Maurice Gendron
Werke von Antonio Vivaldi

14. August 1962 (Di)
Dir.: Edmond de Stoutz
Solisten: Piano: Hephzibah Menuhin; Violon: YM; Viola: Ernst Wallfisch
Vivaldi, Hindemith, Webern, Mozart

24. August 1962 (Fr)
Dir.: Edmond de Stoutz
Solisten: Violoncello: Maurice Gendron; Violon: YM
Mozart, Boccherini, Telemann, Pergolesi

26. August 1962 (So)
Dir.: Edmond de Stoutz
Solisten: Flöte: Elaine Shaffer, Violon: Elemer Glanz, Ulrich Lehmann, Alberto Lysy, YM
Haydn, Telemann, Mozart

7. August 1963 (Mi)
Dir.: Edmond de Stoutz
Solisten: Flöte: Elaine Shaffer; Violon: Alberto Lysy, YM; Clavecin: George Malcolm; Piano: Peter Keller, Harfe: Françoise Stein; Celesta: William T. Wenrich; Schlagzeug: Robert Häng-geli, Ernst Müller, Heinrich Seipel
Vivaldi, J.S. Bach, Bartók (für Strei-cher, Piano, Harfe, Schlagzeug)

9. August 1963 (Fr)
Dir. Edmond de Stoutz
Solisten: Piano: Hephzibah Menuhin, Fou Ts'ong; Violon: YM; Violoncello: Gaspar Cassadó
Mozart, Couperin, Haydn

19. August 1964 (Mi)
Dir.: Edmond de Stoutz
Solisten: Piano: Hephzibah Menuhin, Joel Ryce; Flöte: André Jaunet; Oboe: André Lardrot; Violon: YM, Alberto Lysy
Vivaldi, Honegger, J. S. Bach, Pergolesi

21. August 1964 (Fr)
Dir.: Edmond de Stoutz
Solisten: Piano: Hephzibah Menuhin; Violon: YM; Viola: Ernst Wallfisch; Violoncello: Maurice Gendron
J. Chr. Bach, Rudolf Kelterborn (Kammersymphonie II als Welt-uraufführung), Telemann, Haydn
Im Programm: Liste der Mitglieder vom ZKO

25. August 1965 (Mi)
Dir.: Edmond de Stoutz
Solisten: Piano: Hephzibah Menuhin; Violon: Alberto Lysy; Violoncello: Maurice Gendron
Locateli, Mozart, Boccherini, Mozart

27. August 1965 (Fr)
Dir.: Edmond de Stoutz
Solisten: Violon: YM; Violoncello: Gaspar Cassadó; Oboe: André Lardot, Fagott: Willi Burger
Haydn, Klaus Huber (Welt-Urauffüh-rung: Cantio-Moteti-Interventiones)

28. August 1965 (Sa)
Dir.: Edmond de Stoutz
Solisten: Violon: YM, Alberto Lysy, Ulrich Lehmann; Flöte: André Jaunet; Oboe: André Lardrot, Heinrich Haas, Matthias Bamert; Fagott: Willi Burger; Horn: Werner Speth, Günter Schlund; Trompete: Adolf Scherbaum
J. S. Bach

18. August 1966 (Do)
Dir.: Edmond de Stoutz
Solisten: Piano: Hephzibah Menuhin; Violon: Alberto Lysy, YM; Violoncello: Maurice Gendron
Haydn, Johann Nepomuk Hummel, Haydn, Mozart

20. August 1966 (Sa)
Dir.: Edmond de Stoutz
Solisten: Violon: Gertrud Stiefel, Gerard Hettema, Volker Worlitzsch, Ernst Langmeier, YM; Viola: Ernst Wallfisch, Violoncello: Antonio Mosca; Piano: Fou Ts'ong
Vivaldi, Mozart, Haydn

22. August 1966 (Mo)
Bath Festival Orchestra und Zürcher Kammerorchester
Dir.: YM und Edmond de Stoutz
Solist: Violon: YM
Vivaldi, Michael Tippett, Beethoven

23. August 1967 (Mi)
Dir.: Edmond de Stoutz
Solisten: Violon: Zino Francescatti; Piano: Lory Wallfisch; Klarinette: Thea King
Mozart

25. August 1967 (Fr)
Dir.: Edmond de Stoutz
Solisten: Piano: Youra Guller, Yaltah Menuhin, Joel Ryce; Viola: Ernst Wall-fisch; Violoncello: Maurice Gendron
Stamitz, Boccherini, Mendelssohn, Mozart

27. August 1967 (So)
Dir.: Edmond de Stoutz
Solisten: Piano: Hephzibah Menuhin; Violoncello: Maurice Gendron, Hans Lang
Mozart, Vivaldi, Beethoven (Klavierkonzert op.58)
Im Programm: Liste der ständigen Mitglieder des ZKO

27. August 1968 (Di)
Dir.: Edmond de Stoutz
Solisten: Piano: Youra Guller; Violon: Nicolas Chumachenco, Alberto Lysy, YM
Rameau, J. S. Bach, Strawinsky

29. August 1968 (Do)
Dir.: Edmond de Stoutz
Solisten: Piano: Yaltah Menuhin; Violon: YM; Flöte: Elaine Shaffer
J. S. Bach, Telemann, Frank Martin (Etüden für Streichorchester)

31. August 1968 (Sa)
Dir.: Edmond de Stoutz
Solisten: Piano: Ania Dorfmann, Hephzibah Menuhin; Violon: YM; Violoncello: Maurice Gendron
Beethoven

16. August 1969 (Sa)
Dir.: Edmond de Stoutz
Solisten: Flöte: Elaine Shaffer; Violon: Zino Francescatti, YM
Vivaldi, J. M. Leclair, Prokofieff, Mozart, J. S. Bach

19. August 1969 (Di)
Dir.: Edmond de Stoutz
Solisten: Piano: Yaltah Menuhin; Violon: YM, Nicolas Chumachenco
Martinù, Schubert, J. S. Bach, Mozart, Haydn

22. August 1969 (Fr)
ZKO mit Menuhin Festival Orchester
Dir.: Edmond de Stoutz
Solisten: Piano: Hephzibah Menuhin; Violon: YM; Violoncello: Maurice Gendron
Brahms, Beethoven (Tripelkonzert)

27. August 1970 (Do)
Dir.: Edmond de Stoutz
Solisten: Flöte: Elaine Shaffer; Piano: Louis Kentner, Jeremy Menuhin; Violon: YM; Schlagzeug: Horst Hofmann, Dieter Dyk
Beethoven, Danzi, Mozart, Bartók (Sonate für 2 Piano und Schlagzeug)

30. August 1970 (So)
Dir.: Edmond de Stoutz
Solisten: Violon: Nicolas Chumachen-co, YM; Violoncello: Maurice Gendron; Oboe: André Lardrot

21. August 1971 (Sa)
Dir.: Edmond de Stoutz
Solisten: Piano: Yaltah Menuhin; Violoncello: Maurice Gendron, Mihaly Virizlay
Albinoni, J. S. Bach, Vivaldi, Haydn, Mozart

24. August 1971 (Di)
Dir.: Edmond de Stoutz
Solisten: Piano: Hephzibah Menuhin; Flöte: Elaine Shaffer
Schubert, Mozart, Haydn

28. August 1971 (Sa)
Dir.: Edmond de Stoutz
Solisten: Violon: Igor Oistrakh, YM
Purcell, Mozart, Rameau, J. S. Bach (Violin-Doppelkonzert)

2. September 1971 (Do)
Dir.: Edmond de Stoutz

Index

Solisten: Violon: YM; Viola: Ernst Wallfisch
Roussel, J. S. Bach, Stamitz, Mozart

22. August, 1972 (Di)
Dir.: Edmond de Stoutz
Solisten: Piano: Michael Studer; Flöte: Elaine Shaffer; Violon: Nicolas Chumachenco; Viola: Luigi Alberto Bianchi
A. Rolla, Cimarosa, Mozart, J. S. Bach

25. August 1972 (Fr)
Dir.: Edmond de Stoutz
Solisten: Piano: Hephzibah Menuhin; Violon: YM, Alberto Lysy; Violoncello: Maurice Gendron, Frédéric Lodeon
Vivaldi, Mendelssohn, Tschaikovsky, Haydn

28. August 1972 (Mo)
Dir.: Edmond de Stoutz
Solisten: Piano: Louis Kentner; Violon: YM
Stamitz, Mozart (Violin-Konzert KV 219), Liszt, Pergolesi

31. August 1972 (Do)
Dir.: Edmond de Stoutz
Solisten: Violon: Ana Chumachenco, Nicolas Chumachenco, Alberto Lysy, YM
J. S. Bach, Mozart, Vivaldi

26. August 1973 (So)
Dir. Edmond de Stoutz
Solisten: Piano: Hephzibah Menuhin; Violon: Nicolas Chumachenco; Violoncello: Barbara Fleischhauer
Haydn, Mozart, Beethoven

28. August 1973 (Di)
Dir.: Edmond de Stoutz
Solisten: Piano: Louis Kentner; Oboe: André Lardrot; Flöte: Raymond Meylan
Salieri, Mozart, Beethoven

2. September 1973 (So)
In Memoriam Elaine Shaffer
Dir.: Edmond de Stoutz
Solisten: Sopran: Agnes Giebel; Alt: Arlette Chédel; Tenor: Adalbert Kraus; Bass: Kurt Widmer; Violon: Nicolas Chumachenco; Violoncello: Barbara Fleischhauer; Kontrabass: Hans Jodef Schönen; Flöte: Raymond Meylan; Oboe d'amore: André Lardrot, Peter Fuchs; Fagott: Willi Burger, Max Frei; Horn: Josef Brejza, Trompete: Henri Adelbrecht; Orgel: Verena Graf
H-Moll-Messe von J. S. Bach, BMW 232

4. September 1973 (Di)
Dir.: Edmond de Stoutz
Solisten: Sopran: Agnes Giebel; Violon: YM
Rossini, J. S. Bach, Beethoven (Violinkonzert)

28. August, 1974 (Mi)
Dir.: Edmond de Stoutz
Solisten: Violon: Zino Francescatti, Alto: Luigi Alberto Bianchi
Haydn, Hindemith, Telemann, Mozart

30. August 1974 (Fr)
Dir.: Edmond de Stoutz
Solisten: Flöte: Aurèle Nicolet; Violoncello: Maud und Paul Tortelier
Stamitz, Frank Martin, C. Ph. E. Bach, Couperin, Händel

31. August 1974 (Sa)
Dir.: YM
Solisten: Violon: YM, Robert Masters
J. S. Bach (Konzert für 2 Violinen), Mozart, Beethoven, Schubert

2. September 1974 (Mo)
Menuhin Festival Orchestra und ZKO
Dir.: Edmond de Stoutz
Solist: Violon: YM
Frank Martin «Polyptyque» (1973), Brahms (Violinkonzert, op. 77)

21. August 1975 (Do)
Dir.: Edmond de Stoutz
Solisten: Alt: Ursula Mayer-Reinach; Violon: YM, Yfrah Neaman
J. S. Bach (Konzert für 2 Violinen), P. Fricker, F. Martin

24. August 1975 (So)
Dir.: Edmond de Stoutz
Solisten: Piano: Hephzibah Menuhin; Violon: YM, Boris Goldstein; Violoncello: Maud und Paul Tortelier

27. August 1975 (Mi)
Dir.: Edmond de Stoutz
Solisten: Violon: Nicolas Chumachenco; Piano: Jérôme Lowenthal; Clavecin: Verena Graf
Schumann, Beethoven, Haydn

26. August 1976 (Do)
«Zum 60. Geburtstag von YM»
Dir.: Edmond de Stoutz
Solisten: Sopran: Irmgard Seefried; Piano: Nikita Magaloff; Violon: Alberto Lysy, YM (+ alto obligato)
Haydn, Ravel, Schönberg, Haydn

29. August 1976 (So) «Konzert für die Jugend»
Dir.: Edmond de Stoutz
Solisten: Piano: Hephzibah Menuhin; Violon: YM; Violoncello: Paul Tortelier
J. S. Bach, J. Brahms

30. August 1976 (Mo)
Dir.: Edmond de Stoutz
Solisten: Piano: Hephzibah Menuhin; Violon: YM, Yfrah Neaman; Violoncello: Paul Tortelier
Vivaldi, Beethoven, J. S. Bach, Brahms

1. September 1976 (Mi)
Dir.: Edmond de Stoutz
Solisten: Tenor: Peter Pears; Piano: Mindru Kath; Violon: Nicolas Chumachenco
Britten («Les Illuminations»), Mozart, Beethoven

5. September 1976 (So)
ZKO und Zürcher Konzertchor
Dir.: Edmond de Stoutz
Solisten: Sopran: Agnes Giebel; Alt: Arlette Chédel; Tenor: Karl Markus, Bass: Philippe Huttenlocher
Frank Martin («Polyptyque»), Haydn (Nelsonmesse)

28. August 1977 (So)
Dir.: Edmond de Stoutz
Solisten: Violon: YM; Viola: Donald McInnes; Flöte: Peter Lukas Graf
Mozart, Stamitz

31. August 1977 (Mi)
Dir.: Edmond de Stoutz
Solisten: Piano: Nikita Magaloff; Violon: YM, Yfrah Neaman
Mozart, J. S. Bach, Haydn

28. August 1978 (Mo)
Dir.: Edmond de Stoutz
Solisten: Piano: Hephzibah Menuhin; Violon: Tomaddado Soh, YM
Mendelssohn, Mozart, Haydn

31. August 1978 (Do)
Dir.: Edmond de Stoutz
Solisten: Piano: Jeremy Menuhin; Flöte: Peter Lukas Graf; Violon: Leonid Kogan
Beethoven, Mozart (Flötenkonzert KV 313 und Violinkonzert KV 219)

26. August 1979 (So)
27. August 1979 (Mo)
Dir.: Edmond de Stoutz
Solisten: Piano: Hephzibah Menuhin; Trompete: Maurice André
Mozart (Klavierkonzert KV 415), Stoelzel, Albinoni, Tartini

30. August 1979 (Do)
31. August 1979 (Fr)
Dir.: Edmond de Stoutz
Solist: Violon: YM
Bartók (Violinkonzert Nr. 2), Beethoven (Violinkonzert op. 61)

25. August 1980 (Mo)
Dir.: Edmond de Stoutz
Solisten: Violon: Tang Yun; Piano: Alexander Lonquich
Mozart

28. August 1980 (Do)
Dir.: Edmond de Stoutz
Solisten: Piano: Hephzibah Menuhin (Letzter Gstaader Auftritt); Violon: Alberto Lysy; Cembalo: Christiane Jacottet; Flöte: Akira Shirao, Mashiro Hashizume
Pergolesi, Tartini, Bloch, J. S. Bach

27. August 1981 (Do)
Dir.: Edmond de Stoutz
Solisten: Violon: YM; Violoncello: Felix Schmidt
Geminiani, Boccherini, Tartini, Vivaldi, Frank Martin («Polyptyque»)

30. August 1981 (So)
Dir.: Edmond de Stoutz
Solisten: Violon: Alberto Lysy; Piano: Jeremy Menuhin
Schubert, Mozart

28. August 1982 (Sa)
«25 Jahre ZKO»
ZKO und Zürcher Konzertchor
Dir.: Edmond de Stoutz
Solist: Violon: Thomas Zehetmair
Haydn (C-Dur-Violinkonzert), Strawinsky, Haydn (Nicolai-Messe)

31. August 1982 (Di)
Dir.: Edmond de Stoutz
Solistin: Piano: Martha Argerich
Mozart, Strawinsky, Beethoven-Klavierkonzert Nr. 2

30. August 1983 (Di)
Dir.: Edmond de Stoutz
Solisten: Violoncello: Maud und Paul Tortelier
Händel, J. Chr. F. Bach, Couperin, Grieg, Paganini

2. September 1983 (Fr)
Dir.: Edmond de Stoutz
Solistin: Sopran: Edith Mathis
Mozart und J. S. Bach

31. August 1984 (Fr)
Dir.: Edmond de Stoutz
Solisten: Flöte: James Galway; Oboe: Heinz Holliger; Harfe: Ursula Holliger
Grieg, Quantz, F. Martin, Stamitz

2. September 1984 (So)
«Schlusskonzert»
Dir.: Edmond de Stoutz
Solist: Violon: YM
Charpentier, J.S. Bach, Vivaldi, Frank Martin («Polyptyque»)

29. August 1985 (Do)
Dir.: Edmond de Stoutz
Solisten: Cembalo: George Malcolm, Lory Wallfisch
Händel, J. S. Bach, F. Martin (Etüden für Streichorchester)

31. August 1985 (Sa)
Dir.: Edmond de Stoutz
Solist: Piano: Jon Kimura Parker
Strawinsky und Mozart

23. August 1986 (Sa)
Dir.: Edmond de Stoutz
Solist: Piano: Justus Frantz
F. Martin, Mozart, Tschaikowsky

25. August 1986 (Mo)
Jubiläumskonzert
Dir.: Edmond de Stoutz
(«Dank an YM»)
Solist: Violon: YM
Frank Martin («Polyptyque»), Beethoven (Violinkonzert)

26. August 1987 (Mi)
Dir.: Edmond de Stoutz
Solist: Piano: Jeremy Menuhin
Mozart

28. August 1987 (Fr)
Jubiläumskonzert
Dir.: Edmond de Stoutz
Solist: Violon: YM
Mendelssohn, J. S. Bach (Violinkonzert BWV 1041), Dvořák

30. August 1987 (So)
«In Memoriam Constantin Brunner»
Dir.: Edmond de Stoutz
Solisten: Flöte: Eugenia Zukerman;
Gitarre: Alexandre Lagoya

24. August 1988 (Mi)
Dir.: Edmond de Stoutz
Solisten: Saxophon: Lawrence
Gwozdz; Violon: Hu Kun
Pergolesi, F. Martin (Ballade pour
Saxophone et Orch.), Strawinsky

26. August 1988 (Fr)
Dir.: Edmond de Stoutz
Solistin: Piano: Maria-João Pires
Schubert, Mozart, Schubert, Haydn

28. August 1989 (Mo)
Dir.: Edmond de Stoutz
Solistin: Flöte: Eugenia Zukerman
Haydn, Mozart, Beethoven
(1. Sinfonie)

30. August 1989 (Mi)
Dir.: Edmond de Stoutz
Solistin: Piano: Maria-João Pires
J. S. Bach (Klavierkonzert Nr.1),
Mozart, Haydn, Mozart (KV 449)

4. September 1990 (Di)
Dir.: Edmond de Stoutz
Solisten: Violon: Zbigniew Czapcs-
zynski; Harfe: Chantal Mathieu
Bruckner, F. Martin («Polyptyque»),
Debussy, Wagenseil, Mozart

6. September 1990 (Do)
Dir.: Edmond de Stoutz
Solist: Violon: Julian Rachlin
Salieri, Mozart, Haydn

21. August 1991 (Mi)
Dir.: Edmond de Stoutz
Solisten: Violon: Sir YM; Violoncello:
Leonid Gorokhov; Piano: Paul Coker
Beethoven (1. Sinfonie in C-Dur,
Tripelkonzert)

23. August 1991 (Fr)
Dir.: Edmond de Stoutz
Solisten: Violon: Sir YM; Violoncello:
Leonid Gorokhov; Piano: Paul Coker
Albicastro, Haydn, Beethoven (Tripel-
konzert)

24. August 1992 (Mo)
Dir. Edmond de Stoutz
Solistin: Flöte: Eugenia Zukerman
Quantz, Bruch, Stamitz, Schönberg

26. August 1992 (Mi)
Dir. Edmond de Stoutz
Solist: Trompete: Crispian
Steele-Perkins
Mozart, Haydn (Trompetenkonzert
Nr. 1), Beethoven (Sinfonie Nr.2)

25. August 1993 (Mi)
Dir.: Edmond de Stoutz
Solist: Piano: Jeremy Menuhin
Rossini, Mozart (Klavierkonzert
KV 595), Haydn

3. September 1994 (Sa)
Dir.: Edmond de Stoutz
Solist: Trompete: Hakan Hardenberger
Schubert, Michael Haydn (Trompeten-
konzert in C-Dur), Joseph Haydn
(Trompetenkonzert Es-Dur), Mozart
(«Jupiter-Sinfonie»)

20. August 1995 (So)
Dir.: Edmond de Stoutz
Solist: Piano: Jeremy Menuhin
Werke von J.S. Bach (Klavierkonzert
d-Moll BWV 1058)

17. August 1996 (Sa)
zum letzten Mal unter
Dir. Edmond de Stoutz

Solist: Klarinette: Paul Meyer
Cimarosa, Mozart (Klarinetten-
konzert KV 622), Salieri, Rossini

1997: Musikalische Leitung Gidon
Kremer: kein ZKO-Auftritt

28. August 1998 (Fr)
erstmals unter Dir. Howard Griffiths
Solist: Piano: Valery Afanassiev
Beethoven (Klavierkonzert Nr. 5),
Dvořák

16. Juli 1999 (Fr)
Dir.: Howard Griffiths Saanen
Solist: Piano: Melvyn Tan
Elgar, Mendelssohn (Klavierkonzert
a-Moll), Schoeck, Haydn

21. Juli 2000 (Fr)
Dir.: Howard Griffiths
Solist: Piano: Reto Reichenbach
Haydn, Mozart (Klavierkonzert
KV 271), Martin, Britten

In den Jahren 2001–2005 keine
Gastspiele des ZKO am Menuhin
Festival.

Die «Yehudi Menuhin School of Stoke d'Abernon» in Gstaad – seit 1970 eine faszinierende Geschichte
The Yehudi Menuhin School of Stoke d'Abernon performing in Gstaad – A long fascinating story since 1970

13. August 1970; Kammermusik
Violon: Colin Carr, Nigel Kennedy,
Elisabeth Perry, Karen Turpie;
Violoncello: Felix Schmidt; Alto:
Beverly Davison; Piano: Simon Parkin
Einführung: Maurice Gendron
Schubert, Ravel, Rawsthorne,
Mendelssohn

22. August 1971
«Jeunes interprètes»
Violon: Karen Turpie; Piano: Idil Biret,
Violoncello: Roderick von Bennigsen,
Felix Schmidt. Mit Hephzibah und
Yaltah Menuhin.
Beethoven, Franck, Brahms

18. August 1972
«Jeunes interprètes»
Violon: Rosemary Furniss, Angela
Münchow; Violoncello: Felix Schmidt
Alto: Beverly Davison; Piano: Melvyn
Tan. Mit Yaltah Menuhin, Piano, und
Alexandre Dubach, Violon
Beethoven, Schumann, Chausson,
Chopin, Martinon, Brahms, Dvořák

15. August 1973
«Jeunes interprètes»
Violon: Nigel Kennedy, Carol Norman,
Krystyna Osostowicz (with Alto),
Colin Twigg; Violoncello: Colin Carr,
Susan Dorey; Piano: Jacqueline Cole

Bach, Smetana, Mozart-Kreisler,
Fauré, Sarasate, Ysaye, Bartók

14. August 1974
«Jeunes interprètes»
Violon: Colin Twigg, Krystyna Ososto-
wicz; Bratsche: Garfield Jackson;
Piano: Kathryn Stott; Violoncello:
Yehuda Kanar. Mit Agathe Jaggi
(Bern), Piano
Haydn, Beethoven, Bach, Schumann,
Debussy, Dvořák

15. August 1975
«Jeunes interprètes»
Violon: Colin Twigg, Krystyna Ososto-
wicz, Bratsche: Garfield Jackson,
Piano: Kathryn Stott. Mit dem
Cellisten Markus Stocker (Winterthur)
Mozart, Bach J. S., Beethoven,
Debussy, Liszt, Bartók

1976: 20. Menuhin Festival
60. Geburtstag von Yehudi Menuhin

8. August 1976
«Jeunes interprètes»
Violon: Ralph de Souza, Paul Wright,
Ming Feng Hsin, Colin Twigg, Krystyna
Osostowicz; Bratsche: Colin Twigg,
Ralph de Souza; Violoncello: Steven
Thomas, Struan Murray; Piano: Paul
Coker, Rachel Franklin

Leclair, Beethoven, Justin Connolly
(«Ceilidh»), Fauré, Chopin, Dvořák

10. August 1976
Orchester Yehudi Menuhin Schule
Dirigent: Peter Norris
Violon: Susan Meszaros, Nicola Hur-
ton; Bratsche: Jakoba Vyse Violoncel-
lo: Steven Thomas
Solisten: Violon: YM, Piano: Jeremy
Menuhin
Bach, Mozart, Hindemith, Elgar

**12. August 1976; Orchester und
Camerata Lysy Gstaad**
Leitung: Alberto Lysy
Violon: Yehudi Menuhin, Alberto Lysy,
Robert Masters Violoncello: Wolfgang
Mehlhorn, Maurice Gendron; Piano:
Louis Kentner
Vivaldi, Haydn, Beethoven

**15. August 1976; Orchester und
Camerata Lysy Gstaad: «Concert
pour la jeunesse»**
Leitung: Alberto Lysy
Violon: Yu Yasuraoka, Nicola Hurton,
Amnon Valk, Ronna Murray, Rose-
mary Furniss; Bratsche: Beverley
Davison; Violoncello: Colin Carr;
Piano. Jeremy Menuhin
Vivaldi, Telemann, Couperin, Bach,
Mozart

11. August 1977
«Jeunes interprètes»
Violon: Colin Twigg, Rona Murray;
Bratsche: Susan Meszaros; Violoncello:
Steven Thomas; Piano: Paul Coker
Bach, Schumann, Bax, Bartók, Tippett,
Webern, Beethoven

5. August 1978
**«Jeunes interprètes»; 15 Jahre
Yehudi Menuhin Schule London**
Violon: Tasmin Little, Jonathan Rees;
Bratsche: Carla Rodriguez; Violoncello:
Antonio Lysy; Piano: Christina Thomas
Eccles, Brahms, Bruch, Schubert,
Poulenc, Debussy, Haydn

**5. August 1979; Begegnung der
Yehudi Menuhin Schule, Intern.
Menuhin Musik Akademie und
Konservatorium Bern**
Violon: Elisabeth Layton, Leland
Chen, Oscar Casuscelli, Daniel
Zisman, Ruriko Tsukahara, Heinz
Haunold; Bratsche: Sophie Renshaw,
Annemarie Jöhr; Violoncello: Struan
Murray, Pierre-Bernard Sudan, Patrick
Demenga; Kontrabass: Béla Szedlak;
Horn: Ingo Becker; Klarinette:
Christoph Ogg; Fagott: Urs Stähli
Brahms, Elgar, Villa-Lobos, Prokofieff,
Beethoven

Index

10. August 1980
Yehudi Menuhin Schule; Robert Masters Abschied nach 17 Jahren
Violon: Aubry Murphy, Clare McFarlane, Caroline Henbest, Jagdish Mistry; Bratsche: Jagdish Mistry, Aubry Murphy; Violoncello: Ruth Phillips Piano: Amanda Hurton
Beethoven, Bloch, Rawsthorne, Smetana

7. August 1981
Yehudi Menuhin Schule
Violon: Elizabeth Layton, Clare McFarlane; Bratsche: Carla-Maria Rodrigues; Violoncello: Susan Monks; Piano: John Henry
Mozart, Beethoven, Enesco, Liszt, Messiaen, Bartók

6. August 1982
Yehudi Menuhin Schule
Violon: Tasmin Little, Jagdish Mistry; Bratsche: Sophie Renshaw; Violoncello: Hannah Roberts; Piano: Mary Wu
Mozart, Chopin, Szymanowski, Kodaly, Saint-Saëns, Haydn

3. August 1983; Yehudi Menuhin Schule und Yehudi Menuhin
Violon: Yehudi Menuhin, Tasmin Little, Harvey de Souza, Robert Gibbs, Deborah Hirsch;
Bratsche: Sophie Renshaw, Deborah Hirsch;
Violoncello: Daire Fitzgerald, Hannah Roberts;
Piano: Mariko Komatsu
Telemann, Lutoslawski, Chopin, Brahms, Mendelssohn

28. Juli 1984
Yehudi Menuhin Schule
Sonderkonzert in der Kirche Saanen
Violon: Jane Atkins, Amanda Smith, Abigail Young;
Bratsche: Jane Atkins;
Violoncello: Elizabeth Dyson, Emma-Jane Murphy;
Piano: Megumi Fujita
Boccherini, Chopin, Bartók, Ravel, Schubert

30. Juli 1984
«Concert de Bienfaisance»
in Gedenken an David Niven
in Château-d'Oex
Werke von Chopin, Franck, Debussy, Schubert

31. Juli 1985
Yehudi Menuhin Schule
Violon: Ben Renshaw, Antonella Rallo;
Bratsche: James Boyd; Violoncello und Piano: Paul Watkins;
Piano: Sophia Rahman
Beethoven, Enesco, Chopin, Wieniawski, Mozart, Brahms

1986: 30. Menuhin Festival
70. Geburtstag von Yehudi Menuhin

2. August 1986; Kammerorchester der Yehudi Menuhin Schule mit Yehudi Menuhin
Brahms, Singer, Bartók

4. August 1986; Kammerorchester der Yehudi Menuhin Schule
Dirigent Peter Norris
Piano: Louis Kentner
Dvořák, Mozart, Strawinsky

16. August 1986
«Happy Birthday, Mr. Menuhin»
Pierre Cleitman, Volker Biesenbender

2. August 1987; Kammermusik mit der Yehudi Menuhin Schule
Violon: Deborah Widdup, Kathy Gowers, Timothy Ho, Boris Kucharsky;
Bratsche: Hsin-Yun Huang, James Boyd; Violoncello: Emma-Jane Murphy, Paul Watkins
Haydn, Beethoven, Mendelssohn

3. August 1988; Kammermusik mit der Yehudi Menuhin Schule
Violon: Katharine Gowers, Lucie Spencer, David Le Page, Amanda Smith; Bratsche: Hsin-Yun Huang, Sophia Holmes; Violoncello: Elizabeth Dyson, Helna Binney, Emma-Jane Murphy, Rebecca Gilliver
Brahms-Sextett Op.18,
Schubert-Streichquintett Op.163

3. August 1989
«20. Gstaader Besuch der Schule»
Violon: Ikki Oguro, Rebecca Shaw, Boris Kucharsky, Blaise Magniere, Aleksey Igudesman; Bratsche: Sophia Holmes, Hsin-Yun Huang, Blaise Magniere; Violoncello: Chalona Deike, Thomas Carroll,
Strauss, Strawinsky, Mozart

3. August 1990
Yehudi Menuhin Schule
Violon: Natsuko Yoshimoto, Yuri Cho, Su-Lan Hsu; Bratsche: Ingrid Widdup; Violoncello: Miranda Harding, Thomas Carroll; Piano: Hiroko Sasaki, Hyung-Ki Joo
Haydn, Ravel, Turina, Mendelssohn

1991: 75. Geburtstag von Yehudi Menuhin

2. August 1991; Orchester der Yehudi Menuhin Schule
Dirigenten: Sir Yehudi Menuhin, Peter Norris
Solisten: Yehudi Menuhin, Yu Horiuchi, Piano
Bach, Mozart, Barber, Tippett

5. August 1991; Kammermusik der Yehudi Menuhin Schule
Violon: Lucy Wilkinson, Sara Bitlloch, Ning Kam, Natsuko Yoshimoto; Bratsche: Jonyathan Morton, Jessamy Boyd; Violoncello: Chalona Deike, Miranda Harding
Haydn, Tippett, Mendelssohn (Oktett)

31. Juli 1992; Kammermusik der Yehudi Menuhin Schule
Violon: Sara Bittloch, Ning Kam, Oliver Langford, Natsuko Yoshimoto; Bratsche: Yuri Cho, Ingrid Widdup; Violoncello: Thomas Carroll, Miranda Harding
Haydn, Britten, Brahms

29. Juli 1993; Orchester der Yehudi Menuhin Schule
Dirigenten: Yehudi Menuhin, Peter Norris
Violon: Natsuko Yoshimoto; Piano: Nikolai Demidenko
J. S. Bach, R. Strauss, Mozart, Dvořák

30. Juli 1993; Orchester der Yehudi Menuhin Schule
Dirigenten: Yehudi Menuhin, Peter Norris
Tenor: Robert Tear, Violon: Corina Belcea, Yuri Cho
Holst, Britten, J. S. Bach, Bartók

31. Juli 1994; Kammermusik der Yehudi Menuhin Schule
Violon: Corina Belcea, Sidonia Bougamont, James Cuddeford, Rafal Payne, Galina Tanney; Bratsche: Jonathan Morton, Ingrid Widdup; Violoncello: Thomas Carroll, Rose Isaacson
Haydn, Bartók, Brahms

22. Juli 1995
Yehudi Menuhin Schule
Violon: Akiko Ono, Yuka Tsuboi, Natascha Lomeiko, Wei Wei Le; Bratsche: Rafal Payne, Nicholas Rippon; Violoncello: Yoo Hong Lee, Rose Isaacson
Haydn, Mendelssohn, Schostakowitsch

1996: 40. Menuhin Festival
80. Geburtstag von Yehudi Menuhin

20. Juli 1996
Orchester Yehudi Menuhin Schule
Dirigent: Paul Watkins
Violon: Rafal Payne
Händel, Grieg, Strawinsky, J.S. Bach, Elgar

1997–99: Festivals unter Gidon Kremer: Keine Teilnahme der Yehudi Menuhin Schule
12. März 1999 Tod von Yehudi Menuhin

25. Juli 2000; Orchester der Yehudi Menuhin Schule
Eleanor Hope Festivalleiterin
Dirigent: Malcolm Singer
Violon: Dimitri Murrath, Jolente De Maeyer, Vladimir Tchinovsky, Julia Maly; Piano: Wu Qian
Purcell, Mozart, Vivaldi (Four Seasons)

27. Juli 2001
Orchester der Yehudi Menuhin Schule unter Malcolm Singer
Violon: Carmen Craven-Grew, Lisa Osberg, Alina Ibragimova, Dimitri Murrath; Bratsche: Yibo Bao; Piano/Cembalo: Cliodna Shanahan
Tartini, Weill, Mendelssohn, Barber, Schnittke

Ab 2002 (46. Menuhin Festival Gstaad) Christoph N.F. Müller neuer Festivalleiter

Keine Teilnahme der Yehudi Menuhin Schule

26. Juli 2003
Orchester der Yehudi Menuhin Schule unter Malcolm Singer
«Richard Strauss vs. Igor Strawinsky»
Erzähler: Ernst Konarek
Violoncello: Reinoud Ford
Strawinsky, Strauss «Metamorphosen», C.P.E. Bach, J.S. Bach
Teilnahme am «Saanen Märit» und an der «Musikbegegnung auf dem Eggli»

2004 ohne Yehudi Menuhin Schule

26. Juli 2005
Yehudi Menuhin Schule London unter Malcolm Singer
Piano: Jeremy Menuhin,
«40 Jahre Musiker in Saanen»
Corelli, Elgar, J.S. Bach, Tippett

Fotonachweis | *Picture credits*

Umschlag
vorne: Franz Fäh
hinten: Walter Studer
Klappe vorne:
ganz oben: aus dem Buch «Yehudi Menuhin – Georges Enesco» von Bernard Gavoty und Fotograf Roger Hauert
ganz unten: Urban Uebelhart
übrige: Franz Fäh
Klappe hinten:
aus Privatbesitz Rolf P. Steiger bzw. Hans-Ulrich Tschanz
Seite 5
Franz Fäh
Seite 8
Franz Fäh
Seite 11
Lotte Meitner-Graf
Seite 13
aus dem Buch «Die Menuhins» von Moshe Menuhin
Seite 14
Franz Fäh
Seite 17
Walter Studer
Seite 19
Franz Fäh
Seite 21
Franz Fäh
Seite 23
aus Privatbesitz Hedi Donizetti
Seite 24
Franz Fäh
Seite 26
Franz Fäh
Seiten 27, 28, 29
aus dem Buch «Yehudi Menuhin – Georges Enesco» von Bernard Gavoty und Fotograf Roger Hauert
Seiten 31, 32, 33
Franz Fäh
Seite 35
Franz Fäh
Seite 37
oben: Foto Frohwein, Basel
mitte: Franz Fäh
unten: Walter Studer
Seite 38
oben: Lotte Meitner-Graf
folgende: Franz Fäh
Seite 39
von oben nach unten: Lotte Meitner-Graf, Franz Fäh, Urban Uebelhart, Urban Uebelhart
Seite 41
Walter Studer
Seite 43
04 aus Privatbesitz Hedi Donizetti
05 aus Privatbesitz Fam. Müller
Seiten 44, 45
aus Privatbesitz Hedi Donizetti
Seite 47
Foto Teuwen
Seite 48
Franz Fäh
Seite 49
links: Franz Fäh
rechts: Walter Studer
Seite 50
Franz Fäh

Seite 52
links: aus Familienbesitz
rechts: Franz Fäh
Seiten 53, 54
aus Privatbesitz Fam. Menuhin
Seiten 56, 57
01 Privatbesitz Fam. Hodler
02 Foto Vontobel, Mürren
03 Foto Frohwein, Basel
Seite 58
oben: Walter Studer
unten: Franz Fäh
Seiten 59, 60, 64, 65
Franz Fäh
Seite 67
aus Privatbesitz Paul Valentin
Seiten 68, 69
Archiv Menuhin Center Saanen
Seite 70
Franz Fäh
Seite 71
aus Privatbesitz Rudolf von Tobel
Seiten 73, 74, 76, 77, 78, 79
Franz Fäh
Seiten 82, 83
aus Privatbesitz Paul Valentin
Seite 84
aus «Salzburger Volksblatt»
Seiten 85, 86, 87, 88
Franz Fäh
Seite 91
aus Privatbesitz
Seiten 92, 94, 95, 96, 97
Franz Fäh
Seite 98
01 aus Privatbesitz
02/03 Franz Fäh
Seiten 100, 103, 104, 105, 107, 108, 110, 112, 114, 116, 117
Franz Fäh
Seite 118
aus Privatbesitz
Seite 119
Franz Fäh
Seite 120
aus Privatbesitz
Seiten 123, 127, 128, 129, 131
Franz Fäh
Seiten 132, 133
01 Archiv Menuhin Center Saanen
02 aus Programmheft 1973
03 aus Programmheft 1976
04 Archiv Menuhin Center Saanen
Seite 134
Archiv Menuhin Center Saanen
Seiten 135, 137, 143
Franz Fäh
Seite 144
01 aus Privatbesitz
02/03 Franz Fäh
Seite 145
01 aus Privatbesitz
04 Franz Fäh
Seite 146
aus Privatbesitz
Seite 150
oben: aus Privatbesitz
unten: Franz Fäh
Seite 151
Archiv Menuhin Festival Gstaad

Seite 152
Rolf P. Steiger
Seite 154
aus Privatbesitz Paul Valentin
Seite 156
Foto Fäh Gstaad
Seite 158
aus Privatbesitz
Seite 161
Archiv «Anzeiger von Saanen»
Seite 164
aus IMMA-Bulletin
Seite 166
Rolf P. Steiger
Seiten 169, 170
Foto Reto Gstaad
Seite 171
oben: aus Privatbesitz
mitte: Foto Reto Gstaad
Seite 177
Ursula und Rolf P. Steiger
Seite 178
aus Privatbesitz
Seite 179
aus Privatbesitz
Seite 181
oben: aus Privatbesitz
unten: Guy Plessy, Chaumes
Seite 184
aus Privatbesitz Fam. Menuhin
Seite 186
aus Privatbesitz
Seite 191
01/02 Archiv Menuhin Center Saanen
Seite 193
oben: aus Programmheft 1982
unten: Archiv Menuhin Festival Gstaad
Seite 198
aus Privatbesitz
Seite 199
05 aus Privatbesitz Paul Valentin
Seite 201
Archiv Menuhin Center Saanen
Seite 203
Foto Fäh Gstaad
Seiten 206, 207
aus Privatbesitz
Seiten 208, 209
Foto Fäh Gstaad
Seite 211
Franz Fäh
Seiten 212, 213
oben: Urban Uebelhart
unten: Norman Parkinson
Seiten 214, 215, 216
Archiv Menuhin Festival Gstaad
Seiten 217, 218
Urban Uebelhart
Seite 219
oben: Archiv Menuhin Festival Gstaad
unten: aus Privatbesitz Leonz Blunschi
Seiten 220, 221
Urban Uebelhart
Seite 223
Archiv Menuhin Festival Gstaad

Seiten 224, 225, 226, 227, 228, 229, 230
Urban Uebelhart
Seite 231
zur Verfügung gestellt von Membranbau AG
Seite 232
Urban Uebelhart
Seite 233
Archiv Menuhin Festival Gstaad
Seiten 235, 236, 237
Urban Uebelhart
Seiten 238, 239
Archiv Menuhin Festival Gstaad
Seite 240
Richard Müller
Seite 243
aus Privatbesitz Hedi Donizetti
Seite 245
Archiv Menuhin Center Saanen
Seite 247
Urban Uebelhart
Seite 249
Archiv Menuhin Festival Gstaad
Seite 251
Nelly Rodriguez
Seite 252
Archiv Menuhin Festival Gstaad
Seite 253
Anja Tanner
Seite 254
01 Urban Uebelhart
02/05 Pierre André Rosay
03/04 Archiv Menuhin Festival Gstaad
Seite 255
01/02 Nelly Rodriguez
03 Archiv Menuhin Festival Gstaad
Seiten 256, 264
Urban Uebelhart
Seite 266
ourworld.compuserve.com
Seiten 267, 268
aus Privatbesitz Reto Reichenbach
Seite 269
Inga Lill Nissas
Seite 270
Rolf P. Steiger
Seite 273
aus Privatbesitz Dr. Max Kopp
Seite 275
Franz Fäh
Seite 277
01 Malcolm Crowthers
02 Svend Peternell
Seiten 278, 280
Archiv Menuhin Center Saanen
Seite 282
Archiv Menuhin Festival Gstaad
Seiten 285, 287
aus Privatbesitz Fam. Menuhin
Seite 289
Rolf P. Steiger
Seite 291
Heinz Stucki
Seiten 292, 293
Franz Fäh
Seiten 294
Urban Uebelhart

Index

Personenregister | *People index*

Abel Yves 243
Adenauer Konrad 56
Adès Thomas 266
Prinz Aga Khan Sadruddin 49, 237, 240
Aldulescu Radu 102, 189
Allen Thomas 243
von Allmen Fritz 56
Amaducci Bruno 212, 231
Amis John 75
Anderson Constance 71
Anderson Lane 171
André Maurice 174, 181
Andrews Julie 226, 228, 265
Anker Sigmund 10
Annen Ruth 54
Ansermet Ernest 44
Araiza Francisco 223, 243
Argerich Martha 192
Armstrong Richard 202
Asazuma Fumiki 142
Ashkenazy Vladimir 189, 213, 243, 253

Bach Kobi 242
Bach Markus S. 139, 214
Baechi Richard 258
Bailey Philip 243
Balthus 265
Barbey Claude 164, 165, 237
Barry John 228
Barth Heinrich 144
Bartók Béla 16, 25, 72, 120, 131, 174, 178, 179, 180
Bashmet Yuri 244
Baumann Guido 91
Baumann Hermann 192
Baumgartner Rudolf 45
Belkin Boris 196
Bell Joshua 214, 252, 253
Benthal Dominik 117, 35
Benthal Jonathan 117, 35
Benthal William 117, 35
Benz Albert 174
Berman Boris 268
Bernstein Elmer 126, 228
Bianchi Luigi Alberto 142, 196
Biesenbender Volker 132, 192, 193, 196, 205, 251
Bircher Silvia 80
Blacher Boris 118
Blaser Marie 47, 50, 51, 52, 53, 106
Bloch Ernst 141, 184
Blunschi Leonz 165, 212, 230
Bonney Barbara 244
Boughton William 240
Boulanger Nadia 72, 75, 85, 91, 106, 108, 274
Bove Andreia 280
Brandauer Klaus Maria 244, 265
Bratschi Peter 226
Brendel Alfred 252, 253
Britten Benjamin 16, 49, 62, 66, 72, 85, 86, 88, 89, 147, 266
Brown Edward 192
Brunner Constantin 26, 30
Buchs Herbert 224
Burkhard Willi 118
Burton Richard 158
Busch Adolf 12, 22, 25, 46, 47
Busch Fritz 12, 13, 119

Caillat-von Grünigen Vreneli 54
Caine Michael 228
Cantacuzène 12, 28
Carmignola Giuliano 250
Carr Colin 130
Carreras José 238, 243, 244
Carroli Silvano 231
Casals Pablo 44, 45, 102
Cassadó Gaspar 85, 102, 111
Ceccato Aldo 213, 231
Chang Sarah 214, 244
Chasen Alexander 148, 150, 152
Chasen Ilse 150, 242
Chisholm Nicolas 132, 262
Chumacenco Ana 161, 207
Ciampi Marcel 112, 114
Cleitman Volker 192, 193, 206
Clinton Bill 215
Cocteau Jean 88
Coker Paul 192
Convers Michel 258

Daepp Walter 262
Dähler Jörg Ewald 140
Dalai Lama 240
Davis Carl 214
Davis Colin Sir 252
Desmond Tutu 240
Dimitri 62, 142
Dimitrova Ghena 231
Donizetti Hedi, 163
Doráti Antal 16, 17, 49, 65, 102, 119, 120, 205, 242
Doráti Ilse (von Alpenheim) 120
Doyle Patrick 228
Dubach Alexandre 130
Dukes Philip 265
Dupuy Jean Baptiste Edouard 187

Edwards Blake 226
Eggenberg Paul 185, 207
Einstein Albert 12, 25
Elgar Edward 13
Enescu George 12, 13, 22, 27, 28, 46, 72, 91, 104, 105, 131, 136, 189, 218
Entremont Philippe 244
Etter Martin 166

Fabbricini Ticiana 223, 231
Fäh Franz 58, 80, 90, 98, 110
Fäh Reto 58
Fauré Gabriel 22
Fedoseyev Vladimir 213, 243, 244
Fellow Paul Harris 279
Fischer Edith 140, 196
Fischer Edwin 45, 178
Fischer Thierry 192
Fleisch Carl 25
Flick Gerd-Rudolf 226
Fontana Sergio 212, 213, 222, 231
Forbes-Sempill Gabriel 106
Forrer Hans 149
Foss Lukas 198
Fou Lei 117
Fou Ts'ong 35, 111, 117
Fou-Lin-Siao 35, 117
Fournier Pierre 45
Francescatti Zino 125, 142
Frank Claude 268
Frankl Peter 268

Frantz Justus 206
Frauchiger Urs 131, 269
Fuchss Werner 174
Furtwängler Elisabeth 127
Furtwängler Wilhelm 16, 25, 104, 127

Gandhi Indira 31
Gendron Maurice 34, 62, 66, 85, 88, 89, 111, 124, 266, 125, 129, 131, 141, 158, 188
Gerber Fritz 149
Gergiev Valery 250
Geyer Stefi 118
Gilliam Jeffrey 207
Giulini Carlo Maria 212, 230, 232, 243
Goldmann Henry 12
Gosman Lazar 196
Gould Diana 15, 16, 19, 34, 36
Gould Griselda 111, 127
Gradenwitz Peter 138, 190
Graf Peter Lukas 140, 162
Graf Peter Lukas 275
Grappelli Stéphane 18, 142, 232, 264
Grindea Miron 189
Gruntz Georges 193, 249, 250
Guller Youra 125
Guttman Albert 189

Haitink Bernard 252
Halt Harold 151
Halter Toni 231
Sir Harcourt C. 15, 208
Harding Daniel 244, 253
Hauser Clara 36, 113
Hauser Michael 36, 113
Hauser Richard 36, 112, 113
Hendricks Barbara 243
Herbut Tomasz 268
Hess Myra 116
Hirsch Elisabeth 92, 93
Hirsch Willy 75, 81, 90, 91, 92, 93, 123, 128, 129
Hochhuth Rolf 92
Hodler Armin 57
Hodler Beat 57
Hodler Marc 57
Hoffmann Emanuel 178
Holliger Heinz 205, 275
Honegger Arthur 44
Hope Christopher 151
Hope Daniel 151, 242, 244, 264
Hope Eleanor 63, 134, 150, 154, 155, 184, 213, 236, 237, 240, 242, 261, 273
Hope Jasper 151, 244
Huber Klaus 118
Huber Klaus 118
Hubermann Borislaw 217

Imfeld Josef 231
Iyengar B.K.S. 17, 31, 62

Jaberg Käthi 185
Jackson Garfield 192
Jaggi Agathe 130, 142
Jaques-Dalcroze Emile 184
Järvi Kristjan 250
Jiping Ziao 228
Jones Quincy 228
Jordan Armin 243

Kantorowitz 104
von Karajan Herbert 244, 274
Karnusian James 160, 173
Karr Gary 187, 188, 192, 242
Keller Peter 134
Keller Peter 236
Kelterborn Rudolf 118, 164
Kempff Wilhelm 135, 139, 142, 144
Kennedy Nigel 130
Kentner Louis 111, 127, 131, 132, 139, 188, 204
Kiefer-Hablitzel Charles u. Mathilde 245
King Thea 125
Kletzki Paul 44, 45
Knorr Iwan 184
Kocher Peter 58
Kodaly Zoltan 119
Kogan Leonid 170, 217
Kopp Max 242, 273
Kremer Gidon 63, 133, 134, 214, 217, 219, 224, 234, 236, 237, 242, 264
Kurtz Efrem 110, 140

Landon Ronald 13
Lang Hans 125
Lanzrein 53
de Larocha Alicia 102
Lauterburg Otto 40, 91, 129, 148
Legrand Michel 228
Lehmann Ulrich 72
Leifheit Familie 160
Leifheit Günter 173
Lewis Harmon 188, 192
Linder Rudolf 47
Lipatti Dinu 45, 180
Lopez Abraham 186
Loussier Jacques 192, 193, 251
Lugansky Nikolai 244
Luisi Fabio 244
Lutz Rudolf 251
Lysy Alberto 18, 63, 72, 84, 85, 111, 121, 124, 125, 131, 140, 148, 159, 160, 184, 188, 189, 196, 289
Lysy Oscar 161, 207

Ma Yo Yo 187, 192
Magaloff Nikita 162, 164, 196
Magidorff Robert 17, 48
Major Federico 261
Malgoire Jean-Claude 222
Mandela Nelson 240
Mann Michael 115
Mann Thomas 115
Marteau 22
Martin Charles 146
Martin Frank 18, 62, 142, 144, 180
Martin Maria 145
Massenet Jules 28
Master Robert 131
Mathis Edith 108, 196
Matti Elisabeth 152, 153, 154, 184, 186, 242, 244, 264, 276
McInnes Donald 162
Mehlhorn Wolfgang 131, 207
Mehta Mehli 31
Mehta Zubin 31, 253
Meier Dieter 228
Menon Narayana 136
Menuhin Aaron 35
Menuhin Alexis 16, 48

Menuhin Ann 35
Menuhin Diana 32, 35, 47, 48, 49, 51, 53, 127, 150, 205, 208, 209, 262, 264, 276, 287, 288
Menuhin Eva (Struijvenberg) 35
Menuhin Gabriel Forbes-Sempill 35, 106
Menuhin Gerard 16, 26, 35, 36, 47, 50, 54, 126, 240
Menuhin Hephzibah 10, 13, 15, 16, 34, 36, 47, 63, 72, 107, 108, 109, 111, 112, 114, 115, 125, 130, 161, 174, 187, 188, 274, 275
Menuhin Jeremy 16, 26, 36, 47, 54, 106, 107, 108, 111, 129, 131, 134, 135, 139, 188, 189, 198, 207, 277
Menuhin Krov 15, 26, 34, 35, 208, 240
Menuhin Marutha 10, 19, 20, 114, 284
Menuhin Maxwell 35
Menuhin Moshe 10, 13, 20, 34, 114, 284
Menuhin Nachia 35, 106
Menuhin Petroc 35, 106
Menuhin Yaltah 34, 36, 47, 111, 112, 114, 115, 116, 125, 130, 205, 284, 287
Menuhin Zamira 15, 26, 34, 35, 111, 117, 208, 213
Meyer Marco 243, 244
Michell Edna 198
Michetti Chantal 224
Milstein Nathan 65, 98, 108, 287
Minnelli Liza 226
Molnar Joszef 205
Lord Montgomery 56
von Moos Bundesrat 126
Müllener Ruedi 58
Müller Christoph N.F. 63, 134, 238, 244, 245, 246, 249
Müller Dominik 187
Müller Martin 98
Müller-Marein Josef 20
Mullova Viktoria 214
Münch Charles 100
Mutter Anne-Sophie 212, 214, 219

Neaman Yfrah 162
Nehru Pandit 16, 17, 31
Neikrug Marc 196
Nelsova Zara 264
Neuhaus Roland 139, 268
Nicholas Kronrod 36, 112
Nicholas Lindsay 15, 36, 112
Nicholas Marston 36, 112
Nicholas Nola 14, 16, 34, 35, 47, 112, 127
Nicolet Aurèle 142, 187, 192, 206, 275

Niven David 131
Norris Peter 131, 132, 133, 204

Ogi Adolf 219, 224
Oistrakh David 16, 198
Oistrakh Igor 135, 217, 218
Origo Marchesa 50, 52

Padmore Mark 266
Pahlen Kurt 149
Pandit Nan (Nehrus Schwester) 31
Pantois Noëlla 230
Partos Odeon 162
Pauker Anna 104
Payne Rafael 134
Pears Peter 49, 62, 66, 72, 85, 86, 88, 89, 147, 266
Pei I.M. 219, 243, 263
Penderecki Krzyzstof 243
Pernet Roland 147
Perryman Norman 135
Persinger Louis 10, 12, 21, 27
Peternell Svend 263
Peters Johannes 30
Pettinger Peter 175
Piatigorsky 25
Pires Maria João 214
Pitti 141
Pogorelich Ivo 264
Polanski Roman 226, 228
Poncelet Marianne 261
Poulin André 281
Prinz Alfred 175
Prior Ingeborg 47

Rachlin Julian 214
Raksin David 228
Reichenbach Flora 196, 197
Reichenbach Peter 226
Reichenbach Reto 245, 267, 268
Reinhardt Hannes 20
Repin Vadim 214, 244
Ricci Ruggiero 242, 264
Ritschard Willy 126
Rolfe Benjamin 36, 112, 114
Rolfe Lionel 36, 114
Rostropovich Mstislav 132, 214, 243, 252
Rubinstein Dan 190, 191, 196
Rubinstein Edna 190
Rubinstein Marta 190, 191
Ryce Joel 36, 111, 115, 116, 125

Sacher Georg 178
Sacher Paul 45, 63, 174, 178, 179, 180, 187
Sacher-Stehelin Maja 178
Santi Nello 213, 230
Santos Turibio 162
Schein Ann 268

Scherchen Hermann 44, 45, 178
Scherz Ernst A. 149, 226
Scherz Ernst sen. 45, 198
Scheufele Familie 237
Schicker Theo 101
Schiff András 252, 253, 270
Schläppi Peter 101
Schmid Peter 261
Schmidt Felix 130, 189, 198, 207
Schmidt Helmut 276
Schmitt Werner 261
Schnabel A. 45
Schnittke Alfred 265
Schnyder 250
Schnyder Daniel 193
Schollum Benno 152, 243
Schönbächler Geschwister 250
Schrameck 47
Schreier Peter 187, 207, 242
Schwab Freddy und Elisabeth 245
Schwizgebel Christian 91
Scotto Renata 222, 230
Serkin Rudolf 47, 112
Shaffer Elaine 110, 140
Shankar Ravi 16, 18, 32, 62, 136, 137, 141, 242
Shiokawa Yuuko 270
von Siebenthal Gottfried 48, 51, 58, 226
von Siebenthal Walter H. 66, 69
Singer Malcolm 132, 134, 204
Sitkovetsky Dmitry 264
Sollberger Hans 147, 152, 159, 173, 242
Sommaruga Cornelio 258
Spiller Ljerko 84
Spivakov Vladimir 264
Steiger Rolf 152, 160, 163, 173, 242, 274, 291
Steinbeck 126
Steinmann Ulrich 184, 186
Stern David 243
Steuerman Louis 264
Steven Denis 135
Stocker Markus 130
Stojanovits Katalin 268
Stoller Klaus 173
de Stoutz Edmond 18, 62, 63, 72, 90, 100, 101, 102, 118, 122, 125, 135, 139, 140, 142, 145, 146, 148, 162, 164, 174, 175, 185, 186, 189, 192, 206, 211, 213, 214, 265, 274, 279
de Stoutz Marie-Louise 101
Stucky Erika 250
Sutter Werner 146
Swarowsky Hans 107
Szigeti Joseph 45, 217

Tahon André 62, 162
Takemitsu Toru 228

Tauxe Georges 159
von Tavel Hans Christoph 224
Taylor Liz 158
Thatcher Margaret 132, 202, 276
Thomas Michael Tilson 243
Thuille Ludwig 184
von Tobel Rudolf 72
Tortelier Maud und Paul 142, 196, 242
Toscanini Arturo 13
Trachsel Hansueli 262
Tschanz Hans-Ulrich 159, 211, 228, 261, 276, 291
Tschopp 51
Tschudi Familie 126
Tschumper-Würsten Annemarie 141
Turpie Karen 130, 192
Twigg Colin 130

Uetz Karl 52

Valentin Maya 82
Valentin Paul 18, 49, 62, 66, 82, 89, 102, 124, 153, 154, 188
Végh Sándor 174, 175, 181
Vieuxtemps Henri 28
Villiger Robert 152, 184, 186, 202, 207
Viotti Marcello 212, 230, 231, 243
Vu-An Eric 230

Wallfisch Ernst 72, 104, 105, 125, 135, 140
Wallfisch Lory 72, 104, 105, 111, 125, 135
Wallfisch Paul (Sohn) 105
Walter Bruno 12, 25
Watkins Paul 133
Watkinson Andrew 192
Weingartner Felix 178
Weissenberg Alexis 214
Wenger Werner 212, 222
Wispelwey Pieter 266
Wolska Zofia 280
Würsten Flora 51
Würsten Franz 101, 102, 129, 141, 163, 206

Ysaye Eugène 12, 27, 184, 285

Zehetmair Thomas 192
Zenger Nic 230
Zenoni Felice 84
Zercalova Nataljia 135
Zingre Oskar 126, 129
Ziörjen Emil 264
Ziörjen Vreni 158
Zucchero 228
Zukerman Pinchas 196, 242, 243, 264

▶▶ (folgende Seite/*following page*):
Von Yehudi Menuhin mit Notizen versehene Partitur.
Sheet music with notes from Yehudi Menuhin.

1. Solo-Violine